Moderne Wirtschaftsgeschichte

Moderne Wirtschaftsgeschichte

Eine Einführung
für Historiker und
Ökonomen

Herausgegeben von
Gerold Ambrosius, Dietmar Petzina
und Werner Plumpe

2., überarbeitete
und erweiterte Auflage

R. Oldenbourg Verlag München 2006

Bibliografische Information der Deutschen Bibliothek
Die Deutsche Bibliothek verzeichnet diese Publikation in der Deutschen Nationalbibliografie; detaillierte bibliographische Daten sind im Internet über <http://www.ddb.de> abrufbar.

© 2006 Oldenbourg Wissenschaftsverlag GmbH, München
Rosenheimer Straße 145, D-81671 München
Internet: http://www.oldenbourg.de

Das Werk einschließlich aller Abbildungen ist urheberrechtlich geschützt. Jede Verwertung außerhalb der Grenzen des Urheberrechtsgesetzes ist ohne Zustimmung des Verlages unzulässig und strafbar. Dies gilt insbesondere für Vervielfältigungen, Übersetzungen, Mikroverfilmungen und die Einspeicherung und Bearbeitung in elektronischen Systemen.

Umschlaggestaltung: Dieter Vollendorf
Umschlagbild: Krupp 1812–1912. Zum 100jährigen Bestehen der Firma Krupp und der Gussstahlfabrik zu Essen. Jena 1912
Gedruckt auf säurefreiem, alterungsbeständigem Papier (chlorfrei gebleicht).
Satz: p.co Heinrich Ulrich Seidel
Druck und Bindung: Oldenbourg Graphische Betriebe, 85551 Kirchheim bei München

ISBN-13: 978-3-486-57878-2
ISBN-10: 3-486-57878-2

Inhalt

Vorwort — 7

Gerold Ambrosius, Werner Plumpe, Richard Tilly
Wirtschaftsgeschichte als interdisziplinäres Fach — 9

Toni Pierenkemper
Haushalte — 39

Werner Plumpe
Unternehmen — 61

John Komlos und Susann Schmidtke
Bevölkerung und Wirtschaft — 95

Hubert Kiesewetter
Raum und Region — 117

Joachim Radkau
Technik und Umwelt — 135

Reinhard Spree
Wachstum — 155

Reinhard Spree
Konjunktur — 185

Gerold Ambrosius
Wirtschaftsstruktur und Strukturwandel — 213

Toni Pierenkemper
Beschäftigung und Arbeitsmarkt 235

Toni Pierenkemper
Einkommens- und Vermögensverteilung 257

Richard Tilly
Geld und Kredit 281

Gerold Ambrosius
Internationale Wirtschaftsbeziehungen 303

Gerd Hardach
Internationale Währungssysteme 329

Rainer Klump und Martin Skala
Wirtschaftliche Integration 347

Gerold Ambrosius
Staat und Wirtschaftsordnung 369

Werner Plumpe
Industrielle Beziehungen 391

Autorenverzeichnis 427

Vorwort

Die nunmehr vorliegende zweite Auflage der „Modernen Wirtschaftsgeschichte" verdankt sich einem doppelten Grund. Zum einen hat sich gezeigt, dass das Bedürfnis nach einer Theorie orientierten Einführung, die historische und ökonomische Perspektiven miteinander verbindet, weiterhin hoch ist. Darüber hinaus ist aber auch die wirtschaftshistorische Diskussion derart im Fluss, dass wichtige neue Perspektiven zu berücksichtigen sind. Insbesondere der Einfluss der Neuen Institutionenökonomik auf die moderne Wirtschaftsgeschichtsschreibung ist kaum zu überschätzen, bietet sie doch neben zahlreichen Anregungen auch die Möglichkeit, zumindest in Teilbereichen zu einer gemeinsamen Sprache von Ökonomik und Wirtschaftshistoriographie zurückzufinden, die lange Zeit verschüttet schien. Aus dieser zweiten Perspektive folgt, dass die Neuauflage der „Modernen Wirtschaftsgeschichte" kein reiner Neudruck ist. Vielmehr haben sich Herausgeber und Autoren entschlossen, einzelne Artikel zu bearbeiten, andere zusammenzufassen und manche wegzulassen bzw. neue hinzunehmen. Einzelne Artikel konnten in der alten Fassung wiederabgedruckt werden, aber in der Mehrzahl der Fälle sind die Beiträge gründlich überarbeitet oder neu geschrieben worden. Neu aufgenommen worden sind die Beiträge von Rainer Klump, Martin Skala und Gerd Hardach zur wirtschaftlichen Integration und zu den internationalen Währungssystemen. Die zuvor recht umfangreichen Beiträge zum Strukturwandel wurden weggelassen und durch einen integrierenden Beitrag von Gerold Ambrosius ersetzt, der die Ausführungen von Dietmar Petzina zum industriellen und von Werner Plumpe zum agrarischen Strukturwandel aus der ersten Auflage aufgreift. Gestrichen wurden schließlich auch der Beitrag von Karin Hausen zum Thema Geschlecht und Ökonomie und der von Werner Plumpe zur wirtschaftlichen Selbstverwaltung.

Dadurch ist der Band trotz mancher Erweiterungen insgesamt recht schlank geblieben und – wie wir glauben – recht zielgenau ausgerichtet. Er stellt die „moderne Wirtschaftsgeschichte" in ihrem doppelten Sinn dar: einerseits als Wirtschaftsgeschichte der Moderne, andererseits als eine – insofern die gegenwärtige ökonomische Theorie selbst ein modernes Phänomen ist – theorieorientierte moderne Wirtschaftsgeschichtsschreibung. Zu danken haben die Herausgeber den Autoren und dem Verlag, ohne die es zu dieser Neuauflage nicht gekommen wäre, ebenso wie Heinrich Ulrich Seidel, der die mühselige Aufgabe bewältigt hat, aus den jeweiligen Manuskripten eine Druckvorlage zu gestalten.

Bochum, Frankfurt am Main, Siegen im Herbst 2005

Gerold Ambrosius   Dietmar Petzina   Werner Plumpe

Gerold Ambrosius, Werner Plumpe, Richard Tilly

Wirtschaftsgeschichte als interdisziplinäres Fach

1. Einleitung

Wirtschaftsgeschichte ist ein interdisziplinäres Fach zwischen den beiden großen Disziplinen Wirtschaftswissenschaft und Geschichtswissenschaft. Welcher der beiden sich der Wirtschaftshistoriker mehr verpflichtet fühlt, hängt von der Epoche ab, in der er forscht, vom Gegenstand, mit dem er sich beschäftigt, und von der Methode, die er nutzt. Grundsätzlich hat sich das Fach 'Wirtschaftsgeschichte' allerdings aus der Wirtschaftswissenschaft heraus entwickelt und hat seine Identität vornehmlich in Anlehnung und Abgrenzung zu dieser gefunden. Im Folgenden geht es daher in erster Linie um das Verhältnis von Wirtschaftsgeschichte und Wirtschaftswissenschaft, wobei das von Wirtschaftsgeschichte und Geschichtswissenschaft nicht völlig vernachlässigt wird. Der Begriff 'Wirtschaftswissenschaft' wird hier als zeitungebundener, „neutraler" Terminus für die ökonomische Disziplin verwendet, die in bestimmten Zeitabschnitten kennzeichnender Weise 'Nationalökonomie' oder 'Volkswirtschaftslehre' hieß.

'Wirtschaftsgeschichte' ist als eigenständiges Fach am Ende des 19. Jahrhunderts entstanden. Es war von Anfang an eng mit der 'Sozialgeschichte' verbunden – so eng, dass auch heute noch die entsprechenden Stellen an den Universitäten in den meisten Fällen die Denomination 'Wirtschafts- und Sozialgeschichte' tragen. Diese Verbindung mag für die Lehre noch eine gewisse Berechtigung haben, für die Forschung ist sie längst eine Fiktion. Angesichts immer differenzierterer Untersuchungsgegenstände und -methoden haben sich Wirtschaftsgeschichte und Sozialgeschichte seit längerem auseinander entwickelt; die gemeinsame Schnittmenge wird immer kleiner. Es ist daher berechtigt, eine gesonderte Einführung nur für die Wirtschaftsgeschichte vorzulegen. Demgegenüber ist die Unternehmensgeschichte immer noch Teil der Wirtschaftsgeschichte, obwohl es in jüngster Zeit Tendenzen gibt, dem angelsächsisch-amerikanischen Beispiel zu folgen und 'Economic History' und 'Business History' zu trennen. Insofern müsste im Folgenden von den 'Wirtschaftswissenschaften' und nicht von der 'Wirtschaftswissenschaft' die Rede sein, um damit zum Ausdruck zu bringen, dass nicht nur die Volkswirtschaftslehre, sondern auch die Betriebswirtschaftslehre mit ihren spezifischen Methoden gemeint ist. Da diese sich im modernen Sinne aber erst im 20. Jahrhundert entwickelt hat, soll weiterhin der Singular benutzt werden. Ebenso wenig wird hier zwischen 'angewandter' oder 'historischer Wirtschaftswissenschaft' (applied resp. historical economics) und Wirtschaftsgeschichte (economic history) unterschieden.

Wie andere wissenschaftliche Disziplinen kann auch das Fach 'Wirtschaftsgeschichte' auf zweierlei Weise bestimmt und von anderen Fächern abgegrenzt werden: über die Gegenstände, mit denen es sich beschäftigt, und über die Methoden, mit denen es seine Erkenntnisse gewinnt. Beim folgenden Überblick über die Geschichte des Faches geht es vor allem um die Methoden (Abschnitt 2). Dann werden wirtschaftstheoretische Ansätze vorgestellt, mit denen heute wirtschaftshistorische Forschung betrieben wird (Abschnitt 3). Schließlich wird kurz auf verschiedene Teilgebiete oder Gegenstände der Wirtschaftsgeschichte hingewiesen (Abschnitt 4).

2. Geschichte des Faches

Auch ein kurzer Überblick über die Historiographie des Faches 'Wirtschaftsgeschichte' muss mit dem Hinweis beginnen, dass sich die Menschen spätestens seit der Antike mit wirtschaftlichen und damit auch wirtschaftshistorischen Tatbeständen beschäftigten – allerdings damals noch nicht im modernen Wissenschaftsverständnis. Bis in die Neuzeit bestimmten zunächst ethisch-politische und später ethisch-religiöse Grundhaltungen das ökonomische Denken. Erst die Aufklärung schuf dann jenes methodologische Fundament, auf dem bis heute das theoretische Gebäude der Wirtschaftswissenschaft ruht: Die Wirtschaft wurde aus der Gesellschaft herausgelöst und bildete von nun an eine Sphäre, in der eigene – in Analogie zur Physik und Mechanik –"natürliche" Gesetze herrschen und in der der durch die Vernunft bestimmte, auf seinen persönlichen Vorteil bedachte Mensch als Individuum agiert. Obwohl beim Menschenbild des schottischen Moralphilosophen Adam Smith (1723–1790) die Vernunft noch nicht im Vordergrund steht und gesellschaftliche Verhältnisse in seinen Untersuchungen eine wichtige Rolle spielen, gilt er doch als Begründer einer eigenständigen wirtschaftswissenschaftlichen Disziplin. Smith kombiniert eine aktuelle Analyse mit einer historischen Rückschau auf langfristige Entwicklungspfade. Seine zentrale Frage, wie sich der „Wohlstand der Nationen" – so der Titel seines wohl bekanntesten Buches – entwickelt, ist im Grunde eine genuin wirtschaftshistorische und die historisch-empirische Darstellung nimmt einen breiten Raum ein. In seiner Untersuchung verwendet er mit einer Art Entwicklungstheorie denn auch explizit ein historisches Instrument. Geschichte und Ökonomie werden nicht getrennt; die historische Perspektive ist ein integraler Bestandteil der ökonomischen Analyse.

Diese enge Verklammerung von Geschichte und Ökonomie – von historischer Empirie und systematischer Theorie – wurde in dem Maße aufgelöst, in dem sich die so genannte 'klassische politische Ökonomie' seit dem Ende des 18. Jahrhunderts entwickelte. Thomas Robert Malthus (1766–1834), Jean-Baptiste Say (1767–1832), David Ricardo (1772–1823) und mit Einschränkung Johann Heinrich v. Thünen (1783–1850) beobachten zwar die realen Verhältnisse, allerdings gehen die daraus gewonnenen Erkenntnisse nicht als empirische Darstellungen, sondern als generalisierende Hypothesen in ihre Analysen ein. Die Vertreter der 'Klassik' sind nicht an der Geschichte als Geschichte singulärer Ereignisse interessiert, sondern als Geschichte von Regelmäßigkeiten. Die historische Rückschau soll apriorisch abgeleitete Gesetzmäßigkeiten bestätigen, die unabhängig von Raum und Zeit gelten. Allerdings soll die Theorie vor der Geschichte bestehen können. Nach klassischer Auffassung steht die Theorie in Einklang mit der historischen Realität, nicht etwa – wie man annehmen würde – obwohl, sondern gerade weil ihr Theorietyp auf deduktiver Ableitung beruht.

Wie in anderen Ländern prägte auch in Deutschland die Klassik während der ersten Jahrzehnte des 19. Jahrhunderts das ökonomische Denken. Im Unterschied zu anderen Ländern entwickelte sich hier allerdings zeitgleich mit ihrer Rezeption ein Ansatz, der letztlich auf eine Konfrontation mit ihr hinauslief: die so genannte 'Historische Schule der Nationalökonomie'. Ihre Vertreter wenden sich gegen eine apriorische Konstruktion von Modellen und geschichtslosen Hypothesen und heben stattdessen das historisch Gewachsene und damit den Gedanken der Entwicklung hervor. An die Stelle der logischen Deduktion soll die genetische Induktion treten. Die Entwicklung dieses Gegenprogramms kann nur verstanden werden, wenn man den unterschiedlichen historischen Hintergrund in Deutschland und in Großbritannien in der ersten Hälfte des 19. Jahrhunderts berücksichtigt. England und Schottland bildeten seit langem eine politische Einheit. Sie wurden zum Hort des politischen Liberalismus in Europa. Die Industrialisierung hatte einen dynamischen Wachstumsprozess eingeleitet. Das merkantile, universelle Weltreich wurde ausgebaut. Schließlich waren Gesetze und Verordnungen, Verwaltung und Rechtsprechung, aber auch gesellschaftliche Normen und Mentalitäten, die die Grundlage eines liberal-kapitalistischen Systems bildeten, schon relativ weit entwickelt – wobei der Begriff 'liberal' im Zusammenhang mit wirtschaftlichen Systemen erst sehr viel später verwendet wurde. Ganz anders war die Lage in Deutschland. Vor dem Hintergrund der territorialen Zersplitterung und der restaurativen Tendenzen entstand eine Bewegung, die das Ziel der nationalen Einheit mit den Forderungen nach Parlamentarisierung und Demokratisierung verband; sie kulminierte in der bürgerlichen Revolution von 1848. Idealismus und Romantik waren geistesgeschichtliche Strömungen, die das organisch Gewachsene gegenüber der analytischen Naturgesetzlichkeit, das Gefühl gegenüber der Vernunft, die Spontaneität gegenüber der Logik betonten. Von industrieller Revolution konnte noch keine Rede sein, allenfalls von ersten Anzeichen eines industriellen Aufbruchs, der aber nicht darüber hinwegtäuschen konnte, dass Deutschland England hoffnungslos unterlegen war. Auch die neuen sozialen, politischen, rechtlichen oder administrativen Strukturen, innerhalb derer sich die wirtschaftliche Freiheit des Einzelnen hätte entfalten können, zeichneten sich erst in Ansätzen ab. Die Reformen am Anfang des Jahrhunderts hatten zwar die Richtung gewiesen, die traditionellen Ordnungselemente des spätfeudalen, kameralistischen Wirtschaftssystems des 18. Jahrhunderts waren aber noch lange prägend. Im Vergleich zum Vereinigten Königreich waren die deutschen Länder jedenfalls ausgesprochen rückständig.

Innerhalb der deutschen 'Nationalökonomie' war Friedrich List (1789–1840) einer der ersten, der die klassische Schule wegen ihres Universalismus, aber auch wegen ihres Materialismus und Individualismus angriff. Seiner Meinung nach kann derjenige, der von Nationen, Verfassungen und Kulturen und damit von historischen Entwicklungen abstrahiert, keine wirklichkeitsnahen Aussagen über wirtschaftliche Zusammenhänge treffen. Er kann auch keine wirtschaftspolitischen Forderungen daraus ableiten, was der Listschen Auffassung von der Nationalökonomie als angewandter Wissenschaft entspricht. In seiner eigenen „Theorie der produktiven Kräfte" geht es deshalb darum, historische Entwicklungspfade aufzuzeigen, nationalspezifische Besonderheiten zu berücksichtigen und die wirtschaftlichen Verhältnisse in ihrer konkreten historischen Situation zu analysieren. Damit wendet er sich nicht grundsätzlich gegen die Klassik und ihr methodisches Vorgehen, kritisiert aber deren eingeschränkte Aussagen, die sich 'grundsätzlich' und 'ganz allgemein' nur auf ein liberales System beziehen. Diese Haltung nehmen auch die eigentlichen Vertreter der so genannten 'älteren Historischen Schule' gegenüber der klassischen Theorie ein. Für Wilhelm Roscher (1817–1894), Bruno Hildebrand (1812–1878) und Karl Knies (1812–1898) – ihre wichtigsten Werke wurden in den 1840/50er Jahren veröffentlicht – ist die evolutionäre Dimension nicht nur von zentraler Bedeutung für die wirtschaftswissenschaftliche Analyse; sie vertreten geradezu einen weltanschaulichen Evolutionismus. Ihrer Meinung nach sind theoretische Aussagen immer historisch gebunden, erfordern immer die Berücksichtigung ethisch-kultureller Besonderheiten. Sie lehnen daher ökonomische Gesetze mit universellem Geltungsanspruch ab und verlagern in ihren eigenen Arbeiten das Schwergewicht von der logischen Deduktion auf die empirische Induktion. Die Nationalökonomie, die für sie ebenfalls eine dezidiert politische Wissenschaft ist, soll mit der Tradition der Klassik brechen und mit Hilfe der 'historischen Methode' umgestaltet werden.

Die 'ältere Historische Schule' wandte sich mit diesem Forschungsprogramm und methodischen Ansatz im Übrigen nicht nur gegen die geschichtslosen Gesetze der Klassik, sondern auch gegen die geschichtsmächtigen Gesetze des Sozialismus und dessen Kritik an der bürgerlichen Gesellschaft. Das 'Kommunistische Manifest' wurde 1847 veröffentlicht. Auch in der dialektisch-materialistischen Geschichtsauffassung von Karl Marx (1918–1883) und Friedrich Engels (1820–1895), geht es ja nicht darum, Geschichte als Geschichte zu rekonstruieren, sondern mit Geschichte apriorische Gesetze zu bestätigen. Dabei wollen beide gerade den Widerspruch zwischen Theorie und Geschichte, der ihrer Meinung nach in der Klassik bestand, überwinden.

Innerhalb der Geschichtswissenschaft begann in dieser Zeit der Historismus an Einfluss zu gewinnen. Geschichte besteht danach aus einmaligen und unwiederholbaren menschlichen Handlungen, die vom Willen und Geist bestimmt werden und sich nicht rational-kausal erklären lassen – auch deshalb nicht, weil der Mensch eben kein rein logisch oder rational handelndes, ausschließlich auf seinen persönlichen Vorteil bedachtes Wesen ist. Geschichte ist nur anschaulich in ihrer Individualität zu erfassen, nicht aber als gleichförmiges Massenverhalten im sozialen und wirtschaftlichen Kontext. Sie ist auch nicht quantitativ messbar. Selbst wenn das Schwergewicht der Forschung auf der rein politischen Geschichte lag, wurden wirtschaftsgeschichtliche Themen doch zumindest von einigen Historikern aufgegriffen, die später neben den Nationalökonomen als Pioniere der Wirtschaftsgeschichte bezeichnet wurden: z.B. August Böckh (1785–1867), Georg Ludwig von Maurer (1790–1872) oder Karl Wilhelm Nitzsch (1818–1880).

Obwohl sich schon die 'ältere Historische Schule der Nationalökonomie' wirtschaftshistorisch engagierte, wurde das von ihr aufgestellte Forschungsprogramm erst später in Angriff genommen und weiter entwickelt und zwar von der 'jüngeren Historischen Schule', die es mit umfangreichen Forschungen auszufüllen begann – mit dem Ziel, auf der Grundlage geschichtlich-empirischer Untersuchungen eine 'historische Wirtschaftstheorie' zu entwickeln. Gustav Schmoller (1838–1917), Lujo Brentano (1844–1931), Karl Bücher (1847–1930), Georg Friedrich Knapp (1842–1926) – um nur die bekanntesten zu nennen – legten seit den 1870er Jahren ihre wichtigsten Untersuchungen vor. Seit den Veröffentlichungen der älteren Historischen Schule war ein Vierteljahrhundert vergangen, in dem sich die gesellschaftlichen Verhältnisse tief greifend verändert hatten. Es war zwar das Deutsche Reich entstanden, der junge Nationalstaat suchte aber noch nach Identität und Legitimation. Die Industrialisierung hatte endgültig Fuß gefasst und entwickelte sich mit ungeheurer Dynamik. Dennoch war das wirtschaftliche Wachstum nicht krisenfrei, vor allem aber rückten die sozialen Missstände immer stärker ins Bewusstsein der Zeitgenossen. Erst allmählich bildeten sich die gesetzlichen Bestimmungen, die politisch-administrativen Strukturen und die gesellschaftlich-sozialen Organisationsformen heraus, die dem liberal-kapitalistischen System eine feste Grundlage gaben. Sicherlich hatte auch der Versuch von Karl Marx, die Lehre der Klassiker – insbesondere Ricardos – fortzuentwickeln und das revolutionäre Potential einer „alleingelassenen" bzw. entfesselten Marktwirtschaft aufzuzeigen, Einfluss auf das Programm der jüngeren (und jüngsten) Historischen Schule gehabt. Immerhin wurden seine Gedanken in den 1870er Jahren in der deutschen Arbeiterschaft bekannt und gewannen Anhänger.

Ihrem Selbstverständnis nach waren die meisten Vertreter der jüngeren Historischen Schule Nationalökonomen, die aus heutiger Sicht allerdings vornehmlich wirtschaftshistorische Forschung betreiben. Mit ihrem Anliegen, durch wirtschaftshistorische Detailstudien die empirischen Grundlagen für eine Wirtschaftstheorie zu schaffen, die zugleich evolutionären wie systematischen Ansprüchen genügte, entsprachen sie dem Entwicklungsgedanken ihrer Zeit, der alle Wissenschaften beherrschte. Außerdem konnten sie methodische Anleihen bei den so erfolgreichen Naturwissenschaften machen, deren Erkenntnisfortschritt vornehmlich auf der Faktensicherung durch Beobachtung und Klassifikation beruhte. Von der Klassik unterschieden sie sich unter anderem deshalb, weil sie politische, soziale und kulturelle Tatbestände nicht in den Datenkranz einer rein ökonomischen Analyse verbannten, sondern diese ausdrücklich in die Betrachtung miteinbezogen. Vor allem entsprach ihr Menschenbild nicht dem des 'homo oeconomicus', sondern dem einer sittlichen Persönlichkeit, deren Handeln neben egoistischen Motiven auch durch übergeordnete Normen wie Moral, Ethik oder Gerechtigkeit bestimmt wurde. Für Schmoller war

Nationalökonomie nur Wissenschaft, sofern man sie zu einer „Gesellschaftslehre" erweiterte. Man würde das Forschungsprogramm der Historischen Schule missverstehen, wollte man es auf einen rein deskriptiven Empirismus reduzieren. Dies läge nahe, weil ihre Vertreter sehr spezielle Untersuchungen vorlegten, in denen umfangreiches wirtschaftshistorisches Material verarbeitet wurde, wobei schriftliche Quellen oftmals durch statistische Daten ergänzt wurden. Noch heute kann die wirtschaftshistorische Forschung auf Quellenpublikationen der damaligen Zeit zurückgreifen. Das eigentliche Ziel, aus der fundierten Kenntnis der Wirtschaftsgeschichte eine Wirtschaftstheorie zu entwickeln, wird allerdings nicht erreicht. Immerhin wird die Geschichte aber anhand bestimmter Indikatoren periodisiert, womit man zumindest ansatzweise in abstrakte und, wenn man so will, „theoretische" Kategorien vorstößt. Es werden 'Wirtschaftsstufen' gebildet – je nach Autor unterschiedliche –, auf denen die Menschheit emporgestiegen ist und jeweils ein höheres Entwicklungsniveau erreicht hat. Die damalige Gegenwart stellt den vorläufigen Endpunkt dieses permanenten Fortschritts dar. Bei der Bestimmung solcher Stufen wird versucht, die typischen Elemente, die charakteristischen Wesenszüge einer Epoche zu erfassen. Diesen 'Wirtschaftsstufentheorien' liegt organisches und evolutionäres Denken zugrunde. Dabei werden „Gesetze" universaler Art – vor allem das teleologische Gesetz des Fortschritts –, die für die ganze Menschheit gelten sollen, mit spezifischen Entwicklungsgesetzen verbunden. Letztere beziehen sich auf die konkreten, d.h. raumzeitbezogenen Stufen und ihre Abfolge. Wenn man in diesem Zusammenhang überhaupt von 'Theorien' sprechen kann, so handelte es sich bei den Stufenabfolgen um historische und nicht um exakte im Sinne eines wirtschaftswissenschaftlichen Universalismus. Trotz aller Kritik an den Wirtschaftsstufen im Einzelnen wurde die Bestimmung der typischen Ausprägung einer Epoche zu einem wichtigen Hilfsmittel, um durch den Vergleich des Allgemeinen mit dem Konkreten, Erkenntnisse über die Struktur und den Prozess realen Wirtschaftens zu gewinnen. Die Diskussion über den Sinn und Zweck der Bildung von Wirtschaftsstufen wurde zu einer wichtigen Etappe bei der Herausbildung der Wirtschaftsgeschichte als eigenständiges Fach. Zugleich verhalf sie der ganzheitlich verstehenden Methode der Hermeneutik zum Durchbruch, die seine weitere Entwicklung beeinflussen sollte.

Mit diesem Forschungsprogramm standen die deutsche Geschichtswissenschaft und die deutsche Wirtschaftswissenschaft im Übrigen nicht allein. Generationen von englischen, französischen oder amerikanischen Historikern fühlten sich dem Historismus und der Hermeneutik und damit der politischen Geschichte und der verstehenden Methode verpflichtet. Zumindest teilweise folgte die Wirtschaftswissenschaft anderer Länder dem ganzheitlich-institutionellen Ansatz der Historischen Schule. Die 'historische Nationalökonomie' war dort zwar nicht so dominant wie in Deutschland, sie trug aber wesentlich dazu bei, dass sich die Wirtschafts- (und Sozial)geschichte als relativ eigenständige Fachrichtung herausbildete. Besonders der amerikanische Institutionalismus am Anfang des 20. Jahrhunderts und vor allem die durch ihn angeregten statistisch-empirischen Untersuchungen in der Zwischenkriegszeit über Wachstumsprozesse, Konjunkturen und Krisen wirkten dann ihrerseits wieder zurück auf die deutsche Wirtschaftsgeschichtsschreibung in ihrer quantifizierenden Ausrichtung und auf die Entfaltung der Ökonometrie als eigene Fachrichtung im Rahmen der Wirtschaftswissenschaft.

Die Historische Schule verfehlte ihr Ziel, eine geschichtlich-empirisch fundierte Theorie zu entwickeln, nicht nur deshalb, weil sie vor der ungeheuren Komplexität der wirtschaftshistorischen Realität scheiterte, sondern auch, weil sie der reinen Theorie zu sehr misstraute. Sie verpasste damit die Chance – selbst aus einer kritischen Distanz heraus –, theoretische Hypothesen zu nutzen, um das historische Material zu ordnen und zu interpretieren. Die Kontroverse zwischen den Vertretern einer theoretischen und einer historischen Wirtschaftswissenschaft um den adäquaten Forschungsansatz fand ihren Höhepunkt im so genannten Methodenstreit vornehmlich zwischen Gustav Schmoller und Carl Menger (1840–1921) in den 1880er Jahren. Im Kern standen sich erneut ein apriorisch-deduktives und ein empirisch-induktives Theorieverständnis gegenüber, ohne dass die eine Seite der anderen grundsätzlich die Relevanz abgesprochen hätte. Selbst wenn sich ab der Jahrhundertwende eine gewisse Annäherung der Standpunkte erkennen lässt, liegt hier eine entscheidende Weggabelung, an der sich die Wirtschaftsgeschichte als die „realistische Richtung der theoretischen Forschung" – um die Bezeichnung von Menger aufzugreifen – und die Wirtschaftswissenschaft als die „exakte Richtung" trennten.

Letztlich scheiterte die Historische Schule also mit ihrem Forschungsprogramm, allerdings scheiterte sie erfolgreich. Sie scheiterte, weil ihr der Übergang von der Empirie zur Theorie nicht gelang und sie damit ihren eigenen Ansprüchen nicht gerecht wurde. Sie scheiterte, weil die Wirtschaftswissenschaft im 20. Jahrhundert weltweit nicht ihrem Methodenverständnis folgte, sondern sich im Gegenteil – zumindest die theoretischen Fachrichtungen – immer mehr von der Geschichte entfernte und zu einer Disziplin formalisierter Modelle bzw. mathematisierter Theorie wurde, die die ökonomische Sphäre ohne gesellschaftliche Bezüge analysierte. Vielleicht scheiterte sie auch deshalb, weil sie Gefahr lief, eine zweckgerichtete Wissenschaft zu werden, Werturteile zu setzen und Politik und Wissenschaft zu vermischen. In ihrem Scheitern war die Historische Schule allerdings erfolgreich, weil sie in ihrer Zeit der deutschen Nationalökonomie zu weltweitem Ansehen verhalf, weil es ihr aus einer ideologiekritischen Position heraus gelang, den dogmatischen Glauben an die prästabilisierende Harmonie staatsfreier Wirtschaft zu überwinden, weil sie den Anspruch einer wirklichkeitsnahen Theorie zumindest thematisierte und die Nationalökonomie als politische Wissenschaft verstand, durch die ihre Vertreter in die Lage versetzt wurden, zu wichtigen gesellschaftlichen Fragen Stellung zu beziehen. Sie war schließlich auch deshalb erfolgreich, weil sie ein eigenes Fach 'Sozial- und Wirtschaftsgeschichte' begründete.

Die Frage, wie sich die Sozial- und Wirtschaftsgeschichte, für die jetzt eigene Stellen an den Universitäten geschaffen wurden, zwischen der Geschichtswissenschaft und der Wirtschaftswissenschaft positionieren sollte, war damit aber noch nicht beantwortet. Manche Wirtschaftshistoriker folgten dem Programm der Historischen Schule, indem sie auf der Grundlage eines deskriptiven Empirismus sehr spezielle, singuläre Phänomene untersuchten. Andere folgten ihm, indem sie in der Tradition der Stufentheorien übergreifende Phänomene in ihrem strukturellen Wesenskern zu erfassen suchten. Auf diesem letzteren Weg wurde sogar methodisches Neuland betreten, wobei es aber um das alte Problem ging, die Kluft zwischen konkreter Empirie und abstrakter Hypothese durch die Entwicklung einer die Geschichte integrierenden Theorie zu überwinden. Es waren vor allem Max Weber (1864–1920), Werner Sombart (1973–1941) und Arthur Spiethoff (1873–1857) – also Wissenschaftler, der von den Vertretern der jüngeren Historischen Schule ausgebildeten Generation –, die sich um eine methodische Weiterentwicklung bemühten.

Sie wenden sich nicht grundsätzlich gegen deskriptive Faktendarstellungen, wollen aber die zahlreichen Einzelerkenntnisse, die von der wirtschaftshistorischen Forschung in der Zwischenzeit vorgelegt wurden, zusammenfassend systematisieren. Sie standen dabei nicht nur in der Tradition des Historismus, sondern auch in der des Marxismus. Das bedeutet, dass sie zwar noch evolutionär und holistisch dachten, strenge Gesetzmäßigkeiten aber ablehnten. Generell wurde der Entwicklungsgedanke zurückgedrängt. Mit ihren gestalttheoretischen Ansätzen wollten sie Typologien sozioökonomisch-gesellschaftlicher Konstellationen schaffen, um den genetischen Relativismus zu überwinden. Schließlich wurden sie durch die verstehende Methode der Hermeneutik beeinflusst, wollten diese aber mit analytischen Kategorien verbinden. Sombart versucht mit der Methode der „verstehenden Ökonomie" eine neue systematische Gesamtinterpretation wirtschaftshistorischer Epochen zu entwickeln. Er verwendet dafür den Begriff des 'Wirtschaftssystems', das für ihn eine als „geistige Einheit gedachte Wirtschaftsweise" darstellt und eine bestimmte Wirtschaftsgesinnung, Ordnung und Technik miteinander verbindet. Begriffsbildung wird hier expliziter als bisher zu einem Bestandteil von Theoriebildung. Neu ist auch, dass der „Geist" in die Analyse aufgenommen wird, der sich in bestimmten Wirtschaftsformen und ihren Institutionen materialisiert. Neu ist ebenfalls – wenn man einmal von der marxistischen Gesellschaftsanalyse absieht – das Denken in systemischen, ganzheitlichen Zusammenhängen. Ausgehend von der historischen Realität werden arteigene Regelmäßigkeiten für bestimmte Epochen herausgearbeitet und mit Hilfe der verstehenden Methode ihre spezifischen Strukturen und Funktionsweisen erfasst. Auf diese Weise entsteht ein modellhaftes Abbild eben dieser Realität, d.h. es wird eine 'historische Theorie' entwickelt. Im Gegensatz zur reinen Theorie berücksichtigt diese die historische Relativität jeder abstrahierenden Aussage und begrenzt ihre Gültigkeit auf räumlich-zeitliche Erscheinungsformen des Wirtschaftens. Weber entwickelte ebenfalls eine Gegenposition zur materialistischen Geschichtsauffassung, indem er den marxschen Gedanken des Klassenkampfes modifiziert und neue typologisierende und strukturierende Maßstäbe setzt. Um Wirtschaftsgeschichte und Wirtschaftstheorie wieder enger zusammenzuführen, entwickelt er den 'Idealtyp'. Dieser wird „durch gedankliche Steigerung bestimmter Elemente der Wirklichkeit", die nirgends „empirisch vorfindbar" sind, gewonnen. Einerseits wird der Idealtyp also nicht bloß apriorisch konstruiert, sondern steht zur historischen Realität in Beziehung, andererseits ist er von der Realität so weit entfernt, dass er nicht mehr unmittelbar mit ihr korrespondiert. Idealtypen sind mehr definitorisch angelegt und erfassen weniger kausale Beziehungen; sie müssen aber „sinnadäquat" sein und der

Sinn erschließt sich wiederum nur aus dem historischen Kontext, in dem sie stehen. Weber selbst war vornehmlich an sozialen Zusammenhängen interessiert, so dass er Wirtschaftsgeschichte in erster Linie als verstehende Kultursoziologie betrieb. Spiethoff dagegen war Ökonom, der sich auf die wirtschaftlichen Dinge konzentrierte. Er benutzt nicht den Begriff des Wirtschaftssystems, sondern den des 'Wirtschaftsstils', will aber wie Sombart und andere damit die jeweiligen geistigen, wirtschaftlichen, sozialen Erscheinungen als historische Einheit erfassen, „Abbilder der Wirklichkeit" schaffen und eine „geschichtliche" oder „anschauliche Theorie" entwickeln, die er einer „zeitlosen Theorie" gegenüberstellt. Für jeden Wirtschaftsstil sei eine 'Allgemeine Volkswirtschaftslehre' möglich. Der Stilbegriff ging zwar schnell wieder verloren, nicht aber das abstrahierende, ideal- oder realtypische Denken in Wirtschaftssystemen, Wirtschaftsordnungen, Wirtschaftsverfassungen etc., das die Wirtschaftsgeschichte ebenso wie die Wirtschaftswissenschaft auf Dauer prägen sollte.

Nicht ganz zu Unrecht sprach Joseph A. Schumpeter in den 1950er Jahren von der „jüngsten Historischen Schule", die sich nach 1900 herausgebildet habe. Sie war eine wichtige Richtung innerhalb der deutschen Nationalökonomie, die während der ersten Hälfte des Jahrhunderts durch die Kriege und den Nationalsozialismus den Kontakt zum Rest der Welt nur eingeschränkt aufrechterhalten konnte. Nicht nur ihre Vertreter waren nach wie vor der Auffassung, dass Wirtschaftsgeschichte und Wirtschaftswissenschaft – im Sinne der reinen Theorie – einander bedurften, dass nur beide gemeinsam Erkenntnisfortschritt sichern konnten. Auch in Deutschland wurde auf bestimmten wirtschaftswissenschaftlichen Teilgebieten allerdings damit begonnen, die Brücken zur Wirtschaftsgeschichte endgültig abzubrechen.

In der Geschichtswissenschaft blieb die Dominanz des Historismus und damit der Politikgeschichte zunächst ungebrochen. Auch in der Bundesrepublik übte er noch längere Zeit Einfluss aus, so dass wirtschafts- und sozialgeschichtliche Themen weiterhin nur am Rande behandelt wurden und dann meist als singuläre Ereignisgeschichte.

Geht man davon aus, dass sich das Selbstverständnis eines Faches in seinem wichtigsten Handwörterbuch niederschlägt, kann das Verhältnis von Wirtschaftsgeschichte und Wirtschaftswissenschaft im 20. Jahrhundert recht anschaulich an der Entwicklung des 'Handwörterbuch der Wirtschaftswissenschaft' aufgezeigt werden. In seiner ersten Auflage in den 1890er Jahren hieß es kennzeichnender Weise noch 'Handwörterbuch der Staatswissenschaften'. Der sechste Band (1894) beinhaltete einen langen Artikel von G. Schmoller über „Volkswirtschaft, Volkswirtschaftslehre und –methode". Darin nehmen nicht nur Ausführungen über Religions- und Moralsysteme, Staat und Recht einen breiten Raum ein, es wird auch wie selbstverständlich den historischen Methoden eine zentrale Bedeutung für die wirtschaftswissenschaftliche Analyse beigemessen. Der Artikel wurde mehr oder weniger unverändert in die zweite Auflage (1900) übernommen, in der dritten (1910) dann aber gründlich überarbeitet. Schmoller selbst gibt darin zwar zu bedenken, dass sein Text nach 30 Jahren ein „Anachronismus" sei. Der theoretischen Analyse – den „volkswirtschaftlichen Gesetzen" – wird jetzt tatsächlich mehr Platz eingeräumt. Die historischen

Methoden werden aber immer noch auf eine Weise betont, dass andere lediglich als deren Ergänzung erscheinen. Erst in der vierten Auflage (1928) findet sich dann ein ganz neuer Artikel von A. Voigt über „Volkswirtschaft und Volkswirtschaftslehre". Wirtschaftsgeschichte und Wirtschaftswissenschaft werden nun strikt getrennt; die Wirtschaftsgeschichte spielt nur noch eine untergeordnete Rolle. Die Theorie wird als reine Theorie apriorischer Deduktion und physikalischer Gesetzmäßigkeiten dargestellt. Immerhin wird aber auf ihren begrenzten Erkenntniswert hingewiesen und darauf, dass sie vor der (historischen) Realität kaum bestehen kann und deshalb durch die historische Forschung ergänzt werden muss. 1965 wurde dann das 'Handwörterbuch der Sozialwissenschaften, zugleich Neuauflage des Handwörterbuchs der Staatswissenschaften' veröffentlicht, in dem H. Kellenbenz als Wirtschaftshistoriker den einführenden Artikel zur 'Wirtschaftsgeschichte' schrieb, der durch andere wirtschaftshistorische Artikel zu den verschiedenen Epochen ergänzt wurde. Er geht zwar kurz auf das Verhältnis von Wirtschaftsgeschichte und Wirtschafts- und Sozialwissenschaften ein, betont aber die enge Verbindung der Wirtschaftsgeschichte zur Geschichtswissenschaft; Wirtschaftsgeschichte sei zunächst Geistesgeschichte, die sich in erster Linie der verstehenden Methode bedienen solle. Insofern wirkt der Artikel etwas verloren in diesem 'sozialwissenschaftlichen' Handwörterbuch. An dieser isolierten Stellung änderte sich auch in der letzten Ausgabe (1982) nichts. Im Gegenteil, im erneut umbenannten 'Handwörterbuch der Wirtschaftswissenschaft, zugleich Neuauflage des Handwörterbuchs der Sozialwissenschaften' macht W. Zorn in seinem einführenden Artikel zur 'Wirtschaftsgeschichte' gar nicht erst den Versuch, näher auf das Verhältnis von Wirtschaftsgeschichte und Wirtschaftswissenschaft einzugehen. Die Artikel zu den verschiedenen Epochen fehlen, nur das 20. Jahrhundert wird noch behandelt. Einige wenige Artikel zu bestimmten Schlagworten mit historischer Dimension sind zwar von Wirtschaftshistorikern geschrieben, insgesamt wird die Wirtschaftsgeschichte aber noch stärker an den Rand gedrängt. Ein gemeinsames methodisches Interesse scheint es nicht mehr zu geben. Stark vereinfacht könnte man somit die Entwicklung des Verhältnisses von Wirtschaftsgeschichte und Wirtschaftswissenschaft folgendermaßen beschreiben: So wie die zweite Hälfte des 19. Jahrhunderts eine Historisierung der Nationalökonomie erlebte und damit eine Verschmelzung beider Fachrichtungen, fand in der zweiten Hälfte des 20. Jahrhunderts eine Enthistorisierung der Wirtschaftswissenschaft statt und damit eine Trennung von der Wirtschaftsgeschichte.

Diese Trennung war ein Grund für den weiteren Ausbau der Wirtschaftsgeschichte als eigenständiges Fach in den 1950/60er Jahren. Ein weiterer lag in der Entwicklung im Ausland – in den romanischen Ländern ebenso wie im Vereinigten Königreich und in den USA –, wo die Wirtschafts- und Sozialgeschichte sich deutlicher profilierte. In der Bundesrepublik bestand insofern Nachholbedarf, zumal die traditionelle Politikgeschichte innerhalb der Universitäten immer mehr an Attraktivität verlor. Der wirtschaftliche Boom der Nachkriegszeit nährte den Glauben an die immerwährende Prosperität und weckte damit das Interesse an langfristigen Entwicklungs- bzw. Wachstumspfaden. Aus dieser Wirtschaftsdynamik erwuchs zudem ein Zeitgeist der Machbarkeit. Der Interventionsstaat mit seinem makroökonomischen Steuerungspotential sollte genutzt werden und die Nationalökonomie dabei die Rolle einer politischen Beratungs- und Entscheidungswissenschaft übernehmen. Zu diesem empirischen Bezug eines Teils der Wirtschaftswissenschaft – der größere Teil schritt auf dem Weg zu immer formaleren Modellen weiter voran – passte die Wirtschaftsgeschichte, bei der es ebenfalls um die Analyse der (historischen) Realität ging. Hinter dem Willen, die sozialen und wirtschaftlichen Prozesse zu steuern, stand außerdem die Überzeugung, die „Gesetze" oder Strukturen langfristiger gesellschaftlicher Entwicklungen zu erkennen, deren Funktionsweise von Menschen zwar modifiziert, nicht aber grundsätzlich beeinflusst werden können. Dies musste im 'Westen' auch deshalb eine besondere Faszination ausüben, weil im 'Osten' mit dem Marxismus-Leninismus eine Ideologie herrschte, die im Besitz historischer Wahrheit zu sein glaubte. Auch deshalb war Wirtschaftsgeschichte gefragt, die ja in der marxistischen Wissenschaft sogar einen besonderen Stellenwert besaß. Schließlich stieg das Interesse für die gerade entkolonialisierten Entwicklungsländer und ihre spezifischen Probleme. Das alles fand seinen Niederschlag in einem wirtschaftshistorischen Themenkomplex, der sich um die Pole Industrialisierung, Wirtschaftswachstum und Modernisierung bildete.

Wer in dieser Zeit moderne Wirtschaftsgeschichte betrieb – 'modern' sowohl im Hinblick auf die Methode als auch die Epoche – lehnte sich an die Wirtschafts- (und Sozial)wissenschaften an. Bei der Erforschung der Neuzeit, insbesondere des 19. und 20. Jahrhunderts, wurde es üblich, wirtschaftswissenschaftliche Begriffe, Methoden und Theorien zu nutzen – zumindest die, die sich nicht wegen ihrer Komplexität und Realitätsferne von vornherein einer Operationalisierung und damit Anwendung auf historisch-empirische Sachverhalte entzogen. Quantitative Methoden waren in der Wirtschaftsgeschichte zwar schon im 19. Jahrhundert angewendet worden, aber erst jetzt – nachdem sich innerhalb der Wirtschaftswissenschaft die Ökonometrie als Synthese von Theorie und Statistik voll entfaltete – fanden sie als ausformulierte Modelle Eingang in die wirtschaftshistorische Forschung. In den USA wurde die so genannte 'Cliometrie' von ihren Anhängern sogar als 'New Economic History' bezeichnet. In der Bundesrepublik wurden in dieser Zeit vereinzelt zwar ebenfalls cliometrische Methoden genutzt, insgesamt fanden sie in den 1950/60er Jahren aber noch wenig Anklang. Diese Richtungen innerhalb der Wirtschaftsgeschichtsschreibung bemühten sich also, Kontakt zur Wirtschaftswissenschaft zu halten. Bei ihnen gingen wirtschaftswissenschaftliche und geschichtswissenschaftliche Methoden insofern eine Symbiose ein, als einerseits das wirtschaftswissenschaftlich-ökonometrische Instrumentarium genutzt, andererseits historisch-empirische Quellenforschung betrieben wurde. Deduktive Ableitungen wurden der Geschichte nicht apodiktisch übergestülpt, sondern zur Interpretation induktiv gewonnener Erkenntnisse genutzt. Daneben gab es die größere Gruppe der Wirtschaftshistoriker, die sich vornehmlich der Geschichtswissenschaft verpflichtet fühlten und weiterhin verstehende Ereignisgeschichte betrieben. Schließlich hatten sich einige Ökonomen, also nicht genuine Wirtschaftshistoriker das kritische Bewusstsein für die historische Dimension allen Wirtschaftens bewahrt. Sie engagierten sich vor allem in der Erforschung der Geschichte wirtschaftswissenschaftlicher Lehrmeinungen. An dieser methodischen Ausrichtung des Faches hat sich bis heute letztlich nichts geändert. Allenfalls hat die Zahl der Wirtschaftshistoriker, die explizit theoretisch argumentieren, relativ zugenommen.

Der Expansion der Sozialwissenschaften nach dem Zweiten Weltkrieg konnte sich die Geschichtswissenschaft grundsätzlich nicht entziehen. Das Interesse an überindividuellen Kollektiverscheinungen nahm zu und damit das für sozialgeschichtliche Themen. In anderen Ländern war das Paradigma einer 'Historischen Human- und Sozialwissenschaft' schon seit längerem propagiert worden. Besonders in Frankreich war in der Zwischenzeit eine Forschungsrichtung entstanden, die die verschiedenen Gesellschaftswissenschaften integrieren wollte und der singulären Ereignisgeschichte die 'totale Geschichte' (histoire totale') der 'langen Dauer' (longue durée) entgegensetzte. Der Begriff 'Struktur' stand für die Untersuchung von langfristigen sozialen und wirtschaftlichen Phänomenen – eben von gesellschaftlichen Strukturen und Prozessen. In der Bundesrepublik folgte diesem Paradigma seit der zweiten Hälfte der 1960er Jahre eine neue Generation von Historikern. Seitdem öffnete sich die Forschung zunehmend Themen wie sozialer Schichtung und Mobilität, Arbeiterschaft und Bürgertum, Lebensstandard und Lebensverhältnissen und anderen sozialen Massenphänomenen. Mit dieser thematischen Neuorientierung waren neue Methoden verbunden. Auch die Sozialgeschichte begann mit generalisierenden Hypothesen, mit Idealtypen, Modellen und quantitativen Methoden zu arbeiten. Insbesondere ist hier eine Gruppe von Sozialhistorikern zu nennen, die explizit Geschichte als 'historische Sozialwissenschaft' versteht. Die von ihr gegründete Zeitschrift trägt denn auch den programmatischen Titel 'Geschichte und Gesellschaft'. Sie entwickelte sich insbesondere als Reaktion auf den methodischen Konservativismus in der deutschen Geschichtswissenschaft und auf die wachsende Neigung der geisteswissenschaftlichen Studenten in dieser Zeit, marxistische Analysemethoden zu übernehmen.

Die 1960er und 1970er Jahre waren für die Sozialgeschichte ausgesprochen innovativ und fruchtbar. Für die Wirtschaftsgeschichte galt das weniger, sie schien sich aber als Fach zwischen der Geschichts- und der Wirtschaftswissenschaft endgültig etabliert zu haben. Wirtschaftshistorische Themen stießen in der Forschung beider Disziplinen auf ein gewisses Interesse, bei den Studierenden war Wirtschafts- und Sozialgeschichte ausgesprochen beliebt. Lange sollte diese Phase relativer Selbstsicherheit allerdings nicht anhalten. Schon in den 1980er, spätestens seit den 1990er Jahren wurde es an manchen Universitäten problematisch, Wirtschafts- und Sozialgeschichte als eigenständiges Fach zu halten. Hierfür gab es mehrere Ursachen: Zum einen war die Ausbauphase in den 1970er Jahren beendet worden. Zum weiteren konzentrierten sich die Geschichts- und die Wirtschaftswissenschaft angesichts finanzieller Restriktionen wieder auf ihre Kernkompetenzen. Es kamen Zweifel an der Relevanz eines kleinen interdisziplinären Faches wie der Wirtschaftsgeschichte auf. Inhaltlich-thematisch resultierten die Probleme aus einem gewissen Paradoxon. Einerseits ging die Naivität, mit der der technisch-ökonomische Fortschritt mit gesellschaftlichem Fortschritt gleichgesetzt worden war, verloren. Besonders das wachsende Umweltbewusstsein trug dazu bei, dass Technik und Wirtschaftswachstum kritischer, d.h. stärker aus gesellschaftlich-ökologischer Perspektive gesehen wurden. Dies hätte eigentlich wirtschaftshistorisches Interesse wecken müssen. Andererseits führte die liberale Renaissance dazu, dass der Mythos 'Staat' durch den Mythos 'Markt' abgelöst wurde, was die Diskussion gesellschaftlicher Fragen immer stärker auf eine ökonomistische Perspektive reduzierte. Zumindest die explizit theoretisch ausgerichtete Wirtschaftswissenschaft zog sich mehr und mehr in eine Welt mathematischer Modelle ohne politisch-historische Perspektive zurück. Sie entfremdete sich damit zugleich von den anderen sozialwissenschaftlichen Disziplinen.

Den Sozialhistorikern gelang es, ihrem Fach als 'historischer Kulturwissenschaft' neue Impulse zu geben, weil sie gesellschaftlich-politische Themen aufgriffen, die aus der Öffentlichkeit an sie herangetragen wurden. Die Wirtschaftshistoriker fanden mit ihren Themen dagegen geringeres Interesse, weil erneut der Glaube an die Eigengesetzlichkeit der ökonomischen Sphäre vorherrschte, die Geschichtswissenschaft im Zusammenhang mit der Vereinigung beider deutschen Staaten eine Renaissance der Politikgeschichte erlebte und wichtige Fachrichtungen innerhalb der Wirtschaftswissenschaft sich kaum noch mit Fragen beschäftigten, die in einer breiteren Öffentlichkeit auf Resonanz stießen.

Dabei boten die 1990er Jahre durchaus die Chance für die Wirtschaftsgeschichte, thematisch und methodisch wieder stärkere Beachtung zu finden und engere Beziehungen zur Wirtschaftswissenschaft zu knüpfen. Angesichts der weltweiten Wachstumsprobleme, des Zusammenbruchs der realsozialistischen Systeme und der fortschreitenden europäischen Integration waren erneut Fragen der Wirtschaftsordnung und der Systemtransformation aktuell. Die Verlagerung des Schwerpunktes von der makroökonomischen Prozesspolitik zur mikroökonomischen Ordnungspolitik rückte zudem Probleme wirtschaftspolitischer Regulierung ebenso in den Vordergrund wie Fragen zur Rolle des Unternehmers und des Unternehmens als treibende Kräfte marktwirtschaftlicher Systeme. Die Diskussion um Internationalisierung bzw. Globalisierung erlebte geradezu einen Boom. Auch die fortschreitende Tertiarisierung fand zunehmend Beachtung. Schließlich kam innerhalb der Wirtschaftswissenschaft die Ethikforschung in Mode. Bei all diesen Themen ist die historische Dimension offensichtlich, so dass sich mit ihnen neue wirtschafts- bzw. unternehmensgeschichtliche Forschungsperspektiven eröffneten. Auch methodisch hätten Wirtschaftsgeschichte und Wirtschaftswissenschaft wieder enger zusammenrücken können. Auf Seiten der Wirtschaftswissenschaft spielte die Evolutorische Ökonomik, auf Seiten der Wirtschaftsgeschichte die Cliometrie und bei beiden die Neue Institutionenökonomik eine zunehmend wichtige Rolle. Besonders letztere ermöglichte der Wirtschaftswissenschaft auf prinzipiell neoklassischer Grundlage, verstärkt gesellschaftliche Institutionen in ihrer Analyse zu berücksichtigen. Der Wirtschaftsgeschichte öffnete sie einen weiteren Zugang zum Gebäude der ökonomischen Theorie. Das galt mit Einschränkung auch für einen neuen Institutionalismus (Neoinstitutionalismus), der anknüpfend an die Historische Schule die historische Dimension des Wirtschaftens betont, d.h. die Dynamik von Entwicklungen gegenüber der Statik von Gleichgewichten, die soziologischen, psychologischen oder rechtlichen Phänomene in ihrem Einfluss auf wirtschaftliche Ordnungen und Verhaltensmuster, generell die

Bedeutung von gesellschaftlichen Institutionen für das Marktgeschehen. Die Erwartung oder auch Hoffnung, dass beide Disziplinen wieder enger zusammenrücken würden, hat sich bisher nicht erfüllt. Die Frage, ob diese Chance damit auf absehbare Zeit vertan worden ist, kann allerdings noch nicht abschließend beantwortet werden.

Spezifische Themenfelder, auf die sich die wirtschaftshistorische Forschung in den letzten Jahren konzentrierte, sind nur schwer auszumachen. Die Aufarbeitung des Verhaltens von Unternehmen im Nationalsozialismus brachte der Unternehmensgeschichte einen gewissen Aufschwung. Die wirtschaftshistorische Forschung zur nationalsozialistischen Zeit im Allgemeinen wurde ebenso weitergeführt wie die zur Industrialisierung. Einen neuen zeitlichen Schwerpunkt bildete die Wirtschaftsgeschichte der Bundesrepublik und der DDR. Über den tertiären Sektor, d.h. Handel, Verkehr, Banken und Versicherungen, wurde intensiver als zuvor geforscht, ebenso über Konsum und Werbung. Vielleicht kann man das Verhältnis von Wirtschaft, Staat und Gesellschaft und damit die verschiedenen Felder der Wirtschafts- und Sozialpolitik als Dauerthema erwähnen. Insgesamt lassen sich aber, wie gesagt, eindeutige thematische und methodische Schwerpunkte kaum fixieren.

3. Theorie und Methode

a. Allgemeine Bemerkungen

Jeder Versuch das Fach 'Wirtschaftsgeschichte' auf nur einen methodischen Ansatz festlegen zu wollen, greift zu kurz. Nicht methodischer Purismus ist gefragt, sondern ein richtig verstandener Eklektizismus, der auf sinnvolle Weise unterschiedliche methodische Zugriffe miteinander verbindet – wie das im Übrigen in den meisten Wissenschaften der Fall ist. Diese methodischen Zugriffe reichen von der verstehenden Beschreibung bis zur analytischen Erklärung, von der qualitativen Interpretation bis zur quantitativen Korrelation, von der historischen Beobachtung bis zur theoriegeleiteten Modellkonstruktion, von der empirischen Induktion bis zur logischen Deduktion. Sie stehen nebeneinander, werden miteinander verbunden und manchmal auch gegeneinander ausgespielt. Gleichzeitig gibt es den breiten Kanon der Hilfswissenschaften, der den Wirtschaftshistorikern zur Verfügung steht. Er umfasst zum Ersten die Fächer, die insbesondere der Geschichtsschreibung als Hilfswissenschaften dienen, wie die Paläographik, Genealogie oder Epigraphik. Er umfasst zum Zweiten die Hilfswissenschaften, die vornehmlich von den Sozialwissenschaften genutzt werden, wie die Statistik, Informatik oder Mathematik. Er umfasst zum Dritten die Sozialwissenschaften selbst wie die Soziologie, Politologie oder Anthropologie. Die Beantwortung der Frage, ob die Geschichtswissenschaft mit ihrem Instrumentarium eher eine Hilfswissenschaft für die Wirtschaftsgeschichtsschreibung darstellt oder die Wirtschaftswissenschaft oder ob eine der beiden deren methodischen Kern ausmacht, hängt wiederum davon ab, wo man das Fach Wirtschaftsgeschichte angesiedelt. 'Moderne Wirtschaftsgeschichte' sucht allerdings die Nähe zur Wirtschaftswissenschaft, zu deren Theorien und Methoden, ohne den angedeuteten Methodenpluralismus als obsolet zu verwerfen.

b. Traditionelle Ansätze

Die Wirtschaftsgeschichte ist also keineswegs eng und streng wirtschaftstheoretisch ausgerichtet – weder in den USA, noch in Europa und schon gar nicht in Deutschland. Gründe hierfür sind bereits an mehreren Stellen angegeben worden, dabei auch Defizite des „Theorieangebots" der Ökonomie. Zwei dieser Defizite verdienen hier wiederholt zu werden: (1) Die Wirtschaftstheorie hat weitgehend statischen Charakter, während historische Prozesse naturgemäß dynamisch ablaufen; (2) die Wirtschaftstheorie unterstellt weitgehend vollkommene Märkte ohne Transaktionskosten, d.h. ohne Institutionen, während die Wirtschaftsgeschichte sehr viel mit den Voraussetzungen von Markttransaktionen und Institutionen zu tun haben muss. Verständlicherweise hat die Wirtschaftsgeschichte das Theorieangebot der Ökonomik häufig nicht oder nur bruchstückhaft wahrgenommen, d.h., dass sie bestimmte Thesen, Begriffe und Relationen übernommen und mittels eigener „historischer Theoriekonstrukte" oder mit Hilfe der von anderen Disziplinen entliehenen Theorien zusammengestellt hat. Das ist nicht prinzipiell zu kritisieren, denn in der Regel wird eine Wirtschaftstheorie selten ausreichen, einen komplexen wirtschaftlichen oder wirtschaftspolitischen Sachverhalt zu erklären. Im Sinne unserer eingangs gemachten Charakterisierung des Faches als Mischung von Ökonomie und Geschichte überwog hier 'Geschichte' und damit auch die mit ihr zusammenhängende Betonung der Deskription. Auf diesen als „traditionelle Wirtschaftsgeschichte" bezeichneten Teilausschnitt unserer Disziplin ist kurz einzugehen.

Unsere Betrachtung setzt in der Nachkriegszeit an und konzentriert sich beispielhaft auf die Geschichte der Industrialisierung im 19. Jahrhundert. In der in den 1960er und frühen 1970er Jahren florierenden „Industrialisierungsforschung" war die oben erwähnte Mischtendenz unter wirtschaftshistorischen Arbeiten klar erkennbar, besonders in Deutschland. Als richtungweisender, „großer Wurf" galt eine Zeitlang die Stufentheorie von Rostow – seine „Stadien des wirtschaftlichen Wachstums" –, die im Prinzip alle Länder der Erde durchlaufen sollten. Die Arbeit verband den wachstumstheoretischen Ansatz von Harrod-Domar locker mit makroökonomischen Daten von Kuznets und mit einer desaggregierenden Führungssektoren-Betrachtung schumpeterscher Art. Durch viele ad hoc gemachte historische Beobachtungen angereichert, motivierte sie in mehreren Ländern wirtschaftshistorische Untersuchungen zur Periodisierung des Wirtschaftswachstums und der damit zusammenhängenden Veränderungen der Wirtschaftsstruktur. In dieselbe Richtung, wenn auch historisch stärker differenzierend, wirkte Gerschenkrons fast gleichzeitig bekannt gewordene Typologie der wirtschaftlichen Rückständigkeit und des Wirtschaftswachstums. Wie Rostows „Stadien" spornte auch Gerschenkrons Typologie sowohl länderspezifische als auch international vergleichende Studien der Industrialisierung an. Weniger theoretisch, aber die ganze westeuropäische Industrialisierungsforschung zusammenfassend und auch dieselben theoretischen Ansätze verwertend war das einflussreiche Buch von Landes: „Der entfesselte Prometheus".

Dessen Mischung von Theorie und Geschichte entsprach eher der methodischen Lage des Faches in Europa als der in den USA. Überhaupt war eine Folge dieser Art der Industrialisierungsforschung, dass ihre nur lockere Verbindung zur Wirtschaftstheorie gerade das Interesse und die Mitarbeit der Historiker – insbesondere der Historiker ohne spezielle wirtschaftswissenschaftliche Vorbildung – sicherte. 'Industrialisierung' selbst wurde als Strukturbegriff mit zumindest quasi-theoretischem Charakter angesehen; mehr schien man nicht zu benötigen.

Soweit sie dem Industrialisierungszeitalter gewidmet ist, reflektiert besonders die deutsche Wirtschaftsgeschichtsschreibung die o. a. Einflüsse. Periodisierungen wurden gewählt, die das Tempo und die Struktur des Wirtschaftswachstums wiedergaben oder ihm zumindest entsprachen (z.B. hat Hennings „Aufbruch zur Industrialisierung" von ca. 1780 bis 1835 Verwandtschaft mit Borchardts „Anlaufperiode vom Ende des 18. Jahrhunderts bis 1850"). Makroökonomische Größen wie das Arbeitskräftepotential, der Kapitalstock oder die Investitionsquote dienen als Orientierungsmerkmale sowie teilweise als „Erklärung" der beschriebenen Produktionsentwicklung. So wurde z.B. mit Hilfe eines malthusianischen Denkansatzes das Bevölkerungswachstum für eine steigende Unterbeschäftigung und einen zunehmenden Pauperismus im Vormärz verantwortlich gemacht, und damit die These eines Umbruchs oder „Take-offs" der deutschen Wirtschaft um die Jahrhundertmitte gestützt. Zum Rostowschen „Take-off"-Konzept und zu den von Hoffmann und Mitarbeitern gemachten Neuschätzungen des deutschen Wirtschaftswachstums seit 1850 ist eine Reihe von Studien zum sektoralen Wachstum vorgelegt worden. Sie liefern eine besser strukturierte Beschreibung des deutschen Industrialisierungsprozesses als bis dahin vorgelegen hatte, lassen sich aber zugleich als Versuche ansehen, entwicklungs- und konjunkturtheoretische Konzepte zu überprüfen. Interessanterweise bestätigen sie insgesamt die seit jeher in der deutschen Wirtschaftsgeschichtsschreibung gehegte Vermutung, dass die Eisenbahnen eine entscheidende positive Rolle bei der Entwicklung der deutschen Wirtschaft im 19. Jahrhundert spielten. Das ist vor allem deshalb interessant, weil Fogel eine derartige Rolle für Eisenbahnen bei der Entwicklung der Wirtschaft der USA stark relativiert und die Frage nach der Übertragbarkeit der dabei verwendeten Hypothesen auf andere Länder, insbesondere auf Deutschland, gestellt hat.

Insgesamt geht es bei dieser Literatur hauptsächlich um chronologische Darstellungen, häufig unter Verwendung wirtschaftstheoretischer Begriffe, gelegentlich durch Wachstums- und Entwicklungstheorien strukturiert, aber so gut wie nie um die Überprüfung von Modellen. Eine ihrer besonderen Stärken ist die Mitberücksichtigung sozialer Aspekte – gleichsam als Begleiterscheinungen des Industrialisierungsprozesses – wie soziale Mobilität, soziale und ökonomische Ungleichheit, sozialpolitische Eingriffe des Staates, auch sozialer Protest. Durch die gegenwärtigen Schwierigkeiten ehemaliger sozialistischer Länder, ihren Gesellschaften eine neue Wirtschaftsordnung zu geben, rückt die Erfahrung der Industrialisierung des 19. Jahrhunderts – diesmal als „Transformationsprozess" begriffen – ins Blickfeld jener, die nach einer gesellschaftlich akzeptierten Mischung der „Entfesselung von Marktkräften" und staatlichen Kontrollen suchen.

Indessen war der Industrialisierungsbegriff einerseits zu vage für präzisere ökonomische Analysen, andererseits im ökonomischen Sinn zu eng für breitere historische Interpretationen. Daher kam es zu Experimenten mit marxistischen Ansätzen, zu solchen, die mit dem Begriff „Modernisierung" arbeiteten, und schließlich zum Dialog mit dem stärker an Max Weber anknüpfenden Begriff der 'Gesellschaftsgeschichte'. Inzwischen hat der Zusammenbruch der sozialistischen Volkswirtschaften marxistischen Ansätzen den Garaus gemacht, ihre Begriffe wie 'Produktivkräfte' oder 'Staatsmonopolistischer Kapitalismus' scheinen zurzeit nur noch nostalgischen Wert zu haben. 'Gesellschaftsgeschichte' dagegen hat weiter Konjunktur. Gemeinsam für alle diese Interpretationsschemen ist jedoch die Tatsache, dass Wirtschaftsgeschichte – auch mit ihren verschiedenen Theorieansätzen – nur einen Teil ihrer Arbeit darstellt, einen zwar wichtigen Teil, aber eben nur ein Hilfsmittel, eine „Sektorwissenschaft". Wirtschaftshistorische Sachverhalte werden hier möglicherweise selbst mit Hilfe von Wirtschaftstheorie strukturiert und interpretiert, aber letztlich immer unter einem breiteren, auf gesamtgesellschaftlicher Ebene ablaufenden Prozess subsumiert.

c. Cliometrie

Bisher wurde die methodische Dimension der Interdependenz zwischen Ökonomie und Geschichte hervorgehoben. Die Entstehungs- und Entwicklungsgeschichte der Disziplin 'Wirtschaftsgeschichte' reflektiert – so unsere These – Variationen in der Mischung Ökonomie und Geschichte. Im folgenden Abschnitt soll nun diese methodische Orientierung etwas vertieft und konkretisiert werden. Als erstes Teilgebiet soll die Cliometrie behandelt werden. In der Tat passt dieser Zweig der Wirtschaftshistoriographie sehr gut zur Zielsetzung moderner Wirtschaftsgeschichte. Obwohl Cliometriker in der Quantifizierung ein wichtiges Merkmal ihrer Arbeit sehen, ist das entscheidende Markenzeichen nach eigenem Verständnis die Anwendung der Logik der Ökonomie, d.h. der Wirtschaftstheorie, auf historische Sachverhalte. Die Cliometrie kann also sehr gut die Vor- und Nachteile einer theoriegeleiteten Wirtschaftsgeschichte veranschaulichen.

Die Hauptstärke der Cliometrie ist die Offenheit und Nachvollziehbarkeit ihrer Theorienanwendung. Im Regelfall wird zunächst der Untersuchungsgegenstand historiographisch eingeordnet und begründet, dann die folgenden Schritte von der Formulierung der eigenen Hypothese über die Benennung der Modellannahmen bis zur Erörterung der Ergebnisse offen dargelegt. Ein wesentlicher methodischer Vorteil dieser Art der Geschichtsschreibung ist, dass andere Historiker den Prozess der Erkenntnisgewinnung genau überprüfen, die selben Schritte unternehmen und die Ergebnisse nachvollziehen können. Außerdem ist es möglich durch geringfügige Modifizierung der Annahmen oder Ausgangsbedingungen des ursprünglichen Modells, die Beziehungen zwischen Ergebnissen und Annahmen der Ausgangsbedingungen deutlich identifizierbar zu machen. Die klassischen Studien aus der amerikanischen Wirtschaftsgeschichtsschreibung haben dies gezeigt. So hat z.B. Fogel in seinen Untersuchungen über die Rolle der Eisenbahnen als Träger des Wirtschaftswachstums der USA im 19. Jahrhundert – für eine bestimmte Konstellation von

Ausgangsbedingungen und Annahmen – einen „relativ geringen Beitrag" der Eisenbahnen zum Wirtschaftswachstum geschätzt. Unter Abänderung jener Ausgangsbedingungen und Annahmen haben jedoch andere Wirtschaftshistoriker, z.B. Fishlow und Lebergott, von Fogel abweichende Schätzergebnisse erzielt. Es wäre aber falsch, solche Diskrepanzen als Schwäche der Cliometrie auszulegen. Sie hat uns zwar keine endgültige Information über den Wachstumsbeitrag amerikanischer Eisenbahnen geliefert, aber eine Reihe von empirisch gestützten Hypothesen und wirtschaftshistorisch relevanten Daten, mit denen wir selbst derartige Experimente kritisch überprüfen bzw. fortsetzen können. Dieses Urteil erstreckt sich auch auf die hiermit zusammenhängende Methode der hypothetischen (contrafaktischen) Geschichtsschreibung. Der Versuch Entwicklungen zu quantifizieren, die gar nicht stattgefunden haben, mag manchen Historikern gewagt oder gar unsinnig erscheinen; tatsächlich nehmen Historiker aber ständig Vergleiche zwischen historischer Realität und hypothetischer Konstruktion vor, die im Prinzip denselben logischen Status besitzen. Internationale und interregionale Vergleiche, die Wohlstands- oder Wachstumsdisparitäten durch die Variabilität bestimmter Institutionen erklären wollen, praktizieren de facto hypothetische Geschichtsschreibung. Zum Beispiel kann die These, dass bessere Unternehmensorganisationen in der deutschen Industrie der Grund für ihre zwischen 1900 und 1914 beobachtete Überlegenheit gegenüber denen in der britischen Industrie war, nicht ohne contrafaktisches Experiment, d.h. ohne hypothetische Geschichtsschreibung, überprüft werden. Die Cliometriker haben den Prozess bloß transparenter gemacht.

Die Cliometrie zeigt natürlich auch methodische Schwächen, die untrennbar mit ihren Stärken verbunden sind. Am gravierendsten dürfte die tendenzielle Einengung der Fragestellung der Wirtschaftsgeschichte auf quantifizierbare und mittels neoklassischer Theorie gut interpretierbare Themen sein. Dadurch bleiben – und vermutlich blieben – wichtige Themen außen vor, wie z.B. die Wachstumsstrategie von Großunternehmen, die Rolle der Ideologie als Determinante staatlicher Wirtschaftspolitik oder die Bedeutung sozialer Veränderungen für die Entwicklung des Lebensstandards u.a.m. Hätte die Cliometrie der Wirtschaftsgeschichte ihre eigenen Grenzen vorgeschrieben, wären diese Themen schwerlich bearbeitet worden. Natürlich ist die Quantifizierung nicht frei von Gefahren, auch dann nicht, wenn Daten zuverlässig und lückenlos erhoben werden können. Zum Beispiel können durch Operationalisierungsschritte wie die Transformation einer Zeitreihe von absoluten Werten in erste Differenzen die eigentlich getesteten Variablen modifiziert werden und Lücken zwischen theoretischem Modell und statistischen Modelltests entstehen. Man sollte jedoch die Kritik an der Cliometrie nicht verabsolutieren. Die Cliometrie wirkt inzwischen in vielen Themenbereichen der Wirtschaftsgeschichte, auch dort, wo es sich um recht kontroverse und bedeutsame Fragen handelt. Der Charakter dieses Beitrages verbietet eine ausführliche Beschreibung solcher Arbeiten. Zur Illustration der konkreten Relevanz einer theoriegeleiteten und quantitativ ausgerichteten Wirtschaftsgeschichte sollen daher nur drei Themen aus der modernen Wirtschaftshistoriographie aufgegriffen werden: (1) die Industrialisierungsgeschichte, vor allem die „Industrielle Revolution" Großbritanniens, (2) Probleme staatlicher Wirtschaftspolitik in Großbritannien und Deutschland in der Zwischenkriegszeit und (3) das Wirtschaftswachstum der Industrieländer nach dem Zweiten Weltkrieg.

(1) Aus der Geschichte der Industriellen Revolution in Großbritannien lassen sich einige hervorragende Beispiele cliometrischer Arbeiten entnehmen. Unter Verwendung der Theorie der nutzenmaximierenden Haushalte und plausibler Mengen- und Preisdaten lässt sich der Produktionszuwachs neu schätzen. Das Ergebnis ist bedeutsam: Das Niveau der Industrieproduktion zur Zeit des Beginns der Industriellen Revolution war danach wesentlich höher als bisher angenommen. Ferner kann die häufig als Synonym für die Industrielle Revolution in Großbritannien verstandene Entwicklung der Baumwoll- und Eisenindustrien nun als nicht repräsentativ für die gesamte Industriewirtschaft angesehen werden. Diese besaß wohl eher einen dualistischen Charakter, der bisher übersehen wurde; manche Industriezweige wuchsen eben doch nicht so dynamisch. Das Niveau der Agrarproduktivität muss am Vorabend der Industriellen Revolution wesentlich höher gewesen sein, als bislang vermutet wurde. Diese Erkenntnis stimulierte wiederum das Nachdenken über die sozialen und ökonomischen Rahmenbedingungen der anscheinend so dynamischen „vorindustriellen" Entwicklungsphase. All das spricht dafür, dass die Zeit der Industriellen Revolution selbst eine Phase nur relativ mäßigen Wirtschaftswachstums gewesen ist. Gerade dieses Ergebnis vergleichsweise niedriger Wachstumsraten hat Cliometriker veranlasst, über die Ursachen des langsamen Wachstums nachzudenken. Unter anderem sind sie auf die Rolle gestoßen, die die Kriegskosten in dieser Zeit gespielt haben, und haben nun makroökonomische Modelle über sie vorgelegt, in denen eine „Crowding-Out"-These thematisiert wird, die auch heute angesichts der hohen öffentlichen Verschuldung aktuell ist.

An dieser Stelle kann auf die Debatte über cliometrische Modelle und deren Schwächen nicht eingegangen werden. Zwei Punkte sind aber unbedingt zu beachten: Erstens haben Cliometriker mit der britischen Industrialisierung ein stark beackertes Forschungsfeld vorgefunden und sich an bestimmten, zum Teil brisanten Thesen über Periodisierung und Ursachen der britischen Industrialisierung orientiert – gleichsam als Zielscheibe ihrer eigenen Arbeiten. Zweitens hat ihre eigene Revision inzwischen weitere Forschungen und Gegendarstellungen herausgefordert und Zweifel über die quantitative Basis der neuen Produktionsschätzungen hervorgerufen. Wenn somit gezeigt wird, dass die ökonometrischen Modelle nicht weniger von grundsätzlichen Quellen- und Datenproblemen abhängig sind als die Arbeiten der älteren Wirtschaftsgeschichte, so doch auch, dass diese älteren Arbeiten nicht weniger von der Validität wirtschaftstheoretischer Zusammenhänge abhingen als die cliometrischen.

In der kontinentaleuropäischen Wirtschaftsgeschichtsschreibung gibt es solche ökonometrisch ausgerichteten Arbeiten noch selten, daher auch keine ausführliche Debatte. Allerdings lassen sich Ansätze hierzu in der neuen Zeitschrift 'European Review of Economic History' erkennen. Außerdem gibt es einige bemerkenswerte Arbeiten. Für Frankreichs Industrialisierung z.B. kann man auf mehrere quantifizierende Beiträge verweisen. Besonders erwähnenswert ist der Versuch von Levy-Leboyer und Bourguignon, die französische Industrialisierung im Rahmen eines makroökonomischen Modells zu beschreiben und zu interpretieren. Ihre Beiträge liefern wichtige Erkenntnisse, von denen aus Platzgründen hier nur ein Ergebnis zur Rolle des Agrarsektors aufgegriffen wird. Während bei O'Brien und Keyder sowie bei Grantham der Agrarsektor durchaus ökonomische Anpassungsfähigkeit aufwies, aber aufgrund einer begrenzten Nachfrage sowie der Präferenzen der Agrarproduzenten nur langsam – im internationalen Vergleich betrachtet – schrumpfte, stellt er bei Levy-Leboyer und Bourguignon ein bedeutendes Hemmnis des französischen Wirtschaftswachstums dar, unter anderem weil dessen niedrige Produktivität jene relativ hohen Nahrungsmittelpreise und geringen Einkommen verursachte, die sich bremsend auf die Entwicklung eines expandierenden Marktes für Industriegüter auswirkte. Es stellt sich die Frage, ob eine ökonometrisch begründete Wahl unter diesen entgegen gesetzten Interpretationen möglich ist, oder ob beide Ansichten richtig sein können, weil sie jeweils verschiedene Bewertungskriterien anwenden.

Auch die deutsche Wirtschaftshistoriographie enthält eine Reihe von Beiträgen zur Industrialisierungsgeschichte, die man als cliometrisch bezeichnen könnte. Sicherlich an erster Stelle verdient Hoffmanns „Das Wachstum der deutschen Wirtschaft seit der Mitte des 19. Jahrhunderts" (1965) erwähnt zu werden, weil mit diesem Werk eine Vielzahl von Datenreihen vorgelegt wurde, die erstmals begründete Vorstellungen über die zeitliche und sektorale Struktur des deutschen Industrialisierungsprozesses ermöglicht haben. Allerdings sind in der Zwischenzeit manche Schwächen der Daten erkannt und einige wichtige Revisionen vorgenommen worden. Außerdem leidet das Werk unter einer „eingeschränkten Nachvollziehbarkeit" und außerdem unter Nichtberücksichtigung der Zeit vor 1850 – für die „deutsche" Wirtschaft eine Periode wichtiger Ansätze zur Industrialisierung. Gerade dieser zweite Punkt ist hier zu betonen, denn quantitativ arbeitende Wirtschaftshistoriker haben – bei Verwendung unterschiedlicher Indikatoren – unterschiedliche Zäsuren für eine Beschleunigung des deutschen Industrialisierungsverlaufs begründet. Zwar werden „mehrheitlich" die 1850er Jahre als Phase des „Durchbruchs" vor den 1840er Jahren bevorzugt, aber auch für die 1830er und sogar für die 1820er Jahre lassen sich Aufwärtsbewegungen identifizieren. Man kann sich des Eindrucks nicht erwehren, dass hauptsächlich die Datendichte und bessere Dokumentierbarkeit der Entwicklung der späteren Jahre für diesen historiographischen Konsens entscheidend gewesen ist, nicht der bessere Nachweis eines Umbruchs. Diese noch offene Frage verdient nicht zuletzt deshalb weitere Aufmerksamkeit, weil die Gewichtung wichtiger historischer Ereignisse sowie die Wahl zwischen konkurrierenden Thesen zur Erklärung der deutschen Industrialisierung davon abhängt: der Erklärung der Rolle der Agrarreformen, der Bedeutung der Verwaltungs- und Finanzreformen, des Beitrags des Zollvereins oder der Auswirkungen der Revolutionen von 1848/49.

(2) Die Wirtschaftslage und Wirtschaftspolitik in den wichtigen Industrieländern (USA, Großbritannien und Deutschland) in der Zwischenkriegszeit stellen ein zweites Gebiet fruchtbarer Forschungsaktivitäten der Cliometrie dar. In der Debatte über die wirtschaftlichen Schwierigkeiten, vor allem über die Arbeitslosigkeit in Großbritannien in den 1920er und 1930er Jahren, mischen Ökonomen und Wirtschaftshistoriker munter mit, wobei Ökonomen und Cliometrikern nur schwer zu unterscheiden

sind. Ein interessanter Aspekt dieser Debatte betrifft die Infragestellung der Bedeutung „keynesianischer Wirtschaftspolitik" als relevanter Faktor in dieser Zeit – nicht zuletzt interessant, weil er auch in einer ähnlichen Debatte über die deutsche Wirtschaftspolitik derselben Periode eine große Rolle spielt. Diese Debatte – als „Borchardtsche Kontroverse" bekannt – problematisiert zugleich die Beziehungen zwischen staatlicher Sozialpolitik, Arbeitsmarkt – vor allem Lohnniveau und Beschäftigungsgrad – und Lage der Gesamtwirtschaft, geht aber wesentlich darüber hinaus in die politische Geschichte der Weimarer Republik und des Dritten Reiches. Ausgesprochen cliometrische Arbeiten dominieren die Debatte nicht, aber sie spielen eine wichtige Rolle und zeigen damit, wie die theoriegeleitete Wirtschaftsgeschichte als Input für die allgemeine Geschichte fruchtbar gemacht werden kann.

(3) Auch bei unserem dritten Beispiel – Wirtschaftswachstum in der Nachkriegszeit – handelt es sich um einen Vergleich zwischen dem gesamtwirtschaftlichen Ablauf eines Zeitabschnittes und einer irgendwie hergeleiteten Norm dieses Ablaufs. Es ist nahe liegend, diese „Norm" für ein Industrieland wie Großbritannien oder Deutschland im langfristigen Wachstumstrend der eigenen Volkswirtschaft oder einer Gruppe von Industrieländern zu suchen. Das ist jedenfalls der Vorschlag, den einige cliometrisch orientierte Wirtschaftshistoriker gemacht haben. Während für die Zwischenkriegszeit der Vergleich erhebliche Defizite aufweist – nicht nur für die Weltwirtschaftskrise –, zeigt die Nachkriegszeit von 1950 bis ca. 1970/73 ein stark über der „Norm" liegendes Wachstum. Der Cliometrie kommt zum einen das Verdienst zu, durch die Erstellung und Schätzung langer Datenreihen für Größen wie Nettosozialprodukt in konstanten Preisen, Zahl der Erwerbstätigen etc. den internationalen und intertemporalen Vergleich überhaupt ermöglicht zu haben. Zum anderen hat sie durch die Heranziehung der Wirtschaftstheorie, insbesondere der Wachstumstheorie, und von Indikatoren zur staatlichen Wirtschaftspolitik bzw. zu den Interventionen in den Wirtschaftsprozess, die Voraussetzungen geschaffen, Hypothesen über die Determinanten des Wirtschaftswachstums einzelner Länder in der Nachkriegszeit systematisch zu testen. Die Diskussion läuft noch und angesichts der Bedeutung und Dauerhaftigkeit der Debatte über ordnungspolitische Voraussetzungen des Wirtschaftswachstums in der aktuellen Politik (Deregulierung, Privatisierung, Übergang von der sozialistischen Wirtschaftsplanung zur marktwirtschaftlichen Steuerung etc.) gewinnt die Wirtschaftsgeschichte der westeuropäischen Volkswirtschaften nach 1945 an Bedeutung, besonders der Fall Westdeutschlands. Auch dieses Gebiet belegt die Fruchtbarkeit der Cliometrie als eine Form der Wirtschaftsgeschichtsschreibung.

d. Neue Institutionenökonomik

Die Neue Institutionenökonomik übt derzeit einen erheblichen Einfluss auf die Wirtschaftsgeschichtsschreibung aus. Sie zeichnet sich dadurch aus, dass sie die institutionellen Bedingungen ökonomischen Handelns in ihrer Komplexität ernst nimmt, ohne deshalb aber auf eine reine ökonomische Erklärung der wirtschaftlichen Entwicklung zu verzichten. Sie unterwirft mithin die Analyse des institutionellen Sets einer Wirtschaft einer ökonomischen Betrachtung. Während die neoklassische Mainstreamökonomik sich vornehmlich mit Mengen und Preisen beschäftigt, den institutionellen Rahmen als extern vorgegebenen ansieht und nach den Gesetzmäßigkeiten innerhalb dieses Rahmens fragt, ohne ihn selbst zu berücksichtigen, versucht die Neue Institutionenökonomik gerade die Auswirkungen der Institutionen auf das menschliche Verhalten und den Wandel der Institutionen zu analysieren. Unter Institutionen werden die gesamten formellen und informellen Regelsysteme und die mit ihnen verbundenen Anreiz- und Sanktionsmechanismen einer Gesellschaft verstanden, soweit sie für die Steuerung ökonomischen Verhaltens und Handelns Relevanz besitzen. Regeln sollen diesem Verhalten und Handeln eine gewisse Stabilität und Berechenbarkeit geben. Da es kaum eine Institution gibt, die nicht in irgendeiner Weise auf das Handeln der Wirtschaftssubjekte Einfluss nimmt, können letztlich fast alle Regeln des menschlichen Zusammenlebens berücksichtigt werden – von Gesetzen und Verordnungen über Traditionen und Gebräuche bis zu Moral und Ethik. Da sich der institutionelle Rahmen von Wirtschaften ständig wandelt, ist die Neue Institutionenökonomik zwangsläufig auf Änderungsprozesse in der Zeit hin orientiert, also für historische Fragestellungen offen. In der Institutionenordnung findet sich der Kern der leistungsbestimmenden Faktoren einer Volkswirtschaft; die Analyse von Struktur und Wandel dieser Ordnung ist daher die Kernaufgabe der Wirtschaftsgeschichte.

Die Neue Institutionenökonomik bleibt der Neoklassik und ihren methodologische Grundannahmen weitgehend, aber nicht vollständig treu. Konstitutiv für die Neue Institutionenökonomik und die sich hierauf beziehende Wirtschaftsgeschichtsschreibung ist die transaktionskostentheoretische Erweiterung der neoklassischen Analyse sowie die Umarbeitung zentraler Annahmen der Neoklassik im Kontext von Entscheidungstheorie und Informationsökonomik:

(1) Ronald H. Coase hatte gezeigt, dass die Nutzung von Märkten Kosten verursacht, und dass die Höhe dieser Kosten Einfluss auf die Effizienz (und die Organisationsform) einer Volkswirtschaft nimmt. Die Begrenzung des Kostenbegriffs in der Neoklassik auf die reinen Faktor- bzw. Produktionskosten sei mithin nicht zureichend; es müssten auch die Transaktionskosten bei der Beschaffung und Nutzung der Produktionsfaktoren berücksichtigt werden. Aus diesen Überlegungen entwickelte sich nach dem Zweiten Weltkrieg als ein zentrales Theorieelement der Neuen Institutionenökonomik der Transaktionskostenansatz.

(2) In den 1950er Jahren fielen weitere Bausteine des neoklassischen Ansatzes, insbesondere wurde die Vorstellung der Rationalität ökonomischen Handelns zwar nicht aufgegeben, im Konzept der „bounded rationality" aber dahingehend relativiert, dass ökonomisches Handeln nur nach Maßgabe verfügbarer Informationen rational sein könne. Vor allem aber wurde gezeigt, dass das Anstreben von Rationalität selbst irrational werden kann, wenn die Höhe der Informationskosten nicht mit einem entsprechenden Vorteil vollständiger Rationalität korreliert. Gleichzeitig fand damit das Problem asymmetrischer Informationen mehr Beachtung, das dann eine besondere Bedeutung bekommt, wenn man – wie es die Neue Institutionenökonomik tut – interaktives 'Wirtschaften' ganz allgemein bzw. Volkswirtschaften und Unternehmen als vertragliche Beziehungen interpretiert. Das Zusammenfügen von Pro-

duktionsfaktoren in Unternehmen und der Handel mit Waren und Dienstleistungen auf Märkten können als Austausch von Rechten oder als Bündel von Verträgen interpretiert werden, die Menschen formell oder informell eingehen. Vertragliche Beziehungen kennzeichnen auch die jede Form von Wirtschaften dominierende Konstellation der Beziehung zwischen Auftraggeber (Prinzipal) und Auftragnehmer (Agent). Irgendwie ist jedes Wirtschaftssubjekt permanent Agent oder Prinzipal mit Informationsvorsprüngen oder Informationsdefiziten und nicht wenige versuchen, sich im Rahmen solcher Beziehungen einseitig Vorteile zu verschaffen (opportunistisches Verhalten). Die eingehende Beschäftigung mit den Vertrags- oder Principal-Agent-Beziehungen stellt ein weiteres zentrales Theorieelement innerhalb der Neuen Institutionenökonomik dar.

(3) Die Vorarbeiten, die zentrale Annahmen der Neoklassik maßgeblich ergänzten oder veränderten, wurden in den 1960er Jahren fortgeführt, und zwar einerseits zur Theorie der Eigentums- und Verfügungsrechte (Property Rights), andererseits zu einer institutionenökonomischen Konzeption des Unternehmens. Ziel war die Erarbeitung einer realitätsnäheren ökonomischen Handlungstheorie. Mit dem Begriff der Eigentums- und Verfügungsrechte wurde das Anreizschema benannt, in dessen Rahmen der Mensch handelt: Sind die Eigentums- und Verfügungsrechte klar definiert und erlauben sie eine Privatisierung von Handlungsgewinnen zu günstigen Konditionen, dann reizen sie die Einzelnen zu maximaler ökonomischer Tätigkeit an; die Transaktionskosten der Marktnutzung (insbesondere die Such-, Verhandlungs- und Kontrollkosten) sind entsprechend niedrig. Sind hingegen die Eigentums- und Verfügungsrechte unklar oder gar so gefasst, dass die Erträge individuellen Engagements nicht oder nur unzureichend privatisiert werden können, sinkt das ökonomische Aktivitätsniveau und die Transaktionskosten steigen. Insbesondere beschäftigt sich die Neue Institutionenökonomik dabei auch mit dem Problem der so genannten 'externen Effekte', also mit dem Phänomen, dass das wirtschaftliche Handeln der Menschen fast immer Auswirkungen auf die wirtschaftlichen Möglichkeiten anderer hat, diese entweder positiv oder negativ beeinflusst. Eine in diesem Rahmen ansetzende Wirtschaftsgeschichtsschreibung hat mithin nicht allein die jeweilige Nutzung der Produktionsfaktoren quantitativ zu erfassen; sie muss zugleich die Bedeutung der jeweiligen Eigentums- und Verfügungsrechte, ja des gesamten mit ihnen verbundenen Institutionensets für die jeweiligen wirtschaftlichen Aktivitäten klären. Der Property-Rights-Ansatz ist das dritte wichtige Theorieelement der Neuen Institutionenökonomik.

Wie sich diese Ansätze zueinander verhalten, ist nicht klar. Klar ist allerdings, dass sie sich überschneiden, dass sie sich ergänzen und dass sie in der Neoklassik einen gemeinsamen Ausgangspunkt besitzen. Mit ihnen soll die zentrale Frage beantwortet werden, wie Institutionen das menschliche Verhalten im Rahmen eines bestimmten institutionellen Arrangements beeinflussen. Eine weitere und für Historiker mindestens ebenso interessante Frage ist, wovon das Entstehen und der Wandel von Institutionen abhangen. Die 'Theorie des institutionellen Wandels' von Douglass C. North setzt hier an. Sie soll zweierlei leisten, nämlich einerseits zur 'Erklärung der institutionellen Struktur, die einem Wirtschaftssystem zugrunde liegt und seine

Leistungsfähigkeit bestimmt, und andererseits zur Erklärung von Veränderungen dieser Struktur' beitragen. Als Teil der Institutionenökonomik ist der Ausgangs- und Angelpunkt seiner Analyse der methodologische Individualismus und die neoklassischen Annahmen über das menschliche Verhalten und Handeln in ökonomischer Hinsicht. Im Kern geht es um eine ökonomische Handlungstheorie zur Erklärung der wirtschaftshistorischen Entwicklung. Die vorhandenen Modelle der ökonomischen Theorie neoklassischer Provenienz reichen nach North hierzu nicht aus, da sie vom realen ökonomischen Prozess zu stark abstrahieren und eine Reihe sehr unwahrscheinlicher Annahmen über das Funktionieren von ökonomischen Beziehungen machen müssen, die komplexen historischen Entwicklungsprozessen nicht adäquat seien. Mit der ausschließlichen Betrachtung von preisgesteuerten Tauschbeziehungen unter Abstraktion von den realen Tauschbedingungen könne man den historischen Wandel von Wirtschaftsordnungen und -systemen nicht erklären. Gleichwohl möchte North ein Ausweichen in nicht-neoklassische Erklärungen wirtschaftlichen Verhaltens und Handelns vermeiden. Das zentrale Problem ist daher, wie er die Rahmenbedingungen des ökonomischen Handelns in seine Analyse einbeziehen kann. Aus diesem Grund greift er die Methoden und Ansätze der Neuen Institutionenökonomik auf. Zwar setzt die Neue Institutionenökonomik mit dem Postulat der bedingten Rationalität und des Opportunismus nichthistorische Axiome, durch die das Wirtschaftshandeln von Menschen raumzeitübergreifend bestimmt sei; durch den Einbezug der institutionellen Struktur einer Gesellschaft werden aber diese Annahmen erheblich konkreter als in der so genannten „reinen" Theorie. Die Nutzung und gegebenenfalls Neudefinition von Property Rights ist nun laut North der Motor nicht nur der ökonomischen Entwicklung selbst, sondern auch der entscheidende Antrieb zur Gestaltung der institutionellen Struktur einer Gesellschaft. Verhalten und gegebenenfalls Verhaltensänderungen von Menschen und/oder Menschengruppen hängen entsprechend mit den Kosten von Institutionen bzw. durch sie bedingten Preisverschiebungen zusammen, die die Möglichkeit der Nutzung der Property Rights beeinflussen. Jene institutionelle Struktur erweist sich dabei der Theorie nach als die wirtschaftlich effektivste, die die höchsten Anreize zu wirtschaftlicher Aktivität mit den niedrigsten Institutionen- bzw. hierdurch bestimmten Transaktionskosten verbindet – entsprechend der liberalen Axiomatik mithin eine möglichst weitreichende Privateigentumsordnung mit schwacher staatlicher Regulierung und hoher Regelakzeptanz. Im Kern landet North damit bei einer Apotheose der abendländisch-westlichen Moderne, deren ökonomische Überlegenheit gerade durch die (weitgehende) Angemessenheit ihrer Institutionen gegenüber der „ökonomischen Natur" des Menschen bestimmt wird.

Die Stärken und Schwächen der Neuen Institutionenökonomik sind offensichtlich. Im Hinblick auf die Schwächen ist zunächst das Kleben am methodologischen Individualismus und die damit gegebene Akzeptanz bestimmter anthropologischer Grundannahmen zu erwähnen, die freilich in ihrer generalisierten Form Paradoxien hervorrufen. Eine generalisierte Nützlichkeitsunterstellung träfe ja auch den Wirtschaftshistoriker, der aber doch beansprucht, wissenschaftlichen Fortschritt zu erzielen, und nicht nur das ihm selbst Nützliche zu tun! Auch ist der Rationalitätsbegriff in seiner modernen Form selbst paradox, da es durchaus unvernünftig sein kann, vernünftig zu sein etc. Schließlich macht der methodologische Individualismus auch nicht plausibel, wie ökonomisches Geschehen auf letzte Einheiten, nämlich individuelles Entscheidungsverhalten, wirklich zurückgeführt werden kann, da gerade die unterstellten letzten Einheiten selbst nur Teile von übergreifenden Interaktionsketten sind, durch die ihre einzelnen Elemente erst ermöglicht werden. Die Neue Institutionenökonomik teilt mit der Neoklassik weiterhin den statischen Charakter. In der Neoklassik tendiert die Entwicklung zum gleichgewichtigen Stillstand, aus dem heraus sie wiederum externe Impulse zu neuen Ungleichgewichten treiben: Der Ruhepunkt ist aber eindeutig vorgegeben und das dynamische Element gerade ökonomisch nicht fassbar. Ähnlich ist es mit institutionellen Arrangements: Unter offenen Bedingungen würde sich das transaktionskostenoptimale Institutionenset durchsetzen und alle anderen institutionellen Ordnungen verdrängen. Auch hier träte schließlich institutioneller Stillstand ein, brächten nicht äußere Impulse (Technik, Kultur, Politik, Militär) die jeweiligen relativen Preise wieder derart durcheinander, dass neue institutionelle Arrangements nötig werden, in der Sprache der Neuen Institutionenökonomik sich also die beteiligten ökonomischen Akteure um entsprechende neue Arrangements bemühen, von denen aber wiederum die optimale Lösung alle anderen verdrängt. Die Neue Institutionenökonomik ist mithin, gerade um historisch subtil argumentieren zu können, auf den Einbezug nichtökonomischer Faktoren angewiesen, die ihrerseits selbst ökonomischem Räsonnement – zumindest in seiner institutionenökonomischen Engführung – nicht zugänglich sind.

Im Hinblick auf die Theorie des institutionellen Wandels behauptet North sogar, auf diese Weise die Etappen der Weltgeschichte institutionenökonomisch plausibilisieren zu können. Im einzelnen zeigt sich dann freilich sehr schnell die Grenze einer derartigen Behauptung, da zahlreiche Wandlungen institutioneller Strukturen gerade nicht mit eigeninteressiertem Verhalten ursächlich korrelieren, schon gar nicht in jener alteuropäischen Welt, in der moderne Rationalitätsvorstellungen bis zum Ende des Ancien Regime ohnehin nur eingeschränkt hätten institutionenbegründend wirken können. North räumt die Beschränkungen seines Ansatzes grundsätzlich ein, glaubt allerdings, durch weitere Forschung ihrer Herr werden zu können. Die bisherige Forschung hat diesen Optimismus freilich nur bedingt gerechtfertigt. Institutionenökonomische Analysen existieren derzeit in einer ganzen Reihe von Arbeiten, von denen allerdings nur bestimmte wirklich den Status originärer Forschungsleistungen beanspruchen können. Hiervon ist zudem die überwiegende Zahl unternehmenshistorisch ausgerichtet. Es überwiegen Studien, in denen bereits vorliegende Forschungsergebnisse im Lichte der Neuen Institutionenökonomik reformuliert werden, wobei Institutionenökonomen kontern würden, dass erst die richtige Begrifflichkeit die Zusammenhänge auf den Punkt bringen. Bis heute gibt es keinen erkennbar funktionierenden Ansatz, mit dem die Höhe der mit den jeweiligen Property Rights verbundenen Transaktionskosten bestimmt werden könnte, um dann zu gehaltvollen Vergleichen unterschiedlicher institutioneller Ordnungen zu gelangen.

Zu den Stärken der Neuen Institutionenökonomik zählt, dass den gesellschaftlichen Institutionen, die moderne Ökonomie ermöglichen, größere Aufmerksamkeit geschenkt wird, nachdem nach dem Verblassen marxistischer Argumentationsschemata die Frage nach der Bedeutung der „Produktionsverhältnisse" zeitweilig in den Hintergrund getreten war. Zumindest aus neoklassischer Sicht ist der Versuch neu, die Auswirkungen von Institutionen auf das menschliche Verhalten in der ökonomischen Analyse zu berücksichtigen. Neu ist auch der Versuch, die jeweilige institutionelle Konfiguration als das Ergebnis der um ihre je individuellen Vorteile streitenden ökonomischen Akteure zu sehen, und – hiervon ausgehend – institutionellen Wandel vor allem als Folge von Begünstigungen bzw. Benachteiligungen einzelner Akteure durch spezifische institutionelle Strukturen einerseits, den Folgen der Verschiebung relativer Preise (etwa durch Kriege, technische Neuerungen etc.) für diese institutionellen Strukturen andererseits zu erklären. Zu ihren Stärken gehört auch, dass sie offener gegenüber anderen Verhaltenswissenschaften ist. Sie ist realitätsnäher und kann präziser formuliert werden. Institutionen sind nicht mehr einfach vorgegeben, sondern von Menschen gemacht und von Menschen veränderbar. Das Wirtschaften vollzieht sich nicht mehr auf der Grundlage eindeutig definierter Eigentumsrechte und eindeutig definierter Verträge, sondern besteht aus komplizierten, sich überschneidenden Rechten und Beziehungen, zu denen auch formlose oder informelle gehören. Märkte stehen nicht kostenlos zur Verfügung. Mit dieser umfassenderen und realistischeren Problembeschreibung eröffnet sich zumindest potentiell die Möglichkeit, auch für die historische Analyse ausreichend operational formuliert werden zu können. Es ist wohl diese Möglichkeit, einen modelltheoretischen Zugriff mit einer empirischen Untersuchung zu verbinden, die die Neue Institutionenökonomik für Wirtschaftshistoriker attraktiv macht. Manche sehen sogar die Chance, Wirtschaftshistoriographie und Wirtschaftswissenschaft über den institutionenökonomischen Ansatz wieder enger zusammenzuführen.

4. Teilgebiete

Thematisch zerfällt die Wirtschaftsgeschichte in eine Reihe von Teilgebieten, die zum Teil erheblich gegeneinander ausdifferenziert sind. Ihr gemeinsamer Kern liegt jedoch in der Thematisierung von Facetten des ökonomischen Prozesses, sei es aus der Perspektive der Akteure (Haushalte, Unternehmer), sei es aus der Perspektive der konstitutiven Rahmenbedingungen des Ökonomischen (Bevölkerung, Raum, Technik), sei es aus der Sicht des ökonomischen Prozesses selbst (Konjunktur, Wachstum, Strukturwandel, Arbeitsmarkt, Einkommensverteilung, Geld- und Kreditwesen, internationale Wirtschaftsbeziehungen), sei es aus der Perspektive der politischen Institutionen- und Marktgestaltung (Wirtschaftspolitik, Arbeitsmarkt, Industrielle Beziehungen). Jedes der Teilgebiete verfügt dabei über ein im folgenden im einzelnen detailliert diskutiertes Sample von Fragestellungen und Methoden, die jedoch letztlich immer auf die Frage nach der Funktionsfähigkeit ökonomischer Ordnungen und der durch sie bestimmten wirtschaftlichen Dynamik zurückführen.

Chronologisch befasst sich „Moderne Wirtschaftsgeschichte" schließlich mit dem ökonomischen Strukturwandel in der Moderne unter Verwendung moderner ökonomischer Analyseverfahren. „Moderne Wirtschaftsgeschichte" bezieht sich mithin auf die Entwicklung einer bereits aus ihren traditionellen Bindungen gelösten Wirtschaft, die nach ihren eigenen Regeln funktioniert, die nicht mehr den Vorgaben der Ethik oder der Religion folgen, sondern von der Eigenlogik monetär kodierter ökonomischer Interaktionsprozesse bestimmt sind. Sie kann und will daher auch nicht beanspruchen „allgemeine Wirtschaftsgeschichte" zu sein, die ja in ihrem gegenständlichen und methodischen Zugriff entsprechend der vormodernen „Eingebettetheit" (Polanyi) allen wirtschaftlich relevanten Handelns mit einem umfassenderen Verständnis sozialer Interaktion arbeiten muss. Insofern kann „Moderne Wirtschaftsgeschichte" letztlich auch nur wenig über die historischen Bedingungen der Entstehung einer modernen Wirtschaft, deren Existenz sie ja ihre eigenen Analyseverfahren verdankt, aussagen. Hier ist ein gesellschaftsgeschichtlicher Zugriff verlangt, wie ihn etwa Max Weber für die Rolle der protestantischen Ethik bei der Durchsetzung des modernen Kapitalismus verwandt hat. Die „Moderne Wirtschaftsgeschichte" ist insofern bescheidener, was freilich ihrer Bedeutung für das Verständnis gegenwärtigen ökonomischen Strukturwandels keinen Abbruch tut.

Literaturliste

BATEN, Jörg, Die Zukunft der kilometrischen Wirtschaftsgeschichte im deutschsprachigen Raum, in: Günther SCHULZ u.a. (Hg.), Sozial- und Wirtschaftsgeschichte. Arbeitsgebiete – Probleme – Perspektiven, Wiesbaden 2004, S. 639–653.

BAUER, Clemens, Wirtschafts- und Sozialgeschichte, in: Staatslexikon, Bd. 8, 1963, Sp. 838–847.

BELOW, G. von, Wirtschaftsgeschichte innerhalb der Nationalökonomie, in: Vierteljahrschrift für Social- und Wirtschaftsgeschichte 5 (1907), S. 480–524.

BERGHAHN, Volker, Foreign Influences on German Social and Economic History, in: Günther SCHULZ u.a. (Hg.), Sozial- und Wirtschaftsgeschichte. Arbeitsgebiete – Probleme – Perspektiven, Wiesbaden 2004, S. 447–468.

BEUTIN, Ludwig; Hermann KELLENBENZ, Grundlagen des Studiums der Wirtschaftsgeschichte, Köln, Wien 1973

BOELCKE, Willi A., Wirtschafts- und Sozialgeschichte. Einführung, Bibliographie., Methoden, Problemfelder, Darmstadt 1987.

BORCHARDT, Knut, Wirtschaftsgeschichte: Wirtschaftswissenschaftliches Kernfach, Orchideenfach, Mauerblümchen oder nichts von dem?, in: Hermann KELLENBENZ, Hans POHL (Hg.), Historica sociales et oeconomica, Stuttgart 1987, S, 17–31.

BOYER, Robert, Économie et histoire: vers de nouvelles alliances?, in: Annales 44 (1989), S. 1397–1426.

CIPOLLA, Carlo M., Between History and Economics. An Introduction to Economic History, Oxford 1981.

FIELD, Alexander J. (ed.), The Future of Economic History, Boston 1987.

FISCHER, Wolfram, Was heißt und zu welchem Ende studiert man Wirtschafts- und Sozialgeschichte?, in: H. MAIER-LEIBNITZ (Hg.), Zeugnisse des Wissens 1986, S. 633–667.

FOGEL, Robert W., Die neue Wirtschaftsgeschichte. Forschungsergebnisse und Methoden, Köln 1970.
HICKS, John, A Theory of Economic History, Oxford 1969.
KAUFHOLD, Karl Heinrich, Wirtschaftsgeschichte und ökonomische Theorien. Überlegungen zum Verhältnis von Wirtschaftsgeschichte und Wirtschaftstheorie am Beispiel Deutschlands, in: Gerhard SCHULZ (Hg.), Geschichte heute. Positionen, Tendenzen und Probleme, Göttingen 1973, S. 256–280.
KELLENBENZ, Hermann, Wirtschaftsgeschichte, in: Handwörterbuch der Sozialwissenschaften, Bd. 12, 1965, S. 124–141.
KELLENBENZ, Hermann; Rolf WALTER, Die Wirtschaftsgeschichte im Rahmen der Wirtschaftswissenschaften, in: WiSt, 1980, Heft 9, S. 411–417.
KINDLEBERGER, Charles P., Economic laws and Economic History, Cambridge u.a. 1989.
KRAUS, Willy, Das Verhältnis von Wirtschaftsgeschichte und Wirtschaftstheorie in der modernen Nationalökonomie, in: Vierteljahrschrift für Sozial- und Wirtschaftsgeschichte 42 (1955), S. 193–213.
PIERENKEMPER, Toni, Gebunden in zwei Kulturen. Zum Standort der modernen Wirtschaftsgeschichte im Spektrum der Wissenschaften, in: Jahrbuch für Wirtschaftsgeschichte 2 (1995), S. 163–176.
PIERENKEMPER, Toni, Wirtschaftsgeschichte und Wirtschaftswissenschaften. Vom Nutzen ihrer Wechselwirkungen, in: Günther SCHULZ u.a. (Hg.), Sozial- und Wirtschaftsgeschichte. Arbeitsgebiete – Probleme – Perspektiven, Wiesbaden 2004, S. 577–597.
POHL, Hans Betrachtungen zum wissenschaftlichen Standort von Wirtschafts- und Unternehmensgeschichte, in: Vierteljahrschrift für Sozial- und Wirtschaftsgeschichte 78 (1991), S. 326–343.
SCHMOLLER, Gustav, Volkswirtschaft, Volkswirtschaftslehre und -methode, in: Handwörterbuch der Staatswissenschaften, Bd.6, 1894, S. 527–563.
SCHULZ, Günther, Die neuere deutsche Wirtschaftsgeschichte: Themen – Kontroversen – Erträge der Forschung, in: Wilfried FELDENKICHEN u.a. (Hg.), Wirtschaft, Gesellschaft, Unternehmen. Festschrift für Hans Pohl zum 60. Geburtstag, 1. Teilband, Stuttgart 1995, S. 400–425.
TILLY, Richard, Einige Bemerkungen zur theoretischen Basis der modernen Wirtschaftsgeschichte 1 (1994), S. 131–149.
TILLY, Richard, Wirtschaftsgeschichte und Ökonomie: zur Problematik der Interdisziplinarität, in: Jahrbuch für Politische Ökonomie 7 (1988), S. 248–265.
TILLY, Richard, German economic history and Cliometrics: A selective survey of recent tendencies, in: European Review of Economic History 5 (2001), S. 151–187.
TORTELLA CASARES, Gabriel, Einführung in die Ökonomie, Regensburg 1992.
Verschiede Autoren, Wirtschafts- und Sozialgeschichte – Neue Wege?, in: Vierteljahrschrift für Sozial- und Wirtschaftsgeschichte 82 (1995), S. 387 ff.
WALTER, Rolf, Einführung in die Wirtschafts- und Sozialgeschichte, Paderborn 1994.
WALTER, Rolf, Die Metaphysik des Bindestriches. Was hält die Wirtschafts- und Sozialgeschichte zusammen?, in: Günther SCHULZ u.a. (Hg.), Sozial- und Wirt-

schaftsgeschichte. Arbeitsgebiete – Probleme – Perspektiven, Wiesbaden 2004, S. 429–446.

WEHLER, Hans-Ulrich (Hg.), Geschichte und Ökonomie, Köln 1973.

ZIEGLER, Dieter, Die Zukunft der Wirtschaftsgeschichte. Versäumnisse und Chancen, in: Geschichte und Gesellschaft 23 (1997), S. 405–422.

ZORN, Wolfgang, Einführung in die Wirtschafts- und Sozialgeschichte des Mittelalters und der Neuzeit. Probleme und Methoden, München 1972.

ZORN, Wolfgang, Wirtschaftsgeschichte, in: Handwörterbuch der Wirtschaftswissenschaften, Bd. 9, 1982, S. 55–82.

ZORN, Wolfgang, Sozial- und Wirtschaftsgeschichte, in: Staatslexikon, Bd. 4, 1989, Sp. 78–82.

Toni Pierenkemper

Haushalte

Jegliches ökonomisches Handeln dient der Bedürfnisbefriedigung von Menschen mittels knapper Güter. Gäbe es nur „freie", d.h. unbegrenzt verfügbare und mühelos mobilisierbare Dinge, so entfiele der Zwang zum Wirtschaften, d.h. zum ökonomischen Einsatz knapper Güter schlechthin. Befriedigt ein Individuum in einer Volkswirtschaft seine Bedürfnisse, so tut es das als Konsument und es tätigt zugleich einen Verbrauch an knappen Gütern. Den ökonomischen Ort, an dem sich derartige Verbrauchsakte vollziehen, nennt man „Haushalte". Die wesentliche ökonomische Funktion eines Haushaltes besteht darin, den Konsum bzw. den Verbrauch seiner Mitglieder zu organisieren [PIERENKEMPER 1987, Haushalt und Verbrauch in historischer Perspektive. Zum Wandel des privaten Verbrauches, 10]. Haushalte müssten demgemäß eigentlich im Kern jeder ökonomischen Analyse stehen und eine zentrale Kategorie der ökonomischen Theorie bilden. Dies ist jedoch nicht der Fall. Auch als Objekte der Wirtschaftsgeschichte werden Haushalte nur selten wahrgenommen und allenfalls am Rande behandelt.

1. Ansätze zu einer wissenschaftlichen Durchdringung des Haushaltshandelns

Die Auffassung, dass „... die Erforschung des Konsums ... ein eindrucksvolles Bild von der Einheit der Sozialwissenschaften ..." bietet [SCHERHORN 1969] erscheint daher äußerst irreführend. Zwar trifft es zu, dass eine größere Zahl wissenschaftlicher Disziplinen sich dem Studium dieses Objektes zuwenden, ihre Forschungsansätze sind jedoch außerordentlich unterschiedlich, und daher erscheinen die Ergebnisse so heterogen, dass sich ein einheitliches Bild über den gemeinsamen Gegenstand daraus kaum ergibt – falls man in den verschiedenen Wissenschaftsbereichen überhaupt voneinander Kenntnis nimmt [SCHWEITZER 1988].

In den Wirtschaftswissenschaften dominiert bis in die Gegenwart die mikroökonomische Rationalitätstheorie des privaten Haushaltes, insbesondere die der Konsumgüternachfrage, gelegentlich ergänzt um eine ebensolche des Arbeits- und des Kapitalangebots [LUCKENBACH 1975]. Erst in jüngerer Zeit zeigen sich einige Ansätze, die die Schwächen dieser traditionellen Wahlhandlungstheorie dadurch zu überwinden suchen, dass sie eine Neuformulierung und Erweiterung der Theorie der Wahlhandlungen unter Einschluss des Nicht–Markt–Sektors anstreben. Dieser „Haushalts–Produktionsansatz" geht davon aus, dass Haushalte die Befriedigung der

Bedürfnisse ihrer Mitglieder nicht nur durch den Kauf von Marktprodukten, sondern alternativ dazu auch durch Eigenproduktion organisieren können. Folglich haben sie die Wahl, ihre verfügbare Zeit zwischen Erwerbsarbeit für den späteren Kauf von Marktprodukten und einer unmittelbaren Haushaltsproduktion aufzuteilen. Haushalte maximieren deshalb nicht dadurch ihren Nutzen, dass sie ihre Einkünfte optimal auf die verschiedenen Ausgabekategorien aufteilen (optimaler Verbrauchsplan der traditionellen Haushaltstheorie), sondern sie haben darüber hinaus auch die Möglichkeit, zu entscheiden, ob sie bestimmte Bedürfnisse durch eine selbstorganisierte Haushaltsproduktion unmittelbar befriedigen, oder ob sie zu deren Befriedigung Marktgüter kaufen wollen und dazu zunächst Erwerbseinkommen erzielen müssen [BECKER 1982].

Die Kritik der Haushaltswissenschaften wendet sich gegen die restriktiv formulierten Modelle der Mikroökonomie, in denen nur wenige ökonomische Variablen, die zum Teil noch sehr ungenau definiert sind, wie z.B. die Präferenzen der Haushalte, die gesamte Komplexität des Handelns in Haushalten erklären sollen. Die Haushaltswissenschaft möchte sich ausschließlich der Untersuchung von Haushalten widmen und geht in ihrem Forschungsansatz davon aus, dass „... haushälterisches Handeln nicht ausreichend durch ökonomische Rationalität gesteuert werden kann ..." [SCHWEITZER 1978, 30] und daher zumindest noch die Informationsproblematik in eine entsprechende Untersuchung mit einzubeziehen sei. Da die Formulierung eines erweiterten hauswirtschaftlichen Handlungsmodells fehlt und weder „haushälterische Vernunft" [SCHWEITZER 1978] noch „Abstimmung" [RICHARZ 1991] oder gar „Unterhaltswirtschaft" [EGNER 1974, 17] ein alternatives Konzept zum ökonomischen Wahlhandlungsmodell bieten, fehlt der Kritik der Haushaltswissenschaft an den mikroökonomischen Modellen jedoch eine für die weitere Forschung konstruktive Grundlage.

Die Soziologie beschäftigt sich in Teilbereichen ebenfalls mit Haushalten, wobei hier weniger die ökonomischen, als vielmehr die sozialen Funktionen der Haushalte, vor allem der Familienhaushalte von Interesse sind [EMGE 1981]. Im Bereich der Familiensoziologie werden dem Familienhaushalt zahlreiche unterschiedliche Funktionen zugeschrieben, unter anderem die ökonomische Reproduktion der Individuen [KÖNIG 1974, 71ff.; MÜHLFELD 1976, 46]. Derartige Ansätze führen jedoch außer im Bereich der Soziologie des Konsums bzw. des Verbraucherverhaltens nur selten zu systematischen Untersuchungen des Verbrauchsverhaltens von Familienhaushalten, die in dieser Sicht vornehmlich als Konsumgemeinschaften erscheinen, über die zahlreiche empirische Belege mobilisiert werden können, ohne dass ihr Verhalten anders als mit „ad hoc"-Hypothesen erklärt werden könnte [SCHERHORN 1969; WISWEDE, 1972].

In den Geschichtswissenschaften treten Familienhaushalte bereits in älteren Arbeiten über das „ganze" Haus als Lebens- und Versorgungsgemeinschaft in das Blickfeld [BRUNNER 1956, 33ff.]. Diesen liegt jedoch ein sehr weit gefasster Haushaltsbegriff zugrunde, der sowohl hinsichtlich der Haushaltsmitglieder als auch der zu untersuchenden Haushaltfunktionen weit über das hinausging, was als „Verbrauchsorganisation für Familienhaushalte" zu apostrophieren ist. Zudem haben neuere Arbeiten die empirische Gültigkeit eines derartigen Haushaltstypus für „Alteuropa" ebenfalls in Frage gestellt [ROSENBAUM 1975]. Die meisten neueren Beiträge über historische Haushalte beziehen sich überwiegend auf deren Struktur und Differenzierung und vernachlässigen nahezu völlig die ökonomische Funktion der Haushalte. Zu einer Wirtschaftsgeschichte der privaten Haushalte vermögen auch sie daher wenig beizutragen.

2. Konsum und Verbrauch in der Geschichte

Historische Belege für das Haushaltshandeln, d.h. über die Organisation des Verbrauchs seiner Mitglieder, lassen sich seit der Frühzeit finden, geben aber nur spärlich Auskunft über die wichtigste Seite des Alltags dieser Menschen, über die Sicherung ihrer physischen Existenz und Reproduktion. In einer Ökonomie der Armut, deren Gültigkeit in Europa bis an die Grenzen der Neuzeit reicht und in einigen Weltregionen bis heute noch nicht überwunden scheint, ergeben sich zudem für die Mehrheit der Bevölkerung kaum Alternativen in der Verbrauchsgestaltung, so dass sich das Problem einer alternativen Gestaltung des Verbrauchs noch nicht stellte. Noch für das mittelalterliche Europa lässt sich festhalten, dass die Mehrzahl der Haushalte sich in ihren Lebensverhältnissen um das Existenzminimum bewegten [ROEHL 1983, 70] und wegen der Instabilität der Ernteerträge und der daraus resultierenden Teuerungen und Hungerkatastrophen große Teile der Bevölkerung periodisch in den Zustand der Armut verfielen [MOLLAT 1984, 58–67]. Die alltägliche Kost war wenig abwechslungsreich, stark von den lokalen und regionalen Gegebenheiten geprägt und differenzierte sich allein hinsichtlich der sozialen Zugehörigkeit der einzelnen Haushalte [BEHRE 1986, 86]. Für die Bauern, die die überwiegende Mehrheit der Bevölkerung und zugleich die Unterschicht der Gesellschaft stellten, bestand die Grundnahrung aus Getreideprodukten, die sie selbst erzeugten. Damit war der Großteil ihres Verbrauchs bereits beschrieben, denn für einfachste Bekleidung, primitivste Behausung, Hausrat und Beheizung bot sich wegen der geringen Produktivität der Agrarproduktion kaum noch Raum zur Befriedigung. Allein die an Zahl verschwindend kleine Oberschicht konnte differenzierte Verbrauchsmuster entfalten, in denen auch Güter, die über Märkte getauscht wurden, eine zunehmend bedeutendere Rolle spielten, wie z.B. Wein, Gewürze, Tuche und verschiedene Baumaterialien. Die ebenfalls nicht sehr umfangreiche Mittelschicht der Handwerker, Kaufleute, Kleriker etc. blieb eng an die Städte gebunden und befriedigte daher große Teile ihres Konsums ebenfalls über Märkte und lebte in leicht besseren, wenn auch sehr viel teureren Wohnverhältnissen als die Landbewohner.

Auch in der frühen Neuzeit änderten sich die Lebensverhältnisse der Mehrheit der Bevölkerung noch nicht grundlegend. Das verstärkte Bevölkerungswachstum seit dem späten Mittelalter, ohne entsprechende Ausdehnung der Agrarproduktion, zwang die Bevölkerung, sich in ihrem Nahrungsverhalten umzustellen, verstärkt pflanzliche Nahrung zu konsumieren und von der fleischreicheren Kost des Spätmittelalters Abschied zu nehmen [ABEL 1981, 32–39]. Noch im 16. Jahrhundert entfielen 60–80 v.H. des Konsums der ländlichen Bevölkerung auf die Deckung des Nahrungsmittelbedarfs [CIPOLLA 1976, 30]. Daneben blieb zur Befriedigung anderer Bedürfnisse kaum etwas übrig: Die Kleidung blieb miserabel, häufig trug man nicht viel mehr als Lumpen und lebte in elenden Hütten. Ausreichend Nahrung erhielten allenfalls die besser Situierten, deren Konsum dann häufig angesichts des allgemeinen Mangels, der Demonstration ihres Reichtums diente: Völlerei, Putzsucht und luxuriöses Wohnen zeigten das andere Extrem frühneuzeitlichen Verbrauchs [CIPOLLA 1976, 35–37]. Insgesamt wurde jedoch das Güterangebot zunehmend reichhaltiger, die Lebensbedingungen verbesserten sich allmählich, und nach und nach kamen auch die Unterschichten in den Genuss des wachsenden Güterangebots; gleichwohl die Kluft zwischen Arm und Reich wurde nicht geschlossen, sondern sie weitete sich sogar noch [MINCHINTON 1983; ARIÈS/DUBY 1990]. Genauere quantitative Angaben über das Budget einzelner Haushalte lassen sich für diese frühe Zeit nur selten mobilisieren und beziehen sich ausschließlich auf Oberschichtenhaushalte; sie bestätigen jedoch die anderwärts auffindbaren qualitativen Aussagen [RICHARZ 1971].

Mit der beginnenden Industrialisierung im 18. Jahrhundert machten sich erste Veränderungen im Verbrauchsverhalten der Unterschichten bemerkbar. Wenn auch zunächst noch eine bemerkenswerte Kluft zwischen dem Überfluss der Reichen und der Not der Armen bestehen blieb, so konnten auch die Armen allmählich ihre Nahrungssituation verbessern, und insbesondere die anwachsenden Mittelklassen profitierten vom zunehmenden Wohlstand [MINCHINTON 1976]. Helles Weizenbrot fand gegenüber dem Roggenbrot stärkere Verbreitung, der Fleischkonsum stieg wieder an und neuartige Nahrungs- und Genussmittel wie Kartoffeln, Zucker, Tee, Kaffee etc. gingen in die allgemeine Kost ein [KULISCHER 1965, 25–33]. Ob und inwieweit die Verbesserung der Lebensverhältnisse auch schon die frühindustrielle Arbeiterschaft betroffen hatte oder ob sie einer weitgreifenden Verelendung anheim gefallen war, darüber ist gerade in England eine ausgedehnte Kontroverse ausgefochten worden [FISCHER/BAJOR 1967], mit dem Ergebnis, dass in England – und in Deutschland wohl noch später – vor 1840 kaum von einem deutlichen Anstieg des Lebensstandards der Fabrikarbeiterhaushalte gesprochen werden kann.

In Deutschland lässt sich eine deutliche Verbesserung des Massenkonsums erst in der zweiten Hälfte des 19. Jahrhunderts beobachten [TEUTEBERG 1976]. Diese Verbesserung bezog sich auf die Wohnverhältnisse, die jedoch bis ins 20. Jahrhundert im Zuge der umfassenden Urbanisierung der deutschen Gesellschaft äußerst prekär blieben [NIETHAMMER 1976]. Festzuhalten bleibt allerdings, dass gerade im Verbrauchsverhalten der verschiedenen Haushalte sich deutlich soziale Unterschiede ausdrücken, die eine Differenzierung des Konsums gerade auch in den entwickelten Industriegesellschaften dringend erforderlich machen. Es zeigen sich z.B. nicht nur deutlich unterscheidbare Konsumgewohnheiten zwischen adeligen, bürgerlichen und proletarischen Haushalten [PIERENKEMPER 1991, Der bürgerliche Haushalt], sondern auch innerhalb der einzelnen sozialen Schichten selbst finden sich weitere deutliche Differenzierungen, und darüber hinaus stellt sich die Frage, inwieweit eine Unterscheidung des Verbrauchs nach sozialen Schichten überhaupt noch die Komplexität differentieller Konsummuster in fortgeschrittenen Industriegesellschaften spiegelt [SPREE 1987].

Alle diese Aussagen über die generelle Entwicklung des Verbrauchsverhaltens der privaten Haushalte in der neueren Zeit wie auch solche über schichtenspezifische Verbrauchsmuster und andere Formen der Differenzierung des privaten Verbrauchsverhaltens stützen sich weitestgehend auf massenstatistische Erhebungen über die Ausgabengestaltung der privaten Haushalte. Derartige Erhebungen finden sich erstmals Ende des 18. Jahrhunderts, und sie lassen sich durchaus als der Beginn einer modernen Sozialstatistik ansehen [PIERENKEMPER 1991, Haushaltsrechnungen]. Seit dem Ende des 18. Jahrhunderts lassen sich erste Haushaltsrechnungen finden, in denen der Versuch offenbar wird, Rechenschaft über das Verbrauchshandeln und damit über die Lebensverhältnisse verschiedener Bevölkerungsschichten zu geben. Damit wurde eine neue Methode der Haushaltsstatistik begründet, die zwar in den Wirtschaftswissenschaften bislang noch keine weite Verbreitung gefunden hat, die für die historische Erforschung des Verbrauchsverhaltens der verschiedenen Bevölkerungsschichten aber neue und umfassende Ergebnisse verspricht.

Haushaltsrechnungen lassen sich für die empirische Analyse des Verbrauchsverhaltens der privaten Haushalte in vielfältiger Weise benutzen. *Erstens* geben sie Einblick in die Struktur des privaten Verbrauchs durch eine Klassifikation der Güterarten [SOKOLL 1991] und ermöglichen damit zugleich den Vergleich zwischen unterschiedlichen Haushalten. Diese Sichtweise bot Ernst Engel [ENGEL 1895] die Grundlage, durch den Vergleich der Struktur der Konsumausgaben von Haushalten mit unterschiedlich hohem Einkommen sein berühmtes „Engelsches Gesetz" zu formulieren, nach dem mit steigendem Einkommen der Anteil der Nahrungsmittelausgaben im Budget sinkt [STIGLER 1954, 98–99]. *Zweitens* können demgemäß Haushaltsrechnungen zur Veranschaulichung unterschiedlicher Lebensgewohnheiten verschiedener Bevölkerungsschichten beitragen. Adelige, bürgerliche und proletarische Haushalte unterscheiden sich nicht nur im allgemeinen Lebensniveau, sondern insbesondere auch in der unterschiedlichen Gewichtung der einzelnen Lebensbereiche, die in ihren Haushaltsausgaben zum Ausdruck kommen [PIERENKEMPER 1991, Zur Ökonomik, 175–79].

Drittens kann auf der Basis von Haushaltsrechnungen, wenn sie in größerer Zahl einheitlich für einen Zeitraum vorliegen, die Wirkung der Veränderung des Haushaltseinkommens auf die Struktur der Ausgaben und ihrer einzelnen Güter analysiert werden [ALLEN/BOWLY 1935]. Ist diese Vorgehensweise methodisch auch nicht ganz unproblematisch, so stimmen deren Ergebnisse doch mit den übrigen empirischen Befunden überein, das Engelsche Gesetz wird z.B. eindrucksvoll bestätigt, und theoretische Erwartungen: Konsumfunktionen lassen sich empirisch ableiten, Elastizitäten, d.h. das Verhältnis zweier relativer Änderungen, z.B. von Preisen und Mengen eines Gutes, sind bestimmbar und können dazu benutzt werden, verschiedene Gütergruppen hinsichtlich der Dringlichkeit der Bedürfnisse, die durch sie zu befriedigen sind, zu klassifizieren. Derartige Versuche zur Bestimmung der Güter nach dem Grade ihrer Dringlichkeit, lassen sich schon in der kameralistischen Literatur finden [JUSTI 1760, 432] und bilden bis heute im Instrument der Nachfrageelastizitäten einen wichtigen Bereich der ökonomischen Theorie [STREISLER/ STREISLER 1966, 45–51].

Natürlich beschränkt sich die empirische Haushaltsforschung heute nicht allein auf die Untersuchung und den Vergleich von Haushaltsrechnungen. Es lässt sich mittlerweile ein umfangreiches haushaltsstatistisches Informationssystem benennen, das sich im Rahmen der amtlichen Statistik der Bundesrepublik Deutschland vor allem stützt auf:
– die Volkszählungen,
– den Mikrozensus,
– die Einkommens- und Verbrauchstichprobe
– und die laufenden Wirtschaftsrechnungen.

Daneben gibt es noch Wohnungserhebungen, das „Satellitensystem Haushaltsproduktion" und neuerdings Zeitbudgeterhebungen [GALLER/OTT 1993, Empirische Haushaltsforschung, 29–33]. Hinzu kommen zahlreiche Untersuchungen und Erhebungen der nichtamtlichen Statistik, so dass wir mittlerweile einigermaßen hinreichend über die privaten Haushalte informiert sind. Aus den jüngeren historischen und den aktuellen Daten ergibt sich ein Bild, das es erst seit Beginn des 20. Jahrhunderts zulässt, realistischer von einer umfassenden Ausweitung des Konsumniveaus weiter Bevölkerungsschichten mit einer deutlichen Umstrukturierung und Ausdifferenzierung des Verbrauchs der privaten Haushalte zu sprechen [SPREE 1990, 217], der schließlich in dem mündete, was einige Beobachter und Analytiker der modernen Industriegesellschaften schon als „Zeitalter des Massenkonsums" zu beschreiben müssen glaubten [ROSTOW 1960, Stadien]. Dieses ist jedoch allenfalls ein Ergebnis der allerjüngsten Entwicklung, denn noch die gesamte erste Hälfte des 20. Jahrhunderts umfasste einen Zeitraum, in dem Kriege, Krisen und Katastrophen verschiedener Art das allgemeine Lebensniveau in Deutschland kaum heben konnten. Erst der stürmische Wirtschaftsaufschwung der letzten vierzig Jahre hat auch hier das hervorgebracht, was man „Gesellschaft im Überfluß" nennen kann [GALBRAITH 1959].

In der Gegenwart zeigt sich hinsichtlich der Struktur der privaten Haushalte eine Tendenz zu immer kleineren Haushaltsgrößen. Betrug 1950 der Anteil der Haushalte mit 5 und mehr Personen noch 16,1 v.H. und derjenige der Einpersonenhaushalte 19,4 v.H., so reduziert sich der Anteil der großen Haushalte (5 und mehr Personen) bis 1995 auf 4,3 v.H., während der Anteil der Einpersonenhaushalte auf 30,9 v.H. steigt. In den Großstädten ist diese Entwicklung sogar noch ausgeprägter: In Städten wie Berlin oder Frankfurt am Main liegt der Anteil der Einpersonenhaushalte mittlerweile schon über 50 v.H. [RAPIN 1990, 49–50]. Zwar ist in den letzten vierzig Jahren das allgemeine Einkommensniveau in der Bundesrepublik bemerkenswert angestiegen, doch verteilen sich die Zuwächse sehr unterschiedlich auf die Erwerbstätigen und ihre Haushalte. Auch die Einkommen der Haushalte mit mehreren Kindern haben an dieser Entwicklung teilgenommen, jedoch darf man daraus nicht ohne weiteres schließen, dass sich damit der Wohlstand dieser Haushalte entsprechend gesteigert habe. Eine Gewichtung der Einkommenszuwächse mit der Zahl der Personen im Haushalt wäre nötig.

Immerhin zeigt ein Vergleich der Ausgabenanteile der privaten Haushalte in der Bundesrepublik Deutschland zwischen 1965 und 1987 für alle unterschiedenen Haushaltstypen ähnliche Trends:
- die Anteile für Nahrungs- und Genussmittel nehmen deutlich ab,
- diejenigen für Wohnungsmieten zeigen eher eine umgekehrte Entwicklung,
- dennoch erhöht sich der frei verfügbare Anteil des Haushaltsbudgets für „Sonstiges" [RAPIN 1990, 152] *(Schaubild 1, eigene Berechnung)*.

Unterstrichen wird diese Entwicklung, wenn man z.b. die Angaben für Urlaub und Freizeit als Wohlstandsindikator betrachtet und deren Struktur für 1985 genauer in den Blick nimmt [RAPIN 1990, 228]. Urlaub, Sport und ähnliche Dinge spielen für die Ausgabengestaltung der privaten Haushalte in der Bundesrepublik Deutschland eine immer wichtigere Rolle *(siehe Schaubild 2, eigene Berechnung)*.

3. Zur Theorie des Haushaltshandelns

Der „Verbrauch" oder „Konsum", der von den privaten Haushalten organisiert wird, lässt sich ökonomisch sehr verschieden interpretieren: als Verwendung von Einkommen, als Akt der Güterentnahme aus dem Markt oder als Nutzung der Güter durch den Haushalt [WISWEDE 1972, 1]. Die unterschiedlichen Sichtweisen beziehen sich auf drei gleichermaßen relevante Aspekte des Haushaltshandelns und ergänzen sich somit zur hinreichenden Bestimmung dieses komplexen Prozesses [PIERENKEMPER 1980, 165–66]. Die derartig zu definierende Konsumnachfrage der privaten Haushalte bildet gesamtwirtschaftlich, in den Kategorien der volkswirtschaftlichen Gesamtrechnung betrachtet, bis heute den mit Abstand größten Block in der Verwendung des Sozialprodukts [GLASTETTER U.A. 1983, 210]. Deshalb sollte man glauben, dass die mikroökonomische und makroökonomische Untersuchung dieses Aggregats im Zentrum der ökonomischen Analyse stehen müsste. Dies ist jedoch nicht der Fall, vielmehr glaubt man unter anderem, dass die „... Zielsetzung der Nachfrager (Konsumenten) ... mit wenigen Worten abgetan ..." werden kann [OTT 1967, 115]. Entsprechend knapp sind dann in den entsprechenden Lehrbüchern die Ausführungen zur mikroökonomischen Theorie des Haushaltes, die sich in einem ersten Schritt im wesentlichen auf die „werturteilsfreie" Nutzenmaximierung eines gegebenen Haushaltseinkommens bei gegebenen Konsumgüterpreisen beschränkt und dann in einem zweiten Schritt die Veränderungen von Einkommen und Preisen analysiert. Überragendes Ziel dieses Ansatzes bleibt es, ökonomische Nachfragefunktionen herzuleiten [BROWN/DEATON 1972, 1145–1236]. Eine derartige Vorgehensweise lässt dann in der Tat wenig Raum für eine umfassende empirische Analyse des Verbraucherverhaltens.

Ähnliches lässt sich auch für die makroökonomische Betrachtung des privaten Verbrauchs feststellen. Hier dominiert ganz eindeutig die Theorie der Konsumfunktion, in der der gesamtwirtschaftliche Verbrauch lediglich abhängig von der Höhe des Volkseinkommens angesehen wird [FERBER 1973, 1303–1342]. Empirische Untersuchungen des Verbrauchshandelns privater Haushalte spielen dabei naturgemäß eine noch geringere Rolle, als in den mikroökonomischen Ansätzen [HOFFMANN/GRUMBACH/HESSE 1965, 109–138]. Gleichwohl lassen sich abseits dieser Versuche zur Formulierung derartig abstrakter Modelle zahlreiche Ansätze zur empirischen Untersuchung des privaten Verbrauchsverhaltens finden und sogar bis in das 18. Jahrhundert zurückverfolgen [STIGLER 1954]. In vielfältigen Formen bestätigen sich dabei eine Reihe grundlegender theoretischer Implikationen der Analyse des Haushaltshandelns, so z.B. hinsichtlich der Nachfrage nach Gütern bei Veränderungen ihrer Preise. Charles Davenant [DAVENANT 1699, 83] publizierte eine kleine *Tabelle*, in der er Ernteschwankungen Preisschwankungen in folgender Form gegenüberstellte:

Ein Mangel von .. erhöht die Preise..	über den gewöhnlichen Stand um:
1 Zehntel	0,3 Zehntel
2 Zehnteln	0,8 Zehntel
3 Zehnteln	1,6 Zehntel
4 Zehnteln	2,8 Zehntel
5 Zehnteln	4,5 Zehntel

Zweifelsfrei handelt es sich bei dieser Gegenüberstellung um eine der ersten Formen der Bestimmung einer Elastizität, werden darin doch relative Veränderungen miteinander in Beziehung gesetzt. Hier wird die Wirkung der Veränderung der Produktionsmenge an Getreide auf die Höhe der Getreidepreise untersucht.

Bereits in diesen wenigen Zahlen wird ein eindeutiger Zusammenhang zwischen Mengen und Preisen, der sich als negativ und überproportional darstellt, sichtbar. Dieser wurde später kurioserweise als „Kingsche Regel" (King's Law) in der Literatur bekannt und beschreibt ebenso eine Nachfragefunktion wie eine Reihe weiterer empirischer Beobachtungen aus früherer Zeit: so die Gegenüberstellungen von Ernte- und Preisschwankungen bei Roggen in Preußen zwischen 1846 und 1861 bei Ernst Engel [ENGEL 1861] und die eines Mengen- und Preisindex für Kartoffeln in Sachsen von Etienne Laspeyres [LASPEYRES 1875]. Fügt man die drei genannten empirischen Beobachtungen in einem Schaubild zusammen *(Schaubild 3)*, so lassen sich in allen drei Fällen bereits aus diesen frühen Daten ganz typische Nachfragekurven darstellen, die sich neben den genannten Beobachtungen bei Davenant auf folgende Daten stützen [STIGLER 1954].

Erntemengen und -preise von Kartoffeln in Sachsen als v.H. Anteil gemessen an einem 14jährigen Durchschnitt (Laspeyres):

Erntemenge	Preise
66	139
83	113
96	107
103	104
110	90
113	77
129	72

Erntemengen und -preise von Roggen in Preußen, 1846–1861 (Engel):

Erntejahr	Abweichung von der durchschnittl. Erntemenge	in v.H. vom Durchschnittspreis
1846–47	-43	+93
1847–48	+22	0
1848–49	+4	-33
1849–50	+7	-36
1850–51	-10	-10
1851–52	-22	+26
1852–53	-19	+21
1853–54	-16	+70
1854–55	-2	+61
1855–56	-34	+107
1856–57	0	+23
1857–58	+1	+2
1858–59	-17	+12
1859–60	-23	+19
1860–61	-1	+20

Das *Schaubild 3* veranschaulicht einen ganz eindeutigen negativen Zusammenhang zwischen den verfügbaren Mengen der Agrarprodukte und ihren Preisen, bzw. zwischen Mengen- und Preisveränderungen (Elastizitäten). Insoweit lassen sich die dargestellten Kurven, die als Verbindung der Beobachtungspunkte in dem jeweils unterschiedlich definierten Koordinatensystem als empirische Nachfragefunktion interpretieren.

Sehr viel weiter als die empirische Bestätigung derartiger Zusammenhänge ist die ökonomische Theorie des Nachfrageverhaltens bis heute nicht vorgedrungen. Allerdings bleibt weiterhin festzustellen, dass der Haushalt auch gegenwärtig eher am Rande der ökonomischen Theoriebildung verharrt, andere Themen beherrschen das Feld trotz aller immer wieder auffindbaren gelegentlichen Versuche, dieses Forschungsfeld mit gebührender Aufmerksamkeit zu bearbeiten [GALLER/OTT 1993].

4. Perspektiven einer empirischen Haushaltsforschung

Empirische Untersuchungen über das Verbrauchshandeln der privaten Haushalte bleiben innerhalb der Wirtschaftswissenschaften und der Wirtschaftsgeschichte bis in die Gegenwart relativ selten. Auch die amtliche Statistik wendet sich diesem Gegenstandsbereich nur zögerlich zu [WIEGAND 1987].

Grundsätzlich stehen zur „Messung" des ökonomischen Handelns der privaten Haushalte zwei Messkonzepte zur Verfügung, zum einen die Bestimmung der von den Haushalten konsumierten Güter und Dienste, die Verbrauchsstatistiken, zum anderen die Verwendung der den Haushaltsmitgliedern zur Verfügung stehenden Zeit, das Zeitbudget. Beide Messkonzepte lassen unterschiedliche Vorgehensweisen zu, die jedoch alle nicht ohne methodische Probleme erscheinen [PIERENKEMPER 1987, Haushalt und Verbrauch in ökonomischer Perspektive. Ein Forschungsüberblick, 14–20]. Pro–Kopf–Verbrauchsrechnungen, Haushaltsrechnungen und Zeitbudgetstudien liegen für die neuere Zeit, zum Teil auch für länger zurückliegende Zeiträume vor oder lassen sich rekonstruieren [KRÜSSELBERG 1987]; sie allein können das Defizit in der ökonomischen und historischen Behandlung der privaten Haushalte jedoch nicht beheben. Dazu bedarf es ebenfalls einer zureichenden Theorie des Haushaltshandelns, die gegenwärtig allenfalls in Umrissen erkennbar ist.

Ob *erstens* eine Anknüpfung an die in einigen westeuropäischen Ländern und in den USA Ende des 19. und im frühen 20. Jahrhundert entstandene Haushaltswissenschaft [RICHARZ 1991, 238–285] diesem Ziel dient, kann mit einiger Berechtigung bezweifelt werden. Zu eng erscheint der Zusammenhang mit der traditionellen Hauswirtschaftslehre, der Oecotrophologie und einer sehr pragmatischen Definition eines, wenn auch anthropologisch begründete Erkenntnisobjektes des „Privathaushalts als Privathaushalt" [SCHWEITZER 1988, 22–131]. Die Explikation der privaten praktischen Lebensführung in ihrem Systemzusammenhang [SCHWEITZER 1993, 20] vermag weder ein eigenständiges wissenschaftliches Paradigma zu begründen, noch reicht es allein aus, die historische Vielfalt des empirischen Haushaltshandelns zu erfassen und zu erklären. Es genügt eben nicht, die Position des methodologischen Individualismus der ökonomischen Theorie wegen ihrer vermeintlichen Theorieferne zu kritisieren und eine vorgebliche „Eigenlogik" des alltäglichen Lebens zu postulieren [SCHWEITZER 1993, 22, 28]. Diese wäre genau zu begründen, und der verbitterte Hinweis darauf, dass dies in der Wissenschaft nur deshalb nicht wahrgenommen werde, weil sie von Männern betrieben und männlich dominiert sei

[SCHWEITZER 1993, 29–30], die alltägliche Lebensführung aber von Frauen organisiert werde, klingt geradezu kurios.

Dass *zweitens* es ausreicht, Fortschritte zu einer zureichenden Theorie des Haushalts allein von Entwicklungen in der neueren ökonomischen Theorie zu erwarten, kann mit ebenfalls großer Berechtigung bezweifelt werden [SEEL 1993]. Weder die Theorie der Haushaltsproduktion noch die neue Institutionenökonomie oder auch die Entwicklungen innerhalb der Präferenztheorie können dazu herangezogen werden, ein eigenständiges haushaltswissenschaftliches Paradigma zu begründen, sondern empirische Haushaltsforschung bewegt sich dann frei im Rahmen der allgemeinen Sozialwissenschaften, orientiert am Prinzip des methodologischen Individualismus. Ein eigenständiger Erkenntnisbereich ist allenfalls noch normativ zu begründen [SEEL 1993, 73].

Deshalb erscheint es *drittens* allein möglich und dringend geboten, das Forschungsprogramm einer Wirtschaftslehre des Privathaushaltes pragmatisch zu begründen [PIORKOWSKY, 1993]. Dies lässt sich dann auch historischen Untersuchungen zu diesem Themenbereich unterlegen. Dabei geht es vor allem darum, eine Vermischung von positiven und normativen Aspekten dieses Untersuchungsbereiches zu vermeiden und für historische Untersuchungen vor allem die deskriptiven und analytischen Zielsetzungen empirischer Haushaltsforschung zu akzentuieren. Dabei zeigen sich vielfältige Anknüpfungspunkte zu Nachbardisziplinen und deren Forschungsergebnissen, so auch für die Wirtschaftsgeschichte.

Schaubild 1
Privater Verbrauch: Haushaltstyp 1 (2 Personen/Renten- u. Sozialhilfeempf., geringes Einkommen)

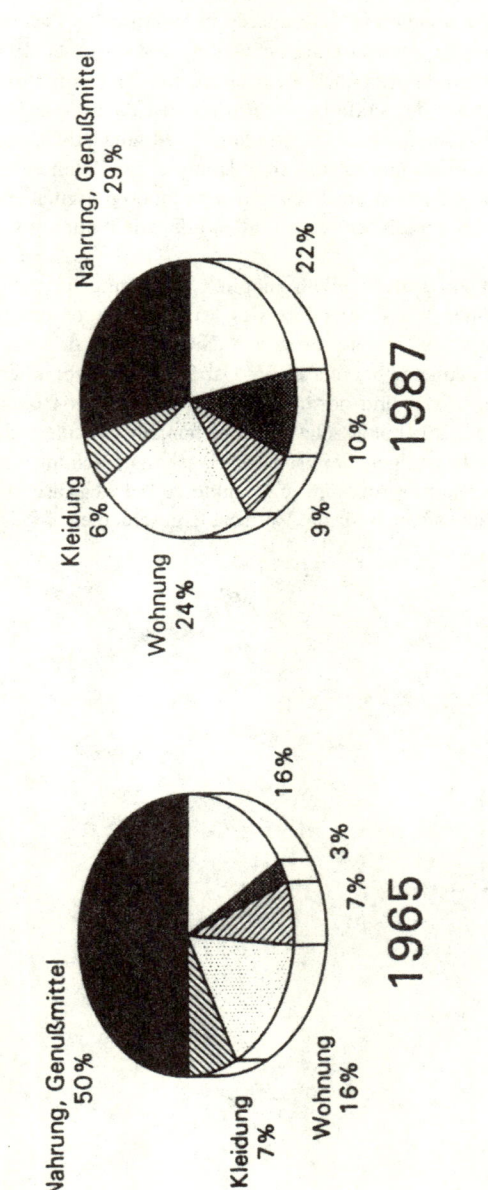

Quelle: Stat. Bundesamt

Schaubild 1
Privater Verbrauch: Haushaltstyp 2 (4 Personen/Arbeitnehmerhaushalte mit mittlerem Einkommen)

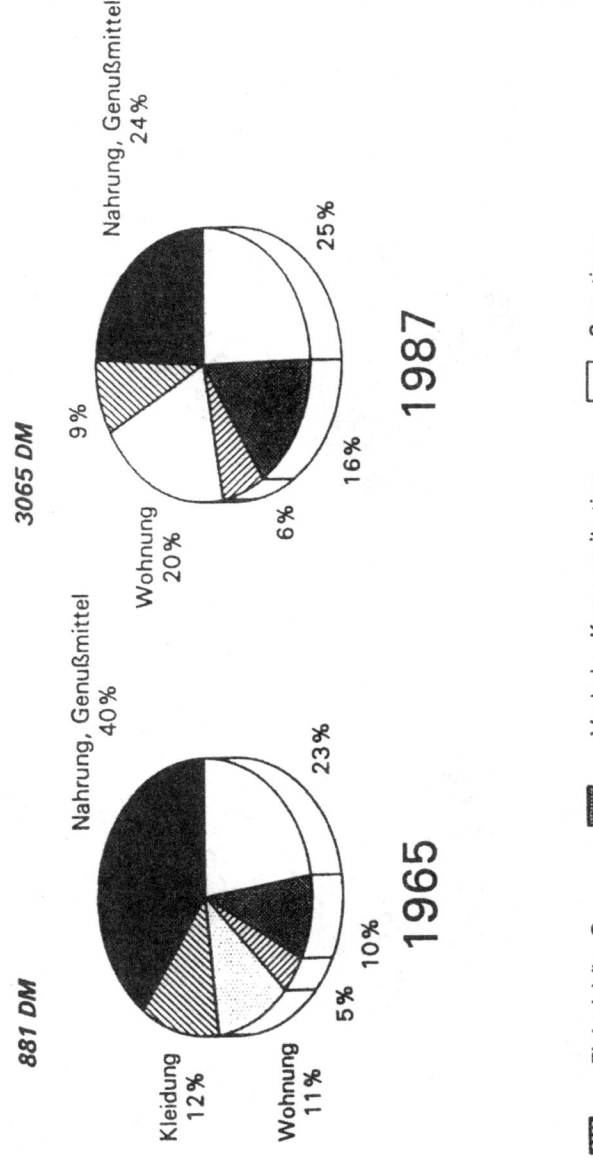

Quelle: Stat. Bundesamt

Schaubild 1
Privater Verbrauch: Haushaltstyp 3 (4 Pers./Angestellten. u. Beamtenhaushalte, höheres Einkommen)

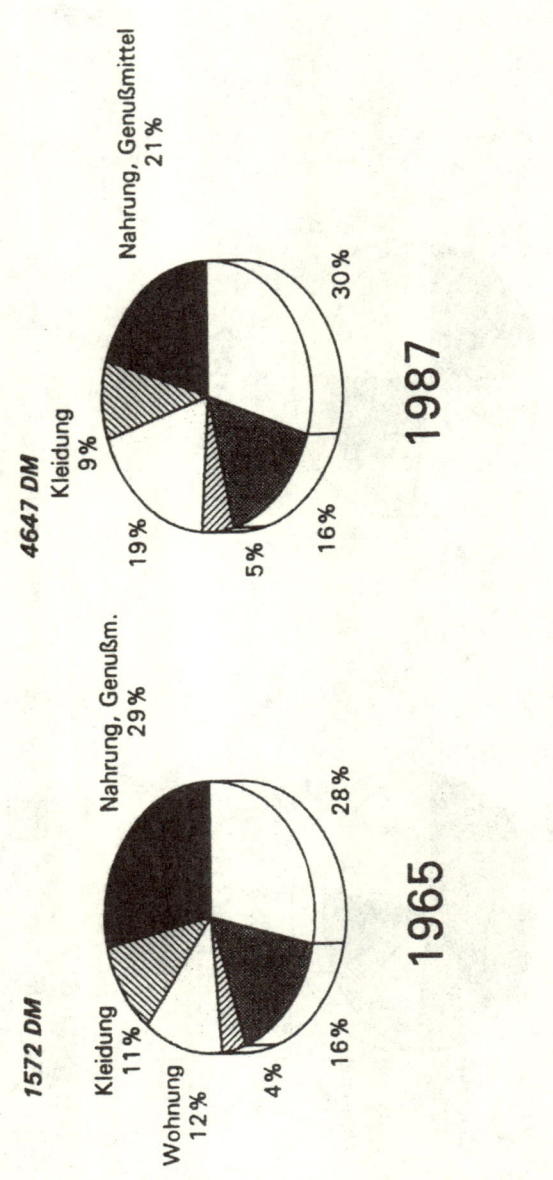

Quelle: Stat. Bundesamt

Schaubild 2
Urlaubs- und Freizeitkosten. Angaben der privaten Haushalte 1985: Haushaltstyp 1
(2 Personen/Renten- u. Sozialhilfeempfänger, geringes Einkommen)

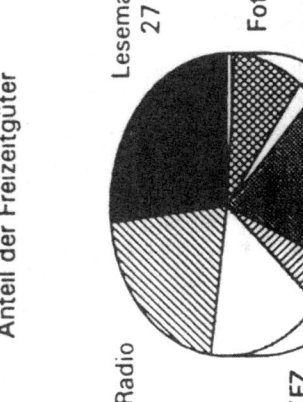

Anteil der Freizeitgüter

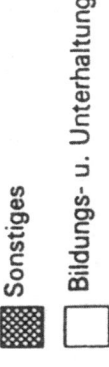

Gesamt (154 DM/ Monat)

Quelle: Stat. Bundesamt

Schaubild 2
Urlaubs- und Freizeitkosten. Angaben der privaten Haushalte 1985: Haushaltstyp 2
(4 Personen/Arbeitnehmerhaushalte mit mittlerem Einkommen)

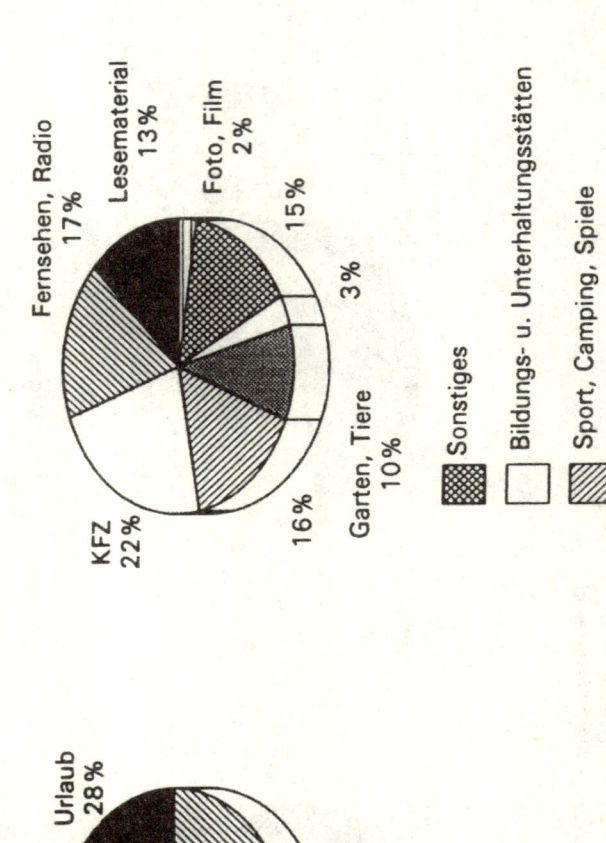

Quelle: Stat. Bundesamt

Schaubild 2
Urlaubs- und Freizeitkosten. Angaben der privaten Haushalte 1985: Haushaltstyp 3
(4 Personen/Angestallten- u. Beamtenhaushalte, höheres Einkommen)

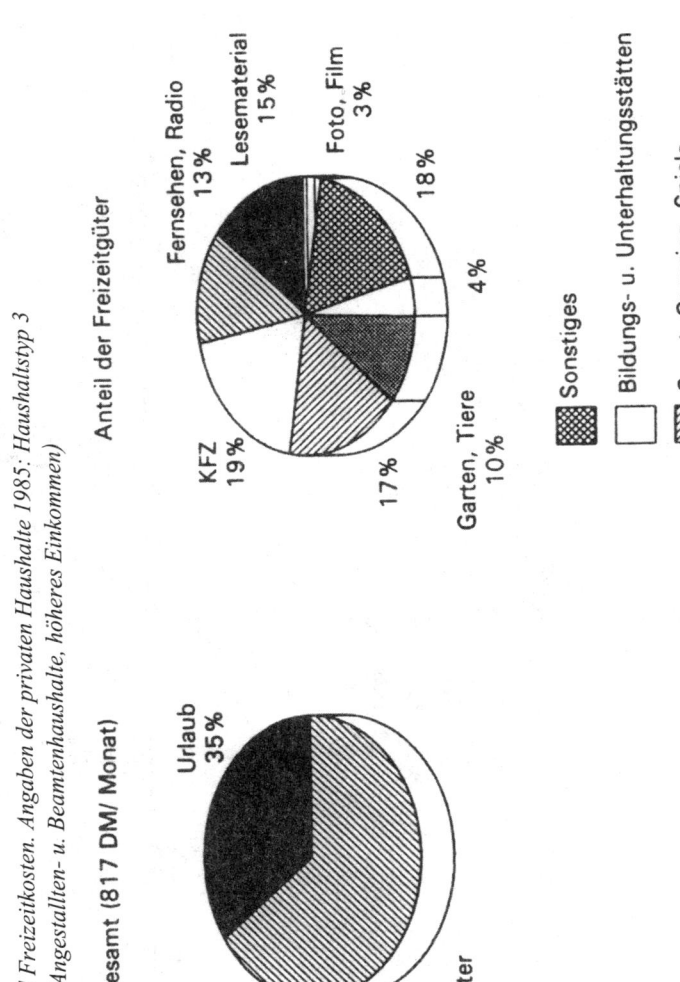

Quelle: Stat. Bundesamt

Schaubild 3
Empirische Nachfragefunktionen aus historischen Beobachtungen

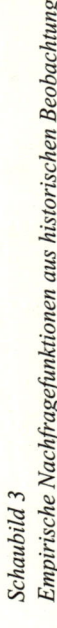

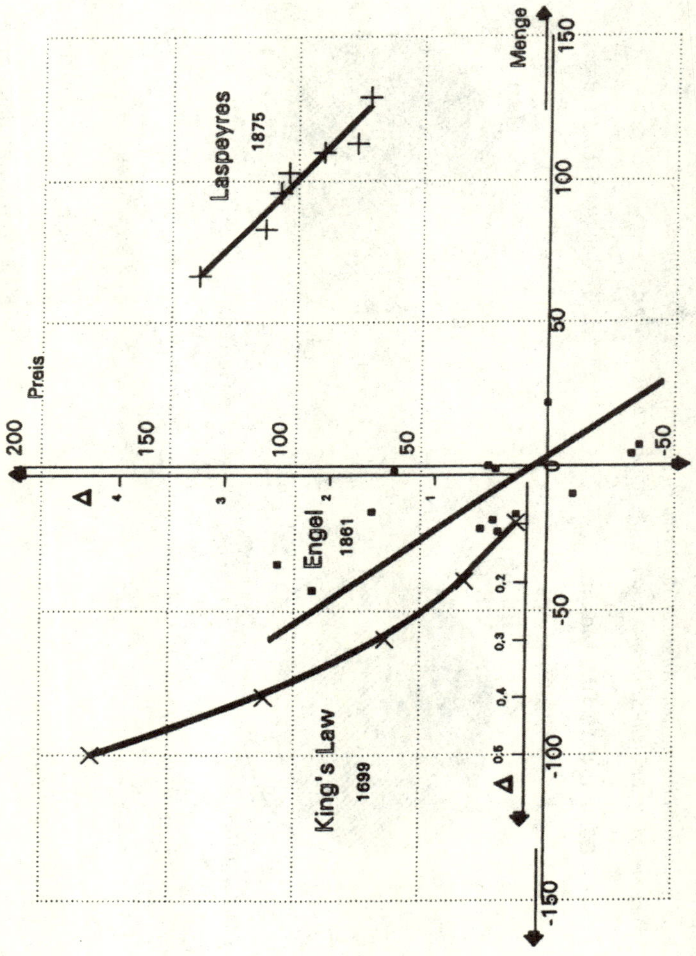

Literaturliste

ABEL, W., Stufen der Ernährung. Eine historische Skizze. Göttingen 1981.
ALLEN, R. G. D./BOWLEY, A. L., Family Expenditure. A Study of its Variation. London 1935.
ARIÉS, P./DUBY, G. (Hrsg.), Geschichte des privaten Lebens. Bd. 2: Vom Feudalzeitalter zur Renaissance. Frankfurt am Main 1990.
BECKER, G. S., Zur neuen Theorie des Konsumentenverhaltens, in: DERS., Der ökonomische Ansatz zur Erklärung menschlichen Verhaltens. Tübingen 1982, 145–166.
BEHRE, K.-E., Die Ernährung im Mittelalter, in: Mensch und Umwelt im Mittelalter. Hrsg. v. B. Hermann. Stuttgart 1986, 74–86.
BROWN, A./DEATON, A., Surveys in Applied Economics: Models of Consumer Behaviour, in: Economic Journal (1972) Dec. 1145–1236.
BRUNNER, O., Das „ganze" Haus und die alteuropäische Ökonomik, in: DERS., Neue Wege der Sozialgeschichte. Göttingen 1956, 103–127.
CIPOLLA, C. M., Before the Industrial Revolution. European Society and Economy 1000–1700. London 1976.
DAVENANT, C., An Essay upon the Probable Methods of Making People Gainers in the Balance of Trade. London 1699.
EGNER, E., Hauswirtschaft und Lebenshaltung. Berlin 1974.
EMGE, R. M., Soziologie des Familienhaushaltes. Paderborn 1981.
ENGEL, E., Die Produktions- und Consumationsverhältnisse des Königreichs Sachsen (1857), wiederabgedruckt in: DERS., Die Lebenskosten belgischer Arbeiterfamilien. Dresden 1895.
ENGEL, E., Die Getreidepreise, die Ernteerträge und der Getreidehandel im preussischen Staate, in: Zeitschrift des Königlich preußischen Statistischen Bureaus 10 u. 11 (1861) 249–289.
FERBER, R., Consumer Economic Literature, in: Journal of Economic Literature (1973). 1303–1342.
FISCHER, W./BAJOR, G. (Hrsg.), Die soziale Frage. Stuttgart 1967.
GALBRAITH, J. K., Gesellschaft im Überfluß. München 1959.
GALLER, H. P./OTT, N., Empirische Haushaltsforschung. Erhebungskonzepte und Analyseansätze angesichts neuer Lebensformen. Frankfurt am Main 1993.
GLASTETTER, W. U.A., Die wirtschaftliche Entwicklung in der Bundesrepublik Deutschland. Befunde, Aspekte, Hintergründe. Frankfurt am Main 1983.
HOFFMANN, W. G./GRUMBACH, F./HESSE, H., Das Wachstum der deutschen Wirtschaft seit der Mitte des 19. Jahrhunderts. Berlin/Heidelberg/New York 1965.
JUSTI, J. H. G., Die Grundfeste zu der Macht und Glückseligkeit der Staaten usw. Königsberg 1760.
KÖNIG, R., Die Familie der Gegenwart. München 1974.
KRÜSSELBERG, H.-G., Einige Hypothesen der „economics of the family" im empirischen Test, in: Die Familie als Gegenstand sozialwissenschaftlicher Forschung. Hrsg. v. H. TODT. Berlin 1987, 101–127.
KULISCHER, J., Allgemeine Wirtschaftsgeschichte des Mittelalters und der Neuzeit. Bd. 2: Die Neuzeit. München 1965.
LASPEYERS, E., Die Kathedersozialisten und die statistischen Congresse. Berlin 1875.

LUCKENBACH, H., Theorie des Haushalts. Göttingen 1975.
MINCHINTON, W., Die Veränderung der Nachfragestruktur von 1750 bis 1914, in: Europäische Wirtschaftsgeschichte. Bd. 3: Die Industrielle Revolution. Hrsg. v. C. M. CIPOLLA/K. BORCHARDT. Stuttgart 1976, 47–120.
MINCHINTON, W., Die Veränderung der Nachfragestruktur von 1500 bis 1750, in: Europäische Wirtschaftsgeschichte. Bd. 2: Sechzehntes und Siebzehntes Jahrhundert. Hrsg v. C.M. CIPOLLA/K. BORCHARDT. Stuttgart 1983, 51–112.
MOLLAT, M., Die Armen im Mittelalter. München 1984.
MÜHLFELD, C., Familiensoziologie. Eine systematische Einführung. Hamburg 1976.
NIETHAMMER, L., Wie wohnten die Arbeiter im Kaiserreich?, in: Archiv für Sozialgeschichte (1976) 61–134.
OTT, A. E., Preistheorie, in: Kompendium der Volkswirtschaftslehre. Göttingen 1967, 107–175.
PIERENKÄMPER, T. (Hrsg.), 1991, Zur Ökonomik des Privaten Haushalts. Haushaltsrechnungen als Quellen historischer Wirtschafts- und Sozialforschung. Frankfurt am Main.
PIERENKEMPER, T. (Hrsg.), Haushalt und Verbrauch in historischer Perspektive. Zum Wandel des privaten Verbrauches in Deutschland im 19. und 20. Jahrhundert. St. Katharinen 1987.
PIERENKEMPER, T., Der bürgerliche Haushalt in Deutschland an der Wende zum 20. Jahrhundert – im Spiegel von Haushaltsrechnungen, in: Zur Geschichte der Ökonomik der Privathaushalte. Hrsg. v. D. PETZINA. Berlin 1991. 149–185.
PIERENKEMPER, T., Haushalt und Verbrauch in ökonomischer Perspektive. Ein Forschungsüberblick, in: DERS. (Hrsg.), Haushalt und Verbrauch in ökonomischer Perspektive. Zum Wandel des privaten Verbrauchs in Deutschland im 19. und 20. Jahrhundert. St. Katharinen 1987, 1–24.
PIERENKEMPER, T., Haushaltsrechnungen in der historischen Wirtschafts- und Sozialforschung. Ein Überblick, in: DERS. (Hrsg.), Zur Ökonomik des Privaten Haushalts. Haushaltsrechnungen als Quellen historischer Wirtschafts- und Sozialforschung. Frankfurt am Main 1991, 13–33.
PIERENKEMPER, T., Wirtschaftssoziologie. Eine problemorientierte Einführung. Köln 1980.
PIORKOWSKY, M.-B., Zum Forschungsprogramm der Wirtschaftslehre des privaten Haushalts (WLPH). Wissenschaftstheoretische Überlegungen, in: Der Private Haushalt im wissenschaftlichen Diskurs. Hrsg. v. S. GRÄBE. Frankfurt am Main 1993, 37–58.
RAPIN, H., Der Private Haushalt – Daten und Fakten. Frankfurt am Main 1990.
RICHARZ, I., Herrschaftliche Haushalte in vorindustrieller Zeit im Weserraum. Berlin 1971.
RICHARZ, I., Oikos, Haus und Haushalt. Ursprung und Geschichte der Haushaltsökonomik. Göttingen 1991.
ROEHL, R., Nachfrageverhalten und Nachfragestruktur, in: Europäische Wirtschaftsgeschichte. Bd. 1: Mittelalter. Hrsg. v. C.M. CIPOLLA/K. BORCHARDT. Stuttgart 1983, 67–89.
ROSENBAUM, H., Zu neueren Entwicklungen der historischen Familienforschung, in: Geschichte und Gesellschaft. Zeitschrift für historische Sozialwissenschaften (1975) 2/3, 210–255.

ROSTOW, W. W., Stadien wirtschaftlichen Wachstums. Eine Alternative zur marxistischen Entwicklungstheorie. Göttingen 1960 (2. Aufl. 1967)
SCHERHORN, G., Soziologie des Konsums, in: Handbuch der empirischen Sozialforschung. Hrsg. v. R. KÖNIG. Bd. 2. Stuttgart 1969, 834–862.
SCHWEITZER, R. v., Haushaltswissenschaftliche Paradigmen zwischen Ökonomie und Soziologie, in: Der Private Haushalt im wissenschaftlichen Diskurs. Hrsg. v. S. GRÄBE. Frankfurt am Main 1993, 19–36.
SCHWEITZER, R. v., Lehren vom Privathaushalt. Eine kleine Ideengeschichte. Frankfurt am Main 1988.
SCHWEITZER, R. v., Private Haushalte I, in: Handwörterbuch der Wirtschaftswissenschaften. Bd. 4. Stuttgart 1978, 27–51.
SEEL, B., Konzepte der Haushaltswissenschaft. Die Lehre vom privaten Haushalt im Spannungsfeld zwischen multidisziplinären und holistischen Ansätzen, in: Der Private Haushalt im wissenschaftliche Diskurs. Hrsg. v. S. GRÄBE. Frankfurt am Main 1993, 59–78.
SOKOLL, T., Early Attempts of Accounting the Unaccountable. Davies' and Eden's Budgets of Agricultural Labouring Families in Late Eighteenth Century England, in: Zur Ökonomik des Privaten Haushalts. Hrsg. v. T. PIERENKEMPER. Frankfurt am Main 1991, 34–58.
SPREE, R., Klassen- und Schichtenbildung im Spiegel des Konsumentenverhaltens individueller Haushalte zu Beginn des 20. Jahrhunderts – Eine clusteranalytische Untersuchung, in: Haushalt und Verbrauch in historischer Perspektive. Hrsg. v. T. PIERENKEMPER. St. Katharinen 1987, 56–80.
SPREE, R., Knappheit und differentieller Konsum während des ersten Drittels des 20. Jahrhunderts in Deutschland, in: Ressourcenverknappung als Problem der Wirtschaftsgeschichte. Hrsg. v. H. SIEGENTHALER. Berlin 1990, 171–221.
STIGLER, G. J., The Early History of Empirical Studies of Consumers Behaviour, in: Journal of Political Economy 2 (1954) 95–113.
STREISLER, E./STREISLER, M., Einleitung, in: DIES. (Hrsg.), Konsum und Nachfrage, Köln 1966, 13–147.
TEUTEBERG, H.-J., Die Nahrung der sozialen Unterschichten, in: Ernährung und Ernährungslehre im 19. Jahrhundert. Hrsg. v. E. HEISCHKEL. Göttingen 1976, 205–287.
WIEGAND, E., Die Bedeutung der Einkommens- und Verbrauchsstichproben sowie der laufenden Wirtschaftsrechnungen als Datenbasis für die gesellschaftliche Dauerbeobachtung und Sozialberichterstattung, in: Zur Ökonomik des Privaten Haushalts. Hrsg. v. T. PIERENKEMPER. St. Katharinen 1987, 76–84.
WISWEDE, G., Soziologie des Verbraucherverhaltens. Stuttgart 1972.

Werner Plumpe

Unternehmen

1. Einführung in den Untersuchungsgegenstand

Spätestens seit der Industriellen Revolution stellen moderne, erwerbswirtschaftliche Unternehmen den primären Bezugspunkt menschlichen Arbeitens und Lebens dar. Von der Geburt bis zum Tod ist der Mensch Teil von organisierten Unternehmen bzw. auf deren Güter und Dienstleistungen angewiesen. Unternehmen bilden jenen Teilbereich des sozialen Systems, der dessen materielle Reproduktion weitgehend sichert. Ihre Entwicklung, Struktur und Verfassung konstituieren damit einen zentralen Baustein der modernen Gesellschaft. Zwar existierten Unternehmen oder unternehmensähnliche Organisationen bereits in der vormodernen Zeit. Jedoch blieb ihre Bedeutung im Kontext einer überwiegenden Subsistenzwirtschaft begrenzt; sie waren zudem in vielfältiger Weise in die vormodernen Normensysteme integriert, die eine rein erwerbswirtschaftliche Ausrichtung begrenzten.

Der Unternehmensbegriff wird in der wirtschaftswissenschaftlichen Literatur nicht einheitlich verwendet [KIRSCH 1990, 14–22]. Die Mehrzahl der mikroökonomischen und betriebswirtschaftlichen Definitionen begreift Unternehmen als funktionale Organisationen zur Bereitstellung von Gütern und Dienstleistungen auf anonymen Märkten und beschäftigt sich von daher mit der Analyse preisgesteuerter ökonomischer Transaktions- und Transformationsprozesse im Unternehmen bzw. im Betrieb. Für unternehmenshistorische Zwecke erscheint es darüber hinaus sinnvoll, Unternehmen als Organisationen zu begreifen, in denen Güter und Dienstleistungen für einen anonymen Markt im Rahmen einer spezifischen, utilitaristischen Form sozialer Arbeitsteilung produziert werden. Form und Funktion der sozialen Arbeitsteilung nehmen dabei maßgeblichen Einfluss auf den wirtschaftlichen Erfolg eines Unternehmens. Unternehmen sind also gleichermaßen ökonomisch-funktionale und soziale Organisationen.

2. Behandlung des Untersuchungsgegenstandes in der Fachgeschichte

Parallel zur Entwicklung moderner Unternehmen sind erste Ansätze einer Unternehmens-, Unternehmer- und Firmengeschichtsschreibung erkennbar, die zunächst in der Regel aus pragmatischer Absicht erfolgten (Fest- und Jubiläumsschriften). Bis heute ist diese Darstellungsform zumindest der Fülle der Publikationen nach vorherrschend geblieben. Trotz des im Laufe der Zeit zunehmenden wissenschaftlichen

Standards derartiger Arbeiten bleiben sie von Absicht und Zielsetzung her im vorwissenschaftlichen Raum [PIERENKEMPER 2000, 25–63; BERGHOFF 2004, 359–366; POHL 1991, 326–343; POHL 1977, 26–41; JÄGER 1972, 107–124; JÄGER 1992, 107–132; BAUDIS 1963].

Im Zusammenhang der sozialwissenschaftlichen Thematisierung der wirtschaftlichen Entwicklung und der Organisationsform moderner Gesellschaften entstanden seit der Jahrhundertwende theoretische Ansätze, die eine im strengen Sinne wissenschaftliche Analyse der Unternehmensentwicklungen ermöglichten. Vor allem mit den Namen des deutsch-österreichischen Nationalökonomen Joseph A. Schumpeter und des deutschen Soziologen Max Weber verbinden sich die zwei bis heute einflussreichsten theoretischen Ansätze zur Analyse von historischen Unternehmensentwicklungen [SCHUMPETER 1911/1987; SCHUMPETER 1929; WEBER 1976]. Schumpeter stellte in seiner Theorie der wirtschaftlichen Entwicklung zugleich eine Theorie des „schöpferischen Unternehmers" auf, wobei er eine gezielte Einschränkung des Unternehmungs- bzw. Unternehmerbegriffes postulierte: „Unternehmung nennen wir die Durchsetzung neuer Kombinationen und auch deren Verkörperung in Betriebsstätten usw., Unternehmer die Wirtschaftssubjekte, deren Funktion die Durchsetzung neuer Kombinationen ist und die dabei das aktive Element sind." [111] Unternehmer im strengen Sinne war für Schumpeter also nur jener Angehörige der Wirtschaftselite, der innovative Funktionen erfüllte. Schumpeter stellte einen Verhaltenstypus [119] in den Vordergrund, so dass sich die Analyse von Unternehmensentwicklungen vor allem auf die Innovationsfähigkeit, d.h. die strategische Führungsfähigkeit von Unternehmensleitungen konzentrierte. Erfolg oder Misserfolg einer Unternehmung waren in diesem Sinne von der Leistungsfähigkeit der Unternehmensleitung im innovatorischen Sinne abhängig. Für die sich auf Schumpeter berufende bzw. von ihm beeinflusste Schule der Unternehmensgeschichtsschreibung, insbesondere Fritz REDLICH [1964], stand daher zwangsläufig die Untersuchung der Unternehmertypen im Vordergrund; es bildete sich in gewisser Weise eine sozialhistorische Ausrichtung heraus, die sich primär mit der Entwicklung, Struktur und Leistungsfähigkeit der jeweiligen Wirtschaftseliten beschäftigte. In diesem Schatten entstanden eine Vielzahl von Unternehmens-, besser Unternehmergeschichten. Ihre theoretische und empirische Reichweite blieb freilich begrenzt [HANF 1977, 145–160; REDLICH 1964; CASSON 2001; zur Wirtschaftselite BERGHAHN, UNGER, ZIEGLER 2004].

Einen weiteren Ansatz zur Analyse von Unternehmensentwicklungen lieferte Webers Organisations- und Herrschaftssoziologie, die vor allem auf Funktion und Struktur legitimer Herrschaft in komplexen Großorganisationen abhob. Seine Bürokratisierungsthese, die den Unternehmensbegriff an die rationale Kapitalrechnung koppelte [1976, 51], beleuchtete einen zentralen Punkt in der Herausbildung industrieller Großunternehmen seit den 1880er Jahren: den Übergang von patriarchalisch-vegetativ, also gleichsam naturwüchsig organisierten Gründerunternehmen zu hoch bürokratisierten modernen Großunternehmen. Damit trat die Frage nach der Struktur und Funktion industrieller Organisation in den Vordergrund, nach den Bedingungen interner Herrschaftserhaltung und externer Leistungsfähigkeit. Erfolg und Misserfolg eines Unternehmens waren zwar auch in dieser Sicht weiterhin von der Leistungsfähigkeit der Unternehmensleitung abhängig, doch wurde deren Verhaltensmöglichkeit stärker auf ihre organisationssoziologischen Voraussetzungen bezogen. Die Ansätze von Schumpeter und Weber standen nur bedingt in Konkurrenz zueinander; sie ermöglichten und verlangten vielmehr eine gegenseitige Ergänzung. Die Verbindung von Managementlehre und Organisationssoziologie prägte insbesondere die angelsächsische Unternehmensgeschichtsschreibung der Nachkriegszeit, die vor allem mit dem Namen Alfred Chandlers verbunden ist [CHANDLER/REDLICH 1961, 1–27; CHANDLER 1962, 1977, 1990; POLLARD 1965; WHITTINGTON/MAYER 2000]. In Chandlers Arbeiten wurde die Unternehmensorganisation als bewusste Schöpfung des Managements infolge der ökonomischen Expansion und der Durchsetzung des Großunternehmens begriffen: „structure follows strategy". Nach seiner Auffassung konnten die Betriebe zu Anfang noch autoritär durch einzelne Personen geleitet werden; mit der Großbetriebsbildung habe sich dann eine funktionale Organisationsform (U-Form) durchgesetzt, in der Eigentum und Kontrolle getrennt und die Unternehmensleitung professionalisiert worden seien. Der Übergang zum hochdiversifizierten und regional gestreuten Konzern habe dann eine divisionale Organisationsstruktur (M-Form) notwendig gemacht, die sich als Folge klugen Managementhandelns zunächst in den USA, seit den 1960er Jahren dann aber auch in Europa zunehmend genutzt worden sei. Chandlers Ansatz ist bis heute zweifellos das einflussreichste, allerdings ein mittlerweile umstrittenes Konzept in der Unternehmensgeschichtsschreibung.

Von der um die Jahrhundertwende entstehenden Betriebswissenschaft/Betriebswirtschaft gingen hingegen kaum Anregungen zu einer systematisch reflektierten Unternehmensgeschichtsschreibung aus. Dies lag an der primär pragmatisch-anwendungsorientierten Ausrichtung der jungen Disziplin und ihrer zum Teil bewusst ahistorischen Orientierung. Da verschiedene Ansätze zu einer philosophisch-ethischen Reflektion des Betriebes, die notwendigerweise historisch argumentierten [NICKLISCH 1932], in den zwanziger Jahren mit ihrer starken Gemeinschaftsorientierung in das Umfeld des faschistischen Gedankengutes gerieten, waren sie nach dem Krieg desavouiert. Unter dem Mantel der „human relations" überlebten einige Gedanken gleichsam in amerikanischer Camouflage. In der aktuellen Unternehmenskulturdebatte zeigen sich mitunter gar erstaunliche Analogien zur Weimarer Diskussion [KRELL 1988, 113–128], aber eine historisch argumentierende Betriebswirtschaft existiert faktisch nicht. Dieses Defizit wiegt schwer, da es eine im engen Sinne betriebswirtschaftliche Unternehmensgeschichtsschreibung, die sich vor allem mit Bilanz-, Finanzierungs- und Steuerfragen beschäftigte, im deutschen Sprachraum bislang nur in Ausnahmefällen gibt [LINDENLAUB 1985; HANF 1977, 145–160]. Wie weit die Debatte um die Bedeutung der Unternehmenskultur eine Aufwertung historiographischer Fragestellungen und Verfahrensweisen mit sich bringen wird, ist offen. Festzuhalten ist aber in jedem Fall die wachsende Anschlussfähigkeit insbesondere der betriebswirtschaftlichen Organisationskulturforschung an die Unternehmensgeschichtsschreibung [HEINEN 1985; HEINEN 1987; SCHREYÖGG 1984; DÜLFER 1988; ULRICH 1984; EBERS 1985; BARDMANN/FRANZPÖTTER 1990].

Positiv für die Unternehmensgeschichtsschreibung wirkt sich in theoretischer wie praktischer Hinsicht die institutionenökonomische Diskussion über Struktur und Entwicklung von Unternehmen aus. Mit ihrer Orientierung an „realen" Transaktionen und institutionellem Wandel bezieht sie jene historisch-kontingenten Bedingungen der Unternehmensentwicklung in die Analyse mit ein, die lange Zeit als vernachlässigbare Größen galten [COASE 1988; WILLIAMSON 1990; NORTH 1992]. Dieses Konzept begreift Unternehmen als durch Verträge konstituierte hierarchische Beziehungen von Prinzipalen und Agenten, verknüpft ökonomische und institutionelle Gesichtspunkte des Unternehmens konsequent miteinander und fasst sie begrifflich in der Vorstellung der „corporate governance". Wegen ihrer Anlehnung an zentrale Elemente der neoklassischen Mikroökonomik neigt die Neue Institutionenökonomik jedoch zu ahistorischen Schlüssen und bedarf daher der Erweiterung. Dennoch hat sie die Unternehmensgeschichtsschreibung in den letzten Jahren konzeptionell am deutlichsten beeinflusst und damit auch zur Modifikation des bislang dominanten Chandlerschen Ansatzes beigetragen [Werner PLUMPE 2004]. Die Forschung schreitet hier deutlich voran [HESSE 2002; LORENTZ/ERKER 2003].

Eine von Ausnahmen [NEULOH 1956; TEUTEBERG 1961] abgesehen ähnlich ahistorische Dimension wie die BWL, weist die Arbeits-, Betriebs- und Industriesoziologie auf [LUTZ/ SCHMIDT 1977; SCHUSTER 1987], die sich ebenfalls in den zwanziger Jahren des vergangenen Jahrhunderts als eigenständiges Fach ausdifferenzierte. Für die Unternehmensgeschichtsschreibung von zentraler Bedeutung ist dabei ihr Interesse, den Betrieb als soziales Interaktions- und Herrschaftsfeld zu analysieren. Thematisieren die Ansätze in der Tradition Schumpeters und Webers die Unternehmensentwicklung aus der Sicht der Unternehmensleitung, so bezieht der soziologische Ansatz die Perspektive der sozialen Funktionsfähigkeit von Organisationen im Zusammenspiel unterschiedlicher sozialer Akteure explizit ein [DAHRENDORF 1972; MAYNTZ 1966]. Jüngere unternehmenshistorische Ansätze [VETTERLI 1978; WELSKOPP 1994; Werner PLUMPE 1999; LAUSCHKE 2000], erreichen durch einen expliziten Bezug auf industriesoziologische Fragestellungen eine dichte Rekonstruktion von Arbeits- und Sozialbeziehungen in der Unternehmung; eine Perspektive, die zum Verständnis des gesamten Handlungsfeldes von zentraler Bedeutung ist. Die bislang vorherrschende Geschichte von Unternehmensleitungen und Organisationsstrukturen wird auf diese Weise sinnvoll um eine Sozialgeschichte der Unternehmung ergänzt [LAUSCHKE/ WELSKOPP (Hg.) 1994].

Diese Hauptströmungen einer systematisch reflektierten Unternehmensgeschichtsschreibung ermöglichen mittlerweile ein ausgesprochen breites Feld empirischer Forschung, das ohne Zweifel auch vom „Boom" der Erforschung der Jahre 1933 bis 1945 [BANKEN 2005] institutionell und materiell profitiert hat, hiervon aber nicht mehr abhängig ist. Die Vielzahl der einschlägigen Studien weist die Unternehmensgeschichtsschreibung derzeit eindeutig als die produktivste Teildisziplin der Wirtschaftsgeschichte aus, für die ein intensiver Austausch zwischen empirischer Arbeit und theoretischer Reflektion typisch ist [Werner PLUMPE 2003]. Die deutsche Unternehmensgeschichtsschreibung zeigt dabei im internationalen Vergleich gewisse singuläre Merkmale: Einerseits gibt es eine Fülle quellengestützter Studien zur Geschichte einzelner Unternehmen; andererseits existieren nur wenige Arbeiten zur allgemeinen Unternehmensgeschichte, die ja mit der Geschichte einzelner Unternehmen keineswegs identisch ist. Im angelsächsischen Sprachraum ist es gerade umgekehrt, wobei der Grund für diese jeweiligen „Sonderwege" vor allem wohl in den unterschiedlichen Zugangsmöglichkeiten der Unternehmensquellen liegen dürfte.

Die Vielzahl der Arbeiten zur Unternehmensgeschichte macht ihre vollständige Aufzählung und Kommentierung unmöglich. Zunächst ist die recht große Anzahl umfassender Unternehmensgeschichten zu nennen, die die gesamte Spanne des Industriezeitalters in Deutschland erschließen [u.a. LORENTZ/ERKER 2003; ABELSHAUSER 2002; GALL 2000, 2002; DIENEL 2001]. Thematisch lag und liegt ein Schwerpunkt der Arbeiten zweifellos im Bereich der Geschichte des Nationalsozialismus und der Stellung der Unternehmen in Rüstungs- und Kriegswirtschaft sowie auf deren Haltung zu den Verbrechen des Regimes (Arisierung, Zwangsarbeit, Ausbeutung der besetzten Gebiete) [jüngst LINDNER 2005; HAYES 2004]. Der unternehmenshistorische Ertrag dieser Arbeiten differiert stark; zumeist überwiegt aber das empirische Interesse, während allgemeine unternehmenshistorischen Aussagen blass bleiben. Mittlerweile scheint aber der Zeitpunkt für übergreifende Interpretationen gekommen [Werner PLUMPE 2003a, 243–266; BUCHHEIM/SCHERNER 2003, 81–98]. Bei der Untersuchung der Jahre nach 1933 stehen die Großunternehmen im Vordergrund (VW, Deutsche Bank, Daimler-Benz, Dresdner Bank, I.G. Farben, Hoechst, Degussa, Allianz, Eisen- und Stahlindustrie etc.). Zwischenzeitlich finden sich gelegentlich Studien zu kleinen und mittelständischen Unternehmen, die das Gesamtbild deutlich abrunden [BRÄUTIGAM 1997, GEHRIG 1996, BERGHOFF/RAUH–KÜHNE 2000; BERGHOFF 1997]. Neben den Studien zum Nationalsozialismus sind zahlreiche Arbeiten zur Geschichte vor 1914 entstanden, die sich mit ganz unterschiedlichen Gesichtspunkten (Finanzierung, Unternehmenskultur, Organisationsstrukturen etc.) befassen [WELHÖNER 1989; HESSE 2002; WOLBRING 2000, NIEBERDING 2003, jüngst allgemein WISCHERMANN/NIEBERDING 2004], während die Zwischenkriegszeit, die in den 1970er Jahren intensiv diskutiert wurde [u.a. WEISBROD 1978; FELDMAN/HOMBURG 1977], in den letzten Jahren nicht im Vordergrund stand [immerhin: Werner PLUMPE 1999, RECKENDREES 2000]. Ein neuer Schwerpunkt zeichnet sich für die Nachkriegszeit ab: Die Fragen beziehen sich thematisch auf den ökonomischen und organisatorischen Strukturwandel und dabei insbesondere auf die vermeintliche „Amerikanisierung" der westdeutschen Unternehmen [KLEINSCHMIDT 2001, HILGER 2004]. Die Forschung ist hier zu keinem endgültigen Ergebnis gekommen, zumal die Erforschung der jüngsten Zeitgeschichte aus unternehmenshistorischer Sicht noch ganz am Anfang steht [Werner PLUMPE 2004a].

Die Fülle der Arbeiten weist keine eindeutige Prägung durch ein theoretisches Konzept auf, sondern zeichnet sich durch Eklektizismus im Umgang mit dem Angebot der theoretischen Sozial- und Wirtschaftswissenschaften aus. Diese Vielfalt der Perspektiven ist von der Sache her gerechtfertigt; einen Königsweg der Unternehmensgeschichtsschreibung im Sinne ihrer Anbindung an ein theoretisches Konzept oder ihrer disziplinären Zuordnung gibt es nicht: Jede Möglichkeit der Plausibilisierung des Strukturwandels von Unternehmen ist gerechtfertigt. Dieses Eintreten für eine konzeptionelle Offenheit des Faches ist freilich nicht als Plädoyer für Beliebigkeit zu verstehen. Zwar hat sich die Unternehmensgeschichtsschreibung in den letzten Jahren fundamental gewandelt, und ein generelles konzeptionelles Defizit ist nicht mehr festzustellen. Gleichwohl ist weitere theoretische Arbeit nötig, nicht zuletzt um den Fallstricken der Neuen Institutionenökonomik zu entkommen, die das Organisations- und Entscheidungsverhalten, das den Kern der Unternehmensgeschichte bestimmt, letztlich konzeptionell nicht wirklich fassen kann.

3. Skizze der empirischen Entwicklung des Untersuchungsgegenstandes

Die Unternehmensgeschichte im eigentlichen Sinne beginnt mit dem Durchbruch der industriellen Revolution in Nordwesteuropa seit der Mitte des 18. Jahrhunderts. Vor allem in England im Bereich der Textilindustrie, der Metallgewinnung und -verarbeitung, des Maschinenbaus sowie des Bergbaus entstehen erwerbswirtschaftliche Unternehmen im eigentlichen Sinne, die zunächst neben ältere Formen organisierter wirtschaftlicher Aktivität (Verlag, Manufaktur, Zünfte, aber bereits auch Banken und frühe Kapitalgesellschaften unter anderem im Bergbau) treten. Kapitalbedarf und technisches Wissen der frühen Unternehmensgründungen sind vergleichsweise gering, so dass der Handwerker-Erfinder neben bzw. gemeinsam mit dem Kaufmann als Gründertyp weit verbreitet ist. Die Funktionsweise der neuen erwerbswirtschaftlichen Unternehmen beruht auf klarer Marktorientierung, freiem Arbeitsvertrag und Unabhängigkeit von staatlichen Vorgaben. Die Produktion ist zentralisiert und arbeitsteilig organisiert. Die Organisationsstruktur selbst ist wenig komplex; häufig versehen die Unternehmensgründer alle wichtigen kaufmännischen, technischen und Aufsichtsfunktionen selbst. Die Unternehmensleitung basiert auf Erfahrungswissen; ihre Ausdifferenzierung bleibt zudem eng an den familiären Rahmen der Gründerfamilien gebunden [PIERENKEMPER 2000].

Die Expansion der jungen Unternehmen verläuft marktinduziert. Wegen der von Branche zu Branche, von Land zu Land variierenden Marktbedingungen lässt sich kein repräsentatives Expansionsmuster von Produktion und Organisation erkennen. In der Regel expandieren kapital- und technikintensive Branchen mit nicht lokal beschränkten Märkten schneller; die Großbetriebsbildung schreitet etwa im Bergbau und in der Eisen- und Stahlindustrie im 19. Jahrhundert am raschesten fort. Hier wird der Großbetrieb zum dominanten Unternehmenstypus, ebenso wie in der Chemischen und Elektroindustrie, wenngleich sich vor allem in den letzten beiden Branchen auch kleine und mittlere Unternehmen mit jeweils spezifischen Produktprofilen und Marktsegmenten behaupten können. Von einem durchgehenden Zwang zur Großbetriebsbildung (Konzentration und Zentralisation des Kapitals) einerseits, zur immer engeren Verflechtung der Großunternehmen mit dem Finanzierungssystem etwa im Hilferdingschen Sinne [WELHÖNER 1989] andererseits kann indes keine Rede sein. Die Zahl der kleinen und mittleren Betriebe (bis 50 Beschäftigte) sinkt in Deutschland von 1875 auf 1970 lediglich von 97,6 % auf 86 % aller Unternehmen;

Unternehmen 67

das stärkste Größenwachstum fällt dabei in die Jahre vor dem Ersten Weltkrieg und die Zeit des Wirtschaftswunders nach dem Zweiten Weltkrieg, also jeweils in Phasen raschen Wachstums [STOCKMANN 1987, 137].

Ein anderes Bild ergibt sich, wenn man die Entwicklung der Beschäftigung nach Betriebsgrößenklassen betrachtet, wobei auch hier kein simpler Konzentrationsprozess konstatiert werden kann. STOCKMANN [1987, 142] kommt zu dem Ergebnis, dass „zwar in den vergangenen 100 Jahren ein Trend zur Vergrößerung wirksam war, doch sind die wesentlichsten Veränderungen auf die immense Reduzierung der Allein- und Kleinstbetriebe (bis 5 Beschäftigte) sowie auf die starke Expansion des Anteils der großbetrieblich Beschäftigten (über 1.000 Personen) zurückzuführen, während sich die übrigen Betriebsgrößenklassen mit einer leicht zunehmenden Tendenz stabil gehalten haben. Von einer Verdrängung oder einem Aufsaugen der Klein- und Mittelbetriebe kann deshalb keine Rede sein. Noch 1970 gingen lediglich 16 % der 24,4 Millionen Erwerbstätigen in Betrieben mit über 1.000 Personen ihrer Arbeit nach. Jedoch immerhin fast die Hälfte der Erwerbstätigen arbeitete 1970 in Kleinbetrieben (bis 50 Beschäftigte)."

Die über Beschäftigtenziffern gemessene Großbetriebsbildung, die sowohl von der eigentumsseitigen wie der wirtschaftlichen (Umsätze, Marktanteile) Konzentration differenziert werden muss, erfolgt branchenspezifisch vor allem über technische und Marktdeterminanten, wobei das Größenwachstum selbst ab einem bestimmten Zeitpunkt zu einem eigenständigen Unternehmensziel werden kann, etwa um die internen Arbeitsmarktfunktionen zu verbessern, Absatz- und Beschaffungsmärkte zu sichern oder Synergieeffekte zu erreichen. Diese als Funktionsinternalisierung zu beschreibende Tendenz [GOSPEL 1992] setzt sich seit den 1880er Jahren immer stärker durch, wenn auch in unterschiedlichen Formen. In der Chemischen und Elektroindustrie dominiert eine fast „reine" Form der Internalisierung von Funktionen, Kartellbildungen bleiben angesichts der großen Marktdynamik ohne prägende Bedeutung. Im Kontext nur begrenzter Konkurrenzfähigkeit auf dem Weltmarkt, wie im Fall der Schwerindustrie, spielen hingegen die Kartellierung und die Syndizierung von Märkten, also eine Übertragung von Unternehmensfunktionen an Verbände, eine große Rolle. Erst nach dem Zweiten Weltkrieg im Zuge eines grundlegenden Strukturwandels verliert diese Form der Marktregulierung in der Schwerindustrie ihre Bedeutung; spätestens seit den 1960er Jahren beginnt auch in der Schwerindustrie ein Prozess der Defunktionalisierung von Marktregelnden Verbänden und parallel hierzu eine starke Zunahme der Funktionsinternalisierung.

Die Großbetriebsbildung impliziert in der Regel eine organisatorische Ausdifferenzierung der Unternehmensfunktionen. Nicht zuletzt wegen des gestiegenen Kapitalbedarfs existiert zunächst eine deutliche Korrelation zwischen Rechtsform und Betriebsgröße. Von den öffentlichen Unternehmen abgesehen sind Aktiengesellschaften bereits 1882 die nach der Beschäftigtenzahl größten Unternehmen und erfahren mit einer Steigerung von durchschnittlich 88 (1882) auf 1450 (1970) Beschäftigte zudem die mit Abstand stärkste Expansion, wohingegen der Zuwachs bei anderen Rechtsformen im Durchschnitt moderat ausfällt [STOCKMANN 1987, 132]. Zur dominanten Unternehmensform wird die Aktiengesellschaft in den stark konzentrierten Branchen, etwa im Bergbau, der Eisen- und Stahl-, der Elektro- oder der Chemischen Industrie. Ein zwingender Zusammenhang zwischen Konzentrationsgrad und Rechtsform besteht allerdings auch hier nicht. Großunternehmen in Form einer GmbH bleiben keine Ausnahme. Bis in die frühen 1970er Jahre existieren Großunternehmen zudem noch in der Form von Personengesellschaften, auch wenn sich diese Rechtsformen letztlich als nicht angemessen komplex erweisen.

Nach der Aktienrechtsnovelle von 1883 erzwingt die Rechtsform der Aktiengesellschaft eine interne Ausdifferenzierung von Rechnungsführung und Administration sowie eine stärkere betriebswirtschaftliche Durchdringung der Betriebe (insbes. aus Gründen des Gläubigerschutzes), deren deutlichster Ausdruck die Zweiteilung von Aufsicht (Aufsichtsrat als Kontrollorgan der Eigentümer und Geldgeber) und Geschäftsführung (Vorstand) ist; eine Entwicklung, die nach und nach auch die größeren GmbHs erfasst. [QUICK 1990]. Hierdurch wird die sich abzeichnende Bürokratisierung der Industrieverwaltung [KOCKA 1969a] beschleunigt, wenn auch der Führungsstil der verschiedenen Großunternehmen weiterhin signifikante Unterschiede aufweist (Großchemie/Elektroindustrie: technokratisch, Schwerindustrie: autoritär, im Gegensatz hierzu mittlere und kleine Betriebe insbesondere der Textilindustrie, der Metallverarbeitung, des Baugewerbes, des Brauereiwesens etc.: vegetativ-patriarchalisch). Die Bürokratisierung nimmt dabei gemessen am Ausbau der kaufmännischen Stellen einen eigentümlichen Verlauf. Der Anteil kaufmännischer Beschäftigter nimmt mit der Größe nicht dauerhaft proportional zu, sondern stagniert ab einer bestimmten Größe und geht danach wieder zurück. So gemessen weisen noch heute kleine und mittlere sowie sehr große Unternehmen einen geringeren Bürokratisierungsgrad als mittelgroße und große Unternehmen auf.

Die Gründerkrise sowie die sich anschließende große Depression, die nachhaltig auf die Erträge der Großunternehmen drückt, bedingen zugleich neue Strategien der internen Kostenerfassung und Kalkulation, der Produktentwicklung und Marktbehauptung, die sich im Boom ab Mitte der 1890er Jahre voll auszahlen. Parallel zur Bürokratisierung der Industrieverwaltung wachsen in den großen Betrieben damit die Aufwendungen für Forschung und Entwicklung, wobei die sog. „scienced-based-industries" (etwa die Chemische Industrie) eine führende Rolle übernehmen, die auch den höchsten Anteil akademisch qualifizierter Arbeitskräfte an der Gesamtbeschäftigung aufweisen [ERKER 1990]. Aus Gründen der Marktsicherung, Risikostreuung und Ausnutzung aller vorhandenen Expansionschancen setzt zugleich ein Prozess der regionalen und Produktdiversifikation ein, der von Branche zu Branche allerdings verschieden ausfällt. Das Ausmaß der Diversifikation vor dem Ersten Weltkrieg ist umstritten, jedoch fällt die Vorreiterrolle auch hier wieder den sog. modernen Industrien zu, während in der Schwerindustrie zwar die Zahl der hergestellten Produkte wächst, die Dominanz der Kernbereiche aber überragend bleibt [KOCKA 1975; SIEGRIST 1980; Werner PLUMPE/ESSER/UNGER 1990].

Die Ausgestaltung der betrieblichen Arbeitsprozesse unterliegt im selben Zeitraum einem erheblichen Wandel, der mehr technischen Optimierungs- und Maximalisierungsparadigmata folgt als ausgearbeiteten Überlegungen für eine komplexe Arbeitsorganisation. Vorstellungen technischer Rationalisierung im Sinne etwa der

Aufgabe des Werkstattprinzips zugunsten stark zerlegter, kontinuisierter Arbeitsprozesse beherrschen eine Diskussion, die sich zunehmend an US-amerikanischen Erfahrungen orientiert. Nicht zuletzt die Dominanz klein- und mittelbetrieblicher Strukturen in wichtigen Bereichen der deutschen Investitionsgüterindustrie verhindert indes eine einfache Kopie amerikanischer Vorbilder; auch in den Großbetrieben, die vor 1914 mit dem Taylorismus experimentieren, erweisen sich technische Probleme und Arbeiterwiderstände als zu stark, um eine im Taylorschen Sinne gedachte Effizienz der Arbeitsprozesse zu ermöglichen [RADKAU 1989]. Das Vorherrschen technischen Denkens im Bereich der Arbeitsorganisation sowie der wegen der relativen Schwäche der Gewerkschaften vor 1914 fehlende sozialpolitische Druck machen gemeinsam die Ausdifferenzierung arbeitspolitischer Strukturen innerhalb der Betriebe unwahrscheinlich. Zwar werden ab der Jahrhundertwende verstärkt Sozialsekretäre beschäftigt, auch entstehen in nuce sozialpolitische Abteilungen, doch bleibt ihr Ansatz zumeist sozialpflegerisch. Die Einrichtung von Personalabteilungen aber bezeichnet der Betriebswirt Rudolf Dietrich noch 1914 als überflüssig: „Sachlich-persönliche Bedürfnisse fordern sie nicht." [DIETRICH 1914, 656; JOHANNING 1901].

Dominieren somit vor 1914 administrativ optimierte Großunternehmen und weiterhin herkömmlich geprägte Klein- und Mittelbetriebe, so ändert sich dieses Bild in den zwanziger Jahren des 20. Jahrhunderts einerseits durch die Verlagerung der Diskussion und die Fortentwicklung großindustrieller Organisationsstrukturen im Bereich der Arbeitspolitik, andererseits durch die (welt-)marktbedingte Beschleunigung von Konzentrations- und Rationalisierungsprozessen. Diese Konzentration bezieht sich aber nicht auf die Betriebsgrößen, sondern auf die Konzernbildung und die wirtschaftlich-eigentumsmäßige Zusammenfassung vorhandener Betriebe. Das Größenwachstum im betrieblich-technischen Sinne fällt in diesem Zeitraum – mit signifikanten Ausnahmen etwa im Ruhrbergbau – eher unterdurchschnittlich aus. Unter anderem auch wegen der Leistungsrückgänge nach dem Ersten Weltkrieg, der neuen arbeitspolitischen Gesetzgebung und veränderter Verhaltensweisen der Belegschaften wächst in den Großunternehmen die Bedeutung arbeits- und sozialpolitischer Abteilungen, die die Neugestaltung von Arbeitsprozessen und die Auswahl von Beschäftigten unter dem Gesichtspunkt der Leistungssteigerung und der Disziplinierung leisten sollen. Mit diesem Schub interner Ausdifferenzierung korrespondieren erste, ungeplante Ansätze zur Divisionalisierung diversifizierter Großunternehmen, es beginnt also ein Prozess der produktbezogenen organisatorischen Dezentralisierung bei gleichzeitiger Zentralisierung spezifischer Kontrollfunktionen in den Konzernspitzen [BERTHOLD u.a. 1988].

Der Übergang zur Divisionalisierung erfolgt in Deutschland allerdings erst in den 60er bis 70er Jahren des 20. Jahrhunderts, sehr viel später als in den USA, wo der Übergang bereits Jahrzehnte zuvor einsetzt [DYAS/THANHEISER 1976; POENSGEN 1973; CHANDLER 1990]. Wie weit die Divisionalisierung von Großunternehmen im Kontext der Diversifikation zwangsläufig erfolgt, ist in der organisationssoziologischen Literatur umstritten [KIESER/KUBICEK 1983]. In der Tat lässt sich nicht bei allen Großunternehmen, die hierfür aufgrund von Größe und Diversifikationsgrad in

Frage kommen, eine divisionalisierte bzw. Matrix-Organisationsstruktur nachweisen, so dass ein notwendiger Zusammenhang zwischen Diversifikation und Divisionalisierung empirisch nicht nachweisbar ist. Auch ist das Chandlersche Diktum von der Notwendigkeit der multidivisionalen Organisationsform zur Sicherung erfolgreicher Expansionsstrategien nicht wirklich belegt. Vielmehr gibt es Hinweise, dass diese Organisationsstruktur die in sie gesetzten Erwartungen nicht erfüllt.

Seit den späten 1980er, insbesondere aber in den 1990er Jahren setzt entsprechend ein erneuter Wandlungsprozess ein, der mit den Stichworten Informationstechnologien und Globalisierung bei gleichzeitig massivem Strukturwandel der Kapitalmärkte beschrieben werden kann. Die enge Verbindung von Universalbanken und Industrieunternehmen, die für Deutschland zwischen dem späten 19. Jahrhundert und den 1970er Jahren als Folge der großen Verluste in der Großen Depression typisch ist und sich unter den Bedingungen politisch motivierter Marktrestriktionen bis in die 1960er Jahre hinein bewährt, wird zugunsten neuer, jetzt global angelegter Strategien aufgegeben. Denn die neuen weltwirtschaftlichen Konstellationen begünstigen schlanke, auf das so genannte Kerngeschäft konzentrierte Unternehmen und benachteiligen die diversifizierten und divisionalisierten Konglomerate, deren Marktdynamik sich im Rahmen globaler Konkurrenz als unterlegen erweist. Die enge Verbindung von Banken und Industrie entfällt sukzessive, das Universalbankprinzip wird ebenso in Frage gestellt wie der traditionelle, breit aufgestellte Industriekonzern. Nach der Aufgabe des funktionalen Organisationsprinzips in den Großunternehmen seit Ende der 1960er Jahre steht nun zunehmend auch der divisionalisierte Konzern zur Disposition. An seine Stelle treten zum Teil Holdingstrukturen; nicht selten aber kommt es zur vollständigen Auflösung von Konglomeraten, eine Tendenz, die durch die Profitabilität von Unternehmenszerlegungen seit den 1980er Jahren noch verstärkt wird. Neue, verbindliche Organisationsmuster und sie stützende Unternehmensstrategien haben sich aber statt der Modekonzepte „Diversifikation/Divisionalisierung" nicht durchgesetzt. „Lean production", „lean organisation" sind vielmehr Allzweckbegriffe, die vor allem signalisieren, dass es um rasche Marktanpassung geht: Das Reden vom „lernenden Unternehmen" und der „flexiblen Netzwerkorganisation" bildet diese Prozesse auch sprachlich ab.

Im übrigen weisen die betrieblichen Organisationsstrukturen nach dem Krieg zunächst wenig einschneidende Veränderungen auf, sieht man von der Wiedereinführung einer demokratischen Arbeitsverfassung nach dem Ende des Nationalsozialismus ab, die freilich nicht unterschätzt werden sollte [Vgl. Beitrag „Industrielle Beziehungen" in diesem Band]. Die Neuorganisation der Marktbeziehungen und der Unternehmensstrukturen im Zuge von Diversifikation und Divisionalisierung fallen schwerpunktmäßig in die späten 60er und 70er Jahre des 20. Jahrhunderts, als die Marktbedingungen und technischen Verhältnisse eine Aufgabe dominanter Produktionsprofile etwa in der Schwerindustrie zugunsten konjunkturresistenterer Diversifikationsstrategien und damit zugleich den Abschied von Marktregulierungsstrategien durch Syndikate und Kartelle erzwingen. Auch hier setzen sich in zunehmendem Maße Tendenzen zur Funktionsinternalisierung durch, um die Unternehmen flexibler und anpassungsfähiger im Hinblick auf sich dynamisch wandelnde Märkte zu machen. Die Globalisierung, d.h. die Ausbreitung des globalen Wettbewerbs bei gleichzeitiger Erhöhung der Kapitalmobilität, wirft seit den 1990er Jahren allerdings die Frage nach den Kosten der jeweiligen betrieblichen Organisationsstrukturen und Interaktionsbeziehungen auf. Betriebliche Mitbestimmung und Unternehmensmitbestimmung sowie relativ gut bezahlte Facharbeit sind in diesem Kontext zur Diskussion gestellt, ohne dass sich freilich ein Ergebnis des Strukturwandels abzeichnet. Eindeutig ist, dass bestimmte Tätigkeitsbereiche aufgegeben und verlagert werden – und zwar in klarer Abhängigkeit von den Kosten. Unklar ist aber, ob dies auch für komplexere Produktionsabläufe möglich sein wird, und unklar ist vor allem, ob eine „deregulierte" Welt innerbetrieblicher Sozialbeziehungen in der Tat kostengünstiger ist als ihre derzeitige sozialpartnerschaftliche Variante.

Produktions- und Informationstechnik sowie Marktbedingungen waren mithin die entscheidenden Determinanten der Unternehmensentwicklung. Sie bestimmten die Größe und damit zumindest dem Rahmen nach auch die formalen Organisationsstrukturen der Unternehmen. Innerhalb dieses Rahmens blieben aber Organisations- und Verhaltensvarianten und mit ihnen Entscheidungsspielräume bestehen: Eine deterministische Beziehung von Technik und Markt über Unternehmensgröße und -politik hin zu den formalen und schließlich informellen Unternehmensstrukturen lässt sich empirisch nicht feststellen. Hier liegt auch der entscheidende Vorteil eines unternehmenshistorischen Forschungsansatzes, dem es um die Analyse und Interpretation von Handlungs- und Entscheidungsprozessen in komplex organisierten Unternehmen bei variierenden technischen und ökonomischen Umweltbedingungen geht. Bisher lassen sich für Deutschland grob gesagt vier Phasen der Unternehmensgeschichte (an Großunternehmen orientiert) erkennen:

(1) eine Phase des Durchbruchs der Unternehmung mit wenig ausdifferenzierter, noch nicht professionalisierter, im Wesentlichen familiär gestützter Organisationsform 1800 bis etwa 1880;

(2) eine Phase der Entstehung und Verbreitung des Großbetriebes unter spezifischen, hochriskanten Marktbedingungen mit professionalisierter, vom Eigentum sukzessive abgelöster Unternehmensleitung durch bezahlte und einschlägig qualifizierte Manager, die zur Erreichung der Unternehmenszwecke vor allem funktionale Organisationsformen (U-Form) entwickeln und nutzen;

(3) eine Phase der Diversifikation und Divisionalisierung (M-Form) zwischen den 1960er und 1980er Jahren, in der auf die sinkende Wachstumsdynamik und die sich verstärkende internationale Konkurrenz durch Zukäufe und regionale Expansion reagiert wird;

(4) schließlich eine Phase der Auflösung der traditionellen Unternehmensstrukturen in Folge der sich global durchsetzenden Konkurrenzformen, der Änderung der Informationstechnologien und der Aufwertung der Kapitalmärkte mit einer Präferenz für „flexible", d.h. jederzeit neu konfigurierbare Organisationsformen.

Im deutschen Fall war es insbesondere die Zeit zwischen dem späten 19. Jahrhundert und den 1970er Jahren, die spezifische Strukturentscheidungen begünstigte (enge Verbindung von Banken und Industrie, Sozialpartnerschaft, Qualitätsproduktion, starke Zentralorganisation), da den sich bildenden und expandierenden deutschen Großunternehmen keine derart großen und homogenen Märkte offen standen wie ihrer amerikanischen Konkurrenz [DORNSEIFER 1995, 212]. Eine Vielzahl unterschiedlicher nationaler Märkte mit zum Teil erheblichen Marktzugangsbarrieren erforderten eine entsprechende Produktions- und Organisationsstruktur. Die starke Unternehmensbürokratie und die risikoaverse Verbindung von Banken und Industrie, die die Unternehmen gegenüber den Kapitalmärkten abschottete, war mithin nicht eine „ideologische" Entscheidung, wie lange unterstellt [insbesondere KOCKA/ SIEGRIST 1978], sondern folgte den Marktkonstellationen [DORNSEIFER 1993]. Mit deren globaler Öffnung seit den 1970er Jahren entfielen daher auch nach und nach die deutschen Spezifika, da sie keinen funktionalen Grund mehr hatten.

4. Theoretisch-methodische Erklärungsansätze: Was bieten die systematischen Wirtschafts- und Sozialwissenschaften

Unternehmen sind in gewisser Hinsicht „totale Organisationen", deren Entwicklung sich unter verschiedenen theoretisch-methodischen Vorzeichen fassen lässt. Sie weisen in konstitutiver Hinsicht ökonomische, soziale, rechtliche und politische Merkmale auf, die zudem stets in eigenartig-singulärer Weise kulturell geprägt sind. Sie lassen sich überdies einzeln betrachten (mikroökonomischer Zugriff) oder können in Branchenstudien (mesoökonomische Perspektive) bzw. Gesamtbetrachtungen (makroökonomischer Zugriff) als generelle wirtschaftliche Organisationsform oder als Massenphänomen zum Thema historischer Forschung werden. Die Verwendung einzelner theoretischer Konzepte zur Erfassung der Unternehmensgeschichte hängt mithin wesentlich von der jeweiligen Fragestellung ab. Dabei werden zwar einzelne Konzepte eine Leitfunktion übernehmen; entsprechend des totalen Charakters von Unternehmen wird indes stets ein gewisser Eklektizismus der Ansätze unvermeidbar, ja in gewisser Hinsicht sogar wünschenswert bleiben. Theoretische Modelle, die sich gegenüber dem insofern spezifischen Charakter der Unternehmung als offen erweisen, sollten in der historiographischen Praxis also vorrangig herangezogen werden.

Da Unternehmen wirtschaftliche Organisationen sind, sollte der Ansatzpunkt theoretischer Überlegungen auch hier liegen. Gegenwärtig stehen dabei vorrangig zwei Ansätze zur Debatte, die das Unternehmen im einzelnen oder als spezifische Organisationsform moderner wirtschaftlicher Aktivitäten in einer übergreifenden Perspektive zum Thema machen. Dies ist einerseits der durch die Neue Institutionenökonomik ausgelöste Schub in der Theorie der Unternehmung; andererseits handelt es sich um evolutionsökonomische Überlegungen zur branchen- und gesamtwirtschaftlichen Entwicklung von Unternehmen. Beide Konzepte sind dabei gegenüber allgemeinen historischen und sozialwissenschaftlichen Fragestellungen offen, erweisen sich für unternehmenshistorische Analysen mithin als besonders hilfreich. Überdies sind sie so allgemein gefasst, dass ihnen zumindest in absehbarer Zeit nicht das Schicksal älterer Theorieansätze droht, die angesichts ihrer strikten theoretischen Annahmen von der empirischen Forschung überholt wurden (etwa Organisierter Kapitalismus, Fordismus, marxistische Theorie der Unternehmung etc.).

Zunächst sei der Blick auf die Neue Institutionenökonomik gerichtet, auf deren historische Entwicklung und die für historiographische Zwecke notwendigen Erweiterungen dieses Ansatzes. Erste Unternehmenstheorien finden sich um die Wende zum 20. Jahrhundert, nachdem zunächst die Figur des Unternehmers, insbesondere das Problem seiner „Entlohnung", seiner Funktionen und seiner Kompetenzen im Vordergrund gestanden hatte [POHLE 1911; TURIN 1947]. Eine Theorie der Unternehmung hingegen blieb gemessen an dem Diskussionsstand zum Unternehmer blass bzw. in ihrer Fassung bei Max Weber sehr abstrakt. Zwar bemühte sich Werner Sombart darum, eine eigene Theorie der Unternehmung vorzulegen, welche auf der sich durchsetzenden Eigenlogik ökonomischer Großorganisationen fußte [SOMBART 1931], jedoch blieb seine Argumentation letztlich zu geschichtsphilosophisch und ökonomisch spekulativ. Die Vorstellung von der ungebremsten Konzentration und der schwindenden Rolle des Unternehmers teilte er dabei mit Joseph Schumpeter [SCHUMPETER 1929], der die kapitalistische Entwicklung in gigantischen, überpersönlichen Trusts und Konzernen ebenfalls enden sah – und Schlimmes befürchtete. Es war – ironischerweise – die Reaktion eines jungen englischen Ökonomen auf diese Vorstellung von der unbegrenzten Wachstumsfähigkeit industrieller Organisation (und der damit auf der Linken verknüpften Hoffnung auf die Funktionsfähigkeit einer sozialistischen Ökonomie), die die bis dato wenig entwickelte Unternehmensvorstellung der klassischen und neoklassischen Ökonomie – zumindest langfristig gesehen – derart veränderte, dass sie heute die eigentliche theoretische Herausforderung für die Unternehmensgeschichtsschreibung darstellt. Während die Neoklassik davon ausging und noch davon ausgeht, dass Unternehmen preisgesteuerte Faktorkombinationen darstellen, die den Faktoreinsatz je nach Höhe der relativen Preise unverzüglich optimieren, also vollständige Informiertheit und unverzügliche Reaktionsfähigkeit besitzen, behauptete die seinerzeitige Linke die umfassende Organisierbarkeit der Wirtschaft bzw. befürchtete die kulturpessimistisch gestimmte Haltung eines Sombarts oder eines Schumpeters gerade diese Tendenz zur Konzentration. Ronald H. Coase hingegen fragte sich nach den Grenzen des Unternehmenswachstums und stellte in guter neoklassischer Art die These vom Prinzip der marginalen Substitution von Unternehmen durch Märkte bzw. von Märkten durch Unternehmen auf. Angelpunkt seiner Argumentation war die Annahme steigender Grenzkosten der Organisation, wodurch das Unternehmenswachstum letztlich als limitiert erscheinen musste [COASE 1988; BÖSSMANN 1981]. Die Kosten der Nutzung von Märkten bzw. hierarchischen Organisationen, also die Höhe der Transaktionskosten (insbesondere Such-, Verhandlungs- und Kontrollkosten) ist in dieser Sicht also der entscheidende Faktor der Unternehmensbildung und der Unternehmensentwicklung: Liegen die Kosten der Hierarchie unter den Kosten des Marktes, bietet sich die hierarchische Koordination von Transaktionen durch Unternehmen an, im anderen Falle sind Marktlösungen der effizientere Weg. Damit war sowohl der Vorstellung von der kostenlosen Anpassungsfähigkeit der Unternehmen an sich ändernde Preise wie der Hoffnung auf die umfassende Organisation der kapitalistischen Wirtschaft der Boden entzogen.

Das sich auf diese, lange Zeit wenig beachteten Überlegungen beziehende Unternehmenskonzept der Neuen Institutionenökonomik [RICHTER/FURUBOTN 2003] sei nun genauer vorgestellt. Es geht davon aus, dass es Unternehmen überhaupt nur gibt, weil der Markt nicht kostenlos funktioniert. Wenn die Nutzung des Marktmechanismus Kosten verursacht, ist es unter bestimmten Voraussetzungen und unter historisch wechselnden Umständen sinnvoll, die marktliche Koordination von Transaktionen durch hierarchische Organisation, also Unternehmensbildung, zu ersetzen. Oliver E. Williamson hat diese Voraussetzungen und Umstände diskutiert und überzeugend gezeigt, dass die Wahl der Form Unternehmung wahrscheinlich ist, wenn hochspezifische Investitionen abgesichert und häufig wiederkehrende Transaktionen unter den Bedingungen parametrischer Unsicherheit ausgeführt werden sollen. Einmal gegründet (in Williamsons Worten also nach der fundamentalen Transformation), besteht das Problem der Unternehmung darin, die Kosten der hierarchischen Koordination von Transaktionen dauerhaft unter dem relativen Preis der marktlichen Koordination zu halten [WILLIAMSON 1990]. Daraus ergibt sich zwingend, dass das Überleben von Unternehmen davon abhängt, dass die Differenz zwischen den Kosten der Marktnutzung und den Kosten der Organisation zugunsten letzterer aufrechterhalten werden kann, und zwar sowohl in absoluter wie in relativer Hinsicht, also im Rahmen der Konkurrenz mit anderen Unternehmen. Um dies zu gewährleisten, unterliegen Unternehmen einem ständigen Anpassungsdruck an sich wandelnde Preis- und Kostenkonstellationen. Unternehmensgröße und -organisation ändern sich entsprechend der Höhe der Transaktionskosten; „Gesetze" der immerwährenden Konzentration oder der optimalen Unternehmensgröße oder -organisation kann es folgerichtig nicht geben.

Der Blick ist damit auf die internen Strukturen des Unternehmens gelenkt, insbesondere auf die Kosten der hierarchischen Koordination und ihre Veränderung in der Zeit. Die Frage ist: Was unterscheidet hierarchische von marktlicher Koordination und welche ökonomischen Konsequenzen hat dieser Unterschied? Die Vertreter der Neuen Institutionenökonomik sind sich hier einig: Es ist ganz offensichtlich ein anderes Vertragsverhältnis, das Transaktionen innerhalb von Unternehmen bestimmt. Im Gegensatz zum Markt handelt es sich bei Unternehmen um mittel- bis langfristige Vertragsbindungen verschiedener Parteien, wobei diese Verträge eine hierarchische Weisungsbefugnis zur Koordination von Transaktionen begründen. Nicht mehr relative Preise wie auf Märkten, sondern vertraglich definierte Weisungsbefugnisse stimmen die Transaktionen ab. Die Höhe der Transaktionskosten hängt nicht mehr von den jeweiligen Kosten der Suche, der Verhandlung mit und der Vertragskontrolle gegenüber anderen Marktteilnehmern ab, mit denen getauscht oder gehandelt werden soll, sondern von den Kosten der Durchsetzung des Weisungsrechtes im Unternehmen und der Sicherstellung seiner Befolgung. Folglich steht im Mittelpunkt der Unternehmung (und ihres wirtschaftlichen Erfolges) die Erfüllung des Vertragsverhältnisses zwischen den an einer Unternehmung Beteiligten. In der institutionenökonomischen Diskussion spielen zu dessen Erfassung zwei Figuren eine wesentliche Rolle, und zwar (1) das sog. Prinzipal-Agent-Problem, also das Verhältnis zwischen Weisungsbefugtem und Weisungsgebundenem, sowie hiervon ausgehend (2) das Problem des unvollständigen Vertrages, wobei beide Figuren informationsökonomisch aufbereitet werden. Ein Unternehmen konstituiert mit sich selbst zugleich ein Prinzipal-Agent-Verhältnis, in dem sich in der Regel die Weisungskompetenz umgekehrt proportional zur Informiertheit über die parametrischen Bedingungen des Weisungsgegenstandes entwickelt: Der Prinzipal hat zwar das Recht, den Agenten anzuweisen, doch fehlen ihm im Vergleich zum Agenten häufig die notwendigen Informationen, um exakte Weisungen zu geben und diese entsprechend zu kontrollieren. Das Vertragsverhältnis zwischen Prinzipal und Agent ist damit durch die Möglichkeit einer opportunistischen Ausnutzung der Informationsasymmetrie durch den Agenten gefährdet. Das Problem der konkreten Vertragsschließung besteht entsprechend darin, dass die Vertragsklauseln zugleich strikt und weit gefasst sein müssen: strikt zur Verhinderung von Opportunismus, die Vertragsklauseln zur Ermöglichung von angemessenem Agentenverhalten bei zukünftiger parametrischer Unsicherheit hingegen weit. Der Vertrag kann also nur unvollständig sein. Dieses Dilemma, das durch die grundsätzliche Unmöglichkeit, Informationsasymmetrien vertraglich auszuschließen, unaufhebbar ist, bildet den Kern jeder Unternehmensorganisation. Eine erfolgreiche Unternehmung, so die Annahme der Neuen Institutionenökonomik, wird ein Regelwerk formeller und informeller Normative zur Ergänzung der unvollständigen Verträge und damit insgesamt eine „Governance-Struktur" entwickeln, die Organisations- und Kooperationsrenten ermöglicht, mit denen die Transaktionskosten sowohl gegenüber dem Markt wie gegenüber Mitbewerbern niedrig gehalten werden können.

Diese Argumentation der Neuen Institutionenökonomik ist erheblich avancierter als die reine Modelltheorie der Neoklassik; vor allem ist sie in hohem Maße anschlussfähig gegenüber anderen Theorieansätzen etwa aus dem Bereich der Mikropolitik oder der Unternehmenskulturforschung. Sie wirft das neoklassische Modellgerüst indes nicht über Bord, sondern teilt mit ihm dessen in der Zwischenzeit modifizierte Grundannahmen (gebundene Rationalität, Orientierung am angemessenen Ertrag, Opportunismus und moral hazard). Sie ergänzt, wenn man so will, das Produktionsfaktorenset der Neoklassik um den Komplex der Organisationskosten, ohne die grundsätzliche Statik des Ansatzes zu überwinden. Denn die bereits von Joseph A. SCHUMPETER [1911/1987] festgestellte Problematik, dass ceteris paribus, also unter gleich bleibenden Bedingungen, schließlich alle Unternehmen zu Grenzkosten produzieren und ein gleichgewichtiger Stillstand eintritt, ist auch durch die Argumentation der Neuen Institutionenökonomik nicht ausgeräumt, zumal Schumpeter die Organisation des Unternehmens bereits explizit in seine Überlegungen einbezogen hatte. Streng genommen müssten sich gemäß diesem Ansatz jene Unternehmen durchsetzen, deren „Governance-Struktur" die niedrigsten Transaktionskosten hat und die höchsten Kooperationsrenten ausweist. Die Unternehmenstheorie der Neuen

Institutionenökonomik ist insofern eine Erweiterung der neoklassischen Unternehmensauffassung, durch die zwar die Existenz von Unternehmen und ein Teil ihrer internen Problematik geklärt werden kann, mit der aber gerade auf die Frage nach der Entwicklung des Unternehmens in der Zeit keine Antwort gegeben wird [NELSON/WINTER 1980; JONES 1997].

Das Unternehmen selbst gerät so nur unvollständig in den Blick. Es wird entweder als „black box" behandelt, das sich entsprechend der technischen und marktlichen Bedingungen sowie der Preisanreize eindeutig verhält; der neoinstitutionalistischen Theorie kommt es folgerichtig darauf an, den Zusammenhang von Anreiz und Reaktion durchzudeklinieren, wobei nun neben den relativen Preisen der Produktion auch die relativen Organisationskosten eine Rolle spielen. Oder die Neue Institutionenökonomik modelliert das Unternehmen intern völlig schematisch über das Prinzipal-Agent-Verhältnis und den unvollständigen Vertrag, dessen Verdichtung zur „Governance-Struktur" man dann in der Regel einer ominösen „Unternehmenskultur" überlässt, die ein Forschungsproblem unsichtbar macht, das man mit den gewählten Instrumenten nicht lösen kann. Das Unternehmen bleibt, um einen Begriff von Heinz von Foerster zu verwenden, auch in der Neuen Institutionenökonomik eine „triviale Maschine", in der bestimmte Anreizkonstellationen bestimmte Reaktionen hervorrufen, sei es bezogen auf das Marktverhalten, sei es bezogen auf die distributiven Auseinandersetzungen von Prinzipal und Agent [von FOERSTER 1993].

Festzuhalten ist mithin: Bei der Benennung des Forschungsproblems der Unternehmensgeschichtsschreibung (Warum und wann bilden sich Unternehmen? Wie schaffen sie es, auf unübersichtlichen Märkten zu überleben?) ist die Neue Institutionenökonomik hilfreich. Sie erklärt, warum sich Unternehmen gegen den Markt und gegen Konkurrenten ausdifferenzieren: Unternehmen sind danach wirtschaftliche Organisationen, deren Existenz von ihrer Zahlungsfähigkeit abhängt. Diese Zahlungsfähigkeit ergibt sich unter anderem durch die Ausnutzung von Preisdifferenzen zwischen marktlicher und hierarchischer Koordination von Transaktionen in Form vertragliche festgelegter Weisungsrechte. Unternehmen sind dauerhafte Konstellationen unvollständiger Verträge zur Substitution marktlicher Transaktionskoordination durch Weisungsbeziehungen, so dass Unternehmensbildungen immer dann wahrscheinlich sind, wenn an sich wünschenswerte Transaktionen bei marktlicher Koordination zu teuer oder – in Erweiterung der Neuen Institutionenökonomik gesagt – zu riskant sind, also, um noch einmal auf Williamson zurückzugehen, bei hoher Investitionsspezifität, bei großer Häufigkeit identischer Transaktionen und bei parametrischer Unsicherheit. Man kann damit zugespitzt und über den Rahmen der Neuen Institutionenökonomik hinausgehend formulieren: Unternehmen sind Organisationen zur Risikostrukturierung, die an sich unwahrscheinliche ökonomische Transaktionen erst ermöglichen. Die unternehmenshistorisch entscheidende Frage aber, auf die die Neue Institutionenökonomik keine Antwort gibt, ist nun die nach dem Wie der dauerhaften Etablierung von Unternehmen gegen den Markt und gegen die Konkurrenz. Wie gelingt es einem Unternehmen, dauerhaft eine zumindest die Existenz nicht gefährdende „Governance-Struktur" zu realisieren? Wie schaffen es Unternehmen, der Optimalkostengleichgewichtsfalle zu entgehen, in der alle zu Grenzkosten produzieren, Kosten und Erlöse gleich sind und Stillstand eintritt? Joseph Schumpeter hat dieses Problem bekanntermaßen durch die Einführung des Unternehmers in die ökonomische Theorie zu lösen versucht. Der Unternehmer zerstört nach Schumpeter bestehende Gleichgewichte und schafft entwicklungsdynamische neue Ungleichgewichte durch die Durchsetzung neuer Faktorkombinationen in der Produktion und – könnte man institutionenökonomisch ergänzen – auch in der Organisation. Da sich aber auch die Innovationen verbreiten und damit erneut gleichgewichtiger Stillstand droht, ist es notwendig, dass der Unternehmer periodisch auftritt: Ein dynamischer Prozess von Aufbau und Zerstörung setzt ein, der zwar zum Gleichgewicht tendiert, vom Unternehmer aber daran gehindert wird, diesen Punkt je zu erreichen. Der Schumpetersche Gedanke ist zweifellos zentral; jedoch wird er in seiner Theorie der wirtschaftlichen Entwicklung nicht ausgearbeitet, sondern durch Postulate ersetzt. Die Figur des Unternehmers, so wie ihn Schumpeter einführt, wird einfach als gegeben angenommen. Dass er als Typus immer vorkomme, ist ein schwaches Argument, zumal die einschlägigen Beschreibungen dieses Typs bei Schumpeter doch recht willkürlich wirken. Auch setzt sich Schumpeters Unternehmer mit seinen radikalen Vorstellungen neuer Faktorkombinationen stets durch, obwohl man weiß, dass Entscheidungen in Organisationen anders fallen. Diese Überschätzung des Unternehmers mag mit den Beispielen großer Unternehmer zu tun haben, die Schumpeter um die Wende vom 19. zum 20. Jahrhundert vor Augen gestanden haben. Letztlich bleibt die kapitalistische Entwicklung vom zufälligen Auftreten durchsetzungsfähiger, innovativer Unternehmertypen [CASSON 2001] abhängig: eine unbefriedigende, wenn auch weiterhin vertretene Auffassung [SAUTET 2000]. Unternehmenshistorisch gesehen ist aber gerade die entscheidende Frage: Wie kommen in wirtschaftlichen Organisationen Entscheidungen zustande? Eine Antwort kann lauten: durch Unternehmer; eine andere: aufgrund komplexer Aushandlungsprozesse. Das sind vornehmlich empirische Fragen. Theoretisch geht es vor allem um die Verdeutlichung von Entscheidungsprozessen in Unternehmen.

Dabei ist nicht jede Entscheidung gleich. Man kann zwischen pfadschöpfenden und pfadabhängigen Entscheidungen unterscheiden: Eine Entscheidung zur Unternehmensgründung ist eine andere als die, in einem gegebenen Unternehmen vor dem Hintergrund erwarteter Marktentwicklungen eine Investitionsentscheidung zu treffen. Grob klassifiziert können im Unternehmenskontext folgende Entscheidungen unterschieden werden: zunächst Gründungs- oder Pfadschöpfungsentscheidungen (1), sodann Investitions- und Produktionsentscheidungen (2), vor diesem Hintergrund Organisationsentscheidungen (3) und hierauf bezogen schließlich Personalentscheidungen (4). Im Gründungsakt kann man sich diese Entscheidungsstruktur als konsekutive Kaskade vorstellen, d.h. die Gründungsentscheidung zieht Investitions- und Produktionsentscheidungen nach sich, die wiederum Organisationsentscheidungen erzwingen und schließlich Personalentscheidungen ermöglichen. In einem bestehenden Unternehmen erfolgen alle Entscheidungen rekursiv, d.h. alle vorherigen Entscheidungen gehen wiederum als Entscheidungsprämissen in die neuen Entscheidungen ein. Insofern das Unternehmen seine früheren Entscheidungen erinnern kann (muss) und auch de facto erinnert, erfolgt diese Rekursivität explizit, wobei es freilich der konkreten Entscheidungssemantik überlassen bleibt, wie selektiv jeweils mit der „Erinnerung" umgegangen wird. Angesichts dieser Komplexität von Entscheidungsprozessen ist die Schumpetersche Vorstellung vom zerstörenden Unternehmer naiv. Das Unternehmen, das bei seiner Gründung zur Erreichung eines Produktionszieles und eines monetären Zieles eine Organisation ausbildet [BAUSOR 1994], in der wiederum alle zukünftigen Entscheidungen fallen, ist mithin eine organisierte Entscheidungssequenz und muss als solche behandelt werden. Wie sind diese rekursiven Entscheidungsprozesse zu fassen? Eine Beantwortung dieser Frage ist schwierig. In der soziologischen Literatur [LUHMANN 2000; CYERT/MARCH 1992] gibt es wichtige Hinweise, aber für die unternehmenshistorische Arbeit müssen vorläufig die folgenden Thesen genügen:

1. Die Möglichkeit jetziger und weiterer Entscheidungen ist existentiell an die Aufrechterhaltung von Preisdifferenzen gekoppelt. Das Wissen um die ständige Bedrohtheit der Unternehmung geht als selbst produzierte Gewissheit in die Entscheidungen ein, ohne dass allerdings Sicherheit darüber besteht, welche Entscheidung angesichts einer unverfügbaren Zukunft jene ist, die auch zukünftig erfolgreiche Entscheidungen ermöglicht. Hieraus ergibt sich das erste große Problem: Das Unternehmen muss intern Entscheidungssicherheit erzeugen, um angesichts der unbekannten Zukunft überhaupt entscheiden zu können.

2. Die Erzeugung von Entscheidungssicherheit an sich ist empirisch offen. Diese Offenheit ist bei Organisationen allerdings eingeschränkt. Zunächst wird überhaupt nur dann die Entscheidungsform „Organisation" gewählt, wenn man eine berechenbare Wiederholbarkeit von Entscheidungen sicherstellen will. Dies wurde oben bereits angedeutet, als darauf verwiesen wurde, dass weisungsgebundene Koordination bei hoher Transaktionsfrequenz wahrscheinlicher wird. Organisation bedeutet, dass die Verfolgung des Unternehmensziels durch Karrierestrukturierung von Handlungsprozessen erreicht werden soll, d.h. die Stellenstruktur und ihre Beschreibung sorgen für die erwünschte Handlungsredundanz. Damit scheiden individuelle Handlungsmotive nicht aus, aber die Organisation unterstellt für sich selbst deren Irrelevanz: Die Stelle entscheidet und nicht die Laune! Sollte es trotzdem dazu kommen, dass anstelle des erwarteten und erwünschten ein unerwartetes Verhalten auftritt, kann dies als eine falsche Personalentscheidung behandelt werden. Denn im Anschluss an die Organisationsentscheidungen, mit denen strukturelle Entscheidungssicherheit hergestellt werden soll, fallen die Personalentscheidungen, mit denen prozessuale Entscheidungssicherheit erzeugt werden soll. Das Feststellen des Auseinanderfallens von Entscheidungsziel und Entscheidungsfolgen kann dann wiederum als Entscheidungsfehler von Organisation und/oder Personal behandelt und mit entsprechenden Änderungsentscheidungen bearbeitet werden. So ist zum einen sichergestellt, dass es gegenwärtig eindeutige Entscheidungsgrundlagen gibt, als auch, dass zukünftige Entscheidungen bezogen auf die Gegenwart möglich werden: Genau das aber erzeugt Entscheidungssicherheit unabhängig von den Bedingungen der jeweiligen Entscheidungssituation.

3. Organisation und Personal sind insofern die Voraussetzungen dafür, dass überhaupt entschieden werden kann, also Entscheidungsprämissen im Luhmannschen Sinne. Dagegen kennzeichnen die zuvor getroffenen Investitions- und Produktionsentscheidungen und ihre Folgen gemeinsam mit der Organisationsstruktur und der realen Personalkonfiguration den historischen Zustand, von dem jeder neue Entscheidungsprozess auszugehen hat. Damit ist der Entscheidungsprozess selbst aber noch nicht hinreichend erfasst, da in ihn sehr viel mehr situative Gesichtspunkte eingehen. Diese Gesichtspunkte sind freilich keine feststehenden Informationen, sondern sie können nur in und durch die Organisation aktiviert werden. Dieser hier nachdrücklich zu unterstreichende Umstand mag auf Unverständnis stoßen; daher muss betont werden: Unternehmensorganisationen haben keinen direkten Zugang zu ihrer (Markt-) Umwelt, sondern können nur das als entscheidungsrelevante Information verwenden, was organisationsintern entsprechend aufbereitet wird. Neben den Entscheidungsprämissen „Organisation" und „Personal" spielen daher die semantischen Apparate des Unternehmens eine entscheidende Rolle, in denen Informationen aufbereitet, verarbeitet und in Entscheidungsprozesse eingespeist werden. Die Struktur dieser semantischen Apparate ergibt sich zunächst aus der formalen Organisation (Volkswirtschaftliche Abteilung, Rechnungswesen etc.), sodann aus den semantischen Traditionen (Statistikprogramme, Rechnungslegungsvorschriften, Organigramme, um nur einige Beispiele zu nennen), mit denen diese Apparate arbeiten und die sie tradieren, sowie aus der hierdurch abgespeicherten „Erinnerung" des Unternehmens. Die semantischen Apparate stellen also im Rahmen von „Organisation" und „Personal" die entscheidungsrelevanten Informationen zur Verfügung oder zumindest jene Informationen, auf die man sich beziehen muss, wenn Argumente im Rahmen der Entscheidungsprozesse Geltung beanspruchen wollen.

4. Vor dem Hintergrund von „Organisation", „Personal" und „semantischen Apparaten" kommt es in Entscheidungsprozessen aber letztlich auf die situative Verdichtung der aktuell aufbereiteten Informationen mit den „erinnerten" Entscheidungssequenzen an. Die Organisation entscheidet, auf welcher Ebene jeweils verbindlich entschieden wird, das Personal, wem die Entscheidung zuzurechnen ist, die semantischen Apparate, welche Informationen wie in die Entscheidung einbezogen werden, und der konkrete Entscheidungsprozess schließlich über die Aktivierung semantischer Traditionen oder genauer: von Programmen, mit denen so aufbereitete Entscheidungssituationen dann gelöst werden können.

5. Das Unternehmen kann Entscheidungen nicht ausweichen; es besteht aus Entscheidungen! Zwar sind nicht alle Entscheidungen gleich bedeutend; auch gibt es Routinen und Redundanzen, die nicht je neu debattiert werden müssen. Aber wenn das Unternehmen nicht entscheidet, existiert es nicht. Daher müssen Unternehmen sich selbst stets unter Entscheidungsdruck setzen, indem die Zukunft als nur durch eigene Entscheidungen bewältigbar beschrieben wird. Dieser selbst erzeugte Entscheidungsdruck ist das eigentliche Geheimnis von Unternehmensorganisationen. Es sind also Organisationserhaltungszwänge, die die zerstörerische und zugleich schöpferische Kraft im Unternehmen darstellen und sich materiell auf die genannten Entscheidungsebenen (Investition, Produktion, Organisation, Personal)

beziehen. Um dies zu begreifen, benötigt man nicht irgendeine „Person", der man den Problemdruck und die Problemlösung dann ursächlich zuschreibt, nur um danach vor dem neuen Problem zu stehen, den Unternehmer erklären zu müssen.

6. Zur Herstellung von Entscheidungssicherheit benutzen Unternehmen neben Organisation und Personal auch semantische Traditionen. Zu den erfolgreichsten und folgenreichsten dieser Traditionen gehört die Fiktion der Steuerbarkeit von Unternehmen durch ihre organisatorische Spitze, auch wenn klar ist, dass die rekursiven Entscheidungsprozesse komplex sind, und Ursächlichkeit nicht als reales Phänomen, sondern nur als Konstrukt eines Beobachters vorkommen kann. Die hier vorgelegte Argumentation ermöglicht nun, mit dieser Fiktion produktiv umzugehen. Hatte die ältere Unternehmensgeschichtsschreibung diese Fiktion noch für bare Münze genommen und zur Erklärung herangezogen – wenngleich auch moralisch unterschiedlich gewertet – so kann man die Handlungsfiktion im vorliegenden Entwurf als notwendig und fiktiv zugleich behandeln: notwendig, da sie zur Schaffung von Entscheidungssicherheit wesentlich beiträgt; fiktiv, weil ihr keine reale Steuerungsleistung entspricht. Diese Fiktion verdeckt mithin das grundlegende Entscheidungsparadox in der Organisation [LUHMANN 2000, 123–151]. Unternehmensgeschichtsschreibung sollte um dieses Paradox wissen, es aber nicht duplizieren.

Wenn es darum geht, wirtschaftliche Organisation und ihre Entwicklung in der Zeit zu beschreiben, müssen wir uns von der Vorstellung verabschieden, das Unternehmen sei eine „triviale Maschine", in der Unternehmer externe Handlungsanreize in interne Entscheidungen transformieren, die es dann ermöglichen, zukünftig Gewinn zu erzielen. Ebenso wenig aussagekräftig ist die populäre Vorstellung, dass Unternehmer durch Druck auf die Politik erreichen könnten, was ihnen allein auf den Märkten nicht gelinge: nämlich höchstmöglichen Profit zu erzielen. Denn eine solche Perspektive nimmt das Unternehmen nicht wirklich ernst; sie konstruiert statt dessen Außenbeziehungen, durch die dann auf interne Prozesse zurück geschlossen wird. Die Unternehmensgeschichtsschreibung sollte sich in ihrem konzeptionellen Kern auf die Binnenperspektive der Organisation konzentrieren, bevor sie deren „Außenbeziehungen" bearbeitet. Im Foersterschen Sinne ist ein Unternehmen eine „nichttriviale Maschine", d.h. die Anzahl innerer Verknüpfungsmöglichkeiten (Entscheidungsprozesse, Entscheidungen) übersteigt die maximal mögliche Menge wahrgenommener externer Reize um ein Vielfaches. Wie aus intern aufbereiteten Umweltreizen Entscheidungsprozesse und Entscheidungen werden, kann nur eine genaue Analyse der organisationsinternen Entscheidungsprozesse im obigen Sinne klären. Erst dann, dann aber mit besonders großem Ertrag, lohnt es sich, die Außenbeziehungen des Unternehmens in den Blick zu nehmen. Daraus folgt, dass es keinen Königsweg für die Unternehmensgeschichte gibt, sondern jede Perspektive ihr eigenes Recht hat. Betrachtet man Unternehmen jedoch als komplexe wirtschaftliche Organisationen, wird man nicht umhin können, sie auch als solche ernst zu nehmen und die unternehmenshistorische Forschung entsprechend auf den wirtschaftlich-organisatorischen Kern des Unternehmens auszurichten.

Nun ist die mikroökonomische Betrachtung von Unternehmen nur ein Teil einer modernen Unternehmensgeschichtsschreibung. Sie hat zusätzlich die jeweiligen rechtlichen, technischen und politischen Rahmenbedingungen zu berücksichtigen, die ebenfalls nur nach dem zuvor skizzierten Schema im Unternehmen bearbeitet werden (können). Wesentlich ist darüber hinaus ein weiterer Gesichtspunkt: Unter Umständen können Unternehmen durch ihre eigenen Entscheidungen die Organisation ruinieren, aber nicht notwendig deren wirtschaftlichen Erfolg sicherstellen. Dieser hängt von den strukturellen Rahmenbedingungen und dem wirtschaftlichen Milieu ab, in dem ein Unternehmen tätig ist. Strukturkrisen und Wachstumsschwächen können auch für „gut" geführte Unternehmen zum Problem werden, ebenso wie im Rahmen von Innovationsprozessen und boomender Konjunktur „schlecht" gemanagte Unternehmen durchaus ihre Überlebenschance haben. Überdies ist zu bedenken, welcher Form von Konkurrenz sich ein Unternehmen ausgesetzt sieht: Scharfe Konkurrenz lässt ein anderes „Milieu" entstehen als eine Nischenlage oder eine gegen Konkurrenz abgeschirmte Unternehmensstruktur. Das bedeutet, dass die Geschichtsschreibung einzelner Unternehmen stets „milieueingebettet" zu sein hat, also die jeweiligen spezifischen Marktumwelten des Unternehmens angemessen berücksichtigt werden müssen.

Gerade von dieser makro- bzw. mesoökonomischen Perspektive der Unternehmensentwicklung gehen die älteren „Großtheorien" aus. Die wohl prominenteste Rolle spielte in diesem Zusammenhang der Marxismus. Marx selbst hatte zwar keine Theorie der Unternehmung vorgelegt, aber doch eine Theorie der von Unternehmen getragenen kapitalistischen Entwicklung. Die Existenz der Unternehmen hängt in dieser Sicht am Profit, den jedes Unternehmen um der eigenen Existenz willen sicherstellen muss. Dieser Antrieb führt einerseits zur sich beschleunigenden Konzentration und Zentralisation des Kapitals, also zur Bildung von Großunternehmen, andererseits – wegen des „Gesetzes von der tendenziell sinkenden Profitrate" – zum vermehrt aggressiven Auftreten dieser großen Komplexe bei der Schaffung und Nutzung von Profitchancen. Marx selbst kam nicht mehr dazu, diese Gedanken auszuarbeiten. In seiner Theorietradition entstanden jedoch zwei bis weit in die 1980er Jahre hinein einflussreiche Konzepte, nämlich das des „Organisierten Kapitalismus" und das des „Imperialismus" bzw. des „staatsmonopolistischen Kapitalismus". Der „organisierte Kapitalismus" geht auf Arbeiten des sozialdemokratischen Theoretikers (und Politikers) Rudolf Hilferding zurück, der bereits vor dem Ersten Weltkrieg ein Zusammenwachsen von Unternehmen und Banken zum „Finanzkapital" vermutete, welches wiederum maßgeblich die politische Prozesse beeinflusse [HILFERDING 1909/1974]. Hilferding sah diese Entwicklung nicht unbedingt kritisch, da die Organisierung des Kapitalismus zugleich den Übergang in eine sozialistische Wirtschaft erleichtere. Nach der Durchsetzung der politischen Demokratie im Jahre 1918 vertraute man in dieser Denkrichtung auf eine analoge „Demokratisierung" und Kontrolle der organisierten Wirtschaft. In den 1970er Jahren erlebte das Konzept in der Politik- und Sozialgeschichte eine zeitweilige Renaissance [WINKLER 1974], schien es doch die zahlreichen Forschungen zum Verhältnis von Unternehmen und Politik auf einen gemeinsamen Nenner zu bringen. Empirisch haben sich die Annahmen des „Organisierten Kapitalismus" indes nicht bestätigt: weder existierte eine symbiotische Verbindung von Banken und Industrie, die zumal von den Banken beherrscht wurde [WELHÖNER 1989; WIXFORTH 1995]; noch ließ sich eine systematische Beeinflussung politischen Handelns durch organisierte Wirtschaftsinteressen als Strukturmerkmal des politischen Systems zeigen [HENTSCHEL 1978]. Um den „Organisierten Kapitalismus" ist es daher ebenso still geworden wie wenige Jahre später um den „staatsmonopolistischen Kapitalismus", der so etwas wie das offizielle Unternehmensbild der DDR darstellte. Zwar finden sich innerhalb dieses Rahmens durchaus interessante empirische Studien; das Gesamtkonzept unterstellt jedoch eine Monopolbildung und deren politische Dominanz, die sich weder empirisch zeigen lassen, noch theoretisch plausibel entwickelt werden können.

Ein ähnliches Schicksal hat auch der „Fordismus-Ansatz" dort erlitten, wo er sich zur Charakterisierung einer ganzen Epoche moderner Unternehmensentwicklung aufschwingen wollte. Empirisch ist der Aufstieg des modernen, rationell in Großserie produzierenden Unternehmens, das seine eigenen Arbeiter zugleich als seine Kunden ansieht und entsprechend behandelt, durchaus nachzuweisen [BRAVERMAN 1985]. Jedoch war der Sektor „fordistischer Produktion" niemals wirklich dominant; vielmehr prägte er einen eher schmalen Ausschnitt der Realität. Große Bereiche des Wirtschaftslebens, nicht zuletzt in Deutschland, blieben von kleinen und mittelgroßen Unternehmen geprägt, die sich keineswegs auf Serienproduktion, sondern auf Spezialanfertigungen konzentrierten, und deren Umgang mit der Arbeiterschaft über Qualitätsarbeit und eben nicht über angelernte Massenarbeit definiert war [PIORE/ SABEL 1989]. Überdies hat die Entwicklung von Unternehmen im Bereich der Informationstechnik und der modernen Dienstleistungen gezeigt, dass eine zu enge Anlehnung theoretischer Aussagen an bestimmte empirische Phänomene nicht trägt, da sich diese eben nicht ohne weiteres generalisieren oder fortschreiben lassen.

Die Schwächen der genannten makroökonomischen Ansätze haben diese Form der theoretischen Erklärung der Unternehmensentwicklung in den Hintergrund treten lassen. Überdies sind sie mit den derzeit einflussreichen mikroökonomischen Unternehmensvorstellungen kaum kompatibel. Anders ist dies bei evolutorischen Überlegungen zur Entwicklung von größeren Unternehmenssamples auf Branchen- oder gesamtwirtschaftlicher Ebene. Hier geht es nicht um die Erklärung einzelwirtschaftlicher Vorgänge, sondern um den Niederschlag technischen und/oder wirtschaftlichen Strukturwandels im Unternehmensbereich, der evolutionstheoretisch über die Schritte Variation, Selektion, Restabilisierung erfasst wird. Danach reagieren Unternehmenssamples auf innovatorische bzw. technisch-ökonomische Reize durch eine Vielzahl von Gründungen, die wiederum einem Selektionsprozess ausgesetzt sind, in dem sich dann bestimmte stabile Unternehmensstrukturen bilden, die dauerhaft existieren, ihrerseits aber wieder unter den Druck von innovatorischen und ökonomischen Reizen geraten und somit selbst wiederum zum Ausgang weiterer evolutionärer Schritte werden. Die evolutorische Vorstellung passt recht gut zusammen mit der zuvor dargestellten Konzeption des Unternehmens als organisierte Entscheidungssequenz. Unternehmen können in dieser Sicht selbst erheblich zur Variation beisteuern. Die sich nach primär marktlichen Gesichtspunkten vollziehende Selektion können sie hingegen nicht beeinflussen, geschweige denn steuern. Dagegen kann die Restabilisierung spezifischer Organisationsstrukturen dann wieder-

Unternehmen 83

um durchaus deliberativ erfolgen, muss aber immer damit rechnen, unter Marktdruck zu geraten, der dann erneut als interner Variationsimpuls dienen kann [HERMANN-PILLATH 2002, S.247–257; BESCHORNER/PFRIEM 2000]. In der Kombination von Organisations- und Entscheidungstheorie einerseits und von evolutorischer Ökonomik andererseits liegt somit ein praktikables Konzept zur Strukturierung von Unternehmensgeschichte vor.

5. Theorien und Modelle in der Praxis des Historikers

Der Historiker, der mit der Analyse von Unternehmensentwicklungen konfrontiert ist, wird auf die Theorieangebote der systematischen Sozial- und Wirtschaftswissenschaften entsprechend der jeweiligen Fragestellung nur selektiv zugreifen können. Zwei Aspekte stechen ins Auge: Zunächst geht es um Fragen der praktischen Forschung, sodann um die Vorstellung „gelungener" unternehmenshistorischer Studien, die ihren Erkenntniswert durch expliziten Theoriebezug konstituierten bzw. entscheidend steigerten.

a) Das Quellen- und „Wahrheits"problem

Unternehmensquellen bzw. für Unternehmensentwicklungen relevante Quellen sind ebenso unübersehbar wie die Zahl möglicherweise zu untersuchender Unternehmen. Eine im statistischen Sinne repräsentative Erfassung aller möglichen Entwicklungsverläufe ist mithin ausgeschlossen. Umso notwendiger ist eine theoriegeleitete Selektion von Quellen und Untersuchungsgegenständen. Alle theoretischen Ansätze, seien sie nun partikularer Art durch perspektivische Beschränkung auf Betriebswirtschaft, Technik, Recht und Arbeit, seien sie komplexer Art mit ihrer Orientierung auf formale Organisationsstrukturen, Entscheidungsprozesse und Managementhandeln, bieten dabei reflektierte Selektionskriterien zur Auswahl von zu untersuchenden Unternehmen und zu verarbeitenden Quellen. Angesichts der Unmöglichkeit, Unternehmensgeschichte repräsentativ zu schreiben, ist der explizite Theoriebezug daher zur Abgrenzung des Gegenstandes und zur Auswahl der Quellen unerlässlich, soll die ins Auge gefasste Unternehmensgeschichte mehr sein als das Beanspruchen anekdotischer Evidenz. Dies zeigt zugleich, dass makrotheoretische Ansätze mikrotheoretisch erweitert werden müssen, um den in der Unternehmensgeschichte konstitutiven kleinräumigen Zugriff auf den Gegenstand zu ermöglichen. Unternehmensarchive bergen zwar viele Schätze, aber keine Wahrheiten. Die Geschichte eines Unternehmens schlägt sich nicht lückenlos in seiner schriftlichen und sachlichen Hinterlassenschaft so nieder, dass sie gleichsam wahr nacherzählt werden könnte. Unternehmensgeschichten sind selektive Konstruktionen, die sich zwar auf verbürgte Tatsachen, nicht aber auf diesen Tatsachen inhärente Kausalbeziehungen stützen können. Die „erklärende Quelle", deren Sinn der Historiker nur zu übernehmen hätte, existiert nicht. Alle in den Quellen befindlichen Kausalkonstruktionen sind perspektivisch und können nicht als wahr akzeptiert werden. Der explizite Theoriebezug verdeutlicht hingegen, in welcher Weise quellenmäßig belegte Tatsachen in ein

Sinnsystem umformuliert werden, welche Kausalzurechnungen als möglich und wahrscheinlich unterstellt werden können und welche nicht.

b) Die Perspektiven des Gegenstandes

Die Analyse der einzelnen Aspekte der Unternehmensentwicklung, etwa der Finanz- und Liquiditätsentwicklung eines Unternehmens, verlangt zwingend die theoretische und empirische Durchdringung des vorhandenen unternehmenshistorischen Materials mit den Methoden der betriebswirtschaftlichen Unternehmensanalyse. Auch wenn die überlieferten Daten häufig kein im heutigen Sinne präzises Bild mehr zulassen, lässt sich z.b. das Verhältnis von Kosten, Erlösen, kurz- und langfristigen Verbindlichkeiten, Umsatzkennziffern etc. nur auf der Basis der modernen ökonomischen Theorie angemessen diskutieren. Der vorherrschende Trend, derartige Fragen zu „politisieren", wie dies vor allem im Kontext der Diskussion zur Weltwirtschaftskrise geschehen ist, wo die Unternehmensentwicklung zwar dauernd angesprochen, bisher allerdings nur ausnahmsweise gesondert analysiert worden ist [Reckendrees 2000], führt tendenziell in die Sackgasse der Unentscheidbarkeit von Fragen bzw. der Wiederholung früherer Debatten. Ähnliches gilt für Investitionen, Abschreibungen, Preis- und Marktstrategien. Auch hier ist ohne die Methoden der Betriebswirtschaftslehre kaum ein Erkenntnisgewinn möglich.

Die Entwicklung von Produktions- und Informationstechniken stellt eine zentrale Determinante der Unternehmensentwicklung dar. Basiskenntnisse der jeweils interessierenden technischen Prozesse sind daher zusätzlich nötig. Die Entwicklung der Unternehmenspolitik und der industriellen Arbeitsbeziehungen in den großen Werken der Eisen- und Stahlindustrie bleiben ohne Erläuterung wichtiger technischer und Verfahrensinnovationen im Bereich der Hütten-, Stahl- und Walzwerkstechnologie unverständlich. Der Aufbau einer chemischen Fabrik sowie die dort ablaufenden Arbeitsprozesse sind ihrerseits wesentliche Determinanten einerseits spezifischer Formen der Arbeitsteilung und Qualifikation der Beschäftigten, andererseits der betrieblichen Hierarchiebildung und Kommunikation. Neben Betriebswirtschaft und Technik sind auch wichtige Fragen des Rechtes für Unternehmensgeschichten konstitutiv, wobei vor allem das Vermögens-, Aktien- und Steuerrecht in Frage stehen. Bestimmte Konzentrationsmaßnahmen in der deutschen Großindustrie in den zwanziger Jahren sind ohne Einbeziehung steuerrechtlicher Gesichtspunkte schlicht nicht erklärbar, wie überhaupt das Steuerrecht für zentrale Fragen der Unternehmensorganisation von erheblicher Bedeutung sein dürfte.

Erweist sich im Rahmen der einzelnen Zugriffsperspektiven der Rückgriff auf die Angebote der systematischen Wirtschafts- und Sozialwissenschaften zwingend, so zeigt sich hierbei andererseits auch, dass allein eine betriebswirtschaftliche oder rechtliche Betrachtung unzureichend ist. Keine Unternehmensentscheidung fällt in einem derartigen Sinne rational allein nach betriebswirtschaftlichen, rechtlichen oder technischen Überlegungen. Unternehmensentscheidungen sind Entscheidungen unter Unsicherheit nicht nur gegenüber der Unternehmensumwelt, sondern auch innerhalb der Organisation. Die Rekonstruktion dieser Entscheidungsprozesse bedarf der theoretischen Anleitung, will der Unternehmenshistoriker nicht zum Opfer der in der

Regel recht plausiblen Selbstbeschreibungsmuster der jeweiligen Akteure werden. „Rationale Entscheidungen" und „klug handelnde Unternehmer" sind notwendige Fiktionen, mit denen Entscheiden erst möglich wird; Unternehmensgeschichtsschreibung hat aber gerade über diese Konstellation aufzuklären und sie nicht einfach nachzuerzählen oder gar – im bösen wie im guten – zu mystifizieren.

Theoriegestützte Unternehmensgeschichtsschreibung verlangt einerseits Grundkenntnisse der oben genannten Einzeldisziplinen, andererseits aber auch ihre Einarbeitung in einen ganzheitlichen, das Unternehmen als soziales System erfassenden Ansatz. So erhält Unternehmensgeschichte ihren eigenen Gegenstandszugriff, der sich nicht auf die disziplinären Zugriffe anderer Wissenschaften reduzieren lässt und sich zudem von diesen durch das nicht modellorientierte Arbeiten sowie durch die explizite Zeitdimension unterscheidet.

c) Beispiele

Makrotheoretisch orientierte Arbeiten überwogen lange Zeit ganz eindeutig. Als eigentliche Pionierstudie in diesem Zusammenhang muss die Arbeit von Jürgen Kocka zur Geschichte von Siemens vor 1914 angesehen werden, die die Unternehmensentwicklung unter explizitem Bezug auf den Stand der organisationssoziologischen Literatur und unter direktem Rückgriff auf Webers Bürokratieansatz konstruierte [KOCKA 1969b]. Kocka konnte so den Prozess innerer Bürokratisierung des Unternehmens im Kontext von Größenwachstum und wirtschaftlicher Expansion im Detail zeigen. Auf die vielfältigen Markt- und Organisationsherausforderungen reagierte Siemens mit dem Ausbau der Unternehmensbürokratie, ihrer Verschriftlichung und damit Technokratisierung. Kockas These, diese Bürokratisierung habe etwas mit der spezifisch deutschen Organisationskultur zu tun, ist von Bernd Dornseifer allerdings später relativiert worden. Dornseifer wies vielmehr nachdrücklich auf den Zusammenhang von Marktform, Marktgröße und Marktzugangsmöglichkeiten und der Ausdifferenzierung spezifischer Organisationsstrukturen hin. Danach war es der große Markt, der in den US-Unternehmen frühzeitig eine dezentrale und flachere Organisation erzwang, während deutsche Unternehmen mit ihren zahlreichen, oft inhomogenen Märkten eine zentrale Bürokratie ausbildeten, die als Voraussetzung einer Qualitätsproduktion diente, die nicht auf große Serien setzen konnte [DORNSEIFER 1995].

Das Bürokratisierungsparadigma ermöglichte daher die Präparierung einer konstitutiven Eigenschaft der Unternehmensentwicklung, die gleichwohl zeiträumlich gebunden blieb; mit der umfassenden Liberalisierung der Märkte seit den 1970er Jahren ist die traditionelle Organisationsform deutscher Großunternehmen folgerichtig unter starken Anpassungsdruck geraten; das Bürokratieparadigma verlor entsprechend an Plausibilität. Wie sehr derartige Makrotheorien zu einer einseitigen Wahrnehmung führen, hat Volker WELLHÖNER [1990] gezeigt, der sich mit Hilferdings Finanzkapitalansatz theoretisch und empirisch auseinandergesetzt hat und zu dem Ergebnis kommt, dass die (theoretische) Vorstellung einer immer engeren Kooperation von Banken und Industrie unter der Hegemonie der Banken in der Realität keine Entsprechung findet. Wellhöners Argumentation war indes eher eine Art negativer

Theorieverwendung. Für eine positive Anwendung makrotheoretischer Konzepte sei auf MOLLINS Studie zur Geschichte der Vereinigten Stahlwerke im Dritten Reich [1988] verwiesen, die sich an Neumanns Theorem der (kapitalistischen) Befehlswirtschaft [NEUMANN 1997] anlehnt, um die zunehmende politische Intervention in das ökonomische System ab 1936/37 zu erklären. Mollin kann dabei die These vom „Primat der Politik" insofern präzisieren, als er im Fall der Vereinigten Stahlwerke eine „Politisierung" der Wirtschaft durch letztlich irrational-charismatisches Staatshandeln nachweist, das die Unternehmensentwicklung vom Pfade der Profitrationalität abgebracht und zur Unterstützung der letztlich „profitirrationalen" Nazi-Kriegspolitik veranlasst habe. Zwar betont Mollin die Kurzlebigkeit dieses Herrschaftskomplexes, in dem ökonomische und politische Systemgrenzen zunehmend verschwammen, jedoch diskutiert er die Frage nicht, inwiefern es in funktional differenzierten Sozialsystemen überhaupt ohne Funktionsverlust möglich ist, von außen in die Funktionsweise einzelner Teilsysteme einzugreifen. In diesem Kontext wäre auch eine kritische Diskussion des Neumannschen Ansatzes fruchtbar, der eben doch nur die Sondererfahrungen des Nationalsozialismus aufgreift, auf denen aber keine für moderne Gesellschaften insgesamt gültigen Theorien aufgebaut werden können. In vielen Studien wird das generelle Problem makrotheoretischer Ansätze deutlich, die beschränkte Ausschnitte der Empirie durch geschichtsphilosophisch gerichtete Großtheorien erklären wollen: Sie geraten damit zwangsläufig in Konflikt mit aller nicht erfassten Empirie. Großtheorien können mithin den Zugriff auf mikrotheoretische Konzepte nicht ersetzen.

Maßgeblich für diese Richtung waren lange Zeit die Arbeiten aus dem Umfeld der Harvard Business School, insbesondere Alfred D. Chandlers, der in seinen letzten Arbeiten auch bereits Züge einer empirisch nicht mehr gedeckten Orthodoxie zeigt [CHANDLER 1990]. Chandler geht es vor dem Hintergrund organisationssoziologischer Fragestellungen um die strategische Reaktion der Unternehmensleitungen auf den ökonomischen Strukturwandel. Dabei geht er von der These aus, dass bei zunehmendem Strukturwandel die Unternehmen ihre Aktivitäten diversifizieren müssen, um auf den sich wandelnden Märkten überleben zu können. Diese Strategieentscheidungen zur Diversifikation erzwingen nachfolgend Organisationsstrukturentscheidungen im Sinne der Divisionalisierung bzw. der Matrixorganisation. Dieser in den USA bereits in der Zwischenkriegszeit deutlich erkennbare Trend wurde von Chandler in zahlreichen Arbeiten verallgemeinert. Der Übergang von der U-Form der Unternehmensorganisation zur sog. M-Form, den Chandler als zwingend diagnostiziert, wurde von Oliver Williamson gar zur wichtigsten unternehmerischen Innovation Amerikas im 20. Jahrhundert erklärt. Gleichwohl zeigen sich spätestens seit den 1990er Jahren die Grenzen der Chandlerschen Annahmen. Der gegenwärtige Organisationsstrukturwandel zeichnet sich durch eine erstaunliche Offenheit aus, die sich nicht mehr so ohne weiteres einem bestimmten Organisationsmodell zuordnen lässt. Zudem hat der Übergang zur M-Form seit Beginn der 1970er Jahre keineswegs den Erfolg gebracht, den man nach Chandler eigentlich hätte erwarten dürfen.

Unternehmen 87

Mikrotheoretische Ansätze sollten sich daher zunächst auf die Rekonstruktion des organisierten Entscheidungs- und Handlungssystems Unternehmen, die dort vorhandenen Akteure und deren Strategien/Machtressourcen konzentrieren und danach fragen, wie innerhalb eines derart komplexen Handlungszusammenhanges Entscheidungen getroffen und Aufgaben gelöst werden können und welche Anpassungs- und Veränderungsprozesse nötig sind, um Wandel zu verarbeiten. Dabei zeigt die empirische Vielfalt, dass es einen „one best way" der Forschung nicht gibt. Die Subsumierung der Unternehmensgeschichte unter bestimmte Paradigmata ist wenig hilfreich: Theorie soll nicht die Ergebnisse vorgeben, sondern die Analyse ermöglichen. Eine Fülle von Einzelarbeiten bestätigt in der Zwischenzeit diese Skepsis gegenüber zu allgemeinen Aussagen. Dies kann hier im Einzelnen nicht dargestellt werden, zumal bereits an anderer Stelle auf die einschlägigen Arbeiten verwiesen wurde. Lediglich einige Beispiele seien genannt. Lorentz/Erker [LORENTZ/ERKER 2003] suchen am Beispiel der Hüls AG mit dem Konzept der „Corporate Governance" zu arbeiten; Bartmann verfolgt die Pfadabhängigkeiten technologischer Basisentscheidungen [BARTMANN 2003]; Kleinschmidt [KLEINSCHMIDT 2002] und Hilger [HILGER 2004] beziehen sich in ihren Studien zu den deutsch-amerikanischen Unternehmenskontakten auf Ansätze des Organisationslernens bzw. des interkulturellen Transfers; Welskopp [WELSKOPP 1994] und Werner Plumpe [Werner PLUMPE 1999] betrachten Unternehmen in mikropolitischer bzw. kommunikationstheoretischer Perspektive als Aushandlungskomplexe; HESSE [2002] und NIEBERDING [2003] arbeiten mit institutionenökonomischen Konzepten; Berghoff [BERGHOFF 1997] und Rauh-Kühne [BERGHOFF/RAUH-KÜHNE 2000] schließlich gehen von weitreichenden gesellschaftsgeschichtlichen Überlegungen aus. Alle Arbeiten kommen damit zu plausiblen und – zumindest partiell – auch zu Ergebnissen, die ohne Theoriebezug nicht möglich gewesen wären. Hinzutritt eine große Zahl von Studien, deren Theoriebezug implizit bleibt, aber durchaus erkennbar ist, wie etwa in den neuen Darstellungen zu Krupp [GALL 2000, 2002], der BASF [ABELSHAUSER 2002] oder in älteren Arbeiten etwa zur Geschichte der Deutschen Bank [GALL 1995] oder der I.G. Farben [Gottfried PLUMPE 1991]. Was fehlt, ist eine Gesamtdarstellung der deutschen Unternehmensgeschichte, die den Ansprüchen eines integrierten Ansatzes von makro- und mikroökonomischer Perspektive genügt. Gleichwohl: Die Grundlagen hierfür zeichnen sich ab.

6. Offene Fragen

Die wohl größten Probleme in der Praxis der Unternehmensgeschichte resultieren aus der Tatsache, dass die Vorstellungen der zurzeit dominierenden Neuen Institutionenökonomik für die Erfassung komplexer historischer Wandlungsphänomene industrieller Organisation zu statisch und zu eng sind. Sie bedürfen daher der Weiterentwicklung und Ergänzung. Evolutorische Ökonomik, insbesondere aber entscheidungstheoretische Ansätze zur Analyse von Entscheidungsprozessen in Unternehmen können diese Erweiterung ebenso leisten, wie etwa das Konzept der Mikropolitik den Ansatz der „corporate governance" auf die gesamte soziale Realität der Unternehmung ausdehnen kann. Überdies bedarf es der Einordnung von einzelnen Unternehmensgeschichten in allgemeine und branchenspezifische Zusammenhänge, da eine isolierte Unternehmensbetrachtung strukturell zur Überschätzung ihres Gegenstandes neigt: Häufig waren es nicht unbedingt die Entscheidungen des Unternehmens, die dessen Überleben sicherten, sondern das positive Marktmilieu. Die Unternehmensgeschichtsschreibung ist freilich auf gutem Weg. Nicht nur hat das konzeptionelle Denken stark zugenommen; parallel ist auch die Zahl theoretisch inspirierter empirischer Studien in die Höhe geschnellt, von der Fülle verdienstvoller Einzeluntersuchungen ganz abgesehen. Die noch in den 1970er Jahren verbreiteten Klagen über mangelnde theoretische Konzepte, naive Unternehmensvorstellungen und den apologetischen Charakter vieler Darstellungen gehören endgültig der Geschichte an.

Literaturliste

ABELSHAUSER, W. (Hg.), Die BASF. Eine Unternehmensgeschichte, München 2002
BANKEN, R., Kurzfristiger Boom oder langfristiger Forschungsschwerpunkt. Die neuere deutsche Unternehmensgeschichte und die Zeit des Nationalsozialismus, in: Geschichte in Wissenschaft und Unterricht 3/2005, S. 183–196
BARDMANN, Th. M., R. FRANZPÖTTER, Unternehmenskultur. Ein postmodernes Organisationskonzept?, in: Soziale Welt 41/1990, S. 424–440
BARTMANN, W., Zwischen Tradition und Fortschritt. Aus der Geschichte der Pharmabereiche von Bayer, Hoechst und Schering von 1935 bis 1975, Stuttgart 2003
BAUDIS, D.; H. HANDKE; R. SCHRÖDER, Der Unternehmer in der Sicht der westdeutchen Firmen- und Wirtschaftsgeschichte, in: Zeitschrift für Geschichtswissenschaft 11/1963, S. 78–103
BAUSOR, R. Entrepreneurial Imagination, Information and the Evolution of the Firm, in: R. W. ENGLAND (Hg.): Evolutionary Concepts in Contemporary Economics. Ann Arbor 1994, S. 179–189
BERGHOFF, H., Zwischen Kleinstadt und Weltmarkt. Hohner und die Harmonika 1857–1961. Unternehmensgeschichte als Gesellschaftsgeschichte, Paderborn 1997
BERGHOFF, H., Moderne Unternehmensgeschichte: eine themen- und theorieorientierte Einführung, Paderborn 2004
BERGHOFF, H., C. RAUH-KÜHNE, Fritz K. Ein deutsches Leben im 20. Jahrhundert. Stuttgart 2000
BERTHOLD, R. u.a. (Hg.), Produktivkräfte in Deutschland 1917/8 bis 1945 (Geschichte der Produktivkräfte in Deutschland von 1800 bis 1945, Bd. 3), Berlin 1988
BESCHORNER, Th.; R. PFRIEM (Hg.), Evolutorische Ökonomik und Theorie der Unternehmung, Marburg 2000
BÖSSMANN, E., Weshalb gibt es Unternehmungen? Der Erklärungsansatz von Ronald H. Coase, in: Zeitschrift für die gesamte Staatswissenschaft 137/1981, S. 667–674

BOSETZKY, H., Grundzüge einer Soziologie der Industrieverwaltung. Möglichkeiten und Grenzen der Betrachtung des industriellen Großbetriebes als bürokratische Organisation, Stuttgart 1970

BRÄUTIGAM, P., Mittelständische Unternehmen im Nationalsozialismus: wirtschaftliche Entwicklungen und soziale Verhaltensweisen in der Schuh- und Lederindustrie Baden-Württembergs, München 1997

BRAVERMAN, H., Die Arbeit im modernen Produktionsprozeß, 2. Aufl. Frankfurt am Main 1985 (zuerst amerik. 1974)

BUCHHEIM, Ch.; J. SCHERNER, Anmerkungen zum Wirtschaftssystem des „Dritten Reichs", in: W. ABELSHAUSER; J.-O. HESSE; W. PLUMPE (Hg.), Wirtschaftsordnung, Staat und Unternehmen. Neuere Forschungen zur Wirtschaftsgeschichte des Nationalsozialismus. Festschrift für Dietmar Petzina zum 65. Geburtstag, Essen 2003, S. 81–98

CASSON, M., Der Unternehmer. Versuch einer historisch-theoretischen Deutung, in: Geschichte und Gesellschaft 27, 2001, Heft 4, S. 524–544

CHANDLER JR, A. D.; F. REDLICH, Recent Developments in American Business Administration and Their Conceptualization, in: Business History Review 35/1961, S.1–27

CHANDLER, A. D., Strategy and Structure: Chapters in the History of the Industrial Enterprise, Cambridge/Mass. 1962

CHANDLER, A. D., The Visible Hand. The Managerial Revolution in American Business, Cambridge/Mass. 1977

CHANDLER, A. D., Scale and Scope. The Dynamics of Industrial Capitalism, Cambridge/Mass. 1990

COASE, R. H., The Firm, the Market and the Law, Chicago 1988

CYERT, R. M.; MARCH, J. G., A Behavioral Theory of the Firm, New Jersey 1963, 2. Aufl., Oxford 1992

DAHRENDORF, R., Sozialstruktur des Betriebes. Betriebssoziologie, Unveränd. Neuauflage, Wiesbaden 1972

DIETRICH, R., Betrieb-Wissenschaft, München/Leipzig 1914

DORNSEIFER, B., Die Bürokratisierung deutscher Unternehmen im späten 19. und frühen 20. Jahrhundert, in: Jahrbuch für Wirtschaftsgeschichte 1993, Heft 1, S. 69–91

DORNSEIFER, B., Strategy, Technological Capability and Innovation: German Enterprises in Comparative Perspective, in: F. CARON (Hrsg.), Innovation in the European Economy between the Wars, Berlin/New York 1995, S. 197–226

DÜLFER, E. (Hg.), Organisationskultur – Phänomen, Philosophie, Technologie, 2. Aufl. Stuttgart 1991, S.113–128

DYAS, G. P.; THANHEISER, H. T., The Emerging European Enterprise. Strategy and Structure in French and German Industry, London/Basingstoke 1976

EBERS, M., Organisationskultur: ein neues Forschungsprogramm?, Wiesbaden 1985

ERKER, P., Die Verwissenschaftlichung der Industrie. Zur Geschichte der Industrieforschung in den europäischen und amerikanischen Elektrokonzernen 1890–1930, in: Zeitschrift für Unternehmensgeschichte 35/1990, S.73–94

FELDMAN, G. D.; HOMBURG, H., Industrie und Inflation. Studien und Dokumente zur Politik deutscher Unternehmer 1916–1923, Hamburg 1977

FOERSTER, H. von, Prinzipien der Selbstorganisation im sozialen und betriebswirtschaftlichen Bereich, in: DERS., Wissen und Gewissen. Versuch einer Brücke, hg. von S. F. SCHMIDT, Frankfurt am Main 1993, S. 233–268

GALL, L. u.a., Die Deutsche Bank 1870–1995. München 1995

GALL, L., Krupp. Der Aufstieg eines Industrieimperiums, Berlin 2000

GALL, L. (Hg.), Krupp im 20. Jahrhundert, die Geschichte des Unternehmens vom Ersten Weltkrieg bis zur Gründung der Stiftung, Berlin 2002

GEHRIG, A., Nationalsozialistische Rüstungspolitik und unternehmerischer Entscheidungsspielraum: Vergleichende Fallstudien zur württembergischen Maschinenindustrie, München 1996

GOSPEL, H. F., Markets, Firms, and the Management of Labour in Modern Britain, Cambridge 1992

HANF, R., Mangelnde methodische Konzepte im Bereich der Betriebs- und Firmengeschichte?, in: Zeitschrift für Unternehmensgeschichte 22/1977, S.145–160

HAYES, P., Industry and Ideology. I.G.Farben in the Nazi-Era, 2. Aufl. Cambridge 2001

HAYES, P., Die Degussa im Dritten Reich. Von der Zusammenarbeit zur Mittäterschaft, München 2004

HEINEN, E., Entscheidungsorientierte Betriebswirtschaftslehre und Unternehmenskultur, in: Zeitschrift für Betriebswirtschaft 55/1985, Heft 10, S. 987 ff.

HEINEN, E. u.a., Unternehmenskultur. Perspektiven für Wissenschaft und Praxis, 2. Aufl. München/Wien 1997

HENTSCHEL, V., Wirtschaft und Wirtschaftspolitik im wilhelminischen Deutschland. Organisierter Kapitalismus und Interventionsstaat? Stuttgart 1978

HERRMANN-PILLATH, C., Grundriß der Evolutionsökonomik, München 2002

HESSE, J.-O., Im Netz der Kommunikation. Die Reichs-Post- und Telegraphenverwaltung 1876–1914, München 2002

HILFERDING, R., Das Finanzkapital, Frankfurt am Main 1974 (zuerst 1909)

HILGER, S., „Amerikanisierung" deutscher Unternehmen: Wettbewerbsstrategien und Unternehmenspolitik bei Henkel, Siemens und Daimler-Benz (1945/49–1975), Stuttgart 2004

JAEGER, H., Gegenwart und Zukunft der historischen Unternehmerforschung, in: Tradition 17/1972, S. 107–124

JAEGER, H., Unternehmensgeschichte in Deutschland seit 1945. Schwerpunkte, Tendenzen, Ergebnisse, in: Geschichte und Gesellschaft 18/1992, S. 107–132

JOHANNING, A. N. P., Die Organisation der Fabrikbetriebe, 2.Aufl., Braunschweig 1901

JONES, S. R. H., Transaction Costs and the Theory of the Firm: The Scope and Limitations of the New Institutional Approach, in: Business History 39, 1997, S. 9–25

KIESER, A.; KUBICEK, H., Organisation, 4. Aufl., Stuttgart 2003

KIRSCH, W., Unternehmenspolitik und strategische Unternehmensführung, München 1990

KLEINSCHMIDT, Ch., Rationalisierung als Unternehmensstrategie. Die Eisen- und Stahlindustrie des Ruhrgebietes zwischen Jahrhundertwende und Weltwirtschaftskrise, Essen 1993

KLEINSCHMIDT, Ch., Der produktive Blick: Wahrnehmung amerikanischer und japanischer Management- und Produktionsmethoden durch deutsche Unternehmer 1950–1985, Berlin 2001

KOCKA, J., Industrielles Management: Konzeptionen und Modelle in Deutschland vor 1914, in: Vierteljahrschrift für Sozial- und Wirtschaftsgeschichte 56/1969, S. 332–372 (zitiert 1969a)

KOCKA, J., Unternehmensverwaltung und Angestelltenschaft am Beispiel Siemens 1847–1914. Zum Verhältnis von Kapitalismus und Bürokratie in der deutschen Industrialisierung, Stuttgart 1969 (zitiert 1969b)

KOCKA, J., Expansion, Integration, Diversifikation. Wachstumsstrategien industrieller Großunternehmen in Deutschland vor 1914, in: H. WINKEL (Hg.), Vom Kleingewerbe zu Großindustrie. Quantitativ-regionale und politisch-rechtliche Aspekte zur Erforschung der Wirtschafts- und Gesellschaftsstruktur im 19. Jahrhundert, Berlin 1975, S. 203–226

KRELL, G., Organisationskultur – Renaissance der Betriebsgemeinschaft, in: E. DÜLFFER (Hg.), Organisationskultur – Phänomen, Philosophie, Technologie, Stuttgart 1988, S.113–128

KÜPPER, W.; G. ORTMANN (Hg.), Mikropolitik. Rationalität, Macht und Spiele in Organisationen, 2. durchgesehene Aufl., Opladen 1992

LAUSCHKE, K.; WELSKOPP, Th. (Hg.), Mikropolitik im Unternehmen: Arbeitsbeziehungen und Machtstrukturen in industriellen Großbetrieben des 20. Jahrhunderts, Essen 1994

LAUSCHKE, K., Die Hoesch-Arbeiter und ihr Werk: Sozialgeschichte der Dortmunder Westfalenhütte während der Jahre des Wiederaufbaus 1945–1966, Essen 2000

LINDENLAUB, D., Maschinenbauunternehmen in der deutschen Inflation 1919–1923: unternehmenshistorische Untersuchungen zu einigen Inflationstheorien, Berlin 1985

LUHMANN, N., Organisation und Entscheidung, Opladen 2000

LORENTZ, B.; ERKER, P., Chemie und Politik. Die Geschichte der chemischen Werke Hüls 1938–1979, München 2003

LUTZ, B.; SCHMIDT, G, Industriesoziologie, in: R. KÖNIG (Hg.), Handbuch der empirischen Sozialforschung, Bd.8, Stuttgart 1977, S. 101–162

MAYNTZ, R., Die soziale Organisation des Industriebetriebs, Stuttgart 1966

MOLLIN, G. Th., Montankonzerne und „Drittes Reich". Der Gegensatz zwischen Monopolindustrie und Befehlswirtschaft in der deutschen Rüstung und Expansion 1936–1944, Göttingen 1988

NELSON, R. R.; WINTER, S. G., Firm and Industry Response to Changed Market Conditions: An Evolutionary Approach, in: Economic Inquiry 18/1980, S. 179–202

NEULOH, O., Die deutsche Betriebsverfassung und ihre Sozialformen bis zur Mitbestimmung, Tübingen 1956

NEUMANN, F., Behemoth: Struktur und Praxis des Nationalsozialismus 1933–1944, Köln 1977

NICKLISCH, H., Die Betriebswirtschaft. 7. Aufl. der wirtschaftlichen Betriebslehre, Stuttgart 1932

NIEBERDING, A., Unternehmenskultur im Kaiserreich: J.M.Voith und die Farbenfabriken vorm. Friedr. Bayer & Co., München 2003

NORTH, D. C., Theorie des institutionellen Wandels. Eine neue Sicht der Wirtschaftsgeschichte, Tübingen 1988 (zuerst New York 1981)
NORTH, D. C., Institutionen, institutioneller Wandel und Wirtschaftsleistung, Tübingen 1992 (zuerst Cambridge/Mass. 1990)
OSTERLOH, M., Industriesoziologische Visionen ohne Bezug zur Managementlehre, in: Die Betriebswirtschaft 46/1986, S. 610–624
PETZINA, D.; PLUMPE, W. (Hg.), Themenheft: Unternehmenskultur, Unternehmensethik, Unternehmensgeschichte, Jahrbuch für Wirtschaftsgeschichte 1993, Heft 2
PIERENKEMPER, T., Unternehmensgeschichte: eine Einführung in ihre Methoden und Ergebnisse, Stuttgart 2000
PIORE, M. J.; SABLE, Ch. F., Das Ende der Massenproduktion: Studie über die Requalifizierung der Arbeit und die Rückkehr der Ökonomie in die Gesellschaft, Frankfurt am Main 1989
PLUMPE, G., Die I.G. Farbenindustrie AG. Wirtschaft, Technik, Politik 1904–1945, Berlin 1990
PLUMPE, W., Statt einer Einleitung: Stichworte zur Unternehmensgeschichtsschreibung, in: W. PLUMPE/Ch. KLEINSCHMIDT (Hg.), Unternehmen zwischen Markt und Macht. Aspekte deutscher Unternehmens- und Industriegeschichte im 20. Jahrhundert, Essen 1992, S. 9–13
PLUMPE, W., Betriebliche Mitbestimmung in der Weimarer Republik. Fallstudien zum Ruhrbergbau und zur Chemischen Industrie, München 1999
PLUMPE, W., Die Unwahrscheinlichkeit des Jubiläums – oder: warum sich Unternehmen nur historisch erklären lassen, in: Jahrbuch für Wirtschaftsgeschichte 2003, Heft 1, S. 143–158
PLUMPE, W., Die Unternehmen im Nationalsozialismus – Eine Zwischenbilanz, in: W. ABELSHAUSER, J.-O. HESSE, W. PLUMPE (Hg.), Wirtschaftsordnung, Staat und Unternehmen. Neuere Forschungen zur Wirtschaftsgeschichte des Nationalsozialismus. Festschrift für Dietmar Petzina zum 65. Geburtstag, Essen 2003, S. 243–266 (zit. 2003a)
PLUMPE, W., Perspektiven der Unternehmensgeschichte, in: G. SCHULZ u.a. (Hg.), Sozial- und Wirtschaftsgeschichte. Arbeitsgebiete, Probleme, Perspektiven. 100 Jahre Vierteljahrschrift für Sozial- und Wirtschaftsgeschichte, Stuttgart 2004, S. 403–428
PLUMPE, W., 1968 und die deutschen Unternehmen. Zur Markierung eines Forschungsfeldes, in: Zeitschrift für Unternehmensgeschichte 49/2004, Heft 1, S. 44–65 (zit. 2004a)
PLUMPE, W.; ESSER, R.; UNGER, S., Diversifikationsprozesse im Ruhrgebiet in wirtschaftshistorischer Perspektive, Zefir Arbeitspapier Nr. 1, Bochum 1990
POENSGEN, O. H., Geschäftsbereichsorganisation, Opladen 1973
POHL, H., Unternehmensgeschichte in der Bundesrepublik Deutschland. Stand der Forschung und Forschungsaufgaben für die Zukunft, in: Zeitschrift für Unternehmensgeschichte 22/1977, S. 26–41
POHL, H., Betrachtungen zum wissenschaftlichen Standort von Wirtschafts- und Unternehmensgeschichte, in: Vierteljahrschrift für Sozial- und Wirtschaftsgeschichte 78/1991, S. 326–343

POHLE, L., Der Unternehmerstand. Vortrag gehalten in der Gehe-Stiftung zu Dresden am 8. Oktober 1910, in: Vorträge der Gehe-Stiftung, Bd. 3, Dresden 1911, S. 1–58
POLLARD, S., The Genesis of Modern Mangement, London 1965
PORTER, M. E., Competitive Strategy. Techniques for Analyzing Industries and Competitors, New York 1980
QUICK, R., Die Entstehungsgeschichte der aktienrechtlichen Pflichtprüfung in Deutschland, in: Zeitschrift für Unternehmensgeschichte 35/1990, S.217–236
RECKENDREES, A., Das „Stahltrust"-Projekt: Die Gründung der Vereinigte Stahlwerke AG und ihre Unternehmensentwicklung 1926–1933/34, München 2000
REDLICH, F., Der Unternehmer. Wirtschafts- und sozialgeschichtliche Studien, Göttingen 1964
RICHTER, R., Institutionen ökonomisch analysiert. Zur jüngeren Entwicklung auf einem Gebiet der Wirtschaftstheorie, Tübingen 1994
RICHTER, R.; FURUBOTN, E. G., Neue Institutionenökonomik: eine Einführung und kritische Würdigung, Tübingen 2003
SAUTET, F. E., An Entrepreneurial Theory of the Firm. London/New York 2000
SCHERER, F., Industrial Market Structure and Economic Performance, 3. Aufl. Boston 1990
SCHMOLLER, G., Die geschichtliche Entwicklung der Unternehmung, in: Schmollers Jahrbuch 1890, Heft 3, S. 735–783, Heft 4, S. 1036–1076.
SCHMOLLER, G., Über Wesen und Verfassungen der großen Unternehmungen, in: DERS., Zur Sozial- und Gewerbepolitik der Gegenwart. Reden und Aufsätze, Leipzig 1890
SCHREYÖGG, G., Unternehmensstrategie: Grundfragen einer Theorie strategischer Unternehmensführung, Berlin 1984
SCHUMPETER, J. A., Theorie der wirtschaftlichen Entwicklung. Eine Untersuchung über Unternehmergewinn, Kapital, Kredit, Zins und den Konjunkturzyklus, 7. Aufl., Berlin 1987 (1. Aufl. 1911)
SCHUMPETER, J. A., Ökonomie und Psychologie der Unternehmer, Leipzig 1929
SCHUMPETER, J. A., Der Unternehmer in der Volkswirtschaft von heute, in: B. HARMS (Hg.), Strukturwandlungen der deutschen Volkswirtschaft, Berlin 1929 (2. Aufl.), Bd. 1, S.303–326
SCHUMPETER, J. A., Kapitalismus, Sozialismus und Demokratie, Bern 1946 (zuerst engl. 1942)
SCHUSTER, H., Industrie und Sozialwissenschaften. Eine Praxisgeschichte der Arbeits- und Industrieforschung in Deutschland, Opladen 1987
SEEBOLD, G.-H., Ein Stahlkonzern im Dritten Reich. Der Bochumer Verein 1927–1945, Wuppertal 1981
SIEGRIST, H., Deutsche Großunternehmen vom späten 19. Jh. bis zur Weimarer Republik. Integration, Diversifikation und Organisation bei den 100 größten deutschen Industrieunternehmen (1887–1927) in international vergleichender Perspektive, in: Geschichte und Gesellschaft 6/1980, S. 60–102
STOCKMANN, R., Gesellschaftliche Modernisierung und Betriebsstruktur, Frankfurt am Main 1987

SOMBART, W., Der moderne Kapitalismus, in: B. HARMS (Hg.), Kapital und Kapitalismus. Vorlesungen gehalten in der Deutschen Vereinigung für Staatswissenschaftliche Fortbildung, Berlin 1931, Bd. 1

TEUTEBERG, H.-J., Geschichte der industriellen Mitbestimmung in Deutschland, Tübingen 1961

TIROLE, J., The Theory of Industrial Organization, 11. Aufl. Cambridge/Mass. 2000

TURIN, G., Der Begriff des Unternehmers, Zürich 1947

ULRICH, P., Systemsteuerung und Kulturentwicklung, in: Die Unternehmung 38/1984, S. 303–325

VETTERLI, R., Industriearbeit, Arbeiterbewußtsein und gewerkschaftliche Organisation: dargestellt am Beispiel der Georg Fischer AG (1890–1930), Göttingen 1978

WEBER, M., Wirtschaft und Gesellschaft. Grundriss der verstehenden Soziologie, 5. revidierte Auflage, Tübingen 1976

WELLHÖNER, V., Großbanken und Großindustrie im Kaiserreich, Göttingen 1989

WELSKOPP, T., Arbeit und Macht im Hüttenwerk. Arbeits- und industrielle Beziehungen in der deutschen und amerikanischen Eisen- und Stahlindustrie von den 1860er bis zu den 1930er Jahren, Bonn 1994

WHITTINGTON, R.; MAYER, M., The European Corporation. Strategy, Structure and Social Science, Oxford 2000

WILLIAMSON, O. E.: Die ökonomischen Institutionen des Kapitalismus. Unternehmen, Märkte, Kooperationen. Tübingen 1990

WINKLER, H. A. (Hg.), Organisierter Kapitalismus: Voraussetzungen und Anfänge, Göttingen 1974

Wischermann, C.; NIEBERDING, A., Die institutionelle Revolution. Eine Einführung in die deutsche Wirtschaftsgeschichte des 19. und frühen 20. Jahrhunderts, Stuttgart 2004

WIXFORTH, H., Banken und Schwerindustrie in der Weimarer Republik, Köln 1995

WOLBRING, B., Krupp und die Öffentlichkeit im 19. Jahrhundert: Selbstdarstellung, öffentliche Wahrnehmung und gesellschaftliche Kommunikation, München 2000

John Komlos und Susann Schmidtke

Bevölkerung und Wirtschaft

Wirtschaftssysteme sind von Menschen geschaffene Konstrukte und somit abhängig von der Gesellschaft, die in ihrem Rahmen lebt. Der Aufbau einer Volkswirtschaft ist entscheidend für die Möglichkeit, ihre Bevölkerung mit Gütern zu versorgen. Produktionsform und -technik wie auch vorhandener Kapitalstock, Humankapital, Institutionen etc. bestimmen das Ausmaß der pro Kopf zur Verfügung stehenden Gütermengen. Doch produziert und konsumiert wird von Individuen, die mit ihrem Verhalten Einfluss auf ihren Lebensraum nehmen; vor allem, wenn größere Bevölkerungsgruppen ein ähnliches Verhalten an den Tag legen.

Ein großes Problem der Wirtschaftsgeschichte besteht darin, dass gerade aus vorindustriellen Zeiten oftmals wenige Aufzeichnungen volkswirtschaftlicher Variablen wie Produktionsmengen und Reallöhne erhalten geblieben sind. Hingegen sind häufig Aufzeichnungen von demographischen Variablen vorhanden, die uns auch Aufschluss über das wirtschaftliche Umfeld geben.

1. Demographie und Geschichte

Die Demographie untersucht die Größe, Struktur (Geschlecht, Alter, Familienstand...) und räumliche Verteilung von Bevölkerungen oder sozialen Schichten innerhalb bestimmter Regionen oder Länder, sowie die Veränderung dieser Merkmale. Vier Variablen, die u.a. die Entwicklung der Bevölkerung entscheidend beeinflussen, stehen hierbei im Mittelpunkt:
– die Heiratsstruktur: das durchschnittliche Heiratsalter und die Häufigkeit von Eheschließungen bei Frauen;
– die Fertilität: die Anzahl ehelicher und nicht-ehelicher Geburten, das durchschnittliche Gebäralter, die Häufigkeit von Totgeburten und durchschnittliche Anzahl der Lebendgeburten einer Frau wie auch die Fekundität und die Nachfrage nach Kindern;
– die Mortalität: altersspezifische Sterblichkeit, insbesondere die Höhe der Kinder- und Säuglingssterblichkeit und die durchschnittliche Lebenserwartung;
– Ausmaß und Richtung von Migration.
Das Bevölkerungswachstum (r) innerhalb einer Region wird bestimmt durch die Geburtenrate (CBR = Anzahl der Geburten/Gesamtbevölkerung), die Sterberate (CDR = Anzahl der Todesfälle/Gesamtbevölkerung) und die Migration (Anteil der Immigranten (IM) und der Emigranten (EM) an der Gesamtbevölkerung):

r = CBR - CDR + (IM - EM).
Die vier voneinander abhängigen Variablen, bilden zudem die generative Struktur einer Population. Diese generative Struktur ist Bestandteil eines sozio-ökonomischen Systems und kann sich ihrerseits auf Grund von sozio-ökonomischen und kulturellen Einflüssen im Zeitverlauf ändern [MACKENROTH 1972].

Die historische Demographie benutzt neben anderen Vorgehensweisen [zur Paläodemographie vgl. DRENHAUS, 1977] die Technik der Familienrekonstruktion. Sie rekonstruiert und interpretiert demographische Ziffern mit Hilfe von Kirchen-, Gerichtsbüchern u.a. auf lokaler und regionaler Ebene. Allerdings sind aus der Zeit vor dem 16. Jahrhundert nur wenige schriftliche Quellen erhalten. In Kirchenbüchern wurden über Generationen Taufen, Hochzeiten und Beerdigungen von Ortsansässigen festgehalten, so dass beispielsweise das durchschnittliche Heiratsalter, ehedauer- und altersspezifische Fruchtbarkeit sowie alterspezifische Mortalität in einer Gemeinde rekonstruiert werden können. Entwicklungstrends, Migrationsverhalten und Veränderungen der generativen Struktur können aufgezeigt und mit indirekten Variablen wie Ernährung oder Alphabetisierungsgrad, aber auch ökonomischen Variablen verknüpft werden. Als eigenständige Disziplin entstand die historische Demographie erst in den 1940er Jahren in Frankreich, begründet vor allem durch die Vertreter der „Annales"-Schule, wie Louis Henry und Pierre Goubert [vgl. IMHOF 1977].

2. Ökonomisch-demographische Theorien

Betrachtet man die Zusammenhänge zwischen Demographie und Volkswirtschaft, so zeigt sich, dass die Bevölkerungsentwicklung zumeist mit einem gewissen Timelag auf Veränderungen im ökonomischen Regime reagiert, und umgekehrt. Es handelt sich also, außer während extremer Krisen, um mittel- bis langfristige Prozesse. Prädestiniert für die Einbindung solcher Prozesse in die Volkswirtschaftslehre ist die Wachstumstheorie, in der die Bevölkerung, beispielsweise in der Produktionsfunktion, eine wesentliche Variable darstellt. In ihrer einfachsten Ausdrucksweise ist die Produktion $Q = a K^a A^b L^g$, wobei A die Anzahl der Arbeiter repräsentiert und somit abhängig von der Bevölkerungszahl ist. L bezeichnet das Land und K den Kapitalstock. a, a, b, g sind positive Konstanten, wobei a als Effizienzparameter angibt, wie groß der Output bei gegebenen Inputfaktoren ist. Die Exponenten a, b und g bezeichnen die Produktionselastizitäten der Faktoren. Die Bevölkerung beeinflusst Arbeitsmarkt, Konsum, Ersparnis und somit Investitionen wie auch den technischen Fortschritt. Bei den ökonomisch-demographischen Theorien lassen sich zwei Gruppen unterscheiden: Die, welche die positive und die, welche die negative Wirkung des Wachstums der Bevölkerung auf die Wirtschaftsentwicklung betont. Die Komlossche Synthese vereint beide Positionen, wie in der historischen Betrachtung erläutert werden wird.

a. Theorien der Bevölkerungsfalle

Malthus hob als erster den Bezug zwischen Demographie und Ökonomie hervor [MALTHUS 1798]. Er stellte 1798 fest, dass die vorindustrielle Gesellschaft durch ein homöostatisches Gleichgewicht gekennzeichnet war, welches er auf den folgenden Zusammenhang zwischen Output und Bevölkerungswachstum zurückführte (*Abbildung 1: Wachstum von landwirtschaftlichem Output und Bevölkerung*).

Nach Malthus kann die Nahrungsmittelproduktion nur linear gesteigert werden, während die Bevölkerung exponentiell wächst. Diese Konstellation führt dann in unregelmäßigen Abständen zu Subsistenzkrisen: Hungersnöten, Seuchen und ähnlichen Katastrophen, bis das Gleichgewicht zwischen Nahrungsmittelversorgung und Bevölkerungszahl wieder hergestellt ist. Subsistenzkrisen bezeichnet Malthus als positive „checks", welche Überbevölkerung verhindern. Denkbar ist auch das Vorhandensein von negativen „checks" in Form von Geburtenkontrolle. Diese wurden von Mill jedoch als Kennzeichen einer fortgeschritteneren Gesellschaft, in der Bevölkerungskontrolle nicht mehr vorrangig über Mortalität erfolgt, bezeichnet [MILL 1852]. Als Manko von Malthus These muss im Wesentlichen seine statische Produktionsfunktion angesehen werden; Fortschritt ist innerhalb dieses Erklärungsansatzes nicht vorgesehen (*Abbildung 2: Durchschnittsprodukt im landwirtschaftlichen Sektor und Mortalitätswahrscheinlichkeit*).

Dieser Makel ließe sich auch bei einem niedrigen Pro-Kopf-Einkommen ausgleichen, wenn es durch outputsteigernde Investitionen gelingt, die Überkompensation positiver wirtschaftlicher Effekte durch die einkommenssenkende Wirkung des Bevölkerungswachstums zu verhindern. Schematisch heißt das: die Produktionsfunktion kann nach oben verschoben werden. [vgl. LEIBENSTEIN 1957; NELSON 1956]. Die Variablen, die ausschlaggebend dafür sind, wie dicht eine Region bevölkert sein kann, ohne dass eine Subsistenzkrise eintritt, lassen sich unter zwei Begriffen zusammenfassen:

– Die ökologische Tragfähigkeit bestimmt, in Abhängigkeit vom technischen Stand und der Entwicklungsstufe der Gesellschaft, für welche Bevölkerungsdichte die strukturelle Ernährungskapazität eines Raumes ohne technischen Fortschritt ausreichend ist.
– Die soziale Tragfähigkeit muss, trotz Ungleichverteilung von Einkommen, gewährleisten, dass die überwiegende Mehrheit der Bevölkerung ihren Nahrungsbedarf decken kann.

b. Entwicklungsstimulierende Wirkungen des Bevölkerungswachstums

Die zweite Theoriengruppe vertritt die Auffassung, dass das Bevölkerungswachstum die wirtschaftliche Entwicklung vor allem positiv beeinflussen kann. Sie unterscheidet zwei gegenläufige Effekte: Zum einen dämpft das Bevölkerungswachstum das Wachstum des Pro-Kopf-Einkommens, zum anderen wird es aber selbst durch die wirtschaftliche Entwicklung verringert. Ausschlaggebend für die Gesamtwirkung ist nun ein dritter, der Lebensstandardeffekt: Steigt das Einkommen auf Grund von technischem Fortschritt über das Subsistenzniveau, so sinkt die Sterberate. Die Individuen sind bestrebt, ein erneutes Absinken ihres Einkommens und somit ihres Lebensstandards zu verhindern. Um dieses Ziel zu erreichen, können sie ihre Spartätigkeit zu Gunsten des Konsums verringern und/oder das Bevölkerungswachstum eindämmen [vgl. HAGEN 1959; HIRSCHMAN 1967]. Darüber hinaus kann Bevölkerungswachstum eine stimulierende Wirkung auf die Innovationsfähigkeit der Gesellschaft ausüben. Nach Ester Boserup führt Bevölkerungsdruck zu der Notwendigkeit, Agrarstruktur und Anbaugewohnheiten zu ändern [BOSERUP 1981] *(Abbildung 3: Durchschnittsprodukt bei Malthus und Boserup).*

Da eine reine Intensivierung der Landnutzung bei sinkender Grenzproduktivität der Arbeit nur zu einer geringen Erhöhung des Outputs führt, ist es zur Aufrechterhaltung des Ernährungszustandes bei einer wachsenden Bevölkerung unerlässlich, die Produktivität zu steigern. Dieser Druck kann Innovationen induzieren [vgl. auch: SIMON 1986].

3. Wechselwirkungen von Wirtschaft und Bevölkerung in der vorindustriellen Gesellschaft

Die traditionelle Gesellschaft regulierte sich durch Anpassung an den Nahrungsraum und dessen Veränderung selbst. Dabei reagierte sie sensibel, aber auch flexibel auf exogene Störungen. Es bestanden also durchaus wirtschaftliche Entwicklungsmöglichkeiten. Die vorindustrielle Bevölkerung Europas war geprägt durch ein verhältnismäßig hohes Fertilitäts- und Mortalitätsniveau, hohe Kindersterblichkeit, hohes Heiratsalter und die Abhängigkeit von lokalen Gegebenheiten. Von besonderer ökonomischer Wichtigkeit waren, im Verhältnis zur Bevölkerungsgröße, Klima, Bodenbeschaffenheit, Flora, Fauna und vorhandene Ressourcen wie auch Eigentums- und Erbrecht.

Ein Wandel der ökonomischen Lage beeinflusste kurzfristig die Heiratshäufigkeit am stärksten. Eine günstige Wirtschaftslage führte dazu, dass Hochzeiten nachgeholt oder vorgezogen wurden, da in dieser Situation die Voraussetzungen zur Gründung eines neuen Haushaltes leichter gegeben waren [vgl. HAJNAL 1965]. Mildes Klima bewirkte eine Steigerung der landwirtschaftlichen Produktion, worauf die Lebensmittelpreise sanken, die Reallöhne stiegen und sich der Ernährungszustand der Bevölkerung verbesserte. Das Ehealter sank und damit stieg auch die Fruchtbarkeit in der Ehe an. Denn die Fertilität an sich ist zwar eine Funktion des biologischen Alters, frühe Heirat führt jedoch in einer Gesellschaft ohne Verhütung zu einem Anstieg der Empfängnishäufigkeit und der Geburten pro Frau, da sie dem Schwangerschaftsrisiko über einen längeren Zeitraum ausgesetzt ist. Eine bessere Ernährungslage bewirkte auch eine höhere Immunität gegen Krankheiten und ein höheres Geburtsgewicht, wodurch die Mortalität sank und insgesamt Bevölkerungswachstum resultierte. Natürlich konnte ein hohes Niveau der Fruchtbarkeit bei einem gestiegenen Gesamtnahrungsverbrauch dazu führen, dass die verfügbare Nahrungsmenge pro Kopf soweit zurückging, dass es zu einem erneuten Anstieg der Mortalität kam. Diese Anpassungsprozesse verursachten Bevölkerungszyklen [vgl. KOMLOS 1994, Ernährung].

Andererseits führten zu kurze, kalte und regenreiche Wärmeperioden zu Ernteerträgen von minderer Qualität und Haltbarkeit. Zum einen bedingte dies eine Schwächung des Immunsystems, besonders gegenüber Magen-Darm-Krankheiten, zum anderen standen nur geringe Mengen und/oder minderwertiges Saatgut zur Verfügung, wodurch die Folgeernte wiederum unterdurchschnittlich ausfiel und sich die Gefahr einer Subsistenzkrise permanent erhöhte. Teilweise konnten Existenzkrisen durch eine Intensivierung der Viehwirtschaft (vermehrte Schlachtung) abgewendet werden, solange ausreichende Fütterungsmöglichkeiten bestanden. Aber selbst wenn Missernten zu keinem akuten Mangel an Nahrung führten, stiegen die Nahrungsmittelpreise in der Regel so stark an, dass für die unteren Bevölkerungsschichten nur noch Lebensmittel minderer Qualität oder niedrigeren Nährwertes, wie Kastanien, zugänglich waren. Zudem kann Unterernährung, neben einer Schwächung des Immunsystems, bei Frauen eine zeitweilige Unfruchtbarkeit oder das Auftreten von Spontanaborten bewirken [vgl. RUWET 1963; APPLEBY 1975; KOMLOS 1994].

Auch Kriege führten nicht immer direkt zu einer Erhöhung der Gesamtmortalität. Vielmehr kam es bei längerer Kriegsdauer, wie im Dreißigjährigen Krieg, häufig zur Konfiszierung und Zerstörung von Nahrungs- und Produktionsmitteln, wodurch die Lebensgrundlage der betroffenen Bevölkerung erheblich verschlechtert wurde und über einen sinkenden Ernährungsstand wiederum die Krankheitsanfälligkeit stieg. Als weiterer Grund für Mortalitätskrisen sind Seuchen anzuführen, die die Bevölkerung ohne Rücksicht auf die Zugehörigkeit zu einer bestimmten Schicht dezimierten. Die Seuchen wurden oft über den Seeweg eingeschleppt, breiteten sich, bedingt durch die hohe Bevölkerungsdichte, in den Städten schnell aus und erfassten von dort aus das Umland. Im 14. Jahrhundert starb ca. ein Drittel der europäischen Gesamtbevölkerung an der Pest. Allerdings führte ein solcher Bevölkerungsrückgang sowohl zu einer Erhöhung der Kapitalintensität, als auch der Relation von Boden zu Arbeit. Der Nahrungsraum für den Einzelnen vergrößerte sich. Die Möglichkeit, einen eigenen Hof zu bewirtschaften oder eigenständig ein Gewerbe zu betreiben, welches eine Familiengründung ermöglichte, erhöhte sich [vgl. STONE 1987, 166–177].

Historisch am schwierigsten nachzuvollziehen und zu beurteilen ist Migration. Wanderungen sind, außer wenn politische und religiöse Gründe vorliegen, hauptsächlich abhängig von der Ungleichverteilung von Ressourcen zwischen verschiedenen Gebieten. Sie fanden aus Regionen mit relativ kleinem Nahrungsraum und beschränkter Arbeitsnachfrage in Regionen mit relativ großem bzw. entwicklungsfähigerem Nahrungsraum statt. So sind beispielsweise Teile der großen Migrationswellen nach Amerika und Osteuropa zu erklären. Ein näher liegender Anlaufpunkt in vorindustrieller Zeit waren die Städte, in denen jedoch, auf Grund von mangelnder Hygiene und höherer Ansteckungsgefahr eine höhere Sterberate vorherrschte [vgl. PFISTER 1994].

Zusammenfassend ergibt sich folgendes Bild der wirtschaftlichen und demographischen Prozesse im vorindustriellen Europa: In der Agrargesellschaft war es durchaus möglich, durch Fortschritt die Produktivität zu erhöhen. War der Nahrungsraum ausreichend groß, so stieg das Realeinkommen mit dem Bevölkerungswachstum an. Aber der technische Fortschritt erfolgte unregelmäßig und entwickelte sich langsamer als es notwendig gewesen wäre, um eine wachsende Bevölkerung auf konstantem Ernährungsniveau zu versorgen. Abnehmende Grenzprodukte der Arbeit bedeuteten, dass sich der Pro-Kopf-Output an Nahrung verringerte und damit über die bereits beschriebenen Zusammenhänge eine Subsistenzkrise nach malthusianischem Muster drohte *(vgl. Abbildung 2)*. Es existierte bis Ende des 18. Jahrhunderts ein Zyklus aus Bevölkerungswachstum, wirtschaftlicher Expansion, Verschlechterung des Nahrungsspielraumes, Dezimierung der Bevölkerung bzw. des Bevölkerungswachstums, Verbesserung der Ernährungsmöglichkeiten und neuerlicher Expansion und Wachstum. Seit ca. 1750, noch deutlicher jedoch nach 1800, scheinen sich die Wechselwirkungen zwischen ökonomischen und demographischen Variablen vollkommen verändert zu haben. Beschleunigtes Bevölkerungswachstum führte nicht mehr zwangsläufig zu einer Erhöhung der Mortalität. *Tabelle 1* und *Abbildung 4* zeigen, dass sich in England das Wachstum der Geburtenrate und der Realeinkommen zwischen 1670 und 1749 parallel entwickelten, ab den 1750er Jahren aber eine derart enge Koppelung nicht mehr zu erkennen ist. Für andere europäische Länder sind ähnliche Daten bekannt [vgl. z.B. SANDGRUBER 1982]. Offensichtlich existierte die malthusianische Falle nicht mehr. Doch was hat sich konkret verändert?

Tabelle 1
Durchschnittliche Anzahl der Geburten, Temperaturen und Reallohnindex in England 1670–1789

Jahrzehnt	Geburten (in Tsd.)		Temperatur	Reallöhne	
	Absolut	Änderung		Index	Änderung
1670/79	147,1		8,6	77,3	
1680/89	156,4	9,3	8,7	85,1	7,8
1690/99	155,8	-0,6	8,1	80,7	-4,4
1700/09	163,9	8,1	9,2	92,9	12,2
1710/19	163,3	-0,6	9,1	89,7	-3,2
1720/29	175,4	12,1	9,4	100,0	10,3
1730/39	190,5	15,1	9,5	113,1	13,1
1740/49	184,8	-5,7	8,2	105,9	-7,2
1750/59	197,5	12,7	9,0	103,8	-2,1
1760/69	213,9	16,4	8,9	100,0	-3,8
1770/79	240,9	27,0	9,3	94,0	-6,0
1780/89	265,3	24,4	8,8	101,9	7,9

Quellen: MANLEY 1974, 389–405; PHELPS BROWN/HOPKINS 1962, 168–178; WRIGLEY/SCHOFIELD 1993, 496–502.

4. Der Übergang zur industriellen Gesellschaft

Wie bereits erwähnt, hat eine hohe Bevölkerungsdichte auch positive, innovative Effekte:
- Je größer die räumliche Nähe zwischen den Gewerben ist, desto geringer sind Transport- und Transaktions-, aber auch marktbezogene Informationskosten.
- Je mehr Menschen in einem Gebiet wohnen, desto größer ist der potentielle Markt für Waren und Dienstleistungen und desto größer ist der Gewinn durch die Arbeitsteilung.
- Marktexpansion ermöglicht steigende Skalenerträge und abnehmende Durchschnittskosten der Produktion.
- Größere Märkte reduzieren die Variabilität der Nachfrage und ermöglichen so eine Verringerung der Sicherheitslager und damit die Substitution von zirkulierendem durch fixes Kapital.
- Technischer Fortschritt wird über geringere Kommunikationskosten (welche zu positiven Externalitäten bei der Humankapitalbildung führen), steigenden Wettbewerb (der zur Suche nach neuen und Nutzung bekannter, aber nicht angewandter Technologien zwingt) und den Druck auf ineffiziente institutionelle Strukturen gefördert [.vgl. KOMLOS 1994, Malthus].
- Steigender Wettbewerb bewirkt auch einen wachsenden Druck, ineffiziente Marktstrukturen zu verändern.

Aus diesen Gründen war vor der industriellen Revolution jede wirtschaftliche Expansion mit Bevölkerungswachstum verbunden. Das Hoch-Mittelalter und die Renaissance sind hierfür die bekanntesten Beispiele. Diese Expansionen wurden jedoch von positiven malthusianischen checks unterbrochen. Eine neue Expansionsphase begann in den 1730er Jahren. Es kam zu einer Häufung guter Ernten. Gleichzeitig hatte ein andauernder Prozess der Verbesserung der Anbaumethoden, der Transportmöglichkeiten und damit der Verteilung von Lebensmitteln eingesetzt. Dies führte allgemein zu einem verbesserten Ernährungsstatus und einer Verringerung der Krankheitsanfälligkeit.

In *Abbildung 5 (Ernährungsstatus der europäischen Bevölkerung)* ist der biologische Lebensstandard dargestellt. Er zeigt die Beeinflussung des menschlichen Organismus durch Umweltverhältnisse auf. Er beinhaltet Variablen wie Lebenserwartung, Gesundheitszustand und Fruchtbarkeit. Außerdem gibt er über den Ernährungsstatus auch Hinweise auf das materielle Wohlbefinden der Bevölkerung, da Nahrungsmittel im betrachteten Zeitraum noch einen wichtigen Bestandteil des Gesamtverbrauches darstellten. Fällt der biologische Lebensstandard unter das Existenzminimum E^*, so steigt die Mortalitätswahrscheinlichkeit [vgl. *Abbildung 2* und KOMLOS 1994, Ernährung, 105].

Die Mortalität, vor allem die Kindersterblichkeit, ging in dieser neuen Expansionsphase erheblich zurück und das Bevölkerungswachstum stieg. In England sank die Sterberate seit den 1730er Jahren, in Frankreich seit Mitte der 1740er Jahre und in Schweden seit Mitte der 1770er Jahre [vgl. VALLIN 1991]. Diese Situation war außergewöhnlich, dass eine Abnahme der Mortalitätsrate trotz schnell wachsender

Bevölkerung stattfand. Zunehmend wurden Krankheitsursachen bekämpft und Heilverfahren entwickelt. Die Ansteckungsgefahren wurden über wachsende Hygiene und Eliminierung der Überträger verringert. Zudem trat eine wachsende Immunisierung der erwachsenen Bevölkerung gegenüber einigen Seuchen, wie beispielsweise den Pocken, auf.

Weitere wichtige Ereignisse in dieser Zeit waren die Erschließung von Rohstoffquellen, wie der Kohle, die Entdeckung neuer Nahrungsmittel, wie der Kartoffel, und die wachsende Möglichkeit Überbevölkerung durch Auswanderung zu verhindern [vgl. JONES 1991]. Das hohe Bevölkerungswachstum führte bei fallenden Grenzerträgen der Produktion zu einem Ansteigen der Unterbeschäftigung, das die Menschen über einen Ausbau des gewerblichen Sektors als zusätzliche Einkunftsquelle auszugleichen suchten. Es kam, vornehmlich in ländlichen Gebieten, zur Protoindustrialisierung [vgl. MENDELS 1972]. Auch setzten Binnenwanderungen von agrarisch geprägten Regionen in die ersten industrialisierten Gebiete ein. Die zusätzlichen Einkommen erleichterten wiederum die Familiengründung, und das Bevölkerungswachstum hielt an. Die demographische Revolution hatte begonnen. Die Geburtenraten stiegen bzw. blieben hoch bei fortwährender Abnahme der Mortalität. Da der Ernährungsstatus im 19. Jahrhundert weiterhin aufrechterhalten werden konnte, blieben Subsistenzkrisen aus bzw. kam es nur zu regionalen Krisen. Die einzige Ausnahme bildet das Jahr 1816 [vgl. POST 1977]. Der demographische Übergang hatte eingesetzt.

Wie schon im Hoch-Mittelalter und im 16. Jahrhundert konnten nun zunehmend die innovativen Effekte der Bevölkerungsdichte wirken. Im Unterschied zu diesen beiden Epochen übte die Landwirtschaft aber immer weniger die Funktion eines Subsistenzsektors aus. Es wurde vielmehr ihre Aufgabe, ausreichend und preisgünstig genug zu produzieren, um die städtische und die wachsende industrielle Bevölkerung zu ernähren und gleichzeitig Einkommen für den Erwerb von Industriegütern freizuhalten. Je besser dies gelang und je mehr über den Ausbau der Transportsysteme die Marktintegration voranschritt, desto unabhängiger wurden Eheschließungen, Geburten und Mortalität vom Einfluss der Erntezyklen und der Lebensmittelpreise. Gleichzeitig stellte ein Anstieg dieser Preise einen Anreiz zu weiteren Innovationen im Agrarbereich dar, was wiederum langfristig einen Anstieg des Anteils der industriellen Bevölkerung an der Gesamtbevölkerung und einen Ausbau der Industrie ermöglichte. Auch andere Bestandteile der Infrastruktur, wie institutionelle Einrichtungen und das Bildungswesens, wurden verändert und ausgebaut [vgl. NORTH 1988]. Dieser fortwährende Prozess bewirkte auch, dass sich das Verhalten gegenüber Kindern ab Ende des 19. Jahrhunderts wandelte. In Deutschland wurde die Schulpflicht bereits 1810 durchgesetzt [vgl. MÜLLER 1987], in England die allgemeine Schulpflicht 1880 eingeführt [vgl. MITCH 1992]. Im 20. Jahrhundert wurden Kinder nicht mehr nur als zusätzliche Arbeitskraft oder Altersabsicherung, sondern als Person mit eigenen Ansprüchen angesehen. Hierbei wurden Investitionen in die Ausbildung der Kinder als umso vorteilhafter anerkannt, je höher das Einkommen der Eltern und das zukünftig erwartete Einkommen nach der Ausbildung waren. Auch der Grenznutzenvergleich zwischen Fortpflanzung und Wohlstand rückte zunehmend in den Vordergrund. Die moderne Erziehung von Kindern ist eine zeitintensive Aufgabe, die den Raum für andere Beschäftigungen begrenzt. Sind die Reallöhne abhängig vom Humankapital, so erhöhen sich mit wachsendem Bildungsstand der Eltern die Opportunitätskosten der Kinderbetreuung. Folglich wird die Fertilität umso geringer, je mehr der Humankapitalstock einer Gesellschaft wächst. Genauer ausgedrückt: Bei steigendem Humankapitalstock sinkt die Geburtenrate, wenn die Ertragsrate von Humankapitalinvestitionen mindestens die Rate der Diskontierung des zukünftigen Konsums erreicht. Die Investitionen in das einzelne Kind steigen [vgl. BECKER/MURPHY/TAMURA 1993]. Das Bevölkerungswachstum ging zurück und Geburten und Sterberate glichen sich an.

5. Empirische Forschung in der Demoökonomie

Wichtige Vertreter der empirischen Demoökonomie sind Richard Easterlin und Simon Kuznets, die zahlreiche Arbeiten zur wechselseitigen Abhängigkeit von Wirtschaft und Bevölkerung anfertigten. Kuznets beobachtete für die USA im Zeitraum 1870–1955 eine Übereinstimmung von Trendzyklen in Bevölkerungs- und Wirtschaftswachstum, wobei einer Steigerung der Verbrauchsgüterproduktion eine Erhöhung des Bevölkerungswachstums folgte, und schloss daraus, dass der konjunkturelle Verlauf des Pro-Kopf-Konsums als Hauptursache von Bevölkerungsfluktuation angesehen werden kann [KUZNETS 1965, 328–354]. Entscheidende Variable des US-amerikanischen Bevölkerungswachstums ist die Migration. Allerdings sind Kuznets Ergebnisse für den Zeitraum nach dem 1.Weltkrieg umstritten. An diesem Punkt knüpfte Easterlin an. Er untersuchte den Bevölkerungsverlauf in den USA seit dem 19. Jahrhundert und leitete daraus für den Zeitraum nach Ende des 1.Weltkrieges den Zweigenerationenzyklus einer arbeitsteiligen Gesellschaft ab, in der die Bevölkerung sowohl als Produzent, als auch als Konsument auftritt. Im Vordergrund steht bei ihm die Fruchtbarkeit, welche die Altersstruktur und damit die Stärke der reproduktiven Generation einer Gesellschaft bestimmt. Bei einer gegebenen wirtschaftlichen Lage bedingt diese Generationsstärke das ökonomische Schicksal eines Individuums und beeinflusst seine Nachfrage nach Kindern. Ein Babyboom lässt sich also aus der wirtschaftlichen Situation erklären [EASTERLIN 1961].

Easterlin untersuchte die demographischen Reaktionsmuster in den Vereinigten Staaten für den Zeitraum von 1870 bis 1950 und lokalisierte bis 1914 Wellen des Bevölkerungswachstums von 15–25 Jahren. Nach der Aufschlüsselung des Wirtschaftswachstums nach sektoralen und geographischen Merkmalen, stellte er eine Konzentration der Wachstumswellen in nicht-agrargeprägten Regionen und in einzelnen Wirtschaftszweigen, wie der Bauindustrie, fest. Hierbei spiegelte sich in Gebieten mit besonderen gewerblichen und industriellen Schwerpunkten ungefähr der gleiche Ablauf wider. Die Verteilung der Gesamtbevölkerung auf städtische und ländliche Gebiete wurde durch diesen Wachstumsprozess verändert. Lebten 1790 noch 95% der Bevölkerung in ländlichen Gebieten, so waren es 1840 noch 89% und 1880 72%. 1920 überwog schließlich mit 51% der Anteil der städtischen Bevölkerung, und die Urbanisierung schritt weiter fort [DAVIS./EASTERLIN 1972, 131f.]. Entscheidende Ursache für das Bevölkerungswachstum bzw. die Steigerung des Arbeitspotentials war bis 1920 die Immigration, wobei die Erhöhung der Einwanderungsziffer einem vorherigen Wachstum der Gesamtproduktion und der Reallöhne folgte [EASTERLIN 1972 und *siehe Abbildung 6: Migration, Reallohn;USA, 1860–1910*.]

Die Einwanderer bedingten gleichzeitig eine zusätzliche Nachfrage, was zu einem induzierten Wachstum, insbesondere bei Bauinvestitionen und Investitionen in die Infrastruktur führte. Bis zum 1.Weltkrieg war das Bevölkerungswachstum Folge und Ursache langer Konjunkturzyklen. Danach wurde die Immigration durch eine restriktive Einwanderungspolitik der USA ihrer entscheidenden Wirkung beraubt. Zudem bedingte die geringe Geburtenrate um 1900 nach dem Krieg eine geringe Stärke der reproduktiven Generation und steigende Reallöhne. Die gute wirtschaftliche Lage bewirkte nun gleichzeitig einen Anstieg von Erwerbsquote und Geburtenrate. Es fand ein Übergang vom Wanderungs- zum Geburtszyklus statt, in dem der Wunsch nach Kindern über eine Kosten-Nutzen-Abwägung entschieden wurde [vgl. auch LEIBENSTEIN 1974; BECKER/MURPHY/TAMURA 1993; LEE 1974]. Die potentiellen Eltern entscheiden sich in Abhängigkeit von ihrem Einkommen und dem angestrebten Lebensstil ihrer Familie, also ihrer relativen Einkommensposition, zwischen Anzahl und „Qualität" ihrer Kinder. Dass trotz steigenden Realeinkommen die Geburtenraten seit 1957 sinken, lässt sich also über gestiegene Konsumansprüche erklären [EASTERLIN 1987, 47].

Im Gegensatz zu den USA stellten in Europa im 18. und 19. Jahrhundert Mortalität und Fertilität die entscheidenden Variablen des Bevölkerungswachstums dar. Von 1750 bis 1850 hatte sich die Bevölkerung Englands fast verdreifacht. In Italien wuchs die Bevölkerung im gleichen Zeitraum um knapp 60% und in Frankreich um über 40%. Bei diesen Daten ist zu beachten, dass der demographische Übergang in den europäischen Ländern nicht gleichzeitig einsetzte. So war er 1850 in Frankreich schon ca. 65 Jahre angelaufen, während er in rückständigeren Ländern wie Italien noch nicht eingesetzt hatte [Daten: LIVI-BACCI 1992, 69 u. 104]. *Tabelle 1* zeigt von 1740–89 ein ständiges Anwachsen der Geburtenzahlen in England. Betrachtet man nun die Geburten- und Sterberaten *(vgl. Tabelle 2)*, so zeigt sich, dass die Geburtenrate von 1740–1819 meist nur langsam und unstetig wächst. Bis 1849 fällt sie dann wieder ab, und die letzten beiden Betrachtungszeiträume weisen nur noch geringes Wachstum auf. Die Mortalitätsrate hingegen schwankt in abnehmendem Maße bis 1789, verringert sich dann aber. Damit ist das relativ hohe Nettowachstum seit den 1790er Jahren aus dem Auseinanderdriften der Raten bzw. der sinkenden Sterberate zu erklären.

Bevölkerung und Wirtschaft 105

Tabelle 2
Durchschnittliche Geburten- und Sterberate sowie Nettobevölkerungswachstum in England, 1740–1869 (pro Tsd. Gesamtbevölkerung)

Jahrzehnt	Geburtenrate		Sterberate		Nettowachstum der Bevölkerung
	Absolut	Änderung	Absolut	Änderung	
1740/49	33,0		29,3		3,7
1750/59	33,5	0,4	26,1	-3,2	7,3
1760/69	34,3	0,9	28,4	2,3	7,7
1770/79	36,2	1,9	26,6	-1,8	9,6
1780/89	36,7	0,5	27,7	1,1	9,0
1790/99	38,8	2,1	26,3	-1,4	12,5
1800/09	39,2	0,4	25,8	-0,5	13,4
1810/19	40,8	1,6	25,5	-0,3	15,3
1820/29	39,3	-1,5	23,5	-2,0	15,8
1830/39	35,7	-3,6	22,2	-1,3	13,5
1840/49	35,3	-0,4	22,9	0,7	12,4
1850/59	35,9	0,6	22,2	-0,7	13,7
1860/69	36,1	0,2	22,2	0	13,9

Anmerkung: Die durchschnittliche Nettoemigration hatte in diesem Zeitraum einen Minimalwert von 0,45 und einen Maximalwert von 1,5. Ihre Einbeziehung würde den beobachteten Trend nicht entscheidend beeinflussen.
Quelle: WRIGLEY/SCHOFIELD 1993, 533–535.

Einflussfaktoren für derartige Änderungen im Wachstumsverhalten sind beispielsweise Ernährungsstatus, Wohnbedingungen [BARNETT 1991] und Arbeitsbedingungen, da über sie die ökonomische Lage direkt die Gesundheit der Bevölkerung und damit die Mortalität beeinflusst. Haines führte eine Untersuchung der Auswirkung von Arbeitsbedingungen in England und Wales zwischen 1860 und 1892 aufgegliedert nach über hundert Berufen durch [HAINES 1991]. Er stellte ein umso höheres Ansteigen der Mortalität fest, je mehr Arbeiter in Wirtschaftszweigen mit gefährlichen Arbeitsbedingungen beschäftigt waren. Hingegen führte eine Verbesserung der Arbeitsbedingungen zu einem Absinken der Mortalität bzw. zu einer Änderung der Krankheitsstruktur. In den USA war noch 1930 die Sterberate von ungelernten Arbeitern doppelt so hoch wie die von gelernten, 1949 lag jedoch die durchschnittliche Lebenserwartung eines Industriearbeiters nur noch ein Jahr niedriger als die der gesamten männlichen Bevölkerung.

Wir haben bereits darauf hingewiesen, dass die Ernährung einen entscheidenden Einfluss auf das Immunsystem, die Fruchtbarkeit und die Sterberate ausübt. Sie spiegelt die konjunkturelle Lage und den Lebensstandard wider. Zudem bestimmt sie die Ausschöpfung des genetischen Wachstumspotentials eines Menschen und damit seine Endgröße. Die Körpergröße kann also als Folge der Ernährungslage in

Abhängigkeit vom Bevölkerungswachstum aufgefasst werden, die Körpergröße zu einem bestimmten Alter als Indikator für die durchschnittliche Ernährung angesehen werden [KOMLOS 1994, Ernährung]. In den USA wurde die durchschnittliche Körpergröße modernen Standards während des 18. Jahrhunderts erreicht, nahm aber Mitte des 19. Jahrhunderts zunächst wieder ab, was auf eine Verschlechterung der Ernährungslage schließen lässt. Eine ähnliche Abnahme ist auch in Großbritannien bei den Geburtskohorten zwischen 1830 und 1860 zu erkennen. In den anderen europäischen Ländern kam es im 19. Jahrhundert zwar zu einem langsamen Anstieg der Körpergröße, durchschnittlich waren die Menschen jedoch kleiner als vergleichbare Bevölkerungsgruppen in den Vereinigten Staaten. Der erheblichste Größenzuwachs ist in Europa und Nordamerika im 20. Jahrhundert festzustellen, was auf hohe Wohlfahrtsgewinne zurückzuführen ist. Die verschiedenen Levels und Muster im Wachstumsverhalten stimmen weitgehend mit dem jeweiligen Einkommens- und Mortalitätsniveau in den verschiedenen Ländern überein (*Abbildung 7: Körpergröße von US-Schülern, Alter: 19 Jahre; 1820–1940*).

6. Zusammenfassung

In der malthusianischen Epoche, also vor Ende des 18. Jahrhunderts, hatte die Bevölkerung den Kampf um die vorhandenen Ressourcen oftmals verloren. Kapitalstock und kultivierter Boden waren im Vergleich zur Bevölkerung zu langsam gewachsen. Doch noch im 18. Jahrhundert setzte ein Veränderungsprozess im demographischen und im ökonomischen Regime ein. Ab dem 19. Jahrhundert dominierten die innovativen, boserupianischen Einflüsse, und die Beschränkungen durch den Nahrungsspielraum waren weitgehend beseitigt.

In der kapitalintensiveren Wirtschaft führte die Industrialisierung zur Schaffung neuer Arbeitsmöglichkeiten und zur Erhöhung des gewerblichen und industriellen Konsums. Es wurden neue Einkommen geschaffen und so die Eheschließung erleichtert. Kam es zu Ausfällen in der landwirtschaftlichen Produktion oder blieb die Produktivität in diesem Sektor zurück, so konnte dies durch Importe von Nahrungsmittel ausgeglichen werden. Die steigenden Preise führten zum Teil zu Wirtschaftskrisen und zu steigender Auswanderung in die „Neue Welt" oder nach Osteuropa, doch die verheerenden Auswirkungen von Subsistenzkrisen blieben der Industriegesellschaft zukünftig erspart.

Tabelle 3
Entwicklung der Weltbevölkerung, 10.000 v. Chr. – 1990

Demographische Variablen	10.000 v. Chr.	0	1750	1950	1990
Bevölkerung (mill.)	6	252	771	2530	5292
Wachstumsrate	0,008	0,04	0,06	0,6	1,8
Geburtenrate	11,5	41,6	28,1	12,9	5,9
Lebenserwartung (bei der Geburt)	20	22	27	35	55

Quelle: LIVI-BACCI 1992, 31.

Tabelle 4
Lebenserwartung in verschiedenen Ländern und Regionen, 1750–1987 bzw. 1950–5 und 1985–90

Land	1750–9	1800–9	1850–9a	1880b	1900c	1930d	1950	1987e
England	36,9	37,3	40,0	43,3	48,2	60,8	69,2	74,5
Frankreich	27,9	33,9	39,8	42,1	47,4	56,7	66,6	76,1
Schweden	37,3	36,5	43,3	48,5	54,0	63,3	71,3	77,2
Deutschland				37,9	44,4	61,3	66,6	74,8
Italien				35,4	42,8	54,9	65,5	75,9
USA			41,7	47,2	50,8	61,7	69,4	74,8
Japan				35,1	37,7	45,9	59,1	78,5

Regionen (Land)	1950–5	1985–90
weniger entw. Gebiete	41,0	61
Afrika	38,0	52
Latein Amerika	51,2	67
Oceanien	60,8	71
China	40,8	69
Indien	38,7	58

a) für USA: 1850.
b) für Schweden und Deutschland: Durchschnittswert aus 1871–80 und 1881–90;
für England: 1876–80; Japan: 1891.
c) für England, Schweden und Deutschland: Durchschnittswert aus 1891–1900.
d) für Schweden: Durchschnittswert aus 1926–30 und 1931–5; für Deutschland: 1932–34.
e) für England, USA und Deutschland: 1986.
Quelle: LIVI-BACCI 1992, 109 u.149.

Abbildung 1
Wachstum von landwirtschaftlichem Output und Bevölkerung

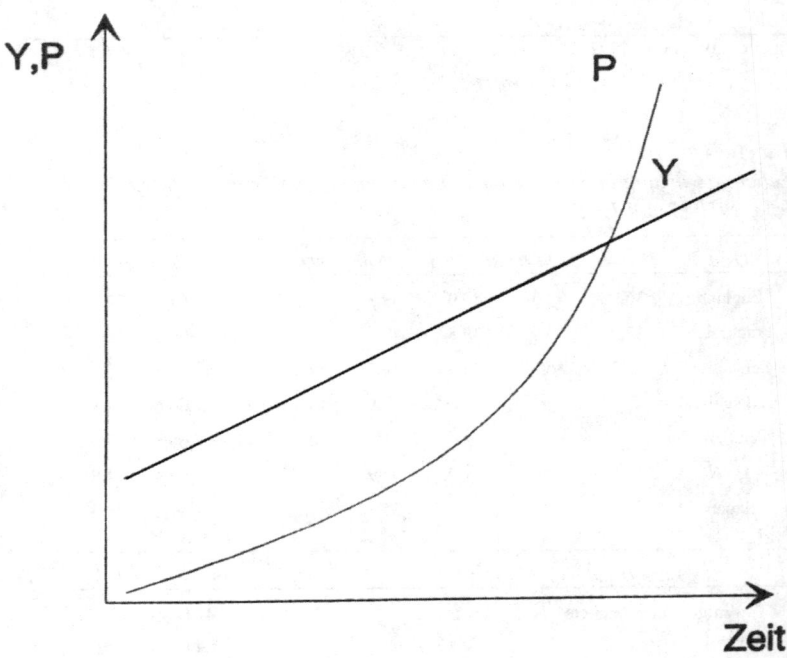

Y: landwirtschaftlicher Output; P: Bevölkerung

Abbildung 2
Durchschnittsprodukt im landwirtschaftlichen Sektor und Mortalitätswahrscheinlichkeit

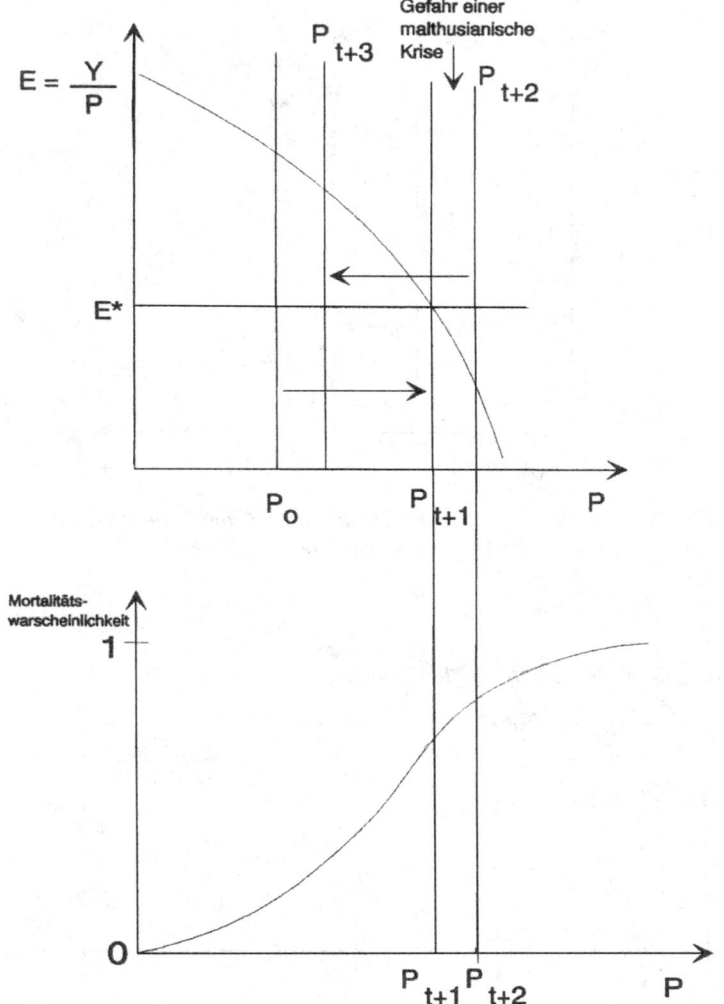

Y: landwirtschaftlicher Output; E*: Existenzminimum; P: Bevölkerung
Die Mortalitätswahrscheinlichkeit kann jeden Wert zwischen 0 und 1 (z.B. bei Epidemien) annehmen.

Abbildung 3
Durchschnittsprodukt bei Malthus und bei Boserup (Drehung der Funktion in Punkt A durch Änderung der Produktionsstruktur)

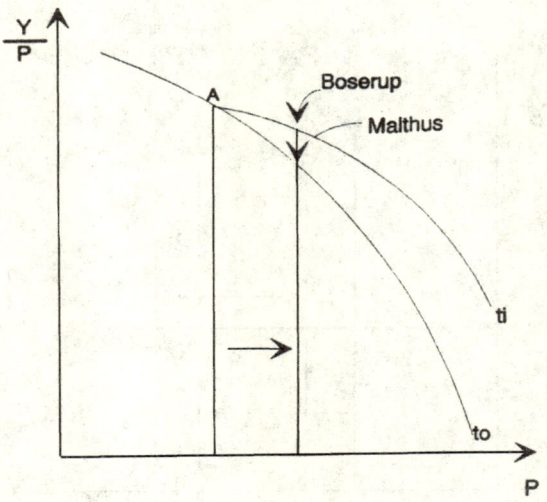

A.: Die Veränderung der Produktionsstruktur bewirkt eine Rechtsdrehung der Kurve im Punkt A. Das Niveau des Durchschnittsprodukts erhöht sich.

Abbildung 4
Änderung der Geburtenzahl und Reallohnindex in England, 1670–1789

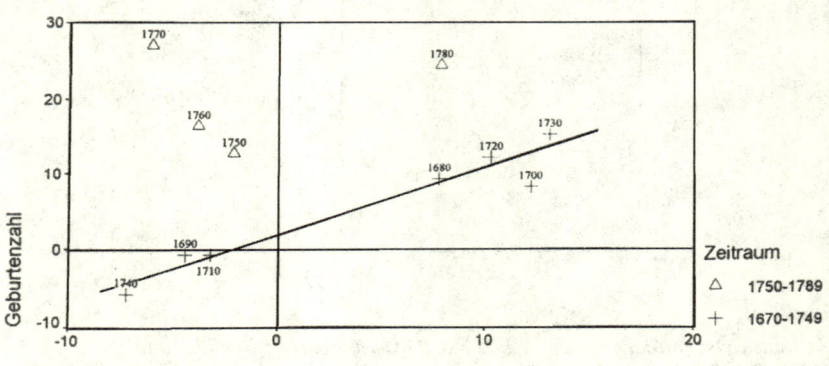

Quelle: *siehe Tabelle 1.*

Abbildung 5
Ernährungsstatus der europäischen Bevölkerung (schematisch)

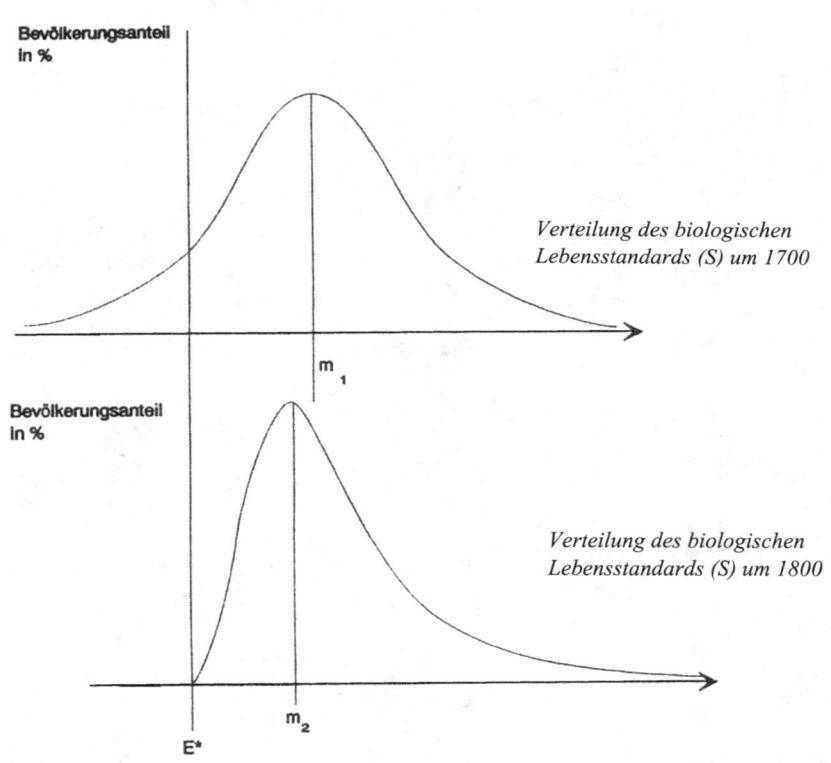

Verteilung des biologischen Lebensstandards (S) um 1700

Verteilung des biologischen Lebensstandards (S) um 1800

m: modus $m_1 > m_2$
E*: Existenzminimum

Abbildung 6
Migration und Reallohn USA, 1860–1910

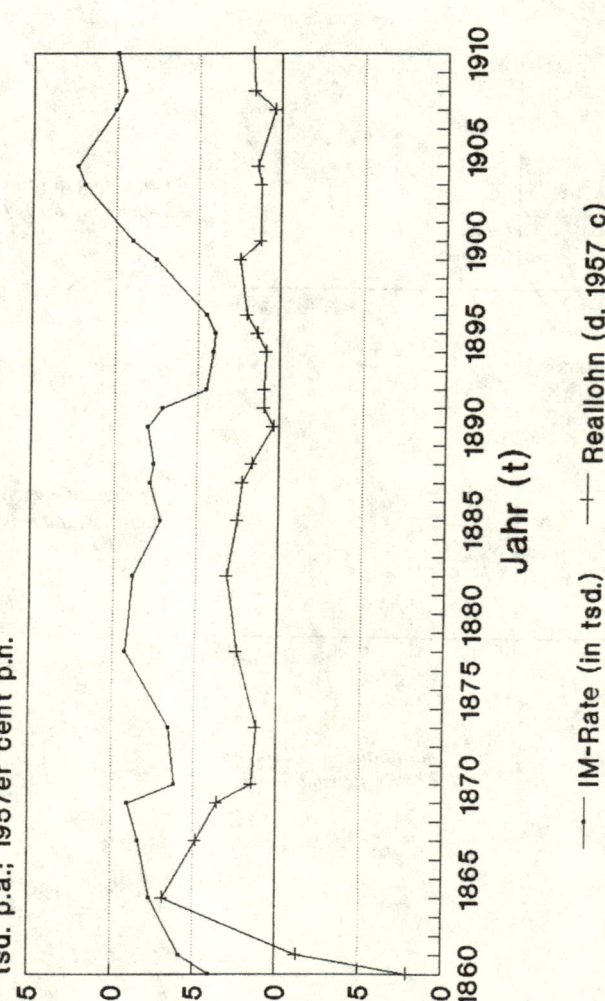

Gleitende Durchschnitte; d: Wachstumsrate
Quelle: EASTERLINE 1968, 210–215

Abbildung 7
Körpergröße von US-Schülern. Alter: 19. 1820–1940

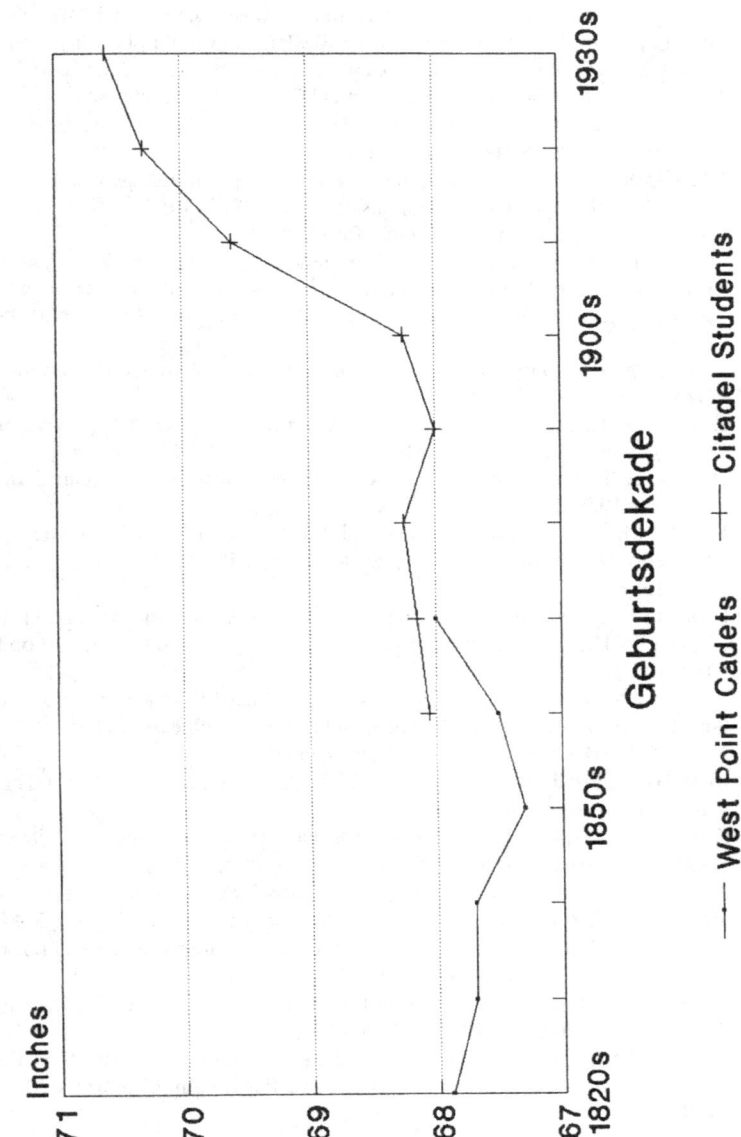

Literaturliste

APPLEBY, A. B., Nutrition and Disease: The Case of London, 1550–1750, in: Journal of Interdisciplinary History 6 (1975) 1–22.
BARNETT, J., Housing and the Decline of Mortality, in: The Decline of Mortality in Europe. Hrsg. v. R. SCHOFIELD/D. REHER/A. BIDEAU. Oxford 1991, 158–176.
BECKER, G. S./MURPHY, K.M./TAMURA, R., Human Capital, Fertility, and Economic Growth, in: G.S. Becker, Human Capital. 3. überarb. Aufl. Chicago 1993.
BOSERUP, E., Population and technological Change. Chicago 1981.
DAVIS, L./EASTERLIN, R.A. U.A., American Economic Growth. An Economist's History of the United States. New York 1972.
DRENHAUS, U., Paleodemographie, ihre Aufgaben, Grundlagen und Methoden, in: Zeitschrift für Bevölkerungswissenschaft 3 (1977) 3–40.
EASTERLIN, R. A., Birth and Fortune. Berkely 1987.
EASTERLIN, R. A., Lange Wellen im amerikanischen Bevölkerungs- und Wirtschaftswachstum. Einige Ergebnisse zur Untersuchung der historischen Strukturen, in: Bevölkerungsgeschichte. Hrsg. v. W. KÖLLMANN/P. MARSCHALK. Köln 1972, 45–68.
EASTERLIN, R.A., Population, Labor Force, and Long Swings in Economic Growth. New York 1968
EASTERLIN, R. A., The American Baby Boom in Historical Perspective, in: American Economic Review 51 (1961)
HAGEN, E. E., Population and Economic Growth, in: The American Economic Review 49 (1959) 310–327.
HAINES, M. R., Conditions of Work and the Decline of Mortality, in: The Decline of Mortality in Europe. Hrsg. v. R. SCHOFIELD/D. REHER/A. BIDEAU. Oxford 1991, 177–195.
HAJNAL, J., European marriage patterns in perspectives, in: Population in History. Essays in Historical Demography. D. GLASS/D. EVERSLEY (Hg.), London 1965, 101–143
HIRSCHMAN, A. O., Die Strategie der wirtschaftlichen Entwicklung. Stuttgart 1967.
IMHOF, A. E., Einführung in die Historische Demographie. München 1977.
JONES, E. L., Das Wunder Europa. Tübingen 1991.
KOMLOS, J., Ernährung und wirtschaftliche Entwicklung unter Maria Theresia und Joseph II. St. Katharinen 1994.
KOMLOS, J., Malthus, Boserup und wirtschaftliches Wachstum: Ein historischer Überblick, in: Historical Social Research 18/4 (1994) 119–124.
KUZNETS, S., Long Swings in Population Growth and Related Economic Variables, in: DERS. (Hrsg.), Economic Growth and Structure. New York 1965, 328–354.
LEE, R., The Formal Dynamics of controlled Populations and the Echo, the Boom and the Bust, in: Demography 11/4 (1974) 563–585.
LEIBENSTEIN, H., An Interpretation of the Economic Theory of Fertility, in: Journal of Economic Literature 12 (1974) 457–479.
LEIBENSTEIN, H., Economic Backwardness and Economic Growth. New York 1957.
LIVI-BACCI, M., A Concise History of World Population. Cambridge Mass./Oxford 1992.

MACKENROTH, G., Grundzüge einer historisch-soziologischen Bevölkerungstheorie, in: Bevölkerungsgeschichte. W. KÖLLMANN/P. MARSCHALK (Hg.). Köln 1972, 27–44.

MALTHUS, T.R., An Essay on Population as It Effects the Future Improvement of Society. London 1798.

MENDELS, F. F., Proto-Industrialization: The First Phase of the Industrialization Process, in: Journal of Economic History 32 (1972) 241–261.

MILL, J. ST., Über das Gesetz der Bevölkerungsvermehrung, in: Grundsätze der politischen Oekonomie. Hrsg. v. A. SOETBEER. 1. Bd. Hamburg 1852, 184–188.

MITCH, D. F., The Rise of Literacy in Victorian England. Pennsylvania 1992.

MÜLLER, D. U.A., Sozialgeschichte und Statistik des Schulsystems in den Staaten des deutschen Reiches 1800–1945. Göttingen 1987.

NORTH, D. C., Theorie des Institutionellen Wandels. Eine neue Sicht der Wirtschaftsgeschichte. Tübingen 1988 (zuerst New York 1981).

PFISTER, C., Bevölkerungsgeschichte und historische Demographie, 1500–1800. Enzyklopädie deutscher Geschichte. Bd. 28. München 1994.

POST, J. D., The Last Great Subsistence Crisis in the Western World. Baltimore/London 1977.

RUWET, J., Crises de mortalité et mortalités de crise à Aix-la-Chapelle (XVIIe -début du XVIIIe siècle), in: Actes du colloque international de Démographie Historique, Liège 18–20 avril 1963: Problèmes de mortalité. Hrsg v. P. HARSIN/E. HELIN. Paris 1963, 379–408.

SANDGRUBER, R., Die Anfänge der Konsumgesellschaft: Konsumgüterverbrauch, Lebensstandard und Alltagskultur in Österreich im 18. und 19. Jahrhundert. Wien 1982.

SIMON, J., Theory of Population and Economic Growth. Oxford 1986.

STONE, L., The past and present revisited, 2. überarb. Aufl. New York 1987.

VALLIN, J., Mortality in Europe from 1720 to 1914. Long-Term Trends and Changes in Patterns by Age and Sex, in: The Decline of Mortality in Europe. Hrsg. v. R. SCHOFIELD/D. REHER/A. RIDEAU. Oxford 1991, 38–67.

Hubert Kiesewetter

Raum und Region

1. Einführung

Die Begriffe Raum und Region hatten ursprünglich ihrem Inhalt nach weder mit den Wirtschaftswissenschaften noch mit der Wirtschaftsgeschichte etwas zu tun. Räumlichkeit oder Raum bedeutet in der Geometrie die Verteilung von Punkten (z.b. in einem Dreieck) bzw. in der Physik solche von Körpern (z.b. Planeten) in einem raum-zeitlichen Kontinuum. In der Erdkunde wird Region zur Analyse und Beschreibung räumlicher Anordnungen und Verknüpfungen geographischer Eigenarten von Landschaften bzw. Staaten benutzt. Die Wirtschaftsgeographie dagegen untersucht das Verhältnis des wirtschaftenden Menschen zu der ihn umgebenden Natur in Landschaftsräumen unterschiedlicher Ausstattung [Wirtschafts- und Sozialgeographie, 13–45].

Keine dieser begrifflichen Definitionen wird hier übernommen. Vielmehr sollen die Begriffe Raum und Region als Ausdruck einer zu bestimmenden räumlichen Dimension, die sich historisch seit der Industrialisierung oder analytisch in der Raumwirtschaftslehre ausgeprägt hat, weitgehend synonym gebraucht werden. Es wird dabei die Annahme zugrunde gelegt, dass eine räumlich differenzierte Analyse sozialer und wirtschaftlicher Sachverhalte auf einer Arbeitsteilung des menschlichen Handelns innerhalb eines Territoriums beruht bzw. sie voraussetzt. In der modernen Landes- und Regionalplanung bzw. der Raumordnungstheorie werden „Regionen" als funktional zusammengehörende Gebiete angesehen, deren unterschiedliche Wirtschafts- und Sozialstrukturen verglichen werden. Diese Vergleiche und Analysen sollen Grundlage dafür sein, Maßnahmen zur Verringerung regionaler Disparitäten einzuleiten, vor allem, um die Unterschiede in den Einkommen zu verringern. Wir können somit feststellen: „Ähnlich wie der Begriff 'Raum' lässt sich der Terminus 'Region' nicht einheitlich und schon gar nicht eindeutig definieren." [BOUSTEDT 1975, 83] In der Raum- und Regionalforschung gibt es also keinen Konsens über eine allgemein akzeptierte Verwendung der Begriffe Raum und Region.

Wenn wir wirtschaftliche Regionen nach ihrer räumlichen Ausdehnung unterscheiden, dann reicht die Skala von städtischen Agglomerationen über Teilgebiete eines Staates (Länder, Departements, Kantone, Counties) bis hin zu staatenübergreifenden Räumen (asiatische oder pazifische Region). Die Wirtschaftswissenschaft und die Wirtschaftsgeschichte sehen sich deshalb bei ihren theoretischen und empirischen Analysen genötigt, genau zu bezeichnen, was sie jeweils unter der zu behandelnden Region verstehen. Verschiedene Abgrenzungsmöglichkeiten werden von

Hubert Kiesewetter [KIESEWETTER 2000, 177–196] und Horst Siebert [SIEBERT 1970, 19–27] diskutiert. Unterschiedliche Abgrenzungen von Regionen verweisen auf ein methodisches Problem: Welche Regionsgröße ist die geeignetste für die gewählte Fragestellung? Die Problemstellung sollte in jedem Fall für die Entscheidung, welche Regionsgröße gewählt wird, maßgebend sein. Und da sich unsere Überlegungen vor allem auf *Industrie*regionen beziehen, möchte ich folgenden Abgrenzungsvorschlag machen: Eine Industrieregion soll zum Zeitpunkt des Beginns des Industrialisierungsprozesses eine Fläche umfassen, die kleiner ist als der Nationalstaat, in dem sie liegt, aber trotzdem so groß, dass ihre Landwirtschaft in der Lage ist, die in der Region lebende Bevölkerung ausreichend mit Nahrungsmitteln zu versorgen. Man könnte eine solche Region also im Hinblick auf ihre *ökologische Tragfähigkeit*, d.h. auf ihre Möglichkeit, einen genügend großen Nahrungsmittelbedarf bereitzustellen, abgrenzen. Diese Abgrenzung bezieht sich lediglich auf die Flächengröße bzw. -güte und sagt nichts über die Vielzahl anderer Faktoren aus, die vorhanden sein müssen, damit regionale Industrialisierung überhaupt beginnen kann. Im Folgenden werden die historischen Betrachtungen zu regionalen Entwicklungen auf europäische und außereuropäische Räume bezogen.

2. Historische Aspekte regionaler Entwicklungen

a) Die vorindustrielle Zeit

Wirtschaftliches Handeln in der vorindustriellen Zeit beschränkte sich auf kleine räumliche Einheiten; auf die Dorfgemeinschaft oder auf Stadtansiedelungen. Sobald die Bauern auf dem Land oder die Handwerker in der Stadt mehr produzierten, als sie zum Selbstverbrauch bzw. zur Versorgung ihrer Familien benötigten, suchten sie ihre Erzeugnisse auf dem Markt zu verkaufen. Die Erzeugung und der Verkauf eines solchen „Mehrprodukts" setzten natürlich eine halbwegs funktionierende Marktstruktur und eine Grundausstattung mit materieller Infrastruktur voraus. In Mitteleuropa war dieser Zustand etwa seit dem 12. Jahrhundert in einigen Regionen anzutreffen. Ein „Handel" konnte bis zur Etablierung eines Handelsstandes und der Entwicklung eines Geldsystems bestimmte räumliche Grenzen nicht überschreiten und war deshalb oft ein Tauschgeschäft. Die Grenzen ergaben sich aus der ökonomisch-rationalen Abwägung von Aufwand und Ertrag eines weiten Weges, der mit der Ware zurückgelegt werden musste, d.h. eines Kosten-Nutzen-Kalküls. (Vielleicht musste der Similaun-Mann, der „Ötzi", vor über 5.000 Jahren seinen Versuch, diese regionale Begrenzung zu überwinden, mit dem Leben bezahlen.) In Europa haben sich, auch wegen den Hindernissen, die einer Ausdehnung von Transporten in vorindustrieller Zeit entgegenstanden, sprachliche, kulturelle und sozial einigermaßen homogene Wirtschafts- bzw. Gewerberegionen herausgebildet. Sie waren zum größten Teil erheblich kleiner als die heutigen Nationalstaaten. Als Beispiele seien etwa Andalusien oder Katalonien, Sizilien oder die Lombardei, Burgund oder die Bretagne, Bayern oder Sachsen, Wales oder Irland, Galizien oder Litauen genannt.

b) Nationalstaaten statt Wirtschaftsregionen

Politische Machtansprüche und die Errichtung von Nationalstaaten haben die wirtschaftliche Bedeutung von regionalen Einheiten in Europa seit Karl dem Großen immer stärker zurückgedrängt. Die räumliche Begrenzung wirtschaftlichen Handelns wurde überwunden. Seit der Entdeckung der Neuen Welt vor über 500 Jahren und der damit verbundenen Ausdehnung des Handels, der durch den Beginn und die Entfaltung des modernen Kapitalismus zusätzliche Impulse erhielt, veränderten sich nicht nur die wirtschaftlichen Strukturen auf dem europäischen Kontinent, sondern auch in einer globalen Dimension. Der Beginn der Weltwirtschaft ist deshalb auf das 16. Jahrhundert datiert worden. Das Ende von Wirtschaftsregionen schien damit programmiert zu sein. Nur mächtige Nationalstaaten – Portugal, Spanien, die Niederlande, Frankreich oder Großbritannien, nicht aber das regional zersplitterte „Deutschland" – besaßen anscheinend die Möglichkeit, wirtschaftliches Wachstum in Gang zu setzen. Die nationalökonomischen Systeme des Merkantilismus, Physiokratismus und des Industriekapitalismus wurden lange Zeit als alleinige Träger wirtschaftlichen Fortschritts angesehen. Adam Smith' Analyse vom „Wohlstand der *Nationen"* von 1776 kam zu dem Schluss, dass nur auf der Grundlage freihändlerisch ausgerichteter Staaten, die nach dem Prinzip der komparativen Kostenvorteile wirtschaftliche Güter austauschen, die Welt industrialisiert werden könne. Dieses *national*ökonomische Paradigma hat dazu geführt, dass über 150 Jahre lang die meisten Forscher in den ökonomischen Wissenschaften glaubten, die räumlichen Aspekte der Wirtschaftsentwicklung vernachlässigen zu können. Eine regionale Wirtschaftsgeschichte blieb deshalb weitgehend auf Orts- und Landesgeschichte beschränkt. Noch heute wird in der Regionalökonomie die „Anwendung des allgemeinen (national)ökonomischen Instrumentariums auf Probleme der regionalen Wirtschaftsentwicklung" [NOWOTNY 1971, 10] als unverzichtbar angesehen.

c) Rückbesinnung auf Regionen als ökonomische Wachstumsmotoren

In der zweiten Hälfte des 20. Jahrhunderts haben wir in Europa schmerzlich erfahren müssen – der ökonomische Zusammenbruch der politischen Supermacht Sowjetunion hat diese Einsicht noch verstärkt –, dass wirtschaftliche Produktivität und individuelle Freiheiten in kleinen räumlichen Einheiten bessere Durchsetzungschancen haben als in zentralisierten Nationalstaaten oder etwa in zentralistisch organisierten Planwirtschaften. Die Schweiz, in 26 verwaltungsrechtlich weitgehend selbständige Kantone gegliedert, ist dafür ein anschauliches Beispiel, aber auch teilweise die (alte) föderative Bundesrepublik Deutschland. Die Region als ökonomischer Wachstumsmotor ist wohl auch deswegen in ökonomischen und wirtschaftshistorischen Analysen wiederentdeckt worden. Die europäische Industrialisierung wird jetzt immer häufiger als Resultat einer auf wirtschaftlichen Führungsregionen basierenden Modernisierung angesehen. Zwar glauben (west-)europäische Politiker, dass eine wirtschaftliche und politische Union der europäischen Staaten eine Stärkung der internationalen politischen Position Europas zur Folge haben könnte, aber ob damit auch ein starkes wirtschaftliches Wachstum in den einzelnen Mitgliedsstaaten erreicht werden kann, ist höchst fraglich. Ein historischer Vergleich der Industrialisierung in Großbritannien und Deutschland, Frankreich und der Schweiz seit 1815 zeigt nämlich unzweideutig, dass bei ähnlichen Voraussetzungen in Deutschland und der Schweiz, in denen eine Vielzahl von Regionen – Länder, Provinzen oder Kantone – eine relativ wirtschaftspolitische Unabhängigkeit gegenüber dem Nationalstaat bewahren konnten, der ökonomische Wettbewerb um mehr Wohlstand unter den Regionen eine industrielle Dynamik entfachte. Dies führte in den betreffenden Regionen, aber natürlich auch im Gesamtstaat, sowohl im 19. als auch im 20. Jahrhundert zu hohen Wachstumsraten. Dagegen konnten die zentralistischen Staaten Großbritannien und Frankreich, in denen sich eine derartige regionale Dynamik nicht entfalten konnte, langfristig einen relativen Rückgang ihres Wachstumstempos nicht vermeiden.

3. Regionalanalyse als Forschungsgegenstand

Die wirtschaftshistorische Erforschung und theoretische Analyse von Regionen oder kleinräumigen Territorien geht, obwohl sie nur von wenigen Forschern betrieben wurde, weit in die Vergangenheit zurück und ist seit den 1960er Jahren zu einem selbständigen Forschungszweig, der Regionalökonomie [BUTTLER/GERLACH/LIEPMANN 1977] oder Harry W. Richardson [RICHARDSON 1969], ausgebaut worden. Ihre Ergebnisse können hier nicht einmal überblicksartig dargestellt werden. Um einen ungefähren Eindruck von der Vielfalt der Forschungsansätze zu geben, möchte ich mich auf wenige Beispiele aus der Zeit nach dem Zweiten Weltkrieg beschränken. Spezielle Theorien werden unter Punkt 5 behandelt.

a) in der Wirtschaftswissenschaft

Die klassische Nationalökonomie – aber auch die Neue Institutionenökonomik – legt, wie der Name besagt, bei ihren Analysen Staaten bzw. Volkswirtschaften zugrunde, um Gesetzmäßigkeiten wirtschaftlichen Handelns herauszufinden. Eine theoretische Beschäftigung mit ökonomischem Wachstum als räumlich und zeitlich differenziertem Prozess hat, obwohl weiterhin lediglich ein Randgebiet der ökonomischen Theorie, in angelsächsischen, deutschen und französischen Forschungen nach 1945 im Rahmen der Weiterentwicklung der Raumwirtschaftslehre einen starken Auftrieb erhalten. Wichtige Motive für eine verstärkte Beschäftigung mit Problemen der regionalen Differenzierung der ökonomischen Entwicklung lagen einerseits in den verheerenden ökonomischen und politischen Konsequenzen der Weltwirtschaftskrise seit 1929, andererseits in dem Versagen einer Übertragung von Industrialisierungsmodellen hochindustrialisierter Staaten auf so genannte Schwellen- oder Entwicklungsländer, wie etwa Gunnar Myrdal [MYRDAL 1974] oder Dieter Senghaas [SENGHAAS 1982] zu zeigen versuchten. Die Erforschung der Ursachen und Folgen regionaler Divergenzen und Disparitäten im Verlauf ökonomischer Wachstumsprozesse erwies sich dabei als dringend erforderlich. Denn die Analysen sektoraler oder branchenspezifischer Entwicklungsdifferenzen, wie sie z.B. in den Arbeiten von Walther G. Hoffmann [HOFFMANN 1931], Walt W. Rostow [ROSTOW

1967] oder Albert O. Hischman [HIRSCHMAN 1967] durchgeführt wurden, konnten die regionalen Wachstumsunterschiede nur unzureichend erklären. Eine Form der Weiterentwicklung der Regionalanalyse bestand darin, dass man den Prozess regionaler Differenzierung innerhalb von Volkswirtschaften nach Industriestandorten, Märkten, Handel und städtischen Agglomerationen usw. unterschied und unter der Annahme unvollkommener Konkurrenz in eine allgemeine Theorie zu integrieren versuchte. Die Arbeiten von Walter Isard [ISARD 1967; DERS. 1960; DERS. 1998] haben diese Forschungsrichtung besonders intensiv vorangetrieben.

b) in der Wirtschaftsgeschichte

Die empirisch-historische Forschung – in Deutschland im 19. Jahrhundert vor allem die ältere und jüngere historische Schule der *National*ökonomie! – hat bei der Analyse der Industrialisierung keineswegs die regionale Differenzierung vernachlässigt, ohne allerdings zu übergreifenden theoretischen Modellen vorzudringen. Die territoriale und ökonomische Zersplitterung Deutschlands schlug sich ebenfalls in den Analysen nieder; und die landes- und ortsgeschichtliche Forschung hat in vielen deutschen Territorien ohnehin eine lange Tradition. Die Wirtschaftsgeschichte konnte das durch diese Analysen bereitgestellte Material auswerten. Viele Autoren statistischer Kompendien während des ganzen 19. Jahrhunderts – von August F. W. Crome [CROME 1818] über Georg Hassel [HASSEL 1823/24] bis zu Hugo F. Brachelli [BRACHELLI 1884] – haben sogar im europäischen und außereuropäischen Maßstab versucht, das wirtschafts- und sozialhistorische Datengerüst regional aufzugliedern. Allerdings waren die Erhebungseinheiten in den meisten Fällen gleichbedeutend mit dem Gebiet innerhalb von politischen Verwaltungsgrenzen, die sich selten mit den ökonomischen Regionen decken.

Jüngere deutsche Wirtschaftshistoriker haben sich in zunehmendem Maße regionalhistorischen Themen zugewandt, seit Wolfram Fischer, Knut Borchardt, Wolfgang Zorn u.a. in den 1960er Jahren begonnen hatten, regionale Analysen zu erstellen. In den letzten zwei Jahrzehnten ist in wirtschafts- und sozialhistorischen Untersuchungen die Bedeutung der Region als historische und ökonomische Einheit immer stärker in den Vordergrund getreten. Der Engländer Sidney Pollard [POLLARD 1973; DERS. 1980] hat dazu grundlegende Anstöße gegeben. Es wurde immer deutlicher, dass ein makroökonomischer Ansatz in der Wirtschafts*geschichte* kaum in der Lage ist, die vielfältigen Interdependenzen innerhalb und zwischen Regionen zu erfassen und zu erklären. Die regional-*vergleichende* Analyse der deutschen Industrialisierung, wie sie von Frank B. Tipton [TIPTON 1967], Klaus Megerle [MEGERLE 1982] oder Hubert Kiesewetter [KIESEWETTER 1988] auf der Grundlage theoretischer Überlegungen begonnen worden ist, steht allerdings noch am Anfang.

4. Die Entfaltung und der heutige Stand regionaler Wirtschaftsstrukturen

Wenn wir nach den Faktoren fragen, die dafür verantwortlich waren und sind, dass ökonomische Entwicklungen in Regionen in Gang gesetzt werden konnten und können oder warum ökonomische Strukturwandlungen ausgeblieben sind, dann sehen wir uns mit einem Komplex verschiedener Faktoren konfrontiert. Über einen mittleren oder längeren Zeitraum und in verschiedenen Regionen verändert sich außerdem das Faktorenbündel und Faktoren werden substituiert. Die *Abbildung 1* versucht schematisch, ein solches Faktorenmodell der (regionalen) Industrialisierung anhand von acht Faktoren darzustellen. Die Pfeile sollen, je nach Dicke, die Stärke oder die Schwäche andeuten, mit der die unterschiedlichen Faktoren aufeinander wirken. Die verschiedenen Zeitebenen, von oben nach unten, t_1, t_2 und t_3, können so interpretiert werden, dass die Faktoren zeitlich ungefähr in der angegebenen Reihenfolge auftreten und die Industrialisierung in Gang setzen.

Um kurz zu verdeutlichen, welche Fragen bei einer regionalen Faktorenanalyse auftreten können, werden drei Bereiche beschrieben, die m.E. im historischen Prozess und in der Zukunft dynamische Impulse auf räumliche bzw. regionale Industrialisierung ausübten und ausüben werden.

a) Natürliche Ressourcen

Das Vorhandensein technisch und wirtschaftlich erschließbarer natürlicher Ressourcen, wie Edel- (Gold und Silber) oder Nichtedelmetalle (Kupfer, Blei und andere Erze) hat seit Jahrtausenden regionale Gewerbe- bzw. Wirtschaftsstrukturen geprägt. Athen in der Antike oder das sächsische Erzgebirge im späten Mittelalter und der frühen Neuzeit hätten ohne ihre Silberminen wirtschaftlichen Wohlstand, politische Macht und Ansehen eingebüßt. Die regionale Industrialisierung in Europa seit dem letzten Drittel des 18. Jahrhunderts – aber ebenso später in den USA oder Japan – wurde in der vorindustriellen Zeit entscheidend beeinflusst von der räumlichen Erschließung von Wasser zum Antrieb von Mühlen und Spindeln, Holz zum Verkoken und Eisenerz zur Metallherstellung. Seit 1750 wurden Steinkohlen und schließlich Petroleum regionale Industriestandortfaktoren. Im 19. Jahrhundert war keine Ressource regional stärker standortbildend als Steinkohle: Die Lage der englischen, belgischen, nordfranzösischen oder deutschen Industrieregionen kann eindeutig aufgrund der Zahl und der Mächtigkeit von Steinkohlenvorkommen erklärt werden, wie Norman Pounds und William Parker [POUNDS/PARKER 1957] bereits 1957 zeigen konnten [vgl. auch KIESEWETTER 2000, 108–124]. Die Industrialisierung der Schweiz ist nur scheinbar ein Gegenbeispiel, denn obwohl sie über keine Steinkohlen verfügte, hatte sie in Wirklichkeit mit den ungeheuren Wassermassen der Alpen eine regional einsetzbare Ersatzenergie, einen fast vollwertigen Substitutionsfaktor, der schließlich zur Erzeugung von Elektrizität – und zum Antrieb durch Wasserkrafträder und später Turbinen – wirkungsvoll eingesetzt werden konnte. Ohne mächtige Steinkohlenvorkommen sind der Schweiz außerdem die langfristigen Nachteile der europäischen Schwerindustrieregionen erspart geblieben.

Abbildung 1: Faktorenmodell der regionalen Industrialisierung

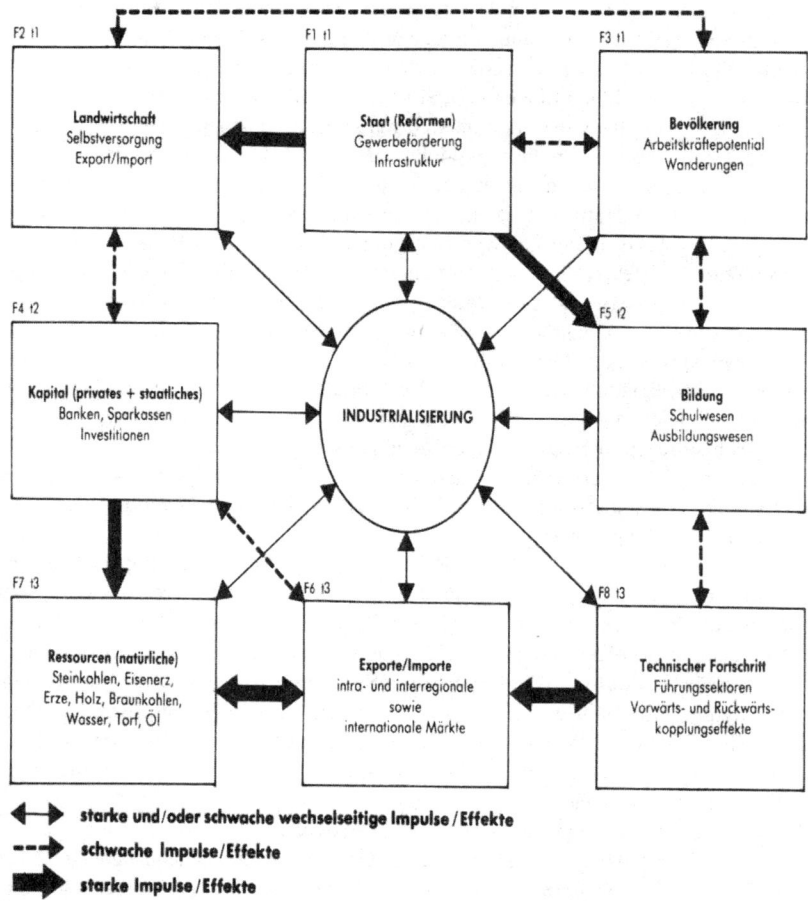

Quelle: H. KIESEWETTER, Industrialisierung und Landwirtschaft. Sachsens Stellung im regionalen Industrialisierungsprozeß Deutschlands im 19. Jahrhundert, Köln/Wien 1988, S. 743.

b) Interregionaler Handel

Regionen sind weder politisch noch ökonomisch geschlossene Systeme, sondern sie treten in intra- und interregionale Interaktion. Es gibt innerhalb von Industrieregionen, die per definitionem keine Städte sind, höher und weniger verdichtete Gebiete; Städte, Dörfer und Gemeinden sowie landwirtschaftliche Zonen. Je höher der Anteil ökonomischer Agglomerationen ist und je gleichmäßiger diese über die Region verteilt sind, um so intensiver entfaltet sich intraregionaler Handel, d.h. Regionen und nicht Staaten tauschen ihre Güterprodukte aus. August Lösch schrieb deshalb zutreffend: „Staaten sind, gerade unter den zu ihrer Zeit erfüllten Voraussetzungen der Theorie der komparativen Kosten, wirtschaftlich gesehen völlig willkürliche Bezugsgebilde." [LÖSCH 1963, 178] Die regionale Dynamik des Handels hat Kapazitätserhöhende Effekte, d.h. hoch verdichtete Regionen werden bald über die eigene Region hinausgreifen und den Warenaustausch mit benachbarten oder entfernteren Regionen in Angriff nehmen. Die ökonomische Spezialisierung einer Region lässt nach dem Modell von Bertil Ohlin [OHLIN 1967], auch „Heckscher-Ohlin Modell" genannt, erwarten, dass sich die Preise für Produkte und ebenso für die Produktionsfaktoren angleichen.

Zwei historische Voraussetzungen begünstigen diese Entwicklung eines zunehmenden interregionalen Handels; die erste entwickelte sich lange vor der Entstehung des modernen Kapitalismus, während die zweite Voraussetzung eng mit der Industrialisierung verkoppelt war:
1. die Entwicklung und die Zahl städtischer Zentren weisen in europäischen Territorien unterschiedliche Ausprägungen auf, je nachdem, welche regionalen Strukturen sich z.B. in einem Flächenstaat wie Spanien, Frankreich, England, Deutschland oder Schweden seit dem Mittelalter durchsetzen konnten. Das Ergebnis bestätigt die fördernde Rolle von Regionen im Sinne einer kleinräumigen Verwaltungsgliederung. Um 1910 gab es nämlich im föderalistischen Deutschland 21 Städte mit über 250.000 Einwohnern, im halbzentralistischen Großbritannien zwölf und im zentralistischen Frankreich nur fünf solcher Städte: Paris, Marseille, Lyon, Bordeaux und Toulouse;
2. der Ausbau des Transportwesens wird in dynamischen Regionen energischer vorangetrieben als in zurückgebliebenen Gebieten; entsprechend den Handelserfordernissen können erstere stärker in das Verkehrssystem investieren. So hatten etwa im Jahre 1914 das Großherzogtum Hessen, das Königreich Sachsen und die preußische Provinz Rheinland die dichtesten Eisenbahn-Netze in Deutschland, während die Agrarregionen Schleswig-Holstein, Mecklenburg und Westpreußen nur wenig von Eisenbahnlinien durchzogen waren. Fritz Voigt [VOIGT 1973] unterscheidet drei räumliche Ausprägungen, die durch das Verkehrssystem konstituiert werden: Industriegebiete, Indifferenzgebiete und Entleerungsgebiete, d.h. industriell hoch verdichtete Gebiete, Gebiete, in denen Industrie und Landwirtschaft etwa gleich stark sind, und schließlich Gebiete, die entweder schwach verdichtbar oder nicht mehr konkurrenzfähig sind und deshalb eine Abwanderung hinnehmen müssen.

c) Globalisierung und Region

Globalisierung als Ausbreitung von wirtschaftlichen Aktivitäten im weltweiten Maßstab ist eine Erscheinung, die weit in die Geschichte zurückreicht [ZSCHALER/KIESEWETTER 2000, 161–191]. Das qualitativ Neue der Globalisierung in den letzten 20 Jahren ist die rasante Geschwindigkeit der Datenübermittlung durch elektronische Medien, wie das Internet, sowie die ungeheure Zunahme der Kapitalströme durch Computertrading. Im Zusammenhang damit sind Ängste geschürt worden, die den Fortbestand von Demokratie und Wohlstand [MARTIN/SCHUMANN 1997] oder Nation und Region [OHMAE 1995; ROSECRANCE 2001] betreffen. Ohne hier auf diese komplexen Fragen gründlich eingehen zu können, soll trotzdem versucht werden, an zwei Beispielen kurz zu zeigen, dass Globalisierung für Regionen keine Bedrohung darstellt.

1. Die Vorstellung, dass die Globalisierung wirtschaftlicher Aktivitäten den Bestand von regionalen Zentren oder gar von Nationalstaaten bedrohe, verkennt zwei wesentliche Zusammenhänge. Zum einen ist die Globalisierung noch überwiegend auf die hoch entwickelten Industriestaaten beschränkt, während die meisten Menschen in der Welt von diesen Entwicklungen nur marginal tangiert werden. Zum anderen sind finanz- und wirtschaftspolitische Steuerungskapazitäten innerhalb der Nationalstaaten von den Effekten der Globalisierung überwiegend nicht erfasst worden, ganz abgesehen davon, dass nach dem Zerfall der Sowjetunion seit 1991 eine Vielzahl neuer Nationalstaaten entstanden ist. Die internationale Verflechtung kann ökonomisch destabilisierend wirken, wenn nämlich in einzelnen Regionen gravierende wirtschaftliche Krisen auftreten, die die mit ihnen ökonomisch verflochtenen Regionen in Mitleidenschaft ziehen, wie wir dies zur Zeit in Japan und den asiatischen Regionen erleben. Außerdem ist der mit der Globalisierung in Verbindung gebrachte Übergang von Industrie- zu Dienstleistungsgesellschaften, so genannte postmoderne Gesellschaften, in denen Industrieregionen keine Rolle mehr spielen, bisher nicht eingetreten [COHEN/ZYSMAN 1987; KIESEWETTER 2000, 144–176].
2. Die Bedeutung sowohl von Industrie- wie Dienstleistungsregionen scheint in einer sich globalisierenden Welt eher zu wachsen als abzunehmen. Multinational geprägten Großunternehmen eröffnen sich größere Handlungsmöglichkeiten, bestimmte Produktionsstandorte, in denen eine qualifizierte Arbeiterschaft, eine technologisch hochwertige Kommunikations- und Infrastruktur, Zulieferunternehmen etc. vorhanden sind, gezielt auszuwählen oder regionale Märkte zu bevorzugen, in denen Kaufkraft und Konsum hoch oder institutionelle wie politische Stabilität groß sind. Außerdem spielen produktive Konzentrationen in Städten und Regionen bei der Aufrechterhaltung internationaler Wettbewerbsfähigkeit eine zunehmend größere Rolle [DICKEN/FORSEGREN/MALMBERG 1994, 23–42; SCOTT 1996, 391–411]. Deshalb ist es überhaupt nicht gleichgültig, in welchen Regionen „die Produktionsstätten liegen werden, mit denen Geld verdient wird" [VON WEIZSÄCKER 2000, 107]. Im Vertrag von Maastricht zur Europäischen Union ist das Subsidiaritätsprinzip aufgenommen worden, d.h., dass politische und ökonomische Maßnahmen, die auf nationaler oder regionaler Ebene geregelt werden können,

nicht durch europäische Institutionen außer Kraft gesetzt werden sollen. Ein solches regionales Subsidiaritätsprinzip im weltweiten Maßstab könnte die Wettbewerbsfähigkeiten unterschiedlich entwickelter Regionen stärken, indem es größere Anreize zu neuartigen Entwicklungen schafft, und damit vielleicht teilweise die großen ökonomischen Disparitäten sowie die internationalen bürokratischen Reglementierungen verringern.

5. Theoretisch-methodische Erklärungsansätze

Die theoretisch orientierte Regional Science und Raumwirtschaftslehre und die empirisch orientierte Regional- und Landesgeschichte haben eine Vielzahl methodischer Ansätze zur Erklärung regionaler Strukturen entwickelt. Darauf kann im Einzelnen nicht eingegangen werden. Vier Modelle der systematischen Regionalanalyse sollen hier skizziert werden, die sowohl in theoretischen Analysen der Wirtschafts- und Sozialwissenschaften als auch in empirischen Forschungen von Wirtschaftshistorikern herangezogen worden sind [KIESEWETTER 2000, 49–106]. Der Auswahl der Modelle liegt die Überlegung zugrunde, dass auf sie in der Regionalforschung am häufigsten zurückgegriffen wird.

a) Das landwirtschaftliche Modell

Bereits 1826 hatte Johann Heinrich von Thünen [THÜNEN 1990] eine Analyse von Raumstrukturen der Intensivierung landwirtschaftlicher Produktion modellhaft theoretisch ausgearbeitet und an empirischen Beispielen überprüft. Thünen hat mit dieser Arbeit wichtige Prinzipien agrarischer Standortbildung vorgegeben, die er auf Erkenntnisse stützte, dass landwirtschaftliche Produktion in starkem Maße abhängig ist vom Standort. Zur damaligen Zeit musste ein solcher Versuch nicht nur bei Landwirten auf Widerstand stoßen; er war revolutionär. Die Jahrtausendealten Bedingungen des Landbaus, wie Jahreswechsel, Bodenfruchtbarkeit und Klima, sollten auf einmal nicht mehr allein Art und Weise der Produktion bestimmen. Thünen ging von der einfachen Überlegung aus, dass die zunehmende Entfernung des landwirtschaftlich genutzten Bodens vom Markt zwangsläufig höhere Transportkosten verursacht. Oder anders ausgedrückt: Die Entfernungen von einem punktförmigen Marktzentrum (Stadt) können sich in Frachtkosten und Preisunterschieden niederschlagen. Die Bodennutzungen für landwirtschaftliche Güter um dieses Marktzentrum herum, so folgerte er, verändern sich mit der Entfernung vom Mittelpunkt in „Thünenschen Ringen", in Abhängigkeit vom Marktpreis, dem Ertrag und den Kosten. Je weiter der Landbau vom Konsumentenmarkt für Agrarprodukte entfernt ist, desto weniger intensiv wird gewirtschaftet; d.h., die regionale Dimension nimmt in diesem Modell einen entscheidenden Platz ein.

Die Optimierung der Bodennutzung ist somit das Resultat der Transportkosten je km je Flächeneinheit, gemessen vom Marktzentrum aus. Durch die Weiterentwicklung dieses modellhaften Thünenschen Ansatzes lassen sich sowohl Marktpreise als auch Mengen landwirtschaftlicher Güter aus den städtischen Nachfrage- und den landwirtschaftlichen Angebotsfunktionen ableiten. Empirisch konnte dieser Zusammenhang im 19. Jahrhundert weitgehend bestätigt werden. Allerdings haben moderne entwickelte Techniken der Bodenbearbeitung, der Düngung und des Transports die Ringstruktur verändert. Diese Veränderungen wirken vor allem deshalb, weil der Anteil der Transportkosten an den Gesamtkosten immer mehr gesunken ist. So hat sich etwa in den USA der Intensivgürtel des Obst- und Gemüsebaus von der atlantischen Küste, wo bevölkerungsreiche städtische Marktzentren liegen, wegen klimatischer Vorteile nach Florida und Kalifornien verlagert.

b) Die Industriestandortlehre

Nach Vorarbeiten von Albert Schäffle, Wilhelm Roscher und Wilhelm Launhardt erarbeitete Alfred Weber eine industrielle Standorttheorie, die er 1909 [WEBER 1909] als eine, von ihm selbst so bezeichnete, allgemeine und kapitalistische Theorie des Standorts veröffentlichte. Die traditionelle industrielle Standortlehre versuchte herauszufinden, ob es für ein gewerbliches Unternehmen einen optimalen Standort geben kann. Weber konzentrierte sich auf die Analyse ausgewählter Standortfaktoren, wie Transportkosten, Roh- und Kraftstoffpreise bzw. Arbeitskosten, um die regionale Struktur der Industrie zu bestimmen. Vor allem Transportkosten konstituieren in der Industriestandortlehre ein Abgrenzungskriterium für ökonomische Räume. Unterschiedliche Entfernungen zwischen einem Produktionsstandort und einem Absatzmarkt schlagen sich in unterschiedlichen Preisen und damit auch in den Ertragsmargen nieder, d.h., geographische Entfernungen lassen sich in ökonomischen Größen ausdrücken; sie werden zu *ökonomischen Distanzen*.

In Webers Analyse werden sozialökonomische Einflüsse weitgehend ausgeklammert und das Schwergewicht wird auf die Ausdehnung der zu seiner Zeit vorhandenen Raumstrukturen gelegt, nicht auf einen dynamischen Entwicklungsprozess; das Modell bleibt statisch. Die moderne Raum- und Standortplanung kann es deshalb nur bedingt anwenden. Diese Beschränkung wird deutlich, wenn wir daran denken, dass mit der weltweiten Vernetzung multinationaler Unternehmen nur noch unzulänglich der optimale Grad einer horizontalen oder vertikalen regionalen Konzentration von Produktion und Vertrieb bestimmter Güter zu ermitteln ist. Die komplexen Interdependenzen zwischen Produktions-, Konsum- und Standortbeziehungen auf regionalen Märkten können mit dem Launhardt-Weberschen Modell nicht erfasst werden. Dies ist auch deshalb der Fall, weil eine regional weit gestreute Nachfrage, etwa über Staaten oder Kontinente hinweg, gerade die *De*zentralisation der Produktion begünstigen kann. Unter solchen dezentralen Bedingungen können nämlich auch die Transport- und Arbeitskosten gesenkt werden. Die Verfügbarkeit qualifizierter Arbeitskräfte sowie das mobilisierbare Forschungspotential (Beispiel: Silicon Valley oder Alpes de Provence), vielleicht auch der Freizeitwert und das ökologische Umfeld gewinnen damit für die regionale Standortwahl erhöhte Bedeutung. Ein regionaler Standort kann die Größe eines Landkreises, eines Departements oder einer Stadt umfassen. Allerdings hat Weber klar erkannt, dass rationale Standortentscheidungen in der Vergangenheit in der Gegenwart oder Zukunft irrational sein und zu Fehlentscheidungen führen können, weil der „Zickzackkurs" des technischen

Fortschritts oder sich wandelnde Produktionsbedingungen optimale Standorte zu suboptimalen machen können.

c) Die Agglomerationstheorie

Mit Hilfe der Agglomerationstheorie wird versucht, die ökonomischen Effekte räumlicher Konzentration – womit vor allem Städte bzw. Stadtregionen gemeint sind – zu ermitteln, um eventuell eine „Theorie der Städtebildung" oder eine „Theorie der Wachstumspole" (F. Perroux) entwerfen zu können. Agglomerationseffekte oder Verstädterungsvorteile treten z.b. dann auf, wenn Unternehmen verschiedener Branchen Absatz- und Arbeitsmärkte gemeinsam nutzen, aber auch durch die räumliche Nähe von Zulieferbetrieben; durch die Konzentration einer städtischen Organisations-, Verwaltungs- und Verkehrsinfrastruktur sowie schließlich durch die Herstellung eines reichhaltigeren Angebots an Kultur- und Freizeitbeschäftigungen. Es ist aber nicht ausgeschlossen, dass neben positiven auch negative Effekte auftreten können, d.h., Agglomerationsvorteilen können -nachteile gegenüberstehen. Dies ist z.B. dann der Fall, wenn aufgrund industrieller Verdichtung die Mieten und Bodenpreise ansteigen oder durch Unternehmenskonzentration bei starkem Wettbewerb die Arbeiter mit gewerkschaftlicher Unterstützung eine über der Produktivitätszunahme liegende Lohnsteigerung durchsetzen können, was steigende Stückkosten zur Folge hat.

Die Chancen der Optimierung von Agglomerationseffekten nehmen nach Walter Christaller [CHRISTALLER 1968] und August Lösch [LÖSCH 1963] durch eine Vergrößerung und Verdichtung von Agglomerationen zu, weil z.B. die Informationskosten mit zunehmender Entfernung von den Zentren steigen. Die (Transaktions-)Kosten wachsen mit der Distanz von den städtischen Ballungen, d.h., es gibt eine verstärkte Tendenz zur Wanderung in die Städte. Außerdem rücken Unternehmen innerhalb der Raumstruktur zusammen, wodurch die Marktnetze von Produktionsbranchen enger werden und die Betriebe sich vergrößern. Dabei gilt es zu beachten, dass das Konzept der „zentralen Orte" weder ausschließlich in der Geographie noch ausschließlich in der Ökonomie gilt. Vielmehr stellt der „Zentralort" den Mittelpunkt einer Region dar, in dem „die Ströme des Zusammenlebens und Zusammenarbeitens in Wirtschaft, Kultur und Politik" [CHRISTALLER 1950, 5] zusammenlaufen, von dem aber auch wieder Impulse an das Umland zurückgegeben werden. Zentrale Orte sind nicht nur innerhalb eines Staatsgebietes, sondern eigentlich über die ganze Welt verteilt. Denn in verschiedenen Staaten können wir jeweils auf einer bestimmten Stufe ein hierarchisches System unterschiedlicher Stadtgrößen antreffen, d.h. nach Christaller, dass es überall zentrale Orte höherer und niedrigerer Ordnung gibt. Die Aufgabe, Einflüsse der Agglomerationsfaktoren empirisch exakt zu quantifizieren und zu gewichten, ist allerdings bisher noch nicht befriedigend gelöst worden.

d) Die Exportbasistheorie

Die bisher umrissenen Erklärungsmodelle bewegen sich auf einem hohen Abstraktionsniveau und neigen zu einer statischen Analyse regionaler Wirtschaftsstrukturen.

Der empirisch forschende Regionalhistoriker des industriellen Strukturwandels, der den dynamischen Wandel miterfassen sollte, kann sie deswegen nur bedingt in seinen Arbeiten anwenden. Zur Erklärung historisch entwickelter Wirtschaftsräume hat Douglas C. North [NORTH 1955] ein Modell für unterschiedliche Regionentypen skizziert. Danach wird Wachstum in einer Region ausgelöst durch eine Zunahme der Nachfrage von außerhalb dieser Region, was eine Expansion ökonomischer Aktivitäten bewirke. Die Unterscheidung von zwei Typen von Regionen beruht auf dem Vorhandensein von „basic"- und „non-basic"-Aktivitäten, d.h. für den Wandel grundlegende oder weniger bedeutsame Handlungsstrategien, wobei die Produktionsfaktoren innerhalb der jeweiligen Region als relativ mobil angenommen werden. Der eine Typ zeichnet sich durch starke wirtschaftliche Expansion aus, während der andere Typ durch relative Rückständigkeit aufgrund hoher Bevölkerungszuwachsraten gekennzeichnet ist.

North sieht die Ursachen von unterschiedlichen Entwicklungen darin, dass Regionen in unterschiedlichem Maße dazu fähig sind, Erlöse aus den Exporten in andere Regionen in die eigene kapitalistische Expansion zu investieren, d.h. externe oder interne Ersparnisse zu realisieren, die den Wachstumsprozess beschleunigen sollen. Über die Ausnutzung einer solchen „Export-Basis" verschafft sich die dynamische Region komparative Produktionskostenvorteile und kann dadurch eventuell sinkende Skalenerträge kompensieren. Die Wachstumsrate einer Region ist somit abhängig von der Rate, mit der die Nachfrage nach exportierbaren Gütern und Dienstleistungen aus dieser Region zunimmt. Es ist allerdings eine falsche Ansicht von North, wenn er behauptet, dass neben der industriellen auch die landwirtschaftliche Produktion in einer Region als „Exportbasis" eines ökonomischen Wachstums dienen kann, weil die Exportbasis der Region diversifiziert und damit das Regionaleinkommen erhöht wird. Hier werden ganz unterschiedliche Entwicklungsmöglichkeiten als gleich angesehen.

Die Industrie wies während der Industrialisierung quantitativ und qualitativ eine größere Dynamik auf als die Landwirtschaft. Ökonomen, die Entwicklungsländer vor Augen hatten, folgerten zu Unrecht aus der geringeren Nachfrageelastizität von Nahrungsmitteln gegenüber Industriegütern, dass Nahrungsmittel*importe* für wirtschaftliches Wachstum nachteilig sein müssten. North hat wahrscheinlich deswegen Agrar*exporte* als dynamisch angesehen. Wie ich nachweisen konnte [KIESEWETTER 1988, 257–359], war nicht der Export, sondern der Import landwirtschaftlicher Güter einer Region neben vielen anderen Faktoren vor der Reduzierung von Frachtkosten durch den Bau von Eisenbahnlinien industrialisierungsfördernd. Wenn wir etwa die ökonomische Entwicklung Ostpreußens mit der des Königreichs Sachsen vergleichen, so zeigt sich, dass Ostpreußen trotz erheblicher landwirtschaftlicher Exporte weit hinter der ökonomischen Dynamik des Nahrungsmittelimportierenden Sachsen zurückblieb. Aber auch Regionen, die im frühindustriellen Stadium in ihrer Faktorausstattung ähnlicher waren als Ostpreußen und Sachsen, entfalteten eine industrielle Dynamik nicht aufgrund von Agrarexporten, sondern viel eher durch den Aufbau einer wettbewerbsfähigen Industriestruktur und durch den Ausbau eines Verkehrs-,

Nachrichten- oder Bildungssystems usw. Die Erklärungskraft der Exportbasistheorie erweist sich deshalb ebenfalls als geringer als vielfach angenommen.

6. Defizite und Möglichkeiten einer wirtschaftshistorischen Regionalanalyse

Die strategische Bedeutung von Regionen im ökonomischen Wachstumsprozess tritt immer deutlicher zutage, trotzdem besteht noch ein Missverhältnis zwischen der Quantität an historisch-empirischen Regionaluntersuchungen und der Qualität ihrer theoretischen Durchdringung. In anderen Worten: Es gibt einen ausgesprochenen Mangel an forschungsrelevanten theoretischen Ansätzen. Abschließend soll auf einige Defizite und Möglichkeiten theoretischer und empirischer Regionalforschung hingewiesen werden.

a) Defizite

– Je weiter wir in die Vergangenheit zurückgehen, umso schwieriger wird es, geeignete Maßgrößen zur Messung regionaler Divergenzen zu finden, denn die vorhandenen Quellen haben solche Informationen nicht erfasst. Wie sich z.B. externe Effekte auf eine Region oder spezielle Agglomerationseffekte empirisch ermitteln lassen, ist in der Forschung weiter umstritten. Eine theoretische Fundierung der Regionalpolitik scheint bis heute als unzureichend. Man muss leider konstatieren, dass die ökonomische Regionalanalyse fast ausschließlich auf aktuelle Probleme der Raumforschung und Raumplanung ausgerichtet ist; dort allerdings umso intensiver. Wenn wirtschaftshistorische Perspektiven behandelt werden, dann geschieht dies meistens unter dem Aspekt der *Beschreibung* historischer Entwicklungen oder Phänomene.

– Das Fehlen regional differenzierter Sozialproduktsdaten zum Nachweis ökonomischer Entwicklungsunterschiede im 19. oder gar im 18. Jahrhundert verstärkt das Auseinanderdriften moderner ökonomischer Theorie und einer theorieorientierten Wirtschaftsgeschichte von Regionen. Ökonomische Variablen wie Sozialprodukt und Einkommen oder Preise und Löhne bzw. ökonomische Verfahren wie Input-Output-Analysen oder eine Volkswirtschaftliche Gesamtrechnung lassen sich in wirtschaftshistorischen Analysen regional nur selten und dann höchstens für einige Stichjahre erheben bzw. anwenden. Wirtschaftswissenschaft und Wirtschaftsgeschichte entfremden sich deshalb immer stärker, sowohl methodisch als auch inhaltlich.

– Eine dynamische Theorie regionalen Wirtschaftswachstums muss außerhalb der klassischen oder neoklassischen makroökonomischen Theorie, auf der die Regionaltheorie basiert, nach Methoden suchen, um spezielle regionale und interregionale Faktoren herauszuarbeiten. Es reicht nicht aus, wenn lediglich die Erkenntnisse der Wirtschaftswissenschaft auf Regionen übertragen werden. Eine historische Nationalökonomie, die theoretisch fundiert ist, gibt es nicht (mehr). Die OECD, die Weltbank oder die UNO erheben und veröffentlichen keine statistischen Daten auf regionaler Basis, z.B. von europäischen Regionen. Dies erschwert zusätzlich den historischen Vergleich. Die Konzeption einer regionalen Wachstumstheorie, die räumliche Diffusionsprozesse und interregionale Faktorwanderungen auch im historischen Ablauf berücksichtigte, wäre äußerst wünschenswert, weil sie eventuell auf Entwicklungsregionen übertragen werden könnte.

b) Möglichkeiten
– Eine methodisch und theoretisch stringente wirtschaftshistorische Regionalforschung könnte nicht nur versuchen, die theoretischen Konstrukte der Nationalökonomie am historischen Material zu überprüfen – wobei gewiss eine Reihe von Annahmen falsifiziert würden –, sondern sie wäre vielleicht in der Lage, der Wirtschaftswissenschaft aus der Sackgasse realitätsferner mathematischer Modelle und vertrackter Formalisierungen herauszuhelfen. Es hat nämlich den Anschein, dass es den ökonomischen Wissenschaften an Problembewusstsein bzw. Problempotential mangelt, für die wirklich drängenden Probleme unserer Volkswirtschaften praktikable Lösungen anzubieten.
– Wirtschaftshistoriker haben noch längst nicht das Arsenal von regionalen Indikatoren auf niedriger Aggregationsebene ausgeschöpft, weder mit veröffentlichtem statistischem noch mit unveröffentlichtem archivalischem Material. Einen Anfang machte Ralf Banken [BANKEN 2000; DERS. 2003]. Diese Materialien könnten z.b. dazu benutzt werden, den Spezialisierungsgrad von Regionen im langfristigen Verlauf sowohl nach dem Homogenitäts- als auch nach dem Interdependenzprinzip zu untersuchen. Das Prinzip der Homogenität ermöglicht es, Regionen mit ähnlicher Ausstattung zu vergleichen, während das Interdependenzprinzip sich auf die gegenseitigen Einflüsse unterschiedlicher Regionen bezieht.
– Der wirtschaftshistorische Vergleich relativ homogener europäischer und außereuropäischer Regionen ermöglicht uns eine genauere Beurteilung von Ursachen und Wirkungen sowohl des regionalen als auch des nationalen Industrialisierungsprozesses. Ökonomen, Geographen und Wirtschaftshistoriker können bei solchen Forschungen zusammenarbeiten und sich ergänzen. Die nur auf eine unsichere Zukunft gerichteten Blickverengungen des gegenwärtigen europäischen Einigungsprozesses verdrängen die historische Erkenntnis, dass die europäische Industrialisierung ein regionales Phänomen war. Der westeuropäische Wohlstand war und ist ein Wohlstand, der abhängig ist von dynamischen Regionen [KIESEWETTER 1996].

Literaturliste

BANKEN, R., Die Industrialisierung der Saarregion 1815–1914. Bd. 1: Die Frühindustrialisierung 1815–1850, Stuttgart 2000.
BANKEN, R., Die Industrialisierung der Saarregion 1815–1914. Bd. 2: Take-Off-Phase und Hochindustrialisierung 1850–1914, Stuttgart 20003
BÖVENTER, E. v., Theorie des räumlichen Gleichgewichts, Tübingen 1962.

BÖVENTER, E. v., Raumwirtschaft I: Theorie, in: HdWW, 6. Bd., Stuttgart u.a. 1981, S. 407–429.
BOUSTEDT, O., Grundriß der empirischen Regionalforschung. Teil I: Raumstrukturen, Hannover 1975.
BRACHELLI, H. F., Die Staaten Europa's. Vergleichende Statistik. 4. Aufl., Brünn 1884.
BUTTLER, F./GERLACH, K./LIEPMANN, P., Grundlagen der Regionalökonomie, Reinbek bei Hamburg 1977.
CHRISTALLER, W., Die zentralen Orte in Süddeutschland. Eine ökonomisch-geographische Untersuchung über die Gesetzmäßigkeit der Verbreitung und Entwicklung der Siedlungen mit städtischen Funktionen. 2. Aufl., Darmstadt 1968.
CHRISTALLER, W., Das Grundgerüst der räumlichen Ordnung in Europa. Die Systeme der europäischen zentralen Orte, Frankfurt am Main 1950.
COHEN, S. S./ZYSMAN, J., Manufacturing Matters. The Myth of the Post-Industrial Economy, New York 1987.
CROME, A. F. W., Allgemeine Uebersicht der Staatskräfte von den sämtlichen europäischen Reichen und Ländern, mit einer Verhältnis-Charte von Europa, zur Uebersicht und Vergleichung des Flächen-Raums, der Bevölkerung, der Staats-Einkünfte und der bewaffneten Macht, Leipzig 1818.
DICKEN, P./FORSGREN, M./MALMBERG, A., The Local Embeddedness of Transnational Corporations, in: Globalization, Institutions, and Regional Development in Europe. Hrsg. von Ash AMIN und Nigel THRIFT, Oxford 1994, S. 23–45.
HASSEL, G., Statistischer Umriss der sämmtlichen Europäischen und vornehmsten aussereuropäischen Staaten, in Hinsicht ihrer Entwickelung, Grösse, Volksmenge, Finanz- und Militärverfassung, tabellarisch dargestellt. 1.–3. Heft, Weimar 1823/24.
HIRSCHMAN, A. O., Die Strategie der wirtschaftlichen Entwicklung, Stuttgart 1967.
HOFFMANN, W. G., Stadien und Typen der Industrialisierung. Ein Beitrag zur quantitativen Analyse historischer Wirtschaftsprozesse, Jena 1931.
ISARD, W., Location and Space-Economy. A General Theory Relating to Industrial Location, Market Areas, Land Use, Trade, and Urban Structure. 5. Aufl., Cambridge (Mass.)/London 1967.
ISARD, W., Methods of Regional Analysis: An Introduction to Regional Science, Cambridge (Mass.)/New York/London 1960.
ISARD, W. u.a., Methods of Interregional and Regional Analysis, Aldershot 1998.
KIESEWETTER, H., Industrialisierung und Landwirtschaft. Sachsens Stellung im regionalen Industrialisierungsprozeß Deutschlands im 19. Jahrhundert, Köln/Wien 1988.
KIESEWETTER, H., Das einzigartige Europa. Zufällige und notwendige Faktoren der Industrialisierung, Göttingen 1996.
KIESEWETTER, H., Region und Industrie in Europa 1815–1995, Stuttgart 2000.
KIESEWETTER, H., Industrielle Revolution in Deutschland. Regionen als Wachstumsmotoren, Stuttgart 2004
LÖSCH, A., Die räumliche Ordnung der Wirtschaft. 3. Aufl., Stuttgart 1963.
MARTIN, H.-P./SCHUMANN, H., Die Globalisierungsfalle. Der Angriff auf Demokratie und Wohlstand, Reinbek bei Hamburg 1997.

MEGERLE, K., Württemberg im Industrialisierungsprozeß Deutschlands. Ein Beitrag zur regionalen Differenzierung der Industrialisierung, Stuttgart 1982.

MYRDAL, G., Ökonomische Theorie und unterentwickelte Regionen. Weltproblem Armut, Frankfurt am Main 1974.

NORTH, D. C., Location Theory and Regional Economic Growth, in: The Journal of Political Economy, Bd. 43, 1955, S. 243–258.

NOWOTNY, E., Regionalökonomie – eine Übersicht über Entwicklung, Probleme und Methoden, Wien 1971.

OHMAE, K., The End of the Nation State. The Rise of Regional Economics, New York 1995.

OHLIN, B., Interregional and International Trade. 2. Aufl., Cambridge (Mass.) 1967.

POLLARD, S., Industrialization and the European Economy, in: The Economic History Review, Bd. XXVI, 1973, S. 636–648.

POLLARD, S., Peaceful Conquest. The Industrialization of Europe 1760–1970, Oxford 1986.

POLLARD, S. (Hg.), Region und Industrialisierung. Studien zur Rolle der Region in der Wirtschaftsgeschichte der letzten zwei Jahrhunderte, Göttingen 1980.

POUNDS, N. J. G./PARKER, W. N., Coal and Steel in Western Europe. The Influence of Resources and Techniques on Production, Bloomington 1957.

RICHARDSON, H. W., Regional Economics. Location theory, urban structure and regional change, London 1969.

ROSECRANCE, R., Das globale Dorf. New Economy und das Ende des Nationalstaats, Düsseldorf 2001.

ROSTOW, W. W., Stadien wirtschaftlichen Wachstums. Eine Alternative zur marxistischen Entwicklungstheorie. 2. Aufl., Göttingen 1967.

SCOTT, A. L., Regional Motors of the Global Economy, in: Futures, Bd. 28, 1996, S. 391–411.

SENGHAAS, D., Von Europa lernen. Entwicklungsgeschichtliche Betrachtungen, Frankfurt am Main 1982.

SIEBERT, H., Regionales Wirtschaftswachstum und interregionale Mobilität, Tübingen 1970.

SIEBERT, H., Zur Theorie des regionalen Wirtschaftswachstums, Tübingen 1967.

THÜNEN, J. H. v., Der isolierte Staat in Beziehung auf Landwirtschaft und Nationalökonomie. Hrsg. v. H. Lehmann, Berlin 1990.

TIPTON, F. B. JR., Regional Variations in the Economic Development of Germany During the Nineteenth Century, Middletown (Conn.) 1967.

VOIGT, F., Verkehr. I. Bd.: Die Theorie der Verkehrswirtschaft, Berlin 1973.

WEBER, A., Über den Standort der Industrien. 1. Teil: Reine Theorie des Standorts, Tübingen 1909.

WEIZSÄCKER, C. C. von, Logik der Globalisierung, Göttingen 2000.

Wirtschafts- und Sozialgeographie. Hrsg. v. D. Bartels, Köln/Berlin 1970.

ZSCHALER, F./KIESEWETTER, H., Globalisierung als Mythos oder neue Qualität der Weltwirtschaft. Worauf wir vorbereitet sein sollten, in: Vom Imperium Romanum zum Global Village. „Globalisierungen" im Spiegel der Geschichte. Hrsg. von Waltraud SCHREIBER, Neuried 2000, S. 161–191.

Joachim Radkau

Technik und Umwelt

1. Zur Geschichte der historischen Technik- und Umweltforschung und zur Problematik des Forschungsgegenstandes

Technik- und Umweltgeschichte sind beide als Sparten der Geschichtswissenschaft noch neu und in ihrer Position bislang ungesichert. Beide Forschungszweige können hoffen, durch enge Wechselbeziehungen und durch einen Dreiecksverbund mit der Wirtschaftsgeschichte ihre Konturen zu klären und ihre Stellung zu festigen; ihre spezifischen Erkenntnismöglichkeiten decken sich allerdings nicht überall mit einem solchen wissenschaftlichen Verbund.

Die Technikgeschichtsforschung entwickelte sich in Deutschland im Umkreis der Ingenieurwissenschaften und diente lange Zeit der historischen Selbstbestätigung der akademisch ausgebildeten Ingenieure, die als Teil des Bildungsbürgertums anerkannt werden wollten. Diese Art der Technikgeschichte führte ein von der Geschichtswissenschaft isoliertes Dasein. Eine bemerkenswerte Ausnahme bildete die „Deutsche Geschichte im 19. Jahrhundert" (1929–1937) des damals an der TH Karlsruhe lehrenden Historikers Franz Schnabel, die die Technik in einer innerhalb der Geschichtsschreibung bis heute einzigartigen Ausführlichkeit behandelt. Insgesamt blieben die Impulse, die von dem praktischen Interesse der Ingenieure auf die historische Forschung ausgingen, gering. An und für sich hätten die Erfahrungen der Geschichte bei der Lösung mancher Aufgaben der Praxis genutzt werden können; de facto erfüllte die Technikgeschichte diese Funktion jedoch nur in Ausnahmefällen.

Bis in die 1970er Jahre folgte die Technikgeschichte wie selbstverständlich dem Fortschrittsparadigma: Auch dies trennte sie von der Geschichtswissenschaft, die durch die Erfahrungen der Weltkriege und des Nationalsozialismus den Glauben an den Fortschritt verloren hatte. Eine neue Situation entstand durch die ökologische Bewegung und die mit dem Protest gegen die Kernenergie einsetzenden öffentlichen Technikdiskussionen. Das alte Konzept des technischen Fortschritts wurde von nun an durch wertfreie Modelle des technischen Wandels zurückgedrängt; zugleich wuchs die Aufmerksamkeit für die sozialen Bedingungen technischer Innovationen. Von Seiten der Historikerschaft kam der Trend zur Sozial- und Wirtschaftsgeschichte, auch zur Alltags- und zur „anschaulichen" Geschichte in mancher Weise einer Einbeziehung der Technik entgegen. Allmählich gelangte die Technikgeschichte aus dem geistigen Ghetto heraus.

Seit dem Ende der 70er Jahre mehrten sich in der Bundesrepublik Ansätze zu historischer Umweltforschung: Bislang vorwiegend als Thema von Tagungen und Sammelbänden heterogener Art und noch kaum als Bezeichnung von Professuren. Die ersten Impulse kamen aus der Wirtschafts- und Technikgeschichte [ZORN 1978; Technik und Umwelt 1991; KELLENBENZ (Hrsg.) 1982]. Wegweisend war ein Ende 1966 gehaltener Vortrag des amerikanischen Technikhistorikers Lynn White Jr. über die „historischen Wurzeln unserer ökologischen Krise". Er entwarf von diesen kein einheitliches Bild, betonte aber – ähnlich wie bei seinen Thesen über die mittelalterlichen Ursprünge der westlichen Technik [WHITE 1978] – die besondere Rolle des okzidentalen Christentums. Für ihn besteht also zwischen der Geschichte der Technik und der der Umweltprobleme nicht nur ein direkter, sondern auch ein religiöskultureller Zusammenhang.

Der wohl wirkungsvollste Begründer eines integralen Entwurfs von Wirtschafts-, Technik- und Umweltgeschichte war jedoch Lewis Mumford (1895–1990). In „Technics and Civilization" (1934) bot er zum ersten Mal eine technikhistorische Gesamtschau der Weltgeschichte mit Umwelt-Dimensionen. Dem alten triadischen Grundschema der Aufeinanderfolge von guter alter Zeit, Verderbnis und Rettung gemäß gliederte er die Geschichte in die Zeitalter der Eotechnik, der Paläotechnik und der Neotechnik. Seine Kriterien waren dabei die jeweils dominierenden Ressourcen, Energieträger, Produktionsformen und Arbeitertypen. „In Begriffen der Energie und der charakteristischen Rohstoffe ausgedrückt, ist die eotechnische Phase ein Wasser-und-Wald-Komplex und die neotechnische ein Elektrizitäts-und-Legierungs-Komplex" [MUMFORD 1934, 110]. Damals vermeinte er im technischen Fortschritt seiner Gegenwart noch eine Wende zur menschen- und umweltfreundlichen Technik zu erkennen. Düsterer ist die Perspektive in seinem Alterswerk „The Myth of the Machine" (1964/66). Da besteht der einschneidendste Vorgang der Weltgeschichte in dem Aufstieg der „Megamaschine", die schon in der Pharaonenzeit als despotische Organisation eines Menschen-Apparats entsteht, sich im 20. Jahrhundert aber durch die Großtechnik verdinglicht und verfestigt. Die Technik ist hier kein Ursprung; Mumford bezeichnet die „Meinung, technologische Neuerungen wären die Hauptquelle aller menschlichen Entwicklung", als ein „längst widerlegtes anthropologisches Märchen" [602, MUMFORD 1977, 575]. Die aus der Machtgier geborene Systemtechnik spielt gleichwohl eine verhängnisvolle Verstärkerrolle. Die Dynamik der Kapitalakkumulation gehört zu den Kräften, die die Megamaschine – gemeint ist in der Gegenwart vor allem der Rüstungs- und Raumfahrtkomplex – antreiben, aber nur in Verbindung mit dem Staat, der hier zu beispielloser Verschwendung bereit ist: „Weder Gewinn- und Verlust-, noch Kosten-Nutzen-Rechnung reguliert die Tätigkeit der Megamaschine" [MUMFORD 1977, 613]. Mochten auch Mumfords spekulative Gedankenflüge und empirische Ungenauigkeiten auf Widerspruch stoßen, so trug er doch wesentlich dazu bei, den Technikkritikern der letzten Jahrzehnte den Blick für die Geschichte zu öffnen.

Die historische Technik- und Umweltforschung hat bislang ihre Schwierigkeiten bei der begrifflichen Bestimmung ihrer Gegenstände. Die Schwierigkeiten sind bei Technik und Umwelt allerdings unterschiedlicher Art: In dem einen Fall die Gefahr zu großer Enge, im anderen die einer übergroßen Weite. Die Technikhistorie tendiert traditionell zur Einengung ihres Gegenstandes auf die dinglichen Artefakte, obwohl im Prinzip kein Zweifel besteht, dass zur Technik auch der Produktionsprozess und die arbeitenden Menschen mit ihren Qualifikationen und Erfahrungen gehören. Nicht ohne Grund ist der alltagssprachliche „Technik"-Begriff doppelsinnig und meint nicht nur Dinge, sondern auch menschliche Fähigkeiten. Schwieriger wird es, wenn man für eine noch weitere Ausdehnung des Gegenstandes der Technikgeschichtsforschung plädiert. Erfahrungsgemäß ist es nicht ganz leicht, breit angelegte Konzepte überzeugend umzusetzen. Wenn man, der modernen „Technikfolgenabschätzung" gemäß, vergangene „Technikfolgen" zum Gegenstand der Technikhistorie deklariert, dann gehören auch die Produkte sowie ihre Vermarktung und Entsorgung dazu. Der Übergang zur Wirtschafts- und zur Umweltgeschichte wird fließend. Letztlich bleibt auch dann die Macht der Dinge, die Tücke des Objekts der rote Faden der Technikgeschichte; es wäre nicht richtig, die gesamte Technik in menschliche Intentionen auflösen zu wollen.

Das Problem der Umweltgeschichte besteht bislang eher darin, dass sich bei ihr sehr vieles unterbringen lässt und man bei manchen einschlägigen Sammelbänden daran zweifeln kann, ob sie überhaupt ein Thema haben. „Umwelt" figuriert heute in der Regel als Objekt von „Umweltschutz", und der Historiker ist damit konfrontiert, dass das, was man darunter versteht, aus verschiedenen Tätigkeiten zusammengewachsen ist, die früher wenig miteinander zu tun hatten: Natur- und Heimatschutz, „Stadthygiene", Reinhaltung von Luft und Wasser, technische Sicherheit und Arbeitsschutz. Daher fehlt der Umweltgeschichte ein sich direkt aus den Quellen ergebender stofflicher Zusammenhang. Wichtige umwelthistorische Aspekte sind in der Agrar- und Industrie-, der Verkehrs- und Siedlungs-, der Medizin- und Seuchengeschichte verstreut. Umso mehr ist der ökologische Zugang zur Geschichte auf verbindende Fragestellungen und Denkansätze angewiesen. Ähnliches gilt aber auch für die Technikgeschichte, denn sie nutzt ihr Erkenntnispotential nur dann, wenn sie sich in andere Geschichtssparten hineinbegibt und beispielsweise das technische Element in Politik und Krieg, in der Alltagskultur oder der Medizin untersucht.

Wie unter den Theoretikern der ökologischen Bewegung diejenigen, die die Umwelt als menschlichen Lebensraum begreifen, immer wieder mit denen zusammenstoßen, die das Eigenrecht der Natur verfechten, so kann man auch bei der Bestimmung des Gegenstandes der historischen Umweltforschung darüber streiten, ob das die Mensch-Umwelt-Beziehung oder die „Umwelt an sich" sein sollte. Georges Bertrand bedauert in einem Plädoyer „für eine ökologische Geschichte des ländlichen Frankreichs", dass der Wald den Historiker bislang nur in dem Maße interessiert habe wie er durch menschliche Nutzung belastet und deformiert worden sei [BERTRAND 1975, 38]. Aber eine Geschichte der „Umwelt an sich" lässt sich leichter postulieren als auf empirische Art realisieren, denn die schriftlichen Quellen spiegeln stets eine anthrozentrische Sichtweise, und archäologische Methoden der Umweltforschung stecken für die Zeiträume der menschlichen Geschichte noch in den Anfängen. Und wenn man in der Vergangenheit nach praktisch wirksamem „Umweltbewusstsein" sucht, findet man es – wenn überhaupt – stets nur als Bewusstsein Generationenübergreifender kollektiver Lebensnotwendigkeiten, aber kaum je als Sinn für den Eigenwert der Natur. Gewiss hat der Begriff „Natur" eine jahrtausendelange Geschichte, aber es lässt sich leicht zeigen, dass diese nicht auf Überhistorisches oder gar Außermenschliches verweist, sondern in ein durchaus anthropozentrisches Denken hineingehört, wenn sie vielleicht auch nicht gänzlich darin aufgeht [RADKAU 1986, Warum wurde; DERS. 1989, Wald- und Wasserzeiten; DERS. 1993, Was ist Umweltgeschichte].

Die Technik-Umwelt-Beziehung sollte nicht monokausal begriffen werden. Sonst könnte man über den direkten Zusammenhängen zwischen technischen Innovationen und Umweltbelastungen tiefere Wurzeln der Umweltveränderungen übersehen, die in den gesamten Lebensstil und das Wirtschaftssystem hineinreichen [KAPP 1980]. Oft sind es nicht bestimmte technische Innovationen als solche, sondern quantitative Wachstumssprünge in der Produktion bestimmter Stoffe, die der Umweltproblematik eine neue Dimension geben, so etwa der gewaltige Motorisierungs-, Erdöl- und Kunststoffboom seit den 1950er Jahren. Wenn man die Lösung ökologischer Probleme nur von neuen Technologien erwartet, übersieht man die Notwendigkeit einer Revision der Wirtschaftsordnung.

Dennoch gibt es eine ganze Reihe von Gründen, aus denen sich eine enge Kooperation von historischer Technik- und Umweltforschung empfiehlt [RADKAU 1990]. Insbesondere aus der Sicht der wirtschaftshistorischen Forschung hängen Technik- und Umweltgeschichte eng zusammen: Über die technische, stoffliche Seite des Wirtschaftslebens gelangt man zu den Interdependenzen zwischen Wirtschaft und Umwelt. Historische Sprünge in der Umweltproblematik werden häufig an technischen Vorgängen besonders greifbar, wenn sie auch nicht durch diese verursacht sind. Staatliche Regulierungsmaßnahmen halten sich seit einem Jahrhundert an den „Stand der Technik", die „anerkannten Regeln der Technik" [WOLF 1986]; man muss sich in die Technikgeschichte begeben, um zu ermitteln, wieweit es sich dabei um mehr oder weniger objektive Gegebenheiten oder um Produkte eines Interessenclearings handelt. Sogar die Idealvorstellungen über die zu erhaltende Umwelt – ob Stoffkreislauf oder Energieflusssystem – spiegeln Trends im technischen Denken, oder sie sind dialektische Gegenreaktionen auf die Herausforderung durch neue Technik. Das ist beispielsweise der Fall, wenn die Natur in Reaktion auf die rapide Artenüberschreitung seitens der Gentechnik durch Artengrenzen und Langsamkeit der Veränderung neu definiert wird.

2. Technik und Umwelt in den Wirtschaftswissenschaften

„Die" Technik hat in der Wirtschaft keinen bestimmten Ort; sie taucht in den infrastrukturellen Rahmenbedingungen, der Produktion, den Produkten, den Konsumentenwünschen und der Funktionsweise des Marktes auf. Die Wirtschaftswissenschaftler haben herkömmlicherweise die Technik – wenn überhaupt – fast nur als Bestandteil von Produktionsprozessen beachtet. Daher begegnen technische Faktoren traditionell nur in der Betriebswirtschafts-, nicht aber in der Volkswirtschaftslehre. In der liberalen Wirtschaftstheorie kam die Technik als eigener Faktor nicht vor; noch für Keynes, der umfangreiche Staatsaufträge zur Überwindung von Depressionen emp-

Technik und Umwelt 139

fahl, war es in der 1930er Jahren gleichgültig, ob der Staat Pyramiden baute oder Technologieprojekte betrieb. Die neoliberale Wirtschaftstheorie besaß bei manchen deutschen Vertretern (Röpke, Rüstow) eine erklärte Spitze gegen die Vorstellung, dass der technische Fortschritt den Großbetrieb und die zentrale Planung fördere: Das war eine gängige Art, wie die Technik früher als ökonomisches Argument fungierte. Erst die Wachstumstheorien, die seit den späten 50er Jahren die bis dahin vorherrschenden Gleichgewichtstheorien zurückdrängten, konnten die Technik als besondere Komponente gebrauchen. Rostow schreibt jenen industriellen Leitsektoren, die bei ihm den „Take-off" zum „self-substaining growth" bewirkten, einen technisch-innovatorischen Charakter zu [ROSTOW 1960, 70ff.]. Die Sonderrolle der Technik verbindet sich mit der Theorie der Leitsektoren, den angeblichen Zugpferden des wirtschaftlichen Wachstums. Es handelt sich hier um eine Theorie, die stark von historischen Beispielen wie dem der Rolle der Eisenbahn im 19. Jahrhundert lebt. Aber ihre allgemeine Gültigkeit ist anfechtbar, auch wenn viele sie in jüngster Zeit durch den Siegeszug der Mikroelektronik bestätigt sahen. Die bahnbrechende Bedeutung technisch fortgeschrittener Sektoren lässt sich als allgemeines ökonomisches Gesetz theoretisch nur schwer begründen. Noch eine neuere Einführung in die Volkswirtschaftslehre erwähnt den „technischen Fortschritt" als bloßen „Begriff der Ökonomen für den unerklärten Rest des Wirtschaftswachstums" [GAHLEN U. A. 1978, 105f.]. Der Trend der Wirtschaftswissenschaften zur Quantifizierung erhöhte die Schwierigkeit, einen eher qualitativen Faktor wie den der Technik unterzubringen. Bemühungen, den Anteil technischer Innovationen am wirtschaftlichen Wachstum quantitativ zu bestimmen – so etwa als Produktivitätszuwachs abzüglich der Kapitalkosten –, blieben bislang unbefriedigend. Immer noch kontrastiert die geringe Bedeutung, die die Technik in der ökonomischen Theorie besitzt, mit dem oftmals enormen Wert, der technischen Innovationen in ökonomischen Populärliteratur zugeschrieben wird.

Eine gewisse Eigenständigkeit gewinnt die Technik in Denkmustern der marxistischen Theorie. Marx setzt eine Eigendynamik der „Produktivkräfte" voraus, wenn er davon spricht, dass die „materiellen Produktivkräfte der Gesellschaft" auf einer gewissen Stufe ihrer Entwicklung in Widerspruch zu den Produktionsverhältnissen geraten. Der Begriff der „Produktivkräfte" bleibt dabei mehrdeutig; im Prinzip gehören auch die Fähigkeiten der arbeitenden Menschen dazu. De facto stehen die „Produktivkräfte" in der marxistisch-leninistischen Literatur aber meist nur als Synonym für die dingliche Technik. Der Glaube an den technischen Fortschritt war für die herrschende Ideologie der Ostblockstaaten von grundlegender Bedeutung, vor allem in Verbindung mit der Annahme, dass das private Profitinteresse immer mehr zu einem Hemmschuh der technischen Entwicklung werde [RADKAU 1990]. Dieser Glaube verbreitete sich besonders seit der Zeit des „Sputnik" (1957) auch im Westen und führte dort zu der Forderung nach einem staatlichen Engagement großen Stils bei vermeintlichen „Zukunftstechnologien".

Eine Tendenz, den Wert zentralistischer Planung in technischer Hinsicht zu überschätzen, gab es schon lange vorher, sogar bei Wissenschaftlern, die die Staatswirtschaft nicht favorisierten. Selbst ein Max Weber erklärte 1909, die „technische Überlegenheit des bureaukratischen Mechanismus" stehe „felsenfest" [WEBER 1988, 413]. Dabei lag zum einen ein zu mechanismusartiges Bild von der Bürokratie, zum anderen der Glaube an ein Gesetz des technischen Fortschritts zu immer größeren Dimensionen zugrunde. Beide Vorstellungen sind anfechtbar. Die heute gebotenen Einblicke in den wachsenden technischen Rückstand der kommunistischen Planwirtschaften nötigen zur Revision auch mancher westlicher Traditionen des Denkens über die Technik und den Zusammenhang zwischen technischem Fortschritt und Wirtschaftsordnung.

In der Volkswirtschaftslehre der älteren Zeit war es vor allem die deutsche historische Schule, die mit ihrer Neigung zur Konkretion und zur Hervorhebung von Entwicklungsstadien eine gewisse Würdigung des Faktors Technik ermöglichte. Einen Höhepunkt bedeutet dabei das große Werk Werner Sombarts (1863–1941) über den modernen Kapitalismus, welches das expansive, dynamische Element des Kapitalismus betont und der Technik als treibender Kraft der Entwicklung einigen Raum gibt. Da finden sich Sätze wie der, dass „im Koksverfahren der Schlüssel für das Verständnis der modernen Zeit" liege [SOMBART 1987, Bd. III/1, 121]. In einer Spätschrift forderte Sombart die „Zähmung der Technik" durch den Staat entsprechend den Wertvorstellungen der Gesellschaft [SOMBART 1935], aber er schildert zugleich die Eigendynamik der Technik als ein derart elementares Phänomen der Moderne, dass sich die Hoffnung auf eine „Zähmung" nur schwer theoretisch begründen lässt.

Die Innovation spielte eine Schlüsselrolle in dem Modell, das Joseph Schumpeter (1883–1950) von den Triebkräften des Wirtschaftslebens entwarf. Ihm zufolge geben Gleichgewichtsmodelle keinen Begriff von dem, was die Wirtschaft in Bewegung hält; der entscheidende Faktor ist vielmehr der dynamische Unternehmer, der „neue Kombinationen" durchsetzt. Die Wirtschafts- und Unternehmensgeschichtsschreibung machte sich diese Auffassung gerne zu Eigen. Noch jüngst bekannte sich der weltweit einflussreiche französische Historiker Fernand Braudel zu der Auffassung, dass die „grundlegende Neuerung" der „geheime Jungbrunnen der Industrie" sei [BRAUDEL 1990, 334]. Schumpeter meinte allerdings schon in seinen späteren Jahren, der technische Fortschritt werde zunehmend zur „Routinesache" und zur Auftragsarbeit für Spezialistengruppen. Daher erfordere er nicht mehr den Pionierunternehmer, sondern könne ebenso von einer sozialistischen Planwirtschaft vorangetrieben werden [SCHUMPETER 1950, 215].

Früher wurde manchmal die Alternative „technology push" oder „demand pull" gestellt: Die Frage, ob neue Technik sich ihre Nachfrage schaffe oder eine Antwort auf eine bereits vorhandene Nachfrage sei – ob man die treibende Kraft also bei der Technik oder bei der Nachfrage finde. Die Geschichte bietet Belege für die eine wie für die andere These, doch wenn man längere Zeiträume überschaut, erkennt man, dass die Alternative zu simpel ist und man in komplizierteren Wechselwirkungsmodellen denken muss [RADKAU 1992, 77ff.]. Fundamentale Produktinnovationen finden ihre Nachfrage nicht fertig vor, aber sie können sie auch nicht aus dem Nichts hervorzaubern. Neue Technik schafft neue Maßstäbe und neue Konsumentenstandards; was zunächst ein „technology push" ist, kann bald als „demand pull" in Er-

Technik und Umwelt 141

scheinung treten. Hinter vermeintlichen technischen Sachzwängen kann sich der Zusammenhalt einer Ingenieurs-Community, kann sich aber auch eine Standardisierung des Konsumentengeschmacks verbergen. Die Nachfrage lässt sich nicht beliebig manipulieren und entwickelt sich nicht selten in unerwarteter Richtung: In den 1880er Jahren hielt Werner von Siemens das Telefon für eine unbedeutende Spielerei; noch in den 1970er Jahren sah die Computerbranche die wachsende Beliebtheit der Computerspiele nicht voraus. Ein rein technisches Perfektions- und Optimierungsdenken erweist sich häufig als ökonomisch irrational. Insgesamt lässt sich eine Tendenz erkennen, dass der Ehrgeiz nach technischen Superlativen – noch schnelleren Flugkörpern, noch größeren Kraftkonzentrationen, noch härteren Werkstoffen – nicht mehr am zivilen Markt, sondern nur noch in staatlich finanzierten Rüstungs- und Raumfahrtprojekten seinen Sinn bekommt: also weder Push noch Pull.

Einen Markstein für den Einbezug der Technik in die Wirtschaftsgeschichte bedeutete der „Unbound Prometheus" von David S. Landes (1969), eine stark technikhistorische Darstellung der industriellen Entwicklung West- und Mitteleuropas seit 1750. Die Darstellung folgt manchmal dem Modell des „Push", manchmal aber auch dem des „Pull". Als „Herz der Industriellen Revolution" bezeichnete Landes die „interrelated succession of technological changes" und als Resultat „a cumulative, selfsustaining advance in technology" [LANDES 1969, 1, 3]. An anderer Stelle spricht er jedoch davon, dass sich der technische Wandel nie automatisch vollziehe [EBENDA, 42] und betont den „Druck der Nachfrage" [EBENDA, 77].

Im Allgemeinen tendiert die Wirtschaftsgeschichte dahin, die Bedeutung berühmter technischer Innovationen zu relativieren. Technikhistoriker neigen traditionell dazu, ein zögerliches Verhalten gegenüber Innovationen zu tadeln. Demgegenüber zeigt eine Kosten-Nutzen-Rechnung in typischen Fällen, dass es ökonomisch oft ganz rational war, mit der gewohnten Technik noch eine Weile fort zufahren und Innovationen nur mit Vorsicht und Schritt für Schritt einzuführen.

Der Amerikaner George H. Daniels bekannte sich zu der Auffassung, dass die „sanften Kurven" der Wirtschaftshistoriker „uns ein realistischeres Bild des historischen Prozesses vermitteln als die Technikhistoriker mit ihren dramatischen Revolutionen und diskontinuierlichen Sprüngen" [in: HAUSEN/RÜRUP (Hrsg.) 1975, 51]. Dennoch bedeuteten bestimmte neue Techniken – Eisenbahn, Auto, Personal Computer – von der menschlichen Wahrnehmung und Erfahrung her gesehen einen tiefen Bruch. Insofern kann der technikhistorische Zugang einer überzogenen Betonung der Kontinuität, wie sie sich aus der quantitativ-ökonomischen Sichtweise ergibt, entgegenwirken.

Wie der Seitenblick auf die Technik in der Betriebswirtschaft mehr Tradition hat als in der Volkswirtschaftslehre, so auch in der Unternehmensgeschichte mehr als in der makroökonomischen Wirtschaftshistorie. Die Vorliebe für die technische Seite der Unternehmensführung hat ihre Konjunkturen: Galt im frühen 20. Jahrhundert eine technische Ausrichtung als charakteristisch für die deutschen Industrieführer, so pflegte in der „Wirtschaftswunder"-Ära demgegenüber die Priorität des Marketing betont zu werden. Der Eindruck der „mikroelektronischen Revolution" reaktivierte die Neigung, in technischen Innovationen den Schlüssel zum Erfolg zu erblicken;

die neuerliche Rezession führt dagegen zu erneuten Warnungen vor einer Übertechnisierung. Der Wechsel der geistigen Moden spiegelt den Wandel der Bedeutung, die technischen Neuerungen in verschiedenen unternehmensgeschichtlichen Phasen zukommt.

Nicht nur die unternehmerischen Erfolge, sondern auch die seit den 1970er Jahren grassierenden Rezessionserscheinungen, denen gegenüber die meisten gängigen Wirtschaftstheorien versagen, haben eine neue Aufmerksamkeit auf die Technik gelenkt, denn sie fielen mit der „mikroelektronischen Revolution" und den von ihr geprägten Rationalisierungsprozessen zusammen. Die Erwartung, dass technische Neuerungen immer mehr Menschen brotlos machen, gab es als eine Angst der „kleinen Leute" schon seit vorindustrieller Zeit, doch hatte die ökonomische Theorie im allgemeinen dahin tendiert, Befürchtungen dieser Art als grundlos hinzustellen. Gerade in der langen Hochkonjunktur nach 1945 galt es als erwiesen, dass der technische Fortschritt, insgesamt gesehen, viel mehr Arbeitsplätze schaffe als vernichte. Bis heute befindet sich die Theorie von der technologisch bedingten Arbeitslosigkeit innerhalb der Wirtschaftswissenschaften in einer Minderheitenposition. Schon in frühindustrieller Zeit allerdings wollte der schweizerische Ökonom Sismondi (1773–1842) nicht glauben, dass sich das durch die Maschinen gewaltig gesteigerte Warenangebot automatisch seine Nachfrage schaffe. In der Realität gab es ja Überproduktionskrisen, und Sismondi argumentierte mehr historisch-empirisch als theoretisch [GIDE/RIST 1913, 202ff.]. Erst recht gab die 1929 ausbrechende Weltwirtschaftskrise, die unmittelbar auf eine Ära stürmischer Rationalisierung folgte, der Theorie von der Technik als ökonomischem Krisenfaktor eine eindrucksvolle Evidenz. Aber obwohl damals breite Bevölkerungskreise glaubten, dass der technische Fortschritt zu wachsender Arbeitslosigkeit führe, gewann diese Überzeugung nur ansatzweise und vorübergehend theoretische Gestalt. Vor allem Emil Lederer entwickelte 1931 eine Theorie der „technologischen Arbeitslosigkeit" [LEDERER 1981]. Er hob die Bedeutung des Zeitfaktors hervor: Das Tempo, in dem der technische Fortschritt Arbeitsplätze vernichte, könne höher sein als das Tempo, in dem er Arbeitsplätze schaffe. Wenn man an prinzipielle „Grenzen des Wachstums" glaubt – ob aus ökologischen Gründen oder wegen der Endlichkeit der menschlichen Bedürfnisse –, dann gewinnt diese Theorie eine erhöhte Überzeugungskraft. Sie könnte den Anstoß zu einer kritischen Rekapitulation der ökonomischen Wirkungen neuer Technik in der Vergangenheit geben.

Als Krisenelement tritt die Technik auch in der Umweltgeschichte in Erscheinung. Der Faktor „Umwelt" besitzt in den Wirtschaftswissenschaften noch keine lange und profilierte Tradition. Ebenso wenig wie der Faktor „Technik" behauptet er in der Ökonomie eine einheitliche Position. „Umwelt" ist bei den Rahmenbedingungen der Produktion, bei den Produktionsfaktoren und bei dem Schicksal der Produkte mit im Spiel. Die Einsicht, dass die bedenklichste Belastung der Umwelt durch die Industrie nicht von den Produktionsprozessen, sondern von den Produkten herrührt, kennzeichnet eine neue Phase der Umweltpolitik im Zeichen der Kunst- und Verbundwerkstoffe [HELD 1991].

Soll man sich die Umweltgeschichte *jenseits* der Wirtschaftsgeschichte vorstellen, oder gibt es breite Überschneidungszonen? Man könnte argumentieren, ein Hauptproblem in der Geschichte der Mensch-Umwelt-Beziehung sei die Verknappung der Ressourcen; damit gerate man jedoch in einen Kernbereich der Wirtschaftsgeschichte, da der Umgang mit der Knappheit der Güter seit eh und je das Leitmotiv aller Verteilungssysteme gewesen sei. Dem steht das Argument entgegen, dass eine durch Umweltzerstörung langfristig herbeigeführte absolute Verknappung lebenswichtiger Ressourcen (Boden, sauberes Wasser, gesunde Atmosphäre) von den Marktvorgängen nicht erfasst, vielmehr systematisch verschleiert werde. Die irreversible Erschöpfung nicht-regenerativer Güter bedeutet für die ökonomische Theorie bis heute ein unlösbares Problem. Hier vollzieht sich die Umweltgeschichte *hinter* den Marktprozessen. Aber wie war es in der Zeit, als das Wirtschaftsleben noch zum allergrößten Teil auf regenerativen Ressourcen beruhte? Zahlreiche Historiker haben gerade für jene Zeit eine durch Ressourcenerschöpfung, insbesondere durch Entwaldung und Holzverknappung bewirkte Katastrophendrohung konstruiert. Sombart sah im 18. Jahrhundert das „drohende Ende des Kapitalismus" als Folge der Herunterwirtschaftung der Wälder nahen [SOMBART 1987, Bd. II/1, 1137ff.]; nur die Steinkohle habe Europa vor diesem Schicksal bewahrt. Viele Autoren sind Sombart in diesem Punkt gefolgt. Dennoch ließ sich kaum irgendwo eine allgemeine Wirtschaftskrise, die wesentlich durch Holzverknappung verursacht wurde, empirisch nachweisen [RADKAU 1986, Zur angeblichen Energiekrise]. Auch aus theoretischen Gründen ist es wenig wahrscheinlich, dass eine solche Krise in Regionen, wo die Wälder regenerativ waren, eintreten konnte. Eher zeichnet sich ab, dass der Markt mit wachsender Holzverknappung immer besser die Mensch-Umwelt-Beziehung regulierte, denn der Rückgang der Wälder machte sich in steil ansteigenden Holztransportkosten bemerkbar, und zunehmend gingen auch die Kosten für Aufforstung in den Holzpreis ein. Die Technik reagierte mehr und mehr auf diese Situation: „Holzersparnis" zieht sich als roter Faden durch die Technikgeschichte vom 16. bis zum 19. Jahrhundert [RADKAU/SCHÄFER 1987]. Der Zusammenhang von Wirtschafts-, Technik- und Umweltgeschichte ist in älterer Zeit manchmal dichter als im 20. Jahrhundert.

3. Bisherige Themenbereiche und Paradigmen der Forschung

Technikgeschichte war bis in die 70er Jahre wie selbstverständlich vor allem Innovationsgeschichte. Innerhalb dieser Grundorientierung hat sie allerdings Entwicklungen durchgemacht. Das ursprünglichste Thema der Technikhistorie waren die Erfindung und die Erfinder. Die Technikgeschichte der großen Erfinder sank allerdings im Laufe der Zeit auf Jugend- und populäres Sachbuch-Niveau ab. Die Unzulänglichkeit des Konzeptes war von Anfang an klar, denn man hatte oft genug erlebt, dass es von der Idee bis zur erfolgreichen industriellen Durchführung ein weiter Weg ist. Der Gegenstand der technikhistorischen Forschung erweiterte sich demgemäß von der Erfindung auf die industrielle Entwicklung, die damit verbundene Verbesserungsinnovation, die Technik-Diffusion und den Technologietransfer. Die

Technikgeschichte wurde industrieller und prozessualer und näherte sich der Wirtschaftsgeschichte an. Auch die Rationalisierungsprozesse, die technische und organisatorische Innovationen verbinden, wurden in jüngster Zeit zu einem technikgeschichtlichen Thema. Theoretische Ambitionen von Technikhistorikern zielten manchmal auf eine Theorie der Innovation. Die Erfahrungen der Technikgeschichte dürften jedoch eher zu dem Schluss führen, dass es eine allgemeine Theorie der Innovation nicht geben kann. Dennoch lassen sich für bestimmte Regionen, Branchen und historische Epochen typische Innovationsbedingungen erkennen. Im 18. und frühen 19. Jahrhundert hatten holzsparende Innovationen und solche, die der kleingewerblich-dezentralen Produktionsweise angepasst waren, in Deutschland eine besondere Chance, danach jedoch solche, die den Trumpf des neu erschlossenen Kohlereichtums ausspielten und der aufsteigenden Großindustrie zugute kamen [RADKAU 1989, Technik in Deutschland, 66ff., 115ff.]. Im ersten Jahrzehnt der Bundesrepublik bevorzugte man eher simple und konventionelle Innovationen wie Gabelstapler oder Elektroschweißbrenner [RADKAU 1993, „Wirtschaftswunder"]. Erst unter der Konstellation der 60er Jahre setzte sich die Kerntechnik durch, obwohl der Höhepunkt der öffentlichen Atom-Euphorie in den 50er Jahren gelegen hatte [RADKAU 1983, 78ff.].

Als Kontrast zur Geschichte der Innovationen hat das Überleben der traditionellen Techniken seit den 70er Jahren verstärkte Aufmerksamkeit auf sich gezogen. Dieses Interesse wurde durch die Kritik am technizistischen Fortschrittsglauben, den Museumsboom und die industrielle Archäologie gefördert. Noch 1969 glaubte Maurice Daumas, der damals führende französische Technikhistoriker: „Einzig die Erforschung (der) inneren Logik der technischen Entwicklung kann die technische Geschichte der Technik von ihrem ereignisgeschichtlichen Charakter befreien, der sie noch allzu stark prägt [in: HAUSEN/RÜRUP (Hrsg.) 1975, 41]. Die seither erzielten Fortschritte der technikhistorischen Forschung haben jedoch eher von der Vorstellung einer „inneren Logik der technischen Entwicklung" abgebracht. Das bedeutet jedoch nicht, dass sich die Technikgeschichte ganz in Sozial- und Wirtschaftsgeschichte aufgelöst hätte. Es gibt in der Tat ein dichtes Netz wechselseitiger Abhängigkeiten zwischen verschiedenen technischen Entwicklungen, und in der Erforschung dieser Interdependenzen und der durch sie bedingten Koppelungseffekte besteht eine spezifische Aufgabe der Technikhistorie. Weil die Technik nicht aus der reinen Theorie entsteht, sondern in hohem Maße eine Sache der Erfahrung ist, knüpfen technische Innovationen in der Regel eng an vorausgegangene Entwicklungen an. Dieser Zusammenhang ist jedoch nicht im Sinne eines technologischen Determinismus zu interpretieren. Das „technologische Momentum", das Thomas P. Hughes in dem Sprachgebrauch der Technikhistoriker einführte [in: HAUSEN/RÜRUP (Hrsg.) 1975, 358ff.], besteht im Kern aus dem Korpsgeist einer durch gemeinsame Erfahrungen zusammengehaltenen Technikerszene. Die Wirkungsweise dieses „Momentums" folgt nicht einer reinen Sachlogik der Technik, sondern ist durch die historische Konstellation und das soziale Milieu geprägt. Wenn das „technische Momentum" bei I. G. Farben in der Suche nach immer neuen Anwendungsfeldern für die bei der Ammoniaksynthese gewonnenen Erfahrungen bestand, so kollidierte es

Technik und Umwelt 145

schließlich mit den Gesetzen des Marktes. In jüngster Zeit wird in deutschen Wirtschaftskreisen manchmal über einen Trend zur Überautomatisierung geklagt: Auch dieser lässt sich als Resultat eines „technischen Momentums" begreifen, das ökonomisch irrational ist. Mehrmals in der deutschen Unternehmensgeschichte des 20. Jahrhunderts lässt sich ein atmosphärischer Wechsel von der Technikfixiertheit zur Wiederentdeckung des menschlichen Faktors beobachten.

Als ein aus ökonomischer Sicht irrationaler Faktor tritt das „technologische Momentum" in neuerer Zeit in der Geschichte der Kernenergie in Erscheinung. Die Atomkraft wurde in den 1950er Jahren zum identitätsstiftenden Moment für ein soziales Netzwerk, das sich quer durch Wissenschaft, Technik, Wirtschaft, Politik und Publizistik zog: Wirkliche oder vermeintliche Experten, die unabhängig von aktuellen Kosten-Nutzen-Rechnungen auf die Zukunftsperspektive Kernenergie eingeschworen waren. Die „Community" wurde für dieses Netzwerk zum stehenden Begriff [RADKAU 1992, 91ff.]. Die Protestbewegung gegen Kernkraftwerke verstärkte den Zusammenhalt dieser „Community". Ähnliches vollzog sich in den 70er und 80er Jahren mit der Gentechnik. Beide Technologien erlangten auf diese Weise in der Öffentlichkeit eine Bedeutung, die in keinem Verhältnis zu ihrer ökonomischen Relevanz stand. So konnte auch der Protest *gegen* diese Technologien identitätsstiftend werden.

Ein neues Thema der technikhistorischen Forschung, ebenfalls von Hughes eingeführt, sind die großen technischen Systeme. Als Prototypen präsentierte Hughes die Netze der Energieversorgung [HUGHES 1983]. Das Thema ist seither auch ein bevorzugter Gegenstand der Techniksoziologie geworden; den Historiker interessieren insbesondere die Genese und Dynamik dieser Gebilde. Gehört Wachstum zum inneren Gesetz großer technischer Systeme und spielt die Logik der Technik dabei eine entscheidende Rolle? Diese Frage ist offen und bietet – wie am Beispiel des Zentralisierungsprozesses in der Elektrizitätswirtschaft erkennbar – einigen Stoff für Kontroversen [RADKAU 1991]. Je dichter und flächendeckender die Industriestaaten von technischen Netzwerken durchzogen werden, desto mehr wird die Anschlussfähigkeit an diese bestehenden Technik-Systeme zu einer entscheidenden Bedingung für die Durchsetzung neuer Techniken. Die ökonomischen Chancen technischer Innovationen lassen sich daher nur teilweise durch Kosten-Nutzen-Rechnungen ermitteln; sie werden in manchen Fällen auch dadurch entschieden, ob sich die Innovation in bestehende Technik-Entwicklungen einfügt oder nicht. Der Hochtemperaturreaktor musste scheitern, als er in der internationalen Reaktorlandschaft vollkommen isoliert dastand; der Transrapid, der eine sehr aufwendige Infrastruktur benötigt, wurde bislang von Hochgeschwindigkeitszügen überflügelt, die die bestehende Infrastruktur der Bahn nutzen können. Somit ergibt sich auch aus dem Systemcharakter der Technik die ökonomische Bedeutung der Technikgeschichte.

Bisherige Ansätze historischer *Umwelt*forschung bewegen sich in typischen Fällen auf zwei ganz unterschiedlichen Ebenen: Zum einen auf der die Jahrhunderte überfliegenden Ideengeschichte, zum anderen auf der einer eher kurzfristigen Ereignisgeschichte der Skandale, Konflikte und Regelungen. Zu Geschichtsdarstellungen größeren Formats vermochte die Umwelthistorie bislang am ehesten auf ideengeschichtlichem Wege zu gelangen: Durch Überblicke über die Entwicklung der Naturkonzepte und der Vorstellungen über das Mensch-Natur-Verhältnis im Laufe der Geschichte [vgl. GLACKEN 1967; MERCHANT 1980; WORSTER 1985]. Die Problematik dieses Ansatzes besteht darin, dass die Realgeschichte der Mensch-Umwelt-Beziehung nicht von den Ideen, sondern von den alltäglichen Verhaltensweisen bestimmt wird. Zwischen beiden besteht oft eine weite Kluft. Dabei sind die Natur-Ideen oftmals mehrdeutig: Man sieht ihnen nicht ohne weiteres an, mit welchen Verhaltensweisen sie korrespondieren. Aus der Bibel kann man Ehrfurcht vor Schöpfung, aber auch den Auftrag der Herrschaft über die Erde herauslesen, aus Bacon bescheidenen Respekt vor der Natur, aber auch Drang nach Vergewaltigung der Natur; Liebig kann als Verkünder ökologischer Kreisläufe, aber auch als Vorkämpfer der Chemisierung der Landwirtschaft in die Ideengeschichte eingehen. In der Geschichte des technischen Denkens findet sich sowohl das Ideal der Naturnachahmung als auch der Ehrgeiz des Sieges über die Natur [DIENEL 1992]. In der Geschichte der Naturideen sind die Vorstellungen einer allesbeherrschenden unzerstörbaren und die einer verletzlichen und sterblichen Natur einander manchmal merkwürdig benachbart [RADKAU 1986, Warum wurde]. Auf ideengeschichtlicher Ebene ist nicht zu klären, was die Ideen praktisch bedeuten.

Den Vorzug der Realitätsnähe und des Handlungsbezuges besitzt der andere, auf konkrete Konflikte und Regelungsversuche gerichtete Ansatz. Von der Quellenlage her bietet er sich am leichtesten an, denn er beschäftigt sich mit Geschehnissen, die zusammenhängende Aktenbestände produzierten. Außerdem besitzt er eine innere Affinität zur ökologischen Bewegung der Gegenwart. Da der Stein des Anstoßes häufig von Gewerbebetrieben herrührt und die Konfliktlösung teilweise in technischen Maßnahmen gesucht wird, besteht eine Verbindung zur Technikgeschichte [vgl. BRÜGGEMEIER/ROMMELSPACHER 1987; SPELSBERG 1984; KLUGE/SCHRAMM 1986]. Die Vorgänge betreffen in der Regel einzelne Umweltmedien: Wasser, Wald oder Luft. Das in mancher Hinsicht wichtigste Umweltmedium, der Boden, scheint sich diesem Zugang zu entziehen. Die Problematik dieses Untersuchungstypus besteht darin, dass es bei diesen Konflikten zunächst nur um ökonomische Interessen geht, nicht um ökologische Belange. Wenn der Wald aus der Sicht bestimmter Nutzungsinteressen von konkurrierenden Nutzern erbärmlich misshandelt wurde, so bedeutet das nicht unbedingt eine ökologische Degradierung: Artenreiche Bauernwälder, aus der Sicht des Forstreformers nahezu wertlos, können ökologisch stabiler sein als Forsten von hohem Marktwert. Der Historiker muss die Interessengebundenheit der meisten Klagen über Waldfrevel beachten. Wenn man aber davon ausgeht, dass es dem „Umweltbewusstsein" letztlich ohnehin nicht um die Natur als solche, sondern um Lebensbedürfnisse der Menschen – nur eben um langfristige, kollektive und auch außerökonomische – geht, dann folgt daraus die prinzipielle Möglichkeit, dass sich aus der Interessenkollision bei der Umweltnutzung und aus den Bemühungen um einen neuen Konsens eine Art von Umweltbewusstsein entwickelt. Außerdem führen die Konflikte häufig zu Bestandsaufnahmen von Umweltmedien, die auch über die Interessen der Beteiligten hinaus Umweltgeschichte dokumentieren.

Die Technik- und Umwelthistorie leiden bislang beide unter einer gewissen Schwierigkeit, zwischen den konkreten Phänomenen einerseits und historischen Höhenwanderungen andererseits eine stabile mittlere Ebene der Forschungsgegenstände auszubauen. Beiden historischen Unterdisziplinen mangelt es an allgemein anerkannten Periodisierungsmodellen, die über eine Grobgliederung der Geschichte in vorindustrielle und industrielle Zeit hinausgehen und nicht einfach herkömmliche Periodisierungen übernehmen. Die Technikhistorie enthält immer noch ein tief sitzendes Paradigma von der gesamten Weltgeschichte als Fortschritt, die Umwelthistorie dagegen ein universales Niedergangs-Paradigma: Die gesamte Weltgeschichte als Prozess fortschreitender Naturzerstörung. Beide Paradigmen besitzen einen monoton-linearen Grundzug, sie verleihen der Geschichte keine Struktur.

Außerdem stellt sich die Frage, welche *Maßstäbe* einer solchen Bewertung der Geschichte zugrunde liegen; die normativen Prämissen der Technik und Umweltgeschichte bedürfen noch der Klärung. Heute dürfte kaum jemand mehr ernsthaft behaupten, dass technischer Fortschritt automatisch humanen Fortschritt bedeutet. Wie sind – dies vorausgesetzt – technische Innovationen zu bewerten? Auf der anderen Seite wäre es unlogisch, die von Menschen unberührte Natur als Ideal der menschlichen Geschichte zu setzen: Dann wäre die gesamte Geschichte ein prinzipiell negativer Prozess. Außerdem würde ignoriert, dass die von Umweltschützern verteidigte Natur in der Regel bereits durch menschliche Geschichte geprägt ist [RADKAU 1989, Wald- und Wasserzeiten].

Die Frage, welches unter dieser Voraussetzung sinnvolle Maßstäbe zur Bewertung von Naturveränderungen durch den Menschen sind, ist noch offen. Wenn Umweltgeschichte bislang mit Vorliebe als eine Geschichte der Defizite und Unzulänglichkeiten geschrieben wurde, so hat das seinen Grund; es wäre jedoch ahistorisch, den Menschen früherer Zeiten das heutige Umweltbewusstsein abzuverlangen. Vielmehr muss man fragen, zu welchen Maßnahmen sie von ihrer Umweltwahrnehmung, Interessenlage und ihrem ökonomischen Handlungsspielraum her kommen konnten.

Als eine Art von Periodisierung der Weltgeschichte, die technik- und umwelthistorische Aspekte vereint, wurde in neuerer Zeit verschiedentlich die Gliederung nach Energiesystemen vorgeschlagen [SIEFERLE 1982; DEBEIR U.A. 1989]. Die bisherige Unterteilung in solare und fossile Energiesysteme ist jedoch nicht weniger grob als die Unterteilung in vorindustrielle und industrielle Zeit. Manchmal präsentiert sie nur das alte Paradigma „Fortschritt durch Steigerung der Kraft" in neuem kritischem Gewand. „Energiesysteme" solcherart zu „Ökosystemen" zu deklarieren, bringt wenig Sinn, denn Ökosysteme solchen Ausmaßes sind nicht empirisch zu erforschen. Vorstellbar ist jedoch eine Weiterentwicklung dieses Ansatzes, die eine verfeinerte Periodisierung und die Bestimmung regionalspezifischer Entwicklungen gestattet, so etwa durch Herausarbeitung von Energienutzungsstilen und der wechselnden Art des ökonomischen Umgangs mit Energie: der Aufeinanderfolge von Zeiten der Verschwendung und unterschiedlichen Spar-Strategien. Damit würde zugleich eine Brücke zur Wirtschaftsgeschichte geschlagen [RADKAU 1990].

4. Neue Konzepte und Forschungsdefizite

Bei einer ganzen Reihe neuer Themenbereiche der Technikgeschichte besteht eine Konvergenz zur historischen Umweltforschung. Das gilt etwa für die Erforschung *nationaler und regionaler Stile* und kultureller Zusammenhänge der technischen Entwicklung. In regionalem Rahmen lassen sich am ehesten ein enger Zusammenhang von Technik und Umwelt und ebenso ein Konnex zu anderen Bereichen der Geschichte herstellen. Das Interesse an regionsspezifischen Zusammenhängen ist in jüngster Zeit gewachsen. Während man noch vor einer Generation in der Vorstellung lebte, dass die Industrialisierung sich überall im Prinzip etwa gleich vollziehe, sind in neuester Zeit – auch durch enttäuschende Erfahrungen der „Entwicklungsländer" – kulturelle Bedingungen erfolgreicher Industrialisierungsprozesse deutlicher geworden. Auch innerhalb der hochindustrialisierten Staaten zog die Verschiedenheit der Entwicklungspfade verstärkte Aufmerksamkeit auf sich, zumal der wachsende Welthandel nicht nur nationale Unterschiede abschliff, sondern auch manche nationalen Profile verschärfte. National- und Regionalstile in der Technik können viele Gründe haben: Einheimische Ressourcen, aber auch komparative Kostenvorteile auf dem Weltmarkt; Lohnkosten und Qualifikation der Arbeitskräfte, Marktbedingungen oder Struktur des Rüstungssektors. Das Technik-Profil einer Nation kann sich im Laufe der Zeit verändern. Prototyp eines nationalen Industrie- und Technikstils war das „American system of manufacture", charakterisiert durch Spezialmaschinen und standardisierte Massenproduktion [HOUNSHELL 1984]. Aber auch in der deutschen Geschichte finden sich charakteristische Technikstile, an denen man verschiedene Epochen unterscheiden kann [RADKAU 1989, Technik in Deutschland]. Das herkömmliche Thema „Technologie-Transfer" müsste in „Technik-Anpassung" umformuliert werden, um den regionalen Bedingungen Rechnung zu tragen.

Weiterhin wird die Verbindung von Technik- und Umweltgeschichte dadurch gefestigt, dass die Technikhistorie der *stofflichen* Seite ihres Gegenstandes stärkere Aufmerksamkeit widmet: Den Werkstoffen, den in den Produkten verarbeiteten Stoffen und den Abfallsubstanzen. Die Geschichte der Chemie – bislang oft in einer Zwischenzone von Wissenschafts- und Technikgeschichte – verspricht wesentliche Aufschlüsse über die historischen Bedingungen der Umweltproblematik seit dem 19. Jahrhundert [vgl. ANDERSEN/SPELSBERG (Hrsg.) 1990]. Bisher ist nur die Geschichte der Teerfarbenindustrie relativ gut erschlossen; der Aufstieg der Kunststoff- und Chlorchemie mit ihrer Tragweite für die gegenwärtige Umweltsituation ist noch wenig erforscht.

Die Geschichte der technischen *Sicherheit*, der „Sicherheitsphilosophien" und der *Akzeptanz* durch die Gesellschaft ist ein viel versprechendes Forschungsterrain der jüngsten Zeit, auch im Blick auf das neue Praxisfeld „Technikfolgenabschätzung" (Technology Assessment, T. A.), dessen historische Dimension noch sehr ausbaufähig ist [RADKAU 1993, Techniksteuerung]. Der Einwand liegt nahe, dass die Technikgeschichte dabei Gefahr läuft, unter dem Eindruck aktueller Interessen anachronistisch zu werden. Aber die Vorstellung, dass die technische Entwicklung ehemals der Logik der Sache und der Ökonomie gefolgt sei und erst seit den 1970er Jahren durch öffentliche Diskussionen gestört werde, trifft nicht zu: Auch früher war die Durchsetzung technischer Innovationen und Sicherheitsnormen mit Prozessen der Konsensfindung verbunden. Da das Ergebnis hernach jedoch als das technisch Optimale galt, schienen die Diskurse, die dorthin geführt hatten, im Nachhinein unwichtig zu werden. „Sicherheit" war gewiss bei früheren Bauwerken ein weniger problematischer Begriff als bei Kernkraftwerken. Dennoch beruhen bereits die frühen Baunormen auf Aushandlungsprozessen [BOLENZ 1987]. Besondere Beachtung verdient in diesem Zusammenhang die Rolle der *Wissenschaft*. Schon seit dem 19. Jahrhundert wird eine zunehmende Verwissenschaftlichung der Technik behauptet; wieweit das zutrifft und was „Verwissenschaftlichung" konkret bedeutet, ist jedoch stets im Einzelfall zu prüfen. Die praktische Erfahrung bleibt in der Technik stets entscheidend; oft spielt die Wissenschaft im Bereich der Sicherheits- und Umweltnormen eine eher legitimatorische Rolle. Auch der „Stand der Forschung" ist nicht objektiv gegeben, sondern muss ausgehandelt werden. Es scheint, dass die Geschichte der Konsensfindung in der Technik durchaus typische und regelhafte Erscheinungen aufweist, wenn die Akzeptanzbedingungen auch einem historischen Wandel unterliegen.

Der Bereich der *Medizin* und *Hygiene* ist eine komplizierte Überschneidungszone von „Technik" und „Umwelt". Ein über ökonomische Interessen hinausgehendes Umweltbewusstsein entpuppt sich, genau besehen, häufig als Sorge um die eigene Gesundheit, wobei diese in sehr weitem Sinn verstanden werden kann. Auch die Gesundheitsideale modifizieren sich im Verlauf der Geschichte; in die Interpretation des Körpers und seiner Funktionstüchtigkeit fließen seit dem 18. Jahrhundert technische Vorstellungen ein. Umgekehrt wird das Verhältnis zur Technik wesentlich durch „hautnahe" Erfahrungen geprägt. Die hygienischen Verheißungen der Technik waren eine wesentliche Grundlage des Glaubens an den technischen Fortschritt; die von der Technik drohenden Gefahren für die körperliche und seelische Gesundheit waren eine Wurzel des Technik-Pessimismus.

Wenn man sich weder mit dem Fortschritts-Paradigma bei der Technik noch mit dem Niedergangs-Paradigma bei der Umwelt zufrieden gibt, und wenn man beide Bereiche historisch miteinander verbinden will: Wie könnte man sich neue Paradigmen vorstellen? Skepsis ist angebracht bei allzu linearen Verlaufsmodellen; spannungsvollere Entwürfe dürften realitätsnäher und produktiver sein. So kann man in der Technikgeschichte des 19. und 20. Jahrhunderts ein Gegenüber von zwei zueinander in Spannung stehenden, teilweise aber auch miteinander vernetzten Grundprozessen erkennen: Der Herausbildung ausgedehnter technischer Systeme und der Privatisierung der Technik. Von der Eisenbahn zum Auto, vom Kino zum privaten Fernseher, vom Waschhaus zum eigenen Waschautomaten, vom Badehaus zum Badezimmer, vom Großrechner zum Personal Computer: Ein Grundtrend geht dahin, Techniken in die Verfügungsgewalt der privaten Haushalte zu bringen. Dieser Trend entstand gewiss vor allem aus ökonomischen Impulsen und keineswegs aus einer immanenten Entwicklungslogik der Technik. Ein typischer Technikerehrgeiz zielte auf die höhere Leistung und das kompliziertere System. Die Devise der privaten

Technik lautete dagegen nicht „schneller, höher, stärker", sondern eher „billiger, leichter, einfacher, bedienungssicherer, körperkonformer, wartungsfreundlicher". Die Privatisierung der Technik förderte Methoden der Massenproduktion, aber die Konsumentwicklung brachte auch immer wieder einen Zwang zur Diversifizierung mit sich.

Mit der Privatisierung der Technik hängt ihre flächendeckende Umweltwirkung zusammen. Im Übrigen hat sich in der Neuzeit auch eine Privatisierung der Umweltnutzung vollzogen: Von den Waldgenossenschaften zum Privatwald, vom Brunnen zum Wasserhahn. In der Frühzeit des Liberalismus verbreitete sich die Auffassung, das Privateigentum am Wald sei der beste Waldschutz, und Gemeindewälder würden logischerweise stets heruntergewirtschaftet. Wenn diese Behauptung auch nicht wenige historische Belege für sich hat, so kann sie doch nicht als allgemeines Gesetz gelten. Unter bestimmten sozialen Gegebenheiten (stagnierende Bevölkerungszahl, autarke Wirtschaftsweise, intakte genossenschaftliche Institutionen) konnte eine vorsorgliche Waldwirtschaft auf kollektiver Grundlage durchaus funktionieren. Auf die Frage, bei welchen Personen und Institutionen Umweltbelange am besten aufgehoben sind, gibt es keine allgemeine Antwort. Durch die Untersuchung der jeweiligen sozioökonomischen Verhältnisse kommt man hier weiter. Hinter vielen „Umweltproblemen" verbergen sich Probleme der Gesellschaft.

Ein Grundvorgang, der die gesellschaftliche Bewältigung von Umweltproblemen im Laufe der Neuzeit zunehmend kompliziert, ist die fortschreitende *Entgrenzung* der Lebensräume. Bei diesem Vorgang spielten Innovationen der Verkehrstechnik eine Schlüsselrolle: Wieder hängen Technik- und Umweltgeschichte zusammen. Das Zusammenwachsen der Welt galt bis vor kurzem als Fortschritt; aus ökologischer Sicht handelt es sich hierbei jedoch um einen tief ambivalenten Prozess. Er ist nicht notwendig verhängnisvoll: Der wachsende Welthandel enthält theoretisch auch die Chance, dass sich jede Region auf die ihrer Umwelt gemäßen Wirtschaftszweige spezialisiert. Aber wenn die Wirkungszusammenhänge global werden, rücken Verursacher und Betroffene immer weiter auseinander, ja es wird oft unmöglich, bei Umweltschäden bestimmte Verursacher zu identifizieren.

Ein erstes Interesse historischer Umweltforschung gilt der Geschichte der Wahrnehmung der Umweltprobleme und ihrer Kausalzusammenhänge; schon diese Wahrnehmung wird aber durch die Entgrenzung zunehmend erschwert. Orientierte man sich im 19. Jahrhundert noch am Augenschein und Geruch, so wird im 20. Jahrhundert die Definition der Umweltprobleme zur Sache der Wissenschaft. Im Kontrast zur Privatisierung verlagert sich die Regelung der daraus entspringenden Probleme auf immer höhere Ebenen, denen die unmittelbare Konfrontation mit den Problemen vor Ort fehlt. War im 19. Jahrhundert noch die Kommune der Bereich, in dem man Umweltprobleme zu lösen versuchte, so waren schon um die Jahrhundertwende die Länder und der Staat gefordert, und heute sind manche Probleme – wenn überhaupt – nur global zu lösen. Im Widerspruch zu der tatsächlichen Entgrenzung der Umweltbelastungen sind die Regelungsinstanzen, um im Rahmen ihrer Möglichkeiten zu bleiben, auf eine *Eingrenzung* der Probleme angewiesen. Die Geschichte der Grenzwerte gehört zu den Bereichen, in denen die Technik den Umgang mit der Umwelt besonders deutlich beeinflusst.

Die historische Technik- und Umweltforschung hat ihre spezifischen Probleme mit den schriftlichen Quellen. In der Technik ist das Wichtigste das Know-how und die Erfahrung, nicht zuletzt die Erfahrung mit Fehlschlägen und Störfällen. Die Fehlerfreundlichkeit von Technik hängt nicht zuletzt an der Vorsicht, mit der sich die technische Entwicklung an Erfahrungen vorantastet. Aber dieses Wissen, das oft an unangenehme Erfahrungen geknüpft ist, wird nur ungern schriftlich fixiert. Man hat den Technikern eine „Papyrophobie" nachgesagt; ein erfahrener Maschinenbauer meinte sogar, die schriftlichen Quellen der Technik seien notwendigerweise „trüber Art", da die „Schaffenden und Wissenden" das wirklich Wichtige nie zu Papier brächten [RIEDLER 1916, 247].

Auch in der Geschichte der Mensch-Umwelt-Beziehung gibt es viel Unartikuliertes. Von der Breitenwirkung her bedeutsam sind weder die großen Programme noch die besonderen Vorfälle, sondern die alltäglichen Gewohnheiten, und diese erkennt man in den Quellen bestenfalls zwischen den Zeilen. Das wirksamste Umweltbewusstsein früherer Zeiten findet man nicht in den Ideen der Philosophen über die Natur, sondern in der mehr oder weniger stummen Wirkung bestimmter Trägheitsgesetze der Gesellschaft, die abrupte Radikaleingriffe in die Natur verhinderten, oder auch in der Art und Weise, wie selbst bei Verstößen gegen Wald- und Wasserschutzvorschriften bestimmte Grenzen stillschweigend respektiert wurden. Unartikuliertes Umweltbewusstsein steckt in der Art und Weise, wie die Bevölkerung in einer Region ihre Zahl einigermaßen konstant hielt, und auch in der Selbstverständlichkeit, mit der noch bis in die jüngste Vergangenheit hinein möglichst alle Abfälle verwertet wurden.

Eine Geschichte der alltäglichen Verhaltensnormen, der im täglichen Leben praktizierten Ethik: Darin bestünde eine der reizvollsten, aber auch schwierigsten Aufgaben nicht nur der historischen Umweltforschung, sondern auch der Technikhistorie [RADKAU 1993, Fragen an die, 108f.]. Mit gutem Grund hat das Thema „Ethik" in den Technikdiskussionen der jüngsten Zeit einen enormen, für viele überraschenden Aufschwung erlebt. Das sich in den Marktmechanismen äußernde individuelle Eigeninteresse reicht nicht aus, um Sicherheit und Umweltfreundlichkeit von Technik zu gewährleisten; eine praktische Ethik auf Seiten der Technik-Entwickler und der Technik-Anwender ist erforderlich. Das Thema „Ethik" ist in den Wirtschafts- und Sozialwissenschaften an und für sich nicht neu: Schon Max Weber suchte auf der Ebene der religiösen Ethik wesentliche Triebkräfte und Hemmungen der wirtschaftlichen Entwicklung. Aber es ist nicht immer einfach, unterhalb der Ideen großer Geister zu ermitteln, welche Normen effektiv den Alltag regulierten. Verstöße gegen die von oben gesetzten Normen geschehen gewöhnlich stillschweigend, aber auch die in der technischen Entwicklung tatsächlich befolgten Normen werden nicht immer publik. Sicherheitsvorkehrungen bei der Einführung neuer Technik werden manchmal unauffällig getroffen, da man die Öffentlichkeit nicht auf die technischen Risiken aufmerksam machen will.

Eine Folgerung aus der Quellenproblematik wäre die, dass die Technik- und Umwelthistorie sich mehr als bisher auch der jüngsten Vergangenheit zuwenden sollte, wo sie nicht nur auf Akten angewiesen ist, sondern noch Zeitzeugen befragen kann. Die letzten Jahrzehnte bedeuten wahrscheinlich die tiefste Zäsur in der Geschichte der Technik-Umwelt-Beziehung [PFISTER 1993, 23ff.] – auch dies ist ein Grund, dafür zu sorgen, dass sie nicht im toten Winkel der Historiker-Optik bleiben.

Neue Forschungsaufgaben ergeben sich im Übrigen nicht zuletzt aus ungelösten Problemen der Politik. Gegenüber der noch immer vorherrschenden neoklassischen Wirtschaftstheorie mit ihrem Vertrauen auf die Steuerungskraft des Marktes werden Umweltschäden und auch Risiken der technischen Entwicklung häufig als Argumente für die Notwendigkeit einer ausgedehnteren regulativen Politik des Staates ins Feld geführt. Auf der anderen Seite sind die historischen Erfahrungen mit zentralistischer Planung, so wie sie sich heute darstellen, nicht eben ermutigend. Die Frage, wieweit staatliche Politik in diesen Bereichen überhaupt konstruktive Leistungen zu erbringen vermag, und auf welchen Ebenen wirksame Lösungen durchzusetzen sind, ist immer noch weithin offen.

Von diesem Dilemma ausgehend, lohnt es sich, historische Prozesse neu zu rekapitulieren und insbesondere darauf zu achten, auf welchen Ebenen sich in der Vergangenheit eine erfolgreiche Technik-Entwicklung und ihre Ausbalancierung mit Umweltbedingungen vollzogen hat. Die Automatik der Marktsteuerung ist in vielen Fällen offenbar ein Mythos. Schon der lange Entwicklungsvorlauf vieler technischer Innovationen hindert daran, sich diese als bloße Reaktionen auf die Wechselfälle des Marktes vorzustellen. Aber auch administrative Maßnahmen vermochten den Gang der Dinge, insgesamt gesehen, nur sehr begrenzt zu steuern. Offenbar spielen Diskurs- und Entscheidungsebenen in dem breiten Zwischenraum zwischen Staat und Einzelakteuren eine wesentliche Rolle. Die Entwicklung von Technik scheint auch früher ein Element von gesellschaftlichem Diskurs besessen zu haben [BIJKER/ HUGHES/PINCH 1987], wenn diese Diskurse auch nur sehr selten so spektakulär waren wie die Technik-Kontroversen der letzten Jahrzehnte. Die Rekonstruktion solcher Diskurse wäre eine reizvolle Aufgabe künftiger technik- und umwelthistorischer Forschung.

Literaturliste

ANDERSEN, A./SPELSBERG, G. (Hrsg.), Das blaue Wunder. Zur Geschichte der synthetischen Farben. Köln 1990.

BERTRAND, G., Pour une histoire écologique de la France rurale, in: Histoire de la France rurale. Bd. 1. Hrsg. v. G. DUBY/A. WALLON. Paris 1975, 34–113.

BIJKER, W. E./HUGHES, TH. P./PINCH, T., The Social Reconstruction of Technological Systems. New Directions in the Sociology and History of Technology. Cambridge Mass. 1987.

BOLENZ, E., Technische Normung zwischen „Markt" und „Staat". Untersuchungen zur Funktion, Entwicklung und Organisation verbandlicher Normung in Deutschland. Bielefeld 1987.

Technik und Umwelt 153

BRAUDEL, F. P., Frankreich. Bd. 3: Die Dinge und die Menschen. Stuttgart 1990.
BRÜGGEMEIER, F.-J./ROMMELSPACHER, TH. (Hrsg.), Besiegte Natur. Geschichte der Umwelt im 19. und 20. Jahrhundert. München 1987.
DEBEIR, J.-C. u.a., Prometheus auf der Titanic. Geschichte der Energiesysteme. Frankfurt am Main/New York 1989.
DIENEL, H.-L., Herrschaft über die Natur? Naturvorstellungen deutscher Ingenieure 1871–1914. Stuttgart 1992.
GAHLEN, B. u.a., Volkswirtschaftslehre. Eine problemorientierte Einführung. Tübingen 1978.
GIDE, C./RIST, C., Geschichte der volkswirtschaftlichen Lehrmeinungen. Jena 1913.
HAUSEN, K./RÜRUP, R. (Hrsg.), Moderne Technikgeschichte. Köln 1975.
GLACKEN, C. J., Traces in the Rhodian Store. Nature and Culture in Western Thought from Ancient Times to the End of the 18th Century. Berkeley 1967.
HELD, M. (Hrsg.), Leitbilder der Chemiepolitik. Stoffökologische Perspektiven der Industriegesellschaft. Stuttgart/New York 1991.
HOUNSHELL, D. A., From the American System to Mass Production. The Development of the Manufacturing Technology in the United States. Baltimore/London 1984.
HUGHES, T. P., Networks of Power. Electrification in Western Society 1880–1930. Baltimore/London 1983.
KAPP, W. K., Soziale Kosten der Marktwirtschaft. Frankfurt am Main 1980 (zuerst 1950).
KELLENBENZ, H. (Hrsg.), Wirtschaftsentwicklung und Umweltbeeinflussung (14.–20. Jahrhundert). Wiesbaden 1982.
KLUGE, TH./SCHRAMM, E., Wassernöte. Umwelt- und Sozialgeschichte des Trinkwassers. Aachen 1986.
LANDES, D. S., The Unbound Prometheus. Technological Change and Industrial Development in Western Europe from 1750 to the Present. Cambridge 1969.
LEDERER, E., Technischer Fortschritt und Arbeitslosigkeit. Frankfurt am Main 1981 (zuerst 1931/1938).
MERCHANT, C., Der Tod der Natur. Ökologie, Frauen und neuzeitliche Naturwissenschaft. München 1987 (amerik. 1980).
MUMFORD, L., Mythos der Maschine. Frankfurt am Main 1977.
PFISTER, C., Ressourcen, Energiepreis und Umweltbelastung – was die Geschichtswissenschaft zur umweltpolitischen Debatte beitragen kann, in: Environmental Histroy Newsletter 1 (1993) 13–28.
MUMFORD, L., Technics and Civilization. New York 1963 (zuerst 1934).
RADKAU, J., Aufstieg und Krise der deutschen Atomwirtschaft 1945–1975. Reinbek bei Hamburg 1983.
RADKAU, J., Die Kerntechnik als historisches Individuum und als Paradigma. Zum Modellcharakter der Geschichte großtechnischer und anderer Systeme, in: Technik und Gesellschaft. Jahrbuch 6. Stuttgart/New York 1992.
RADKAU, J., Fragen an die Geschichte der Kernenergie. Perspektivenwandel im Zuge der Zeit (1975–1986), in: Energie-Politik-Geschichte. Nationale und internationale Energiepolitik seit 1945. Hrsg. v. J. HOHENSEE/M. SALEWSKI. Stuttgart 1993, 101–126.

RADKAU, J., Revoltierten die Produktivkräfte gegen den real existierenden Sozialismus?, in: 1999, 4 (1990) 13–42.
RADKAU, J., Technik in Deutschland. Vom 18. Jahrhundert bis zur Gegenwart. Frankfurt am Main 1989.
RADKAU, J., Wald- und Wasserzeiten, oder: Der Mensch als Makroparasit? Epochen und Handlungsimpulse einer humanen Umweltgeschichte, in: Mensch und Umwelt in der Geschichte. Hrsg. v. J. CALLIESS u.a. Pfaffenweiler 1989, 139–174.
RADKAU, J., Warum wurde die Gefährdung der Natur durch den Menschen nicht rechtzeitig erkannt? Naturkult und Angst vor Holznot um 1800, in: Ökologische Probleme im kulturellen Wandel. Hrsg. v. H. LÜBBE/E. STRÖKER. Paderborn 1986, 47–78.
RADKAU, J., Techniksteuerung und historische Erfahrung, in: Perspektive Techniksteuerung. Hrsg. v. H. KUBICEK/P. SEEGER. Berlin 1993, 181–191.
RADKAU, J., Was ist Umweltgeschichte?, in: Environmental History Newsletter 1 (1993) 86–107.
RADKAU, J., Zum ewigen Wachstum verdammt? Historisches über Jugend und Alter großer technischer Systeme. Berlin 1991.
RADKAU, J., Zur angeblichen Energiekrise des 18. Jahrhunderts: Revisionistische Betrachtungen über die „Holznot", in: VSWG 73 (1986) 1–37.
RADKAU, J./SCHÄFER, J., Holz: Naturstoff in der Technikgeschichte. Reinbek bei Hamburg 1987.
RIEDLER, A., Emil Rathenau und das Werden der Großwirtschaft. Berlin 1916.
ROSTOW, W. W., Stadien wirtschaftlichen Wachstums. Eine Alternative zur marxistischen Entwicklungstheorie. Göttingen 1960 (2. Aufl. 1967)
SCHUMPETER, J., Kapitalismus, Sozialismus und Demokratie. Bern 1950.
SOMBART, W., Der moderne Kapitalismus. 6 Bde. 2. Aufl. München 1987 (zuerst 1916).
SIEFERLE, R. P., Der unterirdische Wald. Energiekrise und Industrielle Revolution. München 1982.
SOMBART, W., Die Zähmung der Technik. Berlin 1935.
SPELSBERG, G., Rauchplage. Hundert Jahre saurer Regen. Aachen 1984.
Technik und Umwelt in der Geschichte (Themenheft): Technikgeschichte 48 (1991) 177–273.
WEBER, M., Zur Psychophysik der industriellen Arbeit, in: Ders., Gesammelte Aufsätze zur Soziologie und Sozialpolitik. Hrsg. v. Marianne WEBER. 2. Aufl. Tübingen 1988, 61–255.
WHITE, L., Medieval Religion and Technology. Berkeley 1978.
WOLF, R., Der Stand der Technik. Geschichte, Strukturelemente und Funktion der Verrechtlichung technischer Risiken am Beispiel des Immissionsschutzes. Opladen 1986.
WORSTER, D., Nature's Economy. New York 1985.
ZORN, W., Ansätze und Erscheinungsformen des Umweltschutzes aus sozial- und wirtschaftshistorischer Sicht, in: Festschrift für Hermann Kellenbenz. Bd. 4. Stuttgart 1978, 707–723.

Reinhard Spree

Wachstum

1. Begriffe und Konzept

Neben dem Strukturwandel, der in diesem Band an anderer Stelle behandelt wird, sind Wachstum und Konjunktur die wichtigsten Erscheinungsformen gesamtwirtschaftlicher Entwicklung und zugleich die zentralen Gesichtspunkte makroökonomischer Analysen. Dabei versteht man unter dem Wachstum einer Volkswirtschaft in der Regel die langfristige Zu- oder Abnahme des Wirtschaftspotentials, das heißt desjenigen Produktionsergebnisses einer Volkswirtschaft, das zustande kommt, wenn alle Wachstumskräfte (Produktionsfaktoren) voll ausgelastet werden. Konjunktur bedeutet dann das mehr oder weniger starke Zurückbleiben des tatsächlichen Produktionsergebnisses hinter dem jeweils möglichen Maximum.

Im Folgenden bezieht sich der Begriff Wachstum stets auf ganze Volkswirtschaften (gesamtwirtschaftliches Wachstum). Das Wachstum von Regionen oder Branchen kann ähnlich analysiert werden. Dagegen unterscheiden sich Perspektive und analytische Instrumente teilweise sehr deutlich, wenn vom Wachstum einzelner Unternehmen die Rede ist. (Dazu der Beitrag „Unternehmen" in diesem Band).

Empirisch kommt das Wachstum u. a. zum Ausdruck im langfristigen Trend der tatsächlichen Produktionsleistung (Sozialprodukt). Es macht allerdings Schwierigkeiten, Wachstum unabhängig von Konjunktur empirisch zu ermitteln: Alle wichtigen Indikatoren messen stets beide Phänomene gleichzeitig in einer Größe. Die empirische Unterscheidung zwischen Wachstum und Konjunktur ist nur mit Hilfe problematischer statistischer Verfahren möglich. [SPREE, Lange Wellen, 41–59] Das beeinträchtigt die verzerrungsfreie Ermittlung des Konjunkturverlaufs stärker als die Wachstumsmessung. Im Folgenden wird gedanklich von der Konjunktur abstrahiert. Bei den historischen Beispielen sollte die genannte Problematik als leichter Vorbehalt mitgedacht werden. Allerdings dürften die großen Tendenzen, von denen im Wesentlichen die Rede sein wird, tatsächlich nicht nennenswert von Konjunktureinflüssen verzerrt sein.

Von Wachstum sollte wirtschaftliche Entwicklung begrifflich klar abgegrenzt werden – obwohl das in der Praxis selten beachtet wird. Während sich Wachstum ausschließlich auf quantitative Relationen und Veränderungen bezieht, werden mit Entwicklung komplexe Prozesse sozialen und wirtschaftlichen Wandels bezeichnet. Diese kulminieren in einer langfristigen Ökonomisierung der Ressourcenverwendung als Kern wirtschaftlicher Entwicklung. Dazu gehören fortschreitende Arbeitsteilung und Spezialisierung, rationale Standortwahl, Abbau von Kapazitätsreserven,

Überwindung von Wanderungs- und Handelshemmnissen, zunehmende Marktentfaltung und -integration usw. Z. B. führt Borchardt das Zurückbleiben der deutschen Wirtschaftsentwicklung während der ersten Hälfte des 19. Jahrhunderts gegenüber England, Belgien und Frankreich auf eine mangelnde Teilnahme an der in Westeuropa schon seit längerem stattfindenden „Organisationsrevolution" zurück. Die deutsche Wirtschaft litt vor allem unter einer ineffizienten Nutzung der vorhandenen Ressourcen. [BORCHARDT, Industrielle Revolution, 37f.]

Erfolgreiche wirtschaftliche Entwicklung dürfte i. d. R. positives Wachstum zur Folge haben, doch sind beide Begriffe erkennbar keineswegs deckungsgleich. Wachstum ist nicht nur ein in der oben genannten Weise sehr eingeengter Begriff, vielmehr bilden in der empirischen und theoretischen Wachstumsanalyse auch nur bestimmte Aspekte der Wirtschaft den einschlägigen Untersuchungsgegenstand. Der größte Teil der unter Entwicklungsgesichtspunkten bedeutsamen sozialen und wirtschaftlichen, ggf. auch politischen Faktoren und Prozesse steht in der Perspektive von Wirtschaftswachstum gar nicht zur Debatte. Allerdings ist der unten erläuterte institutionenökonomische Ansatz geeignet, die Grenzen zu verwischen. Im Übrigen können die zentralen Variablen, Produktionspotential oder Produktionsergebnis (Sozialprodukt), nur mit Hilfe eines Erhebungsprogramms, der Volkswirtschaftlichen Gesamtrechnung (VGR), gewonnen werden, das einen bestimmten theoretischen Hintergrund besitzt. [BRÜMMERHOFF, Volkswirtschaftliche Gesamtrechnungen] Dieser wurde während der 1930er Jahre in empirisch brauchbare Konzepte umgesetzt und international abgestimmt bzw. kodifiziert. Entsprechend berechnete amtliche Daten wurden in Deutschland erstmalig vom Statistischen Reichsamt in der Zwischenkriegszeit veröffentlicht. [Quellenangaben und Kritik bei RITSCHL/SPOERER, Das Bruttosozialprodukt, 29–34] Für frühere Perioden können gesamtwirtschaftliche Daten nur auf der Basis bruchstückhafter Quellenangaben geschätzt werden. Solche Schätzungen sind bezüglich Deutschlands stets erst für die Periode vom frühen 19. Jahrhundert an vorgenommen worden. [HOFFMANN, Das Wachstum] Von ganz wenigen Ausnahmen abgesehen [CRAFTS, British Economic Growth; DERS., Recent Research; MADDISON, Dynamic Forces] beschränken sich makroökonomische Wachstumsuntersuchungen wegen dieser Datenprobleme fast immer auf das 19. und 20. Jahrhundert.

Das dabei unterstellte Konzept lässt sich wie folgt umreißen: Alle für die Produktion von materiellen wie immateriellen Gütern oder Leistungen geeigneten Kräfte in einer Volkswirtschaft (Ressourcen) werden gedanklich zu den Produktionsfaktoren Arbeit und Kapital zusammengefasst. Diese schließen auch das Wissen ein, das es erlaubt, durch technische Kombination der Produktionsfaktoren die wirtschaftliche Gesamtleistung (Sozialprodukt) zu erzeugen. In erster Annäherung wird unterstellt, dass die Größe des jeweiligen Sozialprodukts abhängig sei von den Einsatzmengen der beiden Produktionsfaktoren (Produktionsfunktion). Allerdings übersteigt der Zuwachs des Produkts meist den quantitativen Mehreinsatz von Produktionsfaktoren, was als Ausdruck für gestiegene Faktorproduktivität (gewachsene Effizienz des Kombinationsprozesses infolge technisch-organisatorischen Fortschrittes) betrachtet wird. Das ist – stark verkürzt – das „orthodoxe" [SCOTT, A New View, 1] oder neoklassische Konzept der makroökonomischen Wachstumsforschung. Das „orthodoxe" Konzept wird auch in der folgenden Darstellung im Vordergrund stehen. Der Grund dafür ist nicht zuletzt darin zu sehen, dass zunächst in Kapitel 2. ein Überblick über tatsächliche Wachstumsverläufe, vor allem in der zweiten Hälfte des 20. Jahrhunderts, geboten werden soll, und zwar im internationalen Vergleich. Die Studien, auf die dabei zurückzugreifen ist, stützen sich fast ausschließlich auf einen neoklassischen Ansatz. Dies Konzept und seine wichtigsten Alternativen werden in Kapitel 3. etwas ausführlicher charakterisiert. In Kapitel 4. wird gefragt, wie sich diese Konzepte in der Forschungspraxis der Wirtschaftshistoriker bewährt haben, um im Kapitel 5. einige offene Fragen und Probleme zu resümieren.

2. Wirtschaftswachstum im 19. und 20. Jahrhundert

In allen industrialisierten Volkswirtschaften ist während der letzten zwei Jahrhunderte das Produktionspotential langfristig stark gewachsen. Da die Potentialzunahme für so lange Zeiträume bisher jedoch nicht exakt bestimmt wurde, muss man sich zur Veranschaulichung der empirischen Verläufe mit Kennziffern für das realisierte Produkt zufrieden geben. Den derzeit meistbenutzten Langfrist-Überblick über die wichtigsten Wachstumsindikatoren für eine Vielzahl von Industrieländern bietet Maddison. [MADDISON, Dynamic Forces]

Tabelle 1:
Durchschnittliche jährliche Wachstumsraten des realen Bruttoinlandsprodukts pro Kopf der Bevölkerung, ausgewählte Staaten, verschiedene Teilperioden, 1820–1992 (in v.H.)

	1820–1870	1870–1913	1913–1950	1950–1973	1973–1992
Deutschland	0.7	1.6	0.7	5.0	2.1
England	1.2	1.0	0.8	2.5	1.4
Frankreich	0.8	1.3	1.1	4.0	1.7
Japan	0.1	1.4	0.9	8.0	3.0
Niederlande	0.9	1.0	1.1	3.4	1.4
USA	1.5	1.8	1.6	2.4	1.4

Quelle: 1820–1950 nach MADDISON, Dynamic Forces, 49; 1950–1992 nach MADDISON, Macroeconomic Accounts, 32

Obwohl langfristig die in *Tabelle 1* abgebildete Sozialproduktsgröße, das Bruttoinlandsprodukt, in allen betrachteten Volkswirtschaften sehr stark gewachsen ist, hatte das Wachstum in den verschiedenen Teilperioden offensichtlich unterschiedliche Größenordnungen. Es war überall am stärksten in den ersten Jahrzehnten nach dem Zweiten Weltkrieg und schwächte sich in den letzten beiden Jahrzehnten seit ca.

1973 ab. Fast so niedrig wie während der ersten zwei Drittel des 19. Jahrhunderts war das Wachstum zwischen 1913 und 1950.

In *Schaubild 1* wird das Wachstum der westeuropäischen Volkswirtschaften seit den 1870er Jahren abgebildet. In dieser halblogarithmischen Darstellung (die Ordinate weist die Sozialproduktswerte in logarithmischer Skala aus) ist mit der gepunkteten Linie der langfristige Wachstumstrend symbolisiert. Man kann erkennen, dass das Wachstum bis zum Ersten Weltkrieg im Wesentlichen diesem Trend folgte und in der Zwischenkriegszeit erheblich darunter lag. Das Bedeutsame der Nachkriegsentwicklung ist jedoch die deutlich sichtbare Zweiteilung: Bis Anfang der 1970er Jahre wuchsen die westeuropäischen Volkswirtschaften mit einer höheren als der Trendrate. Seit den frühen 1970er Jahren weist nun das Wachstum nicht nur niedrigere Raten auf, wie in *Tabelle 1* gezeigt, sondern es schwenkte auf einen neuen Trend ein, dessen Steigung der des alten (säkularen) Langfristtrends entspricht, jedoch auf einem angehobenen Niveau.

Ein weiteres Merkmal des Wachstumsprozesses der letzten 120 Jahre war, dass die USA bis zum Ende des Zweiten Weltkriegs die höchsten Wachstumsraten hatten. In den ersten Nachkriegsjahrzehnten realisierten jedoch vor allem Japan und einige westeuropäische Volkswirtschaften (außer England) historisch einmalig hohe Wachstumsraten und übertrafen dabei die USA deutlich. Das wird häufig als ein Aufhol-Effekt bezeichnet. [VAN ARK/CRAFTS, Catch-up] In der Abschwächungsphase der letzten beiden Jahrzehnte lagen deshalb die Wachstumsraten in den betrachteten Ländern näher beieinander.

In deskriptiven Wachstumsstudien wie der von Maddison wird das globale Wachstum des Sozialprodukts typischerweise in einzelne Komponenten zerlegt. Deren Veränderungen ergeben ein differenzierteres Bild des Wachstumsprozesses. Zugleich soll der Prozess auf diese Weise plausibel gemacht werden. Den Komponenten und den zwischen ihnen bestehenden Relationen wird ein Erklärungspotential zugebilligt. Welche Komponenten in Betracht kommen, folgt aus dem oben skizzierten Konzept der neoklassischen Produktionsfunktion. Die wichtigsten sind der vermehrte Einsatz von Arbeit und Kapital (hier Anlagekapital, d.h. das in Gebäude, Ausrüstungen, Maschinen investierte Kapital) im Produktionsprozess. Die entsprechenden Werte für die bisher betrachteten Volkswirtschaften sind in *Tabelle 2* zusammengestellt, wobei der Untersuchungszeitraum im Folgenden der Übersichtlichkeit halber auf die Nachkriegsjahrzehnte begrenzt wird.

Tabelle 2:
Durchschnittliche jährliche Wachstumsraten des Arbeits- und Kapitalinputs, ausgewählte Staaten, 1950–1992 (in v.H.)

	Geleistete Arbeitsstunden		Kapitaleinsatz	
	1950–1973	1973–1992	1950–1973	1973–1992
Deutschland	-0.00	-0.38	6.30	3.37
England	-0.15	-0.57	5.17	3.30
Frankreich	0.01	-0.46	4.80	4.33
Japan	1.44	0.61	9.19	6.81
Niederlande	-0.07	-0.07	4.55	2.92
USA	1.16	1.23	3.27	3.13

Quelle: nach MADDISON, Macroeconomic Accounts, 43 u. 54

Man sieht, dass in den europäischen Staaten schon in den ersten Nachkriegsjahrzehnten die Zahl der geleisteten Arbeitsstunden zurückgegangen ist, noch stärker ab 1973, während sie in Japan und besonders in den USA während beider Perioden zugenommen hat. Dagegen ist der Kapitaleinsatz in der zweiten Hälfte des 20. Jahrhunderts in allen betrachteten Staaten stark gewachsen, in den ersten Nachkriegsjahrzehnten deutlich rascher als gegen Ende des Jahrhunderts. Japan realisierte in beiden Teilperioden das bei weitem größte Investitionstempo, die USA andererseits ein immer noch beachtliches, aber relativ verhaltenes. Das Bruttoinlandsprodukt wuchs jedoch in allen betrachteten Staaten stärker als der Arbeitseinsatz, so dass sich die Arbeitsproduktivität (d. h. das Verhältnis zwischen Output, hier: Sozialprodukt, und eingesetzter Arbeit) erhöhte, wie in *Tabelle 3* ausgewiesen.

Tabelle 3:
Durchschnittliche jährliche Wachstumsraten der Arbeitsproduktivität (pro Stunde), ausgewählte Staaten, 1950–1992 (in v.H.)

	1950–1973	1973–1992
Deutschland	6.0	2.7
England	3.1	2.2
Frankreich	5.1	2.7
Japan	7.7	3.1
Niederlande	4.8	2.2
USA	2.7	1.1

Quelle: nach MADDISON, Macroeconomic Accounts, 44

Besonders stark war der durchschnittliche Zuwachs der Arbeitsproduktivität in den ersten Nachkriegsjahrzehnten. Aber auch in den letzten Jahrzehnten des 20. Jahrhunderts, in denen die westeuropäischen Staaten sämtlich einen mehr oder weniger starken Rückgang der Beschäftigung erlebten, fand positives Sozialproduktswachstum statt und nahm insofern die Arbeitsproduktivität zu, wenn auch mit verringertem Tempo. Getragen wurde dies zweifellos durch das in beiden Teilperioden stattfindende Anwachsen des Anlagekapitals. Dass der zusätzliche Kapitaleinsatz meist den zusätzlichen Arbeitseinsatz übertraf, bedeutet: Jeder Arbeitsplatz wurde mit immer umfänglicherem Kapital (Gebäude, Maschinen, Werkzeuge) ausgestattet, d. h., die Kapitalintensität der volkswirtschaftlichen Produktion wuchs. In *Tabelle 4* wird die Zunahme der Ausrüstung der Arbeitskräfte mit Maschinen und Anlagen (ohne Gebäude etc.) dargestellt.

Tabelle 4:
Durchschnittliche jährliche Wachstumsraten der (produktionsspezifischen) Kapitalintensität, ausgewählte Staaten, 1950–1992 (in v.H.)

	1950–1973	1973–1992
Deutschland	6.95	2.79
England	4.76	2.53
Frankreich	8.68	4.11
Japan	6.34	5.87
Niederlande	7.48	2.06
USA	2.41	2.22

Quelle: nach MADDISON, Macroeconomic Accounts, 55

In den ersten Nachkriegsjahrzehnten nahm die Kapitalintensität in allen betrachteten Staaten stark zu; Frankreich, die Niederlande, Deutschland und Japan waren in dieser Hinsicht Vorreiter, dagegen wuchs sie in den USA vergleichsweise schwach. Nach 1973 stieg die Kapitalintensität sehr viel langsamer weiter, mit besonders niedriger Rate in den Niederlanden und in Deutschland. Auffällig sind die weiterhin recht hohen Wachstumsraten in Frankreich und vor allem in Japan. Die Unterschiede der Arbeitsproduktivitätszunahme können zu einem großen Teil auf die unterschiedliche Entwicklung der Kapitalintensität zurückgeführt werden: Nach dem Zweiten Weltkrieg holten die westeuropäischen Staaten und Japan stark auf, die USA blieben relativ zurück und verloren große Teile ihres Produktivitätsvorsprungs.

Allerdings gilt diese Aussage nur für die gesamtwirtschaftliche Arbeitsproduktivität. Das verdeutlichen vergleichende Studien, die die Produktivitätsentwicklung der verschiedenen Sektoren unterscheiden: Hinsichtlich der Arbeitsproduktivität im produzierenden Gewerbe blieben die USA auch in der Nachkriegszeit führend. Ihr „Beschäftigungswunder" ermöglichen die USA mit einer relativ niedrigen durchschnittlichen Arbeitsproduktivität (und Kapitalintensität) im tertiären Sektor. [BROADBERRY/ CRAFTS, European Productivity; ARK, Comparative Levels]

3. Wachstumstheorien

Wachstumstheorien sind i. d. R. an einem gesamtwirtschaftlichen Gleichgewicht orientiert. Kurz- und mittelfristig sind Abweichungen vom Gleichgewicht (Unterauslastung der Produktionsfaktoren usw.) denkbar, ja, sogar wahrscheinlich, deren theoretische Bearbeitung man der Konjunktur- und Beschäftigungstheorie überlässt. Auf lange Sicht jedoch, davon sind zumindest neoklassisch orientierte Theoretiker überzeugt, tendiert jede kapitalistische, über Märkte organisierte Wirtschaft zu einem Vollbeschäftigungs-Gleichgewicht. Meist geht es um ein Erwartungsgleichgewicht, das vorliegt, wenn die Akteure im Wirtschaftsablauf keine Überraschungen oder Enttäuschungen erleben und somit ihre einmal getroffenen Entscheidungen nicht nachträglich zu korrigieren brauchen. Viele Wachstumstheorien versuchen einen Wachstumspfad zu beschreiben, der diesen Bedingungen genügt. Für einen Haupttyp derartiger Modelle ist das Gleichgewicht dann gegeben, wenn im Verlauf des Wachstums die durch Investitionen geschaffenen Kapazitäten und die daraus resultierende Mehrproduktion immer auf eine ausreichende und befriedigende Nachfrage treffen. Unter den in den Modellen genauer beschriebenen Bedingungen gibt es nur jeweils eine ganz bestimmte Wachstumsrate (warranted rate of growth), deren Realisierung störungsfreies, also gleichgewichtiges Wachstums garantiert. [SAMUELSON, Economics, S. 746]

Für den Empiriker, besonders für den Wirtschaftshistoriker, sind diese Theorien gleichgewichtigen Wachstums keine große Hilfe, denn ihn interessieren die Antriebskräfte des Wachstums als solches, egal ob es nun gleichgewichtig oder ungleichgewichtig verlief. Insofern sind in der Regel die beschreibenden Elemente der verschiedenen Modelle am interessantesten. Im Folgenden werden zunächst Theorien behandelt, die das Wachstum von der Angebotsseite her bestimmt sehen, dann solche, die von der Nachfrageseite ausgehen, dann die Konzepte „langwelligen" Wachstums, schließlich solche, die stärker auf institutionelle Bedingungen der Wirtschaft abstellen.

3.1 Angebotsorientierte Ansätze

Die angebotsorientierten Ansätze beziehen sich hinsichtlich ihrer Modellvoraussetzungen (z. B. vollkommene Konkurrenz auf den Märkten, vollkommene Information und unendlich große Reaktionsgeschwindigkeit der Wirtschaftssubjekte usw.) auf die neoklassische Theorie. Sie interessieren sich primär für die Bedingungen und Antriebskräfte der Produktion und unterstellen, dass die produzierten Güter und Dienste langfristig ihre Nachfrage finden oder sogar schaffen werden, dass man sich deshalb um die Nachfrage nicht zu kümmern braucht.

Im Mittelpunkt des „orthodoxen" angebotsorientierten Ansatzes steht die oben schon angedeutete makroökonomische Produktionsfunktion, die angibt, mit welchen Mengenkombinationen von Produktionsfaktoren man ein bestimmtes Produktionsergebnis erzielt. Dabei werden nicht näher spezifizierte technologische, ökonomische, rechtliche, soziale und sogar psychische Bedingungen der Produktion unterstellt. Denn es liegt ja auf der Hand, dass die Arbeitsstunde eines studierten Informatikers an einem Hochleistungs-PC, Baujahr 2005, einen anderen, weit höherwertigen Ertrag produzieren wird als die Kombination eines unqualifizierten Hilfsarbeiters mit demselben Gerät für ebenfalls eine Stunde. Die mengenmäßige Kombination von Produktionsfaktoren wäre jedoch identisch: 1 Arbeitsstunde kombiniert mit dem Wert des PC. Die Fülle der Bedingungen, die die Ergebnisse der Kombination mengenmäßig gleicher Inputs differenziert, wird in der Theorie der Produktionsfunktion auf eine „abstrakte Technologie" reduziert. Sie äußert sich in verschiedenen Modellannahmen, so dass man unterschiedliche Funktionstypen mit abweichenden formalen Eigenschaften erhält. Diese (und andere) Charakteristika von Produktionsfunktionen werden in der Literatur ausführlich beschrieben. [BROWN, On the Theory, 12ff.; GAHLEN, Die Überprüfung] Hier muss genügen darauf hinzuweisen, dass die Produktionsfunktion ein äußerst voraussetzungsreiches theoretisches Konstrukt ist – so plausibel und so einfach zu handhaben die aus ihr abgeleiteten Messkonzepte für die empirische Forschung auch oft wirken mögen.

Im übrigen haben die angebotsorientierten Ansätze während der letzten Jahre Revisionen und Erweiterungen erfahren, die unter dem Begriff „Neue Wachstumstheorie" diskutiert werden. Im Zentrum steht die Forderung, von der Produktionstheorie im engeren Sinne abzugehen. Auch die Messkonzepte der Inputs, besonders der Investitionen, damit des Kapitalstocks, sind kritisiert worden und gelten als fehlerhaft. [PRESCOTT, Theory Ahead, 19f.]. Die Neue Wachstumstheorie stellt die Innovationstätigkeit und die Investitionen in den Mittelpunkt, aber auch die produktiven Leistungen vermehrten/verbesserten Wissens. Vor allem wird ein tieferes Verständnis der Determinanten des technischen Fortschritts gefordert. Die Wachstumschancen scheinen weniger an die schlichte Verfügbarkeit von materiellen Inputs gebunden zu sein. Wichtiger sind immaterielle Kapitalgüter (Wissen, Risiko- und Leistungsbereitschaft, Ideen usw.) sowie die Institutionen (bes. die Politik, das Steuersystem, die Ausgestaltung der Eigentums- und Verfügungsrechte usw.), die deren produktiven Einsatz fördern oder hemmen. [ROMER, Increasing Returns; LUCAS JR., On the Mechanics; GAHLEN U. A. (Hg.), Wachstumstheorie]

Die entscheidende Revision betrifft jedoch den Wachstumsprozess selbst: Er wird als Zufallsprozess begriffen. Da das jährliche Wachstum von einem prognostizierten Durchschnittswert stets um einen zufälligen, unvorhersehbaren Betrag abweichen wird, ist das in einem bestimmten Jahr realisierte Produktionsergebnis ein Zufallswert. Dieser ist wiederum Ausgangspunkt für die Veränderung im jeweils folgenden Jahr, so dass die Zufallsschwankungen dauerhafte Auswirkungen auf den Wachstumspfad bekommen. [METZ, Stochastische Struktur, 181] Bisher hatte man meist einen stabilen, durch bestimmte Faktoren eindeutig determinierten Trend des Wachstumsprozesses unterstellt. Kurzfristige Abweichungen davon, ob zufälliger oder auch systematischer Natur, wurden aus der Wachstumsanalyse ausgeblendet und der Konjunkturtheorie zugewiesen. Diese gedankliche Abstraktion wird jedoch sinnlos, wenn man den Wachstumsprozess selbst als permanenten Zufallsschocks ausgesetzt begreift.

Erwähnt sei hier auch die so genannte Rekonstruktionsthese. [JANOSSY, Das Ende] Sie unterstellt einen langfristigen Wachstumspfad jeder Volkswirtschaft, der letztlich durch das gegebene Qualifikationspotential der Arbeit determiniert wird. Dieses garantiert auch in Zeiten stark gedämpften Wachstums oder sogar von Schrumpfungen (z. B. infolge von starken Wirtschaftskrisen oder Kriegszerstörungen) eine hohe Produktivitätsreserve, die bei verbesserten Rahmenbedingungen (gesunkene Preise und Löhne, niedriger Zinssatz, wachsendes Angebot an anlagebereitem Kapital, positive Absatzerwartungen usw.) durch nachholende Investitionen in den Kapitalstock rasch mobilisiert werden kann. Die Wirtschaft wächst in dieser Rekonstruktionsphase mit überproportionalen Raten. Wenn die Struktur des Kapitalstocks der Qualifikationsstruktur der Arbeit wieder angepasst worden ist, schwenkt das Wirtschaftswachstum auf den niedrigeren, langfristigen Pfad ein. Dieser Ansatz ist in der historischen Forschung ausführlich diskutiert und praktisch umgesetzt worden, so dass hier ein Verweis genügt. [ABELSHAUSER/PETZINA, Krise; DUMKE, Reassessing the „Wirtschaftswunder"]

3.2 Nachfrageorientierte Ansätze
Langfristig weniger einflussreich als die angebotsorientierten waren bisher die nachfrageorientierten Ansätze, die in den 1940er und 1950er Jahren eine größere Rolle in der empirischen Wachstumsforschung spielten. Sie sind meist modelltheoretisch weniger anspruchsvoll, beinhalten jedoch oft eine Fülle von Teilhypothesen, die den Wirtschaftshistoriker zu inspirieren vermögen. Meist wird in diesen Modellen davon ausgegangen, dass die Produktionsfaktoren dauerhaft unterbeschäftigt sind. Man stellt somit gerade jene neoklassische Grundannahme infrage, wonach Angebots- und nicht Nachfragefaktoren das Wachstum der Volkswirtschaft langfristig bestimmen. Wird in dieser Situation eine exogene Nachfrage nach Gütern oder Dienstleistungen (z. B. aus dem Ausland) wirksam, kommt Wachstum in Gang, und zwar in Form einer Kettenreaktion: Die Branche, die die nachgefragten Outputs produziert, wächst und übt einen mehr oder weniger starken Sog auf andere, vorgelagerte Branchen aus. Besonders klar ausgebaut hat Hirschman dies Modell, wobei er die Beziehungen zwischen den verschiedenen Branchen als verschiedene Typen von Koppelungseffekten präzisierte, die durch Investitionen und deren Nachfrage-, Angebots- und Demonstrationseffekte ausgelöst werden. [HIRSCHMAN, Strategie, 33–69, 92–101] Diese lassen sich messen, so dass man nicht bei dem vagen Bild der Kettenreaktion stehen bleiben muss.

Nachfrageorientierte Wachstumsuntersuchungen betonen stark die Größe und Zusammensetzung der Auslandsnachfrage im Verhältnis zur Struktur der inländischen Wirtschaft. Die Quintessenz dieses Analysetyps sind exportorientierte Modelle, die die überragende Bedeutung der Exportnachfrage für das Inlandswachstum herausstellen. [NORTH, Economic Growth; BOMBACH, Post-War Economic Growth, 56ff.] Kritiker dieser Sichtweise sind allerdings der Meinung, dass der Anteil der Exporte am Sozialprodukt wahrscheinlich nie groß genug war, um allein längerfristiges gesamtwirtschaftliches Wachstum auszulösen. Sie halten die Effekte der interregionalen Spezialisierung und des Austauschs für wichtiger, damit die sozusagen hausgemachten Antriebskräfte des inländischen Wirtschaftswachstums, zu denen allerdings kurzfristige Anstöße in Form von Auslandsnachfrage stimulierend beitragen können. [LINDSTROM, Macroeconomic Growth, 693 ff.]

3.3 Der „Lange-Wellen"-Ansatz

Damit ist ein Komplex von Theorien angesprochen, die die Durchsetzung von Wirtschaftswachstum als Sequenz von längeren Phasen trendmäßig zunehmender und wieder abnehmender Zuwächse makroökonomischer Variablen konzipieren. Ein kritischer Überblick über diese Theorien „Langer Wellen" liegt vor, deshalb genügen hier einige knappe Hinweise. [SPREE, Lange Wellen; auch MADDISON, Dynamic Forces, S. 89–111]

Den bekanntesten Typ „Langer Wellen" stellen die nach Kondratieff benannten 40–60 Jahre langen Zyklen oder Wellen dar, die seit nunmehr fast 100 Jahren immer wieder das Interesse von Wissenschaftlern auf sich gezogen haben. Nachdem es lange Zeit so aussah, als stünden keine Methoden zur Verfügung, um verzerrungsfrei auf statistischem Wege Lage und Form der „Langen Wellen" nachzuweisen, ist dies Problem inzwischen weitgehend gelöst. Neue Verfahren der Zeitreihenanalyse (Filterverfahren) eignen sich dazu, die erforderlichen statistischen Analysen vorzunehmen. Dabei ist allerdings vorausgesetzt, dass zuverlässige Zeitreihen von ausreichender Länge für relevante ökonomische Indikatoren existieren.

Andererseits gibt es zahlreiche neuere Beiträge zu einer Theorie der Kondratieff-Zyklen. [u. a. KLEINKNECHT U. A. (Hg.): New Findings] Die wichtigeren einschlägigen Arbeiten knüpfen, wenn auch auf unterschiedliche Weise, an die Innovationstheorie von Schumpeter an. Insofern findet im Umfeld der Forschungen zu den „Langen Wellen" eine Renaissance schumpeterianischen Theoretisierens statt. Eine Denkrichtung mündet in ein Modell, das von der Diskontinuität bzw. Wellenförmigkeit des Aufkommens von Basisinnovationen ausgeht, Innovationen also, die ganze Branchen neu begründen bzw. starke gesamtwirtschaftliche Ausstrahlung besitzen. Etwa alle 50 Jahre haben sich bisher derartige Basisinnovationen besonders massiert und auf diese Weise die Wachstumswellen von durchschnittlich 50 Jahren Länge ausgelöst. [KLEINKNECHT, Innovation Patterns]

Dies Modell wird ergänzt durch die von Mensch formulierte „Theorie der schwindenden Investitionschance", die erklärt, warum sich allmählich die durch massierte Basisinnovationen geschaffenen Wachstumschancen erschöpfen und es für längere Zeit zu einem nur schwachen Wachstum oder gar zur Stagnation kommt.[MENSCH, Das technologische Patt] Kritiker des Ansatzes betonen demgegenüber, dass die gesamtwirtschaftlichen Wirkungen einer Basisinnovation primär durch den Diffusionsprozess derselben bestimmt werden. Hierbei handelt es sich um komplexe Lernvorgänge, im Verlauf derer die so genannten Basisinnovationen in der Regel mit zahlreichen ergänzenden Innovationen verknüpft werden, kleineren wie größeren, die über weite Strecken durchaus nur den Charakter von Verbesserungen haben. Deshalb wird die Datierung von Basisinnovationen, die stets umstritten ist, unwichtig. Es kommt vielmehr auf die Interaktionen zwischen Clustern von Innovationen an und auf den damit verbundenen sozialen Wandel, der es erst ermöglicht, dass Märkte rasch wachsen und dass große Beträge von Kapital mobilisiert und investiert werden. Die Präzisierung der Bedingungen für und der Effekte einer „Schwarmbildung von Innovationen" und des Bandwagon-Effekts (Sich-Anhängen an eine Entwicklung) stellen wichtige Elemente im Erklärungsansatz der Diffusionstheoretiker dar.[FREEMAN U. A., Unemployment]

Ein anderer Typ von „Langen Wellen" sind die Kuznets-Zyklen oder Long Swings von 15–30 Jahren Länge. Hier haben sich während der letzten Jahrzehnte vor allem demo-ökonomische Modelle bewährt, die die Wechselwirkungen zwischen Bevölkerungsentwicklung und Wirtschaftswachstum in den Mittelpunkt stellen. [KUZNETS, Long Swings; EASTERLIN, Economic-Demographic Interactions] Long Swings in der Entwicklung des Wohnungsbaus und der städtischen Infrastruktur lassen sich plausibel mit längerfristigen Schwankungen der Heiratsziffer, der Haushaltsgründungen und der Ein- bzw. der Auswanderung in Beziehung setzen.

Einen ganz anderen Ansatz hat kürzlich Siegenthaler entwickelt, der die Long Swings aus der Interaktion zwischen längerfristigem Wachstum und sozio-politischem bzw. -kulturellem Wandel erklärt. [SIEGENTHALER, Vertrauen] Im Zentrum steht eine Entscheidungstheorie, die die Bedeutung von Vertrauen für Investitionsentscheidungen unter Unsicherheit verdeutlicht. Fortgesetztes Wachstum enthält, so gesehen, eine „selbstnegatorische Tendenz" (Offe), indem es durch Destabilisierung von wirtschaftlichen und sozialen Strukturen den Zustand des Vertrauens untergräbt, die Handlungsorientierungen diskreditiert und positive Investitionsentscheidungen zunehmend verunmöglicht. Erst wenn in Phasen intensivierter Kommunikation relevanter Gruppen (vor allem der Eliten) neue Interpretations- und Entscheidungsmuster gefunden oder auch ältere mit neuer Autorität versehen worden sind, insofern das Regelvertrauen wieder hergestellt wurde, ist mit vermehrten Investitionen und mit einem Wachstumsschub zu rechnen. [SIEGENTHALER, Regelvertrauen]

3.4 Der institutionenökonomische Ansatz

Der institutionenökonomische Ansatz trat während der 1960er Jahre, vornehmlich in den USA, zunächst als Property-Rights-Ansatz hervor. [NORTH, Structure and Change; WISCHERMANN, Property-Rights-Ansatz] In ihm verband sich eine Vielzahl durchaus disparater Konzepte und Forschungsrichtungen, was zu einer erheblichen terminologischen Unsicherheit führte. Man kann die Property Rights sehr weit fassen und hat dann den gesamten Komplex von denkbaren Faktoren im Blick, die wirtschaftliche Entwicklung beeinflussen. Im Kern handelt es sich um die Faktoren, die dazu beitragen, dass Kapital unter riskanten Umständen in produktive Anlagen investiert wird. Dazu braucht es als Anreiz vor allem klar definierte, exklusive, durchsetzbare Eigentumsrechte, die eindeutig, dauerhaft und verlässlich einzelnen Wirtschaftssubjekten zugeordnet sind. Gemeint ist das Recht, über wirtschaftliche Güter frei verfügen, sie ändern, aus ihnen Nutzen ziehen, andere vom Gebrauch ausschließen und sie auf Dritte übertragen zu können. Aber auch allgemeinere Verfügungs- und Handlungsrechte werden als Property Rights bezeichnet. [GÄFGEN, Entwicklung, 43; HESSE, Property-Rights-Ansatz, 482] Sie umschreiben gesellschaftlich anerkannte und zugleich auch gesellschaftlich begrenzte Handlungsspielräume.

Der Ansatz sollte vor allem gestatten, systematische Wechselbeziehungen zwischen gesellschaftlichen Institutionen und dem Wirtschaftserfolg (Ressourcen-Allokation, Wachstum, Verteilung etc.) von einem ökonomischen Denkansatz her zu untersuchen. [BORCHARDT, „Property-Rights-Ansatz", 142] Deshalb lag es nahe, ihn in Richtung einer allgemeineren Institutionenökonomie weiterzuentwickeln. Dabei wurden allerdings ihre wichtigen Vorläufer im späten 19. und frühen 20. Jahrhundert, gerade in der deutschen so genannten Historischen Schule der Nationalökonomie, weitgehend vergessen. [BORCHARDT, Anerkennung und Versagen, 210–222] Die wichtigsten Grundannahmen der sich insofern wohl zu Unrecht als neu bezeichnenden Institutionenökonomie sind nun: Güter kann man als Bündel von Verfügungs- und Handlungsrechten (Property Rights) begreifen. Die Nutzung dieser Property Rights verursacht allerdings Transaktionskosten, also Kosten der Information, der Kommunikation und des Transports, des Verhandelns, der Entscheidungsfindung, -durchsetzung, -überwachung und -sanktionierung sowie des Rechtstransfers. Menschen handeln eingeschränkt rational („bounded rationality"), weil sie stets nur begrenzt die erforderlichen Informationen erhalten und verarbeiten können. Um die daraus resultierenden Unsicherheiten der Interaktion zu vermindern, besonders im Wirtschaftsleben, schaffen die daran beteiligten Menschen Institutionen. [NORTH, Institutions] Diese bestehen aus formellen Beschränkungen (Verfassung, Gesetze, formalisierte Rechte), aber nicht zuletzt auch aus formlosen Beschränkungen (Sitten, Gebräuche, Traditionen, Tabus, Verhaltensregeln). Damit wird die Bedeutung der Kultur, besonders auch ihrer Vertrauen in Transaktionspartner schaffenden Elemente, für die Erklärung von Wachstumsprozessen betont. „Denn hier wird Vertrauen in die formlosen Beschränkungen einer Gesellschaft ausgebildet. Diese formlosen Beschränkungen reduzieren Unsicherheit und opportunistisches Verhalten und ermöglichen erfolgreiche Kooperation." [WISCHERMANN, Institutionenökonomische Theorien, 87] Erst differenzierte und gesichert erscheinende Institutionen garantieren die Funktionsfähigkeit von Märkten. Unterschiedliche Wachstumserfolge in der Geschichte lassen sich demnach auch durch abweichende Institutionen erklären. (Weitere Erläuterungen des Ansatzes und Kritik finden sich in den Beiträgen „Wirtschaftsgeschichte als Disziplin" und „Staat und Wirtschaftsordnung" in diesem Band).

4. Wachstumstheoretische Konzepte in der Praxis des Historikers

4.1 Angebotsorientierte Ansätze

Von einem angebotsorientierten Ansatz ausgehend, haben Ökonomen immer wieder eine große Zahl von Wachstumsuntersuchungen durchgeführt, ohne ein spezifisch historisches Erkenntnisinteresse zu verfolgen. Historische Daten boten vielmehr die willkommene Gelegenheit, Hypothesen zu testen, Instrumente zu erproben und Methoden weiterzuentwickeln. Dazu gehören zahlreiche Arbeiten, die im Umkreis von W. G. Hoffmann entstanden sind und die hier im Folgenden nicht berücksichtigt werden – auch wenn sie teilweise für die Wirtschaftsgeschichte durchaus bedeutsame Ergebnisse geliefert haben. [HOFFMANN (Hg.), Untersuchungen; HOFFMANN, Longterm Growth; HESSE/GAHLEN, Wachstum] Aber auch in der Wirtschaftsgeschichte haben angebotsorientierte Ansätze eine wichtige Rolle gespielt, z. B. beim Versuch der Erklärung des englischen oder des US-amerikanischen Wachstums während des späten 18. und des 19. Jahrhunderts. [Z. B. CRAFTS, British Economic Growth] Besonders eindrucksvoll erwiesen sich hier die Analysen von Paul A. David. [DAVID, Invention] Er geht von einer gesamtwirtschaftlichen Produktionsfunktion aus, die neben Arbeit und Kapital auch den Boden als Produktionsfaktor einbezieht. Unter den Bedingungen der oben erläuterten „abstrakten Technologie" lassen sich die beobachteten Zuwächse des Sozialprodukts anteilig auf das Wachstum von Kapital-, Arbeits- und Bodeninput sowie auf eine Restgröße zurückführen, die Technischer Fortschritt oder Totale Faktorproduktivität genannt wird. [DENISON, Accounting]

Das erklärungsbedürftige Phänomen ist für David die Beschleunigung des Wachstums des realen Bruttosozialprodukts der USA pro Kopf während der 2. Hälfte des 19. Jahrhunderts. Von 1800–1855 wuchs es mit durchschnittlich 1.1% pro Jahr, von 1855–1905 dagegen mit 1.6%; das entspricht der Wachstumsrate der US-Wirtschaft im 20. Jahrhundert. Als Hauptantriebskraft erscheint nicht die totale Faktorproduktivität, sondern die Zunahme der Kapitalintensität. Während der eigentlichen Übergangsphase, der „Grand Traverse of the nineteenth century" (1835–1890), lassen sich etwa 2/3 der Wachstumsrate der Arbeitsproduktivität (0.83% pro Jahr) der Steigerung des Kapitaleinsatzes pro Arbeitsstunde zuschreiben. [DAVID, Invention, 187]

Eine detaillierte Analyse der Wachstumsursachen während der „Grand Traverse" ergibt folgende Wachstumsbeiträge wichtiger Variablen (Anteile an der durchschnittlichen Wachstumsrate des Pro-Kopf-Produkts in v.H.): Anstieg der Erwerbsbeteiligung 29%, Zunahme der Arbeitseffizienz 21%, Anstieg der Kapitalintensität 44%, Anstieg der Intensität der Bodennutzung 6%. Die Ausweitung und zugleich technische Verbesserung des Kapitaleinsatzes pro Arbeitsstunde war die eigentliche Wachstumsquelle der US-Wirtschaft. [DAVID, Invention, 193f.]

Bei der Suche nach den Ursachen dieser vermehrten Kapitalbildung relativiert David die Bedeutung der Ersparnisbildung, obwohl diese während der „Grand Traverse" deutlich zunahm. Vielmehr hält er die mit den Investitionen verbundene starke Innovationstätigkeit für wichtiger. Sie induzierte sinkende Preise für Kapitalgüter und wurde durch diese wiederum stimuliert. Hinzu kamen als begünstigende Faktoren sinkende Finanzierungskosten infolge einer fortschreitenden Integration der Finanzmärkte und der Bereitstellung neuer Finanzierungsinstrumente. David faßt seine Ergebnisse in der These zusammen, „that the Grand Traverse at basis involved a massive portfolio reallocation, largely instigated by technological change which, at least for a time, had the effect of raising the relative rate of returns on tangible non-human forms of capital." [DAVID, Invention, 220]

Auch das Wachstum der deutschen Wirtschaft im 19. Jahrhundert ist vornehmlich mit angebotsorientierten Konzepten analysiert worden; so z. B. von Borchardt, dessen Konzept allerdings implizite bleibt. Sein Ergebnis bezüglich der Wachstumsursachen: „Weil der Kapitalbestand (ohne reinen Bodenwert) nach 1850 etwa im

168 Reinhard Spree

Ausmaß der volkswirtschaftlichen Produktion und die Arbeitsmenge weniger schnell als das Sozialprodukt angewachsen sind, kann die Zunahme des Produkts nur zum Teil auf die Vermehrung der an der Erzeugung beteiligten Faktoren zurückgeführt werden. Es bleibt ein Rest." [BORCHARDT, Wirtschaftliches Wachstum, 251] Schremmer hat diesen Rest gemessen und konnte zeigen, welchen Beitrag der so verstandene Technische Fortschritt (als Catch-All-Größe, die alle in der Produktionsfunktion nicht enthaltenen Wachstumseinflüsse zusammenfasst) zur Wachstumsrate des Volkseinkommens (Nettosozialprodukt zu Faktorkosten) zwischen 1850 und 1913 geleistet hat. [SCHREMMER, Der „technische Fortschritt"] Die folgende *Tabelle 5* listet die wichtigsten Wachstumsindikatoren auf:

Tabelle 5:
Indikatoren des gesamtwirtschaftlichen Wachstums, Deutschland, 1850–1913 (durchschnittl. jährliche Wachstumsraten, in v.H.)

Sektor	Y	A	K	Y/A	Y/K	K/A	TFP
Gesamtwirtschaft	2.6	1.2	2.7	1.4	-0.1	1.5	1.1
Gewerbe (1)	3.7	2.1	4.0	1.6	-0.3	1.9	1.4
Landwirtschaft	1.5	0.4	1.2	1.1	0.3	0.8	0.8
Dienstleistungen (2)	2.3	1.2	3.3	1.1	-0.9	2.0	0.6

(1) Gewerbe abgegrenzt als Handwerk, Industrie, Bergbau, Handel, Banken, Versicherungen, Verkehr ohne Eisenbahnen; SCHREMMER, S. 439f.
(2) Stge. Dienstleistungen inkl. Eisenbahnen und Militär
Legende: Y = Volkseinkommen in Preisen v. 1913; A = Beschäftigte; K = Kapitalstock in Preisen v. 1913; Y/A = Arbeitsproduktivität; Y/K = Kapitalproduktivität; K/A = Kapitalintensität; TFP = Totale Faktorproduktivität
Quelle: SCHREMMER, Der „technische Fortschritt", 439f., 457

Der Kapitalstock wuchs demnach am stärksten im Gewerbe, dann im Dienstleistungsbereich (beide Sektoren hier sehr eigenwillig abgegrenzt; siehe die Anmerkungen zur *Tabelle*), am schwächsten in der Landwirtschaft. Entsprechend nahm auch die Kapitalintensität der Produktion in den zuerst genannten Sektoren deutlich rascher zu als in der Landwirtschaft. Das erklärt nicht zuletzt die vergleichsweise niedrige durchschnittliche Wachstumsrate der Landwirtschaft, die deutlich hinter der gesamtwirtschaftlichen zurückblieb. Dass von diesem Wachstum relativ viel nicht durch den vermehrten Einsatz von Arbeit und Kapital „erklärt" wird, liegt auf der Hand. Hier ist nicht zuletzt an den in der Produktionsfunktion unberücksichtigten Faktor Boden zu denken, dessen Flächenproduktivität durch verbesserte Düngung, veränderte Anbaumethoden und Fruchtfolgen sowie zahlreiche weitere sozusagen organisatorische Innovationen erheblich gesteigert werden konnte. Umgekehrt war der „Rest" im Dienstleistungsbereich relativ klein, weil hier Arbeits- und Kapitalvermehrung, vor allem die starke Zunahme der Kapitalintensität (Eisenbahnen!), das Outputwachstum weitgehend „erklären".

Erwähnt sei folgender vergleichende Befund: Berechnet man aus den bei David angegebenen Variablenwerten für die USA im späten 19. Jahrhundert [DAVID, Invention, 186 u. 196] den so genannten „Erklärungsbeitrag" des Residuals zum

Wachstum des Outputs, erhält man Größenordnungen von rd. 22%. Das ist nur die Hälfte des Beitrags, den Schremmer für etwa denselben Zeitraum für Deutschland berechnet hat, nämlich rd. 42% (im Gewerbe 38%, in der Landwirtschaft 53%, im Dienstleistungsbereich 26%). Es wäre allerdings unsinnig, daraus zu schließen, der Technische Fortschritt sei in den USA im späten 19. und frühen 20. Jahrhundert geringer gewesen als in Deutschland. Vielmehr dürfte die Differenz vor allem darauf beruhen, dass im deutschen Beispiel der Boden und sein produktiver Beitrag nicht berücksichtigt wurden, während David ihn in sein Modell einbezogen hat. Allein schon deshalb „erklären" die explizite eingeführten Variablen im amerikanischen Beispiel natürlich einen größeren Teil des Outputwachstums. Für die ersten Teilperioden der „Grand Traverse" (1834/36–1853/57 u. 1853/57–1869/73) errechnen sich sogar negative Beiträge des Residuals, d. h., die im Modell berücksichtigten Variablen lassen eine größere Wachstumsrate des Outputs erwarten, als tatsächlich realisiert wurde.

Diese dem so genannten Growth Accounting entsprechenden Berechnungen sind auch für die Nachkriegszeit durchgeführt und zunehmend verfeinert worden. Besonders hervorzuheben sind hier die Arbeiten von Maddison, aus denen oben bereits einige beschreibende Ergebnisse tabellarisch präsentiert wurden. Sie münden in eine quantitative Bestimmung der Quellen des Wirtschaftswachstums, die in der folgenden *Tabelle 6* auszugsweise wiedergegeben werden.

Tabelle 6:
Quellen des Wirtschaftswachstums 1950–1992, ausgewählte Staaten (durchschnittl. jährliche Wachstumsraten in v. H.)

Variablen	Deutschland		Frankreich		Japan		USA	
	1950–1973	1973–1992	1950–1973	1973–1992	1950–1973	1973–1992	1950–1973	1973–1992
Bruttoinlandsprodukt	5.99	2.30	5.02	2.26	9.25	3.76	3.91	2.39
Geleistete Arbeitsstunden	0.00	-0.27	0.01	-0.32	1.01	0.43	0.81	0.86
Bildung	0.19	0.12	0.36	0.69	0.52	0.46	0.48	0.43
Kapitalstock (ohne Wohnungsbau)	1.89	1.01	1.44	1.30	2.76	2.04	0.98	0.94
Außenhandelsbeitrag	0.48	0.15	0.37	0.12	0.53	0.09	0.11	0.05
Catch-Up Effekt	0.62	0.31	0.46	0.31	0.98	0.39	-	-
Struktureffekt	0.36	0.17	0.36	0.15	1.22	0.20	0.10	-0.17
Skaleneffekt	0.18	0.07	0.15	0.07	0.28	0.11	0.12	0.07
Erklärte Wachstumsrate	4.35	1.48	3.30	2.28	8.64	3.54	2.67	2.14
Nicht erklärte Wachstumsrate	1.64	0.82	1.72	-0.02	0.61	0.22	1.24	0.25
Prozentanteil des erklärten Wachstums	73	64	66	101	93	94	68	90

Einige meist relativ unbedeutende erklärende Variablen (Wachstumsquellen) wurden nicht in die Tabelle aufgenommen; deshalb ergänzen sich die Wachstumsraten dieser Variablen nicht genau zur so genannten erklärten Wachstumsrate
Quelle: MADDISON, Macroeconomic Accounts, 59

Offensichtlich stellten auch in der Nachkriegszeit die Investitionen in den Kapitalstock (ohne Wohnungsbau) stets eine wichtige Wachstumsquelle dar. Ihr Gewicht war gegen Ende des 20. Jahrhunderts sogar noch größer als in den ersten Nachkriegsjahrzehnten, was der Vergleich mit der Wachstumsrate des Bruttoinlandsprodukts unschwer erkennen lässt. Der Qualifizierung der Arbeitskräfte kommt ebenfalls große Bedeutung für die Erklärung des Wachstums zu, wobei diese Wachstumsquelle – wie die wiederholten Diskussionen über einen „Bildungsnotstand" in der Bundesrepublik nicht anders erwarten lassen – in Deutschland einen relativ geringen Beitrag leistete. Hervorzuheben ist der für das Nachkriegswachstum besonders Japans, aber eben auch Deutschlands und Frankreichs bedeutsame Catch-Up Effekt, d. h. der Wachstumsbeitrag, der vom Aufholen des Produktivitätsrückstands gegenüber den USA ausging. Außerdem ging während der ersten Nachkriegsphase in Deutschland, Frankreich und vor allem in Japan ein beachtlicher Wachstumsimpuls vom Strukturwandel aus (Struktureffekt), der im raschen Abbau der Arbeitskräfte-Kapazitäten in der Landwirtschaft und im Bergbau bestand. Wenig Bedeutung hatten dagegen die als Skaleneffekte gemessenen Veränderungen der Marktvolumina. Interessant ist schließlich, dass die Berücksichtigung so vieler (und einiger in der Tabelle unerwähnt gebliebener) potentieller Wachstumsquellen dennoch in vielen Fällen das Wachstum nur teilweise erklärt. Während der unerklärte Rest im Fall Japans sowie im späten 20. Jahrhundert auch in Frankreich und den USA sehr klein ausfällt (in Frankreich ganz verschwand), ist er in den ersten Nachkriegsjahrzehnten meist recht hoch, im Fall Deutschlands grundsätzlich: Ein Viertel bis ein Drittel der Wachstumsrate des Bruttoinlandsprodukts kann nicht auf die Veränderungen der explizierten Wachstumsquellen zurückgeführt werden. [Vgl. dazu die Diskussion bei ARK/CRAFTS, Catch-up]

4.2 Nachfrageorientierte Ansätze

Das Konzept der Koppelungseffekte ist u. a. in einigen Wachstumsstudien aus Deutchland benutzt worden. Verschiedentlich wurden z. B. die Rückwärts-Kopplungsfekte (Effekte der Input-Beschaffung) des Investitionswachstums bestimmter Branhen erfolgreich gemessen und das Geflecht der wechselseitigen Nachfragebeziehungen konkretisiert. Dabei konnte einerseits die längerfristige durchschnittliche Stärke der Koppelungen bestimmt werden, andererseits deren historisches Timing. Diese Informationen leisteten wichtige Beiträge zur nachfrageorientierten Erklärung konkreter Wachstumsverläufe, z. B. des Ausbaus der deutschen Eisenbahnen und der davon ausgehenden Impulse für das Wachstum einzelner Branchen (eisenschaffende und -verarbeitende Industrie, Steinkohlenbergbau, Bankwesen) und der Gesamtwirtschaft. [HOLTFRERICH, Quantitative Wirtschaftsgeschichte, 149–168; FREMDLING, Eisenbahnen, 86–165; KRENGEL, Wachstumswirkungen; SPREE, Wachstumszyklen, 278–316]

Allerdings ist in anderen Studien der Hypothese eine klare Absage erteilt worden, dass von der Nachfrageseite anhaltende, bedeutsame Wachstumsimpulse ausgegangen sein können – zumindest unter den Bedingungen des späten 18. und des 19. Jahrhunderts. Viel wichtiger sei immer die Angebotsseite gewesen, ganz im Sinne der neoklassischen Grundüberzeugung, dass die Nachfrage primär für kurz- und mittelfristige Auslastungsschwankungen des Produktionspotentials verantwortlich sei. Auf lange Sicht entscheidend war, dass mit den oft relativ autonomen Investitionsentscheidungen die Determinanten des „wann", „wo" und „wie schnell" geschaffen wurden. Die Kapazitätseffekte der Investitionen, die ständig in hohem Maße technische Innovationen verkörperten, ließen vor allem das Potential wachsen und bewirkten zudem Kostensenkungen sowie langfristig sinkende Absatzpreise – selbst bei steigender Nachfrage. Im Gegenteil: Die Nachfrage wurde durch die sinkenden Preise überhaupt erst stimuliert. [MOKYR, Demand vs. Supply, 102ff.] Das entspricht in der Grundaussage dem oben dargestellten Befund von David bezüglich der Quellen des US-Wachstums im 19. Jahrhundert.

4.3 Der „Lange-Wellen"-Ansatz

Gelegentlich haben Historiker auf das Schema der „Langen Wellen" vom Typ Kondratieff zurückgegriffen. Hervorzuheben ist hier besonders Hans Rosenberg, der den Kondratieff-Zyklen höchst unterschiedliche Funktionen zugewiesen hat: 1. wird ihnen der Charakter eines heuristischen Periodisierungsinstruments zugesprochen, 2.

können sie „fruchtbare Ansatzpunkte und Fragestellungen bei dem Bemühen um vertieftes Verständnis der außerökonomischen Geschichte" [ROSENBERG, Wirtschaftskonjunktur, 228] liefern, 3. erschließen sie „einen faszinierenden Gesichtswinkel und Betrachtungsrahmen", der die Klärung der „strukturellen, kausalen und funktionalen Zusammenhänge zwischen ökonomischen, sozialen und politischen Kräften" [ROSENBERG, Wirtschaftskonjunktur, 229] nennenswert fördert. Bei Rosenberg schwankt die Funktion der Kondratieff-Zyklen für die historische Forschung zwischen einer Periodisierungshilfe bis hin zu einer Basistheorie wirtschaftlicher bzw. gesellschaftlicher Phänomene. Er sieht durchaus den fundamentalen Unterschied zwischen derartigen Funktionen, meint jedoch, sich nicht strikt dazwischen entscheiden zu müssen. [ROSENBERG, Große Depression, 21]

Rosenberg und in seiner Nachfolge Hans-Ulrich Wehler [WEHLER, Bismarck, 39–43; WEHLER, Kaiserreich, 41–59] greifen auf das Schema des Kondratieff-Zyklus fast ausschließlich zurück, um das Phänomen der so genannten „Großen Depression" von 1873 bis etwa 1896 zu erklären. Die vorgelagerte und ebenso die nachgelagerte Aufschwungsphase eines Kondratieff-Zyklus deuten sie interessanterweise eher als singuläre historische Phänomene (die erstere als „industrielle Revolution" oder „take off", die letztere als „imperialistischen Aufschwung" oder „organisierten Kapitalismus").

Sehr viel häufiger und intensiver haben sich Ökonomen und Wirtschaftshistoriker mit „Langen Wellen" in der Geschichte beschäftigt. Hier können nur wenige Beispiele skizziert werden. Bemerkenswert ist z. B. das Alterswerk von Arthur W. Lewis, 1978 publiziert, in dem er die komplexe Konjunkturanalyse einer spezifischen Epoche weltwirtschaftlicher Entwicklung vornimmt, nämlich der Epoche von 1870–1913, um daraus Schlüsse für die Gegenwart zu ziehen. [LEWIS, Growth] Lewis geht davon aus, dass die Epoche von 1870 bis 1913 durch zunächst langfristig fallende, seit Mitte der 1890er Jahre langfristig ansteigende Preise in den vom ihm besonders untersuchten Industrieländern USA, England, Frankreich und Deutschland geprägt gewesen sei. Für ihn ist das der berühmte Kondratieff-Zyklus, genauer gesagt, die Abschwungsphase des zweiten, des „Industriellen Kondratieff", und die Aufschwungsphase des dritten, des „Imperialistischen Kondratieff-Zyklus". Allerdings macht Lewis klar, dass dieser Kondratieff-Zyklus ein reines Preisphänomen sei. Sowohl im Investitionsverhalten als auch in der Entwicklung der Industrieproduktion zeigte sich das Kondratieff-Muster keineswegs. Der Kondratieff-Zyklus als Preisphänomen jedoch ist für Lewis eine brauchbare Folie, vor der er reale und monetäre Entwicklungszusammenhänge analysiert. Er nimmt darüber hinaus die „Lange Welle" vom Typ Kondratieff auch insofern ernst, als er den langfristigen weltweiten Preisverfall seit dem Ende des Ersten Weltkriegs bis in die 1940er Jahre ebenfalls in dieses Schema einordnet.

Kürzlich hat Metz die Bedeutung der Entstehung und Verbreitung neuen technischen Wissens anhand des Patent-Aufkommens untersucht und dessen langwelligen Charakter bestätigt. Für ihn erklärt das – neben anderen Faktoren – die Tatsache, dass der säkulare Wachstumsprozess lange Wellen im Sinne der trendmäßigen Beschleunigung über mehrere Jahrzehnte hin und anschließend relativ lang andauernde Verlangsamungsphasen aufweist. [METZ, Wirtschaftliches Wachstum]

Wechselwirkungen zwischen Bevölkerungs- und Wirtschaftsentwicklung sind auch unter dem Vorzeichen der Kuznets-Zyklen untersucht worden. Hier sei besonders das mit historischer Erfahrung gesättigte Modell von Richard Easterlin erwähnt. [EASTERLIN, Economic-Demographic Interactions, 1069ff.; EASTERLIN, Population] In einer Situation längerfristiger Unterbeschäftigung beleben von außen kommende Nachfrageimpulse die Beschäftigung, so dass sich in den strategischen Wachstumszentren das Reservoir an Arbeitslosen rasch auflöst. Binnenwanderungen setzen ein. Hält nun das Wachstum weiter an, werden Ausstrahlungseffekte auch die Einwanderung aus dem Ausland fördern sowie die Eingliederung von bisher der Produktion fern stehenden Gruppen (Frauen, Jugendliche, ältere Menschen).

Hier kommt nun ein wichtiger Effekt ins Spiel, der das Denken im Zusammenhang mit dem Kuznets-Ansatz charakterisiert: Es wird davon ausgegangen, dass während der zurückliegenden Phasen höherer Arbeitslosigkeit und stagnierender oder sogar sinkender Reallöhne Heiratspläne in der Bevölkerung eher zurückgestellt worden sind. Die längerfristige deutliche Verbesserung der Arbeitsmarktbedingungen löst den Rückstau bei den Heiratsplänen auf, und mit einem raschen Anstieg von aktuellen und nachgeholten Heiraten geht eine Welle von Haushaltsgründungen einher. Das wiederum induziert ein Wachstum der Nachfrage nach Wohnungen und anderen infrastrukturellen Einrichtungen. Früher oder später wird die Wirtschaft darauf reagieren, einerseits mit verstärktem Wohnungsbau, andererseits mit verstärkten Infrastruktur-Investitionen, so dass mit einem Time Lag die genannten Komponenten der Bevölkerungsentwicklung positiv auf die Entwicklung der Gesamtnachfrage und damit der Beschäftigung einwirken. Dabei ist daran zu denken, dass ja die Welle von Haushaltsgründungen nicht nur die Nachfrage nach schlichtem Wohnraum steigert, sondern auch nach Wohnungsausstattung, d. h. insbesondere nach langlebigen Konsumgütern. Der anderweitig ausgelöste Wachstumsschub wird demnach durch die Wanderungen und den Anstieg der Haushaltsgründungen verstärkt und vor allem zeitlich verlängert. Diesen für die Situation der USA im späten 19. und frühen 20. Jahrhundert entwickelten Ansatz haben Tilly und Wellenreuther überzeugend auf den Zusammenhang von Bevölkerungsentwicklung und Wohnungsbauzyklen in Deutschland zwischen 1850 und 1913 angewandt. [TILLY/WELLENREUTHER, Bevölkerungswanderung]

Andere Autoren haben Kuznets-Zyklen in den realen und monetären Austauschbeziehungen zwischen Volkswirtschaften historisch analysiert. So können z. B. Kenwood und Lougheed zeigen, dass während des späten 19. Jahrhunderts in depressiven Phasen der englischen Wirtschaft die Vereinigten Staaten und Kanada ein besonders starkes Wirtschaftswachstum erlebten, das nicht zuletzt induziert oder zumindest positiv unterstützt wurde durch Bevölkerungs- und Kapitalzuflüsse aus England. Umgekehrt schwächte sich das Wachstum Nordamerikas ab, wenn die englische Wirtschaft boomte und Auswanderung und Kapitalexport zurückgingen. Dieser wechselseitige Austausch zeigte einen Rhythmus, der den Kuznets-Zyklen entspricht. [KENWOOD/LOUGHEED, Growth, 162–172]

4.4 Der institutionenökonomische Ansatz

Die bekannteste Anwendung dieses Ansatzes in der historischen Wachstumsforschung, zunächst konzentriert auf die Property-Rights, stammt von Douglass North. Er will das unterschiedliche Wachstum verschiedener westeuropäischer Länder (Spanien, Frankreich, die Niederlande, England) während der Frühen Neuzeit erklären. [NORTH/THOMAS, Rise, 102f.; NORTH, Structure and Change, 143–157] Während des 15. Jahrhunderts begann die Bevölkerung in Westeuropa langfristig zu wachsen. Einige Länder erwiesen sich als fähig, das Wirtschaftswachstum dem Bevölkerungszuwachs anzupassen, während andere einen wirtschaftlichen Rückgang erlebten. Gegen Ende des 17. Jahrhunderts gab es Gewinner wie die Niederlande und England, stagnierende Länder wie Frankreich und klare Verlierer, zu denen Spanien, Italien und Deutschland gehörten. Einige Länder hatten es geschafft, den eisernen Klauen der „malthusianischen Falle" zu entgehen, die darin besteht, dass das Bevölkerungswachstum deutlich und anhaltend die Grenze des Nahrungsspielraums überschreitet, während andere Länder versagten.

Die erklärende Argumentation ist klar und einfach aufgebaut: Die Wachstumsdifferenzen beruhten primär auf einer abweichenden Ausgestaltung der Property Rights in den vier Ländern. In den Niederlanden und in England wurden die Property Rights so transformiert (spezifiziert, privatisiert, durchsetzungsfähig gemacht), dass es den Wirtschaftssubjekten gelang, die mit der globalen Marktausweitung verbundenen Profitchancen zu nutzen. Die Property Rights erwiesen sich als wachstumsfördernd. In Frankreich und noch mehr in Spanien wurden dagegen die Property Rights restriktiv gestaltet und besonders nicht vor willkürlichen staatlichen Eingriffen geschützt. Private Wirtschaftsaktivität, vor allem Innovationstätigkeit, wurde insofern durch die institutionellen Strukturen nicht gefördert, sondern behindert. Beide Länder fielen infolgedessen im Kampf um Märkte und Profite immer weiter zurück.

Ein wichtiger Erklärungsfaktor ist in diesem Kontext die unterschiedliche Ausgestaltung des Steuersystems. Noch wichtiger erscheint jedoch die Entwicklung der Transaktionskosten. Reed gibt dafür folgende Begründung: 1. Die Technologie war während dieser Periode, besonders während des 17. Jahrhunderts, relativ konstant. 2. Unter dieser Voraussetzung verlangt Wirtschaftswachstum pro Kopf bei gleichzeitigem Bevölkerungswachstum die Realisierung von Kostenvorteilen aufgrund wachsender Marktgröße (Economies of Scale). 3. Skaleneffekte waren primär im Transaktionssektor (Kosten der Informationsgewinnung, der Rechtsfindung und -sicherung sowie des Warentransports) der betrachteten Volkswirtschaften angelegt. 4. England und die Niederlande besaßen institutionelle Strukturen, die es erlaubten, Bevölkerungswachstum mit wachsenden Märkten zu beantworten. Das ermöglichte es ihnen, im Transaktionssektor Economies of Scale zu realisieren. [REED, Transactions Costs, 178]

Die Belege sind (stets bezogen auf das 17. Jahrhundert): beachtliches Wachstum von Städten und zentralen Märkten in den Niederlanden und in England. Das verstärkte die regionale Differenzierung der Faktor-Proportionen, hob somit den Austauschbedarf, senkte aber zugleich die Transaktionskosten, z. B. in Form der Informations- und Transportkosten. Ebenso machte dies Wachstum der Märkte Investitionen in Änderungen von Property Rights und deren Durchsetzung lohnend. Bei den genannten Beispielen für Innovationen im Bereich der Property Rights, die zur Senkung von Transaktionskosten beitrugen, handelte es sich überwiegend um Instrumente, die schon früher andernorts eingeführt worden waren, besonders in den oberitalienischen und oberdeutschen Handelsstädten, die aber in den Niederlanden zu großer Reife und Effizienz entwickelt und später von England adaptiert und auf breiter Skala eingesetzt wurden.

Die Kostensenkungseffekte wurden typischerweise auf Branchenniveau realisiert, nicht auf dem der einzelnen Firma, insofern fand kein nennenswertes Unternehmenswachstum statt, vielmehr nahm die Zahl kleinerer Firmen stark zu. Damit hängt zusammen, dass nicht der viel zitierte überseeische Handel zum Motor der Entwicklung wurde, sondern der Binnenhandel. Diese Argumentation impliziert insofern ein starkes Wachstum der Binnenmärkte in Europa, vor allem in den Niederlanden und in England. Ebenfalls implizit ist der Beweisführung, dass Frankreich und Spanien diese Veränderungen im Transaktionssektor in geringerem Umfang erlebten. Zu schwaches Marktwachstum, bedingt durch die Ausgestaltung der Property Rights, hinderte die Wirtschaftssubjekte daran, die im Transaktionssektor angelegten Wachstumsimpulse mit gesamtwirtschaftlicher Wirkung zu realisieren.

Die Erklärungskraft eines erweiterten institutionenökonomischen Ansatzes hat North selbst anhand zahlreicher historischer Fälle zu demonstrieren versucht. [NORTH, Theorie. Teil II] Während er jedoch auch bei der Anwendung meist relativ schematisch und abstrakt bleibt, hat ihn z. B. Wischermann so konsequent für die Praxis historischer Untersuchung umgesetzt, dass der Ansatz als solcher kaum noch explizite in Erscheinung tritt. Seine Fruchtbarkeit etwa für die Erklärung der wirtschaftlichen Entwicklung Westfalens im späten 18. und frühen 19. Jahrhundert wird jedoch evident. [WISCHERMANN, Preußischer Staat] Sehr überzeugend kann Wischermann z. B. mit institutionenökonomischen Argumenten darlegen, warum nach dem Rückzug des Staates aus dem Leggewesen zu Beginn des 19. Jahrhunderts zunächst der Verlag und seit den 1850er Jahren sehr rasch die Fabrik als die angemessenen, vor allem kostengünstigsten Neudefinitionen für die weggefallenen Kontroll- und Qualitätssicherungsinstitutionen erschienen. [WISCHERMANN, Frühindustrielle Unternehmensgeschichte]

5. Offene Fragen/Probleme

Die empirisch-historische Wachstumsforschung sieht sich einer ganzen Reihe offener Fragen und ungelöster Probleme gegenüber. Diese betreffen einerseits das Angebot von historisch sinnvoll erscheinenden Theorien und deren Operationalisierbarkeit, andererseits die Angemessenheit bestimmter Untersuchungsmethoden und schließlich die Frage der Verfügbarkeit von Quellen und einschlägigen Daten. Abschließend sollen einige ausgewählte Theorie- und Methodenprobleme kurz angerissen werden.

Einen Komplex von Problemen birgt der in der Wachstumsforschung übliche und fast notwendige Rückgriff auf das Konzept der VGR. Es ist behauptet worden, dies Konzept sei inzwischen für jeden Wirtschaftswissenschaftler so selbstverständlich geworden, dass er die Kritik zwar kenne, sie jedoch ignoriere und das volkswirtschaftliche „Geschehen nur mehr in Begriffen der herrschenden VGR denkt". [REICH U. A., Arbeit-Konsum-Rechnung, 19] Als gravierend muss z. B. der Mangel der VGR gelten, dass sie ausschließlich Leistungen berücksichtigt, die entgeltlich, also über Märkte erbracht werden. Nicht erfasst werden Leistungen der Haushalte („Hausfrauenarbeit", Do-it-yourself, Nachbarschaftshilfe), geschenkte Güter und Leistungen, Selbstverbrauch (in der Landwirtschaft). Ein großes Problem besteht darin, dass der Gebrauch und vor allem Missbrauch von scheinbar kostenlosen Umweltressourcen (Luft, Wasser, Boden) nicht vom Sozialprodukt abgesetzt werden. Schließlich gibt es eine Fülle von Mess- und Bewertungsproblemen bei der tatsächlichen Ermittlung des Sozialprodukts, z. B. bei der Erfassung der Staatsleistungen oder bei der Gewichtung von Qualitätsänderungen von Produkten. Spezielle Probleme treten natürlich bei historischen Gesamtrechnungen auf, da zu den begrifflich-konzeptuellen Problemen noch diejenigen hinzukommen, die aus der lückenhaften Quellenlage und aus Datenmängeln resultieren und die um so größer werden, je weiter man in der Geschichte zurückgeht. [HOLTFRERICH, Growth; SCHREMMER, Badische Gewerbesteuer; FREMDLING, German National Accounts]

Probleme birgt oft der Rückgriff auf Wachstumstheorien. Vorbildlich geht Paul A. David damit um. Er ist sich bewusst, dass die neoklassische Theorie zahlreiche Fiktionen enthält. Ihre empirische Umsetzung macht einige heroische Annahmen notwendig. Die tatsächlich im 19. Jahrhundert gegebene Unvollkommenheit der Märkte, der zunächst noch geringe Grad der Marktintegration, die mangelnden Kenntnisse der Historiker bezüglich zentraler ökonomischer Teilprozesse, wie Kommerzialisierung der Landwirtschaft, Urbanisierung und Industrialisierung, müssen ignoriert werden. Das rechtfertigende Motto entlehnt David von Voltaire: „History is a fable agreed upon". [DAVID, Invention, 180] Andererseits stellt die neoklassische Theorie nützliche Instrumente zur Verfügung, z. B. die Produktionsfunktion, mit Hilfe derer sich sonst oft zu wenig bedachte Aspekte historischer Wachstumsverläufe rekonstruieren lassen. Man dürfe jedoch die Funktion nicht verdinglichen, sie habe keine reale Existenz. Ihre Anwendung produziere stilisierte Fakten. Diese könnten allerdings realen Prozessen korrespondieren, zumindest ein sinnvolles Bild ihrer Auswirkungen darstellen. [DAVID, Invention, 181f.]

Auch der Rückgriff auf die derzeit so heiß diskutierten Ansätze der „Neuen Wachstumstheorie" löst keineswegs alle Theorieprobleme. Metz hat verdeutlicht, „daß es offensichtlich nicht möglich ist, die Frage nach der stochastischen oder deterministischen Eigenschaft der langfristigen Entwicklung allein aus der Struktur der Prozeßrealisation abzuleiten, ohne dabei durch substanzwissenschaftliche Hypothesen Vorentscheidungen zu treffen, die das Testergebnis entscheidend beeinflussen." [METZ, Stochastische Struktur, 193] Das bedeutet aber nichts anderes, als dass die entscheidende Vorgabe der Modelle in der Tradition der „Neuen Wachstumstheorie", der gesamtwirtschaftliche Produktionsprozess habe eine stochastische Struktur, empirisch (bisher) nicht überprüfbar ist. Sie bleibt eine Setzung, die man akzeptieren, aber auch ablehnen kann. Man müsste sich von der ästhetischen oder formalen Eleganz der neuen Modelle überzeugen lassen, um sie deshalb der historischen Forschung zugrunde zu legen. Eine zweifellos nicht befriedigende Situation.

Zu einem skeptischen Urteil kommt ebenfalls Crafts in seiner Auseinandersetzung mit diesen Theorien. Er meint, die These der „Neuen Wachstumstheorie" könne empirisch kaum belegt werden, dass – entgegen der „orthodoxen" Auffassung – nicht die Anlageinvestitionen die wesentliche Determinante der Wachstumsraten des Sozialprodukts seien. [CRAFTS, Productivity Growth, 394] Zudem könne die „Neue Wachstumstheorie" Differenzen in den Wachstumsraten verschiedener Volkswirtschaften nicht gut erklären. Sie vernachlässige vor allem zu stark institutionelle Bedingungen und Veränderungen und deren gesamtwirtschaftliche Auswirkungen. In dieser Hinsicht könne sie von Wachstumsstudien in der Perspektive der Entwicklungstheorie und nicht zuletzt auch von Seiten der Wirtschaftsgeschichte lernen. [CRAFTS, Productivity Growth, 414] Bei aller Unsicherheit, die hinsichtlich der Auswahl der „richtigen" Theorie für den Anwender besteht, insofern doch ein optimistischer Ausblick – jedenfalls aus der Perspektive des Wirtschaftshistorikers!

Es ist offensichtlich geworden, dass die hier behandelten Ansätze die Ebene einer „nur" historisch-beschreibenden Wachstumsforschung, von der manche Historiker glauben, dass es sie geben könne, ständig verlassen. Es gibt Beschreibungen des gesamtwirtschaftlichen Wachstums notwendigerweise nur als konzeptbasierte, quantitative Forschung. Die relativ unklaren Grenzen zu einer äußerst voraussetzungsreichen Analyse werden leicht überschritten. Naive historische Wachstumsforschung ist nicht möglich, auch wenn das benutzte Konzept oft nicht ausdrücklich dargelegt wird.

Schaubild 1
*Entwicklung des Bruttosozialprodukts in Westeuropa 1860–1982
(1899/1901 = 100, logarithmischr Maßstab)*

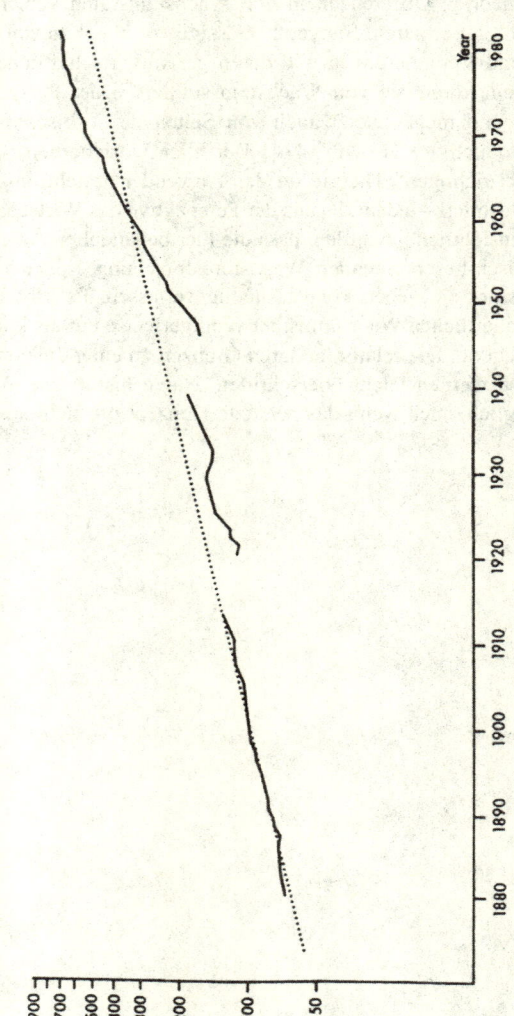

Quelle: G. AMBROSIUS/W.H. HUBBARD, A Social and Economic History of Twentieth Century Europe. Cambridge/London 1989, 139

Literaturliste

ABELSHAUSER, W, u. PETZINA, D., Krise und Rekonstruktion. Zur Interpretation der gesamtwirtschaftlichen Entwicklung Deutschlands im 20. Jahrhundert. In: SCHRÖDER, W. H. u. SPREE, R. (Hg.), Historische Konjunkturforschung. Stuttgart 1981, S. 75–4.

AMBROSIUS, G., u. W.H. HUBBARD, A Social and Economic History of Twentieth Century Europe. Cambridge/London 1989

ARK, B. van, u. CRAFTS, N., Catch-Up, Convergence and the Sources of Post-War European Growth: Introduction and Overview. In: DIES. (Hg.), Quantitative Aspects of Post-War European Economic Growth. Cambridge 1996, S. 1–26.

ARK, B. van, Comparative Levels of Manufacturing Productivity in Postwar Europe: Measurement and Comparisons. In: Oxford Bulletin of Economics and Statistics, 52 (1990), S. 343–374.

BOMBACH, Post-War Economic Growth Revisited. Amsterdam usw. 1985 (Prof. Dr. F. DeVries Lectures in Economics, Bd. 6).

BORCHARDT, K., Anerkennung und Versagen. Ein Jahrhundert wechselnder Einschätzungen von Rolle und Leistung der Volkswirtschaftslehre in Deutschland. In: SPREE, R. (Hg.), Geschichte der deutschen Wirtschaft im 20. Jahrhundert. München 2001, S. 200–222.

BORCHARDT, K., Der „Property-Rights-Ansatz" in der Wirtschaftsgeschichte – Zeichen für eine systematische Neuorientierung des Faches? In: KOCKA, J. (Hg.), Theorien in der Praxis des Historikers. Göttingen 1977 (Geschichte und Gesellschaft, Sonderheft 3), S. 140–156.

BORCHARDT, K., Wirtschaftliches Wachstum und Wechsellagen 1800–1914. In: ZORN, W. (Hg.), Handbuch der deutschen Wirtschafts- und Sozialgeschichte, Bd. 2, Stuttgart 1976, S. 247–255.

BORCHARDT, K., Die Industrielle Revolution in Deutschland. München 1972.

BROADBERRY, S. N., u. CRAFTS, N. F. R., European Productivity in the Twentieth Century: Introduction. In: Oxford Bulletin of Economics and Statistics, 52 (1990), S. 331–341.

BROWN, M., On the Theory and Measurement of Technological Change. Cambridge 1966.

BRÜMMERHOFF, D., Volkswirtschaftliche Gesamtrechnungen. 6. Aufl., München u. Wien 2000.

CRAFTS, N., Recent Research on the National Accounts of the UK, 1700–1939. In: Scandinavian Economic History Review, 43 (1995), S. 17–29.

CRAFTS, N., Productivity Growth Reconsidered. In: Economic Policy, 15 (1992), S. 387–414.

CRAFTS, N., British Economic Growth during the Industrial Revolution. Oxford 1985.

DAVID, P. A., Invention and Accumulation in America's Economic Growth: A Nineteenth-Century Parable. In: BRUNNER, K. u. MELTZER, A. H. (Hg.), International Organization, National Policies and Economic Development. Amsterdam 1977, S. 179–240.

DENISON, E. F., Accounting for United States Economic Growth 1929–1969. Washington, D. C., 1974.

DUMKE, R. H., Reassessing the „Wirtschaftswunder": Reconstruction and Postwar Growth in West Germany in an International Context. In: Oxford Bulletin of Economics and Statistics, 52 (1990), S. 451–493.
EASTERLIN, R. A., Population, Labor Force, and Long Swings in Economic Growth. New York 1968.
EASTERLIN, R. A., Economic-Demographic Interactions and Long Swings in Economic Growth. In: American Economic Review, 56 (1966), S. 1063–1104.
FREEMAN, C., u. a., Unemployment and Technical Innovation. A Study of Long Waves and Economic Development. London 1982.
FREMDLING, R., German National Accounts for the 19th and Early 20th Century. A Critical Assessment. In: Vierteljahrschrift für Sozial- und Wirtschaftsgeschichte, 75 (1988), S. 339–357.
FREMDLING, R., Eisenbahnen und deutsches Wirtschaftswachstum 1840–1879. 2. Aufl., Dortmund 1985.
GAHLEN, B., u.a. (Hg.), Wachstumstheorie und Wachstumspolitik. Ein neuer Anlauf. Tübingen 1991.
GAHLEN, B., Die Überprüfung produktionstheoretischer Hypothesen für Deutschland (1850–1913). Tübingen 1968.
GÄFGEN, G., Entwicklung und Stand der Theorie der Property Rights: Eine kritische Bestandsaufnahme. In: NEUMANN, M. (Hg.), Ansprüche, Eigentums- und Verfügungsrechte. Berlin 1984 (Schriften des Vereins für Socialpolitik, N.F., Bd. 140), S. 43–62.
HESSE, G., Der Property-Rights-Ansatz. Eine ökonomische Theorie der Veränderung des Rechts? In: Jahrbücher für Nationalökonomie und Statistik, Bd. 195 (1980), S. 481–495.
HESSE, H., u. GAHLEN, B., Das Wachstum des Nettoinlandprodukts in Deutschland, 1850–1913. In: Zeitschrift für die gesamte Staatswissenschaft, 121 (1965), S. 452–497.
HIRSCHMAN, A. O., Die Strategie der wirtschaftlichen Entwicklung. Stuttgart 1967.
HOFFMANN, W. G. (Hg.), Untersuchungen zum Wachstum der deutschen Wirtschaft 1850 bis 1968. Tübingen 1971.
HOFFMANN, W. G., u.a., Das Wachstum der deutschen Wirtschaft seit der Mitte des 19. Jahrhunderts. Berlin usw. 1965.
HOFFMANN, W. G., Long-term Growth and Capital Formation in Germany. In: LUTZ, F. A., u.a. (Hg.), The Theory of Capital. New York 1961, S. 118–140.
HOLTFRERICH, C.-L., The Growth of Net Domestic Product in Germany 1850–1913. In: FREMDLING, R., u. O'BRIEN, P. K. (Hg.), Productivity in the Economies of Europe. Stuttgart 1983, S. 124–132.
HOLTFRERICH, C.-L., Quantitative Wirtschaftsgeschichte des Ruhrkohlenbergbaus im 19. Jahrhundert. Dortmund 1973.
JANOSSY, F., Das Ende der Wirtschaftswunder. Erscheinung und Wesen der gesamtwirtschaftlichen Entwicklung. Frankfurt/M. 1969.
KAUFHOLD, K. H., Wirtschaftswachstum, Technologie und Arbeitszeit. Ausgangssituation im 18. Jahrhundert und Entwicklung bis ca. 1835. In: Wirtschaftswachstum, Technologie und Arbeitszeit im internationalen Vergleich. Wiesbaden 1983 (Zeitschrift für Unternehmensgeschichte, Beiheft 24), S. 17–54.

KENWOOD, A. G. u. LOUGHEED, A. L., The Growth of the International Economy 1820–1960. London u. Sydney 1971.

KING, R. G., u. REBELO, S., Public Policy and Economic Growth: Developing Neoclassical Implications. In: Journal of Political Economy, 98 (1990), S. 126–150.

KLEINKNECHT, A., u. a. (Hg.), New Findings in Long-Wave Research. New York 1992.

KLEINKNECHT, A., Innovation Patterns in Crisis and Prosperity. Schumpeter's Long Cycle Reconsidered. Houndmills u. London 1987.

KRENGEL, J., Zur Berechnung von Wachstumswirkungen konjunkturell bedingter Nachfrageschwankungen nachgelagerter Industrien auf die Produktionsentwicklung der deutschen Roheisenindustrie während der Jahre 1871–1882. In: SCHRÖDER, W. H. u. SPREE, R. (Hg.), Historische Konjunkturforschung. Stuttgart 1981, S. 186–207.

KUZNETS, S., Long Swings in Population Growth and Related Economic Variables. In: DERS., Economic Growth and Structure. Selected Essays. London 1965, S. 328–378.

LEWIS, W. A., Growth and Fluctuations 1870–1913. London usw. 1978.

LINDSTROM, D., Macroeconomic Growth: The United States in the Nineteenth Century. In: Journal of Interdisciplinary History, 13 (1983), S. 679–705.

LUCAS Jr., R. E., On the Mechanics of Economic Development. In: Journal of Monetary Economics, 22 (1988), S. 3–42.

MADDISON, A., Dynamic Forces in Capitalist Development. A Long-Run Comparative View. Oxford u. New York 1991.

MADDISON, A., Macroeconomic Accounts for European Countries. In: van ARK, B. u. CRAFTS, N. (Hg.), Quantitative Aspects of Post-War European Economic Growth. Cambridge 1996, S. 27–83.

MENSCH, G., Das technologische Patt. Innovationen überwinden die Depression. Frankfurt/M. 1975.

METZ, R., Wirtschaftliches Wachstum, technischer Fortschritt und Innovationen in Deutschland: Eine Säkularbetrachtung. In: EBELING, D., u. a. (Hg.), Landesgeschichte als multidisziplinäre Wissenschaft. Festgabe für Franz Irsigler zum 60. Geburtstag. Trier 2001, S. 679–709.

METZ, R., Über die stochastische Struktur langfristiger Wachstumsschwankungen. In: ifo Studien, 38 (1992), S. 171–197.

MOKYR, J., Demand vs. Supply in the Industrial Revolution. In: DERS. (Hg.), The Economics of the Industrial Revolution. Totowa, N. J., 1985, S. 97–118.

NORTH, D. C., Institutions, Institutional Change and Economic Performance. Cambridge u. New York 1990.

NORTH, D. C., Structure and Change in Economic History. New York u. London 1981.

NORTH, D. C., The Economic Growth of the United States, 1790–1860. Englewood Cliffs 1961.

NORTH, D. C., u. THOMAS, R. P., The Rise of the Western World. A New Economic History. Cambridge 1973.

PRESCOTT, E. C., Theory Ahead of Business Cycle Measurement. In: Federal Reserve Bank of Minneapolis Quarterly Review, 10 (1986), S. 9–22.

REED, C., Transactions Costs and Differential Growth in the Seventeenth Century Western Europe. In: Journal of Economic History, 33 (1973), S. 177–190.
REICH, U.-P., u.a., Arbeit-Konsum-Rechnung. Axiomatische Kritik und Erweiterung der Volkswirtschaftlichen Gesamtrechnung. Köln 1977.
RITSCHL, A. u. SPOERER, M, Das Bruttosozialprodukt in Deutschland nach den amtlichen Volkseinkommens- und Sozialproduktsstatistiken 1901–1995. In: Jahrbuch für Wirtschaftsgeschichte, (1997/2), S. 27–54.
ROMER, P. M., Endogenous Technological Change. In: Journal of Political Economy, 98 (1990), S. 71–102.
ROMER, P. M., Increasing Returns and Long-Run Growth. In: Journal of Political Economy, 94 (1986), S. 1002–1037.
ROSENBERG, H., Große Depression und Bismarckzeit. Berlin 1967.
ROSENBERG, H., Wirtschaftskonjunktur, Gesellschaft und Politik in Mitteleuropa, 1873 bis 1896. In: WEHLER, H.-U. (Hg.), Moderne deutsche Sozialgeschichte, Köln u. Berlin 1966, S. 225–253.
SAMUELSON, P. A., Economics. An Introductory Analysis. 6. Aufl., International Student Edition, New York usw. 1964.
SCHREMMER, E., Die Badische Gewerbesteuer und die Kapitalbildung in gewerblichen Anlagen und Vorräten in Baden und Deutschland, 1815 bis 1913. In: Vierteljahrschrift für Sozial- und Wirtschaftsgeschichte, 74 (1987), S. 18–61.
SCHREMMER, E., Wie groß war der „technische Fortschritt" während der Industriellen Revolution in Deutschland 1850–1913. In: Vierteljahrschrift für Sozial- und Wirtschaftsgeschichte, 60 (1973), S. 433–458.
SCOTT, M. F., A New View of Economic Growth. Four Lectures. Washington, D. C., 1991 (World Bank Discussion Papers, No. 131).
SIEGENTHALER, H., Regelvertrauen, Prosperität und Krisen. Die Ungleichmäßigkeit wirtschaftlicher und sozialer Entwicklung als Ergebnis individuellen Handelns und sozialen Lernens. Tübingen 1993.
SIEGENTHALER, H., Vertrauen, Erwartungen und Kapitalbildung im Rhythmus von Strukturperioden wirtschaftlicher Entwicklung: Ein Beitrag zur theoriegeleiteten Konjunkturgeschichte. In: BOMBACH, G. (Hg.), Perspektiven der Konjunkturforschung. Tübingen 1984, S. 121–136.
SPREE, R., Lange Wellen wirtschaftlicher Entwicklung in der Neuzeit. Köln 1991 (Historical Social Research – Historische Sozialforschung, Supplement No. 4).
SPREE, R., Die Wachstumszyklen der deutschen Wirtschaft von 1840 bis 1880. Berlin 1977.
TILLY, R. H. u. Wellenreuther, T., Bevölkerungswanderung und Wohnungsbauzyklen in deutschen Großstädten im 19. Jahrhundert. In: TEUTEBERG, H. J. (Hg.), Homo Habitans. Zur Sozialgeschichte des ländlichen und städtischen Wohnens in der Neuzeit. Münster 1985, S. 273–300.
WEHLER, H.-U., Das deutsche Kaiserreich 1871–1918. 4. Aufl., Göttingen 1980.
WEHLER, H.-U., Bismarck und der Imperialismus. Köln u. Berlin 1969.
WISCHERMANN, C., Institutionenökonomische Theorien und die Erklärung der Wirtschaftsentwicklung Europas in der Neuzeit. In: MÖRKE, O. u. NORTH, M. (Hg.), Die Entstehung des modernen Europa 1600–1900. Köln usw. 1998, S. 81–92.
WISCHERMANN, C., Der Property-Rights-Ansatz und die „neue" Wirtschaftsgeschichte. In: Geschichte und Gesellschaft, 19 (1993), S. 239–258.

WISCHERMANN, C., Frühindustrielle Unternehmensgeschichte in institutionalistischer Perspektive. In: Geschichte und Gesellschaft, 19 (1993), S. 453–474.

WISCHERMANN, C., Preußischer Staat und westfälische Unternehmer zwischen Spätmerkantilismus und Liberalismus. Köln usw. 1992.

Reinhard Spree

Konjunktur

1. Grundbegriffe und Konzept

Die langfristige Zunahme des Sozialprodukts pro Einwohner einer Volkswirtschaft während der letzten zweihundert Jahre, zumindest in Europa und in den USA, d.h. das auf lange Sicht positive Wirtschaftswachstum, ist zu einer überwältigenden Erfahrungstatsache der modernen Wirtschaftsgeschichte geworden. Untrennbar gehört aber dazu die ebenso grundlegende Erfahrung der Instabilität des Wachstums, der Wachstumsschwankungen oder der wirtschaftlichen Wechsellagen. Modernes Wirtschaftswachstum vollzog sich niemals stetig, sondern immer unter mehr oder weniger unregelmäßigen Schwankungen. Diese Schwankungen, die sich in fast allen wirtschaftlichen Messziffern ausprägen können (z.b. in Produktions- und Verbrauchsmengen, Beschäftigtenzahlen, Investitionen, Preisen, Löhnen, Arbeitszeiten usw.) und oft einen zeitlichen Gleichlauf oder auch eine typische Gegenläufigkeit aufweisen, bezeichnet man als Konjunktur. Ganz allgemein ausgedrückt, geht es um Veränderungen von ökonomischen Variablen während relativ kurzer Zeitabschnitte. Man spricht auch von Konjunkturzyklen und betont damit das Wiederkehrende der Auf- und Abschwungsbewegungen um einen gedachten Durchschnitt (Trend).

Dass die konjunkturellen Veränderungen in einem gesellschaftlichen Umfeld stattfinden, ist selbstverständlich. Sie wirken auf die Gesellschaft ein und werden ihrerseits durch diese beeinflusst, teilweise sogar verursacht, zumindest mitgeprägt. Dennoch soll hier von den politischen und kulturellen Dimensionen des konjunkturellen Geschehens abstrahiert werden. Diese Vorgehensweise ist keineswegs zwingend, im Gegenteil: Es kann für den Historiker ausgesprochen lohnend sein, die gesellschaftlichen und politischen Voraussetzungen und Auswirkungen der konjunkturellen Entwicklung in einer bestimmten Periode zu untersuchen. Ein Beispiel dafür ist die bekannte Untersuchung von Hans Rosenberg „Große Depression und Bismarckzeit". Ein anderes Beispiel bietet das Themenheft „Kontroversen über die Wirtschaftspolitik in der Weimarer Republik" der Zeitschrift „Geschichte und Gesellschaft". Die wirtschaftlichen Entwicklungen werden in diesen Publikationen jeweils als weitgehend bekannt vorausgesetzt. Das Interesse gilt vor allen Dingen der politischen Beeinflussbarkeit der Wirtschaft sowie den sozialen und politischen Handlungsspielräumen/-interessen und den Folgen des konjunkturellen Geschehens. Gemessen daran wird in der Konjunkturanalyse in der Regel eine ökonomistische Reduktion des Gegenstands vorgenommen, um unmittelbar an eine wichtige Dimension der wirtschaftlichen Entwicklung heranzuführen.

Die Erfahrung anhaltend raschen Wachstums seit dem Zweiten Weltkrieg legte vielen Beobachtern um die Wende zu den 1970er Jahren nahe, den Begriff Konjunkturzyklus durch den Begriff Wachstumszyklus zu ersetzen. Der sollte vor allem durch zwei Merkmale charakterisiert sein: Erstens ist der Wachstumstrend relativ steil aufwärts gerichtet, zweitens spielen sich Konjunkturschwankungen ausschließlich im Bereich positiver Zuwachsraten ab. [BRONFENBRENNER 1969] Inzwischen sind drei Jahrzehnte vergangen, in denen wir neue Wachstumserfahrungen gemacht haben: Phasen der Stagnation und sogar der Schrumpfung des Sozialprodukts sind uns wieder vertraut. Dies Fazit zieht auch De Long, der in der Einleitung zu einem Symposium über Konjunkturzyklen feststellt, dass bisher jede längere Expansionsphase der US-Wirtschaft im 20. Jahrhundert zu der Behauptung geführt habe, der Konjunkturzyklus sei tot und statt dessen entwickele sich eine „New Economy". So geschehen Ende der 1920er Jahre, Ende der 1960er Jahre und Ende der 1990er Jahre. Jedoch „claims of a 'new economy' have always proven wrong (...) Expansions end. They are followed by recessions." [DE LONG 1999, 21] Dennoch ist es durchaus sinnvoll, den Terminus Wachstumszyklus weiter zu benutzen, speziell in der historischen Konjunkturforschung, weil er sinnfällig macht, dass Wachstum und Konjunktur keine völlig unterschiedlichen wirtschaftlichen Phänomene sind, sondern zwei Seiten derselben Medaille. Die Begriffe Wachstums- und Konjunkturzyklus werden deshalb im Folgenden synonym verwendet.

Der Konjunkturbegriff muss in weiterer Hinsicht präzisiert werden. In der Geschichte ebenso wie in der Gegenwart lassen sich im Grunde fast nur Zyklen wirtschaftlicher Messziffern beobachten, die keine regelmäßigen Schwankungen aufweisen. Die Zyklen ein und derselben wirtschaftlichen Messziffer verändern sich über längere Zeiträume hin sowohl unter dem Gesichtspunkt ihrer Dauer als auch unter dem ihrer Abweichung von einem durchschnittlichen (glatten) Entwicklungspfad, d. h. ihrer Amplitude. Für den Historiker ist deshalb klar: Universell, in der Zeit wiederkehrend, ist die Instabilität des Wachstums, ist die Tatsache der Schwankung als solcher. Dagegen erscheint jeder Zyklus, für sich betrachtet, individuell, durch vielfältige Besonderheiten geprägt.

Trotz der ungleichen Dauer verschiedener Zyklen gibt es eine Art Konvention, als Konjunktur nur die Schwankungen mit einer maximalen Länge von bis zu etwa 12 Jahren zu behandeln. Diese sind empirisch oft überlagert von längeren Zyklen, die unter dem Stichwort „Lange Wellen" abgehandelt werden. [SPREE 1991; MADDISON 1991, 89–111] Zugleich wird häufig eine zeitliche Untergrenze von etwa 3-4 Jahren für die Konjunkturzyklen gefordert, so dass in diese eingelagerte noch kürzere Schwankungen hier unberücksichtigt bleiben, besonders die saisonalen Zyklen, die durch den Wechsel der Jahreszeiten und die mit ihnen verknüpften unterschiedlichen Witterungsbedingungen, Wachstumschancen, Verbrauchsgewohnheiten, kulturellen Traditionen usw. bedingt sind (regelmäßige Wiederkehr von Erntephasen, von an Schulferien gekoppelten Urlaubszeiten, von verstärktem Konsum zu hohen Festen etc.).

2. Konjunkturen in Deutschland, 19. und 20. Jahrhundert

In der folgenden Skizze der konjunkturellen Entwicklung während der letzten beiden Jahrhunderte wird eine gesamtwirtschaftliche Perspektive angelegt. Dabei wird für das 19. und frühe 20. Jahrhundert als Referenzmaß auf einen Diffusionsindex zurückgegriffen. Ein solcher Index wurde erstmalig im National Bureau of Economic Research (NBER) in den USA während der 1920er Jahre entwickelt. Dem Diffusionsindex liegt ein Konzept zugrunde, das Konjunkturen als Schwankungen der allgemeinen ökonomischen Aktivität behandelt, d.h. als das relativ synchrone Auftreten von Schwingungen in einer Vielzahl ökonomischer Messziffern und Sektoren. Dies Konzept ist aus der empirischen Beobachtung gewonnen und nicht aus angenommenen ökonomischen Gesetzmäßigkeiten theoretisch begründet: Beim Blick auf die wirtschaftliche Entwicklung zeigt sich eben immer wieder, dass Löhne, Preise, Zinsen, Produktionsziffern und Beschäftigtenzahlen mehrere Jahre zunehmen und dann wieder über mehrere Jahre stagnieren oder sogar abnehmen können, und das gleichzeitig oder nur mit geringer Verzögerung in einer Vielzahl von Branchen und Regionen. [Eine frühe, weitgehend intuitive Sammlung derartiger Beobachtungen findet sich bei MOMBERT 1921, 63–132]

Diese Vorstellung von Konjunktur und ihre Abbildung in einem Index, der die unterschiedlichsten Messziffern (vor allem auch aus verschiedenen Branchen und Regionen) zusammenfasst, trägt dem in weiter zurückliegenden historischen Perioden zu beachtenden Sachverhalt Rechnung, dass die regionalen und sektoralen Märkte gar nicht oder nur schwach untereinander verbunden waren. Die Konjunkturbewegung in einem größeren Gebiet war somit primär durch das Nebeneinander von regional und/oder branchenspezifisch differierenden Schwankungen geprägt. Der Diffusionsindex als das Referenzmaß für die gesamtwirtschaftliche Konjunktur sollte in einer solchen Situation nicht auf der Unterstellung basieren, er sei Ausdruck des echten (kausalen) Zusammenwirkens der unterschiedlichsten Einzelkonjunkturen, Ausdruck ihrer vollkommenen Interdependenz. Angemessener ist es vielmehr, dies Referenzmaß als einen rechnerischen Durchschnitt durch nur partiell integrierte Branchen- und Regionalkonjunkturen zu betrachten.

Der Diffusionsindex, fasst die konjunkturell relevanten Informationen einer Auswahl von Konjunkturindikatoren zusammen. Diese kann der Forscher ganz seinen Kenntnissen/Vorstellungen von der Struktur der Wirtschaft im fraglichen Zeitraum und Gebiet anpassen. In den unten dargestellten Index gingen z. B. die folgenden 16 Messziffern ein: Bevölkerung, Eheschließungsziffer, Konkurse, Diskontsatz, Wechselbestände bei Geld- und Kreditinstituten, Pflanzliche Nettoproduktion, Großhandelspreise pflanzlicher Nahrungsmittel, Zuckerverbrauch, Großhandelspreise industrieller Grundstoffe, Steinkohlenförderung in Preußen, Arbeitsproduktivität im Steinkohlenbergbau, Roheisenproduktion, Roheisen-Importpreise, Investitionen der Baumwollspinnereien, Spinnmarge der Baumwollspinnereien, Garnproduktion der Baumwollspinnereien. [SPREE 1978, 106–109, 178–198] Der Index wird in zwei Schritten berechnet. Zunächst bestimmt man den prozentualen Anteil der expandierenden Reihen im Gesamtsample pro Jahr, in der Regel ohne eine Gewichtung der einzelnen Reihen. Anschließend werden die Prozentanteile der schrumpfenden Reihen pro Jahr ermittelt und vom Anteil der expandierenden Reihen subtrahiert. Dieser Index ist ein sensibler Indikator, der die durchschnittliche Konjunkturbewegung in einem Wirtschaftsraum gut abbildet. Er wird im Folgenden zur Charakterisierung der Konjunktur im 19. Jahrhundert (bis zum Ersten Weltkrieg) benutzt. Für das 20. Jahrhundert stehen andere Maße zur Verfügung, die unten noch erläutert werden.

Ein Diffusionsindex für die deutsche Wirtschaft in der Zeit von 1820 bis 1913 zeigt folgenden Verlauf (*vgl. Schaubild 1*) [SPREE 1978, 107].

Schaubild 1
Diffusions-Index, Deutschland, 1821–1913

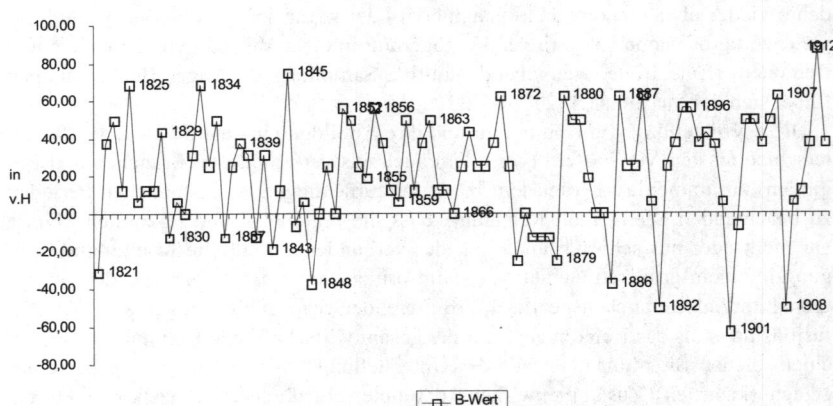

Die wichtigsten konjunkturellen Informationen sind in *Tabelle 1* zusammengestellt:

Tabelle 1
Merkmale der Wachstumszyklen der deutschen Wirtschaft, 1820–1913, gemäß Diffusionsindex

Untere Wendepunkte*	Obere Wendepunkte	Zyklenlänge** (Jahre)	Amplitude*** (in v. H.)	Entwicklungsphase
1821–1826	1825	5	35	Früh-
1826–1830	1829	4	14	indu-
1830–1837	1834	7	24	stria-
1837–1843	1839	6	16	lisie-
1843–1848	1845	5	10	rung
Phasenmittel		5,4	20	
1848–1855	1852	7	25	Take-
1855–1859	1856	4	28	Off
1859–1866	1863	7	25	
1866–1879	1872	13	12	
Phasenmittel		7,8	23	
1879–1886	1880	7	21	Hoch-
1886–1892	1890	6	22	indu-
1892–1901	1896	9	26	stria-
1901–1908	1907	7	28	lisie-
1908–?	1912	.	.	rung
Phasenmittel		7,3	24	

* Als Wendepunkte werden in der Konjunkturanalyse die jeweiligen relativen Maxima und Minima eines Zyklus bezeichnet.
** Für die Bestimmung der Länge beginnt hier jeder Zyklus mit dem ersten Aufschwungjahr und endet mit dem nächsten unteren Wendepunkt.
*** Unter Berücksichtigung des Vorzeichens aufaddierte Werte des Diffusionsindex pro Zyklus, dividiert durch die Zyklenlänge.
Quelle: SPREE, 1979, 237

Man erkennt, dass die Zyklen stark abweichende Dauer besaßen: Am längsten war der aus Gründeraufschwung und -krise bestehende Zyklus 1866–1879. Wenn man von der landwirtschaftlichen Konjunktur abstrahiert, die den Tiefpunkt 1855 bestimmte, können die beiden Zyklen 1848–1855 und 1855–1859 auch als ein einziger, dann ebenfalls relativ langer Zyklus begriffen werden, der vom Durchbruch der Industrialisierung in Deutschland getragen wurde. [SPREE 1977, 87, 109ff., 331–344] Er war durch eine besonders starke Expansionskraft geprägt, wie die Amplitudenwerte in *Tabelle 1* ausweisen, vergleichbar mit dem Zyklus 1901–1908. Beide wurden nur übertroffen durch den von einer Folge hervorragender Ernten getragenen Zyklus 1821–1826. Darüber hinaus verdeutlichen die Amplitudenwerte, dass die Antriebskräfte während der verschiedenen Zyklen deutlich variierten, natürlich nicht nur hinsichtlich der quantitativen Stärke, sondern noch mehr hinsichtlich der beteiligten realen Kräfte, der jeweils relevanten Zusammenhänge von wirtschaftlichen Variablen. [SPREE 1978, 113–141] So war beispielsweise, wie schon erwähnt, der Zyklus 1821–1826 primär geprägt durch die ungewöhnlich guten Ernteerträge in mehreren aufeinander folgenden Jahren, die zu sehr befriedigender Nahrungsmittelversorgung der Bevölkerung bei sinkenden Preisen und steigenden Reallöhnen führten, insofern Handel und Gewerbe anregten. Dagegen prägten den Zyklus 1848–1859 die historisch neuartigen, bedeutenden Investitionsanstrengungen im Eisenbahnbau und in der mit ihm eng verkoppelten Schwerindustrie (Bergbau, Eisen schaffende und Eisen verarbeitende Industrie).

Um die konjunkturelle Entwicklung während der Zwischenkriegszeit zu beschreiben, sind spezifische Referenzmaße oder Analysemethoden nicht notwendig. Wirtschaftliche und politische Großereignisse bestimmten in Deutschland den Verlauf der wichtigsten Konjunkturindikatoren so eindeutig, dass kaum Zweifel über die Lage der Zyklen besteht. Geht man vom üblichen Referenzmaß, dem Bruttosozialprodukt aus, das inzwischen aufgrund der Neuberechnungen von Ritschl und Spoerer auch beide Kriege einschließt, ist folgende Zyklendatierung möglich (von einem unteren Wendepunkt zum nächsten): [RITSCHL/SPOERER 1997, 51f.]

Tabelle 2
Wachstumszyklen der deutschen Wirtschaft, 1919–1944

Untere Wendepunkte	Obere Wendepunkte	Zyklenlänge (Jahre)
1919–1923	1922	4
1923–1932	1929	9
1932–1943	1943	12

Folgt man diesem Maßstab, gab es von 1919–1944 (für 1945 gibt es keine sinnvollen Zahlen) nur 3 Zyklen; die waren verschieden lang und noch unterschiedlicher strukturiert. Die Abschwungsphasen waren stets mit starken Rückgängen des Sozialprodukts verbunden. Dagegen blieben die Aufschwünge der Weimarer Zeit relativ schwach: Erst im zweiten Zyklus wurde 1928 und 1929 das Niveau von 1913 um schließlich rd. 2% überschritten. Der rüstungswirtschaftlich bestimmte Aufschwung der Nazizeit übertraf jedoch bereits 1935 den Vorkriegsstand und erreichte 1943 fast das Anderthalbfache (141%) des Niveaus von 1913. [RITSCHL/SPOERER 1997, 51f.]

Ein weiteres Problem der Konjunkturanalyse für diesen Zeitraum besteht in der Feindatierung der Zyklen; sie verlangt den Rückgriff auf Monats-, zumindest auf Quartalszahlen, und möglichst auch auf andere Konjunkturindikatoren, nicht nur das Sozialprodukt. Solche wurden für Deutschland seit den späten 1920er Jahren vom international renommierten *Institut für Konjunkturforschung* (ab 1941: *Deutsches Institut für Wirtschaftsforschung*) veröffentlicht. Geht man von der Industrieproduktion (ohne Nahrungs- und Genussmittel) aus, so wird sichtbar, dass die Konjunktur schon im Juli 1927 ihren oberen Wendepunkt überschritten hatte. Auch unter Rückgriff auf die Jahresdurchschnittswerte war 1927 der Höhepunkt: Der Index erreichte das Niveau 103,4 gegenüber 100,0 im Jahre 1928 und 101,4 im Jahre 1929. Besonders ausgeprägt war der obere Wendepunkt bei den so genannten „Verbrauchsgütern des elastischen Bedarfs" im August/September 1927 und ebenfalls im Jahresdurchschnitt. [WAGEMANN (Hg.), 1935, 52f.] Da auch der Aktienkurs-Index und der industrielle Auftragseingang ihre Spitzenwerte während der Weimarer Zeit im Laufe des Jahres 1927 überschritten haben [DONNER, 1934, 11], sollte die Datierung der Zyklen nicht am Sozialprodukt allein festgemacht werden. Immerhin wird man so deutlich auf das schon zwei Jahre vor Ausbruch der Weltwirtschaftskrise einsetzende Schwächeln der Konjunktur in Deutschland verwiesen, das allerdings nicht alle Bereiche der Wirtschaft in gleicher Weise betraf.

Noch wichtiger ist der Rückgriff auf ergänzende, sensiblere Indikatoren für die Datierung der Konjunktur im Jahre 1932. Es zeigt sich, dass die gewerbliche Gütererzeugung, saisonbereinigt, im August 1932 ihren Tiefpunkt durchschritten hatte, die Produktion von „Verbrauchsgütern des elastischen Bedarfs" bereits im Juli 1932 und die Produktion „wichtiger kartellierter Grundstoffindustrien" sogar schon im Januar 1932. [Vierteljahrshefte zur Wirtschaftsforschung, 12 (1937/38), N. F., 58 u. 60; Konjunkturstatistisches Handbuch 1936, 53] Auch der industrielle Auftragseingang hatte im Januar 1932 seinen unteren Wendepunkt erreicht. [DONNER 1934, 11] In seinem Alterswerk kommt der ehemalige Leiter des Instituts für Konjunkturforschung, Wagemann anhand einer Kurve des „Beschäftigungsgrads der Industriearbeiter" zu der Einschätzung, dass im Februar 1932 Ansätze zu einer neuen Entwicklung sichtbar geworden seien. [WAGEMANN 1954, 251] Vieles spricht also dafür, dass seit Herbst 1932 eine neue Wachstumskonstellation realisiert war, die eine Wiederbelebung der Konjunktur gebracht hätte, auch wenn nicht die Ankurbelungsmaßnahmen der Nationalsozialisten hinzugekommen wären. Diese neue Konstellation bestand vor allem in den stark gefallenen Preisen und Löhnen, den deutlich verringerten Lohn-Stück-Kosten und den somit erhöhten Gewinnchancen, die ergänzt wurden durch „die Stillhalteabkommen, das Lausanner Abkommen über das Ende der Reparationen und die Einführung der Devisenkontrolle". [ERBE 1958, 23 f.] Die vom Umfang her bescheidenen expansiven fiskalpolitischen Programme unter den Regierungen Papen und Schleicher signalisierten vor diesem Hintergrund ein verbessertes Absatz- und vor allem Investitionsklima. Erbe kommt deshalb zu dem Schluss: „Man kann sogar sagen, daß am Ende der Depression der wichtigste einzelne Kostenfaktor, nämlich die Löhne, in einer für die Unternehmer sehr günstigen Relation zu den Preisen stand. Diese Tatsache ist deshalb wichtig, weil sie teilweise erklärt, weshalb der nachfolgende Aufschwung unter der nationalsozialistischen Wirtschaftspolitik bei weitgehend stabilen Preisen vor sich gehen konnte. Wie auch auf anderen Gebieten, haben die Nationalsozialisten hier die Früchte der Brüningschen Deflationspolitik geerntet." [ERBE 1958, 21; SPREE 2004]

Für die Beschreibung der konjunkturellen Entwicklung in der Bundesrepublik Deutschland hat sich die Orientierung an den jährlichen Zuwachsraten des Sozialprodukts eingebürgert. Der Grund ist vor allem darin zu sehen, dass das Sozialprodukt während der meisten Jahre der Nachkriegszeit zunahm, also eine positive Wachstumsrate aufwies. An der absoluten Größe des Sozialprodukts waren nennenswerte Konjunkturschwankungen nur schwer abzulesen, besonders in längerfristiger Betrachtung. Die Zeitreihe der Zuwachsraten von Jahr zu Jahr zeigt dagegen ziemlich klar, dass auf Jahre mit zunehmenden Wachstumsraten solche mit abnehmenden folgten. Und noch wichtiger: Seit 1967 gab es in gewissem Abstand auch immer wieder Jahre, in denen das Sozialprodukt sogar schrumpfte. Die Wachstumsraten des Sozialprodukts (meist benutzt man als Messziffer das Bruttoinlandsprodukt) zeigen also deutliche mehrjährige Schwankungen (Zyklen) mit klar ausgeprägten konjunkturellen Wendepunkten (vgl. Schaubild 2).

Schaubild 2
Reales Bruttoinlandsprodukt, BRD, 1951–2000, Wachstumsraten (in v. H.) und Trendlinie

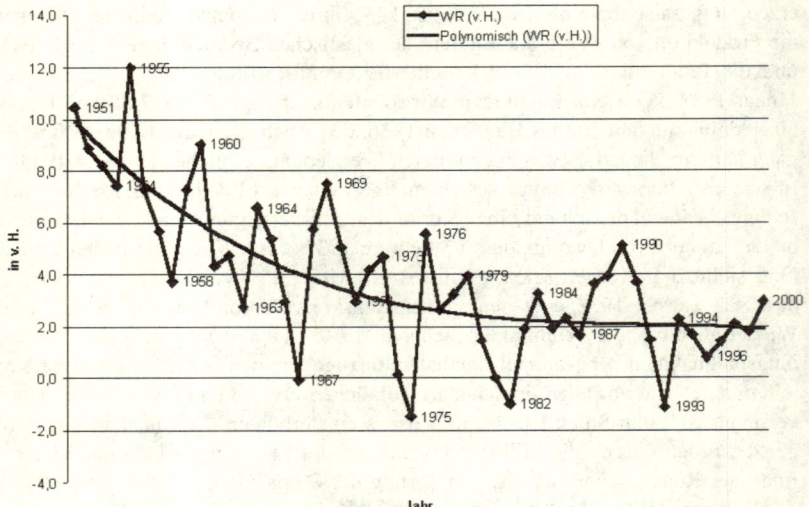

Quelle: Eigene Berechnungen nach STATISTISCHES BUNDESAMT (Hg.): Bevölkerung und Wirtschaft, 1972, 260; DERS.: Lange Reihen, 1988, 208ff.; DERS.: Statistisches Jahrbuch, 1993, 680; Institut der deutschen Wirtschaft Köln: Deutschland, 2001, 17.

Orientiert man sich an den Zyklen in *Schaubild 2* und misst die Konjunkturen von einem unteren Wendepunkt zum nächsten, erhält man folgende Zyklendatierung:

Tabelle 3
Wachstumszyklen der Wirtschaft in der Bundesrepublik Deutschland, 1945–2002

Untere Wendepunkte	Obere Wendepunkte	Zyklenlänge (Jahre)
1945–1954	1949	9
1954–1958	1955	4
1958–1963	1960	5
1963–1967	1964	4
1967–1971	1969	4
1971–1975	1973	4
1975–1982	1976	7
1982–1987	1984	5
1987–1993	1990	6
1993–(2002)	2000	(9)

Von den 1950er bis in die 1970er Jahre bildete sich eine Verstetigung der Zyklenlänge heraus, die eine gewisse Koinzidenz mit den Wahlterminen aufwies. Man war geneigt, die wirtschaftliche Bedeutung der Zyklen und ebenso ihre wirtschaftlichen Ursachen nicht sonderlich ernst zu nehmen und stattdessen von politischen Zyklen zu sprechen. Seit man aber gewahr wurde, dass sich diese Zyklen um einen abwärts gerichteten Trend der Wachstumsraten herum entfalteten, ist viel von der Wachstumsschwäche der Bundesrepublik die Rede. Unter diesen Bedingungen bekommen die Zyklen seit Mitte der 1960er Jahre eine größere Dramatik: Da schon die Aufschwungsphasen durch relativ niedrige Wachstumsraten geprägt waren, beinhalteten die Abschwünge meist eine tatsächliche Schrumpfung des Sozialprodukts. Bis in die frühen 1960er Jahre spielten sich dagegen auch die konjunkturellen Abschwünge noch im Bereich positiver Zuwachsraten von 2% und mehr ab. In den 1970er Jahren, in denen das „Wirtschaftswunder" zu Ende ging, ergab sich auch ein neues Konjunkturmuster: Die Zyklen wurden länger und bildeten eine M-Form aus, d. h., jeder zweite Abschwung war relativ schwach. [HELMSTÄDTER 1989]

Die hier skizzierten historischen Erfahrungen mit Konjunkturen in Deutschland lassen von vornherein erwarten, dass die Erklärung dieser Phänomene schwierig sein dürfte. Solange man – kontrafaktisch – eine starke Regelmäßigkeit der Konjunkturzyklen unterstellte, gab es viel versprechende Theorien. Doch scheint sich die Perspektive der Historiker allmählich durchzusetzen, wonach nicht Gleichförmigkeit, sondern scheinbar regellose Vielfalt das Konjunkturgeschehen über längere Zeiträume prägte.

3. Konjunkturtheorien und Forschungsmethoden

Bei der Untersuchung von Konjunkturphänomenen sind in der Wirtschaftswissenschaft ebenso wie in der Wirtschaftsgeschichte nicht nur Konzeptualisierungen des Gegenstands und insofern Theorien von konstitutiver Bedeutung für die Ergebnisse, sondern in besonderer Weise auch die empirischen Untersuchungsmethoden, die natürlich weitgehend von den Konzepten bestimmt werden. Deshalb sollen beide Aspekte im Folgenden berücksichtigt werden.

Borchardt hat sich vor einiger Zeit der Grundsatzfrage angenommen, wie denn der Wirtschaftshistoriker eine Auswahl unter den verfügbaren Konjunkturtheorien fällen soll. Eine Wahl muss getroffen werden, da es „ein Überangebot von rivalisierenden Theorien" gibt. [BORCHARDT 1985, 539] Weil keine eindeutigen Gütekriterien existieren und zudem jeder Theorietyp auf unterschiedliche Dimensionen empirischer Prozesse verweist bzw. unterschiedliche Dimensionen zu erklären vorgibt, muss die Wahl wohl stark von theoretischen Vorlieben des Historikers, von seinem Erkenntnisinteresse oder von spezifischen Eigenschaften seines Erfahrungsobjekts abhängig gemacht werden. Denn objektivierende Methoden stehen nicht zur Verfügung, die dem Historiker die Auswahlentscheidung abnehmen könnten. Methoden ermöglichen nur, die Fruchtbarkeit der einen oder anderen Theorie abzuschätzen und die unterschiedliche Plausibilität konkurrierender Erklärungen zu verdeutlichen. [BORCHARDT 1985, 550]

3.1. Aus der Geschichte der Konjunkturtheorie

Um das Problem der Theorienkonkurrenz zu verdeutlichen, kann ein kurzer Blick in die Geschichte der Konjunkturtheorie hilfreich sein. Interessant erscheint zunächst, dass während der 1960er und 1970er Jahre mit der Vernachlässigung des Konjunkturphänomens in der Wirtschaftstheorie ein Standpunkt eingenommen wurde, der schon den Begründern der klassischen englischen Nationalökonomie im späten 18. und im 19. Jahrhundert eigen gewesen war. Adam Smith (1723–1790), David Ricardo (1772–1822), John Stuart Mill (1806–1873) und später auch der Vollender ihres Ansatzes Alfred Marshall (1842–1924) behandelten das Konjunkturproblem nicht. Sie ignorierten es, da für sie das Say'sche Theorem galt, wonach sich jedes Angebot selbst seine Nachfrage schafft und im Übrigen jede von äußerlichen Störungen (Naturkatastrophen, Kriege, Seuchen, staatliche Zwangsmaßnahmen) freie Wirtschaft zu einem Gleichgewicht bei Vollbeschäftigung tendiert. „Einen solchen Zustand des Wirtschaftslebens hat die individualistische Schule der Nationalökonomie als den natürlichen betrachtet, dem trotz aller zeitweiligen Abweichungen im Einzelnen der Gang des Wirtschaftslebens immer wieder zustrebe (...). Alles, was von einem solchen Gleichgewichtszustand abweicht, wird als Störung empfunden." [MOMBERT 1921, 2]

Natürlich kannten die Klassiker konjunkturelle Abschwünge, im 19. Jahrhundert meist noch als Krisen bezeichnet, doch galten ihnen diese als zufällig. Diese dem Wirtschaftssystem äußerlichen Faktoren konnten in die von den Klassikern angestrebte allgemeine Theorie der wirtschaftlichen Entwicklung nicht eingebaut werden. Zudem war für sie die Zeitperspektive, in der sich Konjunkturen entfalten, zu kurz. Sie interessierten sich nicht für 5- bis 10-Jahresräume, sondern für die langfristige Entwicklung. Der Beginn einer regelrechten Konjunkturtheorie wird mit 1862 datiert, als Clément Juglar (1819–1905) sein Buch über die periodisch wiederkehrenden „kommerziellen" Krisen in Frankreich, England und den Vereinigten Staaten erstmals veröffentlichte. [JUGLAR 1862] Wie im Titel schon angesprochen, geht Juglar von einer Periodizität der Handelskrisen (im Sinne der Wiederkehr der Ereignisse, nicht dagegen strikter zeitlicher Muster) und somit von einer Zyklusvorstellung aus. In den folgenden Jahrzehnten wurde diese Sicht Allgemeingut. „Die Erfahrung zeigt (...) dass das Verhältnis von Produktion und Konsumtion, von Angebot und Nachfrage, sowohl als Ganzes wie auch in den einzelnen Erwerbszweigen, immer nur um diesen idealen Gleichgewichtszustand hin- und herschwankt (...). Diese Schwankungen (...) bilden bei uns eine so regelmäßige Erscheinung, dass man die sich darin ausdrückende Wellenbewegung des Wirtschaftslebens als das Regelmäßige in ihm, d. h. als dessen Normalzustand bezeichnen kann." [MOMBERT 1921, 3] Davon ausgehend entwickelte sich eine Vielzahl teils disparater, teils sich überschneidender oder sich ergänzender Konjunkturtheorien.

Eine noch heute lesenswerte, informative Zusammenschau und Systematisierung unternahm Gottfried Haberler Mitte der 1930er Jahre im Auftrag des Völkerbundes.[HABERLER 1937] Er unterschied sechs Theoriengruppen: Überinvestitions-, Unterkonsumptions-, Kosten- und Fehlanpassungstheorien, monetäre Theorien, psychologische Erklärungsansätze und Theorien des Erntezyklus. Einzelne Elemente dieser Theorietypen sind oft identisch. Die Unterschiede liegen in der Betonung des jeweils für besonders wichtig gehaltenen Elements, von dem die zyklische Destabilisierung des Wirtschaftswachstums ausgelöst oder verursacht wird. Die Überinvestitonstheorien z.B. erklären die konjunkturellen Schwankungen aus einer vorübergehenden Entkoppelung zwischen Investitionsgüter- und Konsumgüterindustrien: Die Produzenten von Investitionsgütern reagieren übermäßig auf Nachfragesignale ihrer Kunden in den konsumnahen Produktionsbereichen; sie überschätzen deren Investitionsbedarf. Die Vertreter der Unterkonsumptionstheorien gehen von einem chronischen, sich allerdings zyklisch entfaltenden Kaufkraftdefizit bei der Masse der Konsumenten aus. Nach einer Phase gleichsinniger Entwicklung im frühen Konjunkturaufschwung bleibt die monetäre Nachfrage der Konsumenten mehr und mehr hinter dem weiter wachsenden Konsumgüterangebot zurück. Abfolgen von Inflation und Deflation aufgrund struktureller Instabilität des Geld- und Kreditsystems postulieren die monetären Theorien als Konjunkturerklärung. Wechsel von Optimismus und Pessimismus auf Seiten der wirtschaftlichen Akteure stellen die psychologischen Theorien in den Vordergrund. [WEBER/NEISS 1967, 15]

Die so genannten klassischen konjunkturtheoretischen Ansätze haben gemeinsam, dass sie die konjunkturelle Entwicklung der Gesamtwirtschaft erklären wollen, dabei aber jeweils ein Moment als entscheidend in den Vordergrund stellen. Dies Vorgehen wurde häufig als monokausal kritisiert und seit den späten 1930er Jahren aufgegeben. Seitdem verbinden Konjunkturtheorien Elemente der verschiedenen Theorietypen miteinander.

3.2. Das Standardparadigma

Die Ausgrenzung bestimmter (exogener) Einflüsse auf das Konjunkturgeschehen (abgesehen von den oben erwähnten, dem Wirtschaftsleben tatsächlich zunächst äußerlichen Störungen, ist hier an wirtschaftsnahere Faktoren zu denken, z.B. Schwankungen des Bevölkerungswachstums; Mode- und Geschmacksänderungen, die die Nachfrageströme, besonders im Konsumsektor, steuern; wirtschaftspolitische Eingriffe; sozialstrukturelle Umwälzungen; technischer Fortschritt) ermöglicht es der neueren Konjunkturtheorie, sich voll auf die Modellierung des Zusammenhangs zwischen endogenen Variablen zu konzentrieren. Häufig wird unterstellt, dass von den exogenen Variablen ein „autonomer" Impuls auf das Wirtschaftssystem einwirkt, z. B. eine ungewöhnlich starke Steigerung der Exportnachfrage. Die als Standardparadigma bezeichnete Konjunkturtheorie [RAMSER 1981, 27] beschränkt sich nun darauf, zu zeigen, wie dieser „autonome" Impuls im System verarbeitet wird. In der Regel wird angenommen, dass zunächst Effekte auftreten, die sich wechselseitig verstärken und damit den konjunkturellen Aufschwung bewirken, der das System mehr und mehr vom Gleichgewicht wegführt („Überbeschäftigung"). Doch klingen die kumulativen Effekte typischerweise nach und nach ab (Arbeitskräfte und Rohstoffe werden knapp, Löhne und Preise steigen, Lieferzeiten verlängern sich), so dass sich nach Überschreiten des oberen Wendepunktes das System dem Gleichgewicht wieder annähert. Kumulative Abschwungstendenzen (die Zinsen werden erhöht, die Gewinnerwartungen schwächen sich ab, der Auftragseingang geht zurück, die Exportnachfrage sinkt, die Produktion wird gedrosselt, Arbeitskräfte werden entlassen) bringen das System in negativer Richtung erneut aus dem Gleichgewicht und führen an einen unteren Wendepunkt („Unterbeschäftigung"). Besondere Bedeutung haben in diesem Zusammenhang zwei Prinzipien oder Mechanismen erlangt, die inzwischen mehrfach modifiziert wurden und in unterschiedlichen Konjunkturmodellen Verwendung gefunden haben: das Multiplikator- und das Akzeleratorprinzip.

Das Multiplikatorprinzip gibt an, um welchen Faktor sich das Gesamteinkommen einer Volkswirtschaft (Sozialprodukt) erhöht, wenn eine Komponente des Einkommens (z. B. die Investitionen) aufgrund autonomer Einflüsse (z. B. durch zusätzliche Staatsaufträge) wächst. Die Wirkung auf das Gesamteinkommen macht stets ein Vielfaches des autonomen Einzelimpulses aus. Und zwar wird die Steigerung des Sozialprodukts um so größer sein, je weniger die Haushalte bei konstanten Steuern aus einer zusätzlichen Einkommenseinheit sparen, je rascher und vollständiger also das zusätzliche Einkommen wieder in den Wirtschaftskreislauf eingespeist wird. [FISCHER u. a. 1988, 468 ff.] Um den Effekt mit einem Beispiel zu illustrieren: Lässt der Staat etwa eine neue Serie von Militärflugzeugen bauen, so entstehen beim Flugzeugbauer (wenn dessen Kapazitäten voll ausgelastet sind) zusätzliche Lohneinkommen. Die Arbeitskräfte geben ihr Einkommen auf verschiedenen Märkten aus: für Nahrungs- und Genussmittel, Kleidung, Haushaltsgeräte, Reisen etc. Dadurch entsteht in all diesen Branchen Zusatznachfrage. Im Idealfall wird der größte Teil dieser Zusatznachfrage ebenfalls wieder in Nachfrage umgesetzt. Auf diese Weise vervielfältigt sich der ursprüngliche Impuls, um allerdings nach und nach abzuebben. Auf der theoretischen Begründung dieses Prinzips beruht u. a. die Anregungsfunktion der Einkommenstheorie von John Maynard Keynes (1883–1946) für die Konjunkturanalyse.

Setzt also das Multiplikatorprinzip zusätzliche (autonome) Ausgaben, vor allem Investitionsausgaben, in Beziehung zur dadurch bedingten Steigerung des Gesamteinkommens, modelliert das Akzeleratorprinzip die Wirkung, die von einer Änderung des Gesamteinkommens auf das Investitionsverhalten der Unternehmer ausgeht. In der ursprünglichen einfachen Form wird unterstellt, dass Unternehmer auf eine Zusatznachfrage nach ihren Produkten mit Kapazitätserweiterungen, also Investitionen, reagieren, die die Nachfrage weiter erhöhen und damit einen kumulativen Prozess auslösen können, der vom Gleichgewicht weg und in Überkapazitäten hineinführt. Auf das eben genannte Beispiel bezogen: Die Zusatznachfrage der Beschäftigten des Flugzeugbauers interpretieren die betroffenen Branchen als dauerhaft. Wenn sie bisher schon voll ausgelastet waren, bedeutet das ein Signal, ihre Produktionsmöglichkeiten durch Investitionen aufzustocken. Die Auftragsvergabe des Staates schafft somit nicht nur gemäß dem Multiplikatorprinzip ein Mehrfaches an zusätzlichem Einkommen, sondern löst auch unter bestimmten Bedingungen zusätzliche Investitionen in einer Reihe von Branchen aus. Später ist das Prinzip vielfach modifiziert worden. [MATTHEW 1973, 46 ff.]

Nichts liegt näher, als beide Prinzipien zu kombinieren, denn das eine Prinzip erklärt den Veränderungsprozess, der den Impuls für die Auslösung des anderen Prinzips hervorbringt. Der eine Impuls bedingt sozusagen immer den anderen. Ende der 1930er Jahre wurden Multiplikator- und Akzeleratorprinzip erstmalig von Samuelson in einem mathematischen Modell miteinander verbunden. [SAMUELSON 1939] Seine klassische Ausformulierung hat das Modell bei Hicks gefunden, der vor allem obere und untere Plafonds einführte, an denen sich die kumulativen Aufschwungsoder Abschwungsbewegungen brechen. [HICKS 1950] Man kann hier von einem deterministischen Konjunkturmodell sprechen, da Multiplikator und Akzelerator zugleich die notwendige und hinreichende Bedingung für die Erzeugung regelmäßiger Konjunkturschwingungen („Oszillationsmodell") darstellen. [TICHY 1976, 24] Daran hat sich längere Zeit die Erwartung geknüpft, dass die im Modell generierten regelmäßigen Schwankungen auch in der Realität anzutreffen seien. Zahlreiche Methoden der empirischen Konjunkturforschung sind deshalb darauf ausgerichtet, solche regelmäßigen, den Sinusschwingungen entsprechenden Konjunkturzyklen im empirischen Beobachtungsmaterial nachzuweisen, z. B. vor allem die bis in die Gegenwart immer wieder benutzte Spektralanalyse. [WARNER 1998; WOITEK 1997]

3.3. Neueste konjunkturtheoretische Entwicklungen

Die Modelle des Standardparadigmas schienen sich bis Ende der 1960er Jahre in Theorie und Praxis zu bewähren. „Mit Beginn der 70er Jahre wandelt sich dieses Bild. Schwächen des Modells werden insbesondere bei der Erklärung des Zusammenhangs von Inflation und Beschäftigung deutlich". [RAMSER 1987, 310] Eine Reaktion bestand in der Besinnung auf die Bedeutung monetärer Faktoren für die langfristige, aber auch für die kurzfristige Entwicklung der Wirtschaft. Hier sind vor allem die Arbeiten Milton Friedmans zu erwähnen, dessen Theorie auf umfangreichen historischen Forschungen zur Entwicklung der Geldmenge und anderer monetärer Variablen in den USA beruht. [FRIEDMAN/SCHWARTZ 1963] Seine Schlussfolgerungen bezüglich der Rolle der Geldmenge lauten: „Langfristige Veränderungen der Geldmenge im Verhältnis zum Output bestimmen das säkulare Verhalten der Preise. Umfangreiche kurzfristige Vergrößerungen der Geldmenge waren stets eine erste wichtige Ursache der sie begleitenden Preisinflation. Umfangreiche kurzfristige Verringerungen der Geldmenge haben dagegen stark zu ernsten Kontraktionsprozessen in der Wirtschaft beigetragen." [FRIEDMAN 1970, 294] Eine wichtige Rolle spielen dabei die durch die Geldmengenänderungen enttäuschten Erwartungen der Wirtschaftssubjekte. Sie lösen Anpassungsprozesse mit dem Ziel einer optimalen Vermögensstruktur aus, was zu Käufen oder Verkäufen von Vermögenstiteln (besonders von Wertpapieren, Gold oder Devisen) und zu Umschichtungen von kurz- zu langfristigen Laufzeiten und umgekehrt führt. Die monetären Impulse werden auf diese Weise in reale Transaktionen und damit in Konjunkturen umgesetzt.

Eine andere Richtung der Theorieentwicklung ging von einer Kritik an den systemimmanenten Inkonsistenzen der Modelle gemäß dem Standardparadigma aus. Vor allem wurde kritisiert, dass die Annahmen bezüglich der Relationen zwischen den makroökonomischen Modellvariablen relativ willkürlich seien. Je nachdem welche Variablen in empirischen Untersuchungen genauer untersucht worden sind, verallgemeinerte man die gefundenen Beziehungen, die regelmäßig aber nur Teilelemente der Gesamtwirtschaft repräsentierten. [JAEGER 1999] Die abgeleiteten generellen Aussagen waren deshalb häufig untereinander nicht verträglich. Angestrebt wird seither eine neue Konjunkturtheorie, die sich letzten Endes sehr viel allgemeiner als dynamische Theorie makroökonomischer Aggregate begreift.

In diesem Zusammenhang hat eine grundlegende Neudefinition des Gegenstands der Konjunkturtheorie stattgefunden. Es geht nicht mehr um die Erklärung eines mehr oder weniger regelmäßigen Modellzyklusses, etwa des Sozialprodukts. Nicht mehr Aufschwungs- und Abschwungsphasen sowie die Lage der Wendepunkte stehen im Mittelpunkt des theoretischen Interesses und damit auch der empirischen Forschung. Vielmehr erheben die neuesten Ansätze Beobachtungen über das typische Entwicklungsverhalten der wichtigsten makroökonomischen Variablen auf kurze und mittlere Sicht zum Erklärungsobjekt, die so genannten stilisierten Fakten. Sie basieren im Wesentlichen auf den jahrzehntelangen Forschungen des National Bureau of Economic Research (NBER) zum Verhalten von Konjunkturindikatoren. [MOORE (Hg.), 1961] Allerdings wird dessen mechanistische Auffassung von der Generierung der Zyklen abgelöst durch die Annahme eines zugrunde liegenden Zufallsprozesses.

Auch die so genannten deterministischen Modelle der älteren Konjunkturtheorie kannten Zufallseinflüsse, die oben erwähnten Störungen, wie Naturkatastrophen, Kriege, Seuchen oder politische Großereignisse. Diese deformierten die als zentral gedachten, prinzipiell zu gleichmäßigen Schwingungen tendierenden Zyklen. Die empirische Konjunkturforschung und die Theorie bemühten sich um den Nachweis und die Erklärung dieser regelhaften zyklischen Komponente und ließen den Zufall als irreguläre Störung in den Modellen außer Acht. Die neuen Theorieansätze nehmen nun eine Wende um 180 Grad vor: Für sie existieren die regelmäßigen zyklischen Schwankungen nicht, sondern nur noch zufällige. Im Verhältnis der Zufallsschwankungen zueinander bestehen allerdings gewisse Regelmäßigkeiten, die in den stilisierten Fakten zum Ausdruck kommen.

Der Begründer dieser Betrachtungsweise, Nikolas Kaldor (1908–1986), hatte sie zunächst für die Wachstumsforschung eingeführt. Er schreibt: „The theorist, in my view, should be free to start off with a 'stylized' view of the facts – i. e. concentrate on broad tendencies, ignoring individual detail, and proceed on the 'as if' method." [KALDOR 1961, 178] Diesen Ansatz hat Lucas jr. in die Konjunkturtheorie eingebracht. Sein Ausgangspunkt ist die Feststellung, dass Schwankungen des Sozialprodukts um einen Trend gut durch eine Differenzengleichung niedriger Ordnung beschrieben werden können, in die eine Zufallsvariable eingebaut wird. Die Schwankungen zeigen jedoch keinerlei Regelmäßigkeit, weder hinsichtlich der Länge noch hinsichtlich der Amplitude. Insofern haben sie keine Ähnlichkeit mit den gelegentlich in den Naturwissenschaften behandelten deterministischen Wellen. Vielmehr stellen sie nur gleichartige Bewegungen (co-movements) von unterschiedlich zusammengesetzten Zeitreihen dar. Diese co-movements werden als typisch angesehen, weil häufig beobachtbar, und bilden die stilisierten Fakten, deren möglichst gut angenäherte Abbildung in einer Theorie (in einem formalen Modell) das Ziel der neuen Konjunkturtheorie ist. [LUCAS 1977, 9]

In diesem Zusammenhang listet Lucas die seiner Meinung nach wichtigsten stilisierten Fakten auf, von denen hier einige beispielhaft genannt seien:
– die Zeitreihen der Produktionsmengen größerer Wirtschaftssektoren weisen eine hohe zyklische Konformität auf (high coherence)
– die Messziffern der Produktion von Investitionsgütern sowie von langlebigen Gebrauchsgütern besitzen sehr viel größere Amplituden (größere Abweichungen vom Trend) als die der Produktion von Konsumgütern
– unterdurchschnittliche Gleichförmigkeit (conformity) besteht zwischen den Zeitreihenverläufen von Produktionsmengen und Preisreihen von landwirtschaftlichen Produkten sowie Rohstoffen
– Preise verhalten sich grundsätzlich prozyklisch, d. h., entsprechen dem durchschnittlichen Konjunkturverlauf
– die Zeitreihen der Unternehmergewinne in verschiedenen Branchen entwickeln sich sehr gleichförmig und haben größere Amplitiden als viele andere Indikatoren.
Diese Liste wurde in der Folgezeit mehrfach revidiert und ergänzt. [BRANDNER/NEUSSER 1992; RAMSER 1987, 3] Mit ihr verbindet sich eine Umdefinition des Gegenstands der Konjunkturtheorie. Deren Aufgabe besteht nicht mehr in der Deskription der Zyklen sowie in der Erklärung von Aufschwung, Abschwung und Wendepunkten. Vielmehr geht sie auf in einer dynamischen Theorie makroökonomischer Aggregate. In diesem Sinne bemüht sich die neue Konjunkturtheorie darum, Modelle zu konstruieren, die sich als vollständig künstliche Wirtschaft in der Zeitdimension so verhalten wie die stilisierten Fakten. [LUCAS 1977, 11]

Die zweite wesentliche Innovation im Zusammenhang mit der Neubegründung der Konjunkturtheorie seit den frühen 1970er Jahren besteht darin, dass es sich um eine mikroökonomisch fundierte Theorie handelt: Die konjunkturtheoretisch relevanten Aussagen basieren nicht mehr wie im Standardparadigma auf ad hoc-Hypothesen, sondern auf Annahmen, die aus dem Entscheidungsverhalten der wirtschaftlichen Akteure systematisch abgeleitet werden können. Auf dieser Basis sind inzwischen mehrere alternative Modelle entwickelt worden, die zwei großen, in Konkurrenz stehenden Theorierichtungen zugeordnet werden können, der Neuen Keynesianischen Makrotheorie (NKM) oder der Neuen Klassischen Makrotheorie (NCM). [JAEGER 1984, 48 ff.]

Besondere Aufmerksamkeit haben in den letzten Jahren die Theorien des so genannten realen Konjunkturzyklus (RBC-Modelle) erfahren. [HARTLEY ET AL. 1998] Die Entwicklung der RBC-Modelle begann in den 1980er Jahren; mit ihr waren zwei wichtige Ziele verbunden: Die Dynamisierung des neoklassischen Ansatzes und die Bestimmung der Ursachen von Schwankungen ökonomischer Aggregate. [KYDLAND/PRESCOTT 1982] RBC-Modelle basieren auf der Walrasianischen Gleichgewichtsvorstellung, nach der Wirtschafsubjekte aufgrund von Preissignalen sofort und effizient auf exogene Störungen reagieren. Das System ist deshalb immer im Gleichgewicht, es gibt keine Marktunzulänglichkeiten, und da man rationale Erwartungen unterstellt, werden Effekte staatlicher Eingriffe wie auch der Geldpolitik ausgeschaltet. [STADLER 1994] Was sind dann die Ursachen für die zyklenartigen Muster in den Zeitreihen ökonomischer Variablen? In der ersten Phase der Entwicklung von RBC-Modellen wurden i. d. R. die als exogen betrachteten zufälligen Veränderungen der Technologie als wichtigste Ursache angesehen. Eine weitere Annahme dieser Theorie besagt, dass die Technologieschocks eine permanente Wirkung besitzen, so dass die totale Faktorproduktivität einem stochastischen Trend folgt. Die Technologieschocks lösen daher nicht nur eine „Übergangs"-Dynamik aus, sie führen über Akkumulationseffekte zu einem neuen Gleichgewicht. Diese Dynamik bewirkt sowohl Konjunkturschwankungen als auch Wachstumsschübe, weshalb Variationen des Konsums, der Investitionen und der Geldmenge auf eine einzige Ursache, nämlich den kumulierten, permanenten Effekt der Veränderungen der totalen Faktorproduktivität zurückgeführt werden. Alle Veränderungen ökonomischer Aggregate unterliegen einem gemeinsamen Trend, der deshalb auch als „common stochastic trend" bezeichnet wird. Mit den RBC-Modellen ist der Anspruch verbunden, eine integrative Erklärung von Konjunktur und Wachstum zu liefern. [PLOSSER 1989].

Es leuchtet ein, dass in einem solchen Modell von Gleichgewichtszyklen, die allein durch exogen bedingte Technologieschocks verursacht werden, die Unterscheidung von Trend und Zyklus, von Wachstum und Konjunktur, im Sinne der älteren Konjunkturforschung wenig Sinn macht. Ökonomische Zeitreihen werden daher nicht mehr in Zyklus und Trend aufgespalten, was für die Konjunkturforschung jahrzehntelang grundlegend war. [klassisch: BURNS/MITCHELL 1946] Vielmehr werden die zeitliche Dynamik und die Beziehungen zwischen den Reihen – zunächst ohne Rückgriff auf methodologische oder auch theoretische Konzepte – mit Hilfe statistischer Kennziffern (Varianz und Kovarianz) abgebildet. Diese Kennziffern für Variabilität und serielle Abhängigkeit repräsentieren die stilisierten Fakten, die es durch das jeweilige RBC-Modell mit Hilfe stochastischer Simulation zu replizieren gilt. [METZ 2002, 60–63]

4. Konjunkturtheoretische Konzepte in der Praxis des Historikers

Da keine Konjunkturtheorien vorliegen, die sozusagen umstandslos in der historischen Forschung eingesetzt werden könnten, wurden bisher auch keine stringenten Modelle anhand historischer Daten überprüft. Im besten Fall haben sich Historiker einen Satz von Hypothesen eklektisch zusammengestellt, der für ihre jeweils spezifischen Zwecke brauchbar erschien. Typischerweise wurden diese Forschungen als Indikatorenanalyse auf Zeitreihenbasis angelegt. [OPPENLÄNDER (Hg.) 1995] Insgesamt ist in der historischen Konjunkturforschung theoretische Argumentation eher die Ausnahme geblieben. Allerdings beruht die Auffassung, historische Konjunkturforschung ließe sich ohne Theorie betreiben, auf einer Selbsttäuschung, denn man kann Konjunkturzyklen nicht erkennen, ohne ein zumindest implizites Konzept zu besitzen, das erlaubt, Informationen zu selektieren und sinnvoll zu strukturieren. Ein solches Konzept kann allerdings stärker oder auch schwächer formalisiert und theoretisch ausgereift sein.

4.1. Die historische Anwendung älterer Ansätze

Eine wichtige, frühe Anwendung eines theoretischen Modells in der historischen Konjunkturanalyse liegt für Deutschland vor. Erbe hat im Rahmen eines, wie er es nennt, sehr einfachen makroökonomischen Modells der deutschen Wirtschaft zwischen 1932 und 1938 die Multiplikatorwirkungen der staatlichen Ausgaben geschätzt. Er kommt zu dem erstaunlich niedrigen Wert von 1,69. [ERBE 1958, 147–160, hier 151 f.] Die zusätzlichen Staatsausgaben der Nazis bewirkten demnach eine überproportionale Zunahme des Sozialprodukts, wie vom Multiplikatortheorem postuliert, doch blieb die Einkommenssteigerung um 70% der aufgewandten Ausgabensumme erheblich hinter dem zurück, was gemäß der Keynesschen Theorie zu erwarten ist. Anders ausgedrückt: Der Multiplikator war ungewöhnlich niedrig. Dafür macht Erbe einerseits die überproportionale Begünstigung der Vermögens- und Unternehmereinkommen seit 1933 (als Folge von Lohnstopp einerseits, Agrarförderung andererseits) verantwortlich, die zur Bildung relativ hoher Ersparnisse bei Selbständigen mit niedriger Konsumneigung geführt hat, also nicht die für die Multiplikatorwirkung entscheidende Förderung des privaten Konsums brachte. Noch wichtiger erscheint ihm die Abschöpfung großer Teile der zusätzlichen Einkommen in Form von Steuern. Die Steigerung der so genannten „außerpersönlichen Kreislaufströme [war; R. S.] mit Abstand die wichtigste Ursache für den niedrigen Wert des Multiplikators". [ERBE 1958, 157 f., 160] Bilanziert man die von den Nationalsozialisten implementierten, teilweise zufälligen, nicht immer konsistenten Politikelemente seit 1933, so ist eine Linie deutlich erkennbar, die Ritschl kürzlich so charakterisierte:

Konsumsteigerung pro Kopf lag keinesfalls im Interesse dieser Politik, die sich statt dessen darum bemühte, die Sozialproduktszuwächse so weit wie möglich in die Rüstung zu lenken. Insofern erscheint Erbes Ergebnis durchaus plausibel, andererseits aber eine keynesianische Perspektive zur Erklärung des Konjunkturaufschwungs unter den Nazis eher unangemessen. [RITSCHL 2002]

Einen strikten Theoriebezug in der historischen Konjunkturforschung bietet auch Holtfrerichs Analyse des zyklischen Zusammenhangs zwischen Produktions- und Preisentwicklung im Ruhrkohlenbergbau 1852-1892.[HOLTFRERICH 1973, 116-128] Ausgangspunkt ist die Beobachtung, dass sich während des Untersuchungszeitraums reale Preise und die Wachstumsraten der Fördermenge von Steinkohle tendenziell gegenläufig entwickelten. Eine solche Gegenläufigkeit mit typischen Zeitverzögerungen zwischen Wahrnehmung einer Situation und Reaktion wird im so genannten Spinnweb-Theorem modelliert: Wegen einer relativen Knappheit der Angebotsmengen steigen die Preise und damit – bei sonst unveränderten Rahmenbedingungen – die Gewinnerwartungen der Produzenten. Daraufhin werden die Kapazitäten erweitert und das Angebot steigt, während die Preise nunmehr infolge relativ zurückbleibender Nachfrage sinken und sich die Gewinnerwartungen der Produzenten verschlechtern. Das löst wiederum die Gegenbewegung beim Angebot aus. Holtfrerich prüft die Voraussetzungen dieses Theorems für den Steinkohlenbergbau des Ruhrgebiets und schätzt die empirischen Werte der aus dem formalen Modell abgeleiteten Gleichungen. Sein Ergebnis ist, dass die empirischen Beobachtungen den durch das Theorem postulierten Verläufen entsprechen und insofern durch das Theorem erklärt werden.

Die begründete Hypothese eines ca. 15jährigen Wohnungsbauzyklus während des 19. Jahrhunderts haben Tilly und Wellenreuther getestet, und damit ein weiteres Beispiel für theoriebasierte Konjunkturuntersuchung in der deutschen Literatur geliefert. Auch in diesem Fall handelt es sich um eine Branchenuntersuchung mit allerdings weitreichenden gesamtwirtschaftlichen Implikationen, denn die demographische Entwicklung (Heiratsverhalten, Geburtenziffer, Wanderungen) wird ins Verhältnis zur Wohnungsproduktion gesetzt. Ihr wichtigstes Ergebnis ist, dass die für den Markt produzierenden Bauherren im späten 19. Jahrhundert mit einer 3jährigen Verzögerung auf Zu- oder Abnahmen des Wohnungsleerstandes (als der kritischen Variablen) mit vermehrter oder verminderter Wohnungsproduktion reagierten. [TILLY/WELLENREUTHER 1985, 297 f.]

Mit verschiedenen, nur gelegentlich formalisierten Hypothesen, die oft branchen- bzw. sektorspezifisch formuliert wurden, hat Spree die Wachstumszyklen der deutschen Wirtschaft von 1840 bis 1880 analysiert. Ein wichtiges, theoriegebundenes Teilergebnis ist die Erklärung des Investitionsverhaltens der deutschen Eisenbahnen als Triebkraft der Konjunkturentwicklung. Die Eisenbahninvestitionen verhielten sich relativ autonom gegenüber den schwerindustriellen Wachstumsprozessen und den Entwicklungen im monetären Sektor. Das drückt sich in einem zeitlichen Vorlauf der realen Investitionsnachfrage der Eisenbahnen gegenüber den monetären und den schwerindustriellen Konjunkturzyklen aus. Andererseits waren die Eisenbahninvestitionen wie üblich an Gewinnerwartungen orientiert, die durch die Zu- oder

Abnahme der Einnahmeüberschüsse bestimmt wurden. Die Entwicklung der Einnahmeüberschüsse stellt wiederum eine Rückkoppelung des Investitionsverhaltens der Eisenbahnen an die gesamtwirtschaftliche Konjunktur dar. [SPREE 1977, 273–316]

Erwähnt sei auch die kürzlich vorgelegte theoriegeleitete Untersuchung historischer Konjunkturen von Grabas, die mit originell begründeten neuen Referenzmaßen arbeitet und zu einer sehr viel differenzierteren Datierung der Zyklen im späten 19. und frühen 20. Jahrhundert gelangt, als bisher in der Literatur unterstellt. [GRABAS 1992, 80–123, bes. 113 f.] Für die „Prosperitätskonstellation" 1895–1914 in Deutschland arbeitet sie die Zyklenmuster auf gesamtwirtschaftlicher und auf Branchenebene heraus. Diese wurden maßgeblich geprägt durch den Komplex Elektroindustrie/Maschinenbau einerseits, Bauindustrie/Industrie der Steine und Erden andererseits. Die Bedeutung dieser Branchen wird „als Zusammenfall von Elektrifizierung und Urbanisierung bestimmt und am Entwicklungsverlauf der Baukonjunktur und dem der Diffusion der Elektrotechnik analysiert". [GRABAS 1992, 183, 273]

Größer ist die Zahl von theorieorientierten Konjunkturstudien im angelsächsischen Raum. Beispiele aus der älteren Forschung finden sich in den von Aldcroft u. Fearon einerseits, von Schröder u. Spree andererseits herausgegebenen Sammelbänden zur Historischen Konjunkturforschung. [ALDCROFT/FEARON 1972; SCHRÖDER/SPREE 1980] Ein Beispiel aus der neueren historischen Konjunkturforschung bietet Gorton. Er überprüfte anhand von historischen Daten aus den USA mit anspruchsvollen statistischen Methoden die Hypothese, dass panikhafte Abzüge von Depositen bei Banken, die oft schwere Bankenkrisen auslösten, durch eine spezifische Risikowahrnehmung der Bankkunden zu erklären seien. Vor allen Dingen im späten 19. Jahrhundert seien die Zusammenbrüche privater Firmen gegen Ende eines Konjunkturaufschwungs oft als Signal für ein allzu großes Risiko der Bankeinlagen gewertet worden und hätten dann Paniken ausgelöst. [GORTON 1988]

Einen direkten Anschluss an die schulbildenden Konjunkturanalysen des NBER bis in die 1960er Jahre stellt eine neue Untersuchung von Romer dar. In einer Langzeit-Perspektive prüft sie, ob ein Wandel der Muster der gesamtwirtschaftlichen Konjunktur in den USA seit dem späten 19. Jahrhundert stattgefunden hat, wie gelegentlich behauptet wird. [ROMER 1999] Dabei vergleicht sie unter Verwendung korrigierter Datenschätzungen die Perioden 1886–1916, 1920–1940 und 1948–1997. Sie kommt zu dem Ergebnis, dass sich die Konjunkturzyklen während dieser rd. 110 Jahre nur unwesentlich verändert haben. Die wichtigen Indikatoren der Mengenkonjunktur (real macroeconomic indicators) sind nicht nennenswert stabiler geworden, und die Konjunkturabschwünge sind im Durchschnitt auch in der Nachkriegszeit kaum schwächer als in den beiden Vorperioden. Allerdings kam es nach dem Zweiten Weltkrieg seltener zu Rezessionen als zuvor und diese sind gleichförmiger geworden. Dafür macht Romer vor allem die Geld- und Fiskalpolitik verantwortlich, die in der Nachkriegszeit praktiziert wurde. Dass andererseits die Schwankungen nicht mehr eingeebnet worden oder gar verschwunden sind, hält sie für eine Auswirkung eben dieser wirtschaftspolitischen Eingriffe, die Rezessionen und auch inflationäre Phasen produziert haben. [ROMER 1999, 38–42]

4.2. Die historische Anwendung der neuesten Ansätze

Die neueste Entwicklung scheint stärker in Richtung empirischer Fragestellungen mit geringem Theoriebezug zu gehen. Das ist jedoch eine Fehlwahrnehmung, die aus der Nichtbeachtung der erwähnten Umdefinition des Gegenstands der Konjunkturtheorie resultiert: Gegenstand ist nicht mehr der Zyklus der Gesamtwirtschaft oder einzelner Variablen (Branchen), sondern die zyklentypische Konstellation zwischen den wesentlichen makroökonomischen Variablen (Konformität bzw. co-movements, pro- oder antizyklisches Verhalten, relative Größe der Amplituden). Einige Beispiele mögen das illustrieren.

Correia u. a. schätzen anhand bekannter Datenreihen für England und die USA von 1850–1950 empirische Beziehungen zwischen makroökonomischen Variablen. [CORREIA U. A. 1992] Insbesondere veränderten sich einige synchronisierte Bewegungen zwischen makroökonomischen Aggregaten seit dem späten 19. Jahrhundert. Z. B. nahm die Synchronität der Fluktuationen zwischen Beschäftigung und Produktionsmengen zu, während sie sich zwischen Konsum und Investitionen abschwächte. Diese Ergebnisse werden anschließend unter Bezugnahme auf das RBC-Modell diskutiert. Daraus folgt, dass die Zyklen in der Zwischenkriegszeit nicht auf Veränderungen der Staatsausgaben beruhten, sondern auf radikalen Veränderungen der Produktivität (so genannten Produktivitätsschocks). Ausdrücklich heben die Autoren hervor, dass es ihnen statt um Referenz-Zyklen und Wendepunkte, die die alte Konjunkturforschung beschäftigten, um Varianzen, Kovarianzen und serielle Korrelationen gehe, d. h. um die empirische Überprüfung der stilisierten Fakten anhand empirischen Materials. [CORREIA u. a., 1992, 460]

Auf die RBC-Theorie stützen auch Basu und Taylor ihre historische Analyse von Konjunkturindikatoren aus 15 Ländern für den Zeitraum von 1870 bis zum Ende des 20. Jahrhunderts. [BASU/TAYLOR 1999] Dabei kann ihr Erkenntnisinteresse als prototypisch für die oben herausgestellte Wende in der historischen Konjunkturforschung gelten: „We will not seek to build up a particular model of business cycles and then strive to defend it. Instead, we will search for regularities in the historical and international data in an attempt to whittle down the set of acceptable business cycle models." [BASU/TAYLOR 1999, 47] Sie wollen also die Vielzahl verfügbarer theoretischer Erklärungen auf eine überschaubare Menge mit den empirischen Informationen kompatibler beschränken, halten es jedoch für selbstverständlich, dass es bei konkurrierenden Ansätzen bleiben wird.

Entsprechend diskutieren sie – je nach theoretischer Perspektive – sehr unterschiedliche empirische Befunde. Um einige herauszugreifen: Im Gegensatz zu den oben genannten Untersuchungsergebnissen von Romer kommen sie zu dem Schluss, dass die Konjunkturausschläge in der Zwischenkriegszeit eindeutig stärker als in der Zeit vor dem Ersten und nach dem Zweiten Weltkrieg waren. Allerdings können die gegenüber den Schwankungen des Sozialprodukts oder der Konsumausgaben drei- bis viermal höheren Ausschläge der Investitionen als ein durchgängiges Merkmal der Konjunkturen seit dem späten 19. Jahrhundert gelten. Großen Einfluss auf die konjunkturellen Preisschwankungen scheinen die Währungskurs-Systeme besessen zu haben: Während der Perioden mit festen Wechselkursregimen (Goldstandard bis

1914, Bretton-Woods-System von 1945–1971) waren die Preisschwankungen erheblich schwächer als in den Perioden mit mehr oder weniger freien Wechselkursen. Für die Wahl zwischen verfügbaren Modellen erscheint den Autoren die Erkenntnis wichtig, dass monetäre Impulse (starke Zins- und Geldmengenvariationen, Änderungen des Wechselkurs-Regimes etc.) die Konjunkturen deutlich beeinflussten, was die älteren RBC-Modelle, die von einer Neutralität der Geldsphäre ausgehen, unangemessen erscheinen lässt. Gemäß ihren Ergebnissen halten sie auch die herrschende Meinung für falsch, wonach die Reallöhne typischerweise mit den Konjunkturschwankungen synchronisiert seien. Vielmehr sei davon auszugehen, dass die Reallöhne – wie in der Geschichte beobachtbar – gegenüber der durchschnittlichen Konjunktur einen Vorlauf oder auch einen Nachlauf aufweisen und nur ausnahmsweise einen Gleichlauf.

Viele Autoren kommen aufgrund empirischer und historischer Erfahrungen zu sehr skeptischen Einschätzungen der RBC-Theorie. Besonders im Hinblick auf die seit den 1970er Jahren bekannten Arbeitsmarktprobleme in den meisten hoch entwickelten Volkswirtschaften wird die von den Modellen implizierte Gleichgewichtsvorstellung kritisiert. Bezüglich der als exogen bedingt unterstellten Technologieschocks wird eingewandt, dass diese zumindest teilweise auch endogene Ursachen haben. Zudem sind sie mit Sicherheit nicht die einzigen Ursachen für die Veränderungen ökonomischer Aggregate. [EICHENBAUM 1991; HANSEN/PRESCOTT 1993]. Sehr klar hat kürzlich Süssmuth in einer empirischen Studie auf der Basis von Daten aus der zweiten Hälfte des 20. Jahrhunderts für zahlreiche Volkswirtschaften herausgearbeitet, dass die erste Generation von RBC-Modellen mit ihrer Betonung der Technologieschocks keine angemessene Erklärung der tatsächlichen Entwicklung bietet. Dagegen weist er die Existenz (klassischer) Konjunkturzyklen mit einer Länge von 2–4 Jahren bzw. 7–10 Jahre nach und betont die Bedeutung der sektoralen Investitionsdynamik für die Erzeugung gesamtwirtschaftlicher Konjunkturbewegungen. [SÜSSMUTH 2002]

5. Offene Fragen und Probleme

Offene Fragen bestehen zunächst in Bezug auf die Empirie der Konjunkturzyklen. Ein Problem gesamtwirtschaftlicher Analyse stellt z.B. das Referenzmaß dar, besonders für die Zeit vor 1950, in der keine Volkswirtschaftliche Gesamtrechnung existierte. Es gibt zwar die von Hoffmann und seinen Mitarbeitern vorlegten Schätzwerte des Sozialprodukts der deutschen Wirtschaft für den Zeitraum von 1850 bis 1959, die lange Zeit als Standard galten. [HOFFMANN U. A. 1965] Diese Schätzungen sind inzwischen verschiedentlich kritisiert und vor allem auch verbessert worden. [RITSCHL/SPOERER 1997; MADDISON 1991] Man muss jedoch immer noch im Einzelfall prüfen, ob die vorgelegten revidierten Messziffern konjunkturelle Variabilität besitzen. Viele Zahlenreihen, die in die Schätzungen des Sozialprodukts eingegangen sind, beruhen auf linearer Interpolation zwischen zeitlich weiter auseinander liegenden Stützwerten. Derartige Zeitreihen mögen zwar langfristige Wachstumstendenzen einigermaßen sinnvoll zum Ausdruck bringen; sie enthalten jedoch keinerlei konjunkturelle Information. In dieser Situation bietet es sich an, zumindest für die Zeit vor dem Ersten Weltkrieg, auf das Sozialprodukt als gesamtwirtschaftlichen Konjunkturindikator zu verzichten.

Verschiedene Forscher haben vorgeschlagen, für das 19. Jahrhundert den Eisenverbrauch als Referenzmaß zu verwenden. [BORCHARDT 1982, 89] Primär soll damit die Investitionstätigkeit gemessen werden. Fraglich erscheint jedoch, ob nicht ergänzend der Holzverbrauch sowie der Verbrauch von Ziegeln und Zement mit dem Eisenverbrauch kombiniert werden müssten, um das Investitionsgeschehen einigermaßen treffend wiederzugeben. Der Eisenverbrauch hat als Referenzmaß den Nachteil, die Investitionsaktivität in bestimmten Sektoren überzubetonen, von denen zweifelhaft ist, ob sie für die konjunkturelle Dynamik der gesamten Wirtschaft tatsächlich entscheidend waren. Die Investitionsaktivität in der Landwirtschaft, als dem im 19. Jahrhundert strukturell gewichtigsten Sektor der deutschen Volkswirtschaft, wird durch den Eisenverbrauch möglicherweise unzulänglich wiedergegeben. Dagegen wird das konjunkturelle Geschehen in neueren, besonders rasch wachsenden Industrien, mit zwar hohen Ausstrahlungseffekten auf die Gesamtwirtschaft, aber noch niedrigem strukturellem Gewicht, wie Eisenerzeugung, Maschinenbau, städtischer Hoch- und Tiefbau und im späten 19. Jahrhundert Elektro- und Chemische Industrie, überbetont.

Darüber hinaus sind methodische Probleme von Bedeutung. Nicht ohne Grund ist in der historischen Konjunkturforschung der explizite empirisch-methodische Aufwand meist größer als der erkennbare theoretische. Das hängt natürlich mit der Schwierigkeit zusammen, für weiter zurückliegende Phasen der Wirtschaftsentwicklung, also in jedem Fall für die Zeit vor dem Ersten Weltkrieg, angemessene Zahlen zu finden. Immerhin darf nicht vergessen werden, dass der Wachstumsforscher mit lückenhaften Zahlenreihen durchaus sinnvoll umgehen kann. Oft genügen ihm zeitlich weiter auseinander liegende Stützwerte. Der Konjunkturforscher jedoch ist auf lückenlose und zugleich zuverlässige Zeitreihen angewiesen, die dadurch zustande gekommen sein müssen, dass zumindest in Jahresabständen mit unveränderter Methode identische Phänomene erhoben (gemessen) worden sind. Ein in der Geschichte fast unerfüllbarer Anspruch!

An dieser Stelle erscheint es sinnvoll, auf gewisse methodische Probleme der empirischen und damit auch der historischen Konjunkturforschung hinzuweisen, die sich bei der Bezugnahme auf alle skizzierten theoretischen Ansätze stellen. Die Grundannahme, die ja schon für die Begriffsbildung konstitutiv ist, wie oben ausgeführt, besteht darin, dass sich Konjunkturen in den Zeitreihen wirtschaftlicher Variablen ausprägen. Das impliziert die Unterscheidung von Trend und Zyklus: Der Trend gilt als Ausdruck des langfristigen Wachstums, die Konjunktur als die Ausprägung kurz- und mittelfristiger Schwankungen um diesen Trend. Methodisch umgesetzt, besteht demnach eine Zeitreihe aus mindestens zwei Komponenten, Trend (T) und Konjunktur (K), sowie ggf. einer weiteren, dem Zufall (Z), die man sich als additiv verbunden vorstellen kann. Das Modell der Zeitreihe lässt sich dann schreiben als $X = T + K + Z$. Für die empirische Untersuchung besteht das Problem nun darin, diese 2 (oder 3) Komponenten aus dem umfassenden Messwert X zu isolieren, um besonders die Konjunkturkomponente in ihrem zeitlichen Verlauf unabhängig von Trend und Zufall darstellen und analysieren zu können. [BROCKWELL/DAVIS 1991; RAHLF 1998] Um die Weiterentwicklung der dafür bereitstehenden Verfahren kreist seit den 1920er Jahren eine heftige wissenschaftliche Diskussion.

Als besonders schwierig hat sich immer wieder erwiesen, durch die Verfahren, mit denen eine der Komponenten isoliert wird, die Größenordnungen der anderen nicht zu beeinflussen. Das scheint erst seit wenigen Jahren mit Hilfe der neuesten so genannten Filterverfahren möglich geworden zu sein. [METZ 1998; DERS. 2002] Daraus folgt aber: Allein nur den Gegenstand sowohl von theoretischen Bemühungen, erst recht aber von empirisch-historischen Untersuchungen der Konjunktur auf der deskriptiven Ebene verzerrungsfrei darzustellen, erfordert einen hohen methodischen Aufwand. Zumindest müssen die möglichen Verzerrungsmomente ausdrücklich reflektiert werden. Die scheinbar unproblematische, pragmatische Herangehensweise, wie sie oben in Bezug auf die Diskussion historischer Konjunkturverläufe vorgeführt wurde, verhält sich demnach in gewisser Weise wissenschaftlich agnostisch. Das gilt auch für die in der empirischen Forschung fast als Selbstverständlichkeit geltende Benutzung der Wachstumsraten, um Konjunkturverläufe darzustellen, denn auch diese Methode bedeutet, genauer betrachtet, eine Komponentenzerlegung der jeweiligen Zeitreihe: Die Wachstumsratenberechnung impliziert einen exponentiellen Trend und subtrahiert diesen von dem jeweiligen Zeitreihenwert, so dass ein Zahl resultiert, die als Konjunkturkomponente (inklusive etwaigem Zufallseinfluss) interpretiert wird. Interessanterweise sind diese methodischen Probleme jedoch bei der Weiterentwicklung der Konjunkturtheorie seit den 1970er Jahren nicht reflektiert worden, so dass sie untergründig nach wie vor virulent sind. Denn wenn von Wendepunkten der Konjunktur oder vom Gleichlauf von Konjunkturindikatoren die Rede ist, muss auf Ergebnisse von Zeitreihenanalysen Bezug genommen werden, die man als verzerrungsfrei gegeben unterstellt. Sollten aber die Zusammenhänge in den empirischen Ergebnissen teilweise oder weitgehend durch methodisch bedingte Verzerrungen zustande gekommen sein, interpretieren die neuen Theorien im wesentlichen Artefakte.

Ein Problem auf der Grenze zwischen Empirie, Methoden und Theorie besteht darin, dass es oft sehr schwer ist, sowohl ein theoretisches Konzept angemessen zu operationalisieren, als auch zuverlässige Messinstrumente zu entwickeln und Messungen tatsächlich durchzuführen. [SPREE 1977] Die Gültigkeit von Indikatoren in Bezug auf die zugrunde liegende Theorie ist oft nur eingeschränkt oder auch gar nicht gegeben (Validitätsprobleme), während die empirische Zuverlässigkeit der Konjunkturindikatoren, d.h. die Messgenauigkeit, beachtliche Fortschritte gemacht hat.

Auch auf die Theorieprobleme ist ein Blick zu werfen. Obwohl die Kritik am Standardparadigma der Konjunkturtheorie hart und überzeugend ist, haben es die neuen Ansätze bisher keineswegs völlig ersetzen können. Das liegt nicht zuletzt daran, dass die neueren Ansätze erkennbar wenig Interesse an der Deskription und Erklärung von Konjunkturphänomenen in der Zeitdimension haben. Vielmehr dominieren eindeutig die Bemühungen, aus einer Vielzahl von historisch-emprischen Informationen, die in komplexen, abstrakten und oft in der Frequenzdimension angesiedelten statistischen Kennziffern zusammengefasst werden, theoretisch relevante Folgerungen abzuleiten. Für die Geschichtsbetrachtung ist jedoch die Chronologie der Ereignisse, insofern eben die Zeitdimension, unverzichtbar. Überzeitliche Aussagen ohne jeden Anschauungsgehalt können nur begrenzte Bedeutung beanspruchen, z. B. als Ausgangsüberlegung oder als Interpretationshilfe.

Dies Defizit bemängelte vor einiger Zeit aus einer ganz anderen Perspektive der renommierte deutsche Volkswirt und ehemaliges Mitglied des „Sachverständigenrats zur Begutachtung der gesamtwirtschaftlichen Entwicklung", Ernst Helmstädter. Er diagnostizierte zunehmende Einschätzungsfehler der verschiedenen Konjunkturforschungs-Institutionen in Deutschland aufgrund ihres mangelnden Interesses „an einer systematischen Konjunkturbeobachtung über einen längeren Zeitraum. Dabei festzustellende Regelmäßigkeiten des konjunkturellen Auf und Ab bleiben unberücksichtigt. Im Grunde fehlt es diesen Prognosen an einer eigentlichen Zyklusvorstellung." [HELMSTÄDTER 1995] Wenn schon die hier angesprochenen Prognose-Institutionen, die den Hauptteil der empirischen Konjunkturforschung in Deutschland leisten, kein Konzept eines Konjunkturzyklus in der Zeitdimension für erforderlich halten und ihre Prognosen nur noch auf kürzeste Beobachtungszeiträume (3–4 Jahre) stützen, wie viel weniger kann man dann von der neueren Konjunkturtheorie Beiträge erwarten, die ein historisches Erkenntnisinteresse anzuleiten vermöchten.

Darüber hinaus bleibt der Theorienpluralismus bestehen, ebenso das Auswahlproblem des Historikers. Mit Siegenthaler darf man allerdings vermuten, dass es zu einer allgemein überzeugenden neuen Lösung niemals kommen wird. Zu sehr ist deutlich geworden, „daß nicht nur der konjunkturelle Prozeß seine Geschichte hat, sondern auch die Konjunkturmechanik, die über den Verlauf des Prozesses entscheidet. (...) Eine theoriegeleitete Konjunkturgeschichte hat sich damit abzufinden, daß ihr keine generalisierende, für alle Epochen gültige Konjunkturtheorie zur Verfügung steht." [SIEGENTHALER 1993]

Literaturliste

ALDCROFT, D. H., u. FEARON, P. (Hg.): British Economic Fluctuations 1790–1939. London usw. 1972.
BASU, S., u. TAYLOR, A. M.: Business Cycles in International Historical Perspective. In: Journal of Economic Perspectives, 13 (1999), 45–68.
BORCHARDT, K.: Konjunkturtheorie in der Konjunkturgeschichte: Entscheidung über Theorien unter Unsicherheit ihrer Gültigkeit. In: Vierteljahrschrift für Sozial- und Wirtschaftsgeschichte, 72 (1985), 537–555.
BORCHARDT, K.: Wandlungen des Konjunkturphänomens in den letzten hundert Jahren. In: DERS.: Wachstum, Krisen, Handlungsspielräume der Wirtschaftspolitik. Göttingen 1982, 73–99.

BRANDNER, P., u. NEUSSER, K.: Business Cycles in Open Economies: Stylized Facts for Austria and Germany. In: Weltwirtschaftliches Archiv, 128 (1992), 67–87.
BROCKWELL, P. J., u. DAVIS, R. A.: Time Series. Theory and Methods. 2. Aufl., Berlin usw. 1991.
BRONFENBRENNER, M. (Hg.): Is the Business Cycle Obsolete? New York usw 1969.
BURNS, A.F., u. MITCHELL, W.C.: Measuring Business Cycles. New York 1946.
CORREIA, I. H., u. a.: Business Cycles from 1850 to 1950. New Facts about Old Data. In: European Economic Review, 36 (1992), 459–467.
DE LONG, J. B.: Introduction to the Symposium on Business Cycles. In: Journal of Economic Perspectives, 13 (1999), 19–22.
DONNER, O.: Die Kursbildung am Aktienmarkt. Grundlagen zur Konjunkturbeobachtung an den Effektenmärkten. Berlin 1934 (Vierteljahrshefte zur Konjunkturforschung, Sonderheft 36).
EICHENBAUM, M.: Real Business Cycle Theory: Wisdom or Whimsy? In: Journal of Economic Dynamics and Control, 14 (1991), 607–626.
ERBE, R.: Die nationalsozialistische Wirtschaftspolitik 1933–1939 im Lichte der modernen Theorie. Zürich 1958.
FISCHER, S., u. a.: Economics. 2. Aufl., New York usw. 1988.
FRIEDMAN, M.: Die Geldstudien des National Bureau. In: DERS.: Die optimale Geldmenge und andere Essays. München 1970, 271–303.
FRIEDMAN, M., u. SCHWARTZ, A. J: A Monetary History of the United States, 1867–1960. Princeton, N.J., 1963.
GORTON, G.: Banking Panics and Business Cycles. In: Oxford Economic Papers, 40 (1988), 751–781.
GRABAS, M.: Konjunktur und Wachstum in Deutschland von 1895 bis 1914. Berlin 1992.
HABERLER, G.: Prosperity and Depression. Genf 1937.
HANSEN, G. D., u. PRESCOTT E. C.: Did Technology Shocks Cause the 1990–1991 Recession? In: American Economic Review, 83 (1993), 280–286.
HARTLEY, J.E., u. a. (Hg.): Real Business Cycles. A Reader. London 1998.
HELMSTÄDTER, E.: Konjunkturprognosen ohne Zyklusvorstellung. In: Volkswirtschaftliche Korrespondenz der Adolf-Weber-Stiftung, 34 (1995), H. 2.
HELMSTÄDTER, E.: Die M-Form der Wachstumszyklen. In: Jahrbücher für Nationalökonomie und Statistik, 206 (1989), 383–394.
HICKS, J. R.: A Contribution to the Theory of the Trade Cycle. Oxford 1950.
HOFFMANN, W. G., u. a.: Das Wachstum der deutschen Wirtschaft seit der Mitte des 19. Jahrhunderts. Berlin usw. 1965.
HOLTFRERICH, C.-L.: Quantitative Wirtschaftsgeschichte des Ruhrkohlenbergbaus im 19. Jahrhundert. – Eine Führungssektoranalyse. Dortmund 1973.
INSTITUT DER DEUTSCHEN WIRTSCHAFT KÖLN: Deutschland in Zahlen 2001. Köln 2001.
JAEGER, K.: Der Beitrag der traditionellen Theorie zur Erklärung von Trend und Zyklus. In: FRANZ, W., u. a. (Hg.): Trend und Zyklus. Zyklisches Wachstum aus der Sicht moderner Konjunktur- und Wachstumstheorie. Tübigen 1999, 1–34.
JAEGER, K.: Die Konjunkturtheorie der Neuen Klassischen Makroökonomik. In: BOMBACH, G., u. a. (Hg.): Perspektiven der Konjunkturforschung. Tübingen 1984, 25–60.

JUGLAR, C.: Les crises commerciales et leur retour périodique en France, en Angleterre et aux Etats Unis. Paris 1862 (1860 von der Académie des Sciences Morales et Politiques preisgekrönt).

KALDOR, N.: Capital Accumulation and Economic Growth. In: LUTZ, F. A., U. HAGUE, D. C. (Hg.): The Theory of Capital. London usw. 1961, 177–222.

Kontroversen über die Wirtschaftspolitik in der Weimarer Republik. In: Geschichte und Gesellschaft, 11 (1985), H. 3.

KYDLAND, F. E., u. PRESCOTT, E. C.: Time to Build and Aggregate Fluctuations. In: Econometrica, 50 (1982), 1345–1370.

LONG, J. B., Jr., u. PLOSSER, C. I.: Real Business Cycles. In: Journal of Political Economy, 91 (1983), 39–69.

LUCAS, R. E., Jr.: Understanding Business Cycles. In: BRUNNER, K., U. MELTZER, A. H. (Hg.): Stabilization of the Domestic and International Economy. Amsterdam usw. 1977, 7–29 (Carnegie-Rochester Conference Series on Public Policy, Bd. 5).

MADDISON, A.: Dynamic Forces in Capitalist Development. A Long-Run Comparative View. Oxford u. New York 1991.

MATTHEWS, R. C. O.: Konjunktur. München 1973.

METZ, R.: Trend, Zyklus und Zufall. Bestimmungsgründe und Verlaufsformen langfristiger Wachstumsschwankungen. Stuttgart 2002.

METZ, R.: Trend, Lange Wellen, Strukturbrüche oder nur Zufall: Was bestimmt die langfristige Entwicklung des deutschen Bruttoinlandsprodukts? In: SCHREMMER, E. (Hg.): Wirtschafts- und Sozialgeschichte. Gegenstand und Methode. Stuttgart 1998, 117–164.

MOMBERT, P.: Einführung in das Studium der Konjunktur. Leipzig 1921.

MOORE, G. H. (Hg.): Business Cycle Indicators. 2 Bde., Princeton 1961.

OPPENLÄNDER, K. H. (Hg.): Konjunkturindikatoren. Fakten, Analysen, Verwendung. München u. Wien 1995.

PLOSSER, C. I.: Understanding Real Business Cycles. In: Journal of Economic Perspectives, 3 (1989), 51–77.

RAHLF, T.: Deskription und Inferenz. Methodologische Konzepte in der Statistik und Ökonometrie. Köln: Zentrum für Historische Sozialforschung 1998 (Historical Social Research-Historische Sozialforschung, Supplement Nr. 9).

RAMSER, H. J.: Beschäftigung und Konjunktur. Versuch einer Integration verschiedener Erklärungsansätze. Berlin usw. 1987.

RAMSER, H. J.: Stand und Entwicklungsperspektiven der Konjunkturtheorie. In: TIMMERMANN, M. (Hg.): Nationalökonomie morgen. Ansätze zur Weiterentwicklung wirtschaftswissenschaftlicher Forschung. Stuttgart usw. 1981, 27–58.

RITSCHL, A.: Hat das Dritte Reich wirklich eine ordentliche Beschäftigungspolitik betrieben? Vortrag vor dem Wirtschaftshistorischen Ausschuß des Vereins für Socialpolitik, Universität Hohenheim, 6. 3. 2002.

RITSCHL, A., u. SPOERER, M.: Das Bruttosozialprodukt in Deutschland nach den amtlichen Volkseinkommens- und Sozialproduktstatistiken 1901–1995. In: Jahrbuch für Wirtschaftsgeschichte, (1997/2), 27–54.

ROMER, C. D.: Changes in Business Cycles: Evidence and Explanations. In: Journal of Economic Perspectives, 13 (1999), 23–44.

ROSENBERG, H.: Große Depression und Bismarckzeit. Berlin 1967.

SAMUELSON, P.: Interactions between the Multiplier Analysis and the Principle of Acceleration. In: Review of Economic Statistics, 21 (1939), 75–78.
SCHRÖDER, W., u. SPREE, R. (Hg.): Historische Konjunkturforschung. Stuttgart 1980 (Historisch-Sozialwissenschaftliche Forschungen, Bd. 11).
SIEGENTHALER, H.: Regelvertrauen, Prosperität und Krisen. Die Ungleichmäßigkeit wirtschaftlicher und sozialer Entwicklung als Ergebnis individuellen Handelns und sozialen Lernens. Tübingen 1993.
SPREE, R.: Lange Wellen wirtschaftlicher Entwicklung in der Neuzeit. Köln 1991 (Historical Social Research – Historische Sozialforschung, Supplement Nr. 4).
SPREE, R.: Veränderungen der Muster zyklischen Wachstums der deutschen Wirtschaft von der Früh- zur Hochindustrialisierung. In: Geschichte und Gesellschaft, 5 (1979), 228–250.
SPREE, R.: Wachstumstrends und Konjunkturzyklen in der deutschen Wirtschaft von 1820 bis 1913. Göttingen 1978.
SPREE, R., ; Wirtschaftliche Lage und Wirtschaftspolitik (Beschäftigungspolitik) in Deutschland am Beginn der NS-Herrschaft, in: Bayerische Landeszentrale für politische Bildungsarbeit (Hg.): Die Anfänge der Braunen Barbarei, München 2004, S. 101–126. Elektronische Version: About the Relative Efficincy of the Nazi Work Creation Programs. Discussion Papers (hg. von der Volkswirtschaftlichen Fakultät der LMU), No. 2004-15, München 2004 [http://epub.ub.uni-muenchen.de/archive/00000382/01/ns-abNEU.pdf]
SPREE, R.: Zur Theoriebedürftigkeit quantitativer Wirtschaftsgeschichte (am Beispiel der historischen Konjunkturforschung und ihrer Validitätsprobleme). In: KOCKA, J. (Hg.): Theorien in der Praxis des Historikers. Göttingen 1977, 189–204 (Geschichte und Gesellschaft, Sonderheft 3).
SPREE, R.: Die Wachstumszyklen der deutschen Wirtschaft von 1840 bis 1880 (mit einem konjunkturstatistischen Anhang). Berlin 1977.
STADLER, G. W.: Real Business Cycles. In: Journal of Economic Literature, 32 (1994), 1750–1783.
STATISTISCHES BUNDESAMT: Statistisches Jahrbuch für die Bundesrepublik Deutschland 1993. Wiesbaden 1993.
STATISTISCHES BUNDESAMT: Lange Reihen zur Wirtschaftsentwicklung 1988. Stuttgart u. Mainz 1988.
STATISTISCHES BUNDESAMT (Hg.): Bevölkerung und Wirtschaft 1872–1972. Stuttgart u. Mainz 1972.
SÜSSMUTH, B.: Business Cycles in the Contemporary World. Description, Causes, Aggregation and Synchronization. Diss. Universität München 2002.
TICHY, G.: Konjunkturschwankungen. Theorie, Messung, Prognose. Berlin usw. 1976.
TILLY, R. H., u. WELLENREUTHER, T.: Bevölkerungswachstum und Wohnungsbauzyklen in deutschen Großstädten im 19. Jahrhundert. In: TEUTEBERG, H. J. (Hg.): Homo habitans. Zur Sozialgeschichte des ländlichen und städtischen Wohnens in der Neuzeit. Münster 1985, 273–300.
Vierteljahrshefte zur Wirtschaftsforschung, 12 (1937/38), N. F.
WAGEMANN, E.: Wagen, Wägen, Wirtschaften. Hamburg 1954.
WAGEMANN, E. (Hg.): Konjunkturstatistisches Handbuch 1936, Berlin 1935.
WARNER, R. M.: Spectral Analysis of Time Series Data. New York 1998.

WEBER, W., u. NEISS, H.: Entwicklung und Probleme der Konjunkturtheorie. In: WEBER, W. (Hg.): Konjunktur- und Beschäftigungstheorie. Köln u. Berlin 1967, 13–29.

WOITEK, U.: Business Cycles. An International Comparison of Stylized Facts in a Historical Perspective. Heidelberg 1997

Gerold Ambrosius

Wirtschaftsstruktur und Strukturwandel

1. Einführung

Der Zusammenhang von Wirtschaftswissenschaft und Wirtschaftsgeschichte ist im Bereich der Strukturforschung besonders eng. Zum Ersten ist die Strukturforschung – im Vergleich zu anderen Teilgebieten der Ökonomik – eine recht junge Disziplin. Das hat zur Folge, dass eine Strukturtheorie erst in Ansätzen vorhanden ist. Die Theorie hat sich noch nicht verselbständigt; Theorie und Empirie sind noch relativ eng verbunden. Zum Zweiten handelt es sich beim Strukturwandel um mittel- und langfristige Phänomene. Kurzfristige Veränderungen der Wirtschaftsstruktur gibt es zwar auch, aber erst die historische Perspektive eröffnet einen tieferen Einblick in strukturelle Wandlungen. Zum Dritten ergibt sich daraus, dass die Ursachen des Strukturwandels nicht nur in der jeweiligen Situation, sondern auch in der jeweiligen Vergangenheit zu suchen sind.

2. Definition und Messung von Wirtschaftsstruktur

Der Begriff 'Struktur' wird auf sehr unterschiedliche Weise definiert. Hier ist damit die Aufteilung einer Gesamtgröße in Teilgrößen bzw. Aggregate gemeint, die in sich homogener sind als die Gesamtgröße selbst. Strukturwandel bedeutet eine dauerhafte, nicht saisonale oder konjunkturelle Veränderung der Zusammensetzung solcher Aggregate. Höherer Grad der Homogenität der Teilgrößen, Langfristigkeit und Veränderung der Zusammensetzung der Aggregate sind somit wichtige Merkmale des Begriffs. Die gemeinsame statistische Basis aller Strukturbegriffe ergibt sich, indem man Güter und Dienstleistungen den Betrieben zuordnet, die sie erstellen, und anschließend die Betriebe nach gleichartigen Gütergruppen gliedert. Von den zahllosen Strukturen, mit denen sich die Wirtschaftswissenschaft beschäftigt, werden im Folgenden nur wenige angesprochen. Vor allem geht es um die sektorale Kapital-, Produktions- und Beschäftigungsstruktur.

Eine einfache Möglichkeit, die Intensität bzw. das Tempo des Strukturwandels mit Hilfe eines Index zu messen, besteht darin, die Veränderungen der absoluten oder relativen Anteile der Teilaggregate – Sektoren oder Branchen – an der Gesamtbeschäftigung oder -produktion zu verschiedenen Zeitpunkten zu erfassen. Die Summe der Veränderungen stellt den Index dar. Dabei brauchen sich die Strukturveränderungen nicht in die gleiche Richtung zu bewegen. Ist beispielsweise eine sektorale Produktivitätssteigerung mit gleich bleibenden Produktionsmengen verbunden, so ist zwar ein sektoraler Wandel der Beschäftigungs- und Kapitalstruktur zu verzeichnen, nicht aber einer der Produktionsstruktur. Die Art der Erfassung des sektoralen Strukturwandels ist daher von entscheidender Bedeutung.

3. Historische Entwicklung von Wirtschaftsstrukturen

Das Datenmaterial für eine empirische Strukturanalyse – ganz besonders für die historische – ist nicht sehr umfangreich. Es kann daher nicht verwundern, dass die Strukturveränderungen auf hoher Aggregationsebene besser untersucht sind als auf niedriger. So kann z. B. die Dreiteilung der Volkswirtschaft in den primären (Land- und Forstwirtschaft, Fischerei), den sekundären (warenproduzierendes Gewerbe) und den tertiären (Dienstleistungen) Sektor – zumindest hinsichtlich der Beschäftigungsanteile – bis in das 18. Jahrhundert zurückverfolgt werden *(siehe Abbildung 1)*.

Abbildung 1
Relative Verteilung der Erwerbsbevölkerung auf Wirtschaftssektoren in Deutschland 1870–2003 (in %)

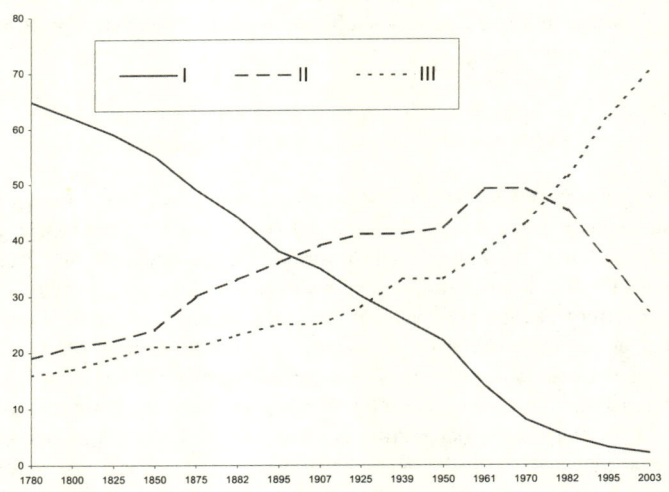

I = primärer Sektor: Land- und Forstwirtschaft, Fischerei
II = sekundärer Sektor: Produzierendes Gewerbe
III = tertiärer Sektor: Dienstleistungsbereiche

Quelle: HOHLS, R.; H. KAELBLE, Die regionale Erwerbsstruktur im Deutschen Reich und in der Bundesrepublik 1895–1970, St. Katharinen 1989, S. 72 f.; STATISTISCHES BUNDESAMT, verschiedene Jahrgänge; F.-W. HENNING, Die Industrialisierung in Deutschland 1800 bis 1914, Paderborn u.a. 1993, S. 92.

Während die Bedeutung des primären Sektors mehr oder weniger stetig zurückging, nahm die des tertiären ebenso stetig zu. Der Anteil des sekundären Sektors stieg lange Zeit an, bis schließlich um 1970 etwa die Hälfte aller Erwerbstätigen in der „Industrie" arbeitete. Seither nahm er allerdings wieder ab. Diese Entwicklung der Beschäftigungsstruktur bringt wohl am prägnantesten den Wandel von der Agrar- zur Industrie- und weiter zur post-industriellen bzw. Dienstleistungswirtschaft zum Ausdruck.

Schwieriger ist es, den Anteil der drei Sektoren an der Wertschöpfung bzw. am Sozialprodukt über so lange Zeiträume zu bestimmen. Die entsprechenden Schätzungen liegen denn auch recht weit auseinander, wobei die Entwicklung insgesamt aber der Beschäftigungsstruktur ähnelt. Vor allem kommt es darauf an, ob laufende oder konstante Preise zugrunde gelegt werden. Grundsätzlich kann man davon ausgehen, dass der Anteil des tertiären Sektors bei laufenden Preisen stärker stieg als bei konstanten, da die Preise für Dienstleistungen schneller zunahmen als die für Industrieprodukte.

Die Datenlage zum intrasektoralen Wandel im sekundären und tertiären Sektor ist noch unbefriedigender. Selbst für die Bundesrepublik können bei einer tieferen Disaggregation die 1950er Jahre nicht berücksichtigt werden, da entsprechende Daten fehlen. Für die Darstellung des längerfristigen intrasektoralen Wandels kann daher der sekundäre Sektor nur in 11 und der tertiäre Sektor nur in 6 Subsektoren, Wirtschaftszweige oder Branchen untergliedert werden. Bei 'Handwerk und Industrie' wird bei einer so groben Gliederung immerhin deutlich *(siehe Tabelle 1)*, dass im Laufe des 20. Jahrhunderts die „alten, traditionellen" Industrien, die den Industrialisierungsprozess im 19. Jahrhundert getragen hatten, z.B. Bergbau, Textil- und Bekleidungsindustrie, an Gewicht verloren und die „neuen, modernen" Industrien, z.B. der Maschinen- und Apparatebau und die Chemische Industrie, ihre Anteile vergrößerten.

Tabelle 1
Anteil verschiedener Wirtschaftszweige im sekundären Sektor (Handwerk und Industrie) an allen Erwerbstätigen in Deutschland 1849–2001 (in %)

	1849	1882	1907	1925	1950	1982	2001
Bergbau, Industrie und Handwerk (produzierendes Gewerbe)	24,0	32,6	39,0	41,0	42,2	43,8	28,6
Bergbau	1,5	1,7	2,6	2,8	2,8	1,0	0,3
Metallerzeugung	0,2	0,6	0,9	1,9	2,0	2,2	0,7
Metallverarbeitung[a]		2,8	3,9	2,8	2,7	2,1	2,3
Maschinen und Apparate[b]	2,0*	1,5	3,2	6,2	7,3	15,0	11,5
Chemische Industrie	0,1	0,3	0,7	1,3	1,8	3,7	2,5
Textilindustrie	5,2	4,5	3,8	3,7	2,8	1,1	0,4
Bekleidungsindustrie	5,2	4,0	3,7	3,5	3,0	1,4	0,2
Nahrungsmittelindustrie	3,1	3,5	4,0	4,2	3,8	3,3	2,6
Baugewerbe	2,1	4,9	7,1	5,5	7,9	7,0	6,6
Versorgungsleistungen	0,0	0,1	0,2	0,6	0,7	1,7	0,7
Andere Industrien	4,2	8,7	8,9	8,5	7,4	5,3	0,8

*= a. und b. zusammen

Quelle: HOHLS, R.; H. KAELBLE, Die regionale Erwerbsstruktur im Deutschen Reich und in der Bundesrepublik 1895–1970, St. Katharinen 1989, S. 72 f.; FISCHER, W., Bergbau, Industrie und Handwerk, in: Handwörterbuch der deutschen Sozial- und Wirtschaftsgeschichte, hg. von H. AUBIN, und W. ZORN, Bd. 2, Stuttgart 1976, S. 527–562, S. 535; STATISTISCHES BUNDESAMT, verschiedene Jahrgänge.

Beim tertiären Sektor ist die Situation noch schwieriger. Selbst der aktuellen Strukturberichterstattung ist es bisher nicht gelungen, die Dienstleistungen ausreichend zu disaggregieren. Aus den hier wiedergegebenen Daten *(siehe Tabelle 2)* können dennoch einige wichtige Tendenzen abgeleitet werden. Alle verschiedenen Dienstleistungsbereiche konnten ihren Beschäftigungsanteil steigern. Eine Ausnahme machten allein die persönlichen Dienste. Die anderen „klassischen" Dienstleistungsbranchen Handel und Verkehr verdreifachten ihre Anteile, wobei diese nach dem Zweiten Weltkrieg praktisch stagnierten. Die Anteile der eher „modernen" Dienstleistungen, soziale und mit Einschränkungen öffentliche Dienste, verzeichneten höhere Anteilgewinne, besonders nach dem Zweiten Weltkrieg. Vor allem expandierten die so genannten Produzentendienste oder unternehmensbezogenen Dienste, die eine immer größere Bedeutung bei der Warenproduktion erlangten. Die persönlichen Dienste hätten ein noch stärkeres Schrumpfen erlebt, wenn hierzu nicht auch das Gaststätten-, Hotel-, Kultur-, Unterhaltungs- und Vergnügungsgewerbe gezählt würde. Insgesamt spiegeln diese wenigen Daten somit wichtige strukturelle Veränderungen wider: Der Weg in die Dienstleistungswirtschaft wurde zwar auch durch die traditionellen Dienstleistungen beschritten, vor allem aber durch die sozialen und öffentlichen, d.h. durch die Entwicklung zum modernen Sozialstaat. Gleichzeitig fand eine

"Tertiarisierung" der Warenproduktion statt, die sich in der jüngsten Vergangenheit verstärkte. Mit „Tertiarisierung" ist die Tatsache gemeint, dass zur Herstellung von materiellen Gütern in immer stärkerem Umfang Dienstleistungen erforderlich sind – Forschung und Entwicklung, Verkehrs- und Finanzdienstleistungen, Marketing etc.

Tabelle 2
Anteil verschiedener Wirtschaftszweige im tertiären Sektor (Dienstleistungen) an allen Erwerbstätigen in Deutschland 1882–1982 (in %)

	1882	1907	1925	1950	1982	2001
Dienstleistungen	22,6	25,4	27,8	33,4	50,4	69,7
Produzentendienste	0,3	0,5	2,1	1,9	5,9	15,2
Verkehr	2,1	3,5	5,1	5,6	5,7	5,5
Handel	4,3	5,9	7,7	9,1	12,6	17,7
Soziale Dienste	1,7	2,2	2,8	4,6	10,0	13,5
Öffentliche Dienste	3,5	3,7	2,5	5,9	10,3	11,3
Persönliche Dienste	10,7	9,6	7,6	6,3	5,9	6,5

Quelle: HOHLS, R.; H. KAELBLE, Die regionale Erwerbsstruktur im Deutschen Reich und in der Bundesrepublik 1895–1970, St. Katharinen 1989, S. 72 f.; STATISTISCHES BUNDESAMT, verschiedene Jahrgänge.

Bisher wurde eine institutionelle Gliederung verwendet, die am Prinzip der Schwerpunktzuordnung wirtschaftlicher Aktivitäten orientiert ist. Bei einer funktionalen Gliederung nach Berufen bzw. Tätigkeiten kommt die Tertiarisierung der Produktion – die Veränderung der funktionalen Arbeitsteilung – noch stärker zum Ausdruck. *Tabelle 3* gibt deshalb neben der institutionellen Gliederung in Waren- und Dienstleistungsproduktion eine in Fertigungs- und Dienstleistungsberufe wider. Es wird deutlich, dass der Strukturwandel von den Fertigungs- zu den Dienstleistungsfunktionen bei einer solchen Zuordnung stärker ausfällt als bei der üblichen institutionellsektoralen Einteilung.

Tabelle 3
Arbeitsteilung zwischen Warenproduktion und Dienstleistungen in Deutschland 1939–2000 (in %)

	1939	1961	1970	1982	2000
Warenproduktion (primärer und sekundärer Sektor)	67,5	62,4	56,6	49,5	34,0
Fertigungsberufe	67,0	50,8	45,2	35,6	20,7
Dienstleistungen (tertiärer Sektor)	32,5	37,6	43,4	50,5	66,0
Dienstleistungsberufe	33,0	49,2	54,8	64,4	79,3

Quelle: HOHLS, R.; H. KAELBLE, Die regionale Erwerbsstruktur im Deutschen Reich und in der Bundesrepublik 1895–1970, St. Katharinen 1989, S. 72 f.; BADE, F.-J., Produktionsorientierte Dienste – Gewinner im wirtschaftlichen Strukturwandel, in: Wochenberichte des Deutschen Instituts für Wirtschaftsforschung, Nr. 16 (1985), S. 202 ff.; STATISTISCHES BUNDESAMT, verschiedene Jahrgänge.

Über die langfristige Entwicklung des Tempos, mit der sich der Strukturwandel vollzieht, gibt es unterschiedliche Auffassungen. Die eine These lautet, dass sich in den letzten Jahrzehnten nicht nur der technische Fortschritt beschleunigt hätte, sondern auch der Strukturwandel. Die Gegenthese geht von einem sich verlangsamenden Strukturwandel aus, da sich die wirklich dramatischen Veränderungen im Zuge der Industriellen Revolution im 19. Jahrhundert vollzogen hätten. Die wenigen empirischen Untersuchungen haben bisher keinen eindeutigen Nachweis für eine der beiden Thesen erbracht. In *Abbildung 2* ist die Geschwindigkeit der Strukturveränderung bei Ein-Jahres-Abständen auf der Basis einer Acht-Branchen-Struktur dargestellt.

Abbildung 2
Jährliches Tempo des Strukturwandels in Deutschland 1878–1959
(bezogen auf die Beschäftigten)

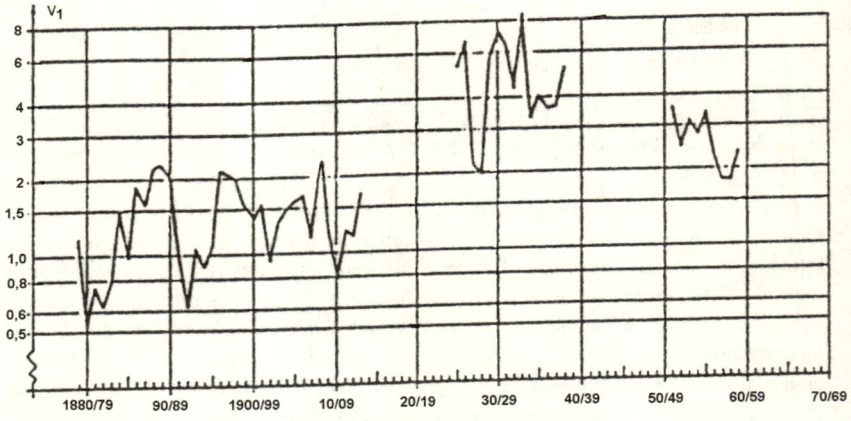

Quelle: H.-J. DINTER, Zum Tempo von Strukturwandlungen, in: Mitteilungen des Instituts für Arbeitsmarkt- und Berufsforschung 19 (1969), S. 449

Auf der Basis einer 19-Branchen-Struktur ergeben sich folgende Indizes der jahresdurchschnittlichen Intensität des Strukturwandels:

1882 – 1895:	4,9	1939 – 1950:	4,7
1895 – 1907:	2,9	1950 – 1961:	9,1
1907 – 1925:	4,0	1961 – 1970:	8,7
1925 – 1939:	3,9	1970 – 1982:	4,6

Das Tempo des Strukturwandels wird vom gesamtwirtschaftlichen Wachstum und vom Konjunkturverlauf beeinflusst. Dabei wirken sich Expansions- und Stagnationsphasen in einem asymmetrischen Muster aus: Langfristig expandierende Branchen gewinnen Anteile vor allem in Phasen beschleunigten Wachstums hinzu. Der Grund liegt darin, dass die Nachfrage im Aufschwung rasch an Kapazitätsgrenzen stößt und daher die Kapazitäten ausgeweitet werden müssen. Langfristig stagnierende oder abnehmende Branchen stehen dagegen typischerweise in der Rezession unter besonderem Anpassungsdruck und bauen ihre Kapazitäten ab. Bei einer Betrachtung von kurzfristigen Konjunkturen fällt auf, dass die Intensität des Strukturwandels besonders in Rezessionsjahren wie z. B. 1930/32, 1966/67 oder 1974/75 oder in Zeiten besonders starken Wachstums wie z. B. am Ende der 1880er und der 1960er Jahre hoch war. Bei einer mittelfristigen Betrachtung scheint dagegen ein positiver Zusammenhang zwischen Wirtschaftswachstum und Strukturwandel zu bestehen: Je höher das Wachstum war, umso schneller veränderten sich die Strukturen. Mit letzter Gewissheit kann dies aber nicht behauptet werden.

4. Ursachen des Strukturwandels

a. Methoden und Theorien

Hinsichtlich der Methoden kann auch in diesem Theoriefeld zum Ersten zwischen positiven und normativen Analysen unterschieden werden. Positive Analysen erfassen Einflussfaktoren des Strukturwandels und erklären ihn. Ihr Ziel ist es, die in der Realität ablaufenden Prozesse besser zu verstehen. Normative Analysen wollen Formen des Strukturwandels ableiten, die unter bestimmten Gesichtspunkten als wünschenswert erachtet werden. Sie sollen wirtschaftspolitische Strategien zur bestmöglichen Erreichung der gewünschten Ziele bereitstellen. Die Unterscheidung dieser beiden Analyseverfahren ist zwar wichtig, allerdings ist es schwierig, die unterschiedlichen Theorien eindeutig zuzuordnen. In positiven Theorien finden sich zumindest Andeutungen über wünschenswerte Formen des Strukturwandels und normative kommen nicht ohne Vorstellungen über reale Strukturwandelprozesse aus. Für die historische Analyse spielen nur positive Ansätze eine Rolle. Zum Zweiten unterscheiden sich die theoretischen Ansätze danach, ob sich der Strukturwandel als gleichgewichtiger, ungleichgewichtiger oder offener Prozess vollzieht. 'Gleichgewichtig' heißt grundsätzlich, dass Vollbeschäftigung herrscht, die Kapazitäten ausgelastet sind, Preisstabilität besteht und die Gütermärkte geräumt werden. In den meisten Ansätzen tendiert die Entwicklung zu einem neuen strukturkonstanten Gleichgewicht (positive Analyse) oder es wird das Erreichen eines solchen angestrebt (normative Analyse). Dabei herrschen allerdings unterschiedliche Gleichgewichtsvorstellungen. Denkbar ist z.B., dass das erreichte oder zu erreichende Gleichgewicht als stationärer Zustand oder als Prozess verstanden wird. Nur für die evolutorische Ökonomik ist Strukturwandel ein offener Prozess, der durchgängig durch den Zusammenbruch von Branchen, Arbeitslosigkeit, unausgelastete Kapazitäten etc. gekennzeichnet ist, so dass es sinnlos wäre, ihn als einen Prozess in permanentem Gleichgewicht zu modellieren. Für die historische Analyse macht es wenig Sinn, Strukturwandel als gleichgewichtigen Prozess zu konzipieren, da die Tatsache, dass er immer mit Friktionen verbunden ist, allzu offensichtlich ist. Zum Dritten unterscheiden sich die theoretischen Ansätze danach, ob sie komparativ-statisch oder dynamisch angelegt sind. Die komparativ-statische Analyse vergleicht zwei oder mehrere Zustände bzw. Punkte in einer Entwicklung, ohne die zeitlichen Anpassungsprozesse zwischen ihnen zu untersuchen. Die dynamische Analyse befasst sich mit eben diesen Anpassungen. Sie ist aus der Perspektive des Historikers vorzuziehen, da für ihn ja der Parameter Zeit die zentrale Rolle spielt.

Der neoklassische Mainstream der Wirtschaftswissenschaft arbeitet auch im Rahmen der Strukturanalyse mit einem Referenz- oder Standardmodell. Ein solches Modell soll nicht die Realität besonders gut abbilden, es dient vielmehr als Bezugsgröße, um die wirklichen Phänomene ordnen zu können. Das Referenzmodell für die Analyse von Wirtschaftsstruktur und Strukturwandel ist das Vielsektorenmodell gleichschrittigen Wirtschaftswachstums (steady state growth). In ihm ändert sich nur die Gesamtgröße, mit der das Niveau der gesamtwirtschaftlichen Aktivitäten erfasst wird, z.B. das Bruttosozialprodukt. Alles andere bleibt konstant: Beschäftigungs-, Produktions-, Preisstruktur, Einkommensverteilung, Konsumpräferenzen, Technologien, Sparquote usw., d.h., die Zusammensetzung der Nachfrage und des Angebots ändert sich nicht. Das Modell beschreibt wirtschaftliche Entwicklung ohne Strukturveränderung. Im neoklassischen Ansatz werden also Bedingungen vorgestellt, die erfüllt sein müssen, damit kein Strukturwandel stattfindet, um im Umkehrschluss zu folgern, dass immer wenn eine dieser Bedingungen nicht erfüllt ist, Strukturwandel vorliegt. Die Kenntnis der Bedingungen eines strukturkonstanten Pfades bedeutet allerdings relativ wenig Erkenntnisgewinn. Letztlich bietet diese Form der Analyse lediglich eine Auflistung möglicher Ursachen des sektoralen Strukturwandels. Offen bleibt, wie diese Faktoren Strukturwandel erzeugen und welche Verlaufsformen er annimmt. Von einer 'Theorie' kann daher nicht die Rede sein. Die Tatsache, dass neoklassische Modelle keine Hypothesen zu den Einflussfaktoren des strukturellen Wandels bieten, liegt in der Gleichgewichtsmethodik. Daher können in diesem Ansatz nur exogene Größen Strukturwandel hervorrufen.

Für die Wirtschaftswissenschaft, die sich vornehmlich mit den aktuellen Strukturveränderungen beschäftigt, ist immer noch der neoklassische Ansatz von Bedeutung, auch wenn der evolutorische sich allmählich als Alternative herausbildet. Da es hier um den langfristigen Strukturwandel geht, werden allerdings auch Stufen- und Stadientheorien vorgestellt, die in der aktuellen Strukturforschung keine Rolle mehr spielen.

b. Allgemeine Bestimmungsfaktoren

Ohne einen explizit theoretischen Anspruch sollen die Faktoren bestimmt werden, die in der Realität das Wachstum im strukturellen Gleichschritt verhindern, d.h. den Strukturwandel verursachen. Folgende Gliederung dieser Bestimmungsfaktoren bietet sich an:

A. Veränderungen des rechtlich-institutionellen Rahmens.
B. Veränderungen von Marktkonstellationen (innerhalb gleich bleibender oder geänderter Institutionen) betreffend:
   1. die *Angebotsseite*, hervorgerufen durch Veränderung der

- Ausstattung mit den Produktionsfaktoren Arbeit, Kapital und Umwelt,
- Preise der Produktionsfaktoren (vor allem Löhne und Zinsen),
- technischer Fortschritt,
- Präferenzen der Anbieter von Arbeit und Kapital;
2. die *Nachfrageseite*, hervorgerufen durch Veränderung der
- Bevölkerungszahl und damit der Einkommen, d. h. der Konsumnachfrage der privaten Haushalte, der Nachfrage des Staates, der Investitionsnachfrage der Unternehmen und der Nachfrage des Auslandes,
- Preise für Güter und Dienstleistungen,
- Präferenzen der Konsumenten.

Die Liste ist nicht abgeschlossen und es fehlt ein Hinweis darauf, nach welchen Kriterien die Determinanten ausgesucht worden sind. Die einzelnen Faktoren hängen eng miteinander zusammen und wirken oft gleichzeitig – manchmal in unterschiedliche Richtungen. Es ist daher nicht leicht, ihren Einfluss auf die Produktionsstruktur zu isolieren. Hier kann nicht auf alle Einflussfaktoren näher eingegangen werden. Es sollen aber zumindest einige Beispiele dafür gegeben werden, wie argumentiert werden könnte.

Struktureller Wandel kann durch die Veränderung des rechtlich-institutionellen Rahmens eines Wirtschaftssystems hervorgerufen werden. Dabei braucht man gar nicht an so anspruchsvolle Thesen wie z. B. die zu denken, dass erst der Übergang von der merkantilistischen Wirtschaftsverfassung der feudalen Gesellschaft zu der liberalen der bürgerlichen den dramatischen Wandel von der Agrar- zur Industriewirtschaft ermöglicht bzw. bewirkt hat. Änderungen im Steuer- und Sozialsystem können ebenso einen Strukturwandel auslösen wie Änderungen der Außenwirtschafts-, Wettbewerbs- oder Umweltschutzgesetze. Grundsätzlich nahm die Bedeutung des institutionellen Rahmens für den Strukturwandel seit dem 19. Jahrhundert in dem Maße zu, in dem der Staat immer mehr Bereiche der Wirtschaft durch Gesetze und Verordnungen beeinflusste.

Die Produktionsstruktur einer Volkswirtschaft wird ebenfalls von den Produktionsfaktoren bestimmt. Während sich die Faktoren Arbeit und Kapital im Laufe der Zeit mehr oder weniger stark verändern, gilt das nicht im gleichen Ausmaß für den Faktor „Boden" bzw. Umwelt. Immerhin entwickelte sich aber das Vereinigte Königreich, Belgien oder das Deutsche Reich im 19. Jahrhundert auch deshalb zu führenden Industrienationen mit entsprechenden Produktionsstrukturen, weil sie große Kohlevorräte besaßen, die die Voraussetzung für den Aufbau einer energieverschlingenden Schwerindustrie bildeten. Die holzverarbeitende Industrie war in den skandinavischen Ländern bis ins 20. Jahrhundert hinein ein dominierender Industriezweig, weil diese Länder große Wälder besaßen. Die Umwelt schien im 19. und 20. Jahrhundert über Jahrzehnte als strukturbestimmender Faktor an Bedeutung zu verlieren, bis in jüngster Vergangenheit deutlich wurde, dass auch Umweltfaktoren knapp werden können. In der Zwischenzeit üben sie einen maßgeblichen Einfluss auf die Produktionsstrukturen aus, aber schon vor Jahrtausenden war die Umwelt beispielsweise in Altvorderasien ein knappes „Gut". Dennoch wurden im Laufe der

Neuzeit die Faktoren Arbeit und Kapital zu den dominierenden Bestimmungsgrößen. Die Bundesrepublik und andere hoch entwickelte Länder verfügen u.a. deshalb über zahlreiche Branchen der Hochtechnologie, weil sie über lange Zeiträume hinweg Bildungssysteme aufbauten, die die für wissensintensive Produkte notwendigen Qualifikationen in Breite und Tiefe vermitteln können. Vielleicht verfolgten die USA im Vergleich zu Europa seit dem 19. Jahrhundert den kapital- und produktivitätsintensiveren Weg der Industrialisierung, weil der Produktionsfaktor Arbeit knapper war. In jedem Fall blieb der industrielle Beschäftigungsanteil hier deutlich niedriger.

Die ökonomische Theorie sieht in der Veränderung der relativen Preise der Faktoren Arbeit und Kapital eine wichtige Ursache für den strukturellen Wandel. Entscheidend ist die relative Verteuerung des Faktors Arbeit im Laufe der Geschichte. Sie zwang zur produktivitätssteigernden Kapitalintensivierung, um Arbeitskräfte zu sparen, was den Waren produzierenden Wirtschaftszweigen besser gelang als den Dienstleistungen produzierenden. Für den intrasektoralen Strukturwandel waren außerdem die Lohndifferenzierung zwischen den Branchen und die unterschiedliche Qualität der Arbeitskräfte von Bedeutung.

Die Steigerung der Arbeitsproduktivität ist vor allem die Folge von technischem Fortschritt. Bis vor nicht allzu langer Zeit galt die These, dass auf der Produktionsseite die wichtigste Ursache für den intersektoralen Strukturwandel die Tatsache ist, dass Landwirtschaft und vor allem Industrie einen intensiven technischen Fortschritt mit entsprechend hohen Produktivitätssteigerungen aufwiesen, während die Produktivität der Dienstleistungen langsamer stieg. Die Möglichkeit, im tertiären Sektor durch technischen Fortschritt Arbeitskräfte einzusparen, wurde als begrenzt angesehen. Daher arbeiteten im Laufe der Zeit relativ (und auch absolut) immer mehr Menschen in den Dienstleistungen. Die These von der unterschiedlichen Produktivitätsentwicklung ist empirisch bestätigt. In der jüngsten Vergangenheit deutet sich aber eine Veränderung dahingehend an, dass in bestimmten Zweigen der Dienstleistungen die Arbeitsproduktivität schneller steigt als in der Industrie und damit die Schaffung von Arbeitsplätzen im tertiären Sektor auch von der Produktionsseite her begrenzt wird.

Waren und Dienstleistungen werden nur dann produziert, wenn sie nachgefragt werden. Sie werden nur dann nachgefragt, wenn ein Einkommen existiert. Gemäß dem Schema der volkswirtschaftlichen Gesamtrechnung ist es sinnvoll, zwischen den großen Nachfrageblöcken der privaten Haushalte, der Unternehmen, des Staates und des Auslandes zu unterscheiden. Bereits die Veränderungen der Aufteilung zwischen diesen Verwendungsarten weist auf tief greifende Strukturwandlungen hin. Das Beispiel Schwedens ist durchaus typisch für alle weiterentwickelten Länder, wobei der Außenhandel vernachlässigt wird:

Tabelle 4
Verwendung des Sozialproduktes Schwedens 1861–2000 (in %)

	1861/80	1901/10	1921/30	1951/60	1971/80	1991/00
Privatverbrauch	85	82	79	65	53	49
Staatsverbrauch	4	6	8	12	26	29
Investitionen	11	12	13	23	21	19

Quelle: AMBROSIUS, G.; W. H. HUBBARD, Sozial- und Wirtschaftsgeschichte Europas im 20. Jahrhundert, München 1986, S. 223; STATISTISCHES BUNDESAMT, verschiedene Jahrgänge.

Der Anteil des Privatverbrauchs nahm permanent ab, der des Staatsverbrauchs zu, und der Anteil der Investitionen stieg ebenfalls lange Zeit an. Welche Folgen das für die Wirtschaftsstruktur im Einzelnen hatte, ist nur schwer abzuschätzen. Generell ergibt sich daraus aber ein Trend zur Dienstleistungswirtschaft, da der Staat seine Ausgaben in erster Linie für Personalkosten verbraucht. Beamte und andere öffentlich Bedienstete produzieren vor allem Dienstleistungen. Auch die privaten Haushalte verwendeten einen immer größeren Teil ihres Einkommens für Dienstleistungen. Im Folgenden soll nur auf den Zusammenhang zwischen einer Veränderung der privaten Einkommen und dem Strukturwandel eingegangen werden.

Die relative Bedeutung des Privatverbrauchs hat zwar stark abgenommen, dennoch ist die Konsumnachfrage der privaten Haushalte auch heute noch der größte Verwendungsblock. Sie hängt wiederum von der demographischen Entwicklung, der Entwicklung der Einkommen, der relativen Preise und der persönlichen Präferenzen ab. Der Zusammenhang zwischen dem Einkommen und der Nachfrage nach bestimmten Gütern wurde bereits in der Mitte des 19. Jahrhunderts u.a. von dem sächsischen Statistiker Ernst Engel untersucht. Er stellte fest, dass mit steigendem Einkommen die Ausgaben für Nahrungsmittel zwar absolut zunahmen, ihr Anteil am Einkommen aber sank („Engelsches Gesetz"). Dieser Zusammenhang kann mit Hilfe des Konzeptes der Einkommenselastizität präzise erfasst werden. Einkommenselastizität wird definiert als das Verhältnis einer relativen Nachfrageänderung nach einem Gut zu der sie verursachenden relativen Einkommensänderung. Steigt das Einkommen beispielsweise um 10%, die Ausgaben für Nahrungsmittel aber nur um 5%, so besitzt das Gut bzw. Güterbündel „Nahrungsmittel" eine Einkommenselastizität von 0,5. Güter mit einer Einkommenselastizität unter 1 gelten als unelastisch, mit einer über 1 als elastisch. Empirische Untersuchungen haben gezeigt, dass Güter des Grundbedarfs wie Nahrungsmittel und Bekleidung eine niedrige, Güter des gehobenen Bedarfs wie langlebige Gebrauchsgüter eine mittlere und Dienstleistungen eine hohe Einkommenselastizität besitzen. Das bedeutet, dass im Laufe der Zeit mit steigendem Einkommen relativ – nicht absolut – immer weniger Produkte des primären und immer mehr des tertiären Sektors nachgefragt wurden. Die Güter des sekundären Sektors gewannen zunächst an Bedeutung, ab einer bestimmten Einkommenshöhe ging ihr Anteil an den Gesamtausgaben aber wieder zurück. Natürlich verändern sich Elastizitäten über längere Zeiträume und es gibt schichtenspezifische Unterschiede, die vornehmlich von der Höhe des Einkommens abhängen.

Güter des Grundbedarfs haben eine andere Elastizität als solche des gehobenen Bedarfs oder Luxusgüter, wobei sich die Zuordnung der Konsumgüter zu diesen Gruppen im Laufe der Zeit wandelt. Was früher ein Luxusgut war gehört später zur Normalausstattung eines Haushaltes. Die generelle Entwicklung wird durch das aufgezeigte Muster aber erfasst.

5. Spezielle Theorien des Strukturwandels

Bei der vorangegangenen Darstellung einiger Bestimmungsfaktoren des Strukturwandels wurde deutlich, dass dem Ursache-Wirkung-Zusammenhang durchaus theoretische oder hypothetische Überlegungen zugrunde liegen können. Insgesamt ist das Nebeneinander von verschiedenen Erklärungsfaktoren aber noch keine Theorie in einem anspruchsvolleren Sinn. Erst wenn es gelingt, einzelne Faktoren so zu verknüpfen, dass sich ihre Wirkungen auf den Strukturwandel widerspruchsfrei ergänzen, erst dann hat man eine Theorie des Strukturwandels, die einem empirischen Test unterzogen werden kann. Eine einheitliche positive Theorie der Erklärung wirtschaftsstruktureller Phänomene gibt es aber, wie gesagt, nicht. Es gibt allerdings Ansätze, die in ihrem theoretischen Anspruch zwar bescheidener sind, immerhin aber nach empirischen Regelmäßigkeiten beim Strukturwandel von Volkswirtschaften fragen und diese zu erklären versuchen.

Wenn die folgenden Hypothesen diese empirischen Regelmäßigkeiten betonen, so darf dadurch nicht der Eindruck entstehen, als ob mit solchen übergreifenden Entwicklungsmustern der Strukturwandel in seiner historischen Vielfalt bereits endgültig analysiert werden könnte. Die historischen Unterschiede im Strukturwandel, die spezifischen ökonomischen, aber auch politischen, sozialen und kulturellen Determinanten, die den Strukturwandel beeinflussen, werden durch diese Ansätze kaum erfasst. Es ist Aufgabe der Wirtschaftsgeschichte, den Zeit und Raum übergreifenden ökonomischen Erklärungsansatz mit der jeweiligen gesellschaftlichen Realität zu konfrontieren und zu verklammern. Auf diese Weise kann zwar das ökonomische Modell einen Teil seiner theoretischen Erklärungskraft verlieren. Es kann aber auch – und dies wird meistens der Fall sein – an historischer Aussagekraft gewinnen.

a. Zyklentheorie

Dem Bereich der Zyklentheorien lassen sich solche Erklärungsansätze zuordnen, die versuchen, längerfristige Wachstumsschwankungen und sektorale Strukturwandlungen auf gemeinsame Bestimmungsgründe zurückzuführen. Der wohl bekannteste Ansatz dieser Art ist der von Joseph A. Schumpeter und Gerhard Mensch, die die Auf- und Abschwünge im Rahmen 'langer Wellen' (Kondratieff-Zyklen) auf so genannte Basisinnovationen zurückführen, die – indem sie bestimmtes Unternehmerverhalten auslösen – den dominierenden Faktor des Strukturwandels bilden. Danach kommt es alle 50 bis 60 Jahre zu solchen grundlegenden Inventionen bzw. Innovationen, die Wachstum und Strukturwandel auslösen. Durch sie entstehen neue Wirtschaftssektoren, Branchen und Unternehmen. Haben sich diese am Markt etabliert, werden ihre Produkte und Produktionsverfahren durch Folgeinnovationen laufend verbessert. Initiierende Basis- und abgeleitete Folgeinnovationen unterliegen einem Lebenszyklus mit zunächst exponentiell wachsenden Märkten. Es folgt eine Phase der Sättigung, die wegen schwindender Innovations- und Investitionsmöglichkeiten in einer der Stagnation oder Krise der Leit- oder Schlüsselindustrien übergeht. In anderen Wirtschaftszweigen wird deshalb verstärkt versucht, neue Basisinnovationen zu entwickeln, so dass sich der zyklische Prozess unter inter- oder intrasektoralen Strukturveränderungen erneut in Gang setzt. Es wird also ein ungleichgewichtiger Strukturwandel modelliert, der schubweise auftritt und zu Disproportionalitäten führt. Die Erfindung des mechanischen Webstuhls in der zweiten Hälfte des 18. Jahrhunderts und der anschließende Aufbau der Textilindustrie, die grundlegenden Erfindungen im Zusammenhang mit der Dampfmaschine ein halbes Jahrhundert später und die Entstehung der Schwerindustrien oder die Basisinnovationen in der Chemie und Elektrotechnik in der zweiten Hälfte des 19. Jahrhunderts und die Expansion chemischen und elektrotechnischen Industrie sind Beispiele.

Dieser Ansatz kann auf unterschiedliche Weise kritisiert werden. Zunächst sind Zweifel daran geäußert worden, ob die Wirtschaft sich seit dem 18. Jahrhundert tatsächlich in solchen langen Wellen entwickelt hat. Ob der technische Fortschritt schubweise aufgetreten ist, ist ebenfalls umstritten. Falls dies tatsächlich der Fall gewesen sein sollte, bleibt offen, worin die Ursachen liegen. Der Begriff 'Basisinnovation' ist mehr oder weniger willkürlich interpretierbar. Trotz dieser grundsätzlichen Kritik gilt aber, dass hier die Bedeutung der Innovationen für den strukturellen Wandel hervorgehoben wird und diese in historischer Perspektive zeitlich verortet werden.

b. Stadien-Theorie I

Bereits die Vertreter der so genannten 'älteren' und 'jüngeren historischen Schule' im 19. Jahrhundert versuchten durch Unterscheidung gesellschaftlicher Evolutionsperioden bzw. durch enger gefasste Wirtschaftsstufen die Entwicklung zur modernen Industriewirtschaft historisch und systematisch zu deuten. Jede „Volkswirtschaft" soll nach dieser Konzeption zeitlich aufeinander folgende Stufen, Stadien oder Epochen durchlaufen. Bruno Hildebrand unterschied beispielsweise Naturalwirtschaft, Geldwirtschaft, Kreditwirtschaft oder Karl Bücher Hauswirtschaft, Stadtwirtschaft, Volkswirtschaft. Karl Marx beschränkte sich nicht auf die bloße Konstatierung unterschiedlicher Evolutionsstufen – Urgesellschaft, Sklavenhaltergesellschaft, Feudalismus, Kapitalismus, Kommunismus –, sondern versuchte diese Entwicklung gesellschaftstheoretisch zu erklären, wobei er allerdings den Fehler machte, die gesetzmäßige Zwangsläufigkeit gesellschaftlicher Entwicklungsprozesse zu postulieren, die allerdings auch bei anderen Stadientheorien durchscheint. Diese Ansätze haben zwar nicht unmittelbar das Ziel, wirtschaftstrukturelle Veränderungen zu beschreiben oder zu erklären, eine wirtschaftstrukturelle Perspektive ist ihnen aber immanent.

Im Jahre 1931 legte Walther G. Hoffmann einen Ansatz vor, mit dem er „Stadien und Typen der Industrialisierung" – so der Titel des Buches – zu systematisieren versuchte. Dort wurden drei Stadien unterschieden, denen er 1969 noch ein viertes Stadium hinzufügte. Als Kriterium der Bestimmung oder Unterscheidung der verschiedenen Stadien dient das Verhältnis der Nettoproduktionswerte von Konsumgüter- und Kapitalgüterindustrie. Konsumgüterindustrien umfassen solche Branchen, die mindestens 75 % ihrer Produktion an Haushalte absetzen, Kapitalgüterbranchen solche, die mindestens 75 % ihrer End- und Zwischenprodukte an Unternehmen liefern. Die Nahrungs- und Genussmittel-, die Bekleidungs- und Lederwaren-, die Möbelindustrien gehören nach Hoffmann zu den Konsumgüterindustrien, die Eisen- und Metallwaren-, die Maschinen-, Fahrzeug- und Chemischen Industrien zu den Kapitalgüterindustrien. Das Verhältnis des Nettoproduktionswertes der Konsumgüterindustrien zu dem der Kapitalgüterindustrien (= 1) entwickelte sich nach seinen Berechnungen folgendermaßen:

(I) $\frac{4,5 \pm 2}{1}$; (II) $\frac{2 \pm 0,5}{1}$; (III) $\frac{1 \pm 0,5}{1}$; (IV) $\frac{0,4 \pm 0,25}{1}$

In der Frühphase der Industrialisierung konnten die Konsumgüterindustrien maximal noch das Sechsfache des Produktionswertes der Kapitalgüterindustrien erzeugen, in der Spätphase dagegen nur noch zwei Drittel. Z.B. ergaben sich für das Verhältnis von Konsumgüter- und Kapitalgüterindustrien (q) in den Vereinigten Staaten folgende Daten:

Jahr	1850	1870	1890	1914	1927	1958	1966
Stadium	I	II		III		IV	
q	2,4	1,7	1,5	0,91	0,81	0,51	0,46

Die Begründung für dieses universelle Entwicklungsmuster zielt in erster Linie auf die Verlagerung der Nachfrage der privaten Haushalte ab. Sie verwenden mit steigendem Entwicklungsniveau einer Volkswirtschaft und zunehmendem Einkommen relativ immer weniger für kurzlebige Bedarfsgüter und absolut und relativ immer mehr für langlebige Gebrauchsgüter. Damit verliert die arbeitsintensive Produktion von Nahrungsmitteln und Bekleidung an Gewicht zugunsten der kapitalintensiven von weiterverarbeiteten Gütern der Metall verarbeitenden, Maschinen- oder chemischen Industrien. Die Hypothese von Hoffmann über den „typischen" Strukturwandel im sekundären Sektor wird durch die reale Entwicklung im Wesentlichen bestätigt – bei den höchstindustrialisierten Ländern allerdings nur bis in die jüngere Vergangenheit. Daher wird sie in der aktuelleren Strukturforschung nicht mehr diskutiert. Der grundlegende Gedanke ist aber weiter aktuell: Es gibt eine empirische Regelmäßigkeit zwischen dem Entwicklungsniveau einer Volkswirtschaft und ihrer Wirtschaftsstruktur.

Insofern kann die These von der 'Normalstruktur' von Holis B. Chenery in gewisser Hinsicht als Weiterentwicklung des Ansatzes von Hoffmann angesehen werden. Chenery untersucht allerdings nicht nur das Verhältnis von zwei Industriesektoren, sondern von 15 Industriezweigen, die er aber wiederum in drei Hauptgruppen zusammenfasst: in die frühen Industrien (Nahrungsmittel, Lederwaren, Textilien), die mittleren (nichtmetallische Mineralien, Gummi-, Holz-, Chemische, Öl- und Kohleprodukte) und die späten (Kleidung und Schuhe, Druckerzeugnisse, Basismetalle, Papier, Metallprodukte). Für jeden Industriezweig werden die Anteile an der Gesamtproduktion und -beschäftigung als die abhängigen Variablen auf das Pro-Kopf-Einkommen und die Bevölkerungszahl als die unabhängigen Variablen bezogen. Das Pro-Kopf-Einkommen steht für das allgemeine Entwicklungsniveau eines Landes. Es werden also nicht mehr Stadien gebildet, es wird vielmehr einem bestimmten Pro-Kopf-Einkommen eine genaue Industriestruktur zugeordnet. Bei internationalen Querschnittanalysen erzielte Chenery – wie nach ihm viele andere – recht enge Beziehungen. Ob dies auch für historische Längsschnittanalysen gilt, sei dahingestellt. Die starke Disaggregation als ein Vorzug der These von der Normalstruktur ist zugleich ihr Nachteil; die Beziehungen können leicht instabil werden. Da Chenery letztlich bei der Berechnung solcher Normalstrukturen stehen bleibt, ist der analytische und theoretische Gehalt seines Ansatzes begrenzt. Generell gilt, dass mit der stufenbezogenen Interpretation struktureller Veränderungen Entwicklungen im Wesentlichen nur deskriptiv erfasst und systematisiert werden können. Keine der Ansätze ist in der Lage anzugeben, warum die postulierte eigengesetzlichen Strukturveränderungen überhaupt einsetzten, warum angesichts faktisch stark differierender Strukturtrends nur die angegebenen und keine anderen Stufen durchlaufen wurden, welche Determinanten den strukturellen Wandel in Gang hielten und warum schließlich die Zwangsläufigkeit der stufenweisen Strukturveränderungen in einer Endphase auslief. Auch Analogien zu biologischen Reifeprozessen, wie sie von Vertretern der Stufentheorien häufig gesucht werden, können keine Antworten geben, denn ökonomische bzw. gesellschaftliche Strukturwandlungen sind nicht organisch determiniert.

c. Drei-Sektoren-Theorie

Die Drei-Sektoren-These macht sich dagegen gerade den Vorteil einer starken Aggregation zunutze: Je höher das Aggregationsniveau ist, umso stabiler werden die Regelmäßigkeiten in der Entwicklung, umso eher spricht man von einer gesetzmäßigen Entwicklung oder sogar von einem 'Gesetz'. In den 1930/40er Jahren kamen Allen G. B. Fisher, Colin Clark und Jean Fourastié zu der Überzeugung, dass es einen typischen Verlauf des Strukturwandels hinsichtlich der drei großen Sektoren Landwirtschaft, Industrie und Dienstleistungen gibt (*siehe Abbildung 3*). Fourastié spricht vom Übergang von der Agrar- zur Dienstleistungszivilisation. Dabei ist der ungleichgewichtige Übergangsprozess, in dem die Industrie zeitweilig ihren Anteil steigern kann, durch einen tief greifenden sektoralen Strukturwandel gekennzeichnet, während die gleichgewichtige Periode der tertiären Zivilisation nur noch einen Strukturwandel der Branchen, also eine intrasektorale Veränderung zulässt. Die theoretische Begründung bezieht sich auf die bekannten angebots- und nachfrageseitigen Faktoren: Das Tempo des technischen Fortschritts, gemessen am Produktivitätswachstum, einerseits und das Ausmaß der Bedarfssättigung, gemessen durch die Einkommenselastizität der Nachfrage, andererseits wirken zusammen in die gleiche

Richtung. Der langfristige Anstieg der Produktivität bzw. die damit verbundenen sinkenden Stückkosten führen zu relativen Preissenkungen mit dem Ergebnis, dass der Verbrauch zeitweilig, aber nicht unbegrenzt ansteigt. Dem wirkt das Gesetz vom sinkenden Grenznutzen entgegen, so dass anhaltendes Produktivitätswachstum den paradoxen Effekt einer stagnierenden Produktionsmenge und schließlich den Abbau von Produktionskapazitäten und von Beschäftigung auslösen kann. Beim primären Sektor wirkt sich diese Schere von Produktivitätsfortschritt und Sättigungsgrenze, die sich in einer geringe Nachfrageelastizität nach ihren Gütern ausdrückt, wodurch in Relation zur Ausbringungsmenge weniger Arbeitskräfte benötigt werden, als erstes aus. Der sekundäre Sektor verzeichnet zwar ebenfalls ein hohes Produktivitätswachstum, seine Güter treffen aber zunächst auf eine weniger starre Nachfrage bzw. erst später auf eine Sättigungsgrenze, so dass sein Anteil an Produktion und Beschäftigung zunächst ansteigt und erst später abnimmt. Beim tertiären Sektor tritt diese Entwicklung noch später ein.

Es gibt wenige Thesen bzw. Theorien, die empirisch so eindeutig bestätigt worden sind wie die der Drei-Sektoren-Entwicklung. Für die Wirtschaftsgeschichte besitzt sie daher eine erhebliche Aussagekraft. Alle Volkswirtschaften vollzogen – wenn auch zu unterschiedlichen Zeiten – in etwa eine Entwicklung, wie sie die Drei-Sektoren-These unterstellt. Dies soll nicht heißen, dass es keine landesspezifischen Abweichungen vom Normalmuster gab. Hier sei nur an die Vorteile der Massenproduktion erinnert, die im Rahmen der internationalen Arbeitsteilung zu verstärkter Spezialisierung führt. Ein Land, das sich auf den Export von bestimmten Industrieprodukten spezialisiert, wird einen größeren sekundären Sektor besitzen als ein Land, das vornehmlich Agrarprodukte ausführt. Innerhalb des industriellen Sektors werden dann die Exportbranchen eine vergleichsweise starke Stellung besitzen. Grundsätzlich kann man sagen: Je kleiner ein Land ist, desto mehr muss es notwendigerweise von der Normalstruktur abweichen. Für die historische Perspektive ergibt sich daraus ein besonderes Problem, weil die Volkswirtschaften im Laufe des 19. und 20. Jahrhunderts immer stärker miteinander verflochten waren, d.h., die internationale Nachfrage die nationale Produktionsstruktur immer stärker beeinflusste. Trotz des relativ eindeutigen empirischen Befundes herrscht in der Wirtschaftswissenschaft kein Konsens darüber, ob die Drei-Sektoren-These damit verifiziert ist. Es gibt verschiedene Punkte, die kritisiert werden: Zum einen wird die Annahme der hohen Nachfrageelastizität oder die im Vergleich zur Einkommenselastizität niedrige Preiselastizität bei Dienstleistungen kritisiert. Der Staat subventioniert große Dienstleistungsmärkte (Bildung, Gesundheit). Zudem kann man bei verbraucherorientierten Dienstleistungen angesichts vielfältiger Substitutionsmöglichkeiten (Eigenleistung, Schwarzarbeit etc.) nicht vom Theorem der niedrigen Preiselastizität ausgehen. Zum anderen wird die Annahme von der niedrigen Produktivität und der dadurch bestehenden Möglichkeit zur Schaffung von Arbeitsplätzen bei den Dienstleistungen kritisiert. Seit einigen Jahren weisen bestimmte Dienstleistungen besonders hohe Produktivitätsfortschritte aus. Zudem führt nicht ein niedriges, sondern ein hohes Produktivitätsniveau zu neuen Arbeitsplätzen. Abgesehen davon ist die Drei-Sektoren-Hypothese aufgrund ihres hohen Aggregationsgrades nicht in der Lage, strukturelle Veränderungen innerhalb der einzelnen Makro-Sektoren genügend differenziert zu erklären. Schließlich wird kritisiert, dass sekundärer und tertiärer Sektor nicht in einem substitutiven Verhältnis zueinander stehen, sondern in einem komplementären und dass es oftmals gar nicht mehr möglich ist, materielle und immaterielle Güter voneinander zu trennen.

d. Stadien-Theorie II

Walt W. Rostow versucht, in einem intertemporalen und interregionalen Vergleich aus der Geschichte allgemeine „Wachstumsstadien" abzuleiten. Dabei geht es ihm allerdings nicht nur um eine „Theorie" des wirtschaftlichen Wachstums, sondern – die Interdependenz von Wirtschaft, Politik und Gesellschaft wird berücksichtigt – um ein allgemeines Entwicklungsmuster der modernen Geschichte. Ursprünglich (1960) bestimmte Rostow fünf Entwicklungsstadien: 1. die traditionelle Gesellschaft, 2. die Anlaufperiode, in der die Voraussetzungen für den Beginn des Wachstums gelegt werden, 3. die Periode des wirtschaftlichen Aufstiegs oder des „take-off", 4. die Entwicklung zur Reife, 5. das Zeitalter des Massenkonsums. In einer späteren Arbeit hängte er als 6. Stadium die Suche nach Lebensqualität an. Die strukturbestimmenden Determinanten sind ökonomischer, sozialer, kultureller und politischer Art, wobei durchaus nicht immer dieselben Faktoren im Entwicklungsprozess die dominante Rolle spielen. Es ist gerade das Zusammenwirken der verschiedenen, auch nicht-ökonomischen Determinanten, die diesen Ansatz kennzeichnen. Die Zeiten, in denen die einzelnen Länder die Phasen durchlaufen, sind natürlich unterschiedlich, je nachdem wie früh oder wie spät sich ein Land industrialisiert. Im Fall Deutschland könnten die Stadien wie folgt bestimmt werden: 1. vor 1800er, 2. 1800er – 1830er, 3. 1840er – 1860er, 4. 1870er – 1940er, 5. 1950er – 1970er, 6. nach 1970er Jahre.

Auf hochaggregierter Ebene erinnert die Entwicklung der Sektoren an Fourastié: Auch bei Rostow findet ein Übergang von der primären zur sekundären und tertiären Wirtschaft und Gesellschaft statt. Allerdings geht es dabei weniger um die vermeintliche Dominanz eines Wirtschaftssektors, sondern um die in diesen Phasen unterschiedlichen, auf andere Produktionsverhältnisse zurückzuführenden Wirtschaftsstile. Sein Konzept der „Schlüsselindustrien" wiederum erinnert an Chenery und Hoffmann. Nach Rostow erfolgte in der Vergangenheit die Absorption von Technologien in Abhängigkeit einerseits vom Grad der Komplexität der Technik und andererseits von der Einkommenselastizität der Nachfrage, d.h. letztlich vom allgemeinen Entwicklungsniveau. Die „frühen" Industrien der lebensnotwendigen Konsumgüter können als typische Schlüsselindustrien in der Phase des „take-off" angesehen werden, die „mittleren" der Kapitalgüter als solche in der Entwicklung zur technologischen Reife und die „späten" der langlebigen Gebrauchsgüter als solche im Stadium des Massenkonsums. Hinter dieser eng auf die Produktionsstrukturen gerichteten Perspektive stehen bei Rostow aber, wie gesagt, soziale und politische Aspekte, so dass dieser Ansatz vor allem durch Interdisziplinarität gekennzeichnet ist.

Insgesamt will Rostow durchaus kein allgemeingültiges Erklärungsmodell schaffen, sondern ein heuristisches Analysemodell, das einerseits die groben Phasenverläufe eines Landes in Wirtschaft und Gesellschaft fixiert, andererseits in diesen verschiedenen Phasen eine bestimmte Abfolge von Schlüsselindustrien bestimmt. Mit diesem stilisierten Normalmuster der Entwicklung einer Volkswirtschaft und ihrer Produktionsstruktur kann der konkrete Verlauf eines einzelnen Landes natürlich nur bedingt erklärt werden. Der Wert von Rostows Stadientheorie liegt weniger in einer endgültigen Erklärung des langfristigen Strukturwandels als in der Rolle eines deskriptiven Referenzmodells, vor dessen Hintergrund die konkrete Raum-Zeitbezogene Analyse des Wandels der sektoralen Produktionsstruktur stattfinden kann.

e. Produktzyklus-Theorie

Die bisher dargestellten Thesen behandeln den Strukturwandel auf der Ebene der drei Hauptsektoren bzw. wichtiger Wirtschaftszweige und versuchen den gesamtwirtschaftlichen Strukturwandel zu erfassen. Die These vom Produktzyklus will dagegen die „Lebenskurve" eines Produktes oder auch einer einzelnen Branche stilisieren, die Position dieses Produktes oder der Branche auf der Lebenskurve bestimmen, um daraus Aussagen über die relative Bedeutung des Produktes oder der Branche hinsichtlich des Anteils an der Wertschöpfung und der Beschäftigung zu gewinnen.

Die wohl bekannteste Variante der Produktzyklus-Hypothese hat R. Vernon (1966) entwickelt, die die Möglichkeiten von internationalen Produktionsverlagerungen berücksichtigt. Er unterscheidet drei Lebensphasen. In der ersten experimentellen Phase wird das Produkt in den Markt eingeführt. Es dominieren Produktinnovationen, die arbeits- und wissensintensiv sind und in den entwickelten Industrieländern erfolgen müssen. In einer zweiten Phase – der der reifenden Produkte – überwiegen Prozessinnovationen. Wenn keine nennenswerten Vorteile der Massenproduktion auftreten, kann die Produktion in Entwicklungs- oder Schwellenländer mit niedrigen Arbeitskosten ausgelagert werden. In einer dritten Phase ist das Produkt so weit standardisiert, dass es in automatisierter, kapitalintensiver Produktion hergestellt wird, die in die Industrieländer rückverlagert wird. Dieser Produktbezogene Ansatz kann als Ergänzung der sektor- oder branchen-bezogenen Thesen aufgefasst werden. Er findet vor allem in der modernen Entwicklungstheorie Anwendung. Ein Beispiel für seine empirische Bestätigung stellt die Auslagerung und partielle Rückführung der europäischen Textil- und Bekleidungsindustrie in der jüngeren Vergangenheit dar. Aber auch in der Wirtschaftsgeschichte wird mit ihm gearbeitet, z.B. bei der Geschichte multinationaler Konzerne.

6. Probleme und Defizite einer historischen Strukturanalyse

Es gibt verschiedene Gründe dafür, dass die historische – wie die aktuelle – Strukturforschung immer noch unterentwickelt ist. Sie weisen zugleich auf Probleme und Defizite hin:
– Es mangelt an ausreichendem Datenmaterial, um langfristige Strukturveränderungen in einer tieferen Disaggregation verfolgen zu können.

- Die Zuordnung von einzelnen Branchen und Unternehmen zu bestimmten Subsektoren über einen längeren Zeitraum ist oftmals problematisch und wird immer schwieriger. Der Trend zur Diversifizierung hat ein Ausmaß erreicht, der klare Zuordnungen manchmal unmöglich macht. In jüngster Vergangenheit scheinen sich die Grenzen zwischen Waren- und Dienstleistungsproduktion generell aufzulösen.
- Wichtige Strukturveränderungen fanden und finden zunehmend innerhalb der Unternehmen statt. Sie können von einer institutionell ausgerichteten Strukturanalyse nicht erfasst werden. Auch der Charakter der Produkte verändert sich über längere Zeiträume grundlegend.
- Die Ansätze, die langfristige, historische Prozesse des Strukturwandels zu erfassen versuchen, haben – bis auf die Drei-Sektoren-Hypothese – einen geringen analytischen Gehalt. Präzisere Aussagen über den Zusammenhang von Ursache und Wirkung von Strukturveränderungen sind oftmals nicht möglich.
- Die wenigen vorliegenden Theorien der Wirtschaftswissenschaft, die aktuelle Strukturveränderungen erklären wollen, sind für die historische nicht nutzbar. Sie arbeiten mit formal-mathematischen Methoden und können für empirische Untersuchungen kaum operationalisiert werden. Sie nutzen die Gleichgewichtsmethodik, was ebenfalls ihre Anwendungsmöglichkeiten einschränkt oder sie sind komparativ-statisch angelegt und können nicht dynamisiert werden. Eine Analyse in historischer Zeit muss aber Friktionen des Strukturwandels aufgrund einer mangelnden quantitativen und qualitativen Verfügbarkeit von Kapital und Arbeit und von zeitlichen Verzögerungen aufgrund z.B. von langsamer Anpassungen des Konsumverhaltens an neue Bedingungen berücksichtigen.
- Eine aussagekräftige Strukturanalyse muss neben ökonomischen auch politische und vor allem soziale Veränderungen bzw. Determinanten berücksichtigen. Das bedeutet, dass die wirtschaftliche Analyse des sektoralen Strukturwandels durch Theorien der sozialen Entwicklung ergänzt oder erweitert werden muss.

Trotz oder gerade wegen dieser Probleme und Defizite sollte die historische Strukturforschung vorangetrieben werden. Zum einen liegt in diesem Bereich das Schwergewicht auf der „empirischen Regelmäßigkeit" und nicht auf dem „historischen Zufall". Zum anderen können bzw. müssen sich besonders hier aktuelle Berichterstattung und historische Forschung ergänzen.

Abbildung 3
*Idealtypische Entwicklung der Erwerbstätigenstruktur (am Beispiel Deutschlands
1800–2000, in %)*

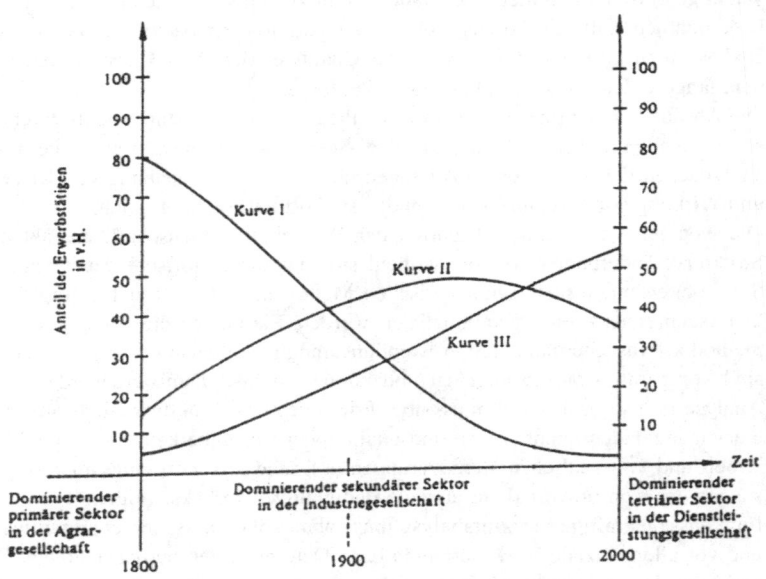

Kurve I: Entwicklung des Anteils der Erwerbstätigen im primären Sektor
Kurve II: Entwicklung des Anteils der Erwerbstätigen im sekundären Sektor
Kurve III: Entwicklung des Anteils der Erwerbstätigen im tertiären Sektor

Quelle: H.-R. PETERS, Sektorale Strukturpolitik. München 1988, S. 43

Literaturliste

AMBROSIUS, G.; W. H. HUBBARD, Sozial- und Wirtschaftsgeschichte Europas im 20. Jahrhundert, München 1986.

BADE, F.-J., Produktionsorientierte Dienste – Gewinner im wirtschaftlichen Strukturwandel, in: Wochenberichte des Deutschen Instituts für Wirtschaftsforschung, Nr. 16 (1985) 202–206.

CHENERY, H. B., Patterns of Industrial Growth, in: American Economic Review 50 (1968), S. 624–654.

DINTER, H.-J., Zum Tempo von Strukturwandlungen, in: Mitteilungen des Instituts für Arbeitsmarkt- und Berufsforschung 19 (1969), S. 447–455.

FELS, G.; K.-D. SCHMIDT, Die deutsche Wirtschaft im Strukturwandel, Tübingen 1981.

FISCHER, W., Bergbau, Industrie und Handwerk, in: Handwörterbuch der deutschen Sozial- und Wirtschaftsgeschichte, hg. von H. AUBIN, und W. ZORN, Bd. 2, Stuttgart 1976, S. 527–562 und 796–844.

FOURASTIÉ, J., Die große Hoffnung des 20. Jahrhunderts, Köln 1969.

GAHLEN, B. (Hg.), Strukturberichterstattung der Wirtschaftsforschungsinstitute – Analyse und Diskussion, Tübingen 1982.

GERSTENBERGER, W. (Hg.), Ansätze und Methoden zur Strukturanalyse. Ausgewählte Ergebnisse der Strukturberichterstattung, Göttingen 1985.

GÖRGENS, E., Wandlungen der industriellen Produktionsstrukturen im wirtschaftlichen Wachstum, Bern, Stuttgart 1975.

GORNIG, M., Gesamtwirtschaftliche Leitsektoren und regionaler Strukturwandel. Eine theoretische und empirische Analyse der sektoralen und regionalen Wirtschaftsentwicklung in Deutschland 1895–1987, Berlin 2000.

GRÖMLING, M. u.a., Industrie und Dienstleistungen im Zeitalter der Globalisierung, Köln 1998.

HÄRTEL, H.-H.; R. JUNGNICKEL, Strukturprobleme einer reifen Volkswirtschaft in der Globalisierung: Analyse des sektoralen Strukturwandels in Deutschland, Baden-Baden 1998.

HENNING, F.-W., Die Industrialisierung in Deutschland 1800 bis 1914. Paderborn 1973.

HOFFMANN, W. G., Stadien und Typen der Industrialisierung. Ein Beitrag zur quantitativen Analyse historischer Wachstumsprozesse, Jena 1931.

HOHLS, R.; H. KAELBLE, Die regionale Erwerbsstruktur im Deutschen Reich und in der Bundesrepublik 1895–1970, St. Katharinen 1989.

HÜBL, L.; W. SCHEPERS, Ursachen des sektoralen Strukturwandels, in: WISU 1983, Nr. 4, S. 171–176.

JUEN, C., Die Theorie des sektoralen Strukturwandels. Konzeptionelle Grundlagen, Probleme und neuere theoretische Ansätze zur Erklärung des sektoralen Strukturwandels, Bern u.a. 1983.

KERN, M., Theorien des sektoralen Strukturwandels, in: WISU 1981, Nr. 12, S. 595–600.

KLODT, W. u.a., Tertiarisierung in der deutschen Wirtschaft, Kiel 1997.

KNOTTENBAUER, K., Theorien des sektoralen Strukturwandels, Marburg 2000.

LAUTERBACH, N., Tertiarisierung und Informatisierung in Europa: eine empirische Analyse des Strukturwandels in Deutschland, Frankreich, Italien und Großbritannien, Frankfurt/M. 2004.

LINDNER, H., Die De-Industrialisierungsthese. Eine Analyse ihrer empirisch-statistischen Grundlagen, Tübingen 1987.

MADDISON, A., Economic Growth and Structural Change in the Advanced Countries, in: I. LEVESON, J. W. WHEELER (eds.), Western Economies in Transition: Structural Change and Adjustment Policies in Indutrial Countries, Boulder, Colo. 1980, S. 41–60.

MEIßNER, W.; W. FASSING, Wirtschaftsstruktur und Strukturwandel, München 1989.

MENSCH, G., Das technologische Patt, Frankfurt/M. 1975.

PASINETTI, L. L., Structural Change and Economic Growth – A Theoretical Essay on the Dynamics of the Wealth of Nations, Cambridge 1981.

PETERS, H.-R., Sektorale Strukturpolitik, München, Wien 1986.

RASMUSSEN, T., Sektorale Strukturpolitik in der Bundesrepublik Deutschland. Theoretische Vorgaben, Maßnahmen und Ergebnisse, Göttingen 1983.

ROSTOW, W. W., Stadien wirtschaftlichen Wachstums. Eine Alternative zur marxistischen Entwicklungstheorie, Göttingen 1960.

STAROSKE, U., Die Drei-Sektoren-Hypothese: Darstellung und kritische Würdigung aus heutiger Sicht, Regensburg 1995.

STATISTISCHES BUNDESAMT, Statistisches Jahrbuch der Bundesrepublik Deutschland, Wiesbaden verschiedene Jahrgänge.

VERNON, R., The Technology Factor in International Trade, New York 1970.

Toni Pierenkemper

Beschäftigung und Arbeitsmarkt

„Arbeit" umschreibt zweifellos eine zentrale Kategorie der menschlichen Existenz allgemein. Sie dient unmittelbar der physischen Erhaltung wie der psychischen Stabilisierung des Menschen. Die Formen menschlicher Arbeit variieren jedoch beträchtlich, und erst in den modernen kapitalistischen Industriegesellschaften lässt sie sich als außerhäusliche Erwerbsarbeit (Beschäftigung), vermittelt über Arbeitsmärkte, beschreiben. Diesen modernen Arbeitsformen gilt im Folgenden unser Interesse, wobei „Beschäftigung" ihren statischen Aspekt, die tatsächliche Verteilung der Erwerbspersonen auf die Arbeitsplätze, beschreibt, während Arbeitsmarkt den dynamischen Aspekt der Zuweisung von Erwerbspersonen auf Arbeitsplätze erfassen soll.

1. Zur Theorie des Arbeitsmarktes und der Beschäftigung

Obwohl Beschäftigung und Arbeitsmarkt zentrale Sachverhalte moderner Industriegesellschaften kapitalistischen Typs beschreiben, lässt sich ihre Behandlung in den Sozialwissenschaften bislang eher als „stiefmütterlich" charakterisieren [PIERENKEMPER 1982, Historische Arbeitsmarktforschung]. Das liegt sicherlich nicht zuletzt auch daran, dass neben dem Arbeitsmarkt historisch wie auch soziokulturell alternative Formen der Allokation menschlicher Arbeit aufzufinden sind. Zu erinnern sei nur an die vielfältigen Formen antiker oder auch moderner Sklaverei, an die feudal gebundenen Arbeitsverhältnisse des Mittelalters, an die Leibeigenschaft oder auch an moderne Formen interner Rekrutierung und Ancienitätsregelungen. Ein System „freier", sich selbst regulierender Arbeitsmärkte hat sich erst in der Moderne entwickelt und bleibt auch hier mit Alternativen konfrontiert, wie sie z.b. innerhalb von Professionen oder Bürokratien entwickelt wurden.

Generell wird ein Markt und damit auch der Arbeitsmarkt als Ort des Austausches zwischen Angebot und Nachfrage interpretiert. Auch dies ist ein nicht unumstrittenes Konzept, doch selbst wenn man Einwände wie den von Marx, dass diese Auffassung nur den „täuschenden Schein eines harmonischen Assoziationsverhältnisses" offenbar werden lasse, beiseite lässt, stellt sich die Frage nach den eigentlichen Objekten des Marktaustausches und ihren Eigenschaften. Offenbar sind es ja nicht Menschen als solche, die auf dem Arbeitsmarkt, getauscht werden – anders z.B. als auf dem antiken Sklavenmarkt –, sondern nur ihre Arbeitspotentiale, die mittels Vertrag in das Herrschaftsverhältnis der Unternehmer übergeleitet werden. Diese „Ware Arbeitskraft" zeigt allerdings gegenüber anderen Waren einige Eigentümlichkeiten.

Für den Anbieter von Arbeitskraft besteht praktisch ein Verkaufszwang, weil Qualität, Quantität, Ort und Zeitpunkt des Arbeitsangebotes nur in sehr engen Grenzen veränderbar sind und Arbeitskraft vor allem nicht lagerfähig ist. Nicht ausgeschöpfte Arbeitskraft ist vergeudet und nicht reproduzierbar. Darüber hinaus besteht auch ein Verkaufszwang, weil Arbeitskraft nur dann zur Quelle der Subsistenz für den Anbieter werden kann, wenn sie verkauft wird und damit Einkommen erzielt wird. Alternative Quellen der Einkommenserzielung und Subsistenzsicherung stehen dem Anbieter in der Regel nicht zur Verfügung. Die Eigenschaften der Ware Arbeitskraft konstituieren daher eine asymmetrische Struktur des Arbeitsmarktes, auf dem Anbieter einem Angebots- und Verkaufszwang unterliegen, während die Nachfrager (Unternehmer) nicht unter derartigen Zwängen stehen und sich diesen Vorteil zu Nutze machen können. Die konkrete Erfassung von Angebot und Nachfrage auf dem Arbeitsmarkt gestaltet sich als außerordentlich schwierig, denn es manifestiert sich in der Realität immer nur das Marktergebnis, die Beschäftigung, als Konsequenz des Wirkens der Marktkräfte. Die Angebotsseite wird insgesamt bestimmt durch Personen, die Arbeitsplätze inne haben bzw. diese aktiv suchen, während die Nachfrageseite durch die Zahl der besetzten und unbesetzten Arbeitsplätze determiniert ist. Beide Seiten des Arbeitsmarktes werden durch eine Vielzahl von Variablen beeinflusst, von denen Bevölkerungszahl und -struktur, Erwerbsbeteiligung und -dauer, Arbeitszeitregelungen, aber auch Technologie und Arbeitsproduktivität nur die wichtigsten sind.

Die Komplexität dieser realen Beziehungen auf dem Arbeitsmarkt wird in verschiedenen Arbeitsmarkttheorien auf nur wenige, entscheidende Determinanten zu reduzieren versucht. Im Rahmen der Theorieansätze der Klassiker erfuhr der Arbeitsmarkt keine gesonderte Behandlung, sondern die Bestimmung des Beschäftigungsvolumens und des Lohnsatzes vollzog sich als integraler Bestandteil der gesamtwirtschaftlichen Größen. Das Angebot an Arbeitskräften schien den Zeitgenossen des späten 18. und frühen 19. Jahrhunderts aus der unmittelbaren Anschauung folgend als vollkommen elastisch, d.h. eine unbegrenzte Menge an Arbeitskräften stand zur Verfügung, deren Konkurrenz untereinander ein langfristiges Ansteigen der Löhne über das Subsistenzniveau ausschloss. Thomas Malthus lieferte die entsprechende Begründung durch ein unbegrenztes Bevölkerungswachstum bei Verbesserung der Lebensbedingungen der Armen. Wenn auch einzelne Autoren, z.B. Ricardo und Smith, sich dahingehend unterschieden, ob kurz oder mittelfristig eine Verbesserung der Lebensumstände der unteren Schichten möglich sei. Langfristig waren sie sich in der Prognose von Stagnation und Dauerarmut für die unteren Klassen der Gesellschaft einig. Darin stimmte auch Karl Marx, wenn auch mit einer etwas anderen Begründung, mit ihnen überein.

In der so genannten „Neoklassik" wandte sich das Interesse der Ökonomen von den langfristigen Entwicklungstendenzen des kapitalistischen Systems den kurzfristigen Prozessen der Preisbildung zu. Auf der Basis der Wahlhandlungstheorie wurde nun auch für den Arbeitsmarkt die „Grenzproduktivitätstheorie" formuliert, nach der der Lohnsatz durch das Grenzprodukt der Arbeit determiniert ist. Unternehmer fragen solange Arbeit nach, bis der Lohnsatz dem zusätzlichen Beitrag einer weiteren

Arbeitskraft zum Gesamtprodukt entspricht. Ähnlich orientieren die Arbeitsanbieter ihr Angebotsverhalten an ihren individuellen Nutzenkalkülen, und der Arbeitsmarkt befindet sich im Gleichgewicht. In diesem Modell ergibt sich auf allen Märkten, auch auf dem Arbeitsmarkt, quasi automatisch ein Gleichgewicht und in der Wirtschaft Vollbeschäftigung, d.h. jeder der zum herrschenden Lohnsatz arbeiten will, findet auch eine Stelle. Arbeitslosigkeit ist unter den Annahmen dieses Modells nur denkbar, wenn das Funktionieren des Marktmechanismus eingeschränkt ist.

Die Wirtschaftsgeschichte des 20. Jahrhunderts hat aber alles andere als stabile Vollbeschäftigung in den Industriestaaten gelehrt. Daher hat John Maynard Keynes bereits in den dreißiger Jahren den Versuch unternommen, ein Modell zu entwerfen, das Unterbeschäftigung auf dem Arbeitsmarkt auch bei einem Gleichgewicht auf den Gütermärkten zu erklären in der Lage ist. Lohnrigiditäten hinsichtlich der Lohnsenkungen und Begrenzungen des Arbeitsangebots bei sehr hohen Löhnen schienen ihm Ursache dafür und eine durch den Staat initiierte Steigerung der effektiven Nachfrage eine passende Lösung des Problems zu sein. Wichtig erscheint im Keynesschen System vor allem die Annahme, dass der Arbeitsmarkt gegenüber den Güter- und Geldmärkten besonderen Regeln unterliegt und dass daher eine separate Analyse angemessen erscheint, weil die Prozesse des Arbeitsmarktes nicht angemessen in einer gesamt wirtschaftlichen Analyse erfasst werden können.

In den letzten Dekaden hat sich daher eine besondere Arbeitsmarkttheorie entwickelt, die in sich jedoch wiederum sehr heterogen und uneinheitlich ist [FREIBURGHAUS/SCHMIDT 1975]. Zwei grundsätzlich unterschiedliche Zugriffe zum Thema sind dabei zu unterscheiden: eine sehr umfassend konzipierte „Politische Ökonomie der Arbeit" und eine enger gefasste „Arbeitsmarkttheorie", die sich der Analyse von Struktur und Funktionsweise des Marktes für die Ware Arbeitskraft zuwendet. Dieser letztgenannte Ansatz nimmt seinen Ausgangspunkt in einer Kritik am neoklassischen Gleichgewichtsmodell des Arbeitsmarktes, eingedenk der Tatsache, dass bislang nur dieses ein „... konsistentes, einigermaßen geschlossenes deduktives System von Aussagen zum Arbeitsmarktverhalten ..." enthält [SENGENBERGER 1978, 3]. Die neueren Ansätze sind häufig als Kritik an den Prämissen dieses restriktiv formulierten Modells entwickelt worden [PIERENKEMPER, 1982, Allokationsbedingungen, 31–51].

Die Annahme vollständiger Information und Transparenz auf Arbeitsmärkten wird z.b. durch die „Job Search and Labour Turnover"-Theorie aufgegeben, und sie unterstellt freiwillige Arbeitslosigkeit auf Arbeitsmärkten als Suchprozesse der Arbeiter nach offenen Stellen und der Unternehmer nach geeigneten Arbeitskräften. „Bargaining-Ansätze" geben die Annahme einer atomistischen Marktstruktur auf dem Arbeitsmarkt auf und unterstellen kollektive Strategien von Gewerkschaften und Arbeitgeberverbänden, die das Marktergebnis mehr oder weniger aushandeln, so wie die „Kontrakttheorie" ähnliche Verhandlungsstrategien auf individueller Ebene untersucht. „Humankapital-Theorien" vermögen die Annahme des freien Marktzutritts und des Fehlens von Zugangsbarrieren auf dem Arbeitsmarkt zu relativieren, während die Annahme der unendlichen Reaktionsgeschwindigkeit im neoklassischen Wettbewerbsmodell des Arbeitsmarktes, d.h. die Annahme einer hohen Mobilität und Flexibilität der Arbeitskräfte, vom „Flexibilitätsansatz" kritisch hinterfragt wird. Auch die praktische Unmöglichkeit, Arbeitsangebot und Arbeitsnachfrage an individuellen Nutzenkalkülen von Arbeitern und Unternehmern zu orientieren, wird durch „Filter- und Signaltheorien" ausführlich gewürdigt. Schließlich wird auch die zentrale Bedeutung des Lohnsatzes für das Geschehen am Arbeitsmarkt durch „Theorien des Arbeitsplatzwettbewerbs" in Frage gestellt.

Neben all diesen genannten Erweiterungen des neoklassischen Wettbewerbsmodells des Arbeitsmarktes hat sich vor allem der so genannte „Segmentationsansatz" in letzter Zeit besonders bewährt. Dieser lässt die Annahme eines homogenen Gutes, das als Ware Arbeitskraft am Arbeitsmarkt getauscht wird, fallen und versteht den Arbeitsmarkt als ein Konglomerat unterschiedlich strukturierter und untereinander nur beschränkt verbundener Teilarbeitsmärkte. Diese Unterscheidung wird uns im Folgenden bei der Darstellung der historischen Entwicklung der Beschäftigung in Deutschland noch besonders beschäftigen, wobei insbesondere die Fragen nach dem Umfang der Segmentierung und den Folgen für die Betroffenen im Vordergrund stehen.

Die Vielzahl der angeführten Theoriefragmente einer erweiterten Theorie des Arbeitsmarktes muss sich erst noch in der empirischen Forschung und d.h. auch im Rahmen der historischen Arbeitsmarktforschung bewähren: Luftige Gedankenkonstrukte nützen nichts! Fünf zentrale historische Fragenkomplexe bieten sich dafür an [PIERENKEMPER 1982, Historische Arbeitsmarktforschung, 23–29]. Erstens geht es um die Entstehungsbedingungen moderner industrieller Arbeitsmärkte. Die überproportionale Expansion der Beschäftigten, der Strukturwandel im Beschäftigungssystem und die Ausbreitung von Lohnarbeit wären nachzuzeichnen. Zweitens sind die Bedingungen der Lohnbildung für die Ware Arbeitskraft zu untersuchen. Die Einkommen der Beschäftigten und deren Entwicklung im Zeitverlauf sind zu untersuchen, insbesondere auch im Hinblick auf Knappheitsrelationen und Lohndifferenzierungen. Drittens steht das Problem des Gleichgewichts auf dem Arbeitsmarkt im Zentrum historischer Untersuchungen. Arbeitslosigkeit, ihre Entwicklung im Konjunktur- und Wachstumsverlauf, muss Auskunft über Tendenzen zum Ausgleich von Angebot und Nachfrage auf dem Arbeitsmarkt geben. Ein vierter Problemkomplex widmet sich der Frage nach Homogenität und Segmentation im Gesamtarbeitsmarkt. Welche unterschiedlichen Beschäftigtengruppen lassen sich auffinden und in welchem Verhältnis stehen sie zueinander? Fünftens und letztens lässt sich noch die Frage formulieren, in welchem Zusammenhang der Arbeitsmarkt insgesamt mit den übrigen Teilen der Gesellschaft steht? Diese Frage weist deutlich über den engeren Bereich historischer Arbeitsmarktforschung hinaus und lässt es zu, z.B. demographische Entwicklungen, politische Reformen und ähnliches in einer historischen Analyse der zentralen Kategorie menschlicher Arbeit mit zu erfassen.

2. Entstehung und Entwicklung eines Arbeitsmarktes in Deutschland seit dem 18. Jahrhundert

Die Herausbildung und Entwicklung eines Arbeitsmarktes in Deutschland – und das heißt nichts anderes als massenhafte Durchsetzung von Marktverhältnissen in der Organisation der gesellschaftlichen Arbeit – zeigt sich als ein äußerst langwieriger und komplexer Prozess, der mindestens die letzten zweihundert Jahre umfasst. Trotz dieser Komplexität und der Vielzahl von Einflussgrößen, die diesen Prozess bestimmt haben, erweist es sich als sinnvoll, diesen in einem ersten Schritt in seiner Gesamtheit, d.h. als Prozess der Entstehung eines „nationalen" Arbeitsmarktes, hinsichtlich Umfang und Struktur der Beschäftigten, ihres Einkommens und ihrer Qualifikation zu beschreiben. Erst in einem zweiten Schritt soll diese globale Betrachtungsweise aufgegeben und eine Reihe interner Differenzierungen stärker in den Blick genommen werden.

a. Arbeit im Wandel im frühen 19. Jahrhundert

„Freie Lohnarbeit" hat es natürlich schon vor Beginn des 19. Jahrhunderts gegeben, doch erst seit diesem Zeitpunkt wurde diese Form der gesellschaftlichen Arbeit zur dominierenden Form der Arbeitsverfassung und verdrängte vorausgehende Formen, in denen Arbeit in eine an Bodenbesitz gebundene Sozialstruktur eingebunden war. Dieser Übergang musste sich vor allem in der Landwirtschaft vollziehen, weil dieser Sektor bis weit in das 19. Jahrhundert hinein die deutsche Volkswirtschaft dominierte. Hier spielten die so genannten „Agrarreformen", die zu Beginn des Jahrhunderts in Preußen und in verschiedenen deutschen Staaten durchgeführt wurden, eine überragende Rolle, indem sie die ländliche Sozialstruktur und die Arbeitsverfassung auf dem Lande grundlegend umgestalteten. Neben anderen Zielen war die Freisetzung der ländlichen Bevölkerung aus den feudalen Bindungen zweifellos ein Hauptanliegen dieses Reformwerkes, weshalb dieser Teil der Maßnahmen in der Literatur ja häufig auch als „Bauernbefreiung" apostrophiert wird. Ergebnis dieser Reformen bildete zweifellos eine massenhafte Mobilisierung der landwirtschaftlichen Arbeitskräfte im Sinne „freier" Lohnarbeit.

Der Umfang der ländlichen Arbeitskräfte im frühen 19. Jahrhundert ist wegen quellenbedingter Ungenauigkeiten nur sehr schwer zu bestimmen. Gleichwohl hat Gertrud Hellwig eine solche Schätzung gewagt und kommt für das Jahr 1800 auf eine Zahl von 9,5 Mill. landwirtschaftlicher Arbeitskräfte in Deutschland. Diese Zahl stieg bis zur Mitte des Jahrhunderts (1852) auf 11,4 Mill. an, schwankte dann bis zum Ende des Jahrhunderts zwischen 10 und 11 Mill. und erreichte erst 1907 mit 12,7 Beschäftigten ihren historischen Höchststand, ehe sie dann im 20. Jahrhundert dramatisch absank. Diese Zahlen zeigen leider nur die Entwicklung des Umfangs der Arbeit im landwirtschaftlichen Sektor, nicht den strukturellen Umbruch von den traditionellen, durch die Stellung in der Sozialstruktur vermittelten Arbeitsformen auf dem Lande zu modernen marktvermittelten Formen ländlicher Lohnarbeit. Doch darf man sicher davon ausgehen, dass zu Beginn des Jahrhunderts die überwiegende

Mehrzahl aller ländlichen Arbeitsplätze noch feudal eingebunden war, während es das am Ende des Jahrhunderts praktisch nicht mehr gab. Bevölkerungswachstum, Krise der traditionellen Handwerke, Wachstum der Fabrikarbeit, zunehmende Frauen- und Kindererwerbsarbeit und vieles mehr trugen seit dem frühen 19. Jahrhundert auch zur Umschichtung des gewerblichen Beschäftigungssystems bei. In den Städten begann sich eine Fabrikarbeiterschaft, ein „Proletariat", wie Karl Marx es benannte, zu formieren, das sich aus abgewanderten Landarbeitern, herabgesunkenen Handwerkern, Manufakturarbeitern und neu hinzutretenden Frauen und Kindern speiste. Bis zur Jahrhundertmitte wuchs deren Zahl nach einer Schätzung von Jürgen Kuczynski auf ca. 1 Mill. Personen an. Diese neue Lohnarbeitergruppe blieb jedoch auch im Gewerbe zunächst noch in der Minderheit, der überwiegende Teil der Beschäftigten war hier weiterhin noch als Handwerker tätig. Eine sorgfältige Schätzung über Umfang und Struktur der Erwerbstätigkeit in Deutschland um 1800 von Christof Dipper kommt zu folgenden Zahlen:

Tabelle 1
Erwerbstätigkeit in Deutschland nach Wirtschaftssektoren um 1800

Sektor/ Beschäftigungsbereich	Beschäftigungsform	Beschäftigte in Mio.	Beschäftigte in %	in % der Beschäftigten ges.
Landwirtschaft		9,172		72,5
	Güter	0,080	0,6	
	Spannfähige Bauern	2,052	16,2	
	Kleinbauern	3,294	26,1	
	Landarme/Landlose	2,773	21,9	
	Häusliche Dienste	0,973	7,7	
Gewerbe		**1,690**		**13,4**
	Handwerk	1,260	10,0	
	Verlegtes Textilgewerbe	0,340	2,7	
	Sonstige Verlage	0,020	0,2	
	Manufaktur, Bergbau	0,070	0,5	
Dienstleistungen		**1,780**		**14,1**
	Handel/Transport	0,940	7,5	
	(ev.) Kirche, Beamte, Schule	0,259	2,0	
	(kath.) Klerus	0,090	0,7	
	Militär	0,200	1,6	
	Häusliche Dienste	0,291	2,3	
Gesamt		**12,642**		**100,0**

In der vorausgehender *Tabelle* wird ein Beschäftigungsbereich nicht ausdrücklich erfasst, der jedoch gerade in der Entstehungsphase der modernen Industriewirtschaften eine große Rolle gespielt hat: die gewerbliche Warenproduktion auf dem Lande in Form häuslicher Nebentätigkeiten. Gerade im deutschen Textilgewerbe war diese eigentümliche „protoindustrielle" Gewerbeproduktion zwischen den Sektoren Landwirtschaft und Gewerbe, und anders als direkt lohnbezogene Erwerbsarbeit, zeitweise stark verbreitet. Diese Beschäftigtengruppe, die Teile ihres Einkommens aus einem kleinen landwirtschaftlichen Eigenbetrieb bezogen, andere Teile aus gewerblicher Nebentätigkeit, unterstützt durch Frauen und Kinder, bildete gleichsam ein Scharnier zwischen gewerblichem und agrarischem Sektor und lässt sich eindeutig weder dem einen noch dem anderen zurechnen.

b. Beschäftigung und Arbeitsmarkt seit der Mitte des 19. Jahrhunderts

Im Laufe des 19. Jahrhunderts hatte sich die Zahl der Bewohner in Deutschland deutlich erhöht. Zählte man um 1800 in den Grenzen des späteren Deutschen Reiches noch etwa 23 Mill. Einwohner, so hatte sich diese Zahl bis 1913 auf über 65 Mill. Personen nahezu verdreifacht. Im 20. Jahrhundert veränderte sich diese Größe nicht mehr so stark, das Bevölkerungswachstum flachte ab. Die Zahl der Bevölkerung im nun wiedervereinigten Deutschland beträgt gegenwärtig (1993) gut 81 Mill. Personen, trotz zwischenzeitlicher Gebietsveränderungen und -verluste den früheren Zahlen durchaus vergleichbar. Eine derartig über knapp zwei Jahrhunderte deutlich angewachsene Bevölkerung bedingt natürlich hinsichtlich von Arbeitsmarkt und Beschäftigung eine entsprechende, rein quantitative Ausdehnung dieser Größen. Allerdings ist es bemerkenswert, dass die Erwerbsarbeit, d.h. der Anteil der Bevölkerung, der aktiv in Form außerhäuslicher Erwerbsarbeit am Wirtschaftsleben teilnimmt, in diesem langen Zeitraum, abgesehen von einigen Krisen bedingten Erhöhungen in der Kriegs- und Zwischenkriegszeit des 20. Jahrhunderts bei 43 bis 45 v.H. nahezu stabil geblieben ist.

Tabelle 2
Erwerbsquoten der deutschen Bevölkerung 1800–1992 (in %)

Jahr	Erwerbsquote	Jahr	Erwerbsquote
1800	45,9	1950	47,0
1882	42,3	1961	46,1
1907	45,6	1980	42,8
1925	49,4	1992	44,2

Eine langfristig veränderte Ausschöpfung des Erwerbspotentials der ansässigen Bevölkerung ist daher nicht zu beobachten. Dies überrascht einigermaßen, geht doch mit der Ausdehnung der modernen Marktwirtschaft die Vorstellung einer stärkeren Mobilisierung der Bevölkerung einher, die u. a. ihren Ausdruck in einer erhöhten Erwerbstätigkeit insbesondere von Frauen fand. Hier wirkten offenbar auch gegenläufige Faktoren, die langfristig den Zwang zur Arbeit für Teile der Bevölkerung

(Jugendliche, Alte) minderten bzw. für Frauen nur eine Umschichtung der Erwerbstätigkeit bewirkten. Doch darüber später mehr!

Hinsichtlich der Struktur der Beschäftigung findet sich auch im deutschen Fall die häufig zitierte These des sektoralen Strukturwandels von der Agrar- über die Industrie- hin zur Dienstleistungsgesellschaft bestätigt. Eine Zusammenstellung der verfügbaren Daten zur sektoralen Beschäftigungsstruktur vermittelt folgendes Bild:

Tabelle 3
Beschäftigte nach Wirtschaftssektoren in Deutschland 1800–1978 – Beschäftigte in den Sektoren (in v. H.)

Jahr	Landwirtschaft	Gewerbe	Dienstleistungen
1800	62	21	17
1825	59	22	19
1849	56	24	20
1861	52	27	21
1875	50	29	21
1882	42	36	22
1895	36	39	25
1913	35	38	28
1925	30	42	27
1933	29	40	31
1939	26	42	32
1950	22	45	33
1967	10	48	42
1978	6	45	49

Klar wird erkennbar, dass die Landwirtschaft ihre ursprüngliche Dominanz im Beschäftigungssystem völlig verliert und nahezu in die Bedeutungslosigkeit absinkt, während zunächst die Beschäftigung im gewerblichen Sektor stark zunimmt, später dann auch die im Dienstleistungssektor, bis schließlich am Ende des 20. Jahrhunderts der Dienstleistungssektor den gewerblichen Sektor hinsichtlich der Beschäftigungszahlen sogar übersteigt. Aber auch innerhalb dieser Wirtschaftssektoren sind deutliche Veränderungen zu konstatieren. Im gewerblichen Bereich werden Beschäftigungsformen in Handwerk und Verlag zunehmend zurückgedrängt, und Fabrikarbeit gewinnt an Bedeutung. Im Dienstleistungssektor werden hingegen persönliche Dienstleistungen, z.B. als Dienstboten, immer weniger wichtig, es kommt zu einer Ausweitung marktvermittelter Dienstleistungen.

Auch hinsichtlich der beruflichen Stellung der Beschäftigten zeigt sich seit dem frühen 19. Jahrhundert ein deutlicher Wandel. Der Anteil der Selbständigen sank bereits im 19. Jahrhundert deutlich ab, wurde zunächst aber durch eine Zunahme der

Kategorie „mithelfende Familienangehörige" (z.T. zumindest jedoch nur aufgrund der besseren statistischen Erfassung) ausgeglichen. Im 20. Jahrhundert verminderte sich auch deren Anteil stark, so daß abhängige Erwerbsarbeit zum überragenden Merkmal des Beschäftigungssystems wurde. Hier ist in Deutschland zunächst einmal der Aufstieg der Angestellten zu beobachten, deren Zahl seit dem Ende des 19. Jahrhunderts enorm expandierte und die in ihrem Umfang am Ende des 20. Jahrhunderts die der Arbeiter deutlich übersteigt. Die Arbeiter dominierten das Beschäftigungssystem lediglich von Ende des 19. bis zur Mitte des 20. Jahrhunderts, als nahezu die Hälfte aller Erwerbstätigen dieser Kategorie zuzuordnen war.

Die geschilderten Strukturverschiebungen im deutschen Beschäftigungssystem stellen das Ergebnis von Veränderungen in den Angebots- und Nachfrageverhältnissen auf dem Arbeitsmarkt dar. Bis zur Mitte des 19. Jahrhunderts bestand ein krasses Missverhältnis zwischen dem Wachstum des Arbeitskräftepotentials und der Zahl der verfügbaren Arbeitsplätze, wie Wolfgang Köllmann in einer auch methodisch anregenden Studie nachgewiesen hat [KÖLLMANN 1974]. Entsprechend groß war bis dahin die Unterbeschäftigung und der Pauperismus; von „Arbeitslosigkeit" zu sprechen, verbietet sich in diesem frühen Stadium der Entfaltung des Arbeitsmarktes noch, weil nicht Beschäftigungslosigkeit, sondern die Unterauslastung von Stellen die Konsequenz eines Ungleichgewichts am Arbeitsmarkt war. Erst mit dem ersten großen Industrialisierungsschub in Deutschland ab der Mitte des 19. Jahrhunderts begannen sich die Verhältnisse auf dem Arbeitsmarkt zu verändern. Immer größere Teile der Bevölkerung fanden im expandierenden industriellen Wirtschaftssystem Arbeit und Brot. Bis in das frühe 20. Jahrhundert verminderte sich so der Druck auf den Arbeitsmarkt, was sich u. a. auch in der nachlassenden und schließlich ganz versiegenden Überseeauswanderung aus dem Deutschen Reich zeigte.

Mit dem Ersten Weltkrieg bricht diese positive Entwicklung auf dem deutschen Arbeitsmarkt abrupt ab. Dieser Markt gelangte bis zur Mitte des 20. Jahrhunderts niemals wieder in eine stabile Lage: Zunächst führte der Kriegsausbruch trotz der Einberufungen zu einer deutlichen Verschlechterung auf dem Arbeitsmarkt, weil die Mobilmachung völlig unkoordiniert und ohne Rücksicht auf wirtschaftliche Belange vorgenommen worden war. Bald jedoch kehrte sich die Situation um: Arbeitskräftemangel wurde fühlbar, eine Dienstpflicht für männliche Arbeitnehmer setzte die Marktmechanismen außer Kraft, und mit einer verstärkten Mobilisierung weiblicher Arbeitskräfte wurde versucht, die Lücken zu stopfen. Novemberrevolution und Demobilisierung führten unmittelbar nach Kriegsende zu einem starken Anstieg der Arbeitslosigkeit, die jedoch in der Inflationskonjunktur bis 1923 dann wieder nahezu gänzlich abgebaut werden konnten. Die Stabilisierungs- und bald darauf folgende Rationalisierungskrise in den 1920er Jahren hielt die Unterauslastung des Erwerbspotentials in Deutschland bis zum Ausbruch der großen Krise auf einem relativ hohen Niveau, ehe dann die Konjunktur gänzlich abstürzte und alle bis dahin gültigen Maßstäbe einer Beschäftigungskrise sprengte. Nach 1933 führten Arbeitsbeschaffungsmaßnahmen und Aufrüstungspolitik nur sehr allmählich zu einer Normalisierung des Arbeitsmarktes; diese Entwicklung fand jedoch mit dem Lohnstopp und der 1939 beginnenden Kriegswirtschaft wiederum bald ein Ende. Die Zwänge des Arbeitsmarktes während des Krieges machten schon bald den Einsatz ausländischer Arbeitskräfte, häufig als Zwangsarbeiter, nötig, die 1944/45 ein Drittel des gesamtwirtschaftlichen Arbeitspotentials ausmachten.

Zusammenbruch, Vertreibung und Nachkriegswirtschaft bedingten erneut ein bemerkenswertes Ungleichgewicht auf dem Arbeitsmarkt, das erst im Wiederaufbau Westdeutschlands allmählich beseitigt werden konnte. Die Entwicklung in Ostdeutschland nahm einen anderen Weg, der nicht durch die Beschreibung von Arbeitsmarktprozessen nachgezeichnet werden kann. Erst Mitte der 1960er Jahre näherte sich der Arbeitsmarkt in Westdeutschland einer Gleichgewichtssituation mit „Vollbeschäftigung", ehe dieses wirtschaftspolitische Ziel zunächst durch „Überbeschäftigung" und den Versuch der Lösung dieses Problems durch die Anwerbung von „Gastarbeitern" und schließlich durch eine lang andauernde strukturelle Arbeitslosigkeit erneut verfehlt wurde. Bis in die Gegenwart bildet daher der Arbeitsmarkt einen prekären Bereich innerhalb der deutschen Wirtschaft und ein zentrales Objekt wirtschaftspolitischen Handelns.

Die dargelegten Strukturverschiebungen im deutschen Beschäftigungssystem seit dem frühen 19. Jahrhundert sowie auch die teilweise radikalen Änderungen im deutschen Arbeitsmarkt in den verschiedenen Epochen der letzten zwei hundert Jahre haben hohe Anforderungen an die Anpassungsfähigkeit und Mobilität der deutschen Bevölkerung gestellt. Diese individuellen Mobilitätsprozesse innerhalb der Erwerbstätigen lassen sich durch eine Kohortenanalyse auf der Basis der Berufs- und Gewerbezählungen veranschaulichen. Wolfgang Kleber hat auf diese Weise nachgewiesen, dass die Anpassung der Erwerbstätigen überwiegend durch individuelle Berufswechsel, d.h. durch Intra-Generationsmobilität, erfolgte. Die Berufswahl der Individuen folge demnach weitgehend traditionellen Mustern, und erst während der Berufstätigkeit würden Chancen zu einem Wechsel erkannt. Traditionelle Bereiche mit schlechten Beschäftigungschancen verzeichneten daher immer noch hohe Zahlen von Berufszugängern, die dann jedoch im Laufe ihres Berufslebens auf bessere Arbeitsplätze wechselten. Nicht die Berufswahl, sondern der Berufswechsel sorge deshalb für eine Anpassung des Beschäftigungssystems an die veränderten Beschäftigungschancen [KLEBER 1984].

Die geschilderten Entwicklungen im deutschen Arbeitsmarkt der letzten zweihundert Jahre müssen auch in quantitativen Kennzahlen dieses Marktes für Zeiträume, in denen solche vorliegen, deutlich werden. Die folgende Darstellung bietet einen Versuch, die Auslastung des Erwerbspotentials, d.h. die mengenmäßige Nutzung der Ware Arbeitskraft wie auch ihre Entlohnung, d.h. den Preis der Ware Arbeitskraft durch einige wenige Maßgrößen zu charakterisieren. Die Angaben über die durchschnittliche Wochenarbeitszeit im gewerblichen Sektor beruhen auf Schätzungen von Ruth Meinert, die Angaben über die Entwicklung der Reallöhne und Arbeitslosenquoten auf den Arbeiten von Jürgen Kuczynski und die sich darauf beziehenden späteren Studien verschiedener Autoren.

Langfristig wird im *Schaubild 1* eine deutliche Verbesserung der Situation der Anbieter von Arbeitskraft am Arbeitsmarkt deutlich. Die durchschnittliche wöchentliche Arbeitszeit sinkt von ca. 80 Stunden zu Beginn des 19. Jahrhunderts bereits auf nahe 40 Stunden am Ende des Jahrhunderts. Die Forderung nach einer 40-Stunden-Woche, wie sie von den Arbeitervertretern vehement vorgetragen wurde, konnte allerdings erst im 20. Jahrhundert erfolgreich durchgesetzt werden. Gegenwärtig, und unfreiwillig in den Beschäftigungskrisen der 1930er und 1950er Jahre, wurde im Durchschnitt sogar deutlich weniger als vierzig Stunden pro Woche gearbeitet. Die Reallohnentwicklung zeigt, abgesehen von einigen sehr unsicheren Schätzungen der 40er und 50er Jahre des 19. Jahrhunderts, einen stetigen Aufwärtstrend, der nur in Kriegs- und Krisenzeiten eine kurze Unterbrechung erfahren hat. Erst nach dem Zweiten Weltkrieg zeigt sich jedoch ein wirklich substantieller Anstieg der Reallöhne, die bis dahin eher moderat zugenommen haben. Diese starke Expansion der Masseneinkommen stellt historisch betrachtet eher einen Trendbruch im Vergleich zum vorausgehenden Zeitraum dar.

Kurzfristige Ungleichgewichte am Arbeitsmarkt werden durch die Arbeitslosenquoten reflektiert. Diese erwiesen sich im späten Kaiserreich als äußerst flexibel, indizierten aber niemals ein fundamentales Ungleichgewicht. Dieses wurde erstmals und bislang einmalig in der großen Krise der 1930er Jahre offenbar, und auch die Nachkriegszeit zeigt ein ähnliches Muster wie die späte Kaiserzeit, wobei offenbar wird, dass die Vollbeschäftigungssituation der 1960er Jahre historisch betrachtet eine Ausnahmesituation darstellt.

3. Differenzierungen im Beschäftigungs- und Arbeitsmarkt

Die im vorausgehenden dargestellte Entwicklung von Arbeitsmarkt und Beschäftigung in Deutschland seit dem Ende des 18. Jahrhunderts geht von der Vorstellung aus, dass alle Erwerbstätigen in irgendeiner Weise, direkt oder indirekt von den Verhältnissen auf dem Arbeitsmarkt betroffen waren und dass ihre Erwerbschancen bzw. ihre Arbeitslosigkeit vom Zustand dieses Marktes abhingen. Diese Vorstellung ist jedoch korrekturbedürftig, weil es einen derart einheitlichen Arbeitsmarkt nie gegeben hat. In der Wirklichkeit finden sich demgegenüber derart unterschiedliche Erwerbsverhältnisse, dass von einem einheitlichen Arbeitsmarkt kaum gesprochen werden kann. Arbeitslosigkeit und Vollbeschäftigung mag für unterschiedliche Beschäftigungsgruppen gleichzeitig zu beobachten sein, einige können Einkommenszuwächse verbuchen, während andere Lohneinbußen hinzunehmen haben; wieder andere Gruppen sehen sich gehobenen Qualifikationsanforderungen gegenüber, während andere Dequalifikationsprozesse erleiden. Alle diese Beobachtungen haben in der neueren Forschung zur Forderung geführt, die Homogenitätsannahme des neoklassischen Wettbewerbsmodells des Arbeitsmarktes aufzugeben und seine Segmentation zum Gegenstand der Untersuchung zu machen, wie weiter oben bereits kurz erwähnt.

Aus diesem Grunde wendet man sich heute in der empirischen Arbeitsmarktforschung verstärkt der Untersuchung von Teilarbeitsmärkten zu. In der modernen Segmentationstheorie finden sich dabei zwei Fassungen, wie Teilarbeitsmärkte definiert und analysiert werden. Zum einen wird auf bestimmte Merkmale verwiesen,

durch die sich ein Teilarbeitsmarkt konstituiert, z.b. durch das Geschlecht, das Lebensalter, den Beruf u. ä., und zum anderen lassen sich Teilmärkte durch bestimmte Institutionen bzw. Regelungen zur Allokation von Arbeit neben oder außerhalb des Arbeitsmarktes dazu benutzen, z.b. in betrieblichen Teilmärkten oder in Bürokratien. Bei der Untersuchung derartiger Teilmärkte stellen sich vor allem drei Fragen:
1. Wie ist der Gesamtmarkt segmentiert, wie viel Segmente gibt es und wodurch zeichnen sie sich aus?
2. Wie kommt es zu einer derartigen Segmentation des Arbeitsmarktes, wo liegen ihre Ursachen?
3. Welche Folgen ergeben sich aus der Segmentation des Arbeitsmarktes für die Erwerbstätigen und das Beschäftigungssystem insgesamt?

Im Folgenden sollen nun einige Aspekte des Segmentationsansatzes am Beispiel der Entwicklung des Arbeitsmarktes und des Beschäftigungssystems in Deutschland seit dem 19. Jahrhundert veranschaulicht werden. Hier treten insbesondere einige wichtige Teilmärkte hervor wie auch Versuche zur Institutionalisierung und Ausgrenzung „strategischer" Märkte.

a. Beschäftigungssegmente und Teilmärkte

Frauen sind im 19. Jahrhundert quasi als Nachzügler in den deutschen Arbeitsmarkt integriert worden. Dabei hat das Ausmaß der Frauenarbeit jedoch keinesfalls zugenommen, nur ihre Form, von häuslicher Nebenerwerbstätigkeit zu außerhäuslicher Erwerbsarbeit, hat sich gewandelt. Die Verlagerung der weiblichen Erwerbstätigkeit von familienbezogenen zu marktvermittelten Arbeitsformen vollzog sich jedoch nicht im Gesamtarbeitsmarkt, sondern nur in wenigen seiner Teile. Am Ende des 19. Jahrhunderts standen ihnen praktisch nur drei außerhäusliche Beschäftigungsbereiche offen: als Arbeiterinnen im Gewerbe, als Dienstboten im privaten Haushalt oder als solche in der Landwirtschaft. Aber auch im Gewerbe waren es nur wenige Branchen, vor allem die Textil-, Leder- und Bekleidungsindustrie, die den Frauen offen standen. Im Zuge der Entwicklung im 20. Jahrhundert verminderte sich zwar die Segregation der Frauen im Arbeitsmarkt, doch auch heute gibt es noch zahlreiche so genannte „Frauenberufe".

Eine Untersuchung der hierarchischen Positionen der Frauen im Gewerbe im 19. Jahrhundert zeigt, dass Frauen damals kaum den Weg in Leitungspositionen fanden. Dies gilt sogar auch in den Branchen mit einem sehr hohen Frauenanteil. Ein Drittel aller Frauen waren hier als angelernte und ungelernte Arbeiterinnen beschäftigt, unter dem Aufsichtspersonal fand sich keine Frau: Diese Positionen waren ausschließlich mit Männern besetzt. Seit der Jahrhundertwende fanden Frauen im Gewerbe, in dem dort expandierenden Angestelltenbereich ebenfalls zunehmend Beschäftigung. Doch auch hier waren sie wiederum auf Hilfspositionen (Bürogehilfinnen) verwiesen.

Bis zum Beginn des 19. Jahrhunderts war Frauenarbeit gleichbedeutend mit marktbezogener Erwerbstätigkeit junger Frauen oder der Mithilfe von Ehefrauen im Familienbetrieb. Ledige Frauen stellten daher das Gros der weiblichen Arbeitskräfte am Arbeitsmarkt. Das änderte sich im 20. Jahrhundert deutlich, wie eine Untersuchung der weiblichen Heiratskohorten seit 1920 zeigt. Nun behielt ein zunehmender Anteil von Frauen auch nach der Eheschließung zunächst ihre Arbeit bei, ehe sie nach Geburt der Kinder aus dem Erwerbsleben ausschied. Erst in jüngster Zeit ist eine Tendenz zur Rückkehr verheirateter Frauen in den Arbeitsmarkt nach der Familienphase zu beobachten.

Kinder und Jugendliche wurden nicht erst seit der Industriellen Revolution zur Arbeit und Mitarbeit herangezogen, sondern ihre Beschäftigung steht in einer langen historischen Tradition. Der Umfang der marktvermittelten Kinderarbeit erreichte in der frühen Industrialisierung jedoch möglicherweise seinen Höhepunkt. Jedoch schon zur Mitte des 19. Jahrhunderts kehrte sich diese Tendenz um. Bauernbefreiung und Aufhebung des Gesindezwanges zeigten auf dem Lande weitreichende Konsequenzen für die Beschäftigung von Kindern und Jugendlichen. Die Konkurrenz der Landarbeiter in einer zunehmend kommerzialisierten und rationalisierten Landwirtschaft beschränkte die Einsatzmöglichkeiten junger, unqualifizierter Arbeitskräfte. Ähnliches lässt sich auch im gewerblichen Sektor beobachten, wo wegen steigender qualifikatorischer Ansprüche an die Erwerbsarbeit unqualifizierte Jugendliche gegenüber erwachsenen Arbeitern zunehmend ins Hintertreffen gerieten. Hinzu kamen erste Bemühungen um eine gesetzliche Einschränkung der Kinderarbeit wie auch Erfolge bei der Verpflichtung zum regelmäßigen Schulbesuch von Kindern und Jugendlichen.

Die statistischen Angaben über den Umfang der Kinder- und Jugendlichenarbeit in Deutschland sind bis in die Gegenwart hinein äußerst unzuverlässig. Die erst spät beginnenden offiziellen Statistiken weisen wegen der bestehenden gesetzlichen Verbote und Einschränkungen große Dunkelziffern auf. Einzelne verstreute Angaben veranlassen Jürgen Kuczynski zu dem Schluss, dass Mitte des Jahrhunderts in manchen Fabriken, Regionen und Branchen in Deutschland zwischen zwanzig und achtzig v. H. Jugendliche beschäftigt waren. Am Ausgang des 19. Jahrhunderts war dieser Anteil zweifellos gesunken, doch blieb Kinder- und Jugendlichenarbeit weiterhin ein bedeutsames Faktum der deutschen Wirtschaft. Auf dem Lande blieb sie stärker und länger verbreitet als in der Stadt, und in der Landwirtschaft sowie im Heimgewerbe mehr als in der Fabrikindustrie. In der Landwirtschaft spielten saisonale Arbeitsspitzen eine Rolle, die nicht über Vollerwerbsarbeitskräfte abgedeckt werden konnten. Im Heimgewerbe boten sich Tätigkeiten neben und nach dem Schulbesuch, und auch das Handwerk blieb auf Lehrlingsarbeit angewiesen. Hier vor allem bildete sich die von Zeitgenossen häufig beklagte Unsitte der „Lehrlingszüchterei" heraus, in der das Lehrverhältnis im Gegensatz zum Verständnis der traditionellen Handwerkslehre zunehmend als Möglichkeit zur Beschäftigung billiger Arbeitskräfte missbraucht wurde. Auch im Handel fand die Arbeit von Kindern und Jugendlichen weiterhin Verwendung, so für morgendliche Botengänge zum Austragen von Zeitungen, Brötchen u. ä, ebenso im Rahmen privater Dienstleistungen, vor allem als Dienstmädchen. Allein für die Fabrikindustrie lässt sich zur Jahrhundertwende ein deutlicher Rückgang der Kinder- und Jugendlichenarbeit konstatieren.

Zur Jahrhundertwende waren von den ca. 6 Millionen deutschen Jugendlichen im Alter von 14 bis 20 Jahre sicherlich die überwiegende Mehrzahl intensiv in das Erwerbsleben eingegliedert. Dies gilt in abnehmendem Umfang auch für Kinder unter 14 Jahren. Das Erwerbspotential der deutschen Kinder und Jugendlichen an der Wende zum 20. Jahrhundert war demnach weitgehend ausgeschöpft. Freizeit und Muße waren für die meisten der Kinder und Jugendlichen der so genannten „guten alten Zeit" weitgehend Fremdworte. Im Ersten Weltkrieg verschärfte sich die Situation sogar noch, weil nun neben den Frauen auch Jugendliche die Lücken auf dem Arbeitsmarkt füllen mussten.

In der Zwischenkriegszeit zeigt sich eine relativ instabile Beschäftigungssituation auch bei den Jugendlichen. Ihre altersspezifische Erwerbsquote stieg zunächst noch weiter an und erreichte mit 20 v.H. 1925 einen bis dahin nie erreichten Höchststand, fiel dann bis 1939 auf 12,5 v.H. und stieg dann bis 1939 wieder auf 16 v.H. an. Die Massenarbeitslosigkeit in der Krise der Zwischenkriegszeit stellte daher gerade auch für die Jugendlichen ein großes Problem dar und traf diese Gruppe sogar in überproportionalem Maße.

Seit dem Ende des 19. Jahrhunderts findet in Deutschland eine Beschäftigtengruppe rasche Verbreitung, die bis dahin mit einem ganz anderen Profil nur in wenigen Beschäftigungsbereichen anzutreffen war: die Angestellten. Ihre Zahl hat sich von knapp einer halben Million in den 1880er Jahren auf mehr als zwei Millionen bereits 1913 erhöht. Gegenwärtig ist etwa die Hälfte aller Erwerbstätigen überhaupt dieser größten Beschäftigungskategorie zuzuordnen. Die deutlich divergierenden Zahlen über den Umfang der Angestellten reflektieren starke Unsicherheiten über ihre berufliche Zuordnung. Können Dienstleistungsberufe der Landwirtschaft und die so genannten Hausangestellten hinzugezählt werden oder beschränken sich die Angestelltenberufe im Wesentlichen auf Tätigkeiten im Büro und Ladengeschäft? Was erlaubt überhaupt alle diese verschiedenen Tätigkeiten unter dem Begriff „Angestellte" zu subsumieren? Insbesondere arbeits- und sozialrechtliche Regelungen und weniger sozialstatistische und berufliche Merkmale waren es, die zum Entstehen und Selbstverständnis einer eigentümlichen Angestelltenschaft beigetragen haben. Deshalb kann es nicht überraschen, dass innerhalb dieser Gruppe deutliche Differenzierungen offenbar werden. Überdeutlich wird zur Jahrhundertwende die Unterrepräsentation von Frauen: Nur 13 v.H. der Angestellten waren 1882 weiblichen Geschlechts, und dieser Anteil stieg bis 1907 nur auf knapp 19 v.H. Diese weiblichen Angestellten waren fast ausschließlich als Verkäuferinnen in Ladengeschäften oder zunehmend auch als Bürogehilfinnen im Kontor beschäftigt. Auch die männlichen Angestellten wiesen besonders bevorzugte Beschäftigungsbereiche auf. Zunächst waren diese vor allem als Handlungsgehilfen im Dienstleistungsgewerbe tätig, ehe sie sich dann um 1900 in der expandierenden Industrie als Techniker und kaufmännische Angestellte neue Arbeitsfelder erschlossen.

Zwischen diesen verschiedenen Angestelltenberufen lässt sich eine eindeutige Hierarchie aufstellen, die auch in den unterschiedlichen Gehaltsbezügen ihren Ausdruck fand. Männer und Frauen waren hinsichtlich Einkommen und Qualifikation deutlich zu unterscheiden: Frauen verdienten in der Regel ein Drittel weniger als ihre männlichen Kollegen, waren allerdings auch in weniger qualifizierten Positionen tätig. An der Spitze der Angestelltenhierarchie standen zweifellos die Techniker, gefolgt von den kaufmännischen Angestellten und den Handlungsgehilfen, mit deutlichem Abstand folgten weibliche Bürogehilfen und Verkäuferinnen. Diese Hierarchie fand ihre Entsprechung im Ausbildungsstand der Angestellten: Techniker hatten eine deutlich bessere Allgemeinbildung und häufiger eine spezifische Fachausbildung als z.B. Handlungsgehilfen. Auch der ungleichmäßige Auf- und Ausbau eines technischen und kaufmännischen Ausbildungswesens in Deutschland spiegelt diese Unterschiede wider. Für Frauen gab es bis ins 20. Jahrhundert hinein derartige Bildungsmöglichkeiten gar nicht, ein Sachverhalt, der ebenfalls die beschriebene Berufshierarchie verständlich macht.

b. Institutionen und Allokationsmechanismen

Weiter oben war darauf hingewiesen worden, dass eine Segmentation im Arbeitsmarkt und im Beschäftigungssystem nicht nur, wie auch im Voraus gehenden veranschaulicht, durch bestimmte arbeitsmarktrelevante Merkmale, wie Geschlecht (Frauenerwerbstätigkeit), Alter (Kinder- und Jugendlichenarbeit) und Berufe (Angestellte) bewirkt werden kann, sondern dass auch bestimmte institutionelle Arrangements und Strategien zum gleichen Ergebnis führen können. Auch dafür gibt es anschauliche Beispiele.

Eines der Hauptprobleme der frühen Industriebetriebe stellte die Rekrutierung einer zuverlässigen Arbeiterschaft dar. In der frühen Phase der Entwicklung, bei einem reichlichen Angebot an unqualifizierter Arbeitskraft, geringen qualifikatorischen Ansprüchen und mäßigem Umfang der Arbeitsteilung stellte sich die Disziplinierung der Arbeiterschaft vor allem als Problem dar. Mit fortschreitender Industrialisierung entwickelte sich jedoch die Rekrutierung und Disziplinierung der Arbeitskräfte zu einem komplexen Problem, dem man mit dem Aufbau einer Stammbelegschaft zu begegnen suchte. Die Kruppsche Gussstahlfabrik bietet ein solch frühes Beispiel zum Aufbau einer Stammbelegschaft, in dem für einen strategischen Teil der Beschäftigten die Regeln des äußeren Arbeitsmarktes mehr oder weniger außer Kraft gesetzt wurden und interne Regelungen über Zugang und Aufstieg an deren Stelle traten. Ein interner Arbeitsmarkt stellt demnach ein System organisierter innerbetrieblicher Mobilitätspfade mit verschiedenen, eng begrenzten Eintritts- und Austrittstoren dar. Die Schaffung solcher betrieblicher Arbeitsmärkte kann als bewusste Strategie von Unternehmern verstanden werden, um die Kontrolle über den Einsatz von Arbeitskräften zu erhöhen und sich von den Entwicklungen auf den externen Arbeitsmärkten ein Stück weit unabhängig zu machen. Es gilt, die betriebliche Beschäftigung intern zu kontrollieren, d.h. externe Entwicklungen zu internalisieren. Dies kann auf vielfältige Weise geschehen, neben dem Aufbau einer Stammbelegschaft auch z.B. durch die Förderung unternehmertreuer Werkvereine o.ä., worauf Heidrun Homburg hingewiesen hat.

Aus den Beschäftigtenverzeichnissen der Kruppschen Hüttenwerke zwischen 1885 und 1905 lassen sich für sechs Erhebungszeitpunkte für Arbeiter und für untere und gehobene Angestellte Verteilungen nach dem Dienstalter erstellen. Daraus lässt sich im Rahmen einer Kohortenanalyse ableiten, dass Arbeiter während des Untersuchungszeitraumes fast ausschließlich aus dem externen Arbeitsmarkt rekrutiert wurden. Das ging bei einem derart stark wachsenden Unternehmen wohl auch gar nicht anders, doch erlangten auch die eingetretenen Arbeiter nur ein geringes Maß an Beschäftigungssicherheit, die Fluktuation unter ihnen blieb hoch, und das später sorgsam gepflegte Selbstwertgefühl als „Kruppianer" wurde zu diesem frühen Zeitpunkt wohl noch nicht vermittelt. Anders war es bei den Angestellten. Hier zeigte sich bereits bei den unteren Angestellten eine stärkere Beschäftigungssicherheit als bei den Arbeitern. Tendenzen der Internalisierung externer Arbeitsmarktbeziehungen bzw. der Aufbau einer Stammbelegschaft sind unübersehbar. Noch deutlicher wird das bei den gehobenen Angestellten, die nur in sehr geringem Maße von außen, sondern zumeist aus dem Betrieb rekrutiert wurden. Dies wird auch durch eine genauere Analyse der internen Aufstiegswege bestätigt. Nur ein Drittel von 199 Personen der Angestelltenschaft, die länger als 22 Jahre bei Krupp tätig waren, hatten keinen Aufstieg im Unternehmen zu verzeichnen, zwei Drittel jedoch wohl. Auch ein Aufstieg in die Angestelltenpositionen aus der Arbeiterschaft heraus war möglich, insbesondere im technischen Bereich. Diese Befunde belegen, dass in der Tat in der Kruppschen Gussstahlfabrik bereits am Ende des 19. Jahrhunderts ein interner Arbeitsmarkt existierte, der gegenüber dem externen Markt bereits deutlich abgeschaltet war – je höher die Positionen, um so mehr – und der bereits ein beachtliches Maß interner Rekrutierung zeigte.

Ein weiteres Beispiel marktunabhängiger Rekrutierung und Promotion von Arbeitskräften bietet das Bürokratiemodell, das bereits von Max Weber zur Analyse rationaler Herrschaft herangezogen worden ist. Der Beamtenstatus der Staatsverwaltung exemplifiziert die Regeln dieses Typus. Hier erfolgt der Zugang nach bestimmten Vorschriften, ein „Amt" umschreibt die Funktionen, das Entgelt ist als Alimentation von den Leistungen im Amt ausdrücklich abgekoppelt, Aufstieg erfolgt nach internen Beurteilungen und Ancienitätsregeln, kurzum: alles in allem gänzlich anders als auf freien Arbeitsmärkten.

c. Gratifikation und Lebensstandard

Bislang wurde in den vorausgehenden Ausführungen noch kein Wort über den „Preis" der Ware Arbeitskraft verloren, obgleich doch die Preisbildung entscheidende Funktion von Märkten und daher doch auch des Arbeitsmarktes ist. Lohn und Einkommen der Arbeitnehmer bzw. Arbeitskosten der Unternehmer stellen zweifellos eine entscheidende Determinante ihres Arbeitsmarktverhaltens dar. Es sollte jedoch aus dem Vorausgehenden ebenfalls klar geworden sein, dass es den Lohn der Ware Arbeitskraft nicht geben kann, weil die Heterogenität der Arbeitskräfte dieses schlicht verbietet. Gleichwohl findet sich im *Schaubild 1* eine Kurve, die die Entwicklung der Lohnentwicklung in den letzten 150 Jahren in einem groben Strich nachzuzeichnen versucht.

Beschränkt man sich zunächst nur auf die Arbeiterlöhne, so stehen aus der begrenzten zeitgenössischen Überlieferung eine Reihe von Berechnungen und Schätzungen der Nominallohnentwicklung [GRUMBACH/KÖNIG 1957; BRY 1960; ORSAGH U. A. 1969] zur Verfügung, die dann im Hinblick auf Preisveränderungen korrigiert, hinsichtlich der Verbrauchsgewohnheiten gewichtet und auf ein Basisjahr bezogen indexiert zu Reallohnreihen umgerechnet werden [KUCZYNSKI, Geschichte der Lage der Arbeiter; DESAI 1968; GÖMMEL 1979]. Inwieweit die Entwicklung eines derartigen Reallohnindex tatsächlich als ein Maß für den Lebensstandard der Arbeiter oder gar der Gesamtbevölkerung gelten kann, ist umstritten. Unumstritten jedoch bleibt, daß die Lebensverhältnisse weiter Teile der Bevölkerung unmittelbar durch die Beschäftigungsbedingungen der Gesellschaft, durch die Verfügbarkeit von Arbeitsmöglichkeiten und ihre Entlohnung bestimmt werden. Dies gilt umso mehr, je weiter die Einbeziehung der Bevölkerung in marktvermittelte Arbeitsformen fortgeschritten ist. Dies war, wie wir gesehen haben, seit Beginn des 19. Jahrhunderts in Deutschland zunehmend der Fall.

Die erste Phase dieser Entwicklung muss für weite Teile der Bevölkerung als eine Zeit des Massenelends angesehen werden. Dies gilt insbesondere auch für die Verhältnisse auf dem Lande, die ja für die übergroße Mehrheit der Bevölkerung noch entscheidend waren und für die der Begriff des „Pauperismus" angemessen erscheint. Die spärlichen Daten über Reallöhne für die Zeit vor 1850 weisen auf äußerst instabile, tendenziell eher sinkende Einkommen hin, dies alles bei einer historisch einzigartig langen Arbeitswoche. Im Erwerbssystem zeigt sich ein deutliches Anwachsen der agrarischen Überbevölkerung, die später die Basis für die Abwanderung in die dann entstehenden Industriezentren oder auch nach Übersee bildete. Auch begann sich ein städtisches Proletariat herauszubilden, das nicht nur durch den Zuzug vom Lande, sondern zunächst überwiegend aus unterbürgerlichen städtischen Schichten der Handwerker, Manufakturarbeiter, Tagelöhner und ihrer Frauen und Kinder gespeist wurde. Durch das beachtliche Bevölkerungswachstum wurde diese Tendenz weiter verstärkt, und im Ergebnis ergab sich ein Wachstum des deutschen Erwerbspotentials, das den Beschäftigungsmöglichkeiten weit vorauseilte: Unterbeschäftigung und Armut war die unausweichliche Konsequenz. Erst mit der einsetzenden Industrialisierung zur Jahrhundertmitte begann sich diese verhängnisvolle Tendenz zu wenden. Erste Früchte konnten ab den 1870er Jahren geerntet werden, als ein deutlicher Anstieg der Reallöhne sich durchzusetzen begann und sinkende Wochenarbeitszeiten und geringere Unterbeschäftigung eine bessere Auslastung des Erwerbspotentials der Bevölkerung signalisierten. Verbunden war diese Entwicklung mit einem dramatischen Wandel der Beschäftigtenstruktur, der hohe Anforderungen an die individuelle Anpassungsfähigkeit der Arbeitskräfte stellte.

Die erste Hälfte des 20. Jahrhunderts erwies sich für die deutsche Wirtschaft als eine Abfolge von Krisen und Katastrophen, in denen die Errungenschaften der rapiden Entwicklung des späten 19. Jahrhunderts zum Teil wieder aufgezehrt, insgesamt aber ein weiterer Fortschritt verhindert wurde. Der Anstieg der Reallöhne wird gebremst, und auch der Rückgang der Wochenarbeitszeit setzt sich nicht ungebrochen fort. Im Ersten Weltkrieg, in der Wirtschaftskrise und im Zweiten Weltkrieg müssen Realeinkommensverluste hingenommen werden, die durch zwischenzeitliche Verbesserungen allenfalls wettgemacht werden konnten, so dass sich Anfang der 1950er Jahre die deutsche Bevölkerung in etwa auf einem Reallohnniveau wieder findet, das sie bereits 1913 erreicht hatte. Auch die durchschnittliche Wochenarbeitszeit zeigt eher eine Tendenz zum Anstieg, abgesehen vom gewaltigen unfreiwilligen Rückgang im Zusammenhang mit der Massenarbeitslosigkeit der dreißiger Jahre. Erst in der Bundesrepublik in ihrem „Wirtschaftswunder" steigt der Lebensstandard der Bevölkerung deutlich an. Die Reallohnentwicklung folgt einem neuen, stark expansiven Trend; die durchschnittliche Wochenarbeitszeit sinkt unter die „Vierzig-Stunden-Grenze". „Wohlstand für alle" scheint sich auszubreiten, und diese Tendenz setzt sich wohl trotz aller Verteilungsprobleme und Instabilitäten bis in die Gegenwart fort.

4. Arbeitsmarktpolitik

Mit der Ausbreitung von Lohnarbeit in Deutschland wurden zugleich auch die Mängel einer derartigen Form der Allokation der Arbeit offenbar. In den marxschen Begriffen wurde der Arbeiter „frei", „frei" von den vorausgehenden feudalen Bindungen aber zugleich auch „frei" den Unwägbarkeiten der kapitalistischen Marktrisiken ausgeliefert. Die nunmehr offen auftretende und zyklisch sich verschärfende Arbeitslosigkeit, anders als die früher latent oder krisenhaft hervortretenden unterschiedlichen Formen der Unterbeschäftigung, ließen das Bedürfnis nach öffentlicher Unterstützung unabweisbar werden und wiesen der traditionellen Armenpolitik den Weg in die moderne Sozialpolitik. Von den drei, im Rahmen des modernen Arbeitsmarktes entwickelten Instrumenten: Arbeitsvermittlung, Arbeitsbeschaffung und Arbeitslosenversicherung erlebte die Arbeitsvermittlung bereits im ausgehenden 19. Jahrhundert eine schnelle Verbreitung.

Die Entwicklung eines ausgedehnten Arbeitsnachweswesens am Ende des 19. Jahrhunderts wurde jedoch nicht nur bestimmt durch Fragen nach der Zweckmäßigkeit einer derartigen Organisation, sondern sozioökonomische Interessen spielten dabei eine mindestens ebenso große Rolle. Hans Delbrück hatte die Problematik schon 1896 auf den Punkt gebracht, als er feststellte, dass diejenige Arbeitsmarktpartei, die den Arbeitsnachweis kontrolliere, damit zugleich „... den Arbeitsmarkt (beherrsche) und ... damit die Herrschaft über die Industrie ..." ausübe. Die Organisation des Arbeitsnachweises geriet damit in den Interessenkonflikt der Arbeitsmarktparteien. Als Ergebnis zeigte sich eine ungeheure Zersplitterung. In der Praxis erwiesen sich die kommunalen Arbeitsnachweise unter Einbeziehung von Arbeitgebern und Arbeitnehmern als ein brauchbarer Kompromiss. Das Reich scheute eine gesetzliche Regelung, obwohl diese offenkundig nötig erschien, nur die gewerbsmäßige Stellenvermittlung wurde noch im Kaiserreich reichsgesetzlich geregelt. Die Gewerkschaften mussten einsehen, dass gewerkschaftseigene Arbeitsnachweise wenig effizient waren, und die Arbeitgeber erkannten, dass sie mittels ihrer effizienten Nachweise keineswegs in der Lage waren die Arbeiterbewegung zu schwächen.

Diese Erkenntnis erleichterte dann in der Weimarer Republik eine reichseinheitliche Regelung im Gesetz über die Arbeitsvermittlung und Arbeitslosenversicherung von 1927, mit dem die Arbeitsmarktpolitik in Deutschland mit der Gründung der

Reichsanstalt für Arbeitsvermittlung und Arbeitslosenversicherung und ihrem Unterbau, den Arbeitsämtern und Landesarbeitsämtern, nicht nur im Bereich der Arbeitsvermittlung ihre langfristig dauerhafte organisatorische Form gefunden hatte. Die Reichsanstalt widmete sich auch dem Aufbau einer Arbeitslosenversicherung, die ja im Zuge der Bismarckschen Sozialgesetzgebung in den 1880er Jahren noch nicht errichtet worden war. Diese war nicht zuletzt auch mit der Intention einer Reorganisation und Entlastung der öffentlichen Armenpflege unternommen worden und hatte ihren Zweck insoweit erfüllt, als die Armutsrisiken Unfall, Krankheit, Invalidität und Tod des Versorgers damit entscheidend reduziert wurden. Das neue Armutsrisiko „Arbeitslosigkeit" trat erst mit der plötzlichen Massenarbeitslosigkeit zu Beginn des Ersten Weltkriegs unmittelbar und verstärkt in das öffentliche Bewusstsein. Nun machte sich das Scheitern der vielfältigen Bemühungen der Vorkriegszeit zur Einführung einer Arbeitslosenversicherung über den Rahmen einiger kommunaler und gewerkschaftlicher Unterstützungskassen hinaus nachteilig bemerkbar. Doch die Beschäftigungskrise schlug bald in einen kriegsbedingten permanenten Arbeitskräftemangel um.

Die Einführung der Arbeitslosenversicherung blieb der Weimarer Republik vorbehalten und stellt zweifellos eine ihrer bedeutendsten sozialpolitischen Errungenschaften dar, auch wenn der Zeitpunkt ihrer Einführung eine Bewährung in der großen Krise der 1930er Jahre noch ausschloss. Zudem entzieht sich das Risiko der Arbeitslosigkeit, anders als bei den klassischen Risiken der Sozialversicherung, einer versicherungsmathematischen Berechnung und damit eigentlich der Versicherbarkeit, was ebenfalls zu ihrer zögerlichen Einführung beigetragen hat. Die Einführung der Erwerbslosenfürsorge nach Kriegsende bildete den ersten Schritt zur letztendlichen beitragsfinanzierten Arbeitslosenversicherung 1927. In der großen Krise Anfang der 1930er Jahre konnte sich diese Form der Versicherung gegen Arbeitslosigkeit nicht bewähren, weil die Kluft zwischen Beitragsaufkommen und Mittelbedarf riesengroß wurde und sich immer noch verbreitete! Ausgrenzung von Anspruchsberechtigten und Leistungsbegrenzungen erwiesen sich als untaugliche Mittel der Unterstützungspolitik, konnten aber den Bestand der Versicherung garantieren, mit dem widersinnigen Resultat, dass die Versicherung auf dem Höhepunkt der Krise Einnahmeüberschüsse erzielte.

Arbeitsbeschaffungsmaßnahmen schienen in dieser Situation den einzig gangbaren Weg für eine sinnvolle Arbeitsmarktpolitik zu weisen, der aus fiskalischen Erwägungen trotz zahlreicher entsprechender Vorschläge in der Weimarer Republik jedoch nur sehr zögerlich beschritten wurde. Zahlreiche Institutionen und Organisationen, wie z.B. das Reichsarbeitsministerium, die Gewerkschaften, das Statistische Reichsamt, um nur einige zu nennen, machten z.T. sehr detaillierte Vorschläge zur Arbeitsbeschaffung, die zunächst alle daran scheiterten, dass ihre Finanzierung nur durch Kredite zu bewerkstelligen war, von denen man annahm, dass sie inflationäre Wirkungen zeitigen würden, die mehr noch als Arbeitslosigkeit gefürchtet wurden. Eine Reihe von Kommissionen widmete sich auch seit 1929 der Diskussion praktischer Möglichkeiten, doch erst im Mai 1932 wurde ein erstes mageres Programm beschlossen, das allenfalls dem viel beschworenen Tropfen auf dem heißen Stein ähnelte. Das Papen-Programm vom September 1932 erhöhte zwar die entsprechenden Mittel, doch blieb es ebenfalls halbherzig, und das Schleicher-Programm vom Dezember 1932 konnte auch nichts mehr bewirken.

Mit der Machtergreifung Hitlers im Januar 1933 änderte sich dann die Sachlage grundlegend. Das NS-System bediente sich, z.T. auf der Basis der vorausgehenden Planungen, massiv der Arbeitsbeschaffungsmaßnahmen, ohne damit die herrschende Massenarbeitslosigkeit beseitigen zu können. Dies gelang erst mit dem Einsetzen der Rüstungskonjunktur etwa ab dem Jahre 1936. Die moderne Arbeitsmarktpolitik widmet sich nun mit den historisch entwickelten Instrumenten und vor dem Hintergrund der geschilderten historischen Erfahrungen vor allem der Anpassung der Beschäftigtenstruktur an die Veränderungen von Wirtschaftsstruktur und Technologie, und damit mehr der langfristigen Anpassung und Flexibilität auf dem Arbeitsmarkt, als dem kurzfristigen Ausgleich, dem Gleichgewicht oder der Stabilität zwischen Angebot und Nachfrage nach Arbeit. Das Vollbeschäftigungspostulat spielt dabei neben anderen, z.B. den Wachstumserfordernissen, dem Entfaltungspostulat, der Chancengleichheit und dem Sozialprinzip natürlich auch eine Rolle, aber eben nur eine unter verschiedenen Orientierungen.

Diese Konzeption einer rationalen Arbeitsmarktpolitik [MERTENS 1970] hat sich in mehreren Entwicklungsschritten in der Geschichte der Bundesrepublik erst herausbilden müssen. Bis in die 1960er Jahre hinein hatte die Wachstumsdynamik der Wirtschaft ausgereicht, ein wachsendes Arbeitspotential in das Beschäftigungssystem zu integrieren, die Arbeitsmarktpolitik unterstützte diese Entwicklung eher reaktiv. Der erste Konjunktureinbruch 1966/67 erforderte eine aktive Konjunkturpolitik und die sich kontinuierlich aufbauende Dauerarbeitslosigkeit eine aktive Arbeitsmarktpolitik. Diese stieß hinsichtlich der Beseitigung eines beachtlichen Sockels an Arbeitslosigkeit bald an ihre Grenzen und formulierte ihre Ziele realistischerweise zu dem um, was man heute „integrierte Beschäftigungspolitik" nennen könnte. Darin soll der enge Zusammenhang aller wirtschaftspolitischen Maßnahmen, nicht nur die Arbeitsmarktpolitik, entscheidend mitberücksichtigt werden.

Schaubild 1
Die Wohlfahrtsentwicklung in Deutschland seit der Mitte des 19. Jahrhunderts: Einkommen, Arbeitszeit, Arbeitslosigkeit

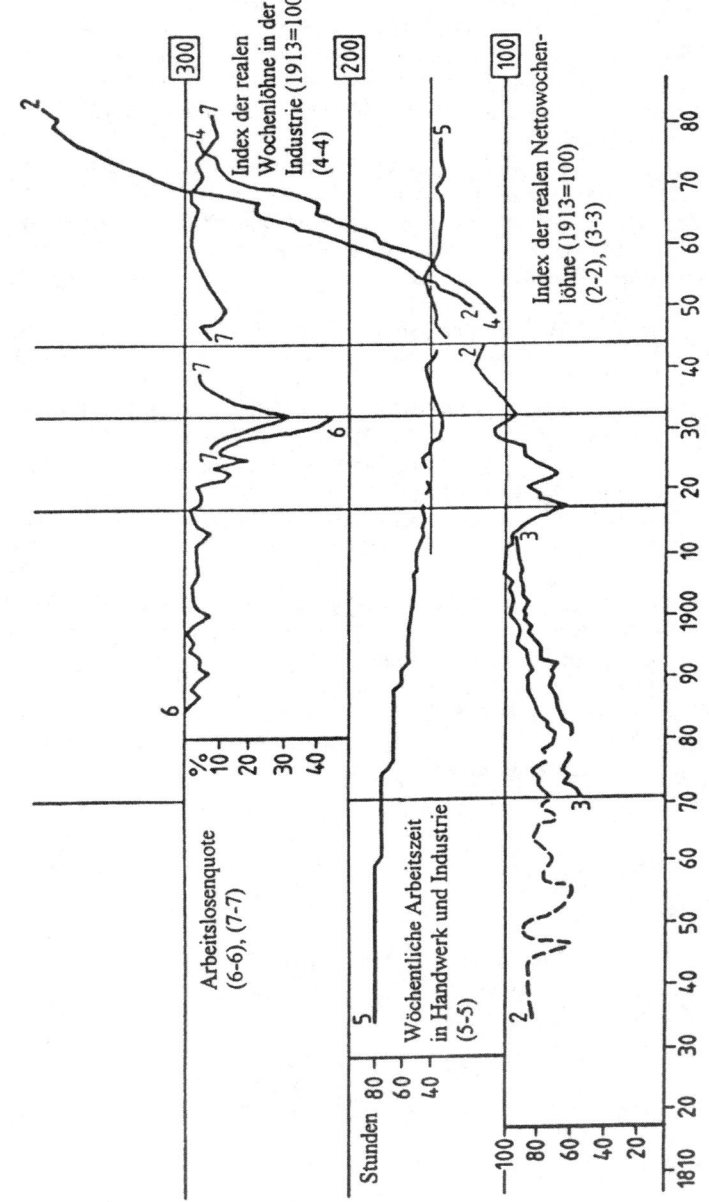

Literaturliste

BRY, G., Wages in Germany 1871–1945, Princeton 1960.
DESAI, A. V., Real Wages in Germany 1871–1913, Oxford 1968.
FREIBURGHAUS, D./SCHMIDT, G., Theorie der Segmentierung von Arbeitsmärkten, in: Leviathan. Zeitschrift für Sozialwissenschaft (1975), S. 417–448.
GÖMMEL, R., Realeinkommen in Deutschland. Ein internationaler Vergleich (1810–1914), Nürnberg 1979.
GRUMBACH, F/KÖNIG, H., Beschäftigung und Löhne der deutschen Industriewirtschaft 1888–1954, in: Weltwirtschaftliches Archiv 79/II (1957), S. 125–155.
KLEBER, W., Sektoraler und sozialer Wandel der Beschäftigtenstruktur in Deutschland 1882–1978: eine Analyse aus der Perspektive des Lebensverlaufs, in: Auswanderer-Wanderarbeiter-Gastarbeiter. Hrsg. v. K.J. BADE, Ostfildern 1984, S. 179–215.
KÖLLMANN, W., Bevölkerung und Arbeitskräftepotential in Deutschland 1815–1865, in: DERS., Bevölkerung in der industriellen Revolution, Göttingen 1974, S. 61–98.
KUCZYNSKI, J., Geschichte der Lage der Arbeiter unter dem Kapitalismus. 6 Bde. Berlin (DDR).
MERTENS, D., Rationale Arbeitsmarktpolitik. Technischer Fortschritt und struktureller Wandel, Frankfurt am Main 1970.
ORSAGH, J. TH., Löhne in Deutschland 1871–1913. Neuere Literatur und weitere Ergebnisse, in: JITE (Zeitschrift für die gesamte Staatswissenschaft) 125 (1969), S. 476–483.
PIERENKEMPER, T., Allokationsbedingungen im Arbeitsmarkt, Opladen 1982
PIERENKEMPER, T., Historische Arbeitsmarktforschung. Vorüberlegungen zu einem Forschungsprogramm, in: DERS./R. TILLY (Hrsg.), Historische Arbeitsmarktforschung. Entstehung, Entwicklung und Probleme der Vermarktung von Arbeitskraft, Göttingen 1982, S. 9–36.
SENGENBERGER, W., Arbeitsmarktstruktur. Ansätze zu einem Modell des sequentierten Arbeitsmarktes, Frankfurt am Main 1978.

Toni Pierenkemper

Einkommens- und Vermögensverteilung

Die Ungleichheit unter den Menschen stellt zweifelsfrei den zentralen Tatbestand in den Sozialwissenschaften dar. Menschen unterscheiden sich voneinander in vielerlei Hinsicht, nach Alter und Geschlecht z.b., aber auch hinsichtlich ihres Berufes, ihres Bildungsstandes, ihrer Lebensgewohnheiten und ihres gesellschaftlichen Einflusses [BOLTE U.A. 1974, 11–13]. Den verschiedenen Dimensionen der Ungleichheit unter den Menschen widmen sich z. T. besondere Wissenschaftsbereiche, und die ökonomische Dimension der Ungleichheit unter den Menschen lässt sich wohl im Kern auf Unterschiede in der Einkommens- und Vermögensverteilung reduzieren.

1. Aspekte einer wissenschaftlichen Analyse ökonomischer Ungleichheit

Man kann mit einiger Berechtigung behaupten, dass sich die modernen Sozialwissenschaften insgesamt gleichsam in der Auseinandersetzung mit den Formen und Ursachen der sozialen Ungleichheit zwischen den Menschen und Völkern entwickelt und entfaltet haben [KAELBLE 1983, 11–24]. Dies spätestens beginnend mit Rousseaus Schrift über den Ursprung und die Gründe der Ungleichheit unter den Menschen (1754) und mit Adam Smith' Arbeit über den Wohlstand der Nationen, seine Natur und seine Ursachen (1776). Auch die Analysen von Karl Marx fügen sich nahtlos in diesen Entwicklungsstrang ein, der sich zwanglos bis in die Gegenwart fortsetzen lässt, wo bis heute Fragen der sozialökonomischen Differenzierung in vielfältigen Formen und Bezügen eine zentrale Rolle spielen. Natürlich hat sich auch die Geschichtsschreibung sehr früh diesem Tatbestand zugewandt, und schon die antiken Autoren geben Kunde von bemerkenswerten Unterschieden zwischen den Völkern und Gesellschaftsschichten. Dort, wo die Belege dichter werden, lassen sich, mit dem hohen Mittelalter beginnend, bereits einigermaßen verlässliche Bilder von der Struktur und der internen Differenzierung der Gesellschaft zeichnen.

Die einzelnen Dimensionen der Ungleichheit erscheinen zu dieser frühen Zeit allerdings noch sehr eng miteinander verwoben: Reichtum (Verfügung über ökonomische Ressourcen), Macht (Beteiligung an der politischen Herrschaft), Ansehen (soziales Prestige) und Lebensstil (Anteil an den kulturellen Gütern der Gesellschaft) konzentrieren sich bei nur wenigen Menschen und machen die gesellschaftliche Ungleichheit besonders augenfällig. Zwar unterschieden sich die Verhältnisse deutlich zwischen Stadt und Land, doch sind in beiden Lebensbereichen eindeutige soziale Hierarchien auffindbar, die nach modernen Konzeptionen sich zu folgenden Bildern formen [BOLTE U.A. 1974, 34–35].

Bemerkenswert erscheint hierbei *(Schaubild 1)*, dass allein mit der Benennung der Berufs- bzw. Amtsstellung eine hinreichende Charakterisierung hinsichtlich sämtlicher Dimensionen der Ungleichheit möglich zu sein scheint. Die überwiegende Mehrheit der Bevölkerung blieb noch in großer Armut befangen [MOLLAT 1984], nur eine kleine Minderheit bildete die Spitze der Hierarchie. Das hat sich im Laufe der folgenden Jahrhunderte sicherlich geändert. Nun gewinnen auch die einzelnen Lebensbereiche der Menschen ihre eigenständige Bedeutung, sie separieren sich voneinander, und zwangsläufig wird das Maß der sozialökonomischen Differenzierung größer: die Gesellschaft wird komplexer. Auch die Wirtschaft emanzipiert sich als eigenständiger Teil der Gesellschaft mit eigentümlichen Regeln und Gratifikationen. Die Hierarchien innerhalb der sich ausdifferenzierenden gesellschaftlichen Teilsysteme werden immer weniger deckungsgleich, es finden sich z.B. reiche Untertanen und arme Herrscher, reiche Krämer und arme Grundherren, u.Äl. Der Reichtum der Gesellschaft wächst deutlich und dauerhaft über das Subsistenzniveau hinaus, und die Verteilung von Einkommen und Vermögen wird zunehmend zu einem gesellschaftlich relevanten Faktor.

In den Städten der Toskana z.B. lässt sich bereits im 15. Jahrhundert eine bemerkenswerte Ungleichverteilung des Vermögens konstatieren: In Pistoia verfügten z.B. die 10 v.H. reichsten Einwohner über 59 v.H. des Vermögens und in Volterra gar die 7 v.H. reichsten Einwohner über 58 v.H. des Gesamtvermögens der Bevölkerung. Ähnlich ungleich waren im 16. Jahrhundert die Getreidevorräte in Pavia verteilt, wo 1555 ganze 2 v.H. der Familien 45 v.H. der Reserven besaßen, und die ärmsten 60 v.H. der Bevölkerung auf überhaupt keine Getreidereserven zurückgreifen konnten [CIPOLLA 1976, 8–11].

Angaben über die Einkommen und das Verhältnis der Einkommen der verschiedenen Bevölkerungsgruppen zueinander aus dieser frühen Zeit sind noch spärlicher als über das Vermögen. Am ehesten lässt noch die berühmte Tabelle von Gregory King über die Haushaltseinkommen der wichtigsten Gruppen der englischen Gesellschaft für 1688 die Konstruktion einer frühen Einkommensverteilung zu. Dieses einmalige Dokument lässt sich nicht nur zu einer einigermaßen konsistenten Analyse der Sozialstruktur einer vorindustriellen Gesellschaft benutzen, sondern gibt zugleich einen groben Eindruck über die Einkommensverteilung zwischen den wichtigsten sozialen Gruppen der englischen Gesellschaft im 17. Jahrhundert [LASLETT 1991, 44–48]. Es erweist sich wiederum, dass mehr als die Hälfte der Bevölkerung aus Armen bestand, die sich mittels ihrer geringen Einkommen kaum selbst unterhalten konnten und dass der „Reichtum" der Gesellschaft, so gering er insgesamt gewesen ist, bei nur wenigen Familien und Personen konzentriert war. Dass diese gravierenden Einkommensdifferenzen nicht bis in die Gegenwart Bestand hatten, erscheint offensichtlich. Fraglich bleibt jedoch, wie sich diese Umverteilung der Einkommenschancen im Zuge der Industrialisierung vollzogen hat und wie die für diesen Zeitraum reichlicher verfügbaren Daten zu interpretieren sind.

2. Messung und Erklärung der Einkommensverteilung

Um dieser Frage nachgehen zu können, bedarf es angesichts der Fülle und der Heterogenität der zur Verfügung stehenden Daten einer exakten Definition der sozialen Ungleichheit und einer Explikation eines Messkonzeptes und der damit verbundenen Maßgrößen. Die ökonomische Dimension der sozialen Ungleichheit wird am ehesten durch die Dokumentation von Einkommensunterschieden erfasst, wobei in Marktgesellschaften unterstellt werden kann, dass diese im wesentlichen als Entgelte für die Bereitstellung von produktiven Ressourcen erzielt werden. Neben der Einkommensverteilung spielt auch die Verteilung von Vermögen eine gewissen Rolle, zumal die Verfügung über Vermögen wiederum zu einer Einkommensquelle werden kann.

Grundsätzlich gibt es drei verschiedene Messkonzepte, um die Einkommensverteilung als Indikator der ökonomischen Ungleichheit einer Gesellschaft zu bestimmen [KRELLE 1962, 11–14; EMRICH, 5–13].

1. Die funktionale Einkommensverteilung ordnet die gesamtwirtschaftliche Wertschöpfung den einzelnen Produktionsfaktoren zu. Dabei werden üblicherweise nur Arbeit und Kapital einschließlich des Bodens berücksichtigt, so dass sich das gesamte Volkseinkommen quasi „funktional" auf die Besitzer von Arbeit und Kapital verteilt. Lohnquoten, d.h. der Anteil der Einkommen aus unselbständiger Arbeit am Volkseinkommen, und Gewinnquoten, d.h. der Anteil der Einkommen aus Unternehmertätigkeit und Vermögen, bestimmen als Maßgrößen somit die funktionale Einkommensverteilung.

2. Die kategoriale Einkommensverteilung untersucht die Verteilung der Einkommen auf bestimmte Gruppen der Gesellschaft, z.B. auf Berufsgruppen (Handwerker, Kaufleute aber auch Arbeiter und Angestellte oder Bildungsbürger, Adelige und Bettler u.a.). Die Bildung der entsprechenden Untersuchungskategorien ist nicht vorbestimmt, sondern erfolgt nach der jeweiligen Fragestellung und den verfügbaren Daten. Als Maßgröße finden Lohnsätze, Realeinkommen, Pro-Kopf-Einkommen und relative Einkommensverhältnisse und -quoten Verwendung.

3. Die personelle Einkommensverteilung bestimmt die Verteilung des Einkommens auf bestimmte nach ihrer relativen Einkommenshöhe unterschiedenen Bevölkerungsgruppen, unabhängig von ihrer gesellschaftlichen Position oder ihrer Stellung im Produktionsprozess, z.B. die Anteile der 1 v.H., 5 v.H. oder 10 v.H. reichsten Einkommensbezieher. Als Maß für die Gleichheit bzw. Ungleichheit der Verteilung dienen dabei bestimmte statistisch definierte Maßgrößen (Gini-Koeffizient, Pareto-Alpha u. ä.).

Es ist klar, dass mit diesen drei Messkonzepten die Frage nach der ökonomischen Ungleichheit auf ganz unterschiedliche soziale Sachverhalte gerichtet wird und dass damit möglicherweise auch andere Ergebnisse und andere Begründungszusammenhänge zur Diskussion gestellt werden.

Die Klassiker der ökonomischen Theorie und in ihrer Tradition auch die Ökonomen von heute wandten und wenden sich vor allem den Bestimmungsgründen der funktionalen Einkommensverteilung zu. Für David Ricardo z.B. stand die Frage nach der Verteilung von Lohn, Zins und Bodenrente im Zentrum seines ökonomischen Systems.

Die Verteilung zwischen diesen drei Einkommensformen in Verbindung mit der Erwartung eines durch Robert Malthus begründeten unbegrenzten Bevölkerungswachstums determinierten die langfristigen Entwicklungsperspektiven der aufkommenden Industriewirtschaft und verleiteten Ricardo zur Prognose eines stationären Endzustandes mit Löhnen auf Subsistenzniveau, einer Kapitalrendite von Null und maximalen Grundrenten. Die Knappheitsverhältnisse der Produktionsfaktoren untereinander bestimmten also die Verteilung der Einkommen, wobei für die verschiedenen Produktionsfaktoren ganz unterschiedliche Bestimmungsgrößen galten:

– für die Arbeit das später so genannte „eherne Lohngesetz" (Lassalle), welches ein langfristiges Ansteigen des Lohnes über das Subsistenzniveau verhindert (Arbeit wird zu Reproduktionskosten getauscht);
– für den Boden eine Theorie der Differentialrente, wodurch die Unterschiede der natürlichen Bodenfruchtbarkeit als Erklärungsgröße der Bodenrente herangezogen werden, insgesamt der Boden jedoch als limitierender Faktor für die Expansion der Produktion gilt;
– für das Kapital allein bereits eine Vorstellung über dessen Produktivität bzw. Grenzproduktivität, die im stationären Endzustand eben „Null" beträgt.

Im langfristigen Ergebnis unterschied sich daher die klassische Verteilungstheorie nicht von den Vorstellungen der vorausgehenden Physiokraten. Diese analysierten jedoch anders als die Klassiker nicht die funktionale Einkommensverteilung, sondern beließen es bei einer kategorialen Einkommenszuweisung nach sozialen Klassen. Da in ihrer Vorstellung nur der Boden produktive Leistungen abgeben konnte, fiel den Grundbesitzern zwangsläufig auch der gesamte Ertrag zu.

Eine entscheidende Weiterentwicklung der ökonomischen Theorie bildet dann die Grenznutzentheorie, die am Ende des 19. Jahrhunderts an verschiedenen Orten gleichzeitig und unabhängig voneinander entwickelt wurde. Hinsichtlich der Erklärung der Einkommensverteilung wurde nunmehr angenommen, dass alle Produktionsfaktoren in ihrem Einsatz durch ihre jeweiligen Produktivitäten gesteuert werden und dass die Faktoreinkommen durch die jeweiligen Grenzproduktivitäten bestimmt sind. Die funktionale Einkommensverteilung bestimmt sich somit durch die Grenzproduktivitätstheorie.

Natürlich lassen sich auch bis in die Gegenwart Ansätze zur Bestimmung der kategorialen Einkommensverteilung finden. Die Theorie von Karl Marx, nach der die Arbeit zwar mit einem Lohnsatz entgolten wird, der dem Wert der Ware Arbeitskraft entspricht, der Mehrwert aber durch den Kapitalisten angeeignet wird, stellt Klassentheorie der Verteilung dar und bestimmt demnach die Einkommensverteilung aus der Klassenstruktur einer Gesellschaft. Dieser Theorie liegt die Vorstellung zugrunde, dass sich die Einkommensverteilung nicht allein innerhalb des Marktgeschehens erklären lasse [BLÜMLE 1975, 3].

Die funktionale Einkommensverteilung kann jedoch nicht erklären, wie sich die durch die Grenzproduktivitäten bestimmten Faktorpreise auf die Einkommensbezieher verteilen, d.h. wie die personelle Einkommensverteilung zustande kommt. Mit dieser Frage haben sich unabhängig von den Ansätzen der Grenznutzentheorie ebenfalls am Ende des 19. Jahrhunderts eine Reihe von Autoren befasst, von denen vor allem Vilfredo Pareto hervorgehoben zu werden verdient [EBENDA, 4]. Es entwickelt sich in dieser Tradition eine eigenständige Theorie der personellen Einkommensverteilung auf der Basis von Steuerstatistiken, die jedoch bis heute ein eher „eigenbrötlerisches Schattendasein" führt.

Den Kern der modernen Verteilungstheorie bildet daher bis heute die Weiterentwicklung und Auseinandersetzung mit der Grenzproduktivitätstheorie. Dabei spielt einerseits die Vorstellung eine Rolle, dass soziale Bestimmungsgründe über das Wirken der Marktkräfte hinaus zur Erklärung auch der funktionalen Einkommensverteilung mit herangezogen werden müssten. Andererseits werden Tendenzen deutlich, die Theorie zunehmend zu einer gesamtwirtschaftlichen Theorie auszubauen, d.h. die einzelwirtschaftliche Perspektive der Grenzproduktivitätstheorie zu überwinden und zu einer makroökonomischen Verteilungstheorie fortzuschreiten. In diesem Rahmen finden sich dann zahlreiche Versuche auch der Integration von Nachfrage und sozialstrukturell bedingten Erklärungen der funktionalen Einkommensverteilung.

3. Zur langfristigen Entwicklung ökonomischer Ungleichheit

Dass es auch in vorindustriellen Gesellschaften schwerwiegende ökonomische Ungleichheiten gegeben hat und man romantisierenden Vorstellungen einer Gesellschaft von Gleichen meilenweit entfernt war, sollte bereits deutlich geworden sein. Wichtig und entscheidend für die wirtschaftshistorische Forschung erscheint es jedoch, der Frage nachzugehen, wie die Entwicklung der westlichen Industriegesellschaften sich auf die ökonomische Ungleichheit ausgewirkt hat, konkret: ob die Einkommens- und Vermögensverteilung während dieses Zeitraumes gleichmäßiger oder ungleichmäßiger geworden ist.

Über die Tendenzen dieser Verteilungen bestehen in der Forschung deutliche Meinungsunterschiede. Hartmut Kaelble [KAELBLE 1983, 25-60] unterscheidet in seinem internationalen Überblick über die Entwicklung der Einkommensverteilungen verschiedener Länder drei kontroverse Positionen:
– Eine optimistische Position, die eine abnehmende ökonomische Ungleichheit im Industrialisierungsprozess postuliert. Diese Einschätzung kann sich jedoch nur auf wenige Daten über die Veränderung der personellen Einkommensverteilung in norwegischen Städten und einige Hinweise auf die Angleichung von Einkommensunterschieden zwischen einzelnen Berufen stützen. Sie kann daher keine starke empirische Gültigkeit beanspruchen;
– die neutrale Position, nach der sich die Verteilung von Einkommen und Vermögen während der Industrialisierung langfristig nur wenig verändert, findet wesentlich umfangreichere empirische Bestätigung. Dazu lassen sich Studien anführen, die eine langfristige Stabilität regionaler Einkommensdisparitäten bzw. deren Verminderung in der Industrialisierungsphase nahe legen. In die gleiche Richtung weist

die erstaunliche Stabilität der funktionalen Einkommensverteilung, wie sie in den gesamtwirtschaftlichen Lohnquoten zum Ausdruck kommt, die z.b. im Deutschen Reich zwischen 1870/79 und 1910/14 nur zwischen 47 v.H. und 53 v.H. schwankt [JECK 1970, 100]. Ähnlich stabil erscheint das Bild bei der personellen Einkommensverteilung, die sich in den beiden Prosperitätsphasen vor dem Ersten Weltkrieg z.b. in Deutschland kaum veränderte [HENTSCHEL 1978, 67];
– für eine negative Position einer zunehmenden ökonomischen Ungleichheit während der Industrialisierung sprechen die zahlreichsten Belege [LINDERT/WILLIAMSON 1985]. Diese finden sich hinsichtlich der ungleichen Entwicklung der personellen Einkommensverteilung ebenso wie in der Verteilung der Einkommen zwischen den Regionen und nicht nur für die Einkommen, sondern auch für die Vermögen in zahlreichen europäischen Ländern. Daher liegt es insgesamt nahe, von einer Verschärfung der ökonomischen Ungleichheit während der Industrialisierungsphase auszugehen.

Zahlreiche Untersuchungen zur personalen Einkommens- und Vermögensverteilung in den westlichen Industriestaaten weisen auf diesen Zusammenhang hin. Dies gilt auch für eine Verteilung von Einkommen und Vermögen nach Schichten und Klassen, also hinsichtlich der kategorialen Verteilungen. Erstaunlicherweise gibt es für die Entwicklung der funktionalen Einkommensverteilung – ganz im Gegensatz zu ihrer Bedeutung innerhalb der ökonomischen Verteilungstheorie – kaum historische Untersuchungen.

Nimmt man nun die deutsche Entwicklung ein wenig genauer in den Blick – die britische und amerikanische Entwicklung der Einkommensverteilung ist andernorts in ihren Grundzügen skizziert [LINDERT/WILLIAMSON 1985; WILLIAMSON 1979] – so scheinen die Daten die allgemeine, von Kaelble hervorgehobene Entwicklung einer verschärften ökonomischen Ungleichheit zu bestätigen.

Bereits unter den Vertretern der jüngeren Historischen Schule der deutschen Nationalökonomie begann angesichts vorgeblicher Erfahrung wachsender ökonomischer Ungleichheit und der Verschärfung der „Sozialen Frage" eine wissenschaftliche Diskussion um die Einkommensverteilung im Deutschen Reich, vorerst allerdings noch auf einer völlig unzureichenden empirischen und methodischen Basis [DUMKE, 1987]. Werner Sombart [SOMBART 1903, 498–511] glaubt Anfang des 20. Jahrhunderts eine ganz neue Bevölkerungsgruppe, die Reichen außerhalb des Adels, beobachten zu können, während die traditionellen Armen am anderen Ende der Skala ganz verschwunden zu sein scheinen. Eine eindeutige Schlussfolgerung wagt er aus diesem Sachverhalt dennoch nicht zu ziehen: „Man wird auch wohl sagen dürfen, die Einkommensverteilung ist heute differenzierter als vor hundert oder vor fünfzig Jahren. Denn sicher ist zwischen den Ärmsten und den Reichsten heute ein größerer Abstand als damals, nicht etwa weil die Ärmsten ärmer geworden wären, sie sind vielmehr weniger arm, sondern weil die Reichsten um so viel rascher an Reichtum gewachsen sind" [EBENDA, 503].

Die methodische Hilflosigkeit derartiger Ansätze spiegelt der Versuch einer Darstellung der Einkommensungleichheit der englischen Gesellschaft im 19. Jahrhundert in einem am englischen Nationalökonomen Baxter orientierten Bild, in dem ein großer Geldsack, der die Einkommen der Oberschicht symbolisiert, auf einem dünnen Hals und den schmalen Schultern ruht, die für die Mittelklassen stehen, wobei die Basis aus den handarbeitenden Klassen, dargestellt als emsige Ameisen, gebildet wird, die Armen schließlich ganz weit unten rangieren und nur geringe bzw. gar keine Einkommen beziehen [WAGNER 1907, 466 und *siehe Schaubild 2*].

4. Zur Einkommens- und Vermögensverteilung in Deutschland seit dem 19. Jahrhundert

Die Diskussion um die Veränderungen in der Einkommens- und Vermögensverteilung innerhalb der deutschen Bevölkerung im 19. Jahrhundert war eng verknüpft mit der befürchteten Verelendung der unteren Schichten der Gesellschaft, insbesondere des Industrieproletariats. Die „Soziale Frage" des 19. Jahrhunderts war eine Verteilungsfrage. Auf die negativen Konsequenzen des Industrialisierungsprozesses für die ärmeren Klassen hatte am englischen Beispiel Friedrich Engels schon früh hingewiesen und dabei zeitgenössische Materialien zur Arbeits- und Lebenssituation der Fabrikarbeiterschaft benutzt [ENGELS (1845) 1970]. Dieses Schreckensbild einer der Verelendung anheim fallenden Arbeiterklasse war auch in Deutschland nicht ohne Wirkung geblieben.

Gustav Schmoller wies in seiner Rede anlässlich der Gründung des Vereins für Socialpolitik 1872 darauf hin, dass auch der deutschen Gesellschaft eine sozialökonomische Polarisierung drohe, weil einerseits die unteren Gesellschaftsschichten im Zuge der Industrialisierung gewaltig expandierten, die so genannten „Mittelklassen" daher an Bedeutung verlören, andererseits aber die neu gewonnenen Reichtümer vor allem den oberen Schichten zugute kämen [SCHMOLLER 1873, 4]. Der „Niedergang der Mittelklassen" und die „Verelendung der Arbeiter" schien damit eine unausweichliche Konsequenz der wirtschaftlichen Entwicklung: Die mittleren Sprossen der sozialen Leiter schienen ein für allemal herausgebrochen [NEUMANN 1892, 367] und eine antagonistische Klassenstruktur unvermeidlich.

Die Ursachen dieser Entwicklung wurden zweifelsfrei in einer sich verschärfenden Ungleichheit der funktionalen Einkommensverteilung gesehen: Der „Profit der Kapitalisten würde zunehmend auf Kosten der Löhne der Arbeiter bzw. „Proletarier" weiter zunehmen und die Klassengegensätze weiter verschärfen. Adolph Wagner teilte diese pessimistische Zukunftserwartung durchaus, wenn er zur Jahrhundertwende auf das Hervortreten einer neuen Geldaristokratie und die damit verbundene „ungesunde" Verwerfung in der Einkommensstruktur der Bevölkerung hinwies [WAGNER 1907, 467]. Die politische Dimension dieser wachsenden Einkommensungleichheit sollte mit dem Terminus „Plutokratie" eingefangen werden, vor deren Ausbreitung Wagner, wenn auch nicht unwidersprochen [HELLFERICH 1913, 133–37], bereits gewarnt hatte. Wie berechtigt diese Sorgen waren, lässt sich mit einem Hinweis auf das preußische Dreiklassenwahlrecht veranschaulichen, in dem Wahlrechte mit der Steuerkraft und d.h. mit dem Einkommen eng verkoppelt waren und das zweifelsfrei plutokratischen Tendenzen Vorschub leistete. Alle diese Beiträge litten jedoch Mangel an zuverlässigem statistischen Material, die Argumente stützten sich häufig auf qualitative Aussagen oder auf einzelne Beispiele, nicht auf eine statistische Aufarbeitung der quantitativen Belege zur Entwicklung der Einkommensverteilung.

Diese setzte erst im 20. Jahrhundert ein [PERLS 1911; PROCOPOVITCH 1926] und eröffnete schließlich in der Nachkriegszeit wichtige Einsichten über die Entwicklung der Einkommensverteilung in Deutschland seit der Mitte des 19. Jahrhunderts. Franz Grumbach [GRUMBACH 1957] leistete hier Pionierarbeit, als er sich der Analyse der preußischen Steuerstatistiken des 19. Jahrhunderts zuwandte. Er benutzte dabei als Maß für die personelle Einkommensverteilung das „Pareto-Alpha", eine Maßgröße, die die Steigung der Kurve zwischen dem Logarithmus der kumulierten relativen Häufigkeiten und dem Logarithmus der Einkommen als Maßstab der Ungleichheit nimmt [BLÜMLE 1975, 28f.]. Diese Maßgröße hat bestimmte Eigenarten, die ihre allgemeine Verwendung eng begrenzt: Sie zeigt sich besonders sensibel hinsichtlich der Veränderungen im oberen Bereich der Einkommensskala und sehr robust gegenüber solchen im unteren Bereich. Derartige Eigentümlichkeiten sind allen Verteilungsmaßen zu eigen und daher unvermeidlich. Für unsere Zwecke lässt sich jedoch mit „Pareto-Alpha" argumentieren [DUMKE 1987, 28–31]. Für verschiedene deutsche Staaten im 19. und 20. Jahrhundert bzw. für die Bundesrepublik Deutschland zeigt diese Maßgröße folgenden Verlauf *(Schaubild 3)*.

Ein hoher Wert von „Pareto-Alpha" indiziert eine geringe personale Einkommensungleichheit, während ein geringer Wert eine hohe Ungleichheit anzeigt. Für Preußen lässt sich daher im 19. Jahrhundert eine deutlich steigende Ungleichheit in der Verteilung der Einkommen feststellen, die bis ins 20. Jahrhundert anhält und dann einer umgekehrten Tendenz Platz macht. Ein ähnlicher Entwicklungsverlauf zeigt sich auch für Sachsen und Baden, und ebenso lässt sich für die Bundesrepublik anhand dieser Maßgröße eine Verminderung der Einkommensungleichheit konstatieren.

Auch Müller und Geisenberger konzentrieren sich in ihrer Studie auf die Analyse der personalen Einkommensverteilung und benutzen Steuerstatistiken aus verschiedenen deutschen Staaten vor 1913. Sie benutzen dabei als Maß einen Verteilungskoeffizienten, der den Anteil einer jeweils genau definierten Personengruppe am Gesamteinkommen angibt *(Schaubild 4)*.

So zeigt z.B. die Linie 0–5 im *Schaubild 4* an, wie viel Prozent des Gesamteinkommens auf die reichsten 5 v.H. aller Zensiten (Steuerzahler) entfallen, gleiches gilt für die übrigen Linien. Das Ergebnis für Preußen ist eindeutig: Bis zur Jahrhundertwende steigen die Einkommensanteile der Zensiten mit den höchsten Einkommen deutlich an, und danach sinken diese Anteile. Dies gilt insbesondere für die Reichsten (1 v.H., 1 v.T.), deren Anteile den Löwenanteil am Einkommen insgesamt ausmachen. In anderen deutschen Staaten bestätigt sich dieser Zusammenhang in ähnlicher Weise.

Auch Volker Hentschel in seiner Arbeit über die Wirtschaftspolitik im wilhelminischen Deutschland untersucht die Entwicklung der personalen Einkommensverteilung [HENTSCHEL 1978] und bestätigt dort wie an anderer Stelle [HENTSCHEL 1979] die allgemeinen Tendenzen, jedoch mit deutlich regionalen Unterschieden. Insgesamt geben diese auf den Steuerstatistiken fußenden Untersuchungen ein eindeutiges Bild über die Entwicklung der personalen Einkommensverteilung in Deutschland seit der Mitte des 19. Jahrhunderts, das sehr gut mit den Beobachtungen der Zeitgenossen korrespondiert. Die Reichen wurden im 19. Jahrhundert offenbar deutlich reicher, so dass die Schere zwischen reich und arm sich öffnete, die Einkommensungleichheit weiter zunahm. Diese Tendenz konnte erst im 20. Jahrhundert umgekehrt werden. Wobei jedoch einschränkend zu vermerken ist, dass diese Steuerstatistiken nur einen Teil der Bevölkerung – den wohlhabenden – erfassen, weil große Teile der ärmeren Bevölkerung im 19. Jahrhundert von der Einkommenssteuerpflicht weitgehend freigestellt waren.

Neben den genannten Untersuchungen zur personalen Einkommensverteilung in Deutschland finden sich einige, deutlich wenige Schätzungen über die funktionale Einkommensverteilung. Hier ist insbesondere die Untersuchung von Walther G. Hoffmann [HOFFMAN/GRUMMBACH/HESSE 1965, 86–89] zu nennen. Er berechnet darin den Anteil des Arbeitseinkommens am Volkseinkommen zwischen 1850 und 1960 und kommt zu folgendem Ergebnis *(Schaubild 5)*.

Nach Hoffmann zeigt sich bei einer langfristigen Konstanz der so definierten „Lohnquote" zwischen 70 v.H. und 80 v.H. kurzfristig beachtliche Veränderungen. Insbesondere fällt ins Auge, dass zwischen 1875 und 1913, also in einer starken Wachstumsphase der deutschen Volkswirtschaft, der Anteil der Arbeitseinkommen durchschnittlich in vier Jahren um einen Prozentpunkt sinkt. Die Krisen der Zwischenkriegszeit lassen diesen Wert emporschnellen, während im Wachstum der Nachkriegszeit wiederum eine sinkende Tendenz zu konstatieren ist. Wachstum fördert offenbar eine Umverteilung zuungunsten der Arbeitseinkommen und bevorzugt die Kapitaleinkommen und Krisen zugunsten von Arbeit und zuungunsten von Kapital. Allerdings finden sich auch Studien, die die langfristige Konstanz der funktionalen Einkommensverteilung anzweifeln [JECK 1970, 73], wobei natürlich der betrachtete Zeitraum eine wichtige Rolle spielt ebenso wie langfristige Veränderungen in der Struktur der Beschäftigten, insbesondere der sinkende Anteil der Selbständigen als Bezieher von Gewinneinkommen. Diese Trendentwicklungen in der funktionalen Einkommensverteilung in Deutschland seit dem 19. Jahrhundert finden ihre Bestätigung in vergleichenden Untersuchungen der Entwicklung in Großbritannien und den USA [HELMSTÄDTER 1969, 53–58]. Auch hier lassen sich bei langfristiger Stabilität der Relation deutliche Wachstumszyklen ausmachen. Untersuchungen zur kategorialen Einkommensverteilung finden sich relativ häufig, wie im Prinzip alle Studien, die sich mit Lohn- und Einkommensrelationen bestimmter sozialer Gruppen befassen, sich hier einordnen lassen. So lässt sich die Veränderung in den Relationen, z.B. verschiedener Angestelltengruppen im Kaiserreich [PIERENKEMPER 1987, 73–85], ebenso diesem Forschungsgebiet zurechnen wie die langfristige Veränderung in den Einkommen hoch und gering qualifizierter Arbeitskräfte [DUMKE, 1987] oder die Bestimmung der Einkommensentwicklung aller Erwerbstätigen nach ihrer Stellung im Wirtschaftsprozess. Eine Schätzung der derartig definierten kategorialen Einkommensverteilung in Deutschland für das Kaiserreich hat z.B. Albert Jeck [JECK 1970, 130] vorgelegt *(Schaubild 6)*. Darin zeigt sich ein leichter Anstieg der anders als bei Hoffmann definierten „Lohnquote" von 42,2 v.H. (1870/74) auf 48,6 v.H. (1910/13). Die Anteile der landwirtschaftlichen Selbständigen verringern sich im gleichen Zeitraum, während die der industriellen Unternehmer konstant bleiben. Auch die übrigen Einkommenspositionen ändern sich nicht dramatisch, weshalb, zwar entgegen der Argumentation des Autors, insbesondere in einer noch längerfristig angelegten Betrachtung doch von einer bemerkenswerten langfristigen Stabilität der Verteilungsposition ausgegangen werden kann.

Rolf H. Dumke macht in seiner unveröffentlichten Habilitationsschrift von 1987 den interessanten Versuch, Maße über die Entwicklung der personalen, der funktionalen und der kategorialen Einkommensverteilung Deutschlands seit der Mitte des 19. Jahrhunderts zu einem Schaubild zu vereinen und damit zu einer komplexen Beschreibung und Analyse der ökonomischen Ungleichheit der Gesellschaft während dieses Zeitpunktes fortzuschreiben. Als Verteilungsmaße der personellen Einkommensverteilung benutzt er dabei „Pareto-Alpha" aus der preußischen Steuerstatistik nach Franz Grumbach, die Hoffmannschen Schätzungen der Arbeitseinkommensanteile als Maß der funktionalen Einkommensverteilung und schließlich einen so genannten „skill ratio" als Maß einer kategorialen Verteilung. Dieses Maß errechnet sich aus dem Verhältnis der durchschnittlichen Löhne in der Textilindustrie [BRY 1960, 81–88], wobei erste als eine Branche gilt, in der wenig qualifizierte Arbeitskräfte Beschäftigung finden, während im Maschinenbau überwiegend hoch qualifizierte Arbeiter benötigt werden. Die Relation der beiden Lohnhöhen kann deshalb als Maß für die Verteilung der Einkommen zwischen hoch und gering qualifizierten Arbeitskräften dienen ([DUMKE 1987, 31–43, 96] u. *Schaubild 7)*.

Alle drei Indikatoren zeigen bis zur Jahrhundertwende eine eindeutige Zunahme der ökonomischen Ungleichheit an. „Pareto-Alpha" signalisiert, dass die höheren Einkommensbezieher in der Steuerstatistik ihren Anteil deutlich steigern konnten, eine sinkende „Lohnquote" weist auf eine Verbesserung der Verteilungsposition der Kapitalbezieher hin und ebenso konnten höher qualifizierte Erwerbstätige ihren Anteil an den Löhnen auf Kosten weniger qualifizierter Arbeitskräfte erhöhen. In der Spätphase des Kaiserreichs hatte die ökonomische Ungleichheit in Deutschland offenbar einen historischen Höchststand erreicht. Eine erste Korrektur dieser extremen Ungleichheit erfolgte offenbar abrupt in den Krisen der Zwischenkriegszeit, ehe sich dann in der deutschen Nachkriegsentwicklung die Tendenz zu einer größeren Gleichverteilung der Einkommen umkehren konnte.

Dieser langfristige Entwicklungsverlauf der ökonomischen Ungleichheit in Deutschland entspricht offenbar dem Bild, das Simon Kuznets mit seiner inversen U-Kurve beschrieben hat und der sich dabei auf Beobachtungen in mehreren industrialisierten Ländern stützt [KUZNETS 1955]. In den USA ebenso wie in Deutschland lässt sich dabei im Wachstumsprozess des 19. Jahrhunderts zunächst eine zunehmende Ungleichverteilung der Einkommen beobachten, die dann nach Durchschreiten eines historischen Hochs ökonomischer Ungleichheit erst im 20. Jahrhundert einer Tendenz zu höherer Gleichheit in der Verteilung der Einkommen Raum gibt.

Die Ursachen dieses säkularen Wandels sind nicht eindeutig, doch zahlreiche Erfahrungen, auch in den Entwicklungsländern, sprechen dafür, dass es möglicherweise einen „Trade-Off" zwischen raschem ökonomischen Wachstum und ökonomischer Gleichheit gibt. Dieser so genannte „Wachstums-Gleichheits-Konflikt" lässt sich auch aus der Dynamik kapitalistischer Entwicklung erklären [WILLIAMSON 1979]. Hohe Wachstumsraten erfordern langfristig gesteigerte Kapitalakkumulation, und diese setzt eine hohe Investitions- und Sparquote voraus, die in einer ärmeren Gesellschaft offenbar am ehesten zu realisieren ist, wenn die Einkommen zugunsten der Reichen, die ja über eine höhere Sparquote verfügen, umverteilt werden.

Diese These fügt sich nahtlos in frühere Erklärungen der steigenden Einkommensungleichheit ein, die ebenfalls auf die Effekte der Kapitalakkumulation reflektieren. Die Veränderungen zwischen Lohneinkommen und Kapitalerträgen bei einem überproportionalen Wachstum des Kapitalstocks müssen zwangsläufig auch Auswirkungen auf die personale und kategoriale Einkommensverteilung haben [PIGOU 1920, 699].

Das Einkommen aus Vermögen ist weitaus ungleicher verteilt, als das aus Erwerbstätigkeit, weshalb diese Strukturveränderung zwangsläufig zu einer Einkommenskonzentration führen muss. Darüber hinaus ermöglicht der Vermögensbesitz höhere Investitionen in Bildung und Humankapital, so dass auch hinsichtlich der Erwerbschancen Vermögensbesitzer einen besseren Ausgangspunkt haben. Franz Grumbach [GRUMBACH 1957, 90] weist darüber hinaus auf die Bedeutung der internen Zusammensetzung des Kapitalstocks und deren Bedeutung für die Einkommensverteilung hin. Vor allem industrielles Kapital erziele höhere Renditen und trage damit auch zur Einkommensungleichheit unter den Kapitalbesitzern bei.

Wie bereits angedeutet, haben sich die frühen Untersuchungen zur ökonomischen Ungleichheit vor allem auf die Erfassung von Unterschieden im Vermögen bzw. von Vermögensbestandteilen verschiedener Bevölkerungsgruppen gestützt. Dies vor allem wohl deshalb, weil Vermögensbestandteile, wie z.B. Haus- und Grundvermögen, als Bestandsgrößen praktisch wesentlich einfacher fassbar waren, als die Strömungsgröße „Einkommen". Auch mag die zeitgenössische Vorstellung dazu beigetragen haben, dass Reichtum von Individuen und Staaten im Wesentlichen durch den verfügbaren Bestand an Werten (Gold, Waren etc.) und nicht durch die Erwerbskraft determiniert war [HELMSTÄDTER 1969, 22]. Leopold Krug hat bereits 1805 einen wesentlichen Schritt vorwärts gemacht, als er eine Schätzung des Kapitalstocks des preußischen Staates u.a. auch dazu benutzte, über eine Kalkulation der Erträge der jeweiligen Volksvermögensbestandteile das jährliche Nationaleinkommen zu ermitteln [KRUG 1805, Abriß, 100–102]. Dieses Anliegen hat er dann in seinem zweibändigen Hauptwerk „Betrachtungen über den National-Reichtum des preußischen Staates usw." weiter verfolgt und zu einer ersten Schätzung des „Sozialprodukts" für Preußen verdichtet. Wichtig erscheint, dass die Basis dieser Schätzung die Ermittlung des Vermögens und seiner Bestandteile in der Gesamtwirtschaft darstellte [KRUG 1805, Betrachtungen].

C. F. W. Dieterici folgte etwa vierzig Jahre später diesem ehrgeizigen Unterfangen, stützte sich nun aber als Basis der Einkommensschätzungen nicht mehr auf die

Vermögensbestandteile in der Volkswirtschaft, sondern auf das Verbrauchsverhalten der Bevölkerung [DIETERICI 1846]. Überhaupt verlagerte sich das Interesse der frühen Gewerbestatistik weg von der Erfassung der Vermögen und hin zur Untersuchung der Zirkulation, z.b. des Außenhandels und des Verbrauchs, ehe sie sich dann in einer weiteren Akzentverlagerung vor allem der Untersuchung der Erwerbs- und Beschäftigungsverhältnisse zuwandte: Sie konzentrierte sich dann zunehmend auf die Berufs- und Gewerbestatistik, wie sie dann vom Statistischen Reichsamt im Kaiserreich entwickelt wurde. Angaben über das Gesamteinkommen und/oder Vermögen und seine Verteilung fehlten weiterhin. Solcherart Rechenwerke schienen den Zeitgenossen offenbar zunehmend schwieriger oder gar mit dem methodischen Instrumentarium der Zeit unmöglich.

Erst in allerjüngster Zeit hat es für die Bundesrepublik Deutschland Versuche gegeben, einen Überblick über die Vermögensverteilung zu geben. Anlass waren politische Erwägungen, die eine Umverteilung der in der Nachkriegszeit ungleichmäßig erfolgten Vermögensbildung ins Auge fassten – bislang ohne Konsequenzen. Die Studie von Krelle, Schunck und Siebke [KRELLE/SCHUNCK/SIEBKE 1968] machte hier einen Anfang, und einige wenige weitere Untersuchungen folgten kurz darauf. Neben der unzureichenden Datenlage [STIEPELMANN 1988, 1–4] erweist sich dabei vor allem auch die Frage, welche Güter und Ansprüche dem privaten Vermögen zuzurechnen sind und welche nicht, kurz: die Definition von Vermögen, als außerordentlich schwierig. Darüber hinaus sind natürlich auch die jeweiligen Wertansätze für die verschiedenen Vermögensbestandteile strittig.

Eine konventionelle Einteilung unterscheidet zwischen Geld-, Produktiv-, Grund-, und landwirtschaftlichem Vermögen, dessen Entwicklung zwischen 1960 und 1970 wie folgt dargestellt werden kann *(Schaubild 8)*.

Es zeigt sich, dass insgesamt das Vermögen in diesem Jahrzehnt von 304 auf 1.226 Mrd. DM angewachsen ist, die Anteile von Grund- und Geldvermögen angestiegen sind, das Produktivvermögen hingegen relativ an Bedeutung verloren hat. Betrachtet man die Verteilung dieser Vermögensarten auf die privaten Haushalte, so zeigt sich, dass Grund- und Geldvermögen relativ weit gestreut sind, während das Produktivvermögen stark konzentriert ist: 1960 verfügten 1,7 v.H. aller Haushalte über 35 v.H. des Produktionsvermögens, und dieser Anteil sank bis 1966 nur leicht auf 31 v.H. Nun lassen sich natürlich auch die Wertansätze der Vermögensbestandteile in Frage stellen. Alle Angaben stützen sich auf die Vermögenssteuerstatistik, in der sich nur ca. 2 v.H. aller privaten Haushalte wieder finden, und auch die Grundvermögen werden nach Einheitswerten von 1935 bewertet und bedürfen daher einer Korrektur. Auch ist es strittig, ob nicht langlebige Verbrauchsgüter der privaten Haushalte, wie z.B. Automobile, in die Betrachtung einbezogen werden sollten, ebenso wie die Ansprüche an die Rentenversicherung, zumal Lebensversicherungen in der vorliegenden Rechnung berücksichtigt wurden. Nimmt man z.B. die kapitalisierten Rentenansprüche mit in die Vermögensrechnung auf, so zeigt sich folgende Verteilung *(Schaubild 9)*.

Dass diese Fragen natürlich eine enorme verteilungspolitische Relevanz haben, veranschaulicht die Studie von Meinhard Miegel [MIEGEL 1983], die einen ungeheuren Pressewirbel erzeugte, in dem die Deutschen als im Durchschnitt überraschend reich geschildert wurden und Armut in der Gesellschaft praktisch nicht mehr existiere: Immerhin verfüge der durchschnittliche Privathaushalt 1983 demnach über ein Vermögen von DM 360.000,- (einschließlich DM 130.000,- kapitalisierter Rentenansprüche).

5. Zur politischen Bedeutung ökonomischer Verteilungsfragen

Wie schon bei den vorausgehenden Ausführungen zur Vermögensverteilung in der Bundesrepublik Deutschland deutlich geworden, sind alle Verteilungsfragen auch eminent politische Fragen. Auch der Ausgangspunkt in der wissenschaftlichen Auseinandersetzung mit den Veränderungen der Einkommensverteilung, die Verschärfung der „Sozialen Frage" im 19. Jahrhundert, weist auf den gleichen Zusammenhang hin. Der „Verteilungskampf" um die Früchte des Wirtschaftens in einer Volkswirtschaft prägt ganz entscheidend ihr soziales und politisches Antlitz. Dies lässt sich an zahlreichen Beispielen veranschaulichen.

Das Scheitern der Weimarer Republik lässt sich ohne Schwierigkeiten auf die ungelösten Verteilungskonflikte in der Folge des Ersten Weltkrieges interpretieren [BORCHARDT 1982]. Das rasche Wachstum – gefördert durch die große Inflation – während der kurzen „goldenen" zwanziger Jahre habe die latenten Verteilungskonflikte zunächst überdeckt und auf die jüngeren staatlichen Instanzen übertragen. In der Krise seien diese Konflikte dann voll ausgebrochen und hätten wegen der staatlichen Involvierung den Gesamtstaat in Mitleidenschaft gezogen und schließlich zerstört.

Auch der Zusammenbruch der DDR und die neu gewonnene deutsche Einheit lassen sich im Rekurs auf Verteilungsauseinandersetzungen interpretieren. Die Revolutionen, die im Herbst 1989 Osteuropa erschütterten, lassen sich nach Jörg Roesler durchaus auch als Revolutionen von Konsumenten interpretieren, die Anschluss an das westliche Konsumniveau suchten [ROESLER 1991, 85]. Hier spielte die Verteilung der Einkommen in den sozialistischen Staaten eine große Rolle, die den Konsumbedürfnissen der privaten Haushalte nur unzureichend Rechnung trug und einen hohen Anteil für den Staatsverbrauch reservierte. Neben anderem trug dies zu einer mangelhaften Versorgung der Bevölkerung bei, deren Bereitschaft zu weiteren Konsumverzichten Ende der achtziger Jahre offenbar erschöpft war.

Damit sind wir erneut auf den Ausgangspunkt unserer Betrachtungen über die ökonomische Ungleichheit unter den Menschen verwiesen: In der Tat erscheint hier ein zentraler Tatbestand nicht nur der Sozialwissenschaften, sondern der menschlichen Existenz schlechthin angesprochen.

Schaubild 1
Schichtungssysteme der städtischen und ländlichen Gesellschaft des Mittelalters

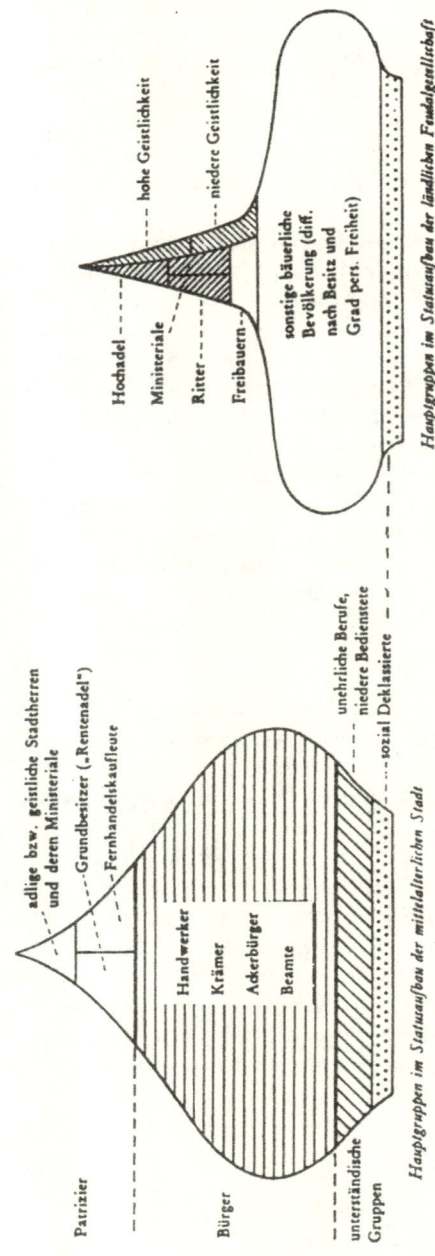

Quelle: BOLTE u.a. 1974, 34 u. 35

Schaubild 2
Stilisierte Einkommensverteilung der englischen Gesellschaft im 19 Jahrhundert

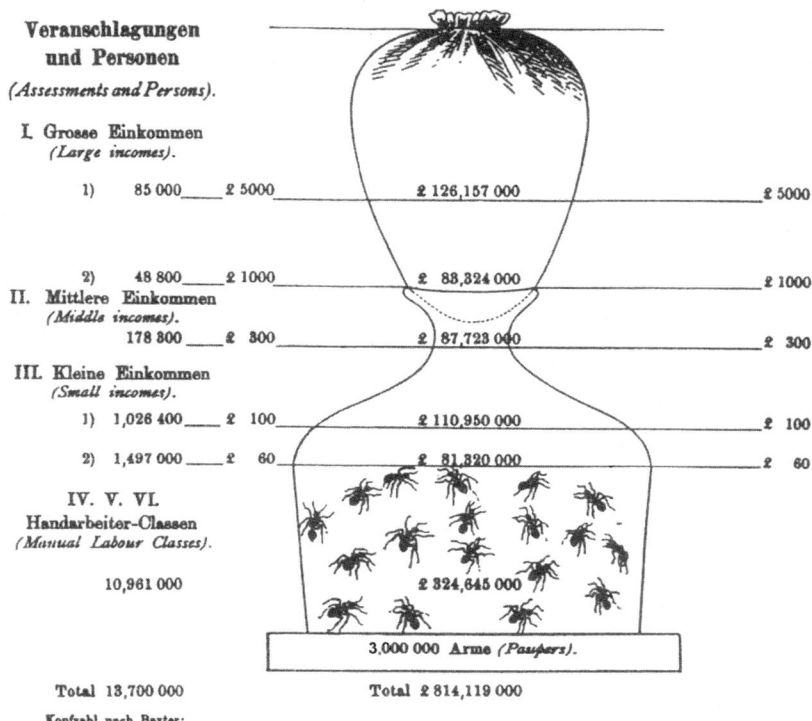

Rectificirte
Baxter'sche Nationaleinkommens-Figur, wie sie im Vergleich zu der nach Colquhoun'schen Daten entworfenen Einkommenspyramide, nach den inzwischen vorgegangenen Veränderungen in dem Antheilsverhältniss der verschiedenen Volksklassen am Nationaleinkommen, hätte gezeichnet werden sollen.

Quelle: WAGNER 1907, 466

Schaubild 3
Entwicklung der Einkommensverteilung im Deutschen Reich

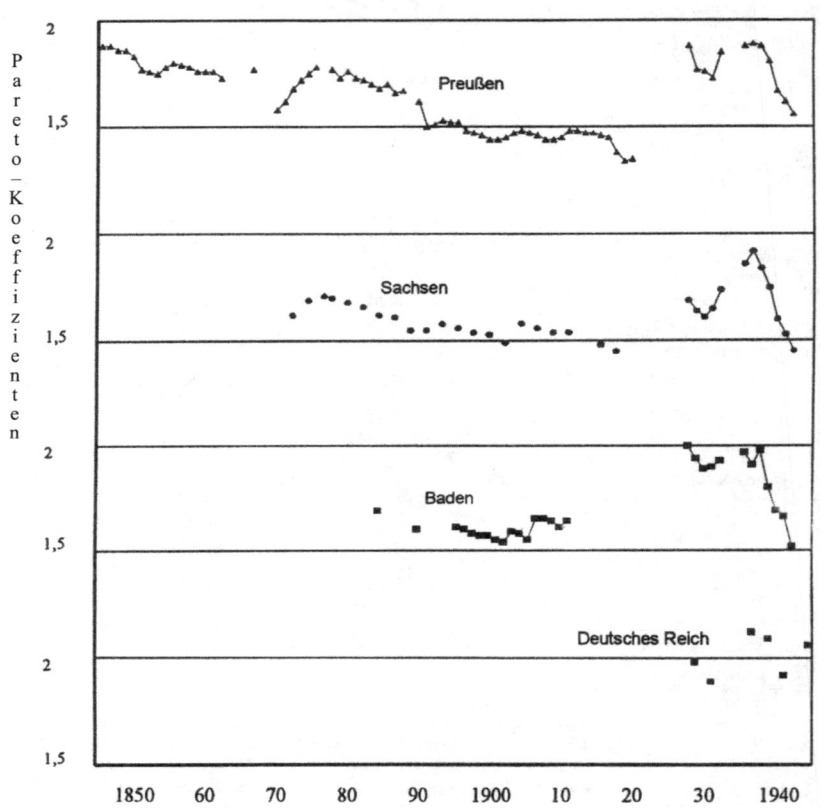

Quelle: GRUMBACH 1957

Schaubild 4
Entwicklung der Einkommensstruktur in Preußen 1873 – 1913

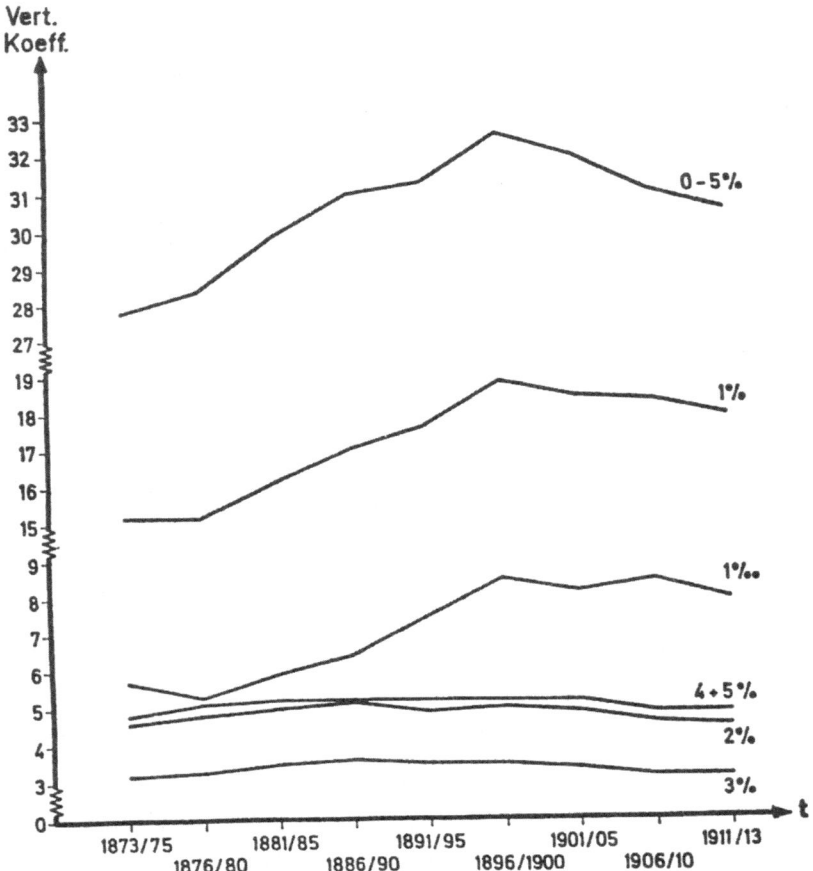

Quelle: J. Heinz MÜLLER/Siegfried GEISENBERGER, Die Einkommensstruktur in verschiedenen deutschen Ländern 1874 – 1913, Berlin 1972, 39

Schaubild 5
Anteil des Arbeitseinkommens am Volkseinkommen 1850 – 1959 (v.H.)

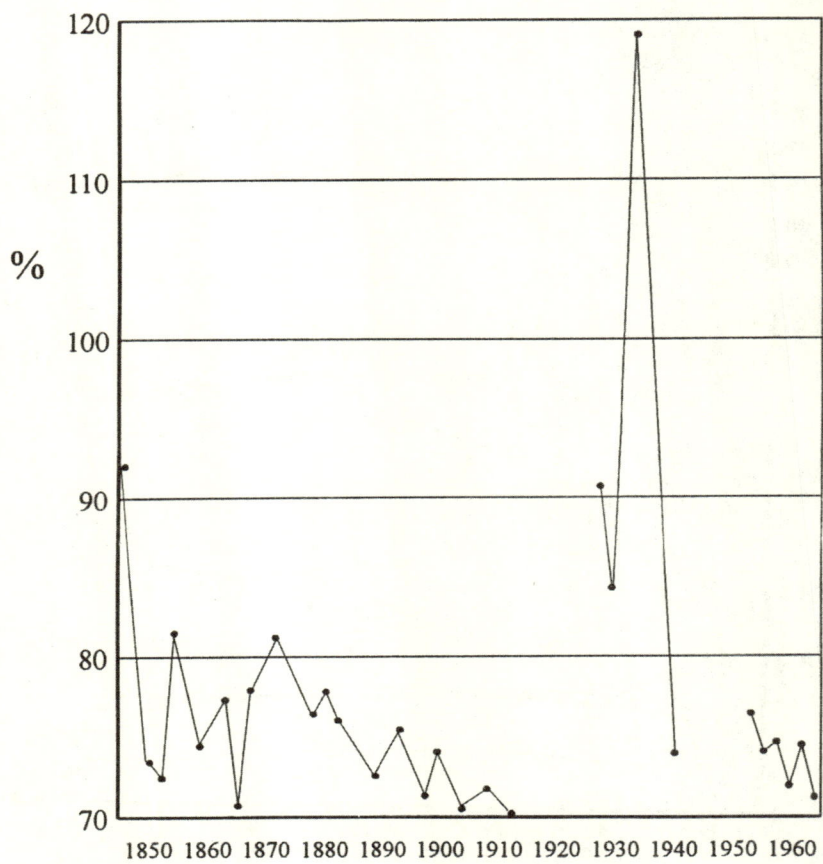

Quelle: Nach HOFFMAN u.a. 1965, 88

Einkommens- und Vermögensverteilung 275

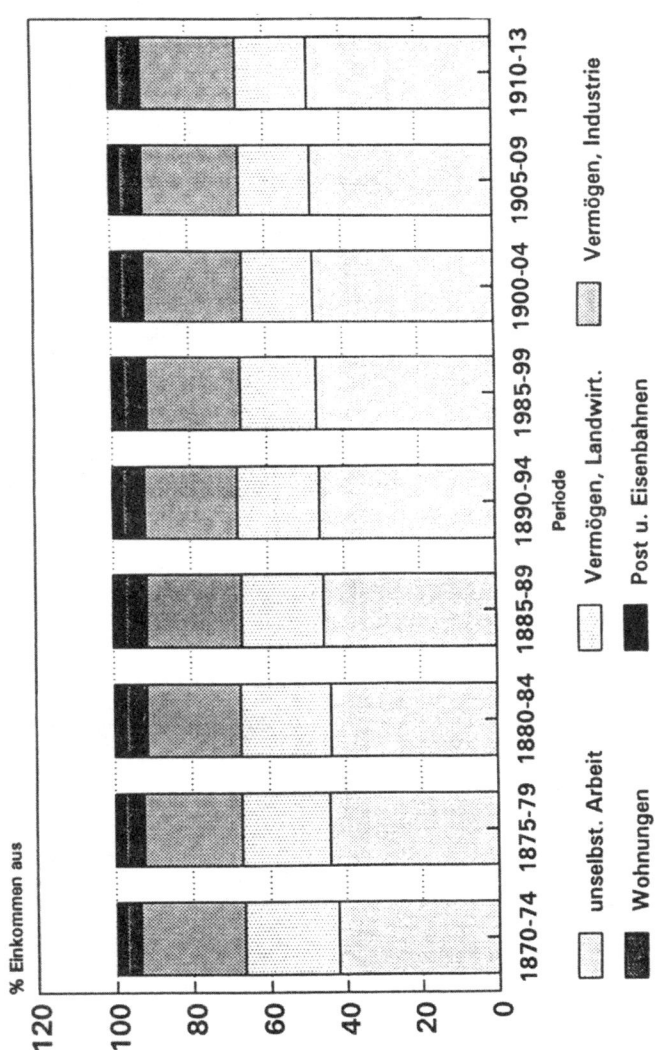

Schaubild 6
Die Entwicklung der kategorialen Einkommensverteilung in Deutschland 1870–1913

Quelle: JECK 1970, 130

Schaubild 7
Kombinierte Verteilungsfaktoren für Deutschland

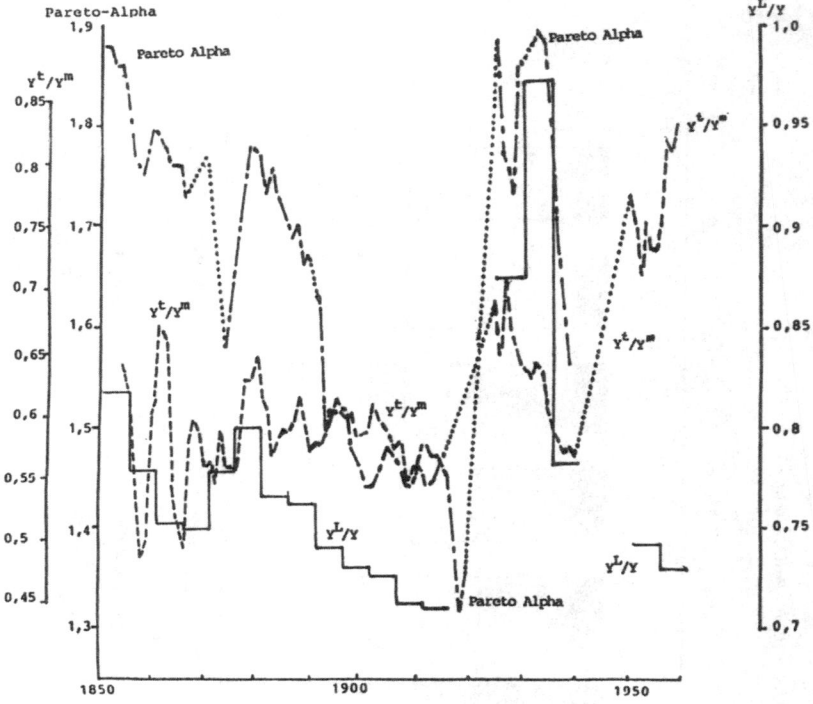

Quelle: R. H. DUMKE, Economic Inequality an Industrialisation in Germany 1850 – 1913 (unveröffentlichte Habilitationsschrift). Münster 1987, 96

Schaubild 8
Vermögensverteilung in der Bundesrepublik 1960 – 1970 (v.H.)

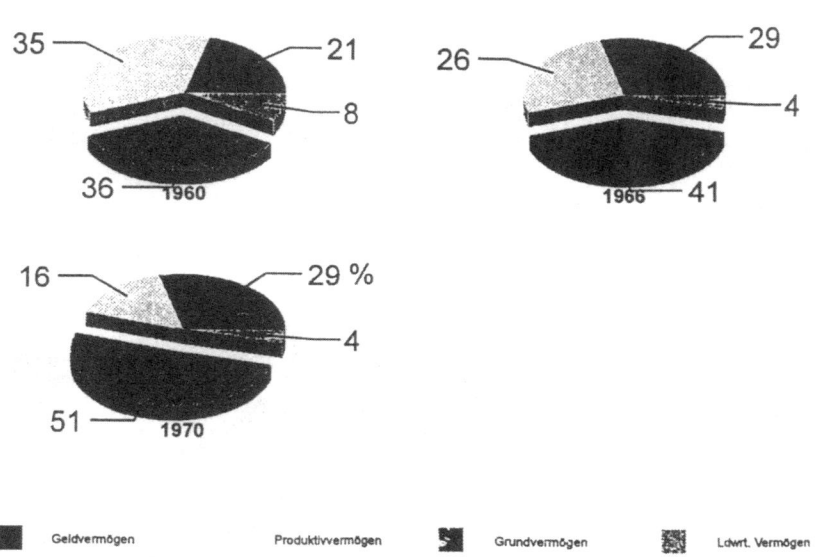

■ Geldvermögen   Produktivvermögen   ⬛ Grundvermögen   ▦ Ldwrt. Vermögen

Quelle (1960): KRELLE/SCHUN/SIEBKE 1968.

Quelle (1966): Jürgen SIEBKE, Entwurf des Berichts der Bundesregierung über die Vermögensbildung, Bonn 1971

Quelle (1970): Deutsches Institut für Wirtschaftsforschung (DIW), Die Vermögensverteilung der privaten Haushalte in der BRD, in: DIW Wochenbericht 6 (1971)

Schaubild 9
Vermögensverteilung in der Bundesrepublik Deutschland 1960 – 1970

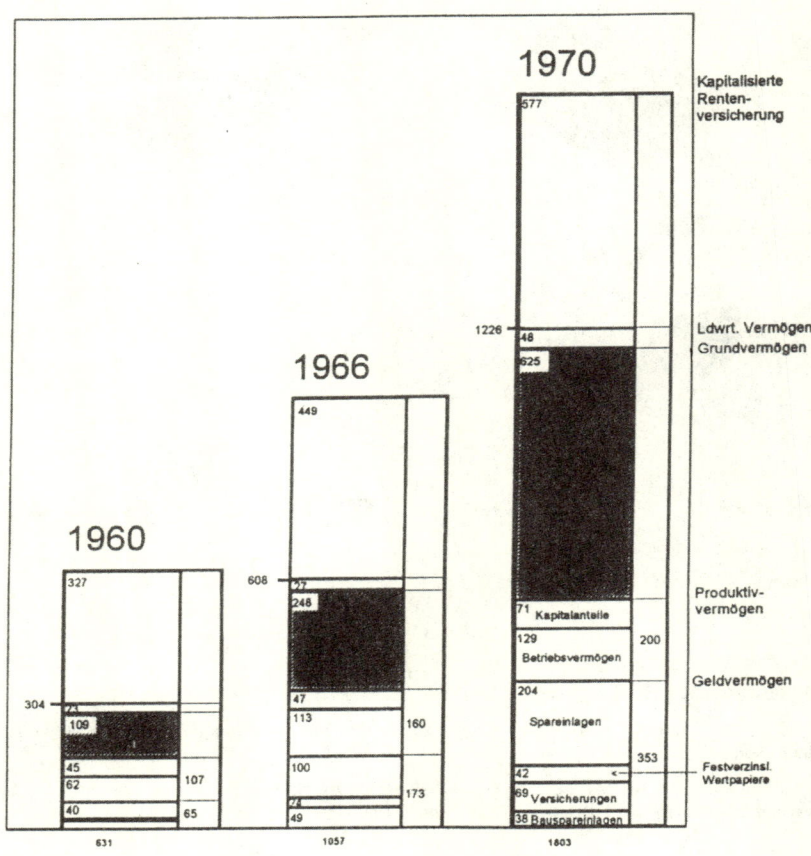

Quelle: wie Schaubild 8.

Literaturliste

BLÜMLE, G., Theorie der Einkommensverteilung. Eine Einführung, Berlin 1975.
BOLTE, K. M. U.A., Soziale Ungleichheit (Reihe B der Beiträge zur Sozialkunde: Struktur und Wandel der Gesellschaft), Opladen 1974.
BORCHARDT, K., Wirtschaftliche Ursachen des Scheiterns der Weimarer Republik, in: DERS., Wachstum, Krisen, Handlungsspielräume. Studien zur Wirtschaftsgeschichte des 19. und 20. Jahrhunderts, Göttingen 1982, S. 183–205.
CIPOLLA, C. M., Before the Industrial Revolution. European Society and Economy 1000–1700, London 1976.
DEUTSCHES INSTITUT FÜR WIRTSCHAFTSFORSCHUNG (DIW), Die Vermögensverteilung der privaten Haushalte in der BRD, in: DIW Wochenbericht 6 (1971).
DIETERICI, C. F. W., Der Volkswohlstand im Preußischen Staate. Berlin 1846.
DUMKE, R. H., Economic Inequality and Industrialization in Germany, 1850–1913, unveröffl. Habil.-Schrift, Münster 1987
EMRICH, R., Theorie der Einkommensverteilung, Wiesbaden o. J.
ENGELS, F., Die Lage der arbeitenden Klassen in England. Nach eigener Anschauung und authentischen Quellen, Leipzig 1845; wieder abgedruckt in: K. MARX/F. ENGELS, Werke. Bd.2, Berlin 1970, 225–506.
GRUMBACH, F., Statistische Untersuchungen über die Entwicklung der Einkommensverteilung in Deutschland. Unveröffentlichte Diss., Münster 1957.
HELLFERICH, K., Deutschlands Volkswohlstand 1888–1913, Berlin 1913.
HELMSTAEDTER, E., Der Kapitalkoeffizient. Eine kapitaltheoretische Untersuchung, Stuttgart 1969.
HENTSCHEL, V., Erwerbs- und Einkommensverhältnisse in Sachsen, Baden und Württemberg vor dem 1. Weltkrieg, in: VSWG (1979) Heft 1, S. 26–73.
HENTSCHEL, V., Wirtschaft und Wirtschaftspolitik im wilhelminischen Deutschland. Organisierter Kapitalismus und Interventionsstaat, Stuttgart 1978.
HOFFMANN, W. G./GRUMBACH, F./HESSE, H., Das Wachstum der deutschen Wirtschaft seit der Mitte des 19. Jahrhunderts, Berlin/Heidelberg/New York 1965.
JECK, A., Wachstum und Verteilung des Volkseinkommens, Tübingen 1970.
KAELBLE, H., Industrialisierung und soziale Ungleichheit. Eine Bilanz, Göttingen 1983.
KRELLE, W., Verteilungstheorie, Wiesbaden 1962.
KRELLE, W./SCHUNCK, J./SIEBKE, J., Überbetriebliche Ertragsbeteiligung der Arbeitnehmer. Mit einer Untersuchung der Vermögensstruktur der Bundesrepublik Deutschland. 2 Bde., Tübingen 1968.
KRUG, L., Abriss der neuesten Statistik des preußischen Staates, Halle 1805.
KRUG, L., Betrachtungen über den Nationalreichtum des preußischen Staates und über den Wohlstand seiner Bewohner, Berlin 1805.
KUZNETS, S., Economic Growth and Income Inequality, in: American Economic Review XLV/1 (1955), S. 1–28.
LASLETT, P., Verlorene Lebenswelten. Geschichte der vorindustriellen Gesellschaft, Frankfurt am Main 1991.
LINDERT, P./WILLIAMSON, J G., Growth, Equality and History, in: Explorations in Economic History 22 (1985), S. 341–377.

MIEGEL, M., Die verkannte Revolution. Einkommen und Vermögen der privaten Haushalte, Stuttgart 1983.
MOLLAT, M., Die Armen im Mittelalter, München 1984.
MÜLLER, J. Heinz/ GEISENBERGER, Siegfried, Die Einkommensstruktur in verschiedenen deutschen Ländern 1874–1913, Berlin 1972
NEUMANN, F. J., Zur Lehre von den Lohngesetzen VII 3. Die Steigerung des Gegensatzes von Arm und Reich in Preussen bis 1948, in: Jahrbücher für Nationalökonomie und Statistik IV/3 (1892), S. 366–397.
PERLS, K., Die Einkommens-Entwicklung in Preußen seit 1896 nebst Kritik an Material und Methoden, Berlin 1911.
PIERENKEMPER, T., Arbeitsmarkt und Angestellte im Deutschen Kaiserreich 1880–1913, Stuttgart 1987.
PIGOU, A. C., The Economics of Welfare, London 1920.
PROCOPOVITCH, S. N., The Distribution of National Income, in: Economic Journal 36 (1926).
ROESLER, J., Haushaltsrechnungen in der DDR. Entstehung und Entwicklung als Instrument der staatlichen Wirtschaftspolitik – methodische Probleme ihrer Nutzung durch die Wirtschafts- und Sozialgeschichtsforschung, in: Zur Ökonomik des Privaten Haushaltes. Haushaltsrechnungen als Quellen historischer Wirtschafts- und Sozialforschung. T. PIERENKEMPER (Hg.), Frankfurt am Main 1991, S. 85–97.
SCHMOLLER, G., Schriften des Vereins für Socialpolitik, in: Verhandlungen der Eisenacher Versammlung zur Besprechung der sozialen Frage am 6. und 7. Oktober 1872. Aufgrund der stenographischen Niederschrift von Heinrich ROLLER, Berlin/Leipzig 1873.
SIEBKE, Jürgen, Entwurf des Berichts der Bundesregierung über die Vermögensbildung, Bonn 1971
SOMBART, W., Die deutsche Volkswirtschaft im 19. Jahrhundert, Berlin 1903.
STIEPELMANN, H., Die Vermögensverteilungsrechnung als empirische Grundlage der Vermögenspolitik – Theoretische Grundlagen und empirische Analyse für die Bundesrepublik Deutschland, Münster 1988.
WAGNER, A., Theoretische Sozialökonomik oder Allgemeine Volkswirtschaftslehre, Leipzig 1907.
WILLIAMSON, J. G., Inequality, Accumulation and Technological Imbalance: A Growth-Equity Conflict in American History?, in: Economic Development and Cultural Change 27/2 (1979), S. 231–254.

Richard Tilly

Geld und Kredit

1. Einleitung

Geld und Kredit sind seit der Antike nachweisbar, doch erst in der Neuzeit zu einem bestimmenden Faktor der Wirtschaft und Gesellschaft geworden. Mit der Ausbreitung marktwirtschaftlicher Tauschbeziehungen stieg die Nachfrage nach Geld und Kredit nachhaltig an. Das wachsende Angebot hing mit dem gleichzeitigen Aufkommen von Nationalstaaten zusammen, das zur Bildung größerer währungs- und geldpolitischer Gebiete beitrug, was z. T. jener Nachfrage entgegen kam. Ein Spannungsverhältnis zwischen marktwirtschaftlichem Bedarf und staatlicher Geldversorgung blieb jedoch, ja es stellt eins der großen geld- und kredithistorischen Themen dar. Im Folgenden wird darauf sowie auf weitere Aspekte der Geld- und Kreditgeschichte eingegangen. Wo es sinnvoll erscheint, wird zwischen geld- und kredithistorischen Fragen unterschieden, aber im Übrigen werden die zwei Begriffe als Gespann betrachtet.

2. Behandlung in der Wirtschaftsgeschichte

a. Geldgeschichte

Schon die Historische Schule hat sich intensiv mit Geldgeschichte beschäftigt (z. B. Hildebrand, Knies, Knapp). Insofern ist die historische Behandlung des Themas älter als das Fach „Wirtschaftsgeschichte" selbst. Sehr viel Aufmerksamkeit ist der Frage historischer Stufen der Entstehung und Ausbreitung des Geldes geschenkt worden, etwa in dem Versuch, eine progressive Entwicklung von der Naturalwirtschaft zur Geld- und zur Kreditwirtschaft zu dokumentieren, was letztlich gescheitert bzw. falsifiziert worden ist [KINDLEBERGER 1984]. Ein Grund für dieses Interesse liegt sicherlich in der Anziehungskraft der alten philosophischen Frage nach dem Wesen des Geldes. Offensichtlich stellt Geld eine gesellschaftliche Konvention dar, eine Art kollektive Vereinbarung über Werte, ähnlich wie Sprachen. Auf die Frage, worauf diese Konvention beruht, gibt es aber unterschiedliche Antworten, unter anderem die bekannte Dichotomie zwischen staatlicher Macht und Sanktionen einerseits und spontanen Marktkräften und Nutzen andererseits als Erklärungen für die Entstehung des Geldes [KNAPP 1905; MENGER 1909; RICHTER 1987]. Aus moderner Sicht scheint die Geldwertstabilität ein „öffentliches Gut" und Kontrolle über das Geldwesen notwendigerweise eine staatliche Veranstaltung zu sein; andererseits können –

und konnten – staatliche Kontrollen durch Finanzinnovationen und internationale Kapitalmobilität unterwandert werden. Die Debatte darüber dauert an [KINDLEBERGER 1984; RICHTER 1987; SCHREMMER 1993].

Seit frühester Zeit haben quantitätstheoretische Überlegungen – welche bekanntlich einen engen und positiven Zusammenhang postulieren zwischen Entwicklung der Preise und Entwicklung der Geldmenge – die wirtschaftshistorischen Forschungen angezogen. So wird die säkulare Inflation bzw. die „Preisrevolution" des späten 15. und des 16. Jahrhunderts zugleich als Ergebnis der Entdeckung südamerikanischen Silbers und mittelbar als Reaktion auf eine vorausgehende Phase anhaltender Edelmetallknappheit in Europa interpretiert [HAMILTON 1934; BRAUDEL/SPOONER 1967]. Die quantitätstheoretisch ausgerichtete geldgeschichtliche Literatur ist immens, für eine meisterhafte Zusammenfassung kann auf Kindleberger [KINDLEBERGER 1984, Kapitel 2–4] verwiesen und an dieser Stelle nur einige Schwerpunkte erwähnt werden. Diese erstreckten sich über einzelne Episoden wie z. B. die kriegsbedingte Phase des „Paper Pound" bis zur Wiederaufnahme der Konvertibilität des englischen Pfundes (1797 bis 1819) oder ganze Epochen wie z. B. die Phase der „Deflation" in Westeuropa während der ersten Hälfte des 19. Jahrhunderts (bis zu den Goldentdeckungen 1848ff) oder schließlich auch die Deflation der „großen Depression" der Periode von 1873–93 [NOCKEN 1993]. Bei allen dieser Studien spielt die Definition des Geldes bzw. der Geldmenge eine große Rolle. Weil im frühen 19. Jahrhundert das Metallgeld als einziges gesetzliches Zahlungsmittel galt, war es nahe liegend, die „Geldmenge" mit diesem gleichzusetzen, aber im Laufe des Jahrhunderts und vor allen in den werdenden Industrieländern setzten sich zunehmend andere Instrumente – oft „Geldsurrogaten" genannt – durch: Staatspapiergeld, Banknoten, und sogar auf Banken gezogenen Schecks oder Wechsel („Kreditgeld"). Deshalb musste die jeweilige Definition „der Geldmenge" entsprechend angepasst werden, was Anlass zu einer kontroversenreichen Literatur gewesen ist [KINDLEBERGER 1984].

Fast vom Anfang an hatte die quantitätstheoretisch ausgerichtete Geldgeschichte eine globale Perspektive entwickelt. Eine wesentliche Frage dabei ist der Handlungsspielraum der wirtschaftspolitischen Akteure gewesen. Nach einer modernen „monetaristischen" Interpretation waren diese Spielräume äußerst begrenzt, die Entdeckung von Gold und Silber Fundstellen und deren Produktionskosten die entscheidenden Parameter für die weltweite geld- und preisgeschichtliche Entwicklung – jedenfalls für die Zeit bis 1914 [MCCLOSKEY/ZECHER 1981; BORDO/SCHWARTZ 1984]. Vor dem Hintergrund solcher „Zwangslagen" waren Zentralnotenbanken als unwichtig einzuschätzen, abhängig von den jeweiligen Zahlungsbilanzen. Diese Aussage geht allerdings von der Annahme einer kleinen offenen Volkswirtschaft mit einem Metallgeldsystem aus, außerdem unterstellte sie nur geringe Kapital- und Güterverkehrshindernisse. Kritisch gegenüber dieser Interpretation steht jedoch die Ansicht, dass sowohl auf der Ebene einzelner Länder als auch weltweit erheblicher Handlungsspielraum, ja Machtmissbrauch, gegeben war. So wird der Goldstandard der Periode von 1870 bis 1914 als Sterling Standard und als Folge der globalen Vormachtstellung Großbritanniens gewertet [DE CECCO 1974; LINDERT 1969], die

Desintegration der „internationalen Währungsordnung" in der Zwischenkriegszeit als Ergebnis nationaler Machtpolitiken und des Fehlens eines international akzeptierten Währungsstandards, und schließlich die Nachkriegszeit (bis Anfang der 1970er Jahre) als Epoche der Dollar Dominanz im Zeitalter der „Pax Americana" [VAN DER WEE 1984; EICHENGREEN 1996].

Zum Thema „internationale Geldgeschichte" gehören auch Arbeiten über die Bestrebungen unter souveränen Staaten, internationale Währungsunionen zu bilden. Zu den erfolgreicheren dieser Bestrebungen zählt einer mit Bildung des Deutschen Zollvereins einhergehenden deutschen Währungsunion, die hinsichtlich fester intradeutschen Wechselkurse schon 1857 erreicht und mit der Gründung des Norddeutschen Bundes 1867 so gut wie vollzogen wurde [HOLTFRERICH 1989; SPRENGER 1993]. Der weitere Schritt zur Herstellung des Mark-Währungsgebiets des Deutschen Reiches war damit in gewisser Weise schon vorprogrammiert. Einen härteren Test der Institution „Währungsunion" stellte die 1865 unter Frankreichs Führung (und mit Belgien, Italien und der Schweiz) ins Leben gerufene „Lateinische Münzunion" dar. Sie verkörperte einen härteren Test weil sie mit einer bimetallischen Währungsordnung verknüpft war und unter politisch souverän bleibenden Staaten abgeschlossen wurde. Mit Frankreichs Niederlage im Deutsch-Französischen Krieg 1871 und dem Übergang Frankreichs zum Goldstandard wenige Jahre später war ihre erfolgreiche Phase zu Ende [FLANDREAU 2000; THEURL 1999]. Das wissenschaftliche Interesse an solchen währungspolitischen Kapiteln der Geldgeschichte ist rege geblieben, vielleicht weil sie Aufschluss über die Erfolgswahrscheinlichkeit der seit den 1970er Jahren – nach Beendigung der Phase der Dollar Dominanz – versuchten Schritte zur Herausbildung eines Europäischen Währungssystems zu geben versprachen [EICHENGREEN 1996; THEURL 1997]. Als „Monetaristisch" oder „quantitätstheoretisch" lassen sich diese Beiträge freilich nicht ohne weiteres deuten. Allenfalls könnte man sagen, dass sie die negative Verbindung zwischen internationalen monetären Beziehungen und nationaler geldpolitischen Autonomie direkt ansprechen, vielleicht auch, dass sie die bei Bildung von Währungsunionen zwangsläufig ablaufende Verlagerung der relevanten „Geldmenge" – von Ebene der einzelnen Länder auf Ebene der gemeinsamen Währungsunion – dokumentieren.

Trotz der Abhängigkeit des Geldumlaufs einer Volkswirtschaft von internationalen Einflüssen sind eine ganze Reihe von Länderstudien quantitätstheoretisch ausgerichtet, allen voran die bahnbrechende Monographie von M. Friedman und A. Schwartz, „A Monetary History of the United States" (1963), der eine vergleichende Studie von denselben Autoren zur Geldgeschichte Großbritanniens und der USA (1982) gefolgt ist und die mehrere weitere Veröffentlichungen direkt oder indirekt angeregt hat [z. B. für Deutschland SPRENGER 1982; TILLY 1973; NOCKEN 1993; für Schweden JONUNG 1976; für Großbritannien CAPIE/WEBER 1985; und vergleichend BORDO/JONUNG 1981].

Ein höchst dramatisches Kapitel stellt die große Inflation in Deutschland von 1914 bis 1923 dar, und sie hat auch quantitätstheoretische Studien hervorgerufen [BRESCIANI-TURRONI 1937; CAGAN 1956; WEBB 1986]. Allerdings beschränkt sich die enorme Literatur zu diesem Thema keineswegs auf Überprüfung der „Quantitätstheorie", sondern geht auch auf die dahinter stehenden politischen und sozialen Faktoren ein. [hierzu vor allem der „moderne Klassiker" von CARL HOLTFRERICH 1980; auch G. FELDMAN 1993]. Verwandt mit diesem Genre geldgeschichtlicher Forschung ist schließlich auch die Auseinandersetzung um den Stellenwert der Geldpolitik in der Krise der 1930er Jahre, die sowohl die USA [FRIEDMAN/SCHWARTZ 1963; TEMIN 1976] als auch Deutschland [BALDERSTON 1993 und 1994; JAMES 1984; und TILLY/HUCK 1994] und Großbritannien [CAPIE/WOOD 1986] mit einbezogen hat. In den meisten dieser Beiträge hat natürlich die o. e. quantitativ-empirische Erfassung des Geldumlaufs einen hohen Stellenwert, z. T. weil die Qualität der empirischen Schätzungen auch Konsequenzen für die theoretischen und politischen Schlussfolgerungen hat.

b. Kreditgeschichte

In der Wirtschaftshistoriographie ist die Unterscheidung zwischen Geld- und Kreditgeschichte nicht immer aufrechtzuerhalten. Die Verbindung ist vielleicht am engsten und offensichtlichsten in Studien über die Entstehung und Entwicklung von Zentralnotenbanken, wie sie z. B. für die Bank von England vorliegen (Clapham, Sayers, Morgan, Collins, Ziegler u. a.m.), da diese Institutionen die Entwicklung des nationalen Geldumlaufs im 19. und 20. Jahrhundert maßgeblich beeinflusst, zeitweise aber auch eine dominierende Rolle bei der Kreditvermittlung gespielt haben – besonders in Zusammenhang mit den Staatsfinanzen [KINDLEBERGER 1984]. Nicht selten sind diese Notenbankgründungen nämlich an Bedingungen geknüpft und die Delegierung des Rechtes auf Geldschöpfung durch Ausgabe von Noten – eine Form des „Kreditgeldes" – als Quid gegen das Quo einer Kreditzusage an den Staat gegeben worden. Außerdem entwickelten sich mehrere dieser Zentralnotenbanken im Laufe der Zeit zu Schlüsselfaktoren in Krisenzeiten, als „Lender of Last Resort", und es war natürlich der „Geldcharakter" ihrer Noten, der sie befähigte, diese Rolle zu spielen [CAPIE, 1998; für Preußen, LICHTER, 1999]. Aber die Verquickung zwischen Geld und Kredit ist natürlich allen Banken eigen. Auch die privaten Geschäftsbanken haben sowohl den gesamten Geldumlauf als auch das Kreditvolumen in ihren jeweiligen Volkswirtschaften im 19. und 20. Jahrhundert stark mitgeprägt, ja im 20. Jahrhundert dominiert. Und die Argumentation, beide Größen müssten als interdependente Variablen betrachtet und analysiert werden, ist einleuchtend [SHEPPARD 1971; FRIEDMAN/SCHWARTZ 1982; TILLY 1992].

Trotzdem wird man die bankgeschichtliche Literatur überwiegend als „Kreditgeschichte" bezeichnen müssen. Sowohl die Erfolge einzelner Banken als auch die Einschätzungen über nationale „Bankensysteme" orientieren sich weitgehend an der Art und der Struktur der Mittelbereitstellung der Banken bzw. Kreditinstitute und an den Beziehungen zwischen diesen Institutionen und den Empfängern ihrer Mittel. Im Folgenden wird deshalb versucht, diese Literatur als Kreditgeschichte zu begreifen und – in etwas überspitzter Form – kurz zusammenzufassen.

In der Anfangsphase der Industrialisierung in Großbritannien haben die vielen regional arbeitenden Privatbankhäuser („Landbanken" oder „Country Banks"), deren Zahl seit ca. der Mitte des 18. Jahrhunderts stark gewachsen ist, kurzfristige bzw.

sich revolvierende Kredite an Industrie- und Handelsunternehmen gegeben und dabei relativ risikoreiche Aktivitäten (einschließlich mit Innovationen verbundene Investitionen) finanziert [PRESSNELL 1956; CAMERON 1967; POLLARD/ZIEGLER 1992]. Diese Banken sind durch gesetzliche Vorschriften relativ klein geblieben (sog. „Bubble Act" of 1720) und seit dem zweiten Viertel des 19. Jahrhunderts zunehmend durch Aktienbanken verdrängt bzw. übernommen worden. Gegen diesen Hintergrund sind zwei weitere Entwicklungen besonders wichtig. Erstens hat sich seit dem letzten Drittel des 19. Jahrhunderts die Zahl dieser Aktienbanken stark verringert, und die überlebenden Institute sind zu überregionalen, ja nationalen Filialbanken geworden. Die Folge war eine wachsende Zentralisierung der Entscheidungsmacht in den Londoner Zentralen. Die Bereitschaft, Kreditmittel zur Stützung risikoreicher Investitionen regionaler Industrieunternehmen bereitzustellen, ging zurück, der Schwerpunkt der Kreditgeschäfte wurde auf relativ liquide, sichere und kurzfristige Transaktionen gelegt [COTTRELL 1980; BAKER und COLLINS 1999]. Zweitens kommt hinzu, dass in dieser Zeit auch Verkehrs-, Handels- und Industrieunternehmen die Aktienrechtsform annahmen, wodurch sich bei diesen Unternehmen Chancen zur Fristen- und Risikotransformation über den Kapitalmarkt bzw. die Börse – durch die Emission von Aktien und festverzinslichen Schuldbriefen – ergaben. Die Aktienbanken hatten sich aber auf die o. a. kurzfristigen und liquiden Kreditgeschäfte festgelegt, z. T. weil ihre Mittel zunehmend überwiegend aus kurzfristigen Depositen bestanden, was eine aktive Rolle in der Vermittlung von Kapitalmarkttransaktionen ausschloss bzw. als sehr gefährlich erscheinen ließ. Solche Kapitalmarkttransaktionen wurden über die Börse und von Spezialinstitutionen wie „Promoters" und Börsenmakler durchgeführt. So entstand in Großbritannien eine Trennung zwischen Bankkrediten und Wertpapiergeschäften, welche die Finanzierung von risikoreichen und kapitalintensiven Innovationen erheblich begrenzt haben kann [KENNEDY 1987; TILLY 1992; POLLARD 1989]. Natürlich gibt es hierzu Gegenstimmen in der Literatur, welche die eben unterstellte unbefriedigte Nachfrage nach Krediten anzweifeln und auf andere Engpässe bzw. Ursachen mangelnder Industrieinvestitionen in Großbritannien 1870–1914 hinweisen [COTTRELL 1980; EDELSTEIN 1982].

Eine Art Gegenmodell zur britischen Kreditgeschichte ist für das europäische Festland entwickelt worden. Am Anfang der Industrialisierung standen Privatbankierhäuser und einige Staatsbanken, deren Mittelbereitstellung als recht konservativ oder politisch gelenkt gilt und innovative und kapitalbedürftige Unternehmen benachteiligte [BORN 1977; CAMERON 1961; DERS. 1967; LANDES 1969; GILLE 1965; KELLENBENZ 1976; CLAPHAM 1951]. Mit der Ausbreitung der Eisenbahnen und der mit ihnen zusammenhängenden Schwerindustrie (seit den 1830er Jahren) stieg der Kapitalbedarf und – gleichsam als Antwort darauf – entstanden neue Banken, z. T. als Aktiengesellschaften, welche Kreditmittel zur Befriedigung dieses Bedarfs mobilisierten. Das klassische Beispiel stellt die Geschichte der von den Gebrüdern Pereire 1852 gegen die Rothschilds gegründeten Crédit Mobilier dar. Der anfängliche Erfolg dieser „Universalbank" ließ einst so konservative Privatbankiers wie die Rothschilds ihre Geschäftspolitik ändern: sie ahmten das Verhalten der Crédit Mobilier nach. Das Ergebnis war die Ausbreitung solcher Universalbanken – die im Gegensatz zu den spezialisierten Banken Großbritanniens sowohl kurzfristige und hochliquide Bankgeschäfte betrieben als auch langfristige Kapitalmarkttransaktionen abwickelten – in mehreren europäischen Ländern, vor allem in den 1850er und 1860er Jahren. Diese Entwicklung, die in die Wirtschaftshistoriographie sogar als eine „Finanzrevolution" des 19. Jahrhunderts eingegangen ist, und deren längerfristige Folgen für die Industrialisierung sind zu einem zentralen Punkt mancher Entwicklungstheorien insbes. Gerschenkrons Typologie der Industrialisierung gemacht worden [LANDES 1969; GERSCHENKRON 1962; CAMERON 1961; CAMERON 1967]. Diese „Finanzrevolution" ist nicht mit der für England von P. G. Dickson [DICKSON 1967] dokumentierten Anpassung der Staatsfinanzen an kapitalistischen Spielregeln zu verwechseln.

Die eben skizzierte Interpretation bedarf in manchen Punkten der Ergänzung. So ist auf das 1835 gegründete belgische Institut, die Société Générale, hinzuweisen, weil sie das Universalbankprogramm bereits in den 1830er Jahren mit Erfolg ausführte [CAMERON 1967; VAN DER WEE/VERBREYT 1997]. Auch in Deutschland, in dem erst 1853 ein von dem französischen Crédit Mobilier direkt beeinflusstes Kreditinstitut gegründet wurde – die Bank für Handel und Industrie zu Darmstadt – gab es Vorläufer, vor allem die Kölner Privatbankiers, die schon in den 1830er Jahren Universalbankgeschäfte erfolgreich betrieben [KRÜGER 1925; CAMERON 1967; TILLY 1986; FELDENKIRCHEN 1982; STÜRMER, TEICHMAN und TREUE 1989]. Vielleicht noch wichtiger ist die Tatsache, dass in den meisten kontinentaleuropäischen Ländern der Geldumlauf stärker vom Staat kontrolliert wurde als in Großbritannien, hauptsächlich durch Staatsbanken, die entweder vom Anfang an Zentralnotenbanken waren oder solche im Laufe der Zeit wurden. Ein wesentlicher Teil des Zahlungsverkehrs und der kurzfristigen Kredittransaktionen wurde von diesen staatlichen bzw. quasi-staatlichen Institutionen abgewickelt. Infolgedessen haben die Geschäftsbanken in diesen Ländern stärker die langfristigen und z. T. illiquiden Kreditgeschäfte gepflegt als sie es getan hätten, wenn sie – wie die britischen Banken – selbst den Löwenanteil des Zahlungsverkehrs und der kurzfristigen Geldmarkttransaktionen ausgeführt hätten. Und in Deutschland hat schon in den 1860er Jahren die Preußische Bank und seit 1876 die Reichsbank in Notsituationen die Bereitschaft gezeigt, die privaten Geschäftsbanken mit Krediten und Liquiditätshilfen zu stützen. Das mag dann ein weiterer Grund dafür gewesen sein, weshalb in Deutschland das Universalbankgeschäft nicht so gefährlich erscheinen konnte wie in Großbritannien, wo die Bank von England als eine unsichere Hilfsquelle, ja sogar zuweilen als unangenehmer Konkurrent der Geschäftsbanken, galt [GOODHART 1969; LICHTER 1999; ZIEGLER 1990; TILLY 1992].

Die deutsche bankgeschichtliche Literatur ist besonders stark von der Rolle der großen Universalbanken geprägt. Zahlreiche Studien haben den Aufstieg dieser Banken seit ca. der Mitte des 19. Jahrhunderts zu dominierenden Kreditinstitutionen Deutschlands dokumentiert, wobei nicht nur deren positive Rolle als Finanzierer risikoreicher Verkehrs- und Industrieunternehmen hervorgehoben worden ist, sondern auch die Macht, die sie über ihre Kreditnehmer – belegt z. B. durch die Präsenz von Bankenvertretern in den Leitungsgremien dieser Unternehmen – ausgeübt haben sollen (Riesser; Jeidels). Diese Macht der Banken wurde 1909 von Rudolf Hilferding in seinem Werk „Finanzkapital" sogar zum Mittelpunkt einer Theorie des Kapitalismus gemacht, und seitdem – bis in die jüngste Zeit – immer wieder thematisiert [HILFERDING 1909; BÖHM 1992; TILLY 1992; TILLY 1998]. Dass die Großbanken in vielen Einzelfällen das Handeln ihrer Kreditnehmer gesteuert haben und dass sie dabei nicht selten unternehmerischen Erfolg hatten, ist nicht zu bezweifeln [GALL et al 1995]. International-vergleichende Analysen lassen auch den Beitrag dieser Banken zum Wirtschaftswachstum in Deutschland recht positiv erscheinen – besonders vor 1914. Jedoch kann man die historische Literatur nicht allein und eindeutig in diesem Sinn interpretieren. Denn es gibt Gegendarstellungen, in denen Nichtbankunternehmen den Großbanken die Geschäftsbedingungen ihrer Zusammenarbeit diktieren [WELLHÖNER 1989; FELDENKIRCHEN 1985]. Übereinstimmend wird berichtet, dass Industrieunternehmen ihrer Investitionen überwiegend aus eigenen Mitteln finanziert haben (Feldenkirchen; Coym; Winkel; Pohl); selbst die eindrucksvolle Korrelation zwischen deutschem Wirtschaftswachstum und Wachstum der Bankenkredite lässt sich nicht als Beweis dafür verwenden, dass der Einfluss der Großbanken auf die deutsche Wirtschaft per Saldo positiv gewesen ist [NEUBURGER/STOKES 1974; FREMDLING/TILLY 1976]; und schließlich muss man die historischen Erfahrungen späterer Zeiträume mit berücksichtigen, und sie sprechen keineswegs eindeutig für eine positive Rolle der Großbanken, da sie in der Zwischenkriegszeit kaum hervorragenden Erfolg aufweisen konnten und in der Nachkriegszeit in Westdeutschland nur einen von vielen positiven Faktoren repräsentieren [TILLY 1993]. Die in der jüngsten Zeit immer härter werdende internationale Konkurrenz im Bankgeschäft – eine Form der ökonomischen Globalisierung – lässt sogar erwarten, dass der Einfluss der deutschen Großbanken im nationalen Markt noch weiter sinkt [TILLY 2002].

Ein vollständiger Überblick über die kreditgeschichtliche Literatur müsste auch die Sparkassen, Kreditgenossenschaften, Hypothekenbanken, Bodenkreditinstitute und Bausparkassen, auch Versicherungsunternehmen berücksichtigen. Das gilt besonders für Deutschland, aber auch für andere Länder. In Deutschland verfügten die öffentlich-rechtlichen Sparkassen zusammengefasst bereits vor 1914 über mehr Finanzmittel als die sog. Kreditbanken geschweige denn als die Großbanken. Seit dem Zweiten Weltkrieg haben die deutschen Kreditgenossenschaften (einschließlich ihrer Zentralen) auch die Kreditbanken bzw. Großbanken weit überflügelt. In beiden Fällen könnte man argumentieren, dass es sich um Institutionen handelt, die einen besonderen, von den Großbanken nicht befriedigten Bedarf – von kleinen und mittelständischen Unternehmen, vor allem denjenigen mit regional-begrenzten Wirkungskreisen, von Kommunen und damit zusammenhängenden Infrastrukturinvestitionen, Kleinsparern, usw. – gedeckt haben. Allerdings sind Sparkassen wie Kreditgenossenschaften im 20. Jahrhundert zu Universalbanken und im inländischen Kreditgeschäft zu bedeutenden Konkurrenten der Kreditbanken geworden, wie bereits an anderer Stelle bemerkt wurde, und sie sind nicht mehr allein als komplementär zu diesen anzusehen [POHL 1986; POHL 1999]. Für Großbritannien wäre für die Frühphase der Industrialisierung auf Wechselhändler („Bill Brokers") als bedeutende

Quelle der kurzfristigen Handels- und Industriekredite, für die Zeit seit ca. 1900 auf die bedeutende Rolle der Versicherungsgesellschaften und schließlich auch die Bausparkassen („Building Societies") als Vermittler des langfristigen Kapitals hinzuweisen [COLLINS 1988; SHEPPARD 1971; PRESSNELL 1956; DAVIS 1967]. In den USA haben sich neben dem gewaltigen Wachstum der Geschäftsbanken („Commercial Banks") mehrere wichtige Institutionen entwickelt, vor allem die seit den 1860er Jahren für den langfristigen Kapitalverkehr so entscheidenden Investment Bankers wie J.P. Morgan, sowie die ebenfalls für den Kapitalmarkt wichtigen Lebensversicherungsunternehmen. Erst im Laufe des 20. Jahrhunderts wurden die „Savings and Loan Associations" – eine Art Bausparkasse – zu quantitativ bedeutenden Institutionen [KROOSS/BLYN 1971; DAVIS 1967; SYLLA 1972]. Im Grunde hat jedes Land eine andere Zusammensetzung von Kreditinstitutionen; auf Details kann hier nicht eingegangen werden. Es muss genügen zu sagen, dass wohl in allen Ländern die privaten Geschäftsbanken keineswegs die einzigen für die Kreditgeschichte relevanten finanziellen Institutionen waren.

3. Theorie und Erklärungsansätze

Auf alle theoretischen Möglichkeiten zur Deutung und Strukturierung des Sachgebietes kann an dieser Stelle nicht eingegangen werden. Stattdessen sollen im Folgenden ausgewählte Ansätze bzw. Anwendungsbeispiele aus drei Bereichen – der „Neuen Institutionen-Ökonomik" (NIÖ), Makroökonomik (unter bes. Berücksichtigung staatlicher Wirtschaftspolitik) und Mikroökonomie – erläutert werden.

a. Neue Institutionen-Ökonomik

Die sog. Neue Institutionen-Ökonomik (NIÖ) versucht seit einigen Jahren, auch die Entwicklung der institutionellen Rahmen moderner Marktwirtschaften zu deuten [RICHTER 1987; RICHTER/FURUBOTN 1996]. Das hat natürlich Konsequenzen für das Geld- und Kreditwesen. Nach North und Weingast [NORTH/WEINGAST 1989] hing z. B. die Entfaltung moderner Geld- und Kreditbeziehungen vom Vertrauen der Wirtschaftssubjekte in die Einhaltbarkeit von Verträgen ab. Diese müsste in erster Linie von einer den Wirtschaftssubjekten übergeordneten Instanz überwacht und gesichert werden, d.h. vom Staat. Wegen des „Trittbrettfahrens" („Free-Rider-Effekt") konnte die Initiative für den hierfür erforderlichen institutionellen Wandel nicht von den einzelnen Wirtschaftssubjekten kommen, sondern vom Staat bzw. von der ihn kontrollierenden politischen Elite [NORTH 1988]. Ihre Motivation hierzu mag von der Konkurrenz mit einem anderen Staat bzw. mit einer anderen Elite um die Zusammenarbeit mit der Masse der Wirtschaftssubjekte herrühren. D.h. sie könnte entweder einen Macht- und Einnahmezuwachs davon erwarten oder zumindest die Verhinderung eines Macht- und Einnahmenverlustes. Jedoch verfolgte der vorindustrielle und prä-demokratische Staat bekanntlich eigene Ziele, keineswegs primär das Ziel der Maximierung des gemeinsamen Nutzens aller seiner Wirtschaftssubjekte. Institutionen mussten also geschaffen werden, die den Staat stärker auf das letztere

Ziel festlegten, aber solche Institutionen – in Form von verbindlichen Regeln – mussten für die relevanten Wirtschaftssubjekte glaubhaft sein; erst dann stifteten sie Vertrauen. Zur Illustration dieser Zusammenhänge haben mehrere Wirtschaftshistoriker und insbesondere North und Weingast die Konsequenzen der sog. „Glorreichen Revolution" Englands am Ende des 17. Jahrhunderts (1688 ff.) erläutert (gelegentlich wird weiter auf die „Puritanische Revolution" der 1640er Jahre zurückgegangen). Von entscheidender Bedeutung war die Bereitschaft der Monarchie, den gesetzgeberischen Vorrang des Parlaments und dabei auch eine Beschränkung ihrer eigenen finanziellen Autonomie zu akzeptieren und vor allem, diese Bereitschaft durch neue Gesetze und Verordnungen den Wirtschaftssubjekten glaubhaft zu machen. In den folgenden Jahrzehnten hat sich der englische Staat den neuen Spielregeln unterworfen. Die neue Münzreform der 1690er Jahre, die Gründung der Bank von England, die Honorierung der mit dem „South Sea Bubble" (1719–20) entstandenen Forderungen gegenüber dem Staat und ganz allgemein der im Laufe der ersten Hälfte des 18. Jahrhunderts erfolgende Ausbau eines effektiven Besteuerungssystems haben die Staatsfinanzen auf eine solide Basis gestellt und – so könnte man beispielsweise argumentieren – der vom Staat garantierten Wirtschaftsordnung eine Stabilität verliehen, die Vertrauen stiftend wirkte und den Geld- und Kapitalverkehr expandieren ließ [DICKSON 1967; O'BRIEN 1988; KINDLEBERGER 1984; NEAL 1990 und 1994]. So konnte eine „Finanzrevolution" Englands industrieller Revolution vorausgehen.

North und Weingast nehmen Bezug auf das englische Beispiel, aber die Argumentation lässt sich verallgemeinern, zumindest als Hypothese. Zum einen kann man fragen, ob andere „werdende Marktwirtschaften" eine vorindustrielle oder frühindustrielle „Finanzrevolution" durchgemacht haben. Für Deutschland sowie für die meisten Marktwirtschaften müsste diese Hypothese noch getestet werden. Im deutschen Fall müsste die Hypothese auch um das Spezialproblem der Zentralisierung politischer Entscheidungsmacht modifiziert werden: eine „Finanzrevolution" hätte in Deutschland – um ihre Wirkung zu entfalten – in mehreren deutschen Ländern stattfinden müssen und dann wirtschaftliche Rechtssicherheit durch Zentralisation der Macht oder glaubhafte intra-deutsche Vereinbarungen überregional gesichert werden. H.-U. Wehlers „Deutsche Gesellschaftsgeschichte" hat dankenswerterweise die Literatur hierzu zusammengefasst (ohne North und Weingasts Beitrag gekannt zu haben). Das Ergebnis ist, dass die „Finanzrevolution" in Deutschland über eine ziemlich lange Zeit und mehrere Schritte durchlaufen musste. Das gilt für den größten Staat, Preußen, dessen finanzpolitische Modernisierung in den 1790er Jahren begonnen und erst mit der Revolution von 1848–49 einen gewissen Abschluss gefunden hat [SCHNEIDER, 1952; VON WITZLEBEN 1985; SYLLA, TILLY und TORTELLA, 1998]. Auch die gesamtdeutsche wirtschaftsrechtliche Einigung war zu dieser Zeit (1850er Jahre) ziemlich fortgeschritten, z. T. dank Fortführung und Ausweitung des 1833 gegründeten Zollvereins – der im übrigen auch eine währungspolitische Einigung beinhaltete [WEHLER 1987; HOLTFRERICH 1989]. Ein nicht unbedeutender zwischenstaatlicher Kapitalverkehr war in Deutschland schon zu registrieren und reflektierte somit die Vertrauen stiftende Wirkung des institutionellen Wandels [BLUM-

BERG 1965]. Allerdings hat die Hypothese einer solchen „Finanzrevolution" gewisse Schwächen. An sich bietet sie keine Erklärung der Veränderung der staatlichen Einstellung zum institutionellen Wandel; in den meisten konkreten Fällen wird man wohl auf die politische Geschichte als exogenem Faktor zurückverwiesen: außenpolitische Konflikte, Kriegsgefahr, Revolution, vielleicht auch auf die Sozialgeschichte, soweit es sich um die Suche nach Ursachen sozialer Spannungen und sozialen Protests handelt. Dieser Rückverweis ist deshalb unumgänglich, weil in der NIÖ bislang noch keine adäquate und vor allem keine operationalisierbare Analyse der Relationen zwischen staatlichen Sanktionen und Androhung der Gewaltanwendung einerseits und Ausmaß und Nutzen der Kooperation der Untertanen bzw. Bürger andererseits, entwickelt worden ist. Die von North hervorgehobene „Ideologie" ist keine ausreichende Antwort auf dieses Problem, da sie in der Regel als Residual verwendet wird, somit tautologisch wirkt.

Zum anderen lassen sich mit Hilfe des NIÖ-Ansatzes auch historische Veränderungen der Wirtschaftsordnung deuten, die nicht so umfassend sind wie diejenigen, die hier als „Finanzrevolution" bezeichnet wurden. Es handelt sich um geringfügigere Verschiebungen im Verhältnis „Staat" und „Wirtschaft", im Ausmaß oder in der Zielrichtung staatlicher Interventionen. Relevante Beispiele wären die Verstaatlichung oder Regulierung von Banken, die Frage der Unabhängigkeit der Zentralnotenbank, oder auch die Währungspolitik [TILLY 2001]. So lässt sich die Verabschiedung des Peel'schen Bankgesetzes von 1844 in England als Schutz bestehender Landbanken (mit Notenemissionsrechten) gegen weitere Konkurrenz interpretieren, da sich bei der vorausgehenden Beratung der parlamentarischen Kommission gerade diese Banken Gehör verschaffen konnten [WHITE 1984]. Auch die deutsche Notenbankengründungen des 19. Jahrhunderts, vor allem die 1846 gegründete Preußische Bank und 1875 gegründete Reichsbank stellen eine interessante institutionelle Eigenart dar, die aus NIÖ Perspektive gut analysierbar wäre LICHTER 1999; TILLY 2001]. Schließlich bei dem 1933 in den USA erlassenen Verbot von Universalbankgeschäften (das „Glass-Steagall" Gesetz) werden institutionen-ökonomischen Fragen aufgeworfen, da dem Gesetz weniger allgemeine geldpolitische Erwägungen zugrunde lagen als das politische Gewicht lokaler, nicht als Universalbanken organisierten Geschäftsbanken, welche die Konkurrenz der Universalbanken fürchteten. Der vom Glass-Steagall Gesetz gebotene Schutz wäre allerdings ohne die in den USA stark föderalistisch geprägte Regulierungsstruktur nicht durchsetzbar gewesen [WHITE 1983].

Theoretisch kann man Geldwertstabilität, sogar allgemeine volkswirtschaftliche Stabilität, als öffentliches Gut auffassen, das nicht durch marktwirtschaftliche Konkurrenz hergestellt werden kann und deshalb staatliche Intervention erfordert. Aber selbst das Geld bzw. die Währung lässt sich theoretisch nicht als Ergebnis marktwirtschaftlicher Prozesse verstehen, da sie ein „natürliches Monopol" mit erheblichen Skaleneffekten darstellt (denn eine Währung als Recheneinheit und Tauschmittel bewirkt geringere Kosten pro Transaktion als mehrere Währungen, *ceteris paribus*) [RICHTER 1987]. Aus diesem Grunde könnte man die Durchsetzung des Staatsmonopols im Geldwesen und bei Notenbanken in Deutschland im Laufe des

19. Jahrhunderts als rational-ökonomisches Ergebnis deuten [LICHTER 1999]. Allerdings kollidiert diese Ansicht mit der häufig, auch von Zeitgenossen, geäußerten Vermutung, dass „der Staat" das staatliche Geldmonopol missbrauchen könnte und würde, z. T. weil „der Staat" Ziele verfolgt, die nicht dem Gemeinwohl, sondern dem Nutzen von Staatbürokraten entsprechen [NISKAMEN 1971]. Dass sich ein derartiger Missbrauch für Deutschland im 19. Jahrhundert nicht belegen lässt, muss m. E. auf das Festhalten Deutschlands bzw. deutscher Staaten an dem international bestimmten Gold- und Silberstandard zurückgeführt werden. Dies grenzte die Chancen einer autonomen Geldpolitik stark ein, setzte aber dadurch die eigene Volkswirtschaft stärker den Auswirkungen der vom Ausland herkommenden Krisengefahren aus (z. B. 1847, 1857, 1873). Gegen diesen Hintergrund sind der geldhistorische Bruch 1914–23 und die daraus entstehende Debatte über Unabhängigkeit der Zentralnotenbank zu sehen. Seit 1922–23 stand Vertrauen in die deutsche Währung im umgekehrten Verhältnis zum Staatseinfluss darauf [HOLTFRERICH 1980; WEBB, 1986]. Daher wären die 1922 und 1924 unternommenen Schritte zum Unabhängigwerden der Reichsbank auch ohne außenpolitischen Druck ökonomisch verständlich gewesen – ein Signal, das allgemein als Abstellung eines Missbrauchs verstanden werden könnte. „Ökonomisch verständlich" heißt jedoch nicht „unumstritten", denn die Geldpolitik der Inflationszeit wider spiegelte verteilungspolitische Zielkonflikte, wobei per Saldo Inflation mittels der Expansion der Reichsbank nicht nur dem Staatsbedarf, sondern auch der gesamten Volkswirtschaft diente, somit auch ökonomisch-rational war [HOLTFRERICH 1980]. Aus dieser Sicht war erst mit der Hyperinflation und dem Zusammenbruch der Währung der volkswirtschaftliche Weg frei für eine von der Staatsregierung unabhängige Zentralnotenbank. Eine ähnliche Situation entstand wieder nach 1945 in Westdeutschland. Die unabhängige Bundesbank (bis 1957 als Bank Deutscher Länder) entwickelte sich gegen den Hintergrund einer erneuten Erfahrung mit Inflation und des sehr starken Einflusses des Auslandes (sowohl Einbindung der BRD in die Weltwirtschaft als auch das Vorbild des amerikanischen Federal Reserve Systems) [BERGER 1997; DICKHAUS 1996]. Insgesamt gewinnt man aber den Eindruck, dass bedeutendere ordnungspolitische Veränderungen in der Geld- und Kreditwirtschaft mit dem NIÖ-Ansatz noch nicht so leicht interpretierbar bzw. endogenisierbar sind [KÖSTERS 1994; HARTWIG 1984/5].

Erwähnenswert unter dieser Rubrik ist schließlich die Erkenntnis, dass die Funktionsfähigkeit von Finanzmärkten und insbes. die der Wertpapierbörse von Institutionen (im Sinne von Verhaltensspielregeln) sehr stark abgehangen hat. Besondere Bedeutung kommt der Preisbildung und der Distribution der Informationen darüber an Börseninteressenten und die potentiellen Kapitalanlegern. Auch hier stellt Vertrauen den Schlüsselbegriff dar. Interessanterweise zeigen international vergleichende Beiträge hierzu, dass es hinsichtlich der historischen Entwicklungen einen gewaltigen Unterschied zwischen anglo-amerikanischen Börseninstitutionen, die privatwirtschaftlich organisiert wurden, gleichsam als exklusive Clubs, und denselben Institutionen kontinentaleuropäischer Länder, die weitgehend öffentlich bzw. staatlich gesteuert wurden. Es dürfte kein Zufall sein, dass die Börsen der USA und Großbritanniens seit langem eine wesentlich größere internationale Bedeutung gehabt und einen höheren Stellenwert im jeweiligen Geld- und Kreditsystem gespielt haben als die der kontinentaleuropäischen Länder. Dies passt zu dem Kontrast der gezogen wird zwischen „markt-orientierten" Finanzsystemen (USA, Großbritannien) und den „bank-orientierten" Finanzsystemen des europäischen Kontinents [MICHIE 1992; CONTI, 1992; TILLY 1992]. Es entspricht auch in gewisser Weise der von Williamson 1990 hervorgehobene Dichotomie zwischen „Märkten" und „Hierarchie", denn in Deutschland, bekanntlich ein Land mit starkem Universalbankensystem (das auch Börsenfunktionen wahrnahm), könnte man von einer Dominanz der Hierarchie gegenüber Märkten im Finanzsystem sprechen, ja sogar eine negative Wirkung auf die Entwicklung der Börse belegen [HARLEY 1991; WETZEL 1996].

b. Makroökonomische Erklärungsansätze

Die geld- und kreditgeschichtliche Verwendung makroökonomischer Theorieansätze kann in „Monetaristen" und „Keynesianer" einerseits, in Studien internationaler Finanzbeziehungen und Länderstudien andererseits eingeteilt werden. Monetaristen sind Anhänger irgendeiner Variante der „Quantitätstheorie", wonach Veränderungen im Geldangebot im Vergleich zur Geldnachfrage die einkommenswirksamen Ausgaben in einer Volkswirtschaft beeinflussen, wobei in neueren Arbeiten weniger das Preisniveau als das nominale Volkseinkommen als beeinflusste makroökonomische Größe gilt [FRIEDMAN/SCHWARTZ 1963; DIES. 1982]. Keynesianer sehen die Wirkung von veränderten monetären Größen im Zusammenhang mit der Entwicklung von Zinsen, Verschuldungsbereitschaft und Investitionen, thematisieren aber auch die Kreditvergabe einschließlich der Kreditrationierung [TEMIN 1976; BORDO 1986; MINSKY 1982].

Eine ganze Reihe von quantifizierenden geldgeschichtlichen Studien haben sich für einen sehr einfachen Ansatz entschieden: sog. „Granger Causality" Tests: Diese beinhalten in der Regel die Regressionsanalyse des Zusammenhanges zwischen den Langzeitreihen „Geldmenge" einer Volkswirtschaft und deren Volkseinkommen, wobei „Kausalität" der Geldmenge gegenüber Volkseinkommen dann als erwiesen gilt, wenn die zeitverzögerte Größe Geldmenge, z. B. G der Vorperiode (t-1) einen statistisch signifikanten Teil der Varianz der Größe Volkseinkommen, z. B. V der laufenden Periode (t0) um ihren Durchschnitt des untersuchten Zeitraums „erklären" kann, auch wenn die abhängige Variable, V, als zusätzliche, um eine Periode zeitverzögerte unabhängige Variable, V (t-1), in die Regression aufgenommen wird, also:

$$V(t0) = f(V(t-1) + G(t-1)).$$

Hierbei müsste die Variable $G_{(t-1)}$ statistisch signifikant ausfallen und natürlich darf die umgekehrte Beziehung, also $G(t0) = f(V(t-1) + G(t-1))$, nicht gelten, d.h. die Variable G, darf nicht statistisch-signifikant von V abhängen. Inzwischen gibt es eine bemerkenswert große Anzahl von Länderstudien, die auf der eben geschilderten Weise eine positive „Kausalwirkung" der nationalen Geldmenge auf das Volkseinkommen belegt haben, z. B. für die USA, 1870–1975, für Großbritannien, 1870–1914, für Schweden, 1870–1914, u.a.m. [BORDO/JONUNG 1981; FISHER/THURMAN 1989]. Es gibt aber auch abweichende bzw. ambivalente Ergebnisse. Man muss daher schlussfolgern: „Granger Causality" Tests stellen ein nützliches Werkzeug der Analyse dar, das aber nicht voraussetzungslos angewandt werden soll. Dasselbe gilt für die neuerdings immer häufiger verwandte ökonometrische Technik der „Kointegration", obwohl diese gegenüber anderen Methoden der ökonometrischen Zeitreihenanalyse als überlegen angesehen wird [ALECKE 1999].

Den größten Einfluss auf die neuere Geldgeschichtsschreibung hat wohl das quantitätstheoretische Modell von Friedman bzw. Friedman & Schwartz als Mittel zur Deutung von Wirtschaftskrisen, vor allem der großen Krise der 1930er Jahre. Das Krisenmodell hat zwei Teile. Im ersten Teil werden die „mittelbaren Determinanten" des Geldbestandes einer Volkswirtschaft erläutert. Diese sind:

$$M = H(\frac{D/C(1 + D/R)}{D/C + D/R})$$, mit H = Zentralbankgeld

D = Bankeinlagen der Nichtbanken
R = Bankzentralbankgeldreserven
C = Zentralbankgeld bei Nichtbanken
M = Geldbestand bei Nichtbanken.

Der zwischen den Klammern stehende Ausdruck entspricht dem sog. „Geldmultiplikator", der auf der Annahme beruht, dass Banken ein Vielfach des bei ihnen gehaltenen Bargeldes wieder ausleihen, wobei die Summe der bei ihnen von den Nichtbanken gehaltenen Bankeinlagen („Kreditgeld") in der Regel ein Mehrfach ihrer Bargeldreserven beträgt. Obwohl dies strukturell als ein Zeichen des „effizienten" Nutzens des Bargeldes interpretiert werden kann, stellt es in Krisenzeiten eine Schwachstelle der Geldwirtschaft dar. Es wird hier nämlich argumentiert, dass in Krisenzeiten Nichtbanken (d. h., die privaten Haushalte und die Unternehmungen) ihr Vertrauen zu den Banken verlieren können und eine Präferenz für Bargeld als Form der Kassenhaltung (C) gegenüber Bankgeld (D) entwickeln, die „Runs" auslösen. Um die Forderungen der Nichtbanken mit Bargeld zu befriedigen, können Banken zunächst ein mal ihrer Bargeldreserven auszahlen, aber da diese in der Regel nur einen Bruchteil ihrer Einlagen abdecken, müssen sie – um die Zahlungsunfähigkeit zu verhindern – ihre eigenen Geldforderungen bzw. Anlagen liquidieren. Dies setzt einen Schrumpfungsprozess in Gang, der allerdings von der Zentralnotenbank (ZNB) durch großzügige Gewährung von Krediten und Zurverfügung von Zentralbankgeld (H) gestoppt werden könnte. Wenn nämlich Banken dank dieses Krediten über reichliche Reserven von Bargeld (R) verfügen, können sie jeden Ansturm von Einlegern durchstehen, das Vertrauen wieder herstellen und bald den Wiederanstieg ihrer Einlagen (D) bewirken.

Im zweiten Teil des Modells werden die makroökonomischen Konsequenzen dieses Wandels dargestellt. Die o. e. Verschiebung der Geldnachfrage (von D auf C und R) führt zu einer Vernichtung vom Bankgeld (D) und somit zu einer Geldangebotsreduktion, die stärker ausfällt – ohne Gegensteuerung der ZNB durch Geldschöpfung (von H) – als die gesamtwirtschaftliche Geldnachfrage. Dadurch geht die Nachfrage sowohl für Investitions- als auch Konsumgüter zurück, und die gesamtwirtschaftlichen Nominaleinkommen und die Beschäftigung schrumpfen.

Das eben dargestellte „Modell" erhielt einen wesentlichen Teil seiner Überzeugungskraft von der Tatsache, dass es der Krise in den USA 1929–33 gut zu entsprechen schien, vor allem hinsichtlich der zahlreichen Bankenzusammenbrüche und „Runs" dort sowie in der fehlenden Gegensteuerung durch Geldschöpfung seitens der U.S. ZNB (die Federal Reserve). Aber es lässt sich auch auf andere Ländererfahrungen – und andere Krisen – übertragen, und dessen Potential für die geldgeschichtliche Forschung ist keineswegs auf den amerikanischen Fall beschränkt [z. B. JAMES 1984; NOCKEN 1993; BALDERSTON 1993].

Die keynesianische Interpretation der großen Wirtschaftskrise der 1930er Jahre dagegen sieht die o. e. Schrumpfung der Geldmenge als Folge einer sinkenden gesamtwirtschaftlichen Geldnachfrage, bedingt durch fallende Einkommen, d.h. die Kausalität zwischen Geld und Einkommen wird umgekehrt. Die Verringerung von Bankkrediten in der Krise wird als Folge sinkender Renditen im Vergleich zum Risiko gewertet, als eine Reaktion auf die durch Einkommensschrumpfung bedingte Reduktion der Geldnachfrage und nicht eine Folge von „Runs". In einer Variante der keynesianischen Krisentheorie wird die Kreditpolitik der Geschäftsbanken vor der Krise hervorgehoben: Konkurrenz führt zur Angebotsausweitung auf relativ schlechte Kreditrisiken. Die Zahlungsunfähigkeit dieser Kreditnehmer gefährdet dann die Banken und löst u. U. einen Run aus. Die erfolgende Geldmengeschrumpfung reflektiert also die bereits veränderte „Realwirtschaft". Darüber hinaus wird im Kontext dieses Szenarios der Zusammenhang zwischen fallenden Preisen, steigendem Realzins und wachsender Schuldendienstbelastung einerseits und schrumpfender Investitionsbereitschaft von Nichtbankunternehmen andererseits betont [TEMIN 1976; TEMIN 1991; BRUNNER 1981; MINSKY 1982]. Dieser – auch als „Minsky-Kindleberger These" bekannte – Ansatz ist mit einigem Erfolg auf die deutsche Wirtschaftskrise 1929–33 angewandt worden [JAMES 1984; BALDERSTON 1993]. Allerdings gibt es inzwischen auch eine z. T. mit diesem Ansatz konkurrierende monetaristische Interpretation der deutschen Krise der 1930er Jahre [TULLIO/SOMMARIVA 1987]. Im Übrigen gehen Bestrebungen des keynesianischen Ansatzes dahin, die Rolle des Geldes zu relativieren, dagegen die Bedeutung autonomer Nachfrageveränderungen [Konsum, Investitionen, Exporte und Staatsausgaben) zu unterstreichen [HOLTFRERICH 1999].

Wirtschaftshistorische Anhänger des keynesianischen Ansatzes haben ihre geld- und kredithistorischen Studien zum großen Teil auf Falsifizierung monetaristischer Hypothesen ausgerichtet. Sowohl die Ursachen von Geldnachfrage- und Geldangebotsveränderungen als auch deren Wirkung auf die Gesamtwirtschaft werden anders gesehen als bei den Monetaristen. Weil der Geldmultiplikator des Bankensystems zinselastisch ist, führen auch große Geldmengezuwächse zu nur geringen Zinsreduktionen, während die Investitionen zinsunelastisch sind und somit kaum auf solche Zinssatzänderungen reagieren. Somit kann die Geldpolitik bzw. die Geldmenge wenig Heilvolles bewirken. Die Berücksichtigung von Erwartungen der Wirtschafts-

Geld und Kredit 295

subjekte hat eine weitere Runde in der Debatte eingeleitet, aber ohne die historiographische Lage radikal zu verändern [BORDO/SCHWARTZ 1984]. Die umfangreiche Literatur zur Krise der 1930er Jahre kann an dieser Stelle nicht zusammengefasst werden, aber zwei allgemeine Bemerkungen dazu mögen hier angebracht sein. Erstens, die historiographische Debatte lässt sich insofern als Sieg der Monetaristen beurteilen, als inzwischen die Relevanz der Geldpolitik und monetären Größen unbestritten ist, auch bei Keynesianern, die inzwischen ein erhebliches Potential für das Anrichten von Schaden in einer fehlerhaften Geldpolitik (vor allem in einer damit zusammenhängenden Deflation) erkennen können [TEMIN 1991; EICHENGREEN 1992]. Die Debatte lässt sich aber auch nicht als Niederlage für die Keynesianer betrachten, da inzwischen die monetären Größen häufig im Rahmen der standard-keynesianischen IS-LM Kurvenanalyse interpretiert werden, auch wenn man ihre Wirkungslosigkeit in konkreten Situationen herausarbeiten will [BROADBERRY 1986; TILLY/HUCK 1994].

Zweitens, ist man inzwischen auch der Ansicht, dass allgemeine geldhistorische Schlussfolgerungen aus der großen Krise redlicherweise nur dann gemacht werden können, wenn die behaupteten Kausalbeziehungen auch für Nichtkrisenperioden überprüft werden. Deshalb gibt es jetzt eine ganze Reihe von ökonometrisch-historischen Studien über Zinssatzentwicklung, Kredit- und Liquiditätspolitik der Banken, über die Zinselastizität der Geldnachfrage u.a.m., die nicht nur die 1930er Jahre, sondern auch noch längere bzw. andere Zeiträume behandeln [BORDO 1986; EICHENGREEN 1992].

Die makroökonomischen Erklärungsansätze sind durch Berücksichtigung internationaler Geld- und Kreditbeziehungen erweitert worden. Zunächst wird die Rolle von ZNB als „Lender of Last Resort" in Krisenzeiten dadurch relativiert, dass man einsieht, dass im festen Wechselkurssystem, wie es beispielsweise das Goldstandardsystem der 1880–1914 Epoche war, das Geldschöpfungspotential von Reserven abhing, die wiederum in erster Linie von der Zahlungsbilanz abhingen. Eine hilfreiche Rolle hat bei dieser Problematik die „monetäre Zahlungsbilanztheorie" (MZBT) gespielt. Denn nach der MZBT entspricht die Zahlungsbilanz (ZB) einer Volkswirtschaft der Relation zwischen der gesamtwirtschaftlichen Geldnachfrage und dem gesamtwirtschaftlichen Geldangebot: übersteigt die Nachfrage das Angebot in einer Periode, so wird die ZB positiv und Auslandskapital, d.h. Geld, zuströmen [MCCLOSKEY/ZECHLER 1981; BORDO/SCHWARTZ 1984; BORDO 1986; EICHENGREEN 1992]. Dieser Theorie kommt das Verdienst zu, der internationalen Kapitalmobilität Rechnung getragen zu haben. Im Rahmen der keynesianischen IS-LM-Analyse kommt dadurch ein weiterer, einkommensbestimmender Parameter, die Zahlungsbilanz, hinzu. Mit der MZBT kann auch der Wechselkurs einer Volkswirtschaft analysiert werden: bei flexiblen Wechselkursen spiegelt der Wechselkurs die Geldmarktlage wider, ein Geldnachfrageüberhang drückt also den Wechselkurs nach oben usw. [BORDO 1986; EICHENGREEN 1992}. Allerdings spielt die MZBT im Falle einer abgeschotteten Volkswirtschaft bzw. bei fehlender internationalen Mobilität des Kapitals keine Rolle.

Zur Illustration der Fruchtbarkeit dieser Perspektive kann hier kurz auf Entwicklungen der Zwischenkriegszeit eingegangen werden. In diesem Kontext angewandt, macht die MZBT verständlich, weshalb in den meisten Volkswirtschaften die Geldpolitik nicht primär oder gar allein auf die einheimischen Investitionen und Beschäftigungsverhältnisse ausgerichtet sein konnte. Interessante Extremfälle bieten Kapiteln aus der Geld- und Wirtschaftsgeschichte Großbritanniens und Deutschlands. In der großen Inflation in Deutschland wurde Geldschöpfung sozusagen rücksichtslos betrieben, um die Volkswirtschaft zu stimulieren – bis 1922 mit einigem Erfolg, aber nur dadurch, dass das Ausland Kapital nach Deutschland exportierte bzw. aufgrund positiver Erwartungen die deutsche Währung, die Mark, aufkaufte, d.h. nachfragte. So bald die Erwartungen auf Heilung der Mark und der Kapitalexport zusammenbrachen, brach auch die Währung zusammen [HOLTFRERICH 1980]. Großbritanniens Rückkehr zum Goldstandard im Jahre 1925 erfolgte um die während des 1. Weltkrieges angeschlagene Bedeutung Londons als internationales Finanzzentrum wieder zu befestigen, aber die Schwäche der britischen Zahlungsbilanzposition ließ die alte Dominanz des Pfundes als internationale Leitwährung nicht wieder herstellen [MOGGERIDGE 1969; EICHENGREEN 1992]. Auf analoger Weise – mit umgekehrtem Vorzeichen – stellte Großbritanniens Abwertung des Pfundes 1931 Weichen für eine expansive Wirtschaftspolitik und Überwindung der Krise. Deutschlands fehlende Abwertung der Reichsmark im selben Jahr liefert dagegen eine Begründung für das Ausbleiben einer derartigen expansiven Politik, wobei allerdings die hoch politisierte Reparationsproblematik eine wichtige Rolle spielte [BORCHARDT 1984; RITSCHL 1998]. Überhaupt wurde durch diese Literatur klar herausgearbeitet, dass die Wirtschaftspolitik der Industrieländer in der Zwischenkriegszeit erst bei Mitberücksichtigung der Währungspolitik und des internationalen Kapitalverkehrs sinnvoll gewürdigt werden kann. Beispielsweise war selbst die Geldpolitik der USA in der großen Krise zeitweise auf das Währungsproblem schrumpfender Goldreserven zurückzuführen. International vergleichende Studien haben hierbei erheblich zur Revision der bislang überwiegend negativen Meinung über die Währungspolitik der Zwischenkriegszeit geführt, da gezeigt werden konnte, dass Abwertungen eine relativ erfolgreiche Krisen bekämpfende Wirtschaftspolitik darstellten [EICHENGREEN 1984; DERS. 1992]. Mit Hilfe der MZBT ist auch die Geldgeschichte der Nachkriegszeit – die sich in einer Phase fester und einer Phase flexibler Wechselkurse teilt – behandelt worden [EICHENGREEN 1996]. Dies wirft Licht auf die auch unter Wirtschaftstheoretikern geführte Debatte über Vor- und Nachteile eines Systems fester Wechselkurse gegenüber flexiblen Wechselkursen, freilich ohne dass dadurch die Frage, deren Diskussion noch andauert, entschieden werden könnte.

c. Mikroökonomische Erklärungsansätze

Von den verschiedenen in der neueren Geld- und Kreditgeschichte angewandten mikroökonomischen Erklärungsansätzen sollen hier nur zwei thematisiert werden: (1) historisch-empirische Tests der sog. „Efficient Markets Hypothesis" (Effizienten-Märkte-Hypothese oder EMH) und das mit der EMH zusammenhängende „Capital Asset Pricing Model (oder CAPM); und (2) die Informationsökonomik, insbes. die Theorie asymmetrischer Informationen.

Die EMH prüft die Frage, inwiefern Finanzmärkte verfügbare Informationen „effizient" verarbeiten, wobei „Effizienz" mit statistischen Daten − Zeitreihen − zur Preisbildung an solchen Märkten gemessen wird: stellt sich bei der Zeitreihenanalyse einzelner Wertpapiere oder Wertpapierpreisindizes ein signifikanter Grad an Autoregression heraus, so sind die Preise eines Zeitpunktes als statistisch abhängig von den Preisen eines früheren Zeitpunktes zu betrachten, und die EMH wird verworfen. Denn unter diesen Umständen würden Arbitragegewinne ständig erzielbar sein − ein Zustand der inkompatibel ist mit dem Idealbild eines „effizienten" Marktes (auf dem der Wettbewerb etwaige Gewinnunterschiede sofort eliminiert). Zurückweisung der EMH bedeutet, dass der untersuchte Markt eben durch Imperfektionen gekennzeichnet ist und möglicherweise ein schlechter Allokationsmechanismus für Ersparnisse und Geldkapital darstellt. Allerdings muss hierbei immer gefragt werden, ob die im nachhinein mit modernen Methoden und Datenverarbeitungsmöglichkeiten identifizierten Preis- und Gewinnunterschiede groß genug waren, um von den damals handelnden Zeitgenossen rechtzeitig erkannt zu werden. Das CAPM, das die Gültigkeit der EMH unterstellt, prüft, ob die Preise einzelner Wertpapiere oder Wertpapiergruppen von den Preisen anderer Wertpapiergruppen oder vom Gesamtwertpapiermarkt stärker abweichen, als die Unterschiede in den Varianzen der Preise um einen Periodendurchschnittspreis − Varianz wird als Maß für das von den Anlegern erwartete Risiko der Wertpapiere verwendet − begründen können. Sollen die Varianzen die Preisentwicklung nicht erklären können, so sind entweder Marktimperfektionen zu vermuten oder anhaltende Präferenzunterschiede, deren Ursachen untersucht werden müssten [SHARPE 1970].

Es liegt inzwischen eine ganze Anzahl von historischen Untersuchungen zur EMH vor, insbes. für die USA (von ca. 1870 bis fast zur Gegenwart), aber auch für Großbritannien und manche andere europäische Länder − für die eben veröffentlichte Daten über Wertpapierkurse dicht genug vorliegen. Die USA-Studien zeigen insgesamt („per Saldo") eine Bestätigung der EMH. Snowdens Ergebnisse über amerikanische Wertpapiere (Aktien und festverzinsliche Wertpapiere) für den Zeitraum von 1870 bis 1930 weichen nur in bestimmten Phasen und für bestimmte Wertpapiergruppen von EMH-Erwartungen ab. Interessanterweise gilt diese für die 1900–1920 Periode, die Snowden als Phase rapider Finanzinnovation und starker Erweiterung des Kreises der Anleger identifiziert, als eine Phase, in der es zu nicht unerheblichen Informationsvorsprüngen und überdurchschnittlichen Gewinnen für gut informierte „Insider" Anleger gekommen ist [SNOWDEN 1987; DERS., 1990]. Es gibt weitere Untersuchungen des US-Aktienmarktes für das ganze 20. Jahrhundert, welche begründete Zweifel anmelden, ob die beträchtlichen Kursschwankungen, die beobachtet werden, mit der EMH harmonieren können, aber auch noch andere Arbeiten − die z. B. einen anderen Trendbegriff verwenden − stellen solche Ergebnisse wiederum in Frage [SHILLER 1981; DE LONG 1992]. Offensichtlich beeinflussen die Periodenbildung und die Datenauswahl die Ergebnisse.

Zeitlich noch weiter zurück gehen die von L. Neal und anderen vorgelegten Untersuchungen über die Londoner, Amsterdamer und Pariser Kapitalmärkte: sogar auf das 17. Jahrhundert, wiewohl mit Schwerpunkt im 18. Jahrhundert. Sie zeigen weitgehend eine bemerkenswerte Konformität mit der EMH und auch eine tendenzielle internationale Integration dieser Märkte, wobei Episoden und Phasen mit erheblichen Abweichungen davon in der Regel mit ungewöhnlichen Ereignissen erklärbar sind [NEAL 1987; NEAL 1990; MIROWSKI 1981].

Auf die EMH baut das CAPM auf. CAPM-Studien für die 1870–1914 Periode (für Großbritannien und Deutschland) belegen sowohl das Bild eines zunehmend effizient arbeitenden Finanzmarktes als auch eine Tendenz zur internationalen Integration [EDELSTEIN 1982; TILLY 1992]. Das ist ein wichtiger Befund. Aufgrund solcher Ergebnisse darf man behaupten, dass sowohl die intersektorale Allokation des Geldkapitals als auch die Aufteilung der Geldkapitalanlagen zwischen In- und Ausland effizient und nicht verzerrt war. Hierbei gilt jedoch folgende Einschränkung: bei diesen Langzeitreihenstudien handelt es sich durchweg um Wertpapiere bzw. Kapitalanlagen, die relativ lange am Markt gehandelt und aufgeführt wurden. Kurzlebige Anlagemöglichkeiten, die besonders risikoreich und möglicherweise besonders produktiv gewesen sein könnten, werden ausgeklammert. Es stellt sich also die Frage, ob solche Studien wirklich ein adäquates Bild der Rolle des Kapitalmarktes als Finanzierer von Innovationen bzw. risikoreichen Investitionen geben. Für Großbritannien sind in dieser Frage erhebliche Zweifel artikuliert worden [KENNEDY 1987; POLLARD 1989]. Allerdings wäre damit der positive Beitrag solcher Finanzmärkte zur Kapitalallokation und zum Wirtschaftswachstum in den untersuchten Volkswirtschaften nur eingeschränkt, nicht verneint.

Die gegenüber historischen CAPM-Studien geäußerte Skepsis rechtfertigt die Frage, ob die Untersuchung der Bereitstellung von Finanzmitteln in anderen Teilmärkten des Geld- und Kreditsystems nicht doch ein dringendes Forschungsbedürfnis darstellt. Ein mit dieser Frage verbundener Ansatz ist die Theorie asymmetrischer Informationen. Hier geht es um den Markt für Kredite und insbes. Bankenkredite an Nichtbanken und die Relation zwischen Kreditgebern und Kreditnehmern. In wettbewerbsintensiven Kreditmärkten, in denen Kreditgeber über wenig Informationen über die Qualität ihrer Schuldner verfügen, müssten nach einschlägiger Theorie die „guten" Schuldner einen zu hohen Preis für Kredite zahlen und sich deshalb aus dem Markt zurückziehen, wobei der Markt dann zu einem Treffpunkt für schlechte Kreditrisiken wird – eine „negative Auslese" [AKERLOF 1970]. Allerdings zeigt dieselbe Theorie, dass durch Institutionen der Kreditmarkt aufrechterhalten werden kann, vor allem wenn den Kreditgebern ihren Schuldnern gegenüber Einflussmöglichkeiten eingeräumt werden [STIGLITZ 1985].

Der Ansatz ist besonders gut geeignet, internationale institutionelle Unterschiede in der Organisation der Kapitalmärkte durchleuchten zu helfen. Ein mehrmals gemachter Vergleich stellt das Universalbankensystem Deutschlands den spezialisierteren und offeneren Kreditmärkten Großbritanniens und der USA gegenüber. Meistens auf die jüngere Zeit (seit ca. 1950) angewandt, gibt es doch inzwischen weiter zurückgreifende Studien, die z.B. zeigen, dass die Kosten der Benutzung des Wertpapiermarktes für Industrieunternehmen in Deutschland geringer waren als in Großbritannien oder in den USA – auch vor 1914 – und dass diese Differenz mit Instrumenten zusammenhing, die seit eh und je als Standardpraxis deutscher Universalbanken gegolten haben (z.b. Vertretung von Banken im Aufsichtsrat ihrer Schuldner, usw.) [CALOMIRIS 1992; KENNEDY/BRITTON 1985; TILLY 1992; CABLE 1985]. Es stellt sich hierbei heraus, dass Studien, die auf die alte Frage der „Macht der Banken" ausgerichtet waren und beispielsweise anhand mikrohistorischer Untersuchungen der Banken-Industrie Beziehungen jene „Macht" relativiert haben, durchaus im Rahmen der Theorie asymmetrischer Informationen behandelt und eingeordnet werden können. Allerdings gibt es unterschiedliche Interpretationen der ökonomischen Auswirkungen der „Macht der Banken" [FOHLIN 1994 und 1998; TILLY 1995]. Der Ansatz asymmetrischer Informationen ist aber nicht nur zur Beurteilung der Kreditbeziehungen der Großbanken Deutschlands geeignet, sondern auch anwendbar auf andere Bereiche, z.B. bei der Interpretation der deutschen Kreditgenossenschaften, die von Bonus als Institutionen zur Überwindung asymmetrischer Informationen durch Zusammenlegung von örtlichen Informationen über die Kreditwürdigkeit von Kleinkreditnehmern interpretiert werden. Hierzu gibt es auch inzwischen wichtige empirische Studien [BONUS 1986; GUINNANE 1998]. Überhaupt, in Form der „Principal-Agent" Theorie, lässt sich dieser Ansatz auf die Frage der Unternehmensfinanzierung – mit und ohne Banken – gut übertragen [TILLY 2002].

4. Ausblick

Wegen seines Überblickcharakters verträgt dieser Artikel keine Zusammenfassung. Statt dessen sollen nur einige hier vernachlässigte Themen kurz erwähnt, darüber hinaus eine Bemerkung zur Beziehung zwischen Wirtschaftstheorie und Wirtschaftsgeschichte in diesem Sachbereich gemacht werden. Bedauerlicherweise ist der staatlichen Regulierung von Bankensystemen und deren Zusammenhang mit der Wettbewerbsstruktur von Finanzmärkten nur geringe Aufmerksamkeit geschenkt worden, obwohl hierzu neuere Studien vorliegen [WHITE 1983; TILLY 2001]. Auch die Frage der Kreditbeziehungen unter Nichtbankunternehmen, die Frage der Unternehmensfinanzierung oder auch die Internationalisierung von Finanzrelationen und Bankinstitutionen – neuerdings unter dem Schlagwort „Globalisierung – stellen hier weitgehend ausgeklammerte Themen dar.

Vielleicht kann man einen Teil der Literatur mit der Begründung beiseite lassen, dass sie zu wenig theoretisch orientiert ist. Theorie wird zu selten bewusst als Interpretationsmittel, auch zu selten als Strukturierungsinstrument eingesetzt. Das gilt besonders für die deutsche Literatur. Jedoch hat auch die Wirtschaftstheorie hier Defizite. Am schwerwiegendsten ist wahrscheinlich ihre erst verspätete Beschäftigung mit Finanzinstitutionen und –organisationen, also gerade den Objekten, die einen wesentlichen Teil der historischen Forschung ausmachen. Koordinierung, Überwachung und Kontrolle durch Banken und anderen Finanzinstitutionen wurden bisher nur unzureichend theoretisch begründet und erläutert, besonders für den sog.

„mehrperiodigen Fall" dauerhafter Finanzbeziehungen – für den sich Historiker besonders interessieren müssten. Wettbewerb und mögliche Konsequenzen einer bestimmten Marktstruktur für die Kreditgabe der Banken ist ein weiteres Thema der „Finanzintermediation", die Wirtschaftstheoretiker noch nicht im Griff haben. Zum Teil hat die Entwicklung der NIÖ zum Abbau solcher Defizite beigetragen [RICHTER/FURUBOTN 1996], aber nur zum Teil. Diese und andere Defizite bieten aber natürlich keine Rechtfertigung dafür, dass die Wirtschaftsgeschichte die Theorie in toto vernachlässigen soll.

Literaturliste

ALECKE, Björn, Deutsche Geldpolitik in der Ära Bretton Woods, Münster 1999.
BAKER, M. und COLLINS, M., Financial crises and structural change in English commercial bank assets, 1860–1913, in: Explorations in Economic History, 36, (1999), S. 428–444.
BALDERSTON, Theo, The banks and the gold standard in the German financial crisis of 1931, in: Financial History Review, I (1994), S. 43–68.
BERGER, Helge, Konjunkturpolitik im Wirtschaftswunder. Handlungsspielräume und Verhaltensmuster von Bundesbank und Regierung in den 1950er Jahren, Tübingen 1997.
BRESCIANI-TURRONI, Constantino, The Economics of Inflation: A Study of Currency Depreciation in Post-War Germany, London 1937 (Neudruck: 1968).
BROADBERRY, Steven, The British economy between the wars, Oxford 1986.
CAGAN, Philip, The Monetary Dynamics of Hyperinflation, in: FRIEDMAN, M. (Hg.), Studies in the Quantity Theory of Money, Chicago 1956.
CAPIE, Forest, Banking in Europe in the nineteenth century: the role of the central bank, in: SYLLA, Richard, TILLY, Richard und TORTELLA, Gabriel (Hg.), The state, the financial system and economic modernization, Cambridge 1998.
DICKHAUS, Monika Die Bundesbank im westeuropäischen Wiederaufbau, München 1996.
EDWARDS, J. und OLIGIVIE, S., Universal banks and German industry: a reappraisal. In: Economic History Review 49 (1998), S. 927–46.
EDWARDS, J. und FISCHER, K., Banks, finance and investment in Germany, Cambridge 1994.
EICHENGREEN, Barry (Hg), The Gold Standard in Theory and History. New York and London 1985.
EICHENGREEN, Barry, Golden Fetters. The Gold Standard and the Great Depression, 1919–1939. New York etc., Oxford 1992.
EICHENGREEN, Barry, Globalizing Capital. Princeton 1996.
FELDMAN, Gerry, The Great Disorder. Politics, Economics and Society in the German Inflation, 1914–1924, New York 1993.
FLANDREAU, Marc, The economics and politics of monetary unions: a reassessment of the Latin Monetary Union, 1865–1871, in: Financial History Review 7 (2000), S. 25–43.

FOHLIN, Caroline, Financial Intermediation, Investment, and Industrial Development: Universal Banking in Germany and Italy from Unification to World War I. Ph.D. Diss., Univ. of California, Berkeley 1994.
FOHLIN, Caroline, Universal Banking in Pre-World War I Germany: Model or Myth? In: Explorations in Economic History 36 (1999), S. 305–43.
GALL, Lothar et al, Die Deutsche Bank 1870–1995, München 1995.
GUINNANE, Timothy, Regional Organizations in the German Cooperative Banking System in the Late-Nineteenth Century, Research in Economic History 31(1997), S. 251–74.
GUINNANE, Timothy, A Failed Institutional Transplant: Raiffeisen Credit Cooperatives in Ireland, 1894–1914, in: Explorations in Economic History 31(1994), S. 38–61.
HARLEY, Knick, Substitution for prerequisites: endogenous institutions and comparative economic history, in: SYLLA, Richard und TONIOLO, Gianni (Hg.), Patterns of Industrialization, London 1991.
HOLTFRERICH, Carl-Ludwig, The monetary unification process in nineteenth- century Germany: relevance and lessons for Europe today, in: DE CECCO, M. und GIOVANNINI, A. (Hg.), A European Central Bank? Perspectives on monetary unification after ten years of the EMS, Cambridge 1989.
HOLTFRERICH, Carl-Ludwig, Vernachlässigte Perspektiven der wirtschaftlichen Probleme der Weimarer Republik, in: WINKLER, Heinrich-August (Hg.), Die deutsche Staatskrise 1930–1933, München 1992.
LICHTER, Jörg, Preußische Notenbankpolitik in der Formationsphase des Zentralbanksystems 1844 bis 1857, Berlin 1999.
MICHIE, Ranald, „Development of the Stock Exchange", article in The New Palgrave Dictionary of Money and Finance, London 1992.
MOGGERIDGE, D. E., The Return to Gold, Cambridge 1969.
Neal, Larry, The Rise of Financial Capitalism. International Capital Markets in the Age of Reason, Cambridge 1990.
NEAL, Larry, The finance of business during the industrial revolution, in: R. FLOUD und D. MCCLOSKEY (Hg.), The economic history of Britain since 1700. 2. Aufl., 3 Bde., I (1700–1860). Cambridge 1994.
POHL, Hans, Die rheinischen Sparkassen. Entwicklung und Bedeutung für Wirtschaft und Gesellschaft von den Anfängen bis 1990, Stuttgart 1999.
POLLARD, Sidney, Britain's Prime and Britain's Decline. The British Economy 1870–1914, London 1989.
POLLARD, Sidney, Capital exports, 1870–1914. harmful or beneficial? In: Economic History Review. 2. Series., 38 (1989), S. 489–514.
RICHTER, Rudolf und FURUBOTN, Erik, Neue Institutionenökonomik. Eine Einführung und kritische Würdigung, Tübingen 1996.
RITSCHL, A. Reparation transfers, the Borchardt hypothesis and the Great Depression in Germany, 1929–1932: a guided tour for hard-headed Keynesians, in: European Review of Economic History 2 (1998), S. 11–46.
SNOWDEN, Kenneth, Historical Returns and Security Market Development, 1872–1925, in: Explorations in Economic History, 27 (1990).
SPRENGER, Bernd, Harmonisierungsbestrebungen im Geldwesen der deutschen Staaten zwischen Wiener Kongress und Reichsgründung, in: SCHREMMER, Eckhart

(Ed.), Geld und Währung vom 16. Jahrhundert bis zur Gegenwart, in VSWG, Suppl. Volume 106, Stuttgart 1993.

STÜRMER, Michael; TEICHMANN, Gabrielle; TREUE, Wilhelm, Wägen und Wagen. Sal. Oppenheim jr & Cie, Geschichte einer Bank und einer Familie, München 1989.

SYLLA, Richard, The role of banks, in: SYLLA, R. und TONIOLO, G. (Hg.), Patterns of European Industrialization. The Nineteenth Century, London 1991.

SYLLA, Richard; TILLY, Richard und TORTELLA, Gabriel (Hg.), Finance, the State and Economic Modernization, Cambridge 1998.

THEURL, Theresia, EINE gemeinsame Währung für Europa. 12 Lehren aus der Geschichte, Innsbruck 1992.

THEURL, T., Erfolgsbedingungen für monetäre Union souverän bleibender Staaten: Die Beispiele des 19. Jahrhunderts, in: MOSSER, A. (Hg.), Österreichs Weg zum Euro, Wien 1998.

TILLY, Richard, Geschäftsbanken und Wirtschaft in Westdeutschland seit dem Zweiten Weltkrieg, in: SCHREMMER, Eckhart (Hg.), Geld und Währung vom 16. Jahrhundert bis zur Gegenwart (VSWG, Beiheft 106), Stuttgart 1993.

TILLY, Richard, The Regulation of Financial Institutions in the Post-Bretton Woods Era", in: Jahrbuch für Wirtschaftsgeschichte 2002/1.

TILLY, Richard, Zur Geschichte der Bankenregulierung, in: DELHAES-GUENTHER, Dietrich von, HARTWIG, Karl-Hans und VOLLMER, Uwe (Hg.), Monetäre Institutionenökonomik, Stuttgart 2001.

TILLY, Richard, Banks and Industry: Lessons from History? In: TILLY, Richard und WELFENS, Paul (Hg.), European Economic Integration as a Challenge to Industry and Government. Berlin, Heidelberg, New York 1996.

TILLY, Richard, „Macht der Banken". Deutsche Wirtschaftsgeschichte und die Neue Institutionen-Ökonomik, in: BÖGENHOLD, Dieter et al (Hg.), Soziale Welt und soziologische Praxis. Soziologie als Beruf und Programm. Fs. für Heinz Hartmann, Göttingen 1995.

TILLY, Richard, Public policy, capital markets and the supply of industrial finance in nineteenth-century Germany, in: SYLLA, Richard et al (Hg.), The state, the financial system and economic modernization, Cambridge 1998.

TILLY, Richard und HUCK, Norbert, Die deutsche Wirtschaft in der Krise, 1925 bis 1934. Ein makro-ökonomischer Ansatz, in: BUCHHEIM, C. et al (Hg.), Zerrissene Zwischenkriegszeit. Wirtschaftshistorische Beiträge, Baden-Baden 1994.

VAN DER WEE, Herman und VERBREYT, Monique, Die Generale Bank 1822–1997. Eine ständige Herausforderung, Tiel 1997.

WEBB, Steven, Fiscal news and inflationary expectations in Germany after World War I, in: Journal of Economic History 40 (1986), S. 309–29.

WETZEL, Christoph, Die Auswirkungen des Reichsbörsengesetzes von 1896 auf die Effektenbörsen im Deutschen Reich, insbes. auf die Berliner Fondsbörse, Münster 1996.

Gerold Ambrosius

Internationale Wirtschaftsbeziehungen

1. Einführung

Unter 'internationalen Wirtschaftsbeziehungen' versteht man die die Landesgrenzen überschreitenden Ex- und Importe von Waren und Diensten, die Wanderungen von Arbeit und die Ströme von Kapital sowie die staatlichen und sonstigen Maßnahmen, die diese Aktivitäten beeinflussen. Innerhalb der Wirtschaftswissenschaft gehört der Außenhandel zu den frühesten Untersuchungsfeldern und die Theorie der Außenwirtschaft heute zu den am weitest entwickelten Theoriegebieten. Schon die Begründer der klassischen Ökonomik im England des ausgehenden 18. Jahrhunderts waren weniger an den realen Wirtschaftsbeziehungen interessiert, sondern mehr an den ihnen zugrunde liegenden Regelmäßigkeiten. Auf der Suche nach allgemeingültigen Gesetzen nahmen sie auf die unterschiedlichen Entwicklungsniveaus von Volkswirtschaften und die daraus resultierenden unterschiedlichen Wirtschaftsbeziehungen kaum Rücksicht. In Deutschland – einem gegenüber England rückständigen und zersplitterten Wirtschaftsraum – erfolgte die Rezeption der angelsächsischen Theorie am Anfang des 19. Jahrhunderts dagegen stärker unter 'national'ökonomischer Perspektive. An die Stelle der kosmopolitischen Gleichrangigkeit der Völker trat eine hierarchische Weltordnung mit weiter und weniger entwickelten Volkswirtschaften, deren Beziehungen durchaus nicht gleichberechtigt waren und auf der Grundlage des klassischen Ideals des Freihandels zu fortwährender Überlegenheit oder Rückständigkeit führen konnten. Nicht alle, aber viele der in der zweiten Hälfte des 19. Jahrhunderts in Mode kommenden 'Stufentheorien' sahen den Grad der Verflechtung von Wirtschaften als ein entscheidendes Unterscheidungskriterium solcher Stufen an; die Wirtschaftsgeschichte stellte sich danach als eine Abfolge von Wirtschaftsstufen dar, die sich von der Individual- über die Haus-, Stadt- und Volks- zur Weltwirtschaft bewegte. Letztere war durch mehr oder weniger enge Verflechtungen zwischen den einzelnen 'Nationalökonomien' gekennzeichnet. Das Untersuchungsobjekt Weltwirtschaft beinhaltete somit die internationalen Wirtschaftsbeziehungen.

Am Ende des 19. Jahrhunderts trug der politisch wie wissenschaftlich geführte Streit um Protektionismus oder Freihandel – besonders im angelsächsischen Bereich – nicht unwesentlich dazu bei, die Wirtschaftswissenschaft zu spalten und eine eigene wirtschaftshistorische Fachrichtung entstehen zu lassen, deren Vertreter sich nicht wie die meisten Theoretiker dem klassischen Ideal des Freihandels verpflichtet fühlten. Dennoch argumentierten auch die eigentlichen Begründer einer Lehre von der Weltwirtschaft bzw. den internationalen Wirtschaftsbeziehungen in Deutschland wie Bernhard Harms (1876–1939) oder August Sartorius von Waltershausen (1852–1938) noch stark wirtschaftshistorisch. Der endgültige Bruch zwischen Wirtschaftsgeschichte und Wirtschaftstheorie wurde auf dem Forschungsgebiet der internationalen Wirtschaftsbeziehungen – wie auf anderen Forschungsgebieten – erst nach dem Zweiten Weltkrieg vollzogen. In Ländern, die sich seit Jahrhunderten weltweit engagieren, stellen die internationalen Wirtschaftsbeziehungen einen traditionellen Untersuchungsbereich innerhalb der Wirtschaftsgeschichte dar. Die deutsche Geschichtsschreibung war und ist dagegen auch in dieser Hinsicht immer noch stärker nationalgeschichtlich orientiert.

2. Internationale Wirtschaftsbeziehungen im 19. und 20. Jahrhundert

Wie im 19. Jahrhundert gilt auch heute noch der Austausch von materiellen Gütern, von Waren als das entscheidende Maß für die Intensität der internationalen Handelsbeziehungen. Als Indikator dient der Anteil des Sozialprodukts, der aus- oder eingeführt wird – die Außenhandels- oder Ex- und Importquoten –, denn das Handelsvolumen als solches sagt nur wenig über den Grad der Verflechtung aus: Steigt das Handelsvolumen eines Landes, so bedeutet das zwar, dass dieses Land absolut mehr Waren im Ausland ver- oder einkauft. Daraus kann aber nicht automatisch geschlossen werden, dass es intensiver mit dem Rest der Welt verflochten ist. Erst die Ex- und Importquoten machen dies deutlich. Bei den Ex- und Importen von Waren – also nicht von Dienstleistungen – muss darauf geachtet werden, ob diese nur auf die gesamtwirtschaftliche materielle Produktion oder auf das gesamte Sozialprodukt bezogen werden, das auch die Produktion von immateriellen Gütern, von Dienstleistungen enthält. Dies ist besonders für die längerfristige Betrachtung wichtig, da seit den 1960er Jahren auch in den hochindustrialisierten Ländern Europas ein immer größerer Anteil des Sozialprodukts aus der Produktion von Dienstleistungen stammt.

An der Welt, an Europa und an einzelnen Ländern soll die Entwicklung der Handelsverflechtung seit dem letztem Jahrhundert dargestellt werden. *Abbildung 1* zeigt den Verlauf der Weltexportquote. Die Ausfuhren materieller Güter werden in diesem Fall auf die materielle Gesamtproduktion bezogen. Wie bei allen makrohistorischen Statistiken stellen die zugrunde liegenden Daten keine absoluten Wahrheiten dar, sondern – zumindest bis in die jüngere Vergangenheiten – nur mehr oder weniger vage Schätzungen. Es ist nicht möglich, die Gesamtproduktion und das Handelsvolumen aller Länder der Welt seit dem 19. Jahrhundert exakt zu berechnen. Wichtig ist im hier behandelten Zusammenhang auch nicht der genaue Verlauf der Kurve, sondern die verschiedenen Phasen und Trends. Danach wurde zwischen den 1850er und den 1870er Jahren ein immer größerer Teil der Weltproduktion exportiert. Dann kam es bis zum Anfang des 20. Jahrhunderts zu einer stagnativen bzw. leicht rückläufigen Entwicklung der Exportquote, die im Jahrzehnt vor dem Ersten Weltkrieg allerdings wieder anstieg. Die 1920er Jahre konnten den Einbruch, den der Weltkrieg brachte, kaum ausgleichen, als mit der Weltwirtschaftskrise, den protektionistischen 1930er Jahren und dem Zweiten Weltkrieg bereits ein erneuter Rückgang stattfand. In den 1940er Jahren befand sich die Weltexportquote auf einem ähnlichen Niveau wie in den 1850er Jahren und erst in den 1960er Jahren wurde das Niveau der 1890er Jahre wieder erreicht. Danach nahm sie allerdings weiter zu. Deutliche Spuren in diesem scheinbar unaufhaltsamen Anstieg hinterließ die Weltwirtschaftskrise der 1970er Jahre; die Quote ging seit langer Zeit wieder kurzfristig zurück.

Als zweites Beispiel werden in *Tabelle 1* die Exportquoten verschiedener Länder angegeben.

Tabelle 1
Exportquoten verschiedener Länder (Waren in Relation zum Sozialprodukt, nominal, in %)

Jahre	Ver. Königreich	Deutschland	Niederlande	USA
1860er	16	11	-	6
1880er	20	15	-	7
1900er	18	13	46	7
1920er	19	13	21	6
1930er	11	8	17	4
1950er	17	14	28	4
1970er	19	20	34	7
1990er	23	28	40	8

Der Periodendurchschnitt, der den Quoten zugrunde liegt, entspricht nicht immer genau den Jahrzehnten.
Quelle: ROTH 1984, Tabelle 4-A; UNITED NATIONS, Statistical Yearbook und Yearbook of International Trade Statistics, New York verschiedene Jahrgänge.

Als drittes Beispiel wird der Internationalisierungsgrad der westeuropäischen Wirtschaft in *Abbildung 2* dargestellt. Dafür werden die gesamten Ausfuhren in Beziehung zum gesamten Sozialprodukt gesetzt. Diese Indexkurve macht ebenfalls deutlich, wie sehr zwischen 1914 und 1945 die Verflechtung der westeuropäischen Volkswirtschaften abnahm. Erst am Ende der 1960er Jahre kam es zu einem mit der Zeit vor dem Ersten Weltkrieg vergleichbaren Verflechtungsgrad. Trotz der kurzfristigen Unterbrechung der Entwicklung in den 1970er Jahren intensivierten sich in der zweiten Hälfte des 20. Jahrhunderts die Handelsbeziehungen der westeuropäischen Länder untereinander und mit dem Rest der Welt stark und fast kontinuierlich.

Der Handel mit Dienstleistungen – Transport-, Versicherungs-, Bank- Informationsdiensten etc. – hat im Außenhandel schon immer eine bedeutende Rolle gespielt. Endgültig rückte er allerdings erst nach dem Zweiten Weltkrieg in den Vordergrund. Mit der 'Tertiarisierung' der entwickelten Volkswirtschaften, mit den neuen technischen Möglichkeiten der Informationsspeicherung und -übertragung dehnte sich auch der internationale Handel mit Dienstleistungen dynamisch aus. So stieg die

Exportquote für Waren Westeuropas zwischen 1960 und 2000 von 14 auf 25 %, d.h. um mehr als die Hälfte. Die Exportquote für Dienstleistungen dagegen von 3 auf 15 %, d.h. um das Fünffache. Allerdings verlangsamte sich dieser Aufholprozess des Dienstleistungshandels in den 1990er Jahren nicht nur in Europa, sondern weltweit. Immerhin kletterte der Anteil der Dienstleistungsexporte am Welthandel von 1980 bis 2001 von 15 auf 19 %. Natürlich gab es erhebliche landesspezifische Unterschiede; Länder wie Norwegen oder Griechenland waren traditionell auf den Export von Transportdienstleistungen spezialisiert, Länder wie Belgien oder Deutschland dagegen auf den von Industrieprodukten. Diese Unterschiede in den Außenhandelsstrukturen, die es schon im 19. Jahrhundert gab, lassen sich auch heute noch erkennen.

Neben den Produkten sind es die Produktionsfaktoren, die die Wirtschaftsbeziehungen zwischen den Staaten bestimmen. Dabei hat auch die grenzüberschreitende Wanderung von Arbeitskräften eine lange Tradition und stellt ein wichtiges Element dieser zwischenstaatlichen Wirtschaftsbeziehungen dar. In der zweiten Hälfte des 19. Jahrhunderts bis zum Ersten Weltkrieg war in Europa die saisonale Beschäftigung in der Landwirtschaft eine der wichtigsten Formen der ökonomisch motivierten Migration. Hunderttausende von Polen und Holländern übernahmen Saisonarbeiten im Deutschen Reich; Italiener kamen in die Schweiz, Belgier und Spanier nach Frankreich. Italienische Bauarbeiter, polnische und tschechische Bergleute wurden in großer Zahl in anderen Ländern angeworben. Ein besonders bekanntes Beispiel für diese transnationale Migration sind die Iren, die ebenfalls zu Hunderttausenden in den Industriegebieten Englands und Schottlands arbeiteten. Vor dem Ersten Weltkrieg dürfte der Anteil ausländischer Arbeitskräfte an der westeuropäischen Gesamtbeschäftigung in etwa so hoch gewesen sein wie heute in der EU. In der Zwischenkriegszeit ging die Migration stark zurück, vor allem wegen der schwierigen wirtschaftlichen Verhältnisse und des sich ausbreitenden Nationalismus, der dazu führte, dass mit restriktiven Bestimmungen die nationalen Arbeitsmärkte abgeschottet wurden. Seit der zweiten Hälfte der 1950er Jahre kam dann der europäische Arbeitsmarkt erneut in Bewegung. Hunderttausende von Spaniern strömten nach Norden, die Mehrheit nach Frankreich, das außerdem Portugiesen und seit Anfang der 1970er Jahre Nordafrikaner anwarb. In der BRD lief die Anwerbung in Italien an, etwas später bemühte man sich um griechische, noch später um jugoslawische und türkische Arbeitskräfte. Aus Griechenland, Jugoslawien, der Türkei und Portugal stammte auch ein großer Teil der ausländischen Arbeiter in Belgien, den Niederlanden, Schweden und Österreich. Insgesamt blieb der Anteil ausländischer Arbeitskräfte an der westeuropäischen Gesamtbeschäftigung aber klein; der intraeuropäische Anteil stieg von 2,5 % 1960 auf 4,1 % 1973 an. Rechnet man noch die außereuropäischen Arbeitskräfte hinzu – vor allem die Türken in der Bundesrepublik und die Nordafrikaner in Frankreich –, so waren 1973 auf dem Höhepunkt etwa 5 % aller Beschäftigten in Westeuropa Ausländer. Dabei waren die Unterschiede zwischen den Ländern recht groß. In Italien war der Ausländeranteil verschwindend gering, in Luxemburg und der Schweiz betrug er mehr als ein Drittel. In Frankreich und der BRD machte er 10 bis 12 % aus, in Schweden und Belgien 6 bis

7 %, in den Niederlanden 2 %. Seither nahm dieser Anteil wieder ab, wobei in den 1990er Jahren allerdings die Zuwanderung aus Osteuropa anstieg. Der Ex- und Import von Geld bzw. Kapital ist ebenfalls ein altes Phänomen. Die europäischen Volkswirtschaften waren im Laufe des 19. Jahrhunderts untereinander und mit dem Rest der Welt immer enger über die Kapitalmärkte verbunden. Jahrzehntelang investierte beispielsweise das Vereinigte Königreich 5 bis 10 % seines Sozialproduktes im Ausland. Unmittelbar vor Ausbruch des Ersten Weltkrieges konnte es mit den Einkünften aus ausländischen Investitionen ein Drittel seiner Importe bezahlen. Langfristiges Kapital wurde vor allem in ausländischen Regierungsanleihen, öffentlichen oder privaten, mit öffentlichen Bürgschaften versehenen Infrastrukturprojekten angelegt. Rohstoffvorkommen wurden mit ausländischem Kapital erschlossen oder strategische Industriezweige aufgebaut. Die Kapitalanleger engagierten sich in erster Linie in den Staaten der europäischen Peripherie und in den europäisch besiedelten Gebieten der Welt. Der Erste Weltkrieg veränderte dann die internationalen Kapitalbeziehungen grundlegend. Waren sie bis dahin relativ stabil gewesen, wurden sie danach unsicher und spekulativ. Reparationen und Kriegsschulden, kriegsunabhängige Verschuldungen und kurzfristige Kapitalbewegungen trugen dazu bei. Die Kapitalströme zwischen den USA und Europa kehrten sich insofern um, als die USA nicht länger der Schuldner Europas, sondern umgekehrt der Gläubiger wurden. Im Sommer 1931, auf dem Höhepunkt der Weltwirtschaftskrise, brach der internationale Geld- und Kapitalverkehr fast vollständig zusammen. Von da ab war er für fast ein Vierteljahrhundert erheblich gestört. Kapital wurde weniger in Schuldner- und mehr in Gläubigerländer, weniger in Europa und mehr in den USA, weniger nach wirtschaftlichen und mehr nach politischen Überlegungen angelegt. Die desintegrativen Tendenzen der Zwischenkriegszeit erfassten somit auch und ganz besonders die internationalen Kapitalmärkte. Erst in der zweiten Hälfte der 1950er Jahre funktionierten sie wieder und weiteten sich dann in der Folgezeit rasant aus. Wie nie zuvor in der Geschichte war die Welt am Ende des 20. Jahrhunderts auf den Kapitalmärkten verflochten. Das galt für die Industrieländer untereinander, die Direktinvestitionen und Anlagen in Wertpapiere, staatliche Anleihen oder private Kredite austauschten. Das galt für das Verhältnis von unterentwickelten und entwickelten Staaten; die Verschuldung der Dritten und Zweiten, der realsozialistischen Welt, nahm enorme Ausmaße an. Das galt für die Verteilung von Kapital über internationale Organisationen wie die Weltbank oder den Internationalen Währungsfonds. Das galt schließlich für die internationalen Geld- bzw. Devisenmärkte, auf denen tagtäglich gigantische Summen um die Welt geschickt wurden. Die Liberalisierung der nationalen Regulierungen seit den 1980er Jahren erleichterte und beschleunigte den internationalen Geld- und Kapitalverkehr ebenso wie die verbesserten technischen Möglichkeiten der Informationsübertragung und Transferierung. Hatte der internationale Geld- und Kapitalverkehr bis in die Zeit nach dem Zweiten Weltkrieg die internationalen Handelsströme widergespiegelt, so verselbstständigte er sich in den letzten Jahrzehnten immer mehr.

Diese langfristige Entwicklung der internationalen Wirtschaftsbeziehungen war Ausdruck sowohl von Wachstums- oder Stagnationsphasen der europäischen und der Weltwirtschaft als auch von unterschiedlichen wirtschaftspolitischen Handelsregimen, denn wirklichen Freihandel gab es praktisch nie. Etwas vereinfacht lassen sich in der Neuzeit für Europa vier große Perioden im Verhältnis von Protektion und Freihandel bestimmen. Die erste Phase umfasst die Zeit des Merkantilismus im 17. und 18. Jahrhundert, in der die Außenwirtschaftspolitik erstmals zu einem systematischen Bestandteil einer umfassenderen Wirtschaftspolitik gemacht wurde. Über eine aktive Handels- bzw. Zahlungsbilanz sollten die binnenwirtschaftlichen Produktivkräfte gefördert und damit der „Reichtum" des Landes, der durchaus nicht nur als Staatsschatz verstanden wurde, gesteigert werden. Um das zu erreichen, war fast jedes Mittel recht: von der massiven Förderung der Exporte von Fertigwaren und der Importe von Rohstoffen über die konsequente Behinderung der Importe von Fertigwaren und der Exporte von Rohstoffen bis hin zu regelrechten Handelskriegen. Den Hintergrund des 'merkantilistischen Konfliktmodells' bildete die Vorstellung von der Weltwirtschaft als Null-Summen-Spiel: Das insgesamt realisierte Handelsvolumen war danach konstant, so dass die Exportsteigerung eines Landes die Exportabnahme der übrigen zur Folge haben musste.

Diese Vorstellung wurde in der zweiten Hälfte des 18. Jahrhunderts immer mehr in Frage gestellt und im 19. Jahrhundert vom 'klassischen Kooperationsmodell' abgelöst. In dieser zweiten Phase galt, dass der Freihandel und damit die internationale Arbeitsteilung allen Beteiligten Vorteile brachte. Endgültig begann die Freihandelsära in Europa mit dem sog. Cobden-Chevalier-Vertrag von 1860 zwischen Frankreich und England, dem eine Vielzahl ähnlicher Verträge folgte. Sie beinhalteten fast immer Meistbegünstigungsklauseln, d.h., ein Land musste dem Vertragspartner automatisch alle Handelsvergünstigungen einräumen, die es anderen Ländern gewährte. Dadurch kam es zu einem kumulativen Abbau der Zölle und anderer Handelsbeschränkungen; die an sich bilateral angelegten Handelsverträge gingen in ein multilaterales Handelsregime über. Gleichzeitig entstanden Zollunionen – Freihandelsgebiete mit gemeinsamem Außenzoll –, wobei der Deutsche Zollverein von 1834 nur das bekannteste Beispiel darstellt. Der Zollverein war aber gleichzeitig Ausdruck dafür, dass das Postulat vom Freihandel eben nicht unumstritten war. Die Auseinandersetzungen zwischen 'Freihändlern' und 'Schutzzöllnern' in Deutschland, die es auch in anderen Ländern gab, währten das gesamte 19. Jahrhundert.

Bereits in den 1870er Jahren begann diese freihändlerische Phase wieder auszulaufen. In zahlreichen Ländern wurden erneut Schutzzölle eingeführt, um die Landwirtschaft und Industrie vor ausländischer Konkurrenz zu schützen. Allerdings war der Zollschutz nicht sehr ausgeprägt; auch die administrativen Handelsbeschränkungen hielten sich in Grenzen und die Meistbegünstigung blieb Bestandteil aller wichtigen Handelsverträge. Dennoch schwang das Pendel tendenziell vom Freihandel zurück zum Protektionismus, so dass man vom Beginn einer dritten Phase in der Außenhandelspolitik der europäischen Staaten sprechen kann. Zwar wurden nach dem Ersten Weltkrieg zahllose Versuche unternommen, zu den liberalen Verhältnissen des 19. Jahrhunderts zurückzukehren, letztlich scheiterten sie aber. Mit der Weltwirtschaftskrise Anfang der 1930er Jahre kam dann die Wende zum radikalen Protektionismus. Zollerhöhungen, Kontingentierungen, Importverbote etc. waren

Mittel einer Außenwirtschaftspolitik, mit der die Staaten versuchten, ihre expansiven binnenwirtschaftlichen Ziele gegenüber der rezessiven Weltwirtschaft abzusichern. Zwar gab es auch in dieser Zeit Ansätze für eine internationale Zusammenarbeit; sie waren aber nicht Ausdruck offensiver Bemühungen die Weltmärkte wieder zu öffnen, sondern im Gegenteil defensiver Bemühungen, durch regionale Kooperation den desintegrativen Tendenzen zumindest in begrenzten Wirtschaftsräumen entgegenzuwirken, um noch Schlimmeres zu verhindern.

Schon im Zweiten Weltkrieg und verstärkt in den Jahren danach wurde versucht, ein System von Konsultations-, Koordinierungs- und Beistandsvereinbarungen zu schaffen, das einerseits einen liberalen Waren-, Geld- und Kapitalverkehr weltweit ermöglichen und andererseits die wirtschaftliche Autonomie der Nationalstaaten berücksichtigen und rückständige Länder fördern sollte. Dieses Umdenken eröffnete eine vierte Phase im globalen und europäischen Handelsregime – die der Liberalisierung, Kooperation und Integration. Nach den Erfahrungen der Zwischenkriegszeit sollte der Freihandel nicht mehr allein bilateralen Verträgen überlassen bleiben, sondern es sollte durch multilaterale Abkommen ein Regelwerk aufgestellt und durch entsprechende Organisationen abgesichert werden. Das General Agreement on Tariffs and Trade (GATT) war eines von verschiedenen weltweiten Abkommen, die dies gewährleisten sollten. Die Außenwirtschaftspolitik des Westens wurde im Laufe der Zeit tatsächlich liberalisiert. In den verschiedenen Verhandlungsrunden des GATT wurden viele Handelshemmnisse abgebaut. Gleichzeitig entstanden allerdings neue, vor allem nicht-tarifäre. Auch die regionale Integration machte Fortschritte. Bereits in den 1960/70er Jahren wurden weltweit Dutzende von regionalen Integrationsabkommen geschlossen, mit denen Gruppen von Ländern versuchten, durch engere Zusammenarbeit ihre Entwicklung zu fördern und ihre Stellung in der Weltwirtschaft zu verbessern, ohne sich allerdings wie in der Zwischenkriegszeit durch aggressiven Protektionismus nach außen zu schützen. Eine der ersten, wichtigsten und erfolgreichsten Integrationsansätze war die 1958 gegründete Europäische Wirtschaftsgemeinschaft (EWG) und die 1959 gegründete Europäische Freihandelszone (EFTA).

3. Theorien der internationalen Wirtschaftsbeziehungen

Wenn im Folgenden theoretische Ansätze zu den internationalen Beziehungen vorgestellt werden, kann es wie bei den meisten Kapiteln in diesem Band nicht darum gehen, einen Überblick zu geben. Wer sich einen solchen verschaffen will, sei auf die verschiedenen Einführungen im Literaturverzeichnis verwiesen. Es kann lediglich darum gehen, einen ersten Eindruck von der Art der Argumentation zu gewinnen, mit der die Wirtschaftswissenschaft und auch die Politikwissenschaft versuchen, internationale Wirtschaftsbeziehungen deduktiv aus einem bestimmten Prämissengerüst abzuleiten. Dabei unterscheidet die liberale, neoklassische Wirtschaftswissenschaft zwischen der 'reinen' Theorie, die vom Faktor 'Geld' abstrahiert und nur die Warenströme analysiert, und der 'monetären' Theorie, die sich mit den geldlichen Beziehungen beschäftigt. Die reine Theorie kann noch einmal – wie in *Übersicht 1* dargestellt – in eine positive und in eine normative Richtung aufgeteilt werden. Zur monetären Theorie siehe das Kapitel über internationale Währungssysteme.

Übersicht 1

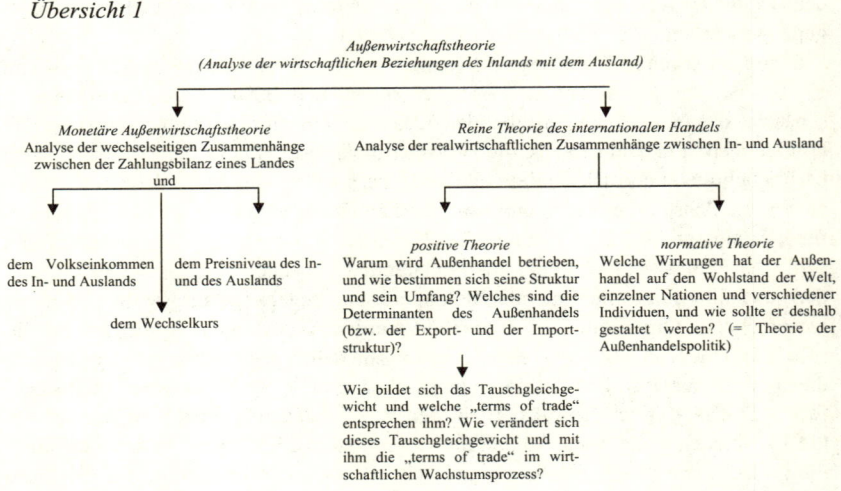

Quelle: K. ROSE, Außenhandel I: Determinanten, in: Handwörterbuch der Wirtschaftswissenschaften, Bd. I, Tübingen 1977, *365.*

a. Reine Theorie

Die theoretische Analyse internationaler Wirtschaftsbeziehungen stellt letztlich nur ein Spezialgebiet der allgemeinen neoklassischen Theorie dar. Neben den verschiedenen Annahmen (vollständige Konkurrenz, völlige Preisflexibilität, ausschließlich am ökonomischen Rationalprinzip ausgerichtete Verhaltensweisen, homogene Güter, konstante Produktionstechnik und Nachfragestruktur, vollkommene Markttransparenz, keine Transaktionskosten usw.), die für alle neoklassischen Modelle gelten, arbeitet die Außenwirtschaftstheorie in ihrem Kern mit dem 'Zwei-Länder-zwei-Güter-zwei-Faktoren-Modell': Der Außenhandel wird zwischen dem Inland und dem 'Rest der Welt' untersucht, wobei er lediglich aus einem Exportgut und einem Importgut besteht und beide Güter mit zwei Produktionsfaktoren erzeugt werden. Die Modelle bewegen sich aber nicht nur in dieser Hinsicht in einer extremen Scheinwelt. Darüber hinaus ist die Realisierung der theoretischen Vorteile des Außenhandels – die liberale Theorie sieht praktisch nur Vorteile im Freihandel – an eine Vielzahl von Voraussetzungen geknüpft, die in der Realität nicht gegeben sind: gleiche wirtschaftliche Ausgangsbedingungen und Gleichberechtigung der beteiligten Länder, Abwesenheit nicht nur von tarifären, sondern auch von nicht-tarifären Handelsschranken wie beispielsweise binnenstaatliche Regulierungen. Wie in allen Untersuchungsfeldern der Wirtschaftswissenschaft und Wirtschaftsgeschichte geht es darum, mit Hilfe eines Referenzmodells den Kern ökonomischer Transaktionen zu erfassen, ihn mit der Realität zu konfrontieren und dann aus der Diskrepanz von Realität und Theorie Annahmen über bestimmte ökonomische Zusammenhänge abzuleiten.

Die reine Theorie geht vor allem drei zentralen Fragen nach: Warum wird überhaupt Außenhandel betrieben? Wie lassen sich der Umfang und die Struktur der internationalen Warenströme bzw. der internationalen Arbeitsteilung erklären und welches sind die Determinanten des Außenhandels? Welche Wirkungen hat der Außenhandel und welche Argumente sprechen für Freihandel, welche für Protektionismus? Die erste Frage lässt sich relativ leicht beantworten: (1) Das Kriterium der Verfügbarkeit führt den Außenhandel darauf zurück, dass Länder aufgrund unterschiedlicher Produktionsbedingungen in einen komplementären Warenaustausch treten. Diese Unterschiede können dauerhafter Natur (Klima, Boden, Rohstoffe) oder temporärer Natur (Kapitalbestand, technisches Wissen) sein. (2) Das Kriterium der Produktdifferenzierung geht davon aus, dass Länder gleiche (substitutive) Produkte produzieren (können), die aber echte oder vermeintliche Qualitätsunterschiede aufweisen, die Präferenzen und damit präferenzbedingten Außenhandel begründen. (3) Das Kriterium der Preisdifferenzierung begründet Außenhandel durch die Preisunterschiede zwischen In- und Ausland; gleiche (homogene) Güter werden im Ausland gekauft, wenn sie dort billiger sind. Die Preisdifferenzen können unterschiedliche Ursachen haben. Beschränkt man sich auf den Kostenaspekt, so liegt folgende Überlegung nahe: Länder werden sich entsprechend ihrer Faktorausstattung (Arbeit, Kapital, Boden, technischer Fortschritt, Rohstoffe) und demzufolge ihrer Produktionsbedingungen auf Güter spezialisieren, die sie zu den geringsten absoluten Kosten herstellen können (= Prinzip der absoluten Kostenvorteile), diese exportieren und andere mit absoluten Kostennachteilen importieren.

Diese drei Kriterien tauchen schon sehr früh in der einen oder anderen Form in der Literatur auf. Die eigentliche Geburtsstunde der Außenwirtschaftstheorie schlug aber, als David Ricardo (1772–1823) die These aufstellte, dass sich ein internationaler Güteraustausch für zwei Länder nicht nur dann lohnt, wenn beide Länder jeweils ein Gut mit absolut niedrigeren Kosten produzieren, sondern auch dann, wenn eines der beiden Länder beide Produkte billiger herstellen kann. Wichtig ist nur, dass die Relationen der Produktionskosten in den Ländern unterschiedlich sind (Theorem der komparative Kosten). Dann macht es Sinn, dass das Land mit der höheren Produktivität bzw. den geringeren Kosten das Gut herstellt, bei dem der – im Vergleich zum anderen Land – größte Produktivitätsvorsprung bzw. Kostenvorteil besteht. Das Land mit der niedrigeren Produktivität muss sich auf die Produktion des Gutes mit dem komparativ geringsten Produktivitätsrückstand bzw. Kostennachteil konzentrieren. Den Nachweis führte Ricardo an seinem berühmten Beispiel vom Wein-Tuch-Handel zwischen England und Portugal. Danach hätten beide Länder Vorteile, wenn England nur Tuche und Portugal nur Wein herstellen würden, wobei für ihn England das Land ist, das beide Waren teurer als Portugal produziert. Obwohl Ricardos Theorem nur für bilaterale Kompensationsgeschäfte eine ökonomisch sinnvolle Aussage enthält, stellt sie immer noch einen elementaren Bestandteil der Außenwirtschaftstheorie dar.

Die zweite Variante der Theorie der komparativen Kosten ist von E.F. Heckscher und B. Ohlin (P.A. Samuelson) formuliert worden. Ihr sog. Faktorproportionen-Theorem (HOS-Theorem) besagt, dass selbst bei gleichem Produktivitätsniveau – gleiche Produktionsbedingungen für das gleiche Gut – der internationale Tausch lohnt. Weichen nämlich die Faktorproportionen von Boden, Kapital und Arbeit zwischen den Ländern voneinander ab, erzielen die Länder Preisvorteile bei der Produktion der Güter, die den komparativ reichlichsten Faktor überdurchschnittlich einsetzen. Relativ kapitalreiche Länder sollten kapitalintensive Produkte exportieren, während relativ arbeitsreiche Länder arbeitsintensive Produkte ausführen sollten. Entscheidend ist, die Faktorreichlichkeit eines Landes mit der Faktorintensität der Produktion zu kombinieren.

Eine dritte Variante verbindet das Ricardo- und das HOS-Theorem insofern, als zu erwarten ist, dass bei einem internationalen Produktivitätsgefälle der Rückstand der schwächer entwickelten Länder bei arbeitsintensiven Branchen komparativ geringer und umgekehrt der Vorsprung der höher entwickelten Länder bei kapitalintensiven komparativ größer sein wird. Berücksichtigt man nun noch die komparative Qualität der Produktionsfaktoren – vor allem die des Produktionsfaktors Arbeit –, so kommt man zum sog. Neo-Faktorproportionen-Theorem. Da der komparativ unterschiedliche Bestand an hochqualifizierten Arbeitskräften mit dem internationalen Entwicklungsgefälle korreliert, werden sich die am höchsten entwickelten Länder auf die Produktion von 'humankapital'- bzw. wissensintensiven Gütern spezialisieren. Insgesamt müsste nach der Theorie der komparativen Kosten der Außenhandel also vor allem zwischen ungleich entwickelten und ausgestatteten Ländern stattfinden. Außerdem müsste er die interindustrielle Arbeitsteilung zwischen Ländern fördern, d.h. den Tausch von Waren aus unterschiedlichen Wirtschaftszweigen oder Branchen.

Neben diesen angebotsorientierten Erklärungen – die Gründe für den Außenhandel werden auf der Seite der Produktion gesucht – betonen andere die Bedeutung der Nachfrage für die Entwicklung der internationalen Handelsströme. Da Waren vor allem produziert werden, um bestimmte einkommensabhängige Bedürfnisse zu befriedigen, findet nach diesen Erklärungsansätzen Außenhandel vor allem zwischen Ländern mit ähnlichem Einkommensniveau und ähnlicher Nachfragestruktur statt. Die Theorie der Produktdifferenzierung geht davon aus, dass Marken wegen tatsächlicher oder eingebildeter Qualitätsunterschiede immer wichtiger werden als Preisunterschiede. Deshalb werden sehr ähnliche Produkte zugleich von Inländern aus dem Ausland und von Ausländern aus dem Inland bezogen. Die Theorie der technologischen Lücke führt den internationalen Warenaustausch auf die Nichtverfügbarkeit bestimmter Technologien – inkorporiert in Produkte und Produktionsverfahren – zurück, die dann nur durch entsprechende Importe erhältlich sind. Es gibt weitere Ansätze, die den internationalen Handel vornehmlich nachfrageseitig erklären. Häufig gehen sie von ähnlichen Nachfragestrukturen aus, was einen im Wesentlichen intraindustriellen Güteraustausch zur Folge hat, d.h., es werden ähnliche Produkte aus gleichen Wirtschaftszweigen oder Branchen gehandelt.

Aus liberaler Sicht haben offene Handelsbeziehungen folgende Vorteile: Das letzte wirtschaftliche Ziel – es gibt natürlich auch metaökonomische Ziele – ist die Steigerung der Wohlfahrt, d.h. der Einkommen der Bevölkerung. Dies soll durch folgende Effekte des Freihandels erreicht werden: (1) Die vorhandenen Ressourcen können besser verteilt und damit effektiver eingesetzt werden. Jedes Land kann aus seinen Besonderheiten größeren Nutzen ziehen, indem es sich auf die Produktionen konzentriert, in denen komparative Vorteile besitzt. Es kann seine relativ reichlich vorhandenen Ressourcen intensiver nutzen. (2) Es wird auch deshalb effizienter und kostengünstiger produziert, weil die Vorteile des größeren Marktes und damit der größeren Produktionsserien – die sog. Skaleneffekte bzw. die Kostendegression – genutzt werden können. (3) Der Zwang zur Rationalisierung, zur Produkt- und Prozessinnovation ergibt sich außerdem aus dem verschärften Wettbewerb. Unternehmen stehen nicht nur in Konkurrenz mit inländischen, sondern auch mit ausländischen Unternehmen. (4) Schließlich steht den Verbrauchern ein vielfältigeres Angebot zur Verfügung.

Grundsätzlich hat sich die reine Theorie bei der Frage nach Vorteilen des (freien) Außenhandels zurückgehalten. Eine normative Aussage über seine Auswirkungen setzt die Festlegung von Bewertungskriterien voraus, mit deren Hilfe nachgewiesen werden kann, dass das durch den Außenhandel und die internationale Arbeitsteilung höhere Sozialprodukt mit einer Steigerung der 'Wohlfahrt' identisch ist. Damit stellt sich aber das Problem der Verteilung der zusätzlichen Einkommen, der Gewinner und Verlierer liberaler Wirtschaftsbeziehungen, der sog. externen Verluste wie Umweltbelastung etc. Ist eine solche Kosten-Nutzen-Analyse schon für ein einzelnes Land ausgesprochen schwierig, so dürfte eine (welt)gesellschaftsbezogene Bewertung, eine umfassende Abwägung von Wohlfahrtsgewinnen und -verlusten kaum zu leisten sein.

Bevor auf die Außenwirtschaftspolitik eingegangen wird, muss mit den 'Terms of Trade' (ToT, reale Austauschverhältnisse) noch ein zentraler Begriff geklärt werden, der in den internationalen Wirtschaftsbeziehungen eine wichtige Rolle spielt. Die Terms of Trade geben an, welches Importvolumen im Austausch gegen welches Exportvolumen erworben werden kann, z.B. wieviel Transistoren gegen wieviel Bananen getauscht werden. Da das reale Austauschverhältnis aber von den jeweiligen Preisen der Güter und des Wechselkurses abhängt und meist die Entwicklung von Warengruppen miteinander verglichen werden, muss man bei der Berechnung der Terms of Trade mit Indizes arbeiten (Preisindex der Exporte bezogen auf den Preisindex der Importe). Dabei ist der Wert der Terms of Trade für sich genommen weniger aussagekräftig als seine Veränderung. Steigen z.B. die Preise der Exportgüter stärker als die der Importgüter, so spricht man von einer Verbesserung der Terms of Trade aus Sicht des Inlandes. Terms of Trade können für zwei Länder, aber auch für Ländergruppen berechnet werden.

Wie alle Grundannahmen des liberalen Modells ist auch die Annahme vom völlig freien Handel unrealistisch. Dennoch hat sich die traditionelle Theorie der Außenwirtschaft nur am Rande mit der Frage beschäftigt, warum sich fast alle Länder der Welt mal mehr mal weniger, letztlich aber permanent des Protektionismus bedienen. Sie geht vor allem der Frage nach, welche Wirkungen von ihm ausgehen. In mehr oder weniger komplizierten Modellen wird untersucht, wie Zölle, Kontingente und andere nichttarifäre Handelshemmnisse Ex- und Importe beeinflussen. Es ist das Verdienst von J. Viner, als erster gezeigt zu haben, dass auch aus liberaler Perspektive nicht jede Verringerung von Handelsschranken den internationalen Handel steigert. Diese Schlussfolgerung wurde aus der nach dem Zweiten Weltkrieg begonnenen Diskussion um die Theorie der Zollunion (Theorie der internationalen Diskriminierung) gezogen. Danach haben ein Abbau von Zöllen innerhalb einer Gruppe von Ländern und die Errichtung eines gemeinsamen Außenzolls handelsschaffende und handelsablenkende Effekte zur Folge, die beide die Wohlfahrt beeinflussen. Handelsschaffende Effekte entstehen dann, wenn durch den Zollabbau innerhalb dieser Gruppe zusätzlich Güter gehandelt werden, die vorher aus Drittländern bezogen wurden oder nun überhaupt zum ersten Mal zwischen den Mitgliedstaaten der Zollunion getauscht werden. Handelsablenkende Effekte entstehen aus eben dieser Verdrängung von Importen aus Drittländern, für die nun der gemeinsame Außenzoll gilt. Ein partieller Zollabbau verbessert die Effizienz des Welthandels und damit die Wohlfahrt dann nicht, wenn die handelsablenkenden die handelsschaffenden Effekte überwiegen. Aus dieser Analyse entwickelte sich die Theorie des 'second best', nach der es falsch sein kann, Zollsätze teilweise zu reduzieren, wenn Freihandel als beste Lösung nicht durchsetzbar ist. Die Frage, ob Zollunionen größere Handelsfreiheit oder steigenden Protektionismus bedeuten, lässt sich also nicht allgemein beantworten; es kommt auf den Einzelfall an. Siehe dazu das Kapitel über die Wirtschaftsintegration.

Letztlich wird innerhalb der liberalen Wirtschaftswissenschaft aber nicht bestritten, dass Freihandel die Gesamtproduktion bestimmter Wirtschaftsräume oder der Welt erhöht. Die Frage ist allerdings, ob er die Entwicklung der Produktivkräfte der einzelnen Länder optimal fördert und ob die Verteilung der zusätzlichen Einkommen den Gerechtigkeitsvorstellungen aller entspricht. Beides wird kaum der Fall sein. Dies erkannte bereits Friedrich List (1789–1846), der zusammen mit Alexander Hamilton (1755–1804) der Begründer der alternativen Theorie des Außenhandels ist. Er bestreitet nicht die formale Richtigkeit der Theorie der komparativen Kosten, bezweifelt aber ihre Geltung in einer Welt unterschiedlich entwickelter Gesellschaften oder Volkswirtschaften. Das Tauschverhältnis wird seiner Meinung nach durch die Ungleichheit nationaler Produktivitätsniveaus bestimmt, die wiederum Ausdruck ungleicher wirtschaftlicher Entwicklungsniveaus sind. Bei Freihandel kann der Entwicklungsrückstand unterlegener Länder langfristig festgeschrieben werden oder sich sogar verschärfen. Der ungleiche Wettbewerb beeinträchtigt bei ihnen gerade diejenigen Produktionsbereiche, die national am weitesten fortgeschritten, im Vergleich zum Ausland jedoch unterentwickelt sind. List begreift die Entwicklung der Produktivkräfte als Problem sozialer, ökonomischer und kultureller oder gesellschaftlicher Verhältnisse. Er plädiert für Schutz- bzw. Erziehungszölle oder Importquoten auf Zeit, um die heimische vor der überlegenen ausländischen Industrie zu schützen und ihr die Chance zu geben, zu deren Produktivitätsniveau aufzuschließen und konkurrenzfähig zu werden. Es gibt weitere Gründe, die dem Prinzip des Freihandels entgegengehalten werden. Bestimmte für die nationale Sicherheit wichtige Wirtschaftszweige sollen geschützt werden. Eine extreme Spezialisierung der Wirtschaftsstruktur und damit die völlige Abhängigkeit vom Weltmarkt soll vermieden werden. Zeitweiliger Schutz soll Anpassungsprozesse einzelner Branchen an veränderte Weltmarktbedingungen verlängern und auf diese Weise sozialer gestalten. Letztlich muss zwischen Effizienz und nationaler Eigenständigkeit oder sozialer Gerechtigkeit abgewogen werden. Freier Welthandel mag effizient sein, bietet den weniger entwickelten Ländern aber keine Gewähr, dass sie zu den weiter entwickelten aufschließen.

Es gibt auch innerhalb der liberalen Außenwirtschaftstheorie neuere Ansätze, die sich mit der Frage nach den Ursachen von Protektionismus beschäftigen, u.a. das Konzept der strategischen Handelspolitik und die Politische Ökonomik der Protektion. Ersteres behandelt das Listsche Argument der Erziehungszölle in neuer Form. Es beschäftigt sich mit handelspolitischen Maßnahmen, die sich aus Handlungsspielräumen auf Märkten mit unvollkommener Konkurrenz ergeben. Die unvollkommene Konkurrenz auf internationalen Märkten ist der zentrale Ausgangspunkt der strategischen Handelspolitik. Marktformen, die nicht dem Modell der vollkommenen Konkurrenz entsprechen, lassen sich beispielsweise auf hohe Fixkosten zurückführen. Diese können durch Mindestgrößen in Forschung und Entwicklung oder durch technisch vorgegebene Mindestgrößen in der Produktion bedingt sein. Ein wichtiger Ansatzpunkt der strategischen Handelspolitik ist die Abschöpfung von Monopolgewinnen ausländischer Unternehmen auf solchen Märkten. Sie sollen zu inländischen Unternehmen umgelenkt werden. Die strategische Handelspolitik kann somit als angewandte Industriepolitik in offenen Volkswirtschaften verstanden werden. Dabei können wettbewerbspolitische Probleme auftauchen. Einerseits soll die Wettbewerbspolitik im Inland Marktmacht verhindern; andererseits schafft die strategische Handelspolitik Marktmacht bei inländischen Produzenten. Diese Marktmacht wird aber als notwendige Voraussetzung dafür angesehen, dass inländische Unternehmen auf den internationalen Märkten bestehen können. Ein Blick in die jüngere Vergangenheit zeigt, dass dieser Ansatz auf vielfältige Beispiele angewandt werden kann.

Aus der Neuen Politischen Ökonomik, die prinzipiell auf neoklassischer Grundlage argumentiert, lässt sich eine 'positive Theorie des Protektionismus' ableiten. Sie geht davon aus, dass es einen politischen Markt für Protektion mit einer Nachfrage nach und einem Angebot an protektionistischen Maßnahmen gibt. Schutz vor importierten Gütern wird von bestimmten Wählergruppen nachgefragt und von bestimmten Politikergruppen angeboten. Ob die Befürworter oder Gegner von Protektion im politischen Wettbewerb Erfolg haben, hängt u.a. von der Intensität ab, mit der sie ihre Ziele verfolgen und vom politischen Gewicht, das die einzelnen Gruppen im politischen System besitzen. Die Bedingungen sich zu organisieren, um eine starke Interessengruppe im politischen Entscheidungsprozess zu bilden, sind tendenziell auf der an Protektion interessierten Produzentenseite eher erfüllt als auf der an Freihandel interessierten Konsumentenseite. Dieser Ansatz stellt eine Variante der Neuen Politischen Ökonomik oder der Public-Choice-Theorie dar. Das politische System wird in Analogie zum Marktmodell als Konkurrenz von Politikern und Parteien um die Stimmen von Wählern und Interessengruppen interpretiert. Das ökonomische Verhaltensmodell des homo oeconomicus und mit ihm das neoklassische Hypothesengerüst wird auf Politiker und Wähler übertragen. Auch der ökonomischen Theorie der Politik liegt die Annahme zugrunde, dass das Programmangebot der Politiker und das Wahlverhalten der Wähler entscheidend durch finanzielle Anreize bestimmt wird, die sich in unserem Fall aus der Protektion ergeben.

b. Politikökonomische Theorie

Ein anderes Paradigma wählen die Theorien, die internationale Wirtschaftsbeziehungen nicht als bloße Summe relativ autonomer Volkswirtschaften betrachten, die mehr oder weniger gleichberechtigt miteinander Handel treiben, sondern als Ausdruck von Macht- und Herrschaftsverhältnissen. Dabei geht es insbesondere um die Beziehungen zwischen den entwickelten und den unterentwickelten Ländern. Die 'ökonomischen Imperialismustheorien' wurden um die Wende vom 19. zum 20. Jahrhundert entwickelt. So ist für J.A. Hobson der zentrale Antrieb für die imperiale Ausbeutung der unterentwickelten Länder durch die Industriestaaten, das Bemühen und die Notwendigkeit der Kapitalanleger angesichts der Übersättigung des Binnenmarktes einträgliche Finanzanlagen in überseeischen Gebieten zu finden. Speziell auf England bezogen ist seiner Meinung nach nicht so sehr die Konkurrenz um überseeische Absatzmärkte, sondern die Suche nach profitablen Investitionen angesichts sinkender Kapitalrenditen im Mutterland der entscheidende Grund imperialistischer Politik. Die sinkenden Kapitalrenditen wiederum sind nicht Folge zwangsläufig sich verschlechternder Verwertungsbedingungen des Kapitals im Kapitalismus, sondern Folge der plutokratischen Struktur der englischen Gesellschaft, die den Unterschichten den ihnen zustehenden Anteil am Sozialprodukt verweigerte. Ganz anders gehen die marxistischen Klassiker wie F. Engels, R. Hilferding, R. Luxemburg, W.I. Lenin vor. Sie argumentieren mit übergeordneten Gesetzmäßigkeiten. So ist für Lenin der Imperialismus das monopolistische Stadium des Kapitalismus. In seiner monopolkapitalistischen Phase sei er, um das Sinken der Profitrate abzubremsen, gezwungen, in die unterentwickelten Gebiete der Welt vorzudringen und neue Absatzmärkte zu erobern. Dazu sei ihm, d.h. den Kapitalisten, jedes Mittel recht: vom Kapitalexport über die verschiedenen Varianten politisch unterstützter wirtschaftlicher Penetration bis zu den unterschiedlichen Formen gewaltsamer Annexion und imperialer Kriege.

Stärker als diese klassischen Imperialismustheorien versuchen neuere Interpretationen des Verhältnisses von entwickelter und unterentwickelter Welt im 19. Jahrhundert die ökonomischen Faktoren in den Gesamtzusammenhang von Politik und Gesellschaft zu stellen. Danach waren es nicht so sehr das Finanzkapital und die exportorientierten Industrien, die an der imperialistischen Unterwerfung und Ausbeutung weniger entwickelter Länder interessiert waren, sondern die gesellschaftlichen Gruppen, die ihren sozialen Status durch den Prozess der Modernisierung bedroht sahen (W.J. Mommsen, H. Arndt, W.W. Rostow, H.-U. Wehler). Es wird keineswegs bestritten, dass der Imperialismus für die wirtschaftliche Entwicklung der Industrieländer von Bedeutung war; es wird aber die marxistische Auffassung abgelehnt, dass er für die weitere Entwicklung des Kapitalismus konstitutiv gewesen sei. Diesen 'endogenen' Theorien, die die Ursachen imperialistischer Expansion vornehmlich aus den gesellschaftlichen Verhältnissen der Industriestaaten heraus zu erklären versuchen, stehen „peripherorientierte" Ansätze gegenüber, die bei dieser Ursachenforschung auch die gesellschaftlichen Verhältnisse in den unterentwickelten Ländern berücksichtigen. Im Gegensatz zur klassisch-marxistischen Theorie werden hier also nicht aus übergeordneten Gesetzmäßigkeiten deduktiv generelle Thesen abgeleitet, sondern induktiv aus der historischen Forschung 'Theorien mittlerer Reichweite' zu entwickeln versucht.

Nach dem Zweiten Weltkrieg entstanden Ansätze, die die Unterentwicklung der so genannten Dritte-Welt-Länder auf eben diese historisch gewachsenen Ausbeutungsverhältnisse und strukturellen Ungleichheiten in den internationalen Wirtschaftsbeziehungen zurückführen. Danach bewirkt Freihandel eben nicht automatisch Wohlstandssteigerung aller Beteiligten, sondern kann ebenso Abhängigkeiten zementieren und sozioökonomische Rückständigkeit stabilisieren oder sogar vertiefen (G. Myrdal, R. Prebisch). Die Weltwirtschaft wird nicht mehr als Summe mehr oder weniger gleichberechtigter Nationalökonomien verstanden, sondern als umfassendes System von Abhängigkeiten und Ungleichheiten. Die Erfordernisse der Verwertung und der Akkumulation des 'Kapitals' bestimmen die Entwicklung dieser 'kapitalistischen Weltökonomie' und ihre Mechanismen. Sie begann sich im 16. Jahrhundert zu entwickeln, als außereuropäische Regionen als Lieferanten von Nahrungsmitteln und Rohstoffen durch das europäische Kapital erschlossen wurden (E. Wallerstein). Dadurch wurde der größte Teil der außereuropäischen Welt in eine ökonomische und politische Abhängigkeit von den europäischen 'Metropolen' gedrängt und als unterentwickelte Residualökonomien in die Weltwirtschaft integriert. Ergebnis waren Stagnation und Verelendung der Dritten und Entwicklung und Wohlfahrt der Ersten Welt (F. Fröbel, A.G. Frank, D. Senghaas). In einer zweiten, eher transitorischen Phase der weltwirtschaftlichen Entwicklung und der internationalen Wirtschaftsbeziehungen schuf sich nach dieser Interpretation das Kapital in den peripheren Ländern durch eine Politik der Importsubstitution und der Ausbildung industrieller Reservearmeen jene Infrastruktur weltweiter Verwertungsbedingungen, die die heutige Welt in ihrer dritten Entwicklungsphase kennzeichnet. Es ist die der realen Entfaltung des Weltmarktes für Waren, Dienste, Kapital und Arbeit, die der Globalisierung. Wiederum gibt es verschiedene Varianten dieser generellen Sichtweise. Neomarxistische Theoretiker vertreten die Auffassung, dass der Kapitalismus in der jüngsten Vergangenheit eine Reihe von Substituten entwickelt hat, die den 'tendenziellen Fall der Profitrate' auffangen und die inneren Widersprüche der kapitalistischen Produktionsweise neutralisieren. Das macht die Herrschaft über abhängige Territorien in der Dritten Welt zumindest teilweise entbehrlich. Imperialismus wird nicht länger als notwendige Bedingung für die Selbsterhaltung des kapitalistischen Systems angesehen, sondern nur noch als eine konsequente Strategie des Monopolkapitals unter so genannten spätkapitalistischen Bedingungen. Andere Theorievarianten heben die große Bedeutung der global agierenden Konzerne für die internationalen Wirtschaftsbeziehungen hervor, die sich zunehmend nationalstaatlicher Einflüsse entziehen. Für die 'dependencia'-Theoretiker entstanden strukturelle Abhängigkeiten und damit Unterentwicklung schon allein dadurch, daß sich in den Peripherieländern ebenfalls kapitalistische Wirtschaftssysteme herausbildeten, die im Rahmen einer kapitalistischen Weltordnung auch heute noch kaum Entwicklungschancen besitzen. Kennzeichnend für diese Ansätze ist, dass sie die aktuellen internationalen Wirtschaftsbeziehungen nicht nur aus ihrer Geschichte heraus zu erklären versuchen, sondern dass sie auf historischen Theorien zurückgreifen, diese modifizieren und aktualisieren.

Es handelt sich hier also um eine ganz andere Art von Theorien als die der neoklassischen Außenwirtschaftslehre. Indem gesellschaftliche Perspektiven Berücksichtigung finden, wird nicht nur die Scheinwelt rein ökonomischer, raum- und zeitloser Modelle verlassen und realitätsnäher argumentiert. Vor allem werden die internationalen Wirtschaftsbeziehungen – in erster Linie die zwischen entwickelten und unterentwickelten Ländern – in ihrer historischen Dimension gesehen und damit Faktoren wie soziale Verhältnisse, ökonomische Macht und politische Herrschaft berücksichtigt. Allerdings versucht ein Teil der marxistischen und neo-marxistischen Ansätze wie die neoklassische Theorie ihre Hypothesen aus universellen Gesetzmäßigkeiten abzuleiten und die Empirie bzw. Geschichte in ihrem Sinne zu interpretieren. Wie die extrem abstrakten und formalisierten Modelle der reinen Theorie taugen sie für die historische Analyse der nationalen Wirtschaftsbeziehungen daher nur bedingt. Das gilt nicht für die erwähnten Imperialismustheorien, die auf breiter historischer Forschung beruhen und nicht deduktiv aus bestimmten Prämissen abgeleitet, sondern induktiv aus dem historischen Quellenmaterial gewonnen worden sind. Sie sind ein Beispiel für die sinnvolle Anwendung von 'historischen Theorien' in der Praxis des Historikers.

4. Theorien in der Praxis des Historikers

Im Folgenden sollen einige theoretische Ansätze mit der historisch-empirischen Entwicklung konfrontiert werden, um ihre Brauchbarkeit für die Interpretation wirtschaftshistorischer Zusammenhänge zu testen. Wiederum können nur beispielhaft einige wenige Aspekte der Vorteile und der Probleme einer theorieorientierten und modellgeleiteten Analyse aufgezeigt werden.

Die verschiedenen Varianten des Theorems der komparativen Kosten und der nachfrageorientierten Theorien sollen anhand der langfristigen Entwicklung des Warenhandels überprüft werden. Im Verlauf der Industrialisierung im 19. Jahrhundert bis zum Ersten Weltkrieg entwickelte sich der Außenhandel tatsächlich in einer Heckscher-Ohlin-Verteilung. Zwischen den „Industriestaaten" und den Agrar- und Rohstoffländern verlagerte er sich zunehmend auf den komplementären Tausch von Fertigwaren und Primärgütern. Zwischen den fortgeschrittenen, sich industrialisierenden Ländern basierte er zum ganz überwiegenden Teil auf Produkt- und Produktionsspezialisierung, d.h. auf interindustriellem Handel. Nach dem Zweiten Weltkrieg dominierte zwischen den Industrieländern dann immer stärker der intraindustrielle Handel. Sie besaßen ein etwa gleich hohes Pro-Kopf-Einkommen, eine differenzierte Nachfrage und eine ähnliche Produktionsstruktur. Der Außenhandel zwischen den entwickelten Ländern kann daher für die zweite Hälfte des 20. Jahrhunderts mit den nachfrageorientierten Ansätzen erklärt werden. Demgegenüber entsprach der Handel zwischen den weniger und den weiter entwickelten Ländern, deren Importe und Exporte sehr unterschiedliche Faktorproportionen aufwiesen, weiterhin eher dem HOS-Theorem. Insgesamt besitzen die verschiedenen Ansätze eine erhebliche Erklärungskraft für die historisch-empirischen Entwicklungen. Das gilt auch, wenn man statt ganzer Ländergruppen und großer Zeiträume einzelne Länder in spezifischen Entwicklungsphasen untersucht.

Zur positiven Theorie gehören, wie erwähnt, auch Modelle, mit denen die Außenhandelspolitik bzw. die Ursachen protektionistischer Maßnahmen erklärt werden – die positive Theorie des Protektionismus. Der Ansatz der Neuen Politischen Ökonomik wurde in diesem Zusammenhang schon des Öfteren getestet. So versucht das Kieler Institut für Weltwirtschaft die Änderung der Protektionsstruktur als zu erklärende, abhängige Variable während des Zeitraums der so genannten Tokyo-Runde des GATT von 1973 bis 1979, in der der Außenhandel weiter liberalisiert werden sollte, zu analysieren. Die erklärenden, unabhängigen Variablen in diesem Modell sind folgende: die Arbeits- und die Kapitalintensität der Wirtschaftszweige, das Wählerpotential der Branchen (als Schätzgröße aufgrund der Beschäftigtenzahl), die regionale Konzentration einer Branche (wurde mit dem Variationskoeffizient der Anzahl der Beschäftigten über die verschiedenen Länder gemessen), die Unternehmenskonzentration (als Marktanteil der sechs größten Unternehmen der jeweiligen Branche). Die Schätzgleichung enthält auch eine Größe, die die internationalen Verhandlungsbedingungen empirisch zu erfassen versucht. Das Resultat der Regressionsanalyse lautet: Der Grad der Protektion einer Branche blieb umso eher erhalten bzw. nahm umso weniger ab, (1) je mehr Wählerstimmen diese Branche repräsentierte, (2) je stärker sie räumlich agglomeriert war und (3) je höher sie kapitalmäßig konzentriert war. Die Änderung der Protektion war außerdem negativ mit der Arbeits- und positiv mit der Kapitalintensität korreliert. Man kann vermuten, dass der politische Einfluss der Branchen umso höher war, je sachkapitalintensiver sie produzierten und technologisch standardisierte Massenprodukte herstellten. Ihnen gelang es im Rahmen der Tokyo-Runde besser als anderen, die sie schützende Protektion aufrechtzuerhalten oder zumindest deren konsequenten Abbau zu verhindern. Ein weiteres wichtiges Ergebnis der Untersuchung ist außerdem, dass die handelspolitische Front nicht primär zwischen Kapital und Arbeit verlief, sondern zwischen den Branchen. Im Gegensatz zur reinen Außenwirtschaftstheorie betont dieser Ansatz die Vorteile, die sich 'Kapital' und 'Arbeit' einer Branche gemeinsam aneignen können, wenn sie zusammen politisch aktiv werden. Es lassen sich weitere Erkenntnisse aus dem Modell der Neuen Politischen Ökonomik deduktiv ableiten, die induktiv durch die historisch-empirische Analyse bestätigt werden. Bei der Verwendung eines solchen Modells stellt sich allerdings die Frage, ob eine traditionelle wirtschafts-

bzw. politikhistorische Analyse über beispielsweise die Zollpolitik des Kaiserreichs – unter Berücksichtigung der anderen gesellschaftlichen und damit politischen Verhältnisse im ausgehenden 19. Jahrhundert – nicht zu ähnlichen Ergebnissen führt. Welche Vorteile bietet der Ansatz der Neuen Politischen Ökonomik – im hier behandelten Beispiel in Kombination mit einer formal-statistischen Analyse? Auch an dieser Stelle soll wiederum an die drei wesentlichen Funktionen erinnert werden, die Theorien oder Modelle erfüllen sollen: Sie sollen den historisch-empirischen Stoff ordnen, sie sollen die Zusammenhänge erklären und sie sollen Prognosen ermöglichen. Die ersten beiden Aufgaben werden durch ein solches Modell erfüllt. Die letzte Aufgabe ist für den Historiker weniger relevant, sie kann aber dahingehend umformuliert werden, dass Theorien nicht nur dazu beitragen, historische Einzelfälle zu ordnen und zu erklären, sondern generalisierende Aussagen zu ermöglichen.

Modelle der reinen (neoklassischen) Theorie, die sich mit den Auswirkungen von Zöllen oder nichttarifären Handelshemmnissen auf das Handelsvolumen beschäftigen, sind für die historische Analyse fast immer unbrauchbar. Sie sind zu formal und zu abstrakt, als dass sie für empirische Untersuchungen operationalisiert werden könnten. Eine eindeutige Bestimmung der Zusammenhänge ist schon deshalb ausgeschlossen, weil die Entwicklung des Handels von vielen – nicht nur von handelspolitischen – Faktoren abhängt, die so stark miteinander verknüpft sind, dass eine Isolierung einzelner Faktoren nur bedingt Sinn macht. Reduziert man die Betrachtung dennoch auf rein ökonomische Faktoren, so bedienen sich die Modelle so genannter Preis-Nachfrage/Angebotselastizitäten, die die Reaktionen von inländischen Nachfragern und ausländischen Anbietern auf tarifäre und nicht-tarifäre Handelshemmnisse zu messen versuchen. Bei der Preis-Importelastizität z.B. handelt es sich um Verhaltensrelationen, die – unter der Voraussetzung, dass außer den Preisverhältnissen alle anderen Einflussfaktoren gleich bleiben – angeben, um wieviel Prozent die Importnachfrage sinkt oder steigt, wenn sich der Preis des Importgutes aufgrund einer Veränderung des Zolls um ein Prozent verändert. Solche Elastizitäten sind aber selbst unter extremen Annahmen mit den vorhandenen Daten kaum zu ermitteln. Schon der effektive Zollschutz, auf dessen Veränderung die Preise und dann die Nachfrage ja reagieren sollen, ist kaum zu bestimmen, weil die damit verbundenen methodischen und statistischen Probleme nicht gelöst werden können. Dies gilt für die aktuelle und in noch stärkerem Maße für die historische Analyse.

Noch problematischer ist es, die Wirkungen außenhandelspolitischer Maßnahmen auf die Wohlfahrt einer Bevölkerung zu bestimmen. So einfach, wie es sich die ältere Theorie der Zollunion gemacht hat, geht es jedenfalls nicht. Sie schließt aus überwiegend handelsschaffenden Wirkungen – wenn sie denn messbar sind – auf positive, aus überwiegend handelsumlenkenden auf negative Wohlfahrtseffekte. Dabei wird 'Wohlfahrt' mit dem Volkseinkommen gleichgesetzt. Geht man differenzierter vor, müssen z.B. bei einer allgemeinen Zollerhöhung nicht nur die Folgen der dadurch möglicherweise bewirkten Reallokation von Ressourcen und Faktoren ermittelt werden. Es müssen auch die Wachstumsverluste infolge reduzierter Exporte und die Wachstumsgewinne infolge rückläufiger Importe berücksicht werden. Außerdem sollten die Konsequenzen von veränderten wirtschaftspolitischen Strategien im Inland beachtet werden, die durch den zusätzlichen außenwirtschaftlichen Schutz vielleicht erst möglich werden. Die methodisch-statistischen Probleme sind so groß, dass die modelltheoretischen Ansätze auf das historisch-empirische Material nur in recht einfacher Form angewandt werden können. Natürlich kann man, wie das in der wirtschaftshistorischen Forschung auch durchgängig geschieht, dennoch gut begründete Aussagen über die Konsequenzen von Handelsrestriktionen oder –erleichterungen für bestimmte Wirtschaftszweige oder Einkommensgruppen machen. Die Wirtschaftsgeschichte zeigt im Übrigen, dass man nicht automatisch von Protektionismus auf einzelstaatliche Wohlfahrtsverluste schließen darf. Generell sind eindeutige Zurechnungen aber praktisch ausgeschlossen.

Im Folgenden soll trotz dieser Schwierigkeiten auf den Versuch von R.H. Dumke eingegangen werden, die wirtschaftlichen Auswirkungen der Gründung des Zollvereins von 1834 präziser zu erfassen. Wie immer kommt es dabei vornehmlich auf die Art der methodischen Vorgehensweise an. Der Aspekt der Integration, der mit Zollunionen meist verbunden wird, soll hier nicht im Vordergund stehen; siehe dazu das Kapitel zur Wirtschaftsintegration. Zunächst ist es notwendig, große Mengen von Daten über den Umfang und die Struktur des Handels, der Zölle und Zolleinnahmen, der Produktionen und Investitionen zu sammeln und Schätzungen über die Höhe des damaligen Sozialprodukts der Zollvereinsländer vorzunehmen. Das alles ist schwierig, weil die Datenlage begrenzt und man daher auf mehr oder weniger gewagte Schätzungen angewiesen ist. Dennoch hat Dumke versucht, die einmaligen Veränderungen des Sozialprodukts der Länder des Zollvereins für die Jahre 1837 zu berechnen. Dabei wird von der Tatsache ausgegangen, dass die nördlichen Zollvereinsländer (Preußen, Sachsen, die thüringischen und hessischen Staaten) insgesamt ein weitaus bedeutenderes Wirtschaftspotential besaßen als die südlichen (Bayern, Württemberg, Baden) und dass erstere komparative Kostenvorteile bei der Produktion gewerblicher Fertigwaren hatten. Weiterhin wird angenommen, dass der Handel der süddeutschen Vereinsmitglieder überwiegend mit den norddeutschen abgewickelt wurde, wobei es sich bei den süddeutschen Ausfuhren vornehmlich um Primärgüter handelte. Durch die Aufhebung der Zölle zwischen Nord und Süd verbesserten sich die Terms of Trade der süddeutschen Länder, d.h. der kleineren Wirtschaftsregion, weil die norddeutschen Länder, d.h. die größere Wirtschaftsregion, jetzt keine Zölle mehr erhoben. Die süddeutschen Länder kamen in den Genuss des höheren Preisniveaus in den norddeutschen Ländern, das diese kaum beeinflussen konnten. Die Exporteure der süddeutschen Länder verdienten mehr, ihre Einkommen stiegen. Die norddeutschen Länder hatten dagegen keinen Gewinn, weil sie die Zollsenkungen aufgrund des intensiveren Wettbewerbs an die Kunden weitergeben, d.h. die Preise senken mussten. Sie mussten sogar Verluste an ehemaligen Zolleinnahmen in Kauf nehmen. Insgesamt hatte also die Abschaffung der Zölle eine Umverteilung von Einkommen zur Folge: die statischen Gewinne der kleineren Region wurden weitgehend durch die Verluste in der größeren aufgehoben. Die quantitativen Schätzungen zeigen denn auch einen minimalen statischen Wohlfahrtsgewinn von 4,9 Mio. preußischen Thaler oder etwa 1% des süddeutschen Volkseinkommens im Jahre 1837. Bei den dynamischen Gewinnen – Entstehung größerer Fabriken,

Steigerung des Mechanisierungsgrades, höhere Produktivität, ganz allgemein Beschleunigung der Industrialisierung – werden die Zusammenhänge noch vager. Dumke rechnet die Entwicklung der Baumwollspinnerei als dem am schnellsten mechanisierenden Sektor in den 1830/40er Jahren einfach den Folgen der Zollvereinsgründung zu und nimmt den Anstieg der Investitionen, der Produktion und der Beschäftigung als Maßstab für deren Expansion. Die so errechneten dynamischen Gewinne waren allerdings noch bescheidener als die statischen. Das Gesamturteil lautet daher, dass der Abbau der landesspezifischen Zölle und der Aufbau eines gemeinsamen Außenzolls keinen wesentlichen Beitrag zur Erhöhung des Volkseinkommens geleistet haben, weder in statischer noch in dynamischer Hinsicht.

Dumke geht noch weiteren Fragen über mögliche günstige Auswirkungen des Zollvereins nach und kommt zu folgenden Ergebnissen: Weil ein wesentlicher Unsicherheitsfaktor für ökonomische Planung in der binnendeutschen Zollzersplitterung lag, dürfte die Gründung des Zollvereins das Investitionsrisiko gemindert und dem größeren Wirtschaftsraum insgesamt eine höhere ökonomische Stabilität verliehen haben. Durch den Zollverein wurde eine effizientere Zollverwaltung geschaffen, die vor allem den kleineren Staaten eine neue Einnahmequelle erschloss, weil bei ihnen häufig die Kosten der Zollverwaltung über den Zolleinnahmen gelegen hatten. Damit wird die These gestützt, dass die Gründung des Zollvereins vornehmlich eine politische Entscheidung für eine größere Verwaltungseinheit im Bereich der Zollpolitik war. Insgesamt macht die Analyse deutlich, dass die Ursachen und Wirkungen von Veränderungen im Bereich der Außenhandelspolitik so vielschichtig sind, dass sie sich einer rein ökonomischen Analyse verschließen, dass eine exakte Bestimmung der Zusammenhänge nicht möglich ist, dass sich quantitative und qualitative Ausagen ergänzen müssen. Dies gilt generell für die Analyse internationaler Wirtschaftsbeziehungen.

5. Offene Fragen und weiterführende Perspektiven

– Einerseits arbeiten die Modelle der reinen Theorie mit den extremen Prämissen der Neoklassik, besitzen einen hohen Abstraktionsgrad und eine geringe Operationalität; sie sind daher für die Wirtschaftsgeschichte nur eingeschränkt brauchbar. Andererseits gibt es eine Vielzahl von Hypothesen, die durchaus praxisrelevant sind und bei der historischen Analyse internationaler Wirtschaftsbeziehungen zum selbstverständlichen Handwerkszeug des Wirtschaftshistorikers gehören. Modelltheoretische Ableitungen können also durchaus zu einem besseren Verständnis der historischen Zusammenhänge beitragen. Dabei braucht sich die Wirtschaftsgeschichte nicht auf das Testen solcher Hypothesen beschränken, sie kann im Gegenteil einen wesentlichen Beitrag zur Entwicklung realitätsnäherer Modelle leisten.
– Die neoklassische Theorie mit ihren Prämissen und Postulaten zeigt zwar in ausgefeilten Modellen die Vorteile des Freihandels. Die Konfrontation dieser freihändlerischen Perspektive mit der protektionistischen Wirklichkeit macht aber

deutlich, wie schwach die positive Theorie der Protektion entwickelt ist. Die Frage, was die Ursachen für Handelshemmnisse sind, hat die Historiker seit jeher beschäftigt, ohne dass die Ergebnisse der historischen Forschung von den Theoretikern wirklich genutzt worden wären. Bis auf rudimentäre Ansätze ist es bisher nicht gelungen, die Ursachen von Protektion konzeptionell, „modelltheoretisch" zu erfassen.
- Ebenso helfen die Modelle der liberalen Außenwirtschaftstheorie bei der Analyse der Wirkungen von Protektionismus kaum weiter. Insofern verliert die Theorie des Freihandels unter wirtschaftshistorischer Sichtweise an Überzeugungskraft. Wirtschaftshistorische Analysen zeigen, wie schwierig es ist, solche Wohlfahrtsgewinne oder -verluste empirisch nachzuweisen. Die Wirtschaftsgeschichtsschreibung könnte versuchen, realistischere Problemlösungen aufzuzeigen.
- Einmal mehr müssten Wirtschaftsgeschichte und Wirtschaftswissenschaft zudem fragen, was andere Disziplinen wie beispielsweise die Politikwissenschaft an theoretischem Rüstzeug bieten. Vielleicht würde dann auch von der wirtschaftswissenschaftlichen Theorie mehr als bisher akzeptiert werden, dass die nur ökonomische Analyse zu kurz greift, dass Politik und Interessen, Macht und Herrschaft bestimmende Elemente internationaler Wirtschaftsbeziehungen waren und sind. Eine historische Theorie mittlerer Reichweite könnte solchen Ansprüchen genügen. Die neueren Imperialismustheorien versuchen dies, schießen aber teilweise über das Ziel hinaus, indem sie das Verhältnis von entwickelten und unterentwickelten Ländern zu einseitig unter den Gesetzmäßigkeiten des kapitalistischen Systems und damit unter der Perspektive der Ausbeutung und Abhängigkeit sehen.
- Ein weiteres Defizit der Theorie liegt in der stark makroökonomisch ausgerichteten Art der Analyse. Auch die internationalen Wirtschaftsbeziehungen werden aber in erster Linie durch einzelne Wirtschaftssubjekte gestaltet. Die Wirtschaftsgeschichte kann insofern weiterführende Perspektiven eröffnen, als sie mikroökonomische, unternehmensbezogene Analysen über die Strategie einzelner Unternehmen im Rahmen der internationalen Wirtschaftsbeziehungen anbietet. Die Geschichte multinationaler Konzerne und Kartelle ist zwar seit einigen Jahren stärker in der Vordergrund getreten, generell mangelt es aber noch an unternehmensfundierten, theorieorientierten Darstellungen internationaler Wirtschaftsbeziehungen.

Abbildung 1
Weltexportquote 1850 – 2000 (in ‰, bis 1983 nur Produktion und Handel von materiellen Gütern, danach auch von Dienstleistungen)

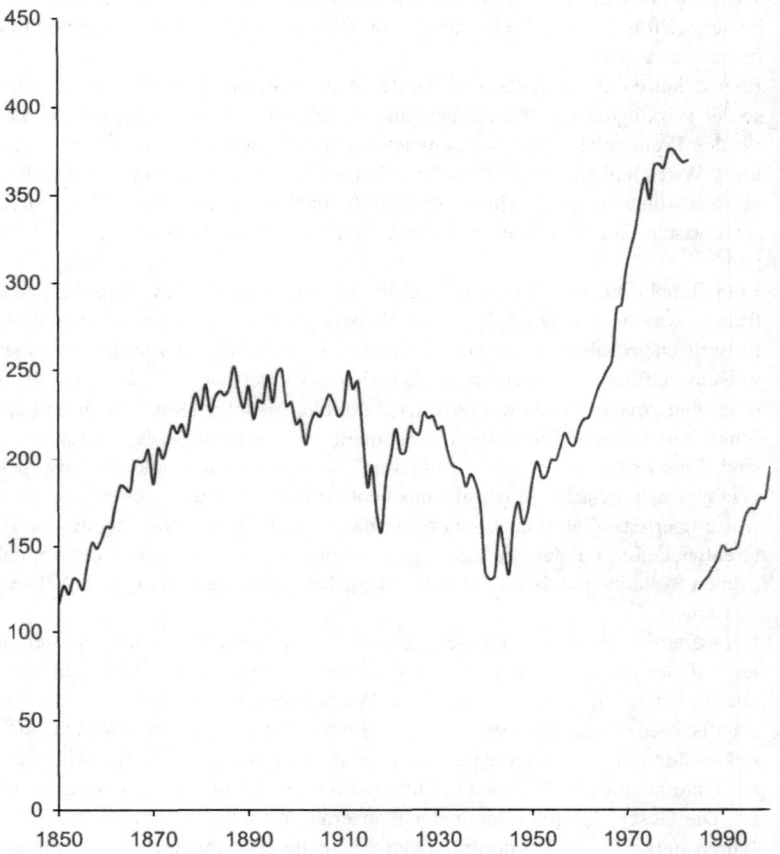

Anm.: Seit 1964 ohne Zentralverwaltungswirtschaften

Quelle: Th. KUCZINSKI, The Developement of foreign trade during the 'Great Dpression' an actual exceptional case. Some statistical observations concerning the structure of world population of material goods, in: The impact of the depression of the 1930s and its relevance for the contemporary world. Hrsg. v. I.T. BERAND/K. BORCHARD. Budapest 1986, 456 ff.; UNITED NATIONS, Yearbook of International Trade Statistics, verschiedene Jahrgänge.

Abbildung 2
*Internalisierungsgrad der westeuropäischen Volkswirtschaften 1900–2000
(1913=100)*

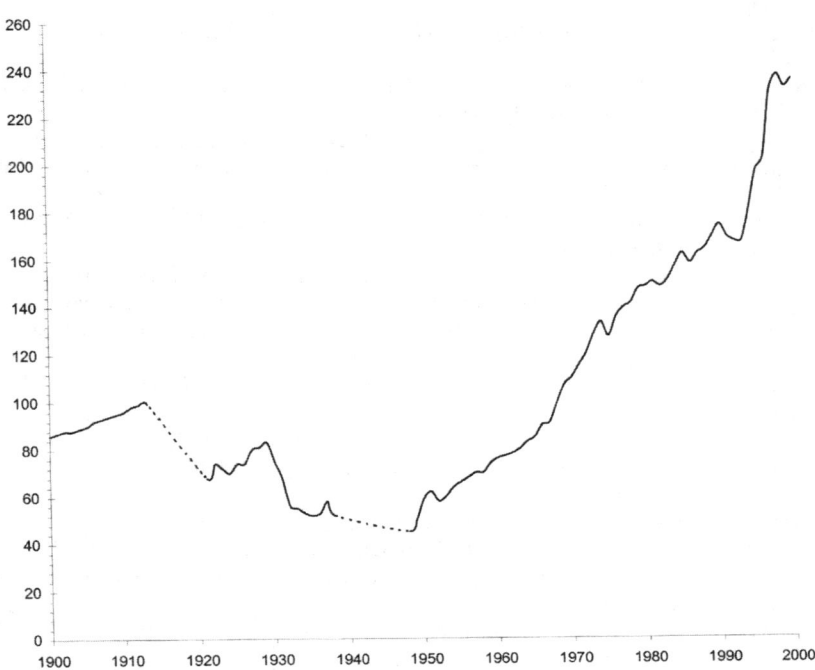

$$\frac{\text{Index des Exportvolumens}}{\text{Index des Sozialprodukts}} \times 100$$

Für die Jahre 1914–1919 und 1939–1947 liegen keine Angaben vor

Quelle: G. AMBROSIUS/W.H. HUBBARD, S. 209. UNITED NATIONS, verschiedene Jahrgänge.

Literaturliste

AMBROSIUS, GEROLD/ HUBBARD, WILLIAM H., A Social and Economic History of Twentieth-Century Europe. Cambridge/London 1989.
ASHWORTH, William, A Short History of the International Economy since 1850, London 1975.
BAßELER, Ulrich u.a., Grundlagen und Probleme der Volkswirtschaft, Stuttgart 2001.
BENDER, Dieter, Art.: Außenhandel, in: Vahlens Kompendium der Wirtschaftstheorie und Wirtschaftspolitik, Bd.1, München 1990.
BORCHERT, Manfred, Außenwirtschaftslehre. Theorie und Politik, Wiesbaden 2001.
BREDOW, Wilfried von; BROCKE, Rudolf H., Einführung in die internationalen Wirtschaftsbeziehungen, Stuttgart u.a. 1981.
BROLL, Udo/ GILROY, Bernhard M., Außenwirtschaftstheorie. Einführung und Neuere Ansätze, München 1994.
DIECKHEUER, Gustav, Internationale Wirtschaftsbeziehungen, München 2001.
DUMKE, Rolf H., Der Deutsche Zollverein als Modell ökonomischer Integration, in: Helmut BERDING (Hg.), Wirtschaftliche und politische Integration in Europa im 19. und 20. Jahrhundert, Göttingen 1984, S. 71–101.
EDELMAYER, Friedrich u.a. (Hg.), Die Geschichte des europäischen Welthandels und der wirtschaftliche Globalisierungsprozeß, München 2001.
FISCHER, Wolfram, Die Weltwirtschaft im 20. Jahrhundert, Göttingen 1979.
FOREMAN-PECK, James, A History of the World Economy. International Economic Relations since 1850, Brighton 1983.
FREY, Bruno S., International Political Economy, Oxford 1984.
GLASTETTER, Werner, Außenwirtschaftspolitik, München 2001.
GLISMANN, Hans Hinrich u.a., Weltwirtschaftslehre. Eine problemorientierte Einführung, Göttingen 1992.
KENWOOD, Albert G./ LOUGHEED, Alan L., The Growth of the International Economy 1820–1990. An Introductory Text, London 1998.
KLEINSCHMIDT, Harald, Geschichte der internationalen Beziehungen. Ein systemgeschichtlicher Abriß, Stuttgart 1998.
KOCH, Eckart, Internationale Wirtschaftsbeziehungen, München 1997.
KUCZINSKI, Thomas, The Developement of foreign trade during the 'Great Dpression' an actual exceptional case. Some statistical observations concerning the structure of world population of material goods, in: The impact of the depression of the 1930s and its relevance for the contemporary world, hrsg. v. I.T. BERAND/K. BORCHARD, Budapest 1986.
MENZEL, Ulrich, Auswege aus der Abhängigkeit. Die entwicklungspolitische Aktualität Europas, Frankfurt 1988.
MOMMSEN, Wolfgang J., Imperialismustheorien. Ein Überblick über die neueren Imperialismusinterpretationen, Göttingen 1980.
POHL, Hans, Aufbruch der Weltwirtschaft. Geschichte der Weltwirtschaft von der Mitte des 19. Jahrhunderts bis zum Ersten Weltkrieg, Stuttgart 1989.
POHL, Hans (Hg.), Die Auswirkungen von Zöllen und anderen Handelshemmnissen auf Wirtschaft und Gesellschaft vom Mittelalter bis zur Gegenwart, Stuttgart 1987.

ROSE, Klaus, Außenhandel I: Determinanten, in: Handwörterbuch der Wirtschaftswissenschaften, Bd. I, Tübingen 1977
ROSTOW, Walt W., The World Economy. History and Prospect, Austin, London 1978.
ROTH, Bernhard, Weltökonomie oder Nationalökonomie. Tendenzen des Internationalisierungsprozesses seit Mitte des 19. Jahrhunderts, Marburg 1984.
SCHMIDT, Gustav, Der europäische Imperialismus, München 1985.
SCHNEIDER, ERICH, Zahlungsbilanz und Wechselkurse, Tübingen 1968.
SELL, Axel, Einführung in die internationalen Wirtschaftsbeziehungen, Berlin, New York 1991.
SENGHAAS, Dieter, Peripherer Kapitalismus, Frankfurt 1977.
SENGHAAS, Dieter (Hg.), Kapitalistische Weltökonomie. Kontroversen über ihren Ursprung und ihre Entwicklungsdynamik, Frankfurt 1979.
STRÖBELE, Wolfgang/ WACKER, Holger, Außenwirtschaft. Einführung in Theorie und Politik, München, Wien 1995.
UNITED NATIONS, Statistical Yearbook and International Trade Statistics, New York verschiedene Jahrgänge.
WAGNER, Helmut, Einführung in die Weltwirtschaftspolitik. Internationale Wirtschaftsbeziehungen – Internationale Organisationen – Internationale Politikkoordinierung, München, Wien 1999.
WALLERSTEIN, Immanuel, Die Anfänge kapitalistischer Landwirtschaft und die europäische Weltökonomie im 16.Jahrhundert, Frankfurt 1986.
WALLERSTEIN, Immanuel, Mercantilism and the Consolidation of the European World-Economy 1600–1750, New York u.a. 1980.
WOODRUFF, William, The Impact of Western Man: A Study of Europe's Role in the World Economy, 1750–1960, London, New York 1966.

Gerd Hardach

Internationale Währungssysteme

1. Die Entstehung internationaler Währungssysteme

Internationale Währungssysteme setzten verschiedene nationale Währungen zu einander in Beziehung. Voraussetzung für die Entstehung internationaler Währungssysteme war daher eine Welt, die durch nationale Wirtschaftsräume und Währungssysteme strukturiert war. Da in der vorindustriellen Wirtschaft die intraregionale Arbeitsteilung dominierte und die interregionale Arbeitsteilung innerhalb von politischen Grenzen oder über die Grenzen hinweg nur relativ geringe Bedeutung hatte, war für die Entstehung nationaler Währungssysteme lange Zeit der zentralisierende Einfluss des Staates wichtiger als der Markt. Nationale Währungssysteme gingen aus dem Bedürfnis von Regierungen hervor, ein einheitliches Geld zu schaffen, in dem die Abgaben aus allen Regionen des Herrschaftsbereichs erhoben wurden, und in dem die Ausgaben für die Verwaltung, für das Militär und für andere Staatsaufgaben geleistet wurden.

Von den Anfängen des Geldes im siebten Jahrhundert v. Chr. in Kleinasien bis zu den europäischen Währungen des frühen neunzehnten Jahrhundert herrschten Münzwährungen vor. In der Münzwährung definierten wertvolle Münzen, im Allgemeinen aus Gold oder Silber geprägt, nicht nur die Währungseinheit, sondern machten auch den größten Teil der Geldmenge aus [NORTH 1994]. Eine Münzwährung bestand im Allgemeinen aus einer oder mehreren Standardmünzen, aus denen differenziertere Wertstufen abgeleitet werden konnten. Außer den Standardmünzen und ihren Vielfachen oder Bruchteilen konnte in einer Münzwährung unterwertiges Kleingeld aus Kupfer oder Bronze geprägt werden, dessen Wert in Relation zu den vollwertigen Standardmünzen definiert war.

Mit der Ausbreitung des Geldes entstanden internationale Währungssysteme, in denen die Währungen verschiedener Staaten zu einander in Beziehung gesetzt wurden. Die festen Paritäten der Münzwährungen zum Edelmetall stellten indirekt feste Paritäten zwischen den verschiedenen Währungen her. Man kann sich ein Paritätengitter vorstellen, das einerseits die Paritäten der verschiedenen Standardmünzen zueinander, andererseits die Paritäten zwischen den Standardmünzen verschiedener Währungssystem definierte.

Bildung und Zerfall nationaler Währungssysteme wechselten in Europa mit dem Rhythmus der politischen Zentralisierung oder Dezentralisierung. Man kann daher einen Wechsel von interregionalen und internationalen Währungssystemen feststellen. Im Römischen Reich wurde ein Währungssystem etabliert, das auf dem Höhepunkt der Reichsausdehnung von Britannien bis Kleinasien, Nordafrika und Ägypten reichte. Die Währung beruhte auf Standardmünzen in Silber und in Bronze, die es schon in der Zeit der Republik gab, und seit der Kaiserzeit auch in Gold. Der silberne Denar, den es schon im dritten Jahrhundert v. u. Z. gab, ging in die mittelalterlichen Währungssysteme über. Durch ständige Münzverschlechterungen entwertet, wurde er zum Kleingeld und wanderte in dieser Form in die modernen Währungssysteme, in Deutschland z.B als Pfennig, den es bis 2001 gab.

Im Frankenreich führte die Könige Pippin und Karl der Große in der zweiten Hälfte des achten Jahrhunderts ein einheitliches Währungssystem ein. Die Standardmünze des karolingischen Währungssystems war der silberne Denar. Zwölf Denare entsprachen einem Schilling, zwanzig Schillinge entsprachen einem Pfund. Geprägt wurden ausschließlich Denare; der Schilling und das Pfund waren Rechnungseinheiten. Nach dem Untergang des Fränkischen Reiches zerfiel das einheitliche Währungssystem wieder in eine Vielzahl von Währungsregionen. Die formale Struktur des karolingischen Währungssystems, mit dem Schilling zu zwölf Denaren und dem Pfund zu zwanzig Schillingen, lebte aber als Definitionsmodell in vielen europäischen Währungen fort. In Frankreich hielt sie sich bis 1795, in Großbritannien sogar bis 1971.

Neue nationale Währungssysteme entstanden in der Zeit des Merkantilismus von 1500 bis 1800. Die Währungssysteme enthielten im Allgemeinen wertvolle Münzen aus Silber und Gold in verschiedenen Abstufungen sowie Kleingeld aus Kupfer, bei dem der Nominalwert keinen Bezug zum Metallwert hatte. Anfangs wurden die einzelnen Münzsorten, wie schon in früheren Münzwährungen, immer wieder verschlechtert. Es gab daher wechselnde Paritäten nicht nur zwischen inländischen und ausländischen Währungen, sondern auch zwischen den verschiedenen Nominalen innerhalb eines Währungssystems. Die Rechnungswährungen blieben im Allgemeinen stabiler als die Umlaufswährungen und wurden in unterschiedlichen Münzen zu dem aktuellen Wechselkurs dargestellt. Mit der Zeit gewann aber das wirtschaftspolitische Ziel, eine stabile Währung anzubieten, die verlässlich als Wertmass, als Transaktionsmittel und als Wertaufbewahrungsmittel dienen konnte, die Oberhand gegenüber dem fiskalischen Motiv, aus der Differenz zwischen dem Nominalwert und dem Metallwert einer Münze zusätzliche Staatseinnahmen zu erzielen. Bis zum achtzehnten Jahrhundert setzten sich konsistente Währungssysteme durch, in denen die Rechnungswährung und die Umlaufswährung übereinstimmten, und in denen feste Paritäten zwischen den einzelnen Münzsorten herrschten. Die Binnendifferenzierung der Währungen wurde vereinfacht. Seit dem Ende des achtzehnten Jahrhunderts ging man zu Dezimalwährungen über, zuerst in den USA 1792 mit dem Dollar zu 100 Cents, danach 1795 in Frankreich mit dem Franc zu 100 Centimes. Einige Länder, besonders Deutschland und Italien, blieben von dem Trend zu einheitlichen Währungssystemen ausgenommen, da die verschiedenen Territorien sich nicht über eine gemeinsame Währungspolitik verständigen konnten. Zu einer einheitlichen Währung kam es in diesen Ländern erst durch die Gründung der Nationalstaaten im neunzehnten Jahrhundert.

Die Regierungen konnten das Geldangebot in einer Münzwährung nur in relativ engen Grenzen beeinflussen. Die wesentlichen Bestimmungsgründe für das Geldangebot waren die Edelmetallförderung, die Umverteilung von Gold und Silber durch die nationalen Zahlungsbilanzen, die Variation des Feingehaltes der Münzen an Gold oder Silber und das Angebot an unterwertigem Kleingeld. Zusätzliche Liquidität wurde durch Geldsubstitute geschaffen. Seit dem zwölften Jahrhundert gab es in Europa, ausgehend von dem Handel der italienischen Kaufleute auf den Messen der Champagne, Wechsel als Zahlungsmittel. Zur gleichen Zeit kam der bargeldlose Zahlungsverkehr auf, zunächst zwischen den Kaufleuten eines gleichen Ortes, die über ihre Konten bei lokalen Banken verfügten.

Zu diesen beiden seit dem Mittelalter bekannten Geldsubstituten kam im späten siebzehnten Jahrhundert noch Papiergeld, das vom Staat oder von privaten Banken ausgegeben wurde. Die 1694 gegründete Bank of England wurde mit ihrem Angebot an Banknoten, die in Gold oder Silber einlösbar waren, zum Vorbild aller modernen Währungen. Das Papiergeld erleichterte es den Regierungen, auf das traditionelle Instrument der Münzverschlechterung als Quelle zusätzlicher Staatseinnahmen zu verzichten. Das staatliche Papiergeld hatte den Charakter einer unverzinslichen Forderung an den Staat. Banknoten waren eine Forderung an die emittierende Notenbank, die ihrerseits dem Staat Kredit gewähren konnte. Das Papiergeld sollte im Allgemeinen zum Nennwert in Münzgeld konvertierbar sein. Gelegentlich wurde diese Garantie aber aufgehoben, und es kam zu flexiblen Kursen gegenüber dem Münzgeld, zum Beispiel in Frankreich von 1718 bis 1720 und von 1790 bis 1796, im kolonialen Nordamerika von 1690 bis 1776, oder in Großbritannien von 1797 bis 1821.

Im internationalen Zahlungsverkehr wurden die Währungen bis zum Ende der Münzwährungsära zu ihrem Metallgehalt bewertet. Das internationale Währungssystem beruhte daher auf einem doppelten Warengeld, in Gold und in Silber, das in Münzen oder Barren dargestellt werden konnte. Die Preisrelation zwischen Gold und Silber lag in Europa im langfristigen Durchschnitt ziemlich stabil bei 1 : 15. Änderungen in der Preisrelation der Edelmetalle wurden vom Markt aufmerksam beobachtet und führten zu einer Anpassung der Wechselkurse zwischen Goldwährungen und Silberwährungen. In den meisten europäischen Staaten wurden fremde Münzen, die durch Exportüberschüsse oder Kapitalimporte ins Land kamen, ebenso wie Barren in einheimische Währung umgeprägt. Das staatliche Währungsmonopol wurde aber nicht immer strikt aufrechterhalten. Im kolonialen Nordamerika war der spanisch-lateinamerikanische Peso die Standardmünze, und in Deutschland wurden noch bis zur Reichsgründung neben deutschem Geld auch ausländische Münzen als Umlaufwährung benutzt.

Zwischen dem Metallwert der Münzwährungen und dem allgemeinen Preisniveau bestand kein strenger Zusammenhang. Entscheidend für die Kaufkraft einer Währung war auch in der Ära der Münzwährungen nicht der Metallwert der Münzen, sondern die Kontrolle des Geldangebots. Im sechzehnten Jahrhundert stiegen die Warenpreise gegenüber dem Silber im langfristigen Durchschnitt um 1 bis 2 Prozent im Jahr an. Auf die Dauer führte der bescheidene Preisanstieg zu erheblichen Veränderungen, so dass man im Rückblick auch von einer Preisrevolution spricht. Jean Bodin stellte bereits 1568 einen Kausalzusammenhang her zwischen dem Zufluss lateinamerikanischen Silbers und dem Anstieg des Preisniveaus in Europa. Er gilt damit als einer der Begründer der Quantitätstheorie des Geldes. Ein Zustrom an Edelmetall steigert die Geldmenge, die Zunahme der Geldmenge erhöht die Nachfrage nach Gütern und löst damit einen Preisanstieg aus [NORTH 1994, 93].

Während die feste Metallparität einer Münzwährung Preissteigerungen nicht ausschloss, musste eine Reduzierung der Metallparität nicht unbedingt zur Inflation führen. Wenn die Zunahme der Produktion oder auch die wachsende Kommerzialisierung der Wirtschaft zu einem Anstieg der realen Geldnachfrage führte, konnten die Regierungen in gewissen Grenzen das Geldangebot durch Reduzierung des Metallgehalts der Münzen oder durch Ausgabe von unterwertigem Kleingeld erhöhen, ohne dass das allgemeine Preisniveau stieg. Erst wenn die Münzverschlechterung überhand nahm oder die Kleingeldemission übertrieben wurde, verfielen die Kaufkraft einer Währung und ihr Wechselkurs zu stabileren Währungen.

Auch für das Papiergeld war die Kontrolle des Geldangebotes die entscheidende Stabilitätsbedingung. Die Zusage der Konvertibilität zum Nennwert in Gold oder Silber schuf im Allgemeinen so viel Vertrauen, dass von der Einlösbarkeit selten Gebrauch gemacht wurde. Ein exzessives Geldangebot führte aber zu einer inflationären Tendenz, die durch die Suspendierung der festen Parität noch verstärkt werden konnte. David Ricardo erkannte bereits zu Beginn des neunzehnten Jahrhunderts, dass es bei einer Papierwährung lediglich auf die Kontrolle des Geldangebots ankam, um die Stabilität der Währung zu sichern. Die Einlösbarkeit des Papiergeldes zum Nennwert in Gold oder Silber war nicht notwendig. Allerdings neigten nach Ricardos Ansicht Regierungen oder Banken zu einem Missbrauch des Papiergeldes. Deshalb empfahl er eine Einlösungspflicht der Staatsnoten oder Banknoten in Goldmünzen oder Goldbarren, um das Angebot an Papiergeld zu kontrollieren [RICARDO 1975, 353–356].

Schon im achtzehnten Jahrhundert untersuchte man den Zusammenhang zwischen Geldangebot, Preisniveau und Zahlungsbilanz. David Hume stellte Mitte des achtzehnten Jahrhunderts die Theorie auf, dass die Leistungsbilanz unter den Bedingungen eines Goldstandards zum Gleichgewicht tendiere. Seine Argumentation beruhte auf einer einfachen Quantitätstheorie des Geldes. Ein Importüberschuss führt zu einem Abfluss von Gold, zu einer Kontraktion der Geldmenge und daraufhin zu einem Rückgang des Preisniveaus. Bei den Handelspartnern führt der Exportüberschuss zu einem Zufluss von Gold, das in einheimische Währung umgeprägt wird. Dadurch expandiert die Geldmenge, und das Preisniveau steigt. Die gegenläufige Entwicklung der Preise verändert die Wettbewerbssituation zwischen den Ländern, das Defizitland wird weniger importieren und mehr exportieren, so dass es seine Handelsbilanz ausgleichen kann. Hume wurde mit dem Geldmengen-Preisniveau Theorem zum Vorläufer der späteren Theorie eines „automatischen" Zahlungsbilanzausgleichs unter dem Goldstandard [HUME 1985].

2. Der Goldstandard

Das internationale Währungssystem, das zum Inbegriff für Währungskonvertibilität und feste Wechselkurse geworden ist, war der klassische Goldstandard des neunzehnten Jahrhunderts. Er begann 1816 mit der Rückkehr Großbritanniens zum Gold und endete 1914 mit dem Ausbruch des Ersten Weltkriegs.

Großbritannien erklärte 1816 die Goldwährung, die schon im achtzehnten Jahrhundert allmählich den Bimetallismus verdrängt hatte, gesetzlich zur Landeswährung. Silbermünzen galten seitdem nur noch als Scheidemünzen. Eine konsequente Goldwährung war damals noch die Ausnahme. Die meisten Welthandelsnationen hielten in der einen oder anderen Form am Bimetallismus der Münzwährungsära fest [REDISH 2000]. Silber galt noch als unverzichtbar, weil die Goldproduktion nach herrschender Auffassung nicht ausreichte, um die Nachfrage nach Münzen und Währungsreserven zu befriedigen. Frankreich, die USA und einige andere Länder hatten einen Doppelstandard mit festen Paritäten sowohl zum Gold, als auch zum Silber. Die deutschen Territorien vertraten bis 1871 meistens den Bimetallismus in der flexibleren Form des Parallelstandards, in dem es neben der dominierenden Silberwährung eine besondere Goldwährung für größere Transaktionen und insbesondere auch für den internationalen Handel gab. Der Kurs der Goldmünzen konnte sich in dem Parallelstandard gegenüber der Silberwährung je nach dem Marktpreis ändern. Einige Länder hatten auch einen reinen Silberstandard.

Als Alternative zur Goldwährung, Silberwährung oder bimetallischen Währung kamen im neunzehnten Jahrhundert auch Papierwährungen ohne feste Metallparität vor, die es bis dahin nur in Ausnahmefällen gegeben hatte. Österreich-Ungarn hatte von 1811 bis 1892 eine Papierwährung, Russland von 1812 bis 1897. Papierwährungen von kürzerer Lebensdauer gab es unter anderem in den USA von 1862 bis 1879, in Frankreich von 1850 bis 1852 sowie von 1870 bis 1878 und in Italien von 1866 bis 1902. Die Papierwährungen hatten flexible Wechselkurse gegenüber den Währungen mit fester Edelmetallparität.

Die Expansion des internationalen Handels und Kapitalverkehrs begünstigte den Übergang vom Silber zum Gold als Währungsgrundlage. Internationale Zahlungen wurden immer noch in erheblichem Umfang in Edelmetallen geleistet, vorzugsweise in Barren, und Gold war für größere Transaktionen wesentlich besser geeignet als das weniger wertvolle Silber. Hinzu kam, dass die Erschließung großer Silbervorkommen in den USA den Preis des Silbers in Relation zum Gold seit den siebziger Jahren ständig zurückgehen ließ. Der ständig fallende Silberkurs machte die Aufrechterhaltung der bimetallischen Währungen schwierig. Das neue Deutsche Reich führte 1871 eine Goldwährung ein und gab damit das Signal zu einem allgemeinen Wandel. Die anderen grossen Welthandelsnationen gaben nach und nach die Silberwährungen, bimetallischen Währungen und Papierwährungen auf und wandten sich ebenfalls dem Gold zu. Eine allgemeine Deflation brauchte man im Unterschied zum frühen neunzehnten Jahrhundert nicht mehr zu befürchten, da inzwischen das Papiergeld und vor allem das Buchgeld die Bedeutung der wertvollen Münzen für das Geldvolumen zurückgedrängt hatten. Am Ende des neunzehnten Jahrhunderts hatten fast alle Welthandelsnationen eine Goldwährung eingeführt (DE CECCO 1974).

In der älteren Geschichte der internationalen Währungssysteme wurde auf die institutionellen Unterschiede zwischen Goldwährung, Silberwährung und Papierwährung großer Wert gelegt. Aus der neueren Perspektive steht dagegen die funktionelle Übereinstimmung zwischen den verschiedenen nationalen Währungssystemen im Vordergrund. Mit der britischen Goldwährung von 1816 begann der Wandel von der Münzwährung zur Buchwährung, und von dem traditionellen internationalen Währungssystem, das auf einem doppelten Warengeld beruhte, zu einem modernen internationalen Währungssystem, in dem Buchwährungen durch eine allgemeine Konvertibilität zu festen Wechselkursen verbunden waren. Im Unterschied zu den Münzwährungen machte in den modernen Währungen das wertvolle Metallgeld nur noch einen kleinen Teil des Geldvolumens aus. Der Abschied von den Münzwährungen begann mit der Ausdehnung des Papiergelds in Form von Banknoten oder Staatsnoten. In Großbritannien gewährleistete die Bank of England seit 1821 wieder die Einlösbarkeit ihrer Banknoten zur festen Goldparität, die 1797 als Folge der Kriegsfinanzierung eingestellt worden war. Seit 1833 galten die Noten der Bank von England als gesetzliches Zahlungsmittel, anfangs nur in England, später auch in Schottland und in Irland [CLAPHAM 1970].

Viel größere Bedeutung hatte aber die Expansion des Buchgeldes, die auf der Entwicklung des modernen Bankwesens beruhte. Das Buchgeld führte sowohl gegenüber dem Münzgeld, als auch gegenüber dem Papiergeld zu einer beträchtlichen Reduzierung der Transaktionskosten. Zunächst zählte man in der engeren Definition nur die Sichtguthaben, über die unbegrenzt durch Scheck oder Überweisung verfügt werden konnte, zum Buchgeld. Im Laufe des zwanzigsten Jahrhunderts ging man aber zu einer weiteren Definition über, die auch Termingelder und Sparguthaben einschloss. Man schätzt, dass das Buchgeld in Großbritannien 1913 ungefähr 85 Prozent der Geldmenge ausmachte [BOUVIER 1978, 257]. Andere Länder folgten dem britischen Beispiel. In den USA bestanden Anfang 1914 ungefähr 88 Prozent der Geldmenge aus Buchgeld [FRIEDMAN/SCHWARTZ 1963, 704–708]. In Deutschland schätzt man den Anteil des Buchgeldes an der Geldmenge 1913 ebenfalls auf 88 Prozent [SPRENGER 1991, 202]. In Frankreich dagegen zeigte das Publikum zu Beginn des zwanzigsten Jahrhunderts noch eine beharrliche Präferenz für Bargeld, das Buchgeld machte erst ungefähr 44 Prozent der Geldmenge aus [BOUVIER 1978, 257].

Notenbanken galten zunächst als Unternehmen und betrieben neben ihrer währungspolitischen Funktion als „Bank der Banken" auch Geschäfte mit dem Publikum. Mit der Zeit traten jedoch die währungspolitischen Aufgaben in den Vordergrund, und die Notenbanken entwickelten sich zu Zentralbanken. Sie sollten in erster Linie die Einhaltung der Währungsparität gewährleisten, gleichzeitig aber auch auf das allgemeine Preisniveau und die konjunkturelle Situation achten. In Ansätzen kannten die Notenbanken in der Zeit des klassischen Goldstandards bereits den Zielkonflikt zwischen außenwirtschaftlichem Gleichgewicht, Vollbeschäftigung, angemessenem Wirtschaftswachstum und Preisniveaustabilität.

Wie Ricardo bereits zu Beginn des neunzehnten Jahrhunderts gezeigt hatte, hing die Stabilität einer Währung von der Kontrolle des Geldangebots ab, nicht von der Konvertierbarkeit zu festen Paritäten in Gold oder Silber. Trotzdem wollte man bis zum Ersten Weltkrieg im Allgemeinen auf eine Bindung der Währung an Silber oder Gold nicht verzichten, und selbst die modernen Papierwährungen in Österreich-Ungarn und in Russland wurden am Ende des neunzehnten Jahrhunderts zu Goldwährungen umgestaltet Der Abschied vom Gold viel schwer, weil man sich daran gewöhnt hatte, die Goldwährung als eine Garantie stabiler Währungsverhältnisse zu betrachten [HARDACH 1989]. Josef Schumpeter nannte die Kontrollfunktion der Goldwährung 1927 die „goldene Bremse an der Kreditmaschine" [SCHUMPETER 1952]. Manche Länder schrieben in ihren Bankgesetzen den Notenbanken feste Reserveregeln vor. Die Bank of England hatte seit dem Bankgesetz von 1844 für den Notenumlauf, der nicht durch Gold gedeckt war, eine absolute Höchstgrenze zu beachten. Für die Reichsbank galt seit ihrer Gründung 1875, dass der Notenumlauf zu einem Drittel durch Gold in Barren oder Münzen gedeckt sein sollte. Allerdings sollte man die Bedeutung dieser Regeln nicht überschätzen. Die Banque de France, die traditionell sehr hohe Reserven anstrebte, unterlag keinen formalen Deckungsvorschriften.

Wenn man nicht auf die Form der Währungsreserven, sondern auf die Struktur und Funktion eines modernen internationalen Währungssystems Wert legt, das auf Konvertibilität zu stabilen Wechselkursen beruhte, geschah der Übergang zum klassischen Goldstandard eher am Beginn als am Ende des neunzehnten Jahrhunderts. Die nationalen Goldwährungen, Silberwährungen und Papierwährungen waren im neunzehnten Jahrhundert durch die allgemeine Konvertibilität eng miteinander verbunden. Solange es in der Weltwirtschaft Doppelwährungen mit freier Konvertierbarkeit und einer festen Parität zwischen Gold und Silber gab, mussten die Preisschwankungen zwischen Gold und Silber in relativ engen Grenzen bleiben. Gold und Silber waren daher keine getrennten Währungssysteme, sondern zwei Seiten des gleichen Währungssystems [FLANDREAU 1995]. Auch die Papierwährungen, die flexible Kurse hatten, wurden im Allgemeinen durch die Politik der Notenbanken möglichst stabil gehalten. Die Zentralbanken hielten zunehmend neben Gold und Silber auch erstklassige Forderungen in stabilen Währungen, zum Beispiel britische Schatzwechsel oder Bankguthaben in London, als Währungsreserven. Auch der internationale Zahlungsverkehr wurde zur Verringerung der Transaktionskosten immer mehr in Buchgeld und Wertpapieren vorgenommen. Gold- oder Silberbewegungen wurden allmählich zur Ausnahme.

Die Währungsparitäten und Wechselkurse blieben in der Zeit des klassischen Goldstandards erstaunlich lange stabil. Nach dem Ersten Weltkrieg, als der klassische Goldstandard bereits Erinnerung war, erklärte man seine bemerkenswerte Stabilität damit, dass die Notenbanken bestimmte Regeln einhielten und damit gleichsam automatisch für ein außenwirtschaftliches Gleichgewicht sorgten. Die Theorie des „automatischen" Zahlungsbilanzausgleichs übertrug das Geldmengen-Preisniveau Theorem, das David Hume im achtzehnten Jahrhundert formuliert hatte, auf die Ära der modernen Buchwährungen. Wenn die Zentralbank eines Landes durch

Importüberschüsse oder Kapitalexporte Gold oder andere Währungsreserven verlor, sollte sie den Diskontsatz erhöhen und die Verfügbarkeit von Krediten einschränken. Sie würde damit das Zinsniveau erhöhen und in einer ersten Reaktion Kapitalimporte anziehen, in einer zweiten Reaktion Druck auf die Nachfrage und auf das Preisniveau ausüben und damit Exporte fördern sowie Importe dämpfen. Umgekehrt sollte die Zentralbank bei einem Zufluss von Gold oder anderen Währungsreserven den Diskontsatz senken und die Verfügbarkeit von Krediten erweitern. Das niedrigere Zinsniveau würde dann in der ersten Reaktion zu Kapitalexporten führen, in der zweiten Reaktion die Nachfrage und das Preisniveau in die Höhe treiben und damit Importe fördern sowie Exporte dämpfen [EICHENGREEN 2000, 46–50].

Eine genauere Betrachtung zeigt jedoch, dass dieser Goldautomatismus nicht stattfand. Im Allgemeinen strebten die Zentralbanken in der Zeit des Goldstandards einen stabilen Diskontsatz und ein stetiges Geldangebot an. Ein Abfluss oder Zufluss von Gold oder anderen Währungsreserven wurde nach Möglichkeit durch eine gegenläufige Expansion oder Kontraktion der inländischen Geldbasis neutralisiert. Bei stärkeren Fluktuationen der Währungsreserven unterstützten die Zentralbanken sich von Fall zu Fall auch durch Kredite. Massive Interventionen waren im Allgemeinen aber auf größere Währungskrisen beschränkt. Die langfristige Stabilität des internationalen Währungssystems ist in erster Linie mit der historischen Situation zu erklären. Warenhandel, Dienstleistungen und langfristige Kapitalbewegungen ergänzten sich in der expandierenden Weltwirtschaft des neunzehnten Jahrhunderts zu einem multilateralen Gleichgewicht. Darüber hinaus wurde die anhaltende Stabilität selbst zu einem stabilisierenden Faktor, da sie die Glaubwürdigkeit des Goldstandards stärkte. Spekulative Kapitalbewegungen, die durch eine Währungskrise ausgelöst wurden, richteten sich im Allgemeinen auf eine Rückkehr zur Normalität, nicht auf die eskalierende Destabilisierung einer Währung [HARDACH/HARTIG 1998].

Ein internationales Währungssystem, das Konvertibilität und feste Wechselkurse verband, entsprach dem Freihandelsideal des neunzehnten Jahrhunderts. Da das Gitter der Paritäten und Wechselkurse langfristig stabil blieb, wuchsen die einzelnen Währungen tendenziell zu einer Weltwährung zusammen. John Stuart Mill argumentierte schon 1848, dass alle Länder eines Tages die gleiche Währung haben würden. Nationale Währungen seien ein Relikt barbarischer Zeiten und brächten für die Länder selbst, wie für die Nachbarn, nur Unannehmlichkeiten [MILL 1985, Bd. 2, 625–626]. Der Vorteil größerer Währungsräume wurde darin gesehen, dass sie durch eine Reduzierung der Transaktionskosten die internationale Arbeitsteilung förderten. Nicht nur in der Währungstheorie, sondern auch in der Währungspolitik gab es Überlegungen, nationale Währungen noch enger aneinander zu binden als der Goldstandard vorgab, und untereinander austauschbar zu machen. Die Währungsunionen des neunzehnten Jahrhunderts kann man daher als Versuche interpretieren, „optimale Währungsräume" zu schaffen [MUNDELL 1961]. Im Rahmen des Deutschen Bundes bildeten 1838 die meisten norddeutschen und süddeutschen Territorien eine Währungsunion mit einer festen Parität und einer wechselseitigen Anerkennung zwischen dem norddeutschen Taler und dem süddeutschen Gulden. 1857 wurde diese Währungsunion auf Österreich-Ungarn ausgedehnt und sollte dort mit dem Übergang vom Papiergulden zum Silbergulden in Kraft treten. Ob die deutschen Währungsvereinbarungen als internationale Währungsunionen gelten können, ist allerdings umstritten. Formal ging es zwar um einen Zusammenschluss verschiedener Währungsgebiete, aber das Motiv war nicht eine internationale Kooperation, sondern die nationale Währungseinigung [HOLTFERICH 1989]. Echte internationale Währungsunionen waren dagegen die Lateinische Münzunion („Union Latine"), die 1865 zwischen Belgien, Frankreich, Italien und der Schweiz geschlossen wurde, und die Skandinavische Münzunion von 1872 zwischen Dänemark, Schweden und Norwegen, das trotz der Personalunion mit Schweden eine eigene Währung hatte [HENRIKSEN/KAERGARD 1995; THEURL 1992; VANTHOOR 1996]. Mit dem Ende des Goldstandards verloren die Währungsunionen ihre Bedeutung und wurden schließlich aufgelöst.

3. Rekonstruktion und Krise des internationalen Währungssystems

Der klassische Goldstandard wurde durch den Ausbruch des Ersten Weltkriegs zerstört. Die Konvertierbarkeit der Währungen wurde in den meisten Ländern aufgehoben und durch zunehmend strenge Devisenkontrollen abgelöst. Die steigenden Kriegsausgaben, die überwiegend durch Kredite finanziert wurden, führten zur Inflation. Um die Kaufkraft der Währungen einigermaßen zu sichern, wurden Preiskontrollen und Rationierungen eingeführt. Das internationale Währungssystem bestand nur noch in einem Nebeneinander von kontrollierten Währungen und in rudimentären freien Devisenmärkten an neutralen Plätzen. Trotz des offenkundigen Zerfalls verwandten die Regierungen große Mühe darauf, die Fassade des Goldstandards aufrecht zu halten. Dies hatte nicht nur propagandistische Motive, sondern zeigt auch den Willen, nach dem Krieg, der als vorübergehende Störung aufgefasst wurde, den Goldstandard wiederherzustellen.

Die USA kehrten 1919 zum Goldstandard zurück. Diese Maßnahme machte deutlich, dass sich die Führung im internationalen Währungssystem auf die andere Seite des Atlantiks verlagert hatte; die Rückkehr zum Gold bedeutete den Anschluss an den Dollar. Auf der Wirtschaftskonferenz von Genua wurde 1922 empfohlen, den Goldstandard in der Form des Gold-Devisen-Standards zu realisieren. Die Mehrheit der Zentralbanken sollte ihre Reserven im Wesentlichen nicht in Gold, sondern in Devisen halten, die ihrerseits in Gold gedeckt waren. Damit sollte verhindert werden, dass ein allgemeiner Wettbewerb um die knappen Goldreserven einsetzte. Während einer Übergangszeit, in der die fiskalischen und währungspolitischen Voraussetzungen für die Rückkehr zum Gold geschaffen würden, sollten flexible Wechselkurse herrschen. Eine Stabilisierung der Wechselkurse durch Devisenkontrollen wurde abgelehnt. [EICHENGREEN 1992].

Vor der Rückkehr zum Gold stand der mühsame Weg der Währungsstabilisierung. Einige Länder, insbesondere Großbritannien, die skandinavischen Länder und die Schweiz, kehrten nach einer rigiden Deflationspolitik zur Goldparität der Vorkriegszeit zurück. Eine zweite Gruppe von Ländern, darunter Frankreich und Italien, werteten ihre Währungen gegenüber der Vorkriegsparität deutlich ab. Und schließlich gab es Länder wie Deutschland und Österreich, die ihre inflationierten Währungen aufgaben und eine neue Währung einführten (LEAGUE OF NATIONS 1944). Die Übergangsfrist dauerte unterschiedlich lange. So kehrte Österreich 1923 zum Gold zurück, Deutschland 1924, Großbritannien 1925, Frankreich 1928, Japan 1930. Insgesamt nahmen 54 Länder über längere oder kürzere Zeit am zweiten Goldstandard teil. Der zweite Goldstandard wurde als Garant einer neuen Stabilität begrüßt, aber er war von Anfang an mit strukturellen Problemen belastet. Wichtige Währungen, darunter das britische Pfund und die 1924 eingeführte Reichsmark, waren bei der Währungsstabilisierung im Verhältnis zum Dollar überbewertet worden. Deutschland, Großbritannien und andere Länder versuchten, mit einer strengen Deflationspolitik die Parität ihrer Währungen gegenüber dem Gold und dem Dollar zu verteidigen. Frankreich dagegen hatte sich die Rückkehr zum Gold mit einer Unterbewertung des Franc gegenüber dem Dollar erleichtert. Eine andere potentielle Instabilität lag in dem Geflecht von internationalen Kapitalbewegungen und politischen Schulden. Die USA kompensierten die Exportüberschüsse mit erheblichen Kapitalexporten. Diese Kapitalexporte finanzierten nicht nur die Importüberschüsse vieler Handelspartner, sondern ermöglichten es Deutschland auch, erhebliche Reparationszahlungen zu leisten. Im Unterschied zu den langfristigen britischen Kapitalexporten des neunzehnten Jahrhunderts waren die amerikanischen Kapitalexporte aber zum großen Teil kurzfristig angelegt, und ein Rückzug des Kapitals konnte schnell zu einer Erschütterung des internationalen Währungssystems führen.

In der Weltwirtschaftskrise von 1929–33 erschütterte eine Reihe von Währungskrisen das internationale Währungssystem. Deutschland und Großbritannien verließen 1931 den Goldstandard, und bis Ende 1932 gaben dreißig weitere Länder die Goldwährung auf. Sogar die USA wandten sich 1933 vom Goldstandard ab. Präsident Roosevelt hoffte, mit einer Abwertung des Dollars gegenüber dem Gold die Konjunktur zu beleben. Frankreich verharrte mit dem Goldblock noch bis 1936 auf verlorenem Posten, sehr zum Schaden der binnenwirtschaftlichen Stabilität.

Das rasche Ende des zweiten Goldstandards löste eine heftige Diskussion über die Ursachen des Scheiterns aus. Der potentielle Zielkonflikt zwischen dem außenwirtschaftlichen Gleichgewicht und binnenwirtschaftlichen Zielen wie Beschäftigung, Wirtschaftswachstum und Preisstabilität wurde nach dem Zusammenbruch des zweiten Goldstandards schärfer erkannt als vorher. Auch die Instabilität, die von kurzfristigen Kapitalbewegungen ausgehen konnte, wurde nunmehr erkannt. Die wichtigste Ursache des Zusammenbruchs war aber die mangelnde Kooperation der Zentralbanken. Die Zentralbanken mit starken Währungsreserven, insbesondere das Federal Reserve System und die Banque de France, weigerten sich, die von Gold- und Devisenverlusten betroffenen Notenbanken zu unterstützen und damit das internationale Währungssystem zu stabilisieren.

In der Weltwirtschaft der dreißiger Jahre, die durch die anhaltende Depression in vielen Ländern und durch die Zunahme der internationalen Spannungen beherrscht war, gab es für die Rekonstruktion des internationalen Goldstandards kein Interesse. Die amerikanische Regierung wertete den Dollar 1934 auf eine Parität von 35 Dollar pro Unze Feingold ab. Diese Parität war aber nur noch für den internationalen Zahlungsverkehr von Bedeutung. Die Inlandskonvertibilität des Dollars wurde aufgehoben, der Goldumlauf wurde eingezogen, und Inländern wurde der Besitz von monetärem Gold sogar verboten [FRIEDMAN/SCHWARTZ 1963, 462–483]. Einige Länder gingen zu Devisenkontrollen über, um die festen Wechselkurse zu erhalten. Deutschland führte 1931 Devisenkontrollen ein, die in Westdeutschland bis 1958, in Ostdeutschland bis 1990 bestehen blieben. Großbritannien wurde zum Zentrum eines Sterling-Raumes, dessen Mitglieder untereinander feste Wechselkurse, nach außen gegenüber anderen konvertierbaren Währungen aber flexible Wechselkurse hatten. Interventionen der Bank of England sollten die Ausschläge der Wechselkurse begrenzen [EICHENGREEN 1992].

4. Das Währungssystem von Bretton Woods

Noch während des Zweiten Weltkrieges verhandelten im amerikanischen Bretton Woods 45 Länder über die Rekonstruktion des internationalen Weltwährungssystems. Das Ziel war die Wiederherstellung der allgemeinen Konvertibilität zu festen Wechselkursen. Das neue System sollte aber nicht mehr auf dem Goldstandard beruhen, sondern auf einer Weiterentwicklung des Gold-Devisen-Standards zu einem Gold-Dollar-Standard. Die Grundlage des Systems sollte der US-Dollar sein. Für den Dollar war eine unbeschränkte Ausländerkonvertibilität zu einer Parität von 35 Dollar für die Unze Feingold vorgesehen. Im Inland galt die Konvertibilität nicht, der Besitz von monetärem Gold blieb verboten; damit sollte die internationale Position des Dollars zusätzlich gestärkt werden. Alle anderen Währungen wurden in Relation zum Dollar definiert, und es war eine Konvertibilität gegenüber dem Dollar zu festen Paritäten vorgesehen.

Um eine Währungskrise wie 1931 zu vermeiden, wurde als Liquiditätszentrum des neuen Gold-Dollar-Standards der Internationale Währungsfonds (IWF) gegründet. Die Mitgliedsländer leisteten in den Währungsfonds Einlagen, die sich an ihren Anteilen am Welthandel orientierten. Aus diesem Währungspool konnte der Fonds einzelnen Mitgliedsländern, die in Währungskrisen gerieten, Überbrückungskredite leisten. Da die Stimmrechte sich nach den Einzahlungsquoten richteten, ähnelte die Machtverteilung im Internationalen Währungsfonds dem Prinzip des polynesischen Doppelkanus: Die USA saßen im Hauptboot, wo sie das Segel und das Steuerruder kontrollierten; die übrigen Mitglieder hockten auf dem Ausleger, trugen zur Stabilität bei, hatten aber weder zum Segel noch zum Steuerruder Zugang. Bei strukturellen Ungleichgewichten waren die Überbrückungskredite keine Lösung. Die beteiligten Länder sollten dann unter Aufsicht des Währungsfonds ihre Währungsparitäten ändern, um einem Devisenverlust durch eine Abwertung, einem übermäßigen Devisenzufluss durch eine Aufwertung zu begegnen, oder sie sollten ihre Wirtschafts- und Finanzpolitik mit Priorität an der Wiederherstellung eines außenwirtschaftlichen Gleichgewichts orientieren.

Das Währungssystem von Bretton Woods trat 1945 in Kraft. Der Kreis der Länder, die sich auf der Grundlage von Konvertierbarkeit und festen Wechselkursen an dem neuen Währungssystem beteiligten, war allerdings zunächst klein. Die meisten Länder blieben angesichts der überall verbreiteten strukturellen Ungleichgewichte in den Leistungsbilanzen zunächst bei einer Devisenbewirtschaftung. Im Unterschied zu den Jahren nach dem Ersten Weltkrieg ging man allgemein davon aus, dass der Weg zum Gold-Dollar-Standard über feste Wechselkurse und einen allmählichen Abbau der Devisenkontrollen führen sollte. Die in den zwanziger Jahren als Übergangslösung empfohlene Konvertibilität zu flexiblen Wechselkursen wurde abgelehnt. Man nahm an, dass die Exporte und Importe wenig preiselastisch waren, so dass niedrigere Wechselkurse die Zahlungsbilanzprobleme eher noch vergrößern würden, weil sie die Importe verteuerten.

Entscheidend war für den Erfolg des Bretton Woods Systems der Sprung von den USA nach Westeuropa, und in weiterer Perspektive nach Japan, um aus dem Dollar-Raum ein Weltwährungssystem zu machen. Das Problem war die große Dollarlücke der Zeit, die den Handelspartnern der USA den Weg in die Konvertibilität versperrte. Im Sommer 1947 wagte die britische Regierung, unterstützt durch massive amerikanische Auslandskredite, den Übergang zur Dollar-Konvertibilität. Der Versuch führte aber zu einer heftigen Zahlungsbilanzkrise und musste schon nach wenigen Wochen aufgegeben werden. Die amerikanische Regierung empfahl ihren westeuropäischen Partnern daraufhin den Weg der Blockintegration. Die westeuropäischen Länder sollten im Rahmen des Europäischen Wiederaufbauprogramms („European Recovery Program"), das von 1948 bis 1952 dauerte, zunächst untereinander ihre Grenzen öffnen und die Währungen konvertibel gestalten. Die gemeinsame Stabilitätspolitik, der größere Markt und die Produktivitätssteigerungen sollten die Teilnehmer dann innerhalb der vierjährigen Laufzeit des Europäischen Wiederaufbauprogramms in die Lage versetzen, ihre Währungen an die Konvertibilität gegenüber dem Dollar heranzuführen.

Die institutionelle Grundlage für die innereuropäische Konvertibilität wurde die 1950 gegründete Europäische Zahlungsunion. Ihre sechzehn Mitglieder bauten, unterstützt durch amerikanische Auslandskredite und Auslandshilfe, die Handelshemmnisse und Währungskontrollen untereinander ab. Die ursprüngliche Zeitplanung war zu optimistisch gewesen. 1952 hatten die westeuropäischen Länder ihre Zahlungsbilanzsituation im Allgemeinen zwar deutlich verbessert, waren von der Dollarkonvertibilität nach eigener Einschätzung aber noch sehr weit entfernt. Im Laufe der fünfziger Jahre verringerte die Dollarlücke sich jedoch, und 1958 hatte die Europäische Zahlungsunion ihr Ziel erreicht. Die wichtigsten westeuropäischen Währungen, darunter das britische Pfund, die Deutsche Mark, der französische Franc und die italienische Lira, gingen zur Konvertibilität über und schlossen sich dem Währungssystem von Bretton Woods an [DICKHAUS 1996]. Japan führte 1964 die Konvertibilität des Yen ein. Aus dem Dollar-Raum wurde ein Weltwährungssystem.

Das Währungssystem von Bretton Woods war nur für Länder geeignet, die auf ähnlichem, oder jedenfalls tendenziell ähnlichem Niveau, sowohl untereinander als auch mit den USA konkurrieren konnten. Das waren im Wesentlichen Länder im Zentrum der kapitalistischen Weltwirtschaft und einige Länder der Peripherie, die über starke Primärgüterexporte verfügten. Viele Länder, insbesondere in der Dritten Welt, richteten sich aber mit dauerhaften Devisenkontrollen ein.

Bis in die späten fünfziger Jahre hatte die Dollarlücke der Ausbreitung des Bretton Woods Systems im Wege gestanden. In den sechziger Jahren schlug die Situation um. Der nachlassende Wettbewerbsvorsprung der USA, die starken Kapitalexporte und dazu der Vietnam-Krieg, der hohe Auslandsausgaben mit sich brachte, führten zu einem wachsenden Angebot an Dollar, das bald als Dollarschwemme bezeichnet wurde. Es kam immer wieder zu Spekulationen um die Abwertung des Dollars. Auch andere wichtige Währungen im Bretton Woods System gerieten tendenziell unter Druck, besonders das britische Pfund und der französische Franc. Andere Zentralbanken, so die Deutsche Bundesbank, freuten sich über die Stabilität ihrer Währung, sahen aber nicht recht ein, dass in einem geschlossenen Markt die Stärke des einen Partners notwendig die Schwäche des anderen Partners war. Es wurde versucht, mit einer Reihe von Wechselkursänderungen das Gitternetz der Paritäten an die divergierende wirtschaftliche Entwicklung in den einzelnen Mitgliedländern des internationalen Währungssystems anzupassen. So wurde die Deutsche Mark 1961, 1969 und 1971 aufgewertet, das britische Pfund dagegen 1967 und der französische Franc 1969 abgewertet.

Ende der sechziger Jahre wurde jedoch deutlich, dass der Eckpfeiler des Bretton Woods Systems, die Konvertibilität des Dollars gegenüber dem Gold zu einer festen Parität, bedroht war. 1968 sahen die USA sich gezwungen, die Konvertierbarkeit des Dollars in Gold auf Währungsbehörden einzuschränken. Der Druck auf den Dollar wurde dadurch eher noch verstärkt, da sich die Erwartungen auf den Devisenmärkten gegen den Dollar richteten. 1971 hob die amerikanische Regierung die Goldkonvertibilität des Dollar zu festen Paritäten auf. Die meisten Länder gingen daraufhin zu flexiblen Wechselkursen über. Ende 1971 wurde noch einmal versucht, durch eine simultane Neuordnung wichtiger Paritäten, das Washingtoner Realignment, den Gold-Dollar-Standard zu retten. Das neue Arrangement konnte die Währungsstabilität aber auch nicht wahren. 1973 wurde das Bretton Woods System aufgegeben.

Die Ursache für den Zusammenbruch des Bretton Woods Systems ist vor allem darin zu sehen, dass die Wirtschaftspolitik und die wirtschaftliche Entwicklung in den einzelnen Mitgliedländern zu stark divergierten. Die in Abständen vorgenommene Änderung der Währungsparitäten war ein zu grobes Instrument und war nicht geeignet, die Unterschiede auszugleichen. Das rasche Scheitern des Gold-Dollar-Standards bestätigte, dass ein internationales Währungssystem, das die Konvertierbarkeit der Währungen zu festen Wechselkursen gewährt, nicht wirtschaftliche Stabilität schafft, wie man anzunehmen geneigt war, sondern wirtschaftliche Stabilität voraussetzt. Ein System, das der von John Stuart Mill empfohlenen Weltwährung nahe kommt, setzt voraus, dass sich die Mitgliedländer gleichmäßig entwickeln, und dass sie weitgehend auf eine eigene Wirtschaftspolitik verzichten.

Das Währungssystem von Bretton Woods sollte ursprünglich auch die sozialistischen Länder umfassen. Die Hoffnungen auf eine einheitliche Weltwirtschaft hielten aber nicht lange. Die sozialistischen Länder zogen sich bald aus der Planung für ein internationales Währungssystem zurück. Sie bildeten ein eigenes internationales Währungssystem, das aus einem komplizierten Verrechnungssystem auf der Grundlage des Rubel bestand.

5. Das internationale Währungssystem im Zeitalter der Globalisierung

Seit den siebziger Jahren herrscht im Zentrum der kapitalistischen Weltwirtschaft ein internationales Währungssystem, das die Konvertierbarkeit der Währungen mit flexiblen Wechselkursen verbindet. Die Konvertierbarkeit der Währungen ist eine wichtige Voraussetzung für eine offene Weltwirtschaft. Feste Wechselkurse sind dagegen weniger wichtig. Sie können zwar die internationale Arbeitsteilung fördern, aber in einer heterogenen Welt, in der die einzelnen Staaten nicht auf eine autonome Wirtschaftspolitik verzichten wollen, wurde ein System flexibler Wechselkurse vorgezogen. Unterschiede in der Wirtschaftspolitik und in der wirtschaftlichen Entwicklung der Mitgliedsländer konnten durch Schwankungen der Wechselkurse aufgefangen werden. Die Grenzen des optimalen Währungsraums wurden sehr viel enger gezogen, weil dem Vorteil der geringeren Transaktionskosten der Nachteil einer eingeschränkten währungs- und wirtschaftspolitischen Souveränität entgegenstand. In den siebziger Jahren funktionierte das internationale Währungssystem zwar nicht störungsfrei, galt aber doch als bestmögliche Lösung, da es in der Wirtschaftspolitik der wichtigsten Welthandelsnationen erhebliche Unterschiede gab.

Seit den achtziger Jahren mehrt sich jedoch die Kritik am internationalen Währungssystem, ohne dass bisher eine Alternative in Sicht wäre. Zu der Kritik haben im Wesentlichen zwei Gründe beigetragen. Zum einen hat die internationale Verflechtung durch Migration, Waren- und Dienstleistungshandel und Kapitalbewegungen deutlich zugenommen. In den neunziger Jahren kam der Begriff der „Globalisierung" auf [DEUTSCHER BUNDESTAG 2001, 2–4]. Fluktuationen der Wechselkurse und Währungskrisen greifen im Durchschnitt spürbarer in den wirtschaftlichen Alltag ein als in früheren Zeiten. Hinzu kommt, dass sich die Bestimmungsgründe der Wechselkurse auf den internationalen Devisenmärkten von den Waren- und Dienstleistungsmärkten zu den Finanzmärkten verlagern. Lange Zeit hat man den Schlüssel zu gleichgewichtigen Wechselkursen in der Kaufkraftparitäten-Theorie gesehen, die ansatzweise schon von Ricardo entwickelt wurde [RICARDO 1975, 128–149]. Die Wechselkurse drücken nach der Kaufkraftparitäten-Theorie im Wesentlichen die unterschiedliche Kaufkraft der Währungen aus. Änderungen der Wechselkurse wären deshalb in der Hauptsache durch die unterschiedlichen Inflationsraten in den einzelnen Ländern zu erklären. In der Realität stößt diese Erklärung auf mancherlei Einschränkungen. Nur ein kleiner Teil der vielen Waren und Dienstleistungen des Warenkorbes, an dem das allgemeine Preisniveau gemessen wird, geht in den Außenhandel ein, und neben der Handelsbilanz beeinflussen auch die Kapitalbilanz und die Transferleistungen die Wechselkurse. Dennoch stellten die Kaufkraftparitäten so etwas wie den ruhenden Pol im internationalen Währungssystem dar. Die Bestimmungsgründe der internationalen Kapitalbewegungen sind dagegen sehr viel weniger transparent. Insbesondere die kurzfristigen spekulativen Kapitalbewegungen geben Anlass zur Sorge, da sie erhebliche Störungen im Wirtschaftsleben eines Landes anrichten können.

Als ein wirtschaftspolitisches Instrument, das zur Stabilisierung des internationalen Währungssystems beitragen könnte, wird häufig die „Tobin-Tax", eine von James Tobin vorgeschlagene Art Umsatzsteuer auf internationale Kapitalbewegungen, vorgeschlagen. Da die „Tobin-Steuer" beim Übergang von einer Währung in eine andere anfallen soll, würden langfristige Kapitalexporte wesentlich weniger belastet als kurzfristige Kapitalexporte. Man könnte also die Volatilität der spekulativen kurzfristigen Kapitalbewegungen verringern, ohne die in einer offenen Weltwirtschaft erwünschte langfristige Kapitalverflechtung zu sehr zu behindern.

Ein anderer Versuch, der Instabilität des internationalen Währungssystems zu begegnen, lag in der Schaffung regionaler Stabilitätsinseln. Dieser Ansatz wurde vor allem in Westeuropa verfolgt. Nachdem die Mitgliedsländer der Europäischen Wirtschaftsgemeinschaft sich in den achtziger Jahren in ihrer Wirtschaftspolitik annäherten und auch die wirtschaftlichen Disparitäten abnahmen, schienen die Homogenitätsbedingungen, die eine wesentliche Voraussetzung für einen größeren Währungsraum darstellen, erfüllt [MUNDELL 1961]. Im Vertrag von Maastricht wurde 1992 eine Währungsunion beschlossen [DYSON/FEATHERSTONE 1999]. Zehn Jahre später führten 1999–2002 zwölf der fünfzehn Mitglieder der Europäischen Union den Euro zu 100 Cent als gemeinsame Währung ein; nur Dänemark, Großbritannien und Schweden blieben fern. Maßnahmen wie die Stabilisierung der kurzfristigen Kapitalbewegungen oder die Einrichtung regionaler Stabilitätsinseln können die Ungewissheiten im internationalen Währungssystem möglicherweise reduzieren. Grundsätzlich lässt sich währungspolitische Instabilität im Zeitalter der Globalisierung aber wohl kaum vermeiden.

Literaturliste

BLOOMFIELD, A. I., Monetary Policy under the International Gold Standard, New York 1959.
BORDO, M.; SCHWARTZ, A. J. (Hg.), A retrospective on the classical gold standard 1821–1931, Chicago 1984.
BOUVIER, J., Les monnaies et les banques, in: LEON, Pierre (Hg.), Histoire économique et sociale du monde, Bd. 4., Paris 1978.
DE CECCO, M., Money and Empire. The international gold standard, 1890–1914, Oxford 1974.
CLAPHAM, J., The Bank of England. A history (1944), 2 Bde., Cambridge 1970.
Cunliffe Committee on Currency and Foreign Exchange after the war, First interim report (1918), in: EICHENGREEN, Barry, (Hg.), The Gold Standard in Theory and History, New York, London 1985.
DEUTSCHER BUNDESTAG, Zwischenbericht der Enquete-Kommission „Globalisierung der Weltwirtschaft – Herausforderungen und Antworten", Berlin 2001.

DICKHAUS, M., Die Bundesbank im westeuropäischen Wiederaufbau. Die internationale Währungspolitik der Bundesrepublik Deutschland 1948–1958, München 1996.
DYSON, K.; FEATHERSTONE, K., The road to Maastricht. Negotiating economic and monetary union, Oxford 1999.
EICHENGREEN, B., Golden fetters. The gold standard and the Great Depression 1919–1939, New York, Oxford 1992.
EICHENGREEN, B., Vom Goldstandard zum Euro. Die Geschichte des internationalen Währungssystems, Berlin 2000.
ICHENGREEN, B. (Hg.), The gold standard in theory and history, New York, London 1985.
FLANDREAU, M., L'or du monde. La France et la stabilité du système monétaire international 1848–1873, Paris 1995.
FRIEDMAN, M.; SCHWARTZ, A., A monetary history of the United States, 1867–1960, Princeton 1963.
HARDACH, G., Der lange Abschied vom Gold: Geldtheorie und Geldpolitik in Deutschland, 1905–1933, in: SCHEFOLD, B. (Hg.), Studien zur Entwicklung der ökonomischen Theorie VIII, Berlin 1989.
HARDACH, G.; HARTIG, S., Der Goldstandard als Argument in der internationalen Währungsdiskussion, in: Jahrbuch für Wirtschaftsgeschichte, 1998.
HENRIKSEN, I.; KAERGRAD, N., The Scandinavian Currency Union 1875–1914, in: REIS, J. (Hg.), International Monetary Systems in Historical Perspective, London 1995.
HOLTFERICH, C.-L., The Monetary Unification Process in 19th-Century Germany: Relevance and Lessons for Europe Today, in: M. DE CECCO /A. GIOVANNINI (Hrsg.), A European Central Bank? Perspectives on Monetary Unification After Ten Years of EMS, Cambridge 1989.
HUME, D., On the balance of trade (1752), in: B. EICHENGREEN (Hrsg.), The gold standard in theory and history, New York, London 1985.
JAMES, H., International monetary cooperation since Bretton Woods, Oxford 1996.
LEAGUE OF NATIONS, International currency experience. Lessons of the inter-war period, o. O. 1944.
MILL, J. S., Principles of Political Economy (1848), 2 vols., Toronto 1965.
MUNDELL, R. A., A Theory of Optimum Currency Areas, in: American Economic Review 51 (1961).
NORTH, M., Das Geld und seine Geschichte vom Mittelalter bis zur Gegenwart, München 1994.
REDISH, A., Bimetallism, New York 2000.
RICARDO, D., On the principles of political economy and taxation (1817). Works and Correspondence, Bd.1, Cambridge 1975.
SCHNEIDER, J. /O. SCHWARZER /F. ZELLERFELDER (Hrsg.), Währungen der Welt I, Bd. 1, Stuttgart 1991.
SCHREMMER, E., Über „stabiles Geld". Eine wirtschaftshistorische Sicht, in: DERS. (Hrsg.), Geld und Währung vom 16. Jahrhundert bis zur Gegenwart, Stuttgart 1993.
THEURL, T., Eine gemeinsame Währung für Europa. Zwölf Lehren aus der Geschichte, Innsbruck 1992.

VANTHOOR, W. F. V., European Monetary Union since 1848. A Political and Historical Analysis, Cheltenham 1996.

DE VRIES, The IMF in a Changing World, 1945–85, Washington, D.C. 1986.

Rainer Klump und Martin Skala

Wirtschaftliche Integration

1. Einleitung

Der dramatische Anstieg regionaler wirtschaftlicher Integrationsabkommen, zu dem es am Ende des 20. Jahrhunderts kam (*vgl. Abbildung1*), hat auch zu einer Renaissance der wirtschaftswissenschaftlichen Integrationsforschung geführt. Das Nebeneinander mächtiger regionaler Handelsblöcke (*vgl. Tabelle 1*) wie EU, NAFTA und MERCOSUR, neuer Formen eines „offenen Regionalismus" in der transpazifischen APEC und der Weiterentwicklung des Allgemeinen Zoll- und Handelsabkommens (GATT) zur Welthandelsorganisation (WTO) hat einen potenziellen Konflikt zwischen dem weltweiten und dem regionalen Freihandel deutlich gemacht. Dieser Konflikt ist auch in den historisch bedeutsamen Beispielen wirtschaftlicher Integration präsent.

Das Handelspräferenzabkommen, das England und Portugal im Jahre 1704 schlossen, gilt zwar in der Volkswirtschaftslehre bis heute als Musterbeispiel einer erfolgreichen Außenhandelsliberalisierung. Es sollte aber ganz bewusst auch den Handel beider Länder mit Frankreich diskriminieren. Das Projekt des Deutschen Zollvereins, angestoßen 1819 durch Friedrich List und 1834 durch Abkommen von Preußen mit 17 kleineren deutschen Staaten verwirklicht, diente sowohl zur Überwindung der handelspolitischen Kleinstaaterei im Deutschen Bund als auch zur Zurückdrängung wachsender englischer Importe. Der europäische Integrationsprozess, der mit dem Schuman-Plan 1950 begann und über die Gründung der Montanunion (EGKS) 1952 und der Europäischen Wirtschaftsgemeinschaft (EG) 1958 bis zur Vollendung der Währungsunion mit der Einführung des Euro-Bargeldes im Jahre 2002 führte, geriet immer in Konflikt mit parallelen Anstrengungen zur Liberalisierung des Welthandels und zur Stabilisierung des Weltwährungssystems. Die politische Dimension dieses Konflikts zeigte sich gerade in Deutschland seit Ende der 50er Jahre in immer wieder neuen Auseinandersetzungen zwischen „Atlantikern" und „Gaullisten".

Das Grundproblem internationaler wirtschaftlicher Liberalisierungspolitik besteht in der Beziehung zwischen der wirtschaftstheoretisch erstbesten Lösung „unilateraler Freihandel" und der zweitbesten Lösung „regionale Integration" [vgl. auch PANAGARIYA 1999, 2000]. BHAGWATI (1991) prägte in diesem Zusammenhang die Begriffe Bausteine vs. Stolpersteine (building vs. stumbling blocs). Nach der Bausteine-Theorie unterstützen regionale Integrationsabkommen die unilaterale Liberalisierung und bereiten sie letztlich vor. Bedingung dafür ist, dass die regionalen Integrationsabkommen grundsätzlich für alle Länder offen stehen und sich die Teilnehmerstaaten unilateralen Liberalisierungsinitiativen nicht verschließen. Die Stolpersteine-Theorie befürchtet dagegen, dass die unilaterale Liberalisierung maßgeblich von der regionalen behindert wird und dass die übrige Welt durch die Bildung integrierter regionaler Handelsblocks Schaden erleidet. So warnt KRUGMAN (1991) davor, dass in einer Welt mit drei großen Handelsblöcken (Europa, Nordamerika, Ostasien) die Weltwohlfahrt deutlich geringer sein kann als in einem allgemein liberalisierten Welthandelssystem.

Abbildung 1:
Anzahl der gemeldeten regionalen Handelsabkommen 1948–1999

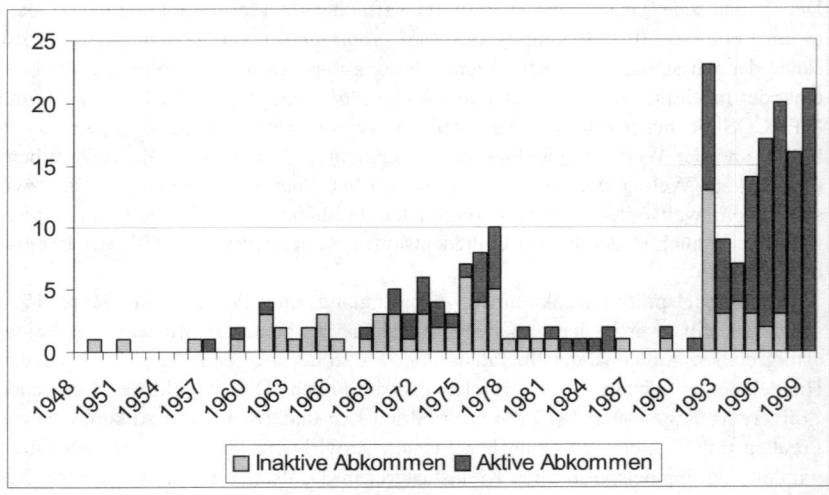

Quelle: ASEAN-China Expert Group 2001, 5; Ursprungsdaten: WTO.

Tabelle 1:
Welthandelsanteile der Integrationsgruppierungen

1999	Anteil der regionalen Exporte an den Weltexporten	Anteil der intraregionalen Exporte an den gesamten Exporten der Region
EU	38,90%	62,60%
NAFTA	18,80%	54,60%
EAEC	24,90%	44,10%
Anteil der 3 Handelsräume an den Weltexporten:		82,60%
Anteil der handelsrauminternen (EU, NAFTA, EAEC) Exporte an den Weltexporten:		45,60%

Quelle: Eigene Berechnungen, Ursprungsdaten: World Bank 2001, 333f.
EAEC = Staaten des East Asian Economic Caucus = 10 ASEAN-Länder, China, Japan, Südkorea.

Die ökonomische Integrationstheorie versucht die Gründe für und gegen regionale Integrationsprozesse zu identifizieren und abzuwägen. Sie entwickelte sich ursprünglich als ein Teilgebiet der volkswirtschaftlichen Außenwirtschaftstheorie. Im Laufe der Zeit hat sie Erkenntnisse aus anderen Teildisziplinen aufgenommen, z. B. aus der Wirtschaftsgeographie, der Entwicklungspolitik, der Wachstumstheorie und der Währungspolitik. Dieser Beitrag führt zunächst in grundlegende Überlegungen zum Themengebiet Protektionismus, Freihandel und internationale Integration ein (Abschnitt 2). Anschließend wird ein idealisiertes Stufenmodell der Integrationsintensität vorgestellt (Abschnitt 3). Einzelne Stufen werden dann genauer analysiert (Abschnitte 4 bis 6). Abschnitt 7 behandelt ausgewählte aktuelle Diskussionsfelder der Integrationstheorie. Abschnitt 8 stellt einige ausgewählte Beispiele der Integrationspolitik vor.

2. Protektionismus, Freihandel und Integration

Auf einem Kontinuum von denkbaren Gestaltungsmöglichkeiten der Außenwirtschaftsbeziehungen eines Landes liegt die regionale ökonomische Integration zwischen den beiden Extrempunkten unilateraler Freihandel und Autarkie. Regionale Integration verbindet Elemente des Freihandels und des Protektionismus. Innerhalb des Integrationsgebietes herrscht Freihandel. Gegenüber dem Rest der Welt bleiben protektionistische Schranken bestehen.

Zu begründen ist dieses Ergebnis, das zunächst inkonsequent erscheint, zum einen mit der Angst vor allzu großer Liberalisierung. Im kleinen Rahmen ist die außenwirtschaftliche Öffnung einfacher und übersichtlicher. Die Unternehmen müssen nicht weltweit gegenüber allen Konkurrenten bestehen. Zum anderen können politökonomische Ursachen gegen zu weitreichenden Freihandel sprechen. Bestimmte Interessensgruppen haben ein Interesse an Protektion und versuchen spezifische Schutzmaßnahmen durch Lobbying zu erreichen. So kommt es vor, dass den theoretischen Vorteilen des unilateralen Freihandels in der Praxis immer wieder Differenzierungen der Außenkontakte nach Raum und Konditionen in Form von Integrationsabkommen entgegenstehen.

In einem partialanalytischen Preis-Mengen-Diagramm lassen sich die theoretischen Vorteile des Freihandels sowie die negativen Auswirkungen von Handelshemmnissen zeigen.

Abbildung 2:
Grundmodell „Zoll vs. Freihandel"

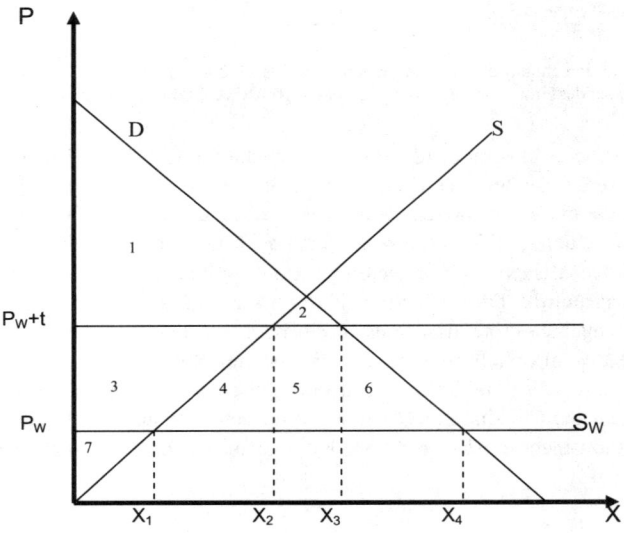

Quelle: Eigene Darstellung.

Im Autarkiefall würde sich die Preis-Mengen-Kombination für ein betrachtetes Gut X durch den Schnittpunkt der Angebots- (S) und der Nachfragekurve (D) ergeben. Im Freihandelsfall können die Güter auch vom Weltmarkt bezogen werden. Annahmegemäß sei die Angebotsfunktion des Weltmarktes (S_W) unendlich elastisch. Ab der Menge X_1 werden dadurch die Konsumenten auf das Angebot des Weltmarktes zurückgreifen. Gegenüber dem Autarkiefall sinkt der Preis auf P_W und die konsumierte Menge steigt auf X_4. Insgesamt wird die Menge X_1X_4 importiert. Die inländische Produktion sinkt gleichzeitig auf X_1. Neben diesen beiden Extremfällen kann noch ein mittlerer Fall untersucht werden. Der Staat erhebt einen nicht prohibitiven Zoll in Höhe von t. Dadurch wird das Weltmarktpreisniveau für das Inland künstlich auf P_W+t angehoben. In der Folge steigt die im Inland produzierte Menge auf X_2

während die konsumierte Menge auf X_3 und die importierte Menge auf X_2X_3 zurückgeht. Zwischen den inländischen Produzenten auf der einen Seite und den Konsumenten sowie den Exporteuren der übrigen Welt auf der anderen Seite herrscht ein Interessenkonflikt. Es lässt sich indes mit einer Rentenbetrachtung zeigen, dass durch Abschaffung bzw. Reduzierung des Zolls ein Nettowohlfahrtsgewinn realisiert werden kann. Die Konsumentenrente ist die Differenz aus der aufsummierten Zahlungsbereitschaft der Nachfrager und den tatsächlich geleisteten Zahlungen der Haushalte. Die Produzentenrente ist die Differenz aus dem Erlös und dem Integral der Angebotsfunktion. Bei einer Zollerhebung entspricht die Konsumentenrente demnach den Feldern 1 und 2. Die Produzentenrente ist gleich den Feldern 3 und 7. Feld 5 repräsentiert die Zolleinnahmen, gegeben durch Importmenge X_2X_3 multipliziert mit dem Zoll t. Bei Freihandel würde die Konsumentenrente die Felder 1 bis 6 umfassen, die Produzentenrente hingegen nur Feld 7. Der positive Nettowohlfahrtseffekt der Handelsliberalisierung besteht demnach im Inhalt der beiden Felder 4 und 6.

Die theoretischen Vorteile des Freihandels bergen allerdings einen potenziellen Verteilungskonflikt der Liberalisierung in sich. Den inländischen Konsumenten, die durch eine vergrößerte Konsumentenrente profitieren, stehen als Verlierer die inländischen Produzenten und der Staat gegenüber. Erschwerend kommt hinzu, dass die Wohlfahrtsgewinne des Freihandels in der Region sehr verstreut und tendenziell unsichtbar, die Verluste hingegen konzentriert und sichtbar anfallen. So tritt die Reduzierung der Produktion von X_2 auf X_1 und der Verlust der Zolleinnahmen (Feld 5) gegenüber einem Gewinn an Konsumentenrente öffentlich viel deutlicher in Erscheinung.

Beim Protektionismus wird zwischen tarifären und nicht-tarifären Handelshemmnissen unterschieden. Zu ersteren zählen Import- und Exportzölle. Unter letzteren lassen sich Importquoten, Dumping Subventionen, internationale Kartellbildung sowie administrative Vorschriften anführen. Folgende Gründe für Protektion sind zu nennen:

Infant-Industry-Argument: Nach diesem Argument sind Handelshemmnisse in der Phase der aufholenden Entwicklung von einem relativ unterentwickelten volkswirtschaftlichen Niveau aus gerechtfertigt. Entscheidend für einen Erfolg dieser Strategie ist, dass der Zollschutz nur ein temporärer ist und im Laufe der Entwicklung wieder abgebaut wird. Andernfalls würden sich statt der erhofften Produktivitätsfortschritte nur ineffiziente Strukturen und Rent-seeking verfestigen. Das Infant-Industry-Argument ist die gewichtigste Begründung für temporäre Protektion. Zu den erfolgreichen Anwendern gehören bzw. gehörten USA, Deutschland, Japan, Südkorea und Taiwan.

Arbeitsplatzargument: Die Vorteilhaftigkeit der Liberalisierung beruht auf der Annahme der Vollbeschäftigung der Produktionsfaktoren. Ist diese aber nicht gegeben, kann – da die nationale Politik sich vor der nationalen Bevölkerung verantworten muss – mit der Protektion die Beschäftigung ausgebaut und Arbeitslosigkeit abgebaut werden (Produktionsausweitung von X_1 auf X_2).

Autarkieargument: Insbesondere bei Nahrungsmitteln und anderen lebensnotwenigen Gütern kann argumentiert werden, dass es im Hinblick auf mögliche Krisenzeiten vorteilhaft sein kann, eine eigene Produktion zu haben, um von Importen unabhängig zu sein.

Zahlungsbilanz-Argument: Bei einer Zahlungsbilanzkrise kann Protektion durch die Verteuerung der Importe eine Verbesserung bewirken.

Verbraucher-/Umweltschutzargument: Die vereinfachte Annahme, alle gehandelten Güter seien homogen, trifft oft nicht zu. Unterliegen z. B. Teile des Weltmarktes geringeren Gesundheitsauflagen, können diese weit höhere Schadstoffkonzentrationen beinhalten. Protektion wahrt in diesem Falle das höhere Schutzniveau in einem Land.

Regionalstrukturargument: Wirtschaftliche Zentren befürchten Zentrifugalkräfte, d.h. Konkurrenz durch z.B. billigere Standorte im Integrationsgebiet; wirtschaftliche Randgebiete befürchten Zentripetalkräfte, d.h. die Verstärkung der Disparitäten durch steigende Konzentration an den schon wirtschaftlich aktivsten Standorten.

3. Integrationsintensität im Stufenmodell

Die Integrationstheorie unterscheidet in idealtypischer Weise zwischen verschiedenen Integrationsstufen (*vgl. Tabelle 2*).

Tabelle 2:
Integrationsintensitäten im Stufenmodell

	Ausgewählte Handelsvergünstigungen	Freihandel	Gemeinsamer Außenzoll	Mobilität der Produktionsfaktoren	Harmonisierung der Wirtschaftspolitiken	Gemeinsame Währung	Fusion aller Politikbereiche
Präferenzzone	✔						
Freihandelszone	✔	✔					
Zollunion	✔	✔	✔				
Gemeinsamer Markt	✔	✔	✔	✔			
Wirtschaftsunion	✔	✔	✔	✔	✔		
Währungsunion	✔	✔	✔	✔	✔	✔	
Politische Union	✔	✔	✔	✔	✔	✔	✔

Quelle: Eigene Darstellung.

In den Zeilen sind die Integrationsformen nach steigender Integrationstiefe angeordnet. Diese geht mit einem stetigen nationalen Souveränitätsverlust einher, da für tiefer gehende Integration auch der Aufbau von gemeinsamen Institutionen benötigt wird. Nach TINBERGEN (1965) kann zwischen positiver und negativer Integration unterschieden werden. Dabei bezeichnet negative Integration den Abbau von Handelshemmnissen und positive Integration den Aufbau gemeinsamer Organisationen.

In einer Präferenzzone werden für den bilateralen Handel mit einzelnen Gütern oder Gütergruppen Vorzugsbedingungen vereinbart. Eine Freihandelszone liberalisiert den gesamten Güterhandel zwischen den beteiligten Staaten. Neben den tarifären Handelshemmnissen (Zöllen) sollen dabei auch die nicht tarifären Handelshemmnisse abgebaut werden. In einer Freihandelszone behalten die Staaten ihre individuelle Außenhandelspolitik gegenüber Dritten. Um zu verhindern, dass Güter von Dritten über den Staat mit dem niedrigsten Außenzoll in die Freihandelszone gelangen, wird außerdem eine Ursprungsregel benötigt. Beträgt diese beispielsweise 50%, genießen nur Güter die Zollbefreiung, deren Wertschöpfung zu mindestens 50% in Ländern des Integrationsgebiets erstellt wurde.

Die Zollunion unterscheidet sich von der Freihandelszone durch den gemeinsamen Außenzoll aller Mitgliedsländer gegenüber dem Rest der Welt. Die Integrationsintensität steigt an: Staaten müssen sich auf eine gemeinsame Außenhandelspolitik verständigen, Gremien aufbauen und nationale Souveränität abbauen. Die Zollunion beinhaltet damit schon erhebliche Elemente positiver Integration.

Ein Gemeinsamer Markt weist neben den Eigenschaften der Zollunion noch die der vollkommenen Mobilität der Produktionsfaktoren auf. Politisch ist die Mobilität der Faktoren, und hier insbesondere des Faktors Arbeit, ein sehr sensibles Thema. Es macht daher Sinn, diese Integrationstiefe erst nach der Gütermobilität zu realisieren.

Aus der Einrichtung eines Gemeinsamen Marktes entsteht fast zwangsläufig die Notwendigkeit einer weitergehenden Integration. Die Wirkungen eines vollkommen liberalisierten Faktormarktes benötigen ein gewisses Mindestmaß an Harmonisierung in der Steuer-, Wirtschafts-, Fiskalpolitik sowie der Niederlassungsfreiheit, Anerkennung von Abschlüssen etc. Sind diese Politikbereiche weitgehend harmonisiert bzw. werden diese weitgehend von gemeinsamen Institutionen bestimmt, so liegt eine Wirtschaftsunion vor.

In einer Währungsunion verzichten die teilnehmenden Staaten schließlich auf eine eigene Währung. Im weiteren Sinne bedeutet dies die unwiderrufliche Fixierung der Wechselkurse und die Herstellung der vollkommenen Konvertibilität der Währungen untereinander. Im engeren Sinne geht die Währungsunion einher mit der Schaffung einer (neuen) Gemeinschaftswährung sowie der dazugehörigen supranationalen Zentralbank.

Der letzte Schritt der internationalen wirtschaftlichen Integration stellt dann die Fusion zweier Staaten in eine politische Union dar.

Diese Systematik des Stufenmodells legt nahe, dass eine sukzessive Abfolge der Integrationsschritte am leichtesten zu verwirklichen ist. Tatsächlich können aber die einzelnen Elemente der Stufen auch in beliebiger Weise kombiniert werden. So ist beispielsweise der Europäische Wirtschaftsraum (EWR) eine Freihandelszone mit

Elementen eines Gemeinsamen Marktes, jedoch ohne einen gemeinsamen Außenzoll.

4. Freihandelszonen und Zollunionen

Die eigenständige Integrationstheorie geht vor allem auf VINER (1950) zurück. Er führte die beiden Konzepte Handelsschaffung und Handelsumlenkung in die Analyse ein. Vereinbaren zwei Staaten mit einem regionalen Integrationsabkommen den gegenseitigen diskriminierenden Handelshemmnisabbau, so kommt es zur Handelsschaffung, wenn Produkte aus dem günstiger produzierenden Partnerland B die Produktion in Land A substituieren. Diese Effekte werden positiv bewertet, da Ineffizienz vermindert wird und Dritte nicht zu Schaden kommen. Handelsumlenkung bezeichnet demgegenüber die Substitution der Importe vom Weltmarkt durch die nun „unfair" verbilligten Güter des Partnerlandes. Da nun Teile der Produktion vom – angenommenen – effizientesten Anbieter „Weltmarkt" zu einem ineffizienteren Produzenten wechselt, wird die Wirkung dieses Effekts negativ angesehen. Handelsschaffung und Handelsumlenkung werden im Folgenden anhand der *Abbildung 3* verdeutlicht.

Abbildung 3:
Grundmodell der Freihandelszone

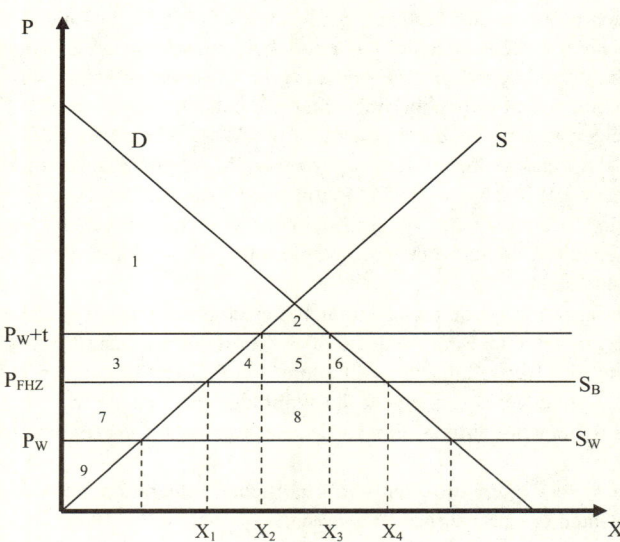

Quelle: Eigene Darstellung, vgl. auch BLANK/CLAUSEN/WACKER 1998, 60.

Zunächst erhebt Land A einen Zoll t gegenüber jedem anderen Land. Das Preisniveau ist P_W+t. Die Mengen X_2 und X_3 werden im Land produziert bzw. konsumiert und die Menge X_2X_3 wird importiert. Nun wird die Bildung einer Freihandelszone mit einem Land B unterstellt. Vereinfachend wird angenommen, die Angebotsfunktion von B verläuft parallel über der der Weltangebotsfunktion. Durch die Einräumung der Handelspräferenzen gegenüber B ist dieser ein (künstlich) günstigerer Anbieter als der Weltmarkt. Es ist nun zu erwarten, dass die heimische Produktion von X_2 auf X_1 fallen wird, da die Menge X_1X_2 nun von Anbietern aus Land B bereitgestellt wird – dies ist die (produktionsseitige) Handelsschaffung. Es lässt sich aber analog auch eine konsumseitige Handelsschaffung erkennen. Durch die Preissenkung auf P_{FHZ} werden die Konsumenten in Höhe von X_3X_4 vermehrt Güter nachfragen. Felder 4 und 6 bezeichnen die positiven Wohlfahrtseffekte der Handelsschaffung.

Der Handel wird umgelenkt in Höhe der Menge X_2X_3. Genau diese Menge wurde vorher vom Weltmarkt bezogen und wird nun durch die Freihandelszone auch vom Land B bereitgestellt. Land A verliert durch die Handelsumlenkung Zolleinnahmen in Höhe der Felder 5 und 8. Da Feld 5 nun zur Konsumentenrente hinzugezählt wird, stellt es einen internen Transfer vom Staatshaushalt zu den Verbrauchern dar. Verbleibt Feld 8 als negativer Effekt der Handelsumlenkung. Ceteris paribus ist diese Freihandelszone für den Rest der Welt in jedem Fall negativ zu bewerten, da nun ehemalige Exporte in Höhe von X_2X_3 wegfallen. Aus Sicht der an der Freihandelszone teilnehmenden Länder hängt der Nettoeffekt dieser Freihandelszone nun von den Feldern 4, 6 und 8 ab. Er ist positiv, wenn 4 + 6 > 8 gilt.

Die Analyse der Zollunion ist ähnlich der der Freihandelszone [vgl. hierzu auch ROBSON 1998]. Im obigen Beispiel wäre sie mit der Annahme, dass der gemeinsame Außenzoll mindestens der Differenz zwischen P_{FHZ} und P_W entspricht, sogar identisch. In der praktischen Durchsetzung erscheint die Zollunion einfacher als die Freihandelszone, da die Überprüfung der Ursprungsregel an den internen Grenzen entfallen kann. Demgegenüber bereitet die vorherige Einigung auf einen gemeinsamen Außenzoll in der Praxis erhebliche Schwierigkeiten, da oft die Interessengegensätze zu verschieden sind. Oft wird daher nur die Stufe der Freihandelszone, z.B. im asiatischen Freihandelsabkommen AFTA oder im nordamerikanischen Handelsbündnis NAFTA, gewählt.

5. Gemeinsamer Markt

In der Analyse der internationalen Beziehungen von Volkswirtschaften wird oft von der Mobilität der Produktionsfaktoren abstrahiert. Auf der Stufe des Gemeinsamen Marktes wird diese Mobilität nun explizit eingeführt. In der ökonomischen Logik werden die Produktionsfaktoren dort eingesetzt (Kapital) bzw. setzen sich die Produktionsfaktoren dort ein (Arbeit), wo die Entlohnung am höchsten ist. Die internationale Migration von Arbeitskräften und der internationale Kapitalverkehr gehen ursächlich auf Unterschiede in den jeweiligen Faktorpreisen, also den Lohn und den

Zins, zurück. Dabei gilt, dass die Faktorentlohnung invers von der relativen Faktorintensität der Produktion abhängt. Mit steigender Kapitalintensität sinkt das Zinsniveau, mit steigender Arbeitsintensität sinkt das Niveau der Löhne. Die idealtypischen Auswirkungen der Faktormobilität in einem Gemeinsamen Markt sind in der folgenden *Tabelle* zusammengestellt:

Tabelle 3:
Auswirkungen eines Gemeinsamen Marktes

		Land A zu Land B
Vor der Integration	Kapitalintensität	>
	Arbeitsintensität	<
	Zins	<
	Lohn	>
Mobilitätsrichtung Arbeit		Von B nach A
Mobilitätsrichtung Kapital		Von A nach B
Nach der Integration	Kapitalintensität	=
	Arbeitsintensität	=
	Zins	=
	Lohn	=

Quelle: Eigene Darstellung.

Der Gemeinsame Markt bewirkt demnach eine vollständige Konvergenz der Löhne und Zinsen. Mit der Angleichung enden dann auch die internationalen Faktorwanderungen. Nimmt man an, dass der Faktor Kapital vollkommen mobil, der Faktor Arbeit hingegen nur eingeschränkt mobil ist, so werden nur die Kapitalintensität, das Grenzprodukt des Kapitals und die Entlohnung des Kapitals vollkommen konvergieren. Die Entlohnung der Arbeit wird sich hingegen nur annähern, aber nicht völlig angleichen.

6. Monetäre Integration

Die Theorie optimaler Währungsräume von MUNDELL (1961) stellt den Ausgangspunkt der Analyse monetärer Integration dar [vgl. auch DE GRAUWE 2000]. Gefragt wird, unter welchen gesamtwirtschaftlichen Bedingungen die Gründung eines gemeinsamen Währungsraumes vorteilhaft ist. Als Kosten des Beitritts können insbesondere der Verlust der nationalen monetären Souveränität genannt werden. Zum einen verschwindet der nominale Wechselkurs, der ein Instrument der Abfederung exogener asymmetrischer Schocks darstellt. Zum anderen können die geldpolitischen Instrumente nicht mehr autonom für die Belange der nationalen Wirtschaftspolitik eingesetzt werden.

Auf der Nutzenseite wird insbesondere eine Verbesserung der mikroökonomischen Effizienz in einer Währungsunion hervorgehoben. So steigt die Nützlichkeit der einheitlichen Währung als Zahlungseinheit, wenn Wechselkurs bedingte Transaktionskosten und Risikoprämien auf Auslandinvestitionen im Integrationsgebiet entfallen und die Markttransparenz im Integrationsraum sich vergrößert. Darüber hinaus kann sich auch die makroökonomische Stabilität durch größere Transparenz der Finanzmärkte verbessern. Allgemein steigt der Nutzen der Währungsintegration mit wachsendem realwirtschaftlichen Integrationsgrad an (*vgl. Abbildung 4*).

Im Laufe der Zeit wurde ein Kriterienkatalog aufgestellt, anhand dessen man die Vorteilhaftigkeit eines Währungsraumes überprüfen kann. Die drei Hauptkriterien sind dabei das Mundell-, das McKinnon- und das Kenen-Kriterium. MUNDELL (1961) hebt den Grad der Arbeitsmarktmobilität hervor. Je höher die Mobilität des Faktors Arbeit ist, desto eher kann auf Wechselkursanpassungen verzichtet werden bzw. desto erfolgversprechender ist eine Währungsunion. MCKINNON (1963) verweist auf die Bedeutung des Offenheitsgrades einer Volkswirtschaft. Je offener ein Land ist, desto nutzloser wird der nationale Wechselkurs für das Abfedern asymmetrischer Schocks. KENEN (1969) unterstreicht, dass der Verzicht auf das Anpassungsinstrument Wechselkurs nach asymmetrischen Schocks für Volkswirtschaften mit einer hoch diversifizierter Produktions- und Exportstruktur vertretbar ist, weil sich dort die Schwankungen der Nachfrage nach einzelnen Exportgütern tendenziell ausgleichen. Neben diesen drei Hauptkriterien lassen sich noch weitere aufzählen, wie z.B. Gleichheit der Inflationsraten, Integrationsgrad der Finanzmärkte, Vereinbarkeit der Steuersysteme und eine vergleichbare Zielhierarchie der Wirtschaftspolitik.

Durch die Konkretisierung der Pläne der Europäischen Gemeinschaft, die monetäre Integration voranzutreiben, erhielt die Diskussion einen neuen Anstoß. Im Kern wurden im letzten Jahrzehnt die möglichen Kosten einer Währungsunion nach unten revidiert. So setzte sich die Auffassung durch, dass das Wechselkursinstrument weniger nützlich ist als früher angenommen. Zum einen können mit Wechselkursänderungen gewöhnlich keine permanenten Effekte auf den Output oder auf die Beschäftigung einer Volkswirtschaft erzielt werden. Zum anderen kann die Wechselkurspolitik makroökonomische Verwerfungen verursachen. Schließlich wurde die Relevanz asymmetrischer Schocks, von denen die Mundell-, McKinnon- und Kenen-Kriterien ausgehen, in bereits stark integrierten Wirtschaftsräumen – wie dem der EU – in Frage gestellt. Insgesamt herrscht nun die Einschätzung vor, dass Währungsunionen schon bei einem geringeren Integrationsgrad vorteilhaft sind.

Abbildung 4:
Nutzen und Kosten einer Währungsunion

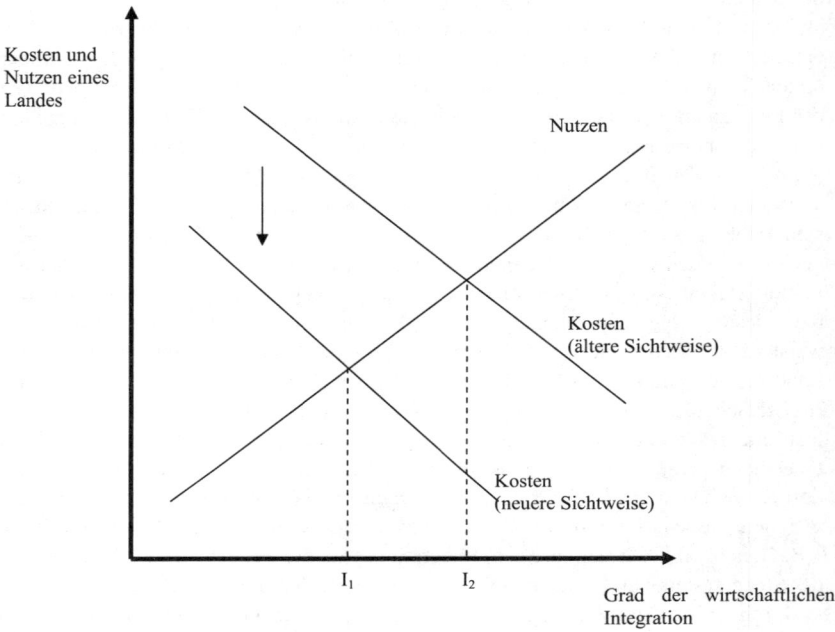

Quelle: BECKMANN et al. 2000, 41.

7. Aktuelle Entwicklungen der Integrationstheorie – eine Auswahl

Ausgehend von den klassischen Beiträgen hat sich die Integrationstheorie inzwischen in vielfältiger Weise weiterentwickelt. Im Folgenden wird ein loser Überblick über die wichtigsten Entwicklungen gegeben.

a) Da die internationale Zusammenarbeit einen dynamischen Prozess darstellt, müssen auch spezifisch dynamische Effekte der Integration berücksichtigt werden. Im Zuge der Marktvergrößerung kann es so durch steigenden Wettbewerb, Lernprozesse und Innovationsdruck zu einer Steigerung der technischen Effizienz kommen. Dies würde sinkende Kosten, sinkende Preise und eine steigende Nachfrage nach sich ziehen.

Ebenso stellt die neuere Literatur den Wissenstransfer heraus, der in einer Integrationszone intensiviert wird. Der Wissenstransfer fördert die Wissensakkumulation in den Mitgliedsländern und trägt zur dauerhaften Steigerung der realen Wachstumsrate bei. Dabei stellt sich wieder die Grundsatzfrage der regionalen Integration: WALZ (1999) identifiziert in einem 3-Länder 3-Güter Fall sowohl eine negativ wirkende dynamische Handelsumlenkung als auch eine positiv wirkende dynamische Handelsschaffung. Wie schon bei den statischen Handelsschaffungs- und Handelsumlenkungseffekten sind auch die dynamischen langfristigen Wohlfahrtseffekte bei zunehmender regionaler Integration nicht eindeutig.

b) BALDWIN (1993) untersucht in seiner Domino-Theorie der Integration die Anreize der Nicht-Mitglieder, einem regionalen Integrationsabkommen beizutreten. Eine Nicht-Mitgliedschaft bedeutet für die Unternehmen der nicht-teilnehmenden Staaten einen Wettbewerbsnachteil, hervorgerufen durch Handelshemmnisse und die Nicht-Realisierung von Skalenerträgen im Vergleich zu den Unternehmen in den Mitgliedsstaaten. Reiht man nun die Nicht-Mitglieder gemäß ihrem Grad der Beitrittsaversion, so kann es zu einem Domino-Beitrittseffekt kommen: Tritt das Land mit der anfänglichen niedrigsten Beitrittsaversion – unter der Annahme, dass die Aufnahme grundsätzlich offen ist – bei, so steigen in der Folge die Kosten der Nicht-Mitgliedschaft dadurch, dass nun der Kreis der Insider größer geworden ist. Für die verblieben Unternehmen bleibt damit eine kleiner werdende Residualnachfrage übrig. Die wachsenden Kosten werden sukzessive die Länder mit höherer Beitrittsaversion doch noch zu einem Beitritt bewegen. Ist dieser Prozess grundsätzlich offen, so wird sich eine anfängliche Integrationsgemeinschaft immer weiter ausdehnen. In diesem Zusammenhang kann beispielsweise der EU-Erweiterungsprozess von 6 auf 27+ Länder sowie die für 2005 anvisierte Erweiterung der NAFTA zu einer praktisch alle Länder des amerikanischen Doppelkontinents umschließenden Freihandelszone FTAA (Free Trade Area of the Americas) gesehen werden.

c) Mit Hilfe der Clubtheorie können die Strategien und Ziele einer Gemeinschaft genauer analysiert werden. Konkret kann untersucht werden, ob und wann die Ausdehnung eines Clubs zum Erliegen kommt. PADOAN (1997) systematisiert diese Überlegung anhand von Grenzkosten und Grenznutzen einer Clubmitgliedschaft. Geht man davon aus, dass jedes weitere Mitglied einen immer kleineren Nutzen aber immer größere Kosten – durch Kosten institutioneller Veränderungen, steigenden Konsensfindungskosten und steigenden Kosten, die durch den größer werdenden Einkommensunterschied entstehen – verursacht, so lässt sich eine optimale Clubgröße bestimmen, nach deren Erreichen sich eine weitere Ausdehnung nicht mehr lohnt. Diese optimale Clubgröße ist indes nicht für immer festliegend. Sie kann durch eine Veränderung der Qualität der Alt- wie Neumitglieder verändert werden.

Verzichtet ein Land auf einen Beitritt bzw. verhindern die Alt-Mitglieder eine Aufnahme, so kämen folgende Alternativen in Betracht. Zum einen könnte das Land versuchen, einen Gegenblock zu bilden. Zum anderen wäre auch eine Forcierung der multilateralen Liberalisierung im Rahmen von GATT/WTO möglich.

d) Die politische Ökonomie regionaler Integration beschäftigt sich mit einer genaueren Analyse der Integrations- und Protektionsursachen. Ausgangspunkt ist ein Blick auf die politischen „Märkte". Auf diesen Märkten treffen Nachfrage und Anbieter von Protektion aufeinander. Bei vollkommenen politischen Märkten müssten die Politiker sich immer für Freihandel entscheiden, da die Gewinner die Verlierer kompensieren können und sich trotzdem besser stellen. In der Realität sind aber auch die politischen Märkte unvollkommen. Die Kosten der Protektion fallen indirekt an und sind intransparent. Gewinne sind dagegen konzentriert und eindeutig. Da die Gewinner der Protektion (importkonkurrierende Unternehmen) die betreffenden Politiker stärker „unterstützen" können als die Verlierer (Konsumenten und der Exportsektor), gibt es für Handelspolitiker unabhängig von der Politik der anderen Staaten einen politökonomischen Anreiz zur Protektion. Dies ist konträr zur traditionellen „Sicht der Ökonomen", nach der Freihandel unabhängig von der Politik der anderen Staaten die beste Politikoption ist.

e) Mit der Einrichtung einer supranationalen Institution in einer Integrationsgruppierung kann sich das Protektionsangebot weiter erhöhen, da die neu entstehende Bürokratie eigenständige Interessen an der Protektion haben kann. So kann den Bürokraten das Ziel der Maximierung des eigenen Budgets unterstellt werden. Ein Abbau der Handelshemmnisse käme der Beschneidung der eigenen Kompetenz gleich. Es liegt nahe, durch Einführung neuer intransparenter und verwaltungsintensiver Protektionsmaßnahmen gegenüber Dritten die eigene Existenz zu rechtfertigen. Ein weiterer Anreiz zu Protektionserhöhung ergibt sich, wenn die Gemeinschafts-Bürokratie durch die eigenen Protektionseinnahmen finanziert wird. Zudem kann gezeigt werden, dass protektionistische Maßnahmenpakete sich aus nationaler Perspektive lohnen können, obwohl die insgesamt anfallenden Kosten die Gewinne übersteigen. Dies liegt daran, dass die Gewinne einer Maßnahme hauptsächlich in einem bestimmten Land anfallen, die assoziierten Verluste sich aber gleichmäßig über den gesamten Integrationsraum verteilen. So kann allein durch die regionale Integration ein politökonomischer Anreiz zu höherer Protektion entstehen. Die EU stellt auch hierfür ein Paradebeispiel dar.

f) Allgemein kommen die Mitglieder eines Integrations-Clubs in den Genuss öffentlicher regionaler Güter. In diesem Zusammenhang identifiziert FERNÁNDEZ (1997) fünf nicht-traditionelle Integrationsvorteile, die bedeutende Beitrittsmotive der Outsider darstellen können. 1) Zeitkonsistenz/Glaubwürdigkeit: Durch einen Beitritt erlangt eine Regierung die Möglichkeit für eine zeitkonsistente Reform-/ Wirtschaftspolitik, die ohne Bindung an extern eingegangene Verpflichtungen nicht hätten umgesetzt werden können. Gleichzeitig wird diese angestrebte Politik auch glaubwürdig. 2) Signalisierung: Der Beitritt kann eine bedeutende Signalfunktion an ausländische Investoren haben, indem signalisiert wird, dass sich das Land an bestimmte Richtlinien hält. Dies ist insbesondere bedeutend, wenn ein Land in der Vergangenheit mehrere erfolglose Liberalisierungsversuche gestartet hatte und das Land aus dem Radar der Investoren verschwunden ist. 3) Versicherung: Im Allgemeinen kann eine Konzessionsasymmetrie zwischen einem Integrationsclub und (kleinen) Beitrittskandidaten ausgemacht werden. Letztere gehen mehr Zugeständnisse ein. Dieses kann als Versicherungsprämie für die Versicherungsleistung „Zugehörigkeit zu einem Handelsblock" interpretiert werden. Diese Versicherungsleistung kann z.B. bestehen aus dem Schutz vor Handelskriegen, dem Zugang zu größeren Märkten und dem Schutz vor indirekter Bevormundung. [PERRONI/WHALLEY 1994, 5, demonstrieren z.B., dass die Länder Kanada und Mexiko bei den CUFTA- und NAFTA-Verhandlungen sowie die Länder Ungarn, Tschechien und Slowakei bei den EU-Verhandlungen asymmetrische Zugeständnisse geleistet haben.] 4) Verhandlungsmacht: Mit dem Beitritt wird auch die Steigerung der Verhandlungsmacht auf internationalen Foren verbunden. Neben besserem Gehör innerhalb der Gruppe wird das globale Gewicht auch bedeutender. 5) Koordinationsmittel: Schließlich kann der Beitritt auch als Koordinationsmittel der Liberalisierungsbefürworter dienen. Durch die extern eingegangenen Verpflichtungen können sich die internen Kräfte besser koordinieren. Diese nicht-traditionellen Integrationsvorteile spielten insbesondere auf mexikanischer Seite bei der NAFTA-Gründung eine große Rolle.

g) In den meisten Entwicklungs- und Schwellenländern kann von einem sehr kleinen Binnenmarkt ausgegangen werden, der die Ausnutzung von Größenvorteilen (Stückkostendegression mit steigender Produktionsmenge) verhindert. Gekoppelt mit der Linder-These, die besagt, dass für einen erfolgreichen Absatz der Produktion auf dem Weltmarkt die erfolgreiche Markteinführung auf dem heimischen Markt benötigt wird, und dem Schutzzoll-Argument von List ergibt sich daraus eine Strategie der Süd-Süd-Integration: Entwicklungsländer sollten durch gegenseitige Marktöffnung die Absatzchancen ihrer Unternehmen erhöhen, Größenvorteile realisieren und so auf den Weltmarkt vorbereitet werden. Sie sollen dadurch ihre internationale Wettbewerbsfähigkeit verbessern.

h) Die Diskussion um einen möglichen Konflikt zwischen Globalisierung und Regionalisierung wurde um die harmonische Strategie des „Offenen Regionalismus" (open regionalism) erweitert. Diese Strategie lag vor allem den jüngsten Integrationsinitiativen in Ostasien (APEC, AFTA, APT) zu Gunde. Sie betont, dass regionale Vereinbarungen die übrige Welt nicht diskriminieren, sofern die Gruppierung offen ist gegenüber weiteren interessierten Mitgliedern. Unterstützung findet der „offene Regionalismus" in der Tatsache, dass die meisten WTO-Mitglieder auch Mitglied in zumindest einem regionalen Integrationsbündnis sind. Es ist offenbar für die meisten Länder vorteilhaft, sich auf verschiedenen Ebenen international zu integrieren, um unterschiedliche Ziele zu erreichen.

8. Integrationspolitik

a) Der Methuen-Vertrag von 1703 zwischen England und Portugal, der wegweisend für die Entwicklung der modernen Außenhandelstheorie wurde [KLUMP 2002], machte sich bereits das zentrale Element wirtschaftlicher Integration – das Nebeneinander von Handelsschaffung und Handelsumlenkung – zunutze. In der Zeit des Spanischen Erbfolgekrieges diente der Vertrag der ökonomischen Absicherung des Defensivbündnisses zwischen England und Portugal. Erwünscht war damit nicht nur die Förderung des Handels zwischen den beiden vertragsschließenden Ländern, sondern gleichfalls die handelspolitische Diskriminierung Frankreichs, insbesondere der französischen Weinexporteure. Der Vertrag, der im Sinne der Integrationstheorie als ein Präferenzabkommen einzustufen ist, legte fest, dass in Kriegs- und Friedenszeiten portugiesische Weine mit einem um mindestens ein Drittel geringeren Einfuhrzoll als französische Weine auf den englischen Markt gelangen sollen, während im Gegenzug das Einfuhrverbot für englische Wollerzeugnisse in Portugal aufgehoben wurde. In den ersten Jahrzehnten nach dem Vertragsabschluss wurde dann tatsächlich Portugal zum bevorzugten Absatzmarkt für englische Textilien und England der bedeutendste Markt für portugiesischen Wein. Auch in anderen Sektoren intensivierten sich die Handelsbeziehungen zwischen beiden Ländern und ihren Kolonien, insbesondere denen in Nord- und Südamerika. Um die Mitte des 18. Jahrhunderts lag der Anteil Portugals an den gesamten englischen Exporten bei knapp 20%; bei einigen Produkten der englischen Textilindustrie, z. B. bei wollenen Strümpfen, belief sich der Anteil sogar auf 50%.

Die Geschichte des englisch-portugiesischen Handels ist allerdings auch ein Beispiel für den Unterschied zwischen den statischen und den dynamischen Integrationseffekten. In der ersten Hälfte des 18. Jahrhunderts profitierten sowohl die englische Textilindustrie als auch der portugiesische Weinbau von der Erschließung neuer Absatzmärkte. In England scheinen gerade die Gewinne aus dem Portugalhandel und ihre Reinvestition ein wesentlicher Impuls zur Spezialisierung und Mechanisierung der Textilindustrie und damit einer der Auslöser für die industrielle Revolution gewesen zu sein. Ähnliche dynamische Effekte sind im portugiesischen Weinbau nicht nachweisbar. Dort wurde zwar ab 1730 ein mit Brandy vermischter Rotwein speziell für den englischen Markt produziert. Der Absatzmarkt für diesen typischen Portwein erwies sich allerdings als begrenzt, im 19. Jahrhundert wurde er durch die leichteren spanischen Sherrys sukzessive vom englischen Markt verdrängt.

b) Während die positiven Effekte des Handels mit Portugal in England die weitgehende Liberalisierung des Außenhandels bis hin zur Abschaffung der Kornzölle im Jahre 1846 begünstigte, schürte das Beispiel Portugals in Kontinentaleuropa die Bedenken gegenüber einer zu weitgehenden Marktöffnung gegenüber der englischen Konkurrenz. Insbesondere die deutschen Staaten sahen sich nach dem Ende der napoleonischen Kontinentalsperre wachsenden Importen englischer Industriegüter gegenüber. Die bestehenden Zölle zwischen den Mitgliedern des Deutschen Bundes behinderten andererseits das Entstehen leistungsfähiger deutscher Industrieunternehmen. Vor diesem Hintergrund entstand anlässlich der Frankfurter Ostermesse 1819 eine Petition, mit der sich Friedrich List im Namen der versammelten Kaufleute an die Bundesversammlung wandte [HENDERSON 1960; FISCHER 1960]. Er erklärte, dass nur eine Zollunion des gesamten Deutschen Bundes Handel und Industrie in Deutschland vor einer Stagnation bewahren könne. Nach mehreren vergeblichen Anläufen kam es 1834 zur Gründung des Deutschen Zollvereins, der Preußen und zunächst 17 weitere deutsche Staaten umfasste. Höchstes Beschlussorgan des Zollvereins war eine Delegiertenkonferenz, auf der jedes Mitglied ein Vetorecht besaß. Bis 1842 traten weitere Staaten in Nord- und Süddeutschland dem Zollverein bei. 1841 konnte Preußen im Namen des Zollvereins einen vorteilhaften Handelsvertrag mit England abschließen. 1838 kam es sogar zu einem ersten Schritt in Richtung einer monetären Integration der Mitgliedsstaaten, denn zur Erleichterung der Zollerhebung wurde beschlossen, ein festes Umtauschverhältnis zwischen dem preußischen Taler und dem süddeutschen Gulden festzulegen. Der Integrationsprozess wurde zu einer wichtigen Quelle für einen langfristigen Wirtschaftsaufschwung im Deutschen Bund. Zwischen 1842 und 1854 war die Entwicklung des Zollvereins durch heftige publizistische Debatten zwischen Anhängern einer expliziten Schutzzollpolitik, an der Spitze Friedrich List, und den Befürwortern eines weitergehenden Freihandels, angeführt durch John Prince Smith, geprägt. Während die Freihändler den Zollverein als Vorstufe einer weltweiten Handelsliberalisierung ansahen und für umfassende Senkungen der Außenzölle plädierten, forderten die Schutzzöllner eine Erhöhung der Außenzölle, um das weitere Wachstum der inländischen Industrie zu erleichtern. Angesichts des Zwangs zu einstimmiger Entscheidung in der Delegiertenversammlung blockierte der Streit die Weiterentwicklung des Zollvereins. Nach dem Sieg Preußens gegen Österreich wurde aus dem Zollverein der Norddeutsche Bund, der eine Zollunion mit den drei süddeutschen Staaten Baden, Württemberg und Bayern bildete. Nach der Reichsgründung von 1871 blieb Luxemburg dem Zollsystem des Reiches angeschlossen; die Hansestädte Hamburg und Bremen, die niemals Mitglied des Zollvereins waren, traten diesem gemeinsamen Zollsystem erst in den 1880er Jahren bei.

c) Nach den handels- und währungspolitischen Verwerfungen der Kriegs- und Zwischenkriegsjahre war das Ziel der westlichen Siegermächte die rasche Wiederherstellung einer liberalen Welthandels- und Währungsordnung. Diesem Ziel diente 1944 die Konferenz von Bretton Woods, auf der die Gründung von Weltbank (International Bank for Reconstruction and Development, IBRD) und Internationalem Währungsfonds (International Monetary Fund, IMF) beschlossen wurde. An die Stelle der geplanten Welthandelsorganisation trat zunächst das 1946 geschlossene Allgemeine Zoll- und Handelsabkommen (General Agreement on Tariffs and Trade, GATT), das den Prinzipien des unilateralen Freihandels verpflichtet war. Die wesentlichen Grundsätze des GATT lauteten:

Liberalisierung: Der Welthandel soll sich im Zeitverlauf möglichst unilateral immer weiter liberalisieren.

Nicht-Diskriminierung: Darunter ist zum einen die Gleichbehandlung aller anderen Staaten gemäß dem Meistbegünstigungsprinzip gemeint. Der günstigste Zollsatz, der für ein anderes Land gilt, soll zugleich auch der Zollsatz für alle übrigen Länder sein. Zum anderen ist darunter die Gleichbehandlung zwischen importierten und im Inland produzierten Gütern zu verstehen.

Reziprozität: Eine empfangene Vergünstigung muss auch dem Geber gewährt werden.

Regionale wirtschaftliche Integrationen wären demnach eigentlich inkompatibel mit den Statuten des GATT gewesen. Aus realpolitischen Gründen wurden jedoch regionale Integrationen als Ausnahmen zum unilateralen Ansatz in Artikel XXIV des GATT zugelassen, sofern folgende Bedingungen erfüllt sind:
1. Die durchschnittlichen Handelshemmnisse dürfen nach der Gründung eines Integrationsabkommens nicht größer sein als vorher.
2. Das Integrationsabkommen muss sich über fast alle Gütergruppen erstrecken und der interne Zollsatz muss nahe null sein.
3. Das Integrationsabkommen ist über einen kurzen Zeitraum zu verwirklichen.

Neben Artikel XXIV wurde Entwicklungsländern 1979 durch die so genannte Enabling Clause eine weitere Möglichkeit gegeben, sich regional zu integrieren.

Mit der Gründung einer neuen Welthandelsorganisation (World Trade Organization, WTO) wurde 1995 eine neue institutionelle Struktur des Weltwirtschaftssystems eingerichtet. Dem güterbezogenen GATT wurden dabei noch zwei weitere Säulen hinzugestellt. Zum einen das Allgemeine Abkommen über den Handel mit Dienstleistungen (General Agreement on Trade in Services, GATS), zum anderen das Abkommen über handelsverbundene Eigentumsrechte (TRIPS). In den ersten acht Jahren der WTO ist schon ein klarer Trend erkennbar, immer weitere Aspekte, die über die Liberalisierung der Handelshemmnisse im engeren Sinn hinausgehen, zur multilateralen Diskussion zu stellen. Dadurch werden im Rahmen der WTO doppelte Verhandlungsstrukturen aufgebaut, da es schon andere multilaterale Organisationen gibt, die sich z. B. mit internationalen Arbeitsrechtsfragen auseinandersetzen. Dieser Trend wird vor allem von den weiter entwickelten Ländern forciert, die damit ihre zentralen Interessen (z. B. Verhinderung des so genannten Sozialdumpings) mit den engeren Handelshemmnisfragen verknüpfen wollen. Weniger entwickelte Länder würden statt dessen lieber wieder eine Konzentration auf den Abbau der eigentlichen Handelshemmnisse der entwickelten Ländern in den Güterkategorien sehen, die für sie besonders exportrelevant sind, insbesondere im Agrarsektor.

d) Parallel zur Liberalisierung des Welthandels nach dem Zweiten Weltkrieg vollzog sich in Europa der bislang erfolgreichste Prozess regionaler Wirtschaftsintegration (HANSEN 2001; MOLLE 2001). Der von Jean Monnet initiierte und nach dem französischen Außenminister Robert Schuman benannte Plan sah 1950 eine sektorale Integration der Eisen- und Stahlindustrie in Deutschland, Frankreich, Italien und den Benelux-Staaten vor, überwacht von einer neuartigen internationalen Behörde. 1951 entstand daraus die Europäische Gemeinschaft für Kohle und Stahl (EGKS), die den politisch hochsensiblen Montanbereich der ehemaligen Kriegsgegner einer effizienten gemeinschaftlichen Nutzung zuführte. Der Erfolg der EGKS führte 1957 zum Abschluss der Römischen Verträge, mit denen ab 1958 die Europäische Atomunion (Euratom) und die Europäische Wirtschaftsgemeinschaft (EWG) gegründet wurden. Die EWG stellte eine Zollunion für den gesamten Güterhandel der sechs Mitgliedsländer dar; gleichzeitig wurden mit der vereinbarten Freizügigkeit von Arbeit und Kapital und der Etablierung einer gemeinschaftlichen Wettbewerbspolitik auch die Grundlagen für einen echten Gemeinsamen Markt gelegt. Als Wächter der Verträge und Motor weiterer Integrationsfortschritte wurde die Europäische Kommission als neue Gemeinschaftsinstitution geschaffen. Aus der EWG entstand durch die Verträge von Maastricht 1992 und Amsterdam 1998 die Europäische Union (EU), deren erklärtes Ziel die Vollendung der politischen Union Europas in einer neuartigen institutionellen Form ist.

Die EWG beförderte zweifellos den intra-europäischen Handel und damit die dynamische Entwicklung der europäischen Industrie. Kritiker bemängelten den massiven agrarpolitischen Protektionismus der Gemeinschaft. Die Gemeinsame Agrarpolitik sollte durch eine gezielte Förderung der einheimischen Landwirtschaft die Abhängigkeit Europas von Agrarimporten aus Übersee vermindern. Längerfristig führte sie allerdings zur Produktion erheblicher Überschüsse, die dann subventioniert auf den Weltmärkten verkauft werden mussten und damit zu erheblichen Handelsverzerrungen beitrugen. Kritik entzündete sich ebenfalls an den stärkeren Harmonisierungszwängen der Zollunion und des Gemeinsamen Marktes, weshalb sich andere europäische Staaten, darunter Großbritannien, 1959 zu der institutionell wesentlich flexibleren Europäische Freihandelszone (EFTA) zusammenschlossen. Spätestens mit der ersten Erweiterung der EWG 1973 um Großbritannien, Irland und Dänemark hatte sich allerdings das ambitioniertere Integrationsprojekt gegenüber der EFTA durchgesetzt. Nach den Erweiterungen der EWG bzw. EU von 1981, 1986 und 1995 besteht die EFTA nur noch aus Island, Norwegen, Liechtenstein und der Schweiz; sie ist inzwischen durch enge Kooperationsabkommen mit der EU verbunden. Ab 2004 soll die EU um weitere 10 Mitglieder, vor allem Transformationsländer in Mittel- und Osteuropa wachsen. Sie wird dann formell mit Abstand der größte integrierte Wirtschaftsraum der Welt sein. Die Umsetzung des in 50 Jahren gewachsenen Gemeinschaftsrechtes, des so gen. Acquis Communautaire, in allen neuen Mitgliedsländern und die Finanzierung erheblicher struktureller Anpassungsmaßnahmen wird allerdings noch einen längeren Zeitraum und erhebliche Ressourcen in Anspruch nehmen.

Für die Unumkehrbarkeit des europäischen Integrationsprozesses bürgt heute vor allem die gemeinsame europäische Währung. Nach ersten Ansätzen in den 60er und 70er Jahren ergab sich der Wunsch nach weiterreichender währungspolitischer Integration vor allem als Folge der nach 1986 angestrebten Vollendung des europäischen Binnenmarktes. Unsichere Wechselkurse und Kapitalverkehrskontrollen wurden als ein wesentliches Hemmnis für die vollständige Funktionsfähigkeit des Gemeinsamen Marktes angesehen. Der Maastricht-Vertrag von 1992 ebnete dann den Weg zur Schaffung der Europäischen Zentralbank (EZB) und zur Einführung der Gemeinschaftswährung Euro, die als Giralgeld ab 1999 und als Bargeld ab 2002 in allen EU-Ländern mit Ausnahme Großbritanniens, Dänemarks und Schwedens in Umlauf kam. Die strikte politische Unabhängigkeit der EZB und ihre Verpflichtung auf das alleinige Ziel der Inflationsbekämpfung sollte Kritik an der Vergemeinschaftung der nationalen Währungen ebenso dämpfen wie Leitlinien für eine solide staatliche Haushaltsführung, die in den Europäischen Stabilitäts- und Wachstumspakt von 1997 einflossen. Der Ruf nach einer stärkeren Koordinierung der nationalen Wirtschafts- und Finanzpolitik mit der Geldpolitik der EZB und die Probleme mehrerer Länder, darunter Deutschlands und Frankreichs, beim Einhalten der Vorgaben des Stabilitäts- und Wachstumspakts weisen allerdings auf die Probleme der noch unvollendeten politischen Union Europas hin.

e) Die Dynamik des Integrationsprozesses innerhalb Europas ist zum Vorbild für zahlreiche andere Projekte der regionalen Handelsliberalisierung und Währungsintegration geworden. Die folgende *Tabelle* gibt einen Überblick über die wichtigsten dieser schon realisierten oder noch geplanten Initiativen.

Tabelle 4:
Wichtige Integrationsgruppierungen

Bezeichnung	Gründung	Bemerkungen
EU	1952 (EGKS) 1958 (EWG) 1993	Europäische Union: Integration entlang der Integrationsstufen Zollunion, Gemeinsamer Markt und Wirtschafts- und Währungsunion.
CEFTA	1992	Central European Free Trade Area: Freihandelszone für mit der EU assoziierten mittel- und osteuropäischen Staaten. Vorbereitungsabkommen für die EU-Mitgliedschaft.
EFTA	1960	European Free Trade Association: Ursprüngliche alternative europäische Integrationsgruppierung für Länder, die nur eine flache Integration anstrebten. Durch den sukzessiven Übertritt von Mitgliedern in die EU heute praktisch bedeutungslos geworden. Verbleibende Staaten: Norwegen, Island, Liechtenstein und Schweiz. Die ersten drei Staaten errichteten mit der EU 1994 den Europäischen Wirtschaftsraum, eine Freihandelszone mit freier Faktormobilität.
EWR	1993	Europäischer Wirtschaftsraum: Ausdehnung wichtiger Elemente des Europäischen Binnenmarktes wie Freihandel, Faktormobilität und Wettbewerbsrecht auf die EFTA. Die Schweiz, die dieses Abkommen nicht unterzeichnete, schloss separat abgeschwächte Verträge mit der EU ab.
CUFTA	1989	Canada US Free Trade Agreement: Freihandelszone zwischen Kanada und USA.
NAFTA	1993	North American Free Trade Agreement: Erweitere Freihandelszone zwischen Kanada, USA und Mexiko. Interessensbekundungen zum Beitritt von einigen lateinamerikanischen Staaten, u.a. Chile.
MERCOSUR	1991	Mercado Comun del Cono Sur: Zollunion zwischen Brasilien, Argentinien, Uruguay und Paraguay. Pläne für einen Gemeinsamen Markt. Assoziierte Mitglieder sind Chile und Bolivien, mit ihnen bestehen Freihandelsabkommen. Der inoffizielle Anführer Brasiliens pocht auf einen rein lateinamerikanischen Integrationsprozess (ohne USA).
CARICOM	1973	Caribbean Community and Common Market: Zollunion einer Vielzahl karibischer Staaten und Gebiete. Einige von diesen haben zusätzlich eine Währungsunion eingerichtet.
FTAA	2005?	Free Trade Area of the Americas: Plan der USA, eine Freihandelszone für den gesamten amerikanischen Doppelkontinent, zurzeit unter Ausschluss von Kuba, bis zum Jahr 2005 einzurichten. Die Sondierungsgespräche zwischen allen Staaten haben bereits begonnen.
ASEAN/AFTA	1967/2002	Association of South East Asian Nations/ASEAN Free Trade Area: Die ersten 25 Jahre als reiner politischer Kooperationsverband nichtkommunistischer Staaten in den Bereichen kultureller, sozialer und ökonomischer Zusammenarbeit konzipiert. Bis 1992 ohne wirkliches Interesse an einer wirtschaftlichen Integration, wurde 2002 erstmals eine Freihandelszone zwischen Brunei, Indonesien, Malaysia, Philippinen, Singapur und Thailand eingerichtet. Den vier ASEAN-Neumitgliedern Kambodscha, Laos, Myanmar und Vietnam wurde eine Übergangszeit bis zur Vollmitgliedschaft in der AFTA zugestanden.

APEC/ APEC-FHZ	1989/2010 (2020)	Asia Pacific Economic Cooperation: Loser Verband östlicher und westlicher Pazifik-Anrainerstaaten für die wirtschaftliche Zusammenarbeit. Plan der Einrichtung einer APEC-weiten Freihandelszone für die entwickelten Staaten (2010) sowie für alle Mitglieder ab 2020.
APT (EAEC?)	2012/?	ASEAN Plus Three: ASEAN zuzüglich China, Japan und Korea. Entspricht der von Malaysia vorgeschlagenen und von den USA abgelehnten East Asia Economic Group/Caucus (EAEG/EAEC). Vertrag zur Einrichtung einer ASEAN-China Freihandelszone in 2012. Ähnliche Interessenbekundigungen liegen von Japan und Korea vor. APT-Gespräche in einem gemeinsamen Forum. Expliziter Verweis der APT-Länder auf die Integrationsfortschritte in Europa und Nordamerika. Gesprächsangebote auch von Indien.
CFA-Zone	1939	Währungsunion in Afrika. Besteht aus zwei Unterzonen zwischen acht westafrikanischen und sechs zentralafrikanischen Ländern zuzüglich Komoren. Frankreich ist an der Operation der CFA-Zone durch die Sicherstellung der Konvertibilität und das Management von Zweidritteln der Devisenreserven der teilnehmenden Staaten maßgeblich beteiligt. In den letzten 54 Jahren wurde nur einmal abgewertet. Mit der währungspolitischen Stabilität ist ein großer Einfluss des französischen Schatzamtes auf die Geldpolitik der teilnehmenden Staaten, die größtenteils ehemalige französische Kolonien waren, verbunden.
SACU	1969	Southern African Customs Union: Zollunion zwischen Botswana, Lesotho, Namibia, Südafrika und Swasiland. Eine der wenigen erfolgreichen ‚alten' Integrationsgruppierungen außerhalb Europas. Südafrika dominiert nicht nur die SACU wirtschaftlich, sondern ist auch das Zentrum des Rand-Währungsraumes, dem die SACU-Länder ohne Botswana angehören.

Quelle: Eigene Zusammenstellung.

Literaturliste

ASEAN-China Expert Group, Forging closer ASEAN-China economic relations in the twenty-first century. A report submitted by the ASEAN-China Group on Economic Cooperation. October 2001.

BALDWIN, R. E., A domino theory of regionalism. National Bureau of Economic Research Working Paper 4465, 1993.

BECKMANN, R. et al., Theoretische Konzepte zum Europäischen Integrationsprozess: Ein aktueller Überblick, Bochum 2000.

BHAGWATI, J., The world trading system at risk, Princeton 1991.

BLANK, J. E.; CLAUSEN, H.; WACKER, H., Internationale ökonomische Integration, München 1998.

DE GRAUWE, P., Economics of monetary union, 4. Aufl., Oxford 2000.

FERNÁNDEZ, R., Returns to regionalism: An evaluation of non-traditional gains from trade, National Bureau of Economic Research Working Paper 5970, 1997.

FISCHER, W., The German Zollverein. A Case Study in Customs Unions. In: Kyklos, Vol. 13, 1960, S. 65–89.

HANSEN, J. D. (Hg.), European Integration. An Economic Perspective, Oxford 2001.

HENDERSON, W. O., The Zollverein, Chicago 1960.
KENEN, P. B., The Theory of optimum currency areas: An eclectic view. In: Monetary problems of the international economy. Hg. v. MUNDELL, R. A.; SWOBODA, A. K., Chicago 1969, S. 41–60.
KLUMP, R., Der englisch-portugiesische Handel und die Entwicklung der modernen Außenhandelstheorie. In: Weltwirtschaft und Wirtschaftsordnung (Festschrift für Jürgen Schneider zum 65. Geburtstag). Hg. v. GÖMMEL, R.; DENZEL, M. A.. VSWG Beiheft 159. Stuttgart 2002, S. 125–138.
KRUGMAN, P. R., The move toward free trade zones. In: Economic Review, Vol. 76, Nov./Dec., 1991, S. 5–25.
MCKINON, R., Optimum currency areas, in: American Economic Review, Vol. 53, 1963, S. 717–725.
MOLLE, W., The Economics of European Integration, 4. Aufl., Aldershot 2001.
MUNDELL, R. A., A theory of optimum currency areas, in: American Economic Review, Vol. 51, 1961, S. 657–665.
PADOAN, P. C., Regional agreements as clubs: The European case, in: The political economy of regionalism, Hg. v. MANSFIELD, E. D.; MILNER, H. V. New York 1997, S. 107–133.
PANAGARIYA, A., The regionalism debate: An overview, in: World Economy, Vol. 22, Issue 4, June 1999, S. 477–511.
PANAGARIYA, A., Preferential trade liberalization: The traditional theory and new developments, in: Journal of Economic Literature, Vol. XXXVIII, June 2000, S. 287–331.
PERRONI, C.; WHALLEY, J., The new regionalism: Trade Liberalization or insurance? National Bureau of Economic Research Working Paper 4626, 1994.
ROBSON, R., The economics of international integration, 4. Aufl., London u.a. 1998.
TINBERGEN, J., International Economic Integration, 2. Aufl., Amsterdam 1965.
VINER, J., The Customs Union Issue, New York 1950.
WALZ, U., Dynamics of regional integration, Heidelberg 1999.
World Bank World Development Indicators, Washington 2001.

Gerold Ambrosius

Staat und Wirtschaftsordnung

I. Einführung

Das wirtschaftliche Handeln von Menschen wird von vielen Faktoren bestimmt, die nicht unmittelbar als prägend erkannt werden: von kulturellen Vorstellungen und sozialen Normen, von politischen und staatlichen Einrichtungen, von formellen Gesetzen und informellen Gewohnheitsrechten usw. Angesichts dieser überwältigenden Komplexität ist es fast verständlich, dass die auf übergreifende Gesetzmäßigkeiten zielende klassische Theorie im späten 18. Jahrhundert und vor allem die neoklassische Theorie im späten 19. Jahrhundert die meisten dieser Faktoren aus ihrer Betrachtung ausklammerten. Besonders letztere verstand sich als „reine" Lehre von Gütern und Preisen. Demgegenüber bildete sich in Deutschland ebenfalls im 19. Jahrhundert mit der so genannten Historischen Schule eine Forschungsrichtung heraus, die den Anspruch auf weitest gehende Berücksichtigung all dieser Phänomene nicht aufgeben wollte. Sie folgte daher weniger einem theoretisch-deduktiven, sondern mehr einem historisch-induktiven Ansatz. Über genaue historische Detailstudien wollte man systematische Kenntnisse über Stadien und Stufen der gesellschaftlichen und wirtschaftlichen Entwicklung gewinnen, die schließlich die Formulierung von allgemeinen Hypothesen ermöglichen sollten. Dieses Forschungsprogramm war somit stark wirtschaftshistorisch geprägt. Im Gegensatz zur Wirtschaftstheorie fand die Wirtschaftsgeschichte im Rahmen der Wirtschaftswissenschaft in Deutschland dann im Laufe des 20. Jahrhunderts allerdings kaum noch Beachtung. Für die neoklassische Modellökonomik waren kulturelle Werte und soziale Normen, der öffentliche Sektor als solcher und die darin stattfindenden Zielsetzungs- und Entscheidungsprozesse nur noch externe Variable im Datenkranz der ökonomistischen Analyse; sie gehörten nicht mehr zum eigentlichen Untersuchungsgegenstand.

Dieser ‚mainstream' der liberalen Wirtschaftswissenschaft war zwar auch für die Bundesrepublik Deutschland prägend, dennoch fanden hier im Vergleich zu anderen Ländern ordnungspolitische Fragen durchgängig größere Beachtung. Das mag an der deutschen Geschichte liegen, an der besonders intensiv geführten Auseinandersetzung zwischen Neo- bzw. Ordoliberalismus und Keynesianismus und an der direkten Konfrontation von westlicher Markt- und östlicher Planwirtschaft. Dennoch war es wiederum die angelsächsische Wirtschaftswissenschaft – die Richtung der so genannten Public Choice Theorie bzw. der Neuen Politischen Ökonomik –, die seit den 1960er Jahren versuchte, die politischen und staatlichen Institutionen mit dem neoklassischen Instrumentarium zu analysieren. Wirkliche Beachtung fanden ordnungspolitische Probleme allerdings erst wieder seit den 1980er Jahren, seitdem die Wachstums- und Steuerungsdefizite der westlichen Marktwirtschaften offensichtlich wurden. Die Kritik am Paradigma des Interventions- und Sozialstaates führte zu einer Renaissance des Liberalismus. Politikversagen, Deregulierung oder Privatisierung waren nicht nur Schlagworte; dahinter stand vielmehr der Versuch, eine tiefer greifende Veränderung im Verhältnis von Individuum und Gesellschaft, von Staat und Wirtschaft herbeizuführen. Zugleich fand mit der so genannten Neuen Institutionenökonomik eine Theorierichtung immer mehr Beachtung, die ausdrücklich gesellschaftliche und damit auch staatliche Institutionen in den Mittelpunkt ihrer ökonomischen Analyse stellt. Manche sehen darin sogar eine Chance, Wirtschaftsgeschichte und Wirtschaftswissenschaft wieder enger zusammenzuführen.

Im Vergleich zur Wirtschaftswissenschaft beschäftigte sich die Geschichtswissenschaft durchgängig mit ordnungs- und wirtschaftspolitischen Problemen, wenn auch meist ohne theoretischen Bezug. Insofern wurde der Forschungsansatz der Historischen Schule weniger in der Wirtschaftswissenschaft und mehr in der Geschichtswissenschaft weitergeführt. Innerhalb der marxistischen Wissenschaft bildeten gesellschaftliche Verhältnisse und die Beziehung von Staat und Wirtschaft sogar den zentralen Forschungsschwerpunkt.

II. Begriffsbestimmung und Eingrenzung

Unter einer 'Wirtschaftsordnung' versteht man die wichtigsten Regeln, die für den organisatorischen Aufbau einer Volkswirtschaft und für die wirtschaftlichen Abläufe gelten, sowie die wichtigsten Einrichtungen, die für die Verwaltung, Steuerung und Gestaltung der Wirtschaft zuständig sind. Eine präzise Bestimmung dessen, was wichtig ist, ist ebenso wenig möglich wie eine eindeutige Abgrenzung vom Wirtschaftssystem, von der Wirtschaftsverfassung und der Politikordnung, von der Sozialordnung oder von anderen Teilordnungen. Eine Wirtschaftsordnung kann reale Zustände beschreiben, aber auch Ordnungsideen. In den Wirtschaftswissenschaften wird der Begriff 'Ordnung' heute fast ausschließlich auf Volkswirtschaften, deren Teilordnungen und auf internationale bzw. globale Zusammenhänge – z.B. Weltwirtschaftsordnung, Welthandelsordnung oder europäische Agrarmarktordnung – angewandt. In der Wirtschaftsgeschichte werden dagegen auch Dorf-, Stadt- oder Territorialwirtschaften mit ihm gekennzeichnet. Wirtschaftsordnungen können in seltenen Fällen zwar durch einen einmaligen konstitutiven Akt entstehen, meist entwickeln sie sich aber permanent. Sie sind nicht statisch, sondern dynamisch, selbst wenn zentrale Elemente über längere Zeit stabil bleiben.

Der 'Staat' wird hier institutionell bestimmt. Zum Ersten gehören zur staatlichen Sphäre die Parlamente, Regierungen und Verwaltungen der verschiedenen Gebietskörperschaften: Zentralstaat, Länder und Kommunen. Zum Zweiten werden die öffentlichen Versicherungsanstalten dazu gerechnet. Zum Dritten zählt man üblicherweise die öffentlichen Unternehmen, Sondervermögen (Bahn, Post) und die Zentralbank zum Staat. Ob Berufsgenossenschaften, Zwangsinnungen oder Kammern ebenfalls zum Staat gehören, ist umstritten. Der Staat ist somit kein einheitliches exekutiv-administratives Organ – manche assoziieren mit 'Staat' ausschließlich die Verwaltungen der Zentralregierung –, sondern im Gegenteil ein extrem heterogenes Gebilde mit komplizierten Willensbildungs- und Entscheidungsprozessen innerhalb ganz verschiedener Institutionen. Zwischen Begriffen wie Staat, staatliche Sphäre, öffentlicher Sektor oder öffentliche Hand wird im Folgenden kein Unterschied gemacht.

Das Verhältnis von Staat und Wirtschaft – der Bürger wird hier vornehmlich als Wirtschaftssubjekt, als Produzent und Konsument, als Arbeitgeber und Arbeitnehmer, als Käufer und Verkäufer betrachtet – kann im Hinblick auf die ökonomischen Beziehungen vierfach gegliedert werden. Erstens bestehen monetäre Beziehungen: Der Staat entzieht der Wirtschaft über Steuern, Beiträge und andere Abgaben Geld und lässt es über Transfers und Subventionen wieder zurückfließen. Zweitens existieren güterwirtschaftliche Beziehungen: Der Staat nimmt einen Teil der Produktionsfaktoren Arbeit, Kapital und Boden in Anspruch, produziert damit Güter und Dienstleistungen und stellt diese der Wirtschaft kostenlos oder gegen Entgelt zur Verfügung. Drittens gibt es wirtschaftspolitische Beziehungen: Der Staat beeinflusst durch permanenten Interventionismus die Einnahmen- und Ausgabenseite in den Betrieben und Haushalten und damit die Menge der Güter, die produziert oder konsumiert werden. Viertens bestehen ordnungssetzende Beziehungen: Der Staat regelt nicht nur seine Beziehungen zur Wirtschaft, sondern auch die der Wirtschaftssubjekte untereinander. Letztlich werden diese fast alle durch Regeln beeinflusst, die der Staat mit Hilfe von Gesetzen und Verordnungen festgelegt hat. Diese Beziehungen zwischen Staat und Wirtschaft sind eingelagert in ein dichtes Geflecht unterschiedlicher Interessen, von gegenseitiger Einflussnahme und Abhängigkeit.

III. Empirische Entwicklungen

A. Wirtschaftsordnungen

Jede Wirtschaftsordnung besitzt ihre Individualität. Die von Preußen im 18. Jahrhundert unterscheidet sich von der des Preußens um 1850. Das Deutsche Kaiserreich besaß um 1900 eine andere Wirtschaftsordnung als Frankreich zu dieser Zeit. Auch heute findet man wichtige Unterschiede – sogar zwischen den EU-Ländern, deren Ordnungen auf den ersten Blick relativ homogen erscheinen. Will man nicht vor der überwältigenden Komplexität realer Wirtschaftsordnungen kapitulieren, muss man sich auf das beschränken oder konzentrieren, was man für das Wesen, den Kern oder die konstitutiven Elemente einer Wirtschaftsordnung hält. Dies soll im Folgenden an zwei Beispielen herausgearbeitet werden. Auf die damit verbundenen methodischen Probleme wird weiter unten eingegangen.

Da sich Wirtschaftsordnungen laufend weiter entwickeln, soll im ersten Beispiel ein besonders dramatischer Wandel beschrieben werden und zwar der von der merkantilistischen Wirtschaftsordnung des 18. zur liberalen des 19. Jahrhunderts. Im Mittelpunkt der spätmerkantilistischen Ordnung standen die ständisch-feudalen

Herrschaftsverhältnisse auf dem Lande. Der unfreie Bauer war durch eine Vielzahl von feudalrechtlichen Abhängigkeiten und Zwängen an den adeligen Grundherrn gebunden. Die wesentlichen Punkte der großen Stein-Hardenbergschen Reformen am Anfang des 19. Jahrhunderts sollten diese beseitigen: Dem Bauern wurde die persönliche Freiheit verliehen, das Eigentum des von ihm bewirtschafteten Bodens übertragen und die bisher geleisteten Dienste und Abgaben erlassen. Allerdings konnte er sich nur gegen die Zahlung erheblicher Summen von diesen Verpflichtungen freikaufen. Bis zur Mitte des 19. Jahrhunderts wurde die „Bauernbefreiung" abgeschlossen. Neben der Agrarordnung war die Zunftordnung die zweite Säule des merkantilistischen Systems. Noch im 18. Jahrhundert war die Gewerbeordnung durch das Zunftwesen – einer aus dem Mittelalter stammenden ständischen Berufsordnung mit Monopolcharakter – geprägt. Gewerbefreiheit war das Ziel der Reformen und sie wurde mit Einschränkungen ebenfalls bis etwa Mitte des Jahrhunderts verwirklicht. Auch die Regulierungsordnung veränderte sich in diesen Jahrzehnten. Zahlreiche Regalien – ökonomisch nutzbare Hoheitsrechte des Staates – wurden aufgelöst. Der Staat baute gleichzeitig andere Interventionsformen ab und privatisierte das säkularisierte Kircheneigentum. Von ordnungspolitischer Bedeutung waren sicherlich auch die Herausbildung neuer Unternehmensformen bis hin zur Konzessionsfreiheit für Aktiengesellschaften, die Liberalisierung der Handels- und Zollpolitik oder der Beginn des Schutzes geistigen Eigentums durch ein Patentgesetz. Definiert man Wirtschaftsordnung in dem angedeuteten umfassenden Sinn, so könnten der Wandel kultureller Normen – Stichwort „Aufklärung" –, sozialer Strukturen – von der ständisch gegliederten Feudalgesellschaft zur bürgerlichen Klassengesellschaft – und politischer Verfassungen – vom Absolutismus zur konstitutionellen Monarchie – ebenfalls als ordnungsprägende Elemente genannt werden. Die hier genannten Ordnungsmerkmale werden zwar üblicherweise als die für diese Zeit konstitutiven angesehen. Sie sind aber idealtypisch verkürzt. 'Die' ständisch-feudale Herrschaft gab es nicht, sondern eine Vielzahl unterschiedlicher Formen der Guts- und Grundherrschaft. 'Die' Gewerbefreiheit gab es ebenso wenig, sondern recht unterschiedliche Formen. Die merkantilistische wie die liberale Wirtschaftsordnung prägten sich in Preußen anders aus als in Sachsen und in Bayern wiederum anders als in Baden.

Im zweiten Beispiel wird nicht eine Wirtschaftsordnung in ihrer Entwicklung erfasst, sondern die Wirtschaftsordnung der Weimarer Republik und die der Bundesrepublik Deutschland miteinander verglichen. Dabei werden sie im Vergleich zum ersten Beispiel etwas differenzierter gegliedert. Es soll deutlich gemacht werden, dass es bei grundsätzlich liberalen Ordnungen zwar erhebliche Gemeinsamkeiten, aber auch wichtige Unterschiede gibt (*siehe Abbildung 1*). Auf eine genauere Erläuterung im Text wird verzichtet, da sich die wesentlichen Unterschiede unmittelbar aus dem Schaubild ergeben. Im Gegensatz zum ersten Beispiel, das eine dynamische Entwicklung beschreibt, handelt es sich hier um eine komparativ-statische Betrachtung.

Staat und Wirtschaftsordnung

Abbildung 1: Wirtschaftsordnungen – Weimarer Republik (1920er Jahre) und Bundesrepublik Deutschland (1990er Jahre)

A. PRODUKTIONSORDNUNG	WEIMARER REPUBLIK	BUNDESREPUBLIK
1. Eigentumsordnung	Privateigentum mit abstrakter Sozialbildung	dito
2. Unternehmensordnung	Betriebsräte mit eingeschränktem sozialem Mitbestimmungsrecht	Betriebsräte mit erweitertem sozialem Mitbestimmungsrecht, „paritätische" Mitbestimmung in der Eisen- und Stahlindustrie und in Großbetrieben
3. Arbeitsmarktordnung	Koalitionsrecht, Kollektivverträge und Tarifautonomie, allerdings staatliche Zwangsschlichtung möglich	dito, aber umfassendere Tarifautonomie
4. Selbstverwaltungsordnung	Kammern als staatlich verordnete Zwangsorganisationen mit öffentlich-rechtlichen Aufgaben	dito

B. MARKTORDNUNG	WEIMARER REPUBLIK	BUNDESREPUBLIK
1. Gewerbeordnung	Gewerbefreiheit mit wenigen gesonderten Berufsordnungen	Gewerbefreiheit mit zahlreichen gesonderten Berufsordnungen
2. Wettbewerbsordnung	Binnenwirtschaft: uneingeschränkt liberal und ungeschützt Außenwirtschaft: gemäßigt protektionistisch auf der Basis bilateraler Handelsverträge	Binnenwirtschaft: gesetzlich geschützte Wettbewerbsordnung mit Ausnahmebereichen Außenwirtschaft: liberal auf der Basis einer globalen Handelsordnung
3. Regulierungsordnung	Staatliche Regulierungen in geringem Umfang	Staatliche Regulierungen in vielen Wirtschaftsbereichen

C. GELD- UND WÄHRUNGSORDNUNG	WEIMARER REPUBLIK	BUNDESREPUBLIK
1. Geldordnung	Goldkernwährung ohne Eintauschpflicht	Buchgeldordnung
2. Währungsordnung	Feste Wechselkurse, eingeschränkte Konvertibilität	Flexible und feste Wechselkurse, uneingeschränkte Konvertibilität
3. Zentralbankordnung	Autonom (ab 1924) mit begrenztem Instrumentarium	Autonom mit erweitertem Instrumentarium

D. FINANZORDNUNG	WEIMARER REPUBLIK	BUNDESREPUBLIK
1. Steuern	Modernes Steuersystem mit Schwergewicht auf Einkommens- und Umsatzsteuer, Zentralisation der Steuereinnahmen beim Reich; gesondertes Steuerrecht	dito; aber stärkere Stellung der Länder
2. Finanzverwaltung	Finanzverbund zwischen den Gebietskörperschaften; zentrale Finanzverwaltung	dito
3. Haushaltsrecht	Modernes Haushaltsrecht, Finanzkontroll- und Rechnungsprüfungswesen	dito; außerdem mittelfristige Finanzplanung und größere Flexibilität der Finanzpolitik hinsichtlich Konjunkturpolitik

Sowohl das erste als auch das zweite Beispiel ist rein deskriptiv und erklärt weder das Entstehen noch den Wandel von Wirtschaftsordnungen. Eine 'historische Erklärung' müsste eine Vielzahl von Faktoren berücksichtigen, wobei sowohl deren Auswahl als auch deren Bewertung im Hinblick auf ihre relative Bedeutung erhebliche methodische Probleme aufwerfen würde. Am Beispiel der Weimarer Wirtschaftsordnung soll zumindest der Rahmen angedeutet werden, in dem sich eine solche historische Erklärung bewegen müsste. Insgesamt war die Wirtschaftsordnung der Weimarer Republik durch politischen Kompromiss und historischen Übergang gekennzeichnet. Schon die wirtschaftlich relevanten Normen innerhalb der Reichsverfassung vom 11. August 1919 stellten keine Konzeption aus einem Guss dar. Sie spiegelten vielmehr die extrem divergierenden politischen Kräfte wider, die nach der Revolution im November 1918 die zukünftigen Verhältnisse gestalten wollten und deren Auseinandersetzungen auch die weitere Entwicklung der Weimarer Republik prägen sollten: Auseinandersetzungen zwischen konservativen, liberalen und sozialistischen Parteien, zwischen Parlament und Regierung, Ländern und Reich, Gewerkschaften und Unternehmerverbänden oder einzelnen Personen. Zweifellos brachte die Zeit nach dem Ersten Weltkrieg einen Modernisierungsschub. Die Arbeitsmarktordnung wurde auf eine neue Grundlage gestellt. Die Finanzordnung wurde den Strukturen eines demokratischen Rechtsstaates auf föderativer Grundlage mit starker Zentralregierung angepasst. Die Eigentumsordnung wurde stärker an sozialen Grundsätzen orientiert und die Betriebsordnung in ersten Ansätzen einer Mitwirkung der Arbeitnehmer geöffnet. Im Vergleich zum Kaiserreich bedeuteten diese Veränderungen zwar einen gewissen, aber keinen tief greifenden Wandel. Auch bei der Marktordnung wollte man nicht zu den Verhältnissen der Zeit vor 1914 zurückkehren, konnte sich aber auch nicht zu einem wirksamen Schutz der bedrohten Wettbewerbsordnung entschließen. Bei der Geld- und Währungsordnung sollte dagegen die Vorkriegskonstruktion übernommen werden, was allerdings nicht vollständig gelang. Teilweise stand hinter den Veränderungen ein bewusst gestaltender Wille, wobei ein Konsens angesichts der extrem divergierenden Kräfte kaum zu erreichen war; teilweise legalisierte man auch nur die neue soziale und ökonomische Realität. Im Übrigen veränderte sich selbst in der kurzen Epoche der Weimarer Republik die Wirtschaftsordnung zwar nicht in ihrer Grundstruktur, aber doch in Teilbereichen. Die Weimarer Wirtschaftsordnung steht somit für den Übergang vom spätliberalen System des letzten Drittels des 19. Jahrhunderts zum interventionistischen der zweiten Hälfte des 20. Jahrhunderts.

Die einzigen Wirtschaftsordnungen der Neuzeit, die nach einem geschlossenen Entwurf konzipiert wurden, waren die Zentralverwaltungswirtschaften Osteuropas nach dem Zweiten Weltkrieg. Es gab eine theoretische Konzeption und ein praktisches Vorbild – die Planwirtschaft und das sowjetische Wirtschaftssystem – und es gab die Macht der Sowjetunion, diese Konzeption konsequent und in ganz kurzer Zeit durchzusetzen. Eine genauere Untersuchung der Geschichte der osteuropäischen Zentralverwaltungswirtschaften zeigt im Übrigen, dass selbst diese Ordnungen nicht urplötzlich entstanden sind und sich im Laufe der Zeit veränderten.

B. Staat und Wirtschaft

Staatsaufgaben erwachsen aus den sozialen und ökonomischen, politischen und kulturellen Verhältnissen historischer Epochen. Entsprechend komplex sind ihre Ausprägungen und Begründung. Ein Überblick über die Entwicklung des Verhältnisses von Staat und Wirtschaft während der Neuzeit muss mit dem merkantilistischen System des 17. und 18. Jahrhunderts beginnen. In dieser Epoche griff der 'merkantilistische Ständestaat' punktuell, unmittelbar und relativ unsystematisch in die feudalständische Wirtschaft ein. Das Verhältnis von Staat und Wirtschaft wandelte sich dann tief greifend beim Übergang vom Merkantilismus zum Liberalismus seit dem ausgehenden 18. Jahrhundert. Die damit zusammenhängenden Veränderungen wurden weiter oben bereits beschrieben. Der sich im Laufe des 19. Jahrhunderts herausbildende 'liberale Ordnungsstaat' schuf mit grundlegenden Gesetzen den verfassungsrechtlichen Rahmen für das neue Wirtschaftssystem. Seit den 1870er Jahren begann der Staat wieder verstärkt unmittelbar zu intervenieren. Das Kaiserreich präzisierte mit weiteren grundlegenden Gesetzen nicht nur die Wirtschaftsordnung, sondern begann diese auch zunehmend mit regulierenden Vorschriften auszufüllen. Insofern kann man für diese Phase vom ‚regulierenden Ordnungsstaat' sprechen. Der direkte diskretionäre Interventionismus drückte dieser Epoche jedenfalls noch nicht seinen Stempel auf. Er setzte als dritter Paradigmawechsel in vollem Umfang erst mit der keynesianischen Revolution in den 1930er Jahren ein und prägte in den folgenden Jahrzehnten den 'dirigistischen Interventionsstaat'. Der Staat bediente sich eines immer differenzierteren Instrumentariums im Bereich der Mikro- (Haushalte, Unternehmen), Meso- (Gruppen, Regionen, Sektoren) und Makropolitik (Gesamtwirtschaft), um Ordnungen, Strukturen und Prozesse zu steuern. Die Aufgabe einer gewissen sozialen Mindestversorgung weitete sich zu einem umfassenden System sozialer Absicherung und Umverteilung aus. Die begrenzten Vorschriften über Arbeitsplatzsicherung, Gesundheitsvorsorge oder Umweltschutz mündeten in einem umfassenden Sicherheitssystem. Seit der zweiten Hälfte der 1970er Jahre begann dann das Pendel wieder von der interventionistischen zur liberalen Seite zurückzuschwingen; das Verhältnis von Staat und Wirtschaft veränderte sich seit dem 17. Jahrhundert zum vierten Mal grundlegend. Tendenziell zog sich der Staat seither mittels Deregulierung und Privatisierung erneut aus der Wirtschaft zurück und vertraute als 'regulierender Gewährleistungsstaat' wieder stärker den Marktkräften.

Einige Staatsaufgaben finden ihren Niederschlag in Staatsausgaben. Wenn man diese in Relation zum Sozialprodukt setzt, ergeben sich so genannte Staatsquoten, die einen ersten quantitativen Eindruck vom Verhältnis von Staat und Wirtschaft vermitteln. Dabei ist die gebräuchlichste Messziffer die Gesamtausgabenquote (*siehe Abbildung 2*).

Abbildung 2
Anteil der Ausgaben aller Gebietskörperschaften 1891–2000 (Gemeinden, Länder, Reich/Bund) am Sozialprodukt

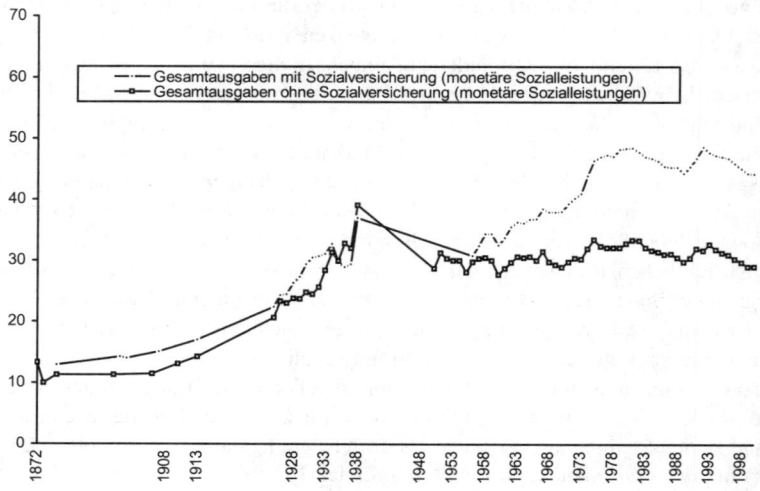

Quelle: P. FLORA U.A., State, Economy and Society in Western Europe 1815–1975. A Data Handbook in two Volumes, I, Frankfurt am Main 1983; SACHVERSTÄNDIGENRAT zur Begutachtung der gesamtwirtschaftlichen Entwicklung, verschiedene Gutachten.

Die Entwicklung bis zur Gründung des Deutschen Reiches 1871 ist nicht ins Schaubild eingezeichnet, da nur rudimentäre Daten für wenige Länder vorliegen. Bezogen auf Preußen kann man aber davon ausgehen, dass die Quote in den 1820er Jahren wegen des hohen kriegsbedingten Schuldendienstes bei 13 bis 15% lag. Sie sank dann bis in die 1840er Jahre auf knapp unter 10%, um bis in die 1870er Jahre erneut auf etwa 13% anzusteigen. Die öffentlichen Ausgaben folgten also nicht nur dem sich in dieser Zeit beschleunigenden Wachstum des Sozialprodukts, sie stiegen sogar noch etwas schneller an. Mit dem Übergang zur Weimarer Republik erfolgte ein sprunghafter Anstieg, der sich in der Zwischenkriegszeit fortsetzte. Die Bundesrepublik begann mit einer Ausgabenquote, die deutlich niedriger war als die des nationalsozialistischen Deutschlands in der zweiten Hälfte der 1930er Jahre. In den 1950er und 1960er Jahren expandierte sie zwar stärker als im Kaiserreich, aber nicht so stark wie in der Zwischenkriegszeit. Mitte der 1970er Jahre erreichte die Quote mit etwa 50% ihren historischen Höchststand; von da ab war sie rückläufig. Die Kosten der deutschen Wiedervereinigung ließen sie dann ab 1990 noch einmal kurzzeitig ansteigen. Ein Vergleich der Ausgabenquote mit und ohne Sozialversicherung macht deutlich, dass der steile Anstieg in der Weimarer Republik und der gemäßigtere in der Bundesrepublik vor allem durch die Transfers der Sozialversicherungen bewirkt wurde. Ähnliche Kurven könnte man vom Verhältnis der Steuereinnahmen zum Sozialprodukt zeichnen oder von den Anteilen des Staates an den Produktionsfaktoren Arbeit und Kapital, die er in der Vergangenheit nutzte. Sie alle zeigen, wie sehr der öffentliche Sektor im 20. Jahrhundert ausgebaut wurde und die private Wertschöpfung und die wirtschaftlichen Ressourcen in Anspruch nahm.

IV. Theoretisch-methodische Ansätze

Es gibt eine Vielzahl ganz unterschiedlicher Modelle und Theorien, die sich mit der Analyse von Wirtschaftsordnungen und mit dem Verhältnis von Staat und Wirtschaft beschäftigen. Es gibt fast ebenso viele Versuche diese zu systematisieren, weil das Forschungsfeld in seiner ganzen Breite auch für den Spezialisten nicht mehr zu überschauen ist. Das Auswahlkriterium für die hier vorgestellten Ansätze ist ihre Relevanz, ihre Aktualität und ihre Operationalität für wirtschaftshistorische Untersuchungen.

Grundsätzlich wird das Thema 'Staat und Wirtschaftsordnung' stärker als andere Themen der Wirtschaftsgeschichte und -wissenschaft durch historische und politische Faktoren bestimmt. Daher ist es nur bedingt möglich, allgemeingültige, raumzeitlose Forschungshypothesen zu formulieren, die durch keine oder nur wenige zusätzliche Bedingungen relativiert werden und dem Typ des naturwissenschaftlichen Gesetzes entsprechen. Solche Theorien werden in der Modellökonomik verwendet. In der Geschichtswissenschaft können dagegen nur „Quasi-Theorien" formuliert werden, d.h. Hypothesen, die räumlich wie zeitlich durch Bezugnahme auf bestimmte gesellschaftliche Verhältnisse in bestimmten Epochen relativiert werden müssen. Es kann nicht verwundern, dass sich Historiker scheuen, Theorien im modellökonomischen Verständnis zu verwenden. Dies liegt vielleicht auch an einer fachimmanenten Theoriefeindlichkeit, vor allem aber daran, dass sich politische und ökonomische Interessen, Macht oder geschichtlich gewachsene Institutionen gegen einen methodischen Ansatz in diesem spezifischen Theorieverständnis sperren. Im Übrigen ermöglicht die historisch-induktive Methode scharfsinnige Analysen. Dabei wird allerdings oft mit Annahmen gearbeitet, in denen sich ein theoretisches Vorverständnis ausdrückt, ohne dass dies explizit angesprochen wird. Wenn im Folgenden der Sinn und Zweck der Verwendung wirtschaftswissenschaftlicher Theorien in der Wirtschaftsgeschichte nicht weiter kritisch hinterfragt wird, so bieten sie doch immer nur eine relative Wahrheit historischer Zusammenhänge.

Ein Modell ist eine vereinfachte Darstellung der Funktionen eines Gegenstandes oder des Ablaufs eines Sachverhaltes, die eine Untersuchung erleichtert oder erst ermöglicht. Eine modellierte Problemstellung reduziert die reale Komplexität. Dazu werden Prämissen aufgestellt: Zum einen müssen Gegenstände definiert und Abläufe bestimmt werden (A). Zum zweiten müssen allgemeine Hypothesen formuliert werden, um die Zusammenhänge erklären zu können. Sieht man von der 'historischen Erklärung' ab, gibt es grundsätzlich zwei Arten von Erklärungen – statistisch-induktive (B) und nomologisch-deduktive (C und D). Eine Theorie ist ein daraus abgeleitetes System wissenschaftlich begründeter Aussagen zur Erklärung bestimmter Tatsachen oder Erscheinungen und der ihnen zugrunde liegenden Gesetzmäßigkeiten. Aus den Prämissen werden also weitere Hypothesen oder Konklusionen logisch abgeleitet. Im Folgenden werden Beispiele für die verschiedenen Schritte zur Bildung eines Modells angeführt.

A. Typologische Ansätze (am Beispiel der Wirtschaftsordnung)
Bei der vorangegangenen Beschreibung von Wirtschaftsordnungen wurde deren Individualität betont. Ein erster Schritt zur Verallgemeinerung wird dadurch erreicht, dass die kennzeichnenden, prägenden oder konstitutiven Merkmale einer Wirtschaftsordnung für einen bestimmten Zeitabschnitt und für eine bestimmte Gesellschaft herausgearbeitet werden. Ein solcher Ansatz hat in der deutschen Nationalökonomie Tradition. Im 19. Jahrhundert wurde unter dem Einfluss des Historismus versucht, in der Wirtschaftsgeschichte verschiedene 'Stufen', 'Wirtschaftsstile' oder 'Wirtschaftsweisen' mit Hilfe weniger zentraler Elemente zu bestimmen und eine zwingende historische Abfolge zu konstruieren. Zum Beispiel unterscheidet Friedrich List (1789–1840) nach dem „Stand der Entfaltung der produktiven Kräfte bei der Gütererzeugung" zwischen dem Zustand der ursprünglichen Wildheit, dem Hirtenstand, dem Agrikulturstand, dem Agrikultur-Manufakturstand und dem Agrikultur-Manufaktur-Handelsstand. Die diesen Stufen zugrunde liegende historische Zwangsläufigkeit lehnt die moderne 'klassifikatorische Ordnungstheorie' zwar ab, die Systematisierung von Wirtschaftsordnungen macht für sie aber Sinn: (1) Die Kennzeichnung von Wirtschaftsordnungen erleichtert die Gewinnung, Aufbereitung und Auswertung von Informationen über verschiedene Wirtschaftssysteme und Marktformen. Durch Ordnung kann Komplexität reduziert werden. (2) Da das wirtschaftliche Geschehen durch die dahinter stehenden Ordnungen bestimmt wird, beeinflussen diese die Verhaltensweisen der Wirtschaftssubjekte sowie die wirtschaftlichen und sozialen Prozesse. Verhaltensweisen und Abläufe kann man nur verstehen, wenn man die Ordnungen kennt. (3) Erst wenn man die theoretischen Ordnungen begriffen hat, kann man reale Wirtschaftssysteme vergleichen. Wirtschaftspolitische Strategien können daraufhin überprüft werden, ob sie auf andere Systeme übertragbar sind.

Der bekannteste typologische oder klassifikatorische Ansatz ist wohl der von Walter Eucken (1891-1950). Er versteht seine Lehre von den Ordnungsformen als Antwort auf den Methodenstreit zwischen der induktiven Historischen Schule und der deduktiven Neoklassik am Ende des 19. Jahrhunderts. Eucken sieht beide Ansätze als sinnvoll an und versucht sie mit Hilfe des Konstrukts der 'Wirtschaftsordnung' zusammenzuführen. In ihr sollen zunächst die geschichtlichen Rahmenbedingungen ökonomischen Handelns erfasst werden, wobei die rechtliche und soziale Ordnung als Vorgegebenes angesehen wird, dessen Entstehung und Wandel sich einer ökonomischen Erklärung entzieht und nur verstehend, qualitativ erfasst werden kann. Erst dann können die Wirtschaftsabläufe mit Hilfe der abstrakten Methode der Wirtschaftstheorie analysiert werden. Eucken wendet sich ausdrücklich gegen eine „Geschichtsphilosophie der Zwangsläufigkeit". Wirtschaftsordnungen beruhen zwar auf politischen Entscheidungen, die durch die vorangegangene Geschichte beeinflusst werden; sie werden aber nicht durch ein wie immer beschaffenes geschichtliches Entwicklungsgesetz determiniert.

Um Wirtschaftsordnungen aber überhaupt bestimmen zu können, ist es notwendig, sie mit Hilfe systematischer Kriterien zu erfassen. Als „konstitutives Prinzip" einer Wirtschaftsordnung wählt Eucken die „Zahl der selbstständig planenden Wirtschaftseinheiten". Mit Hilfe der Methode der „pointierend-hervorhebenden Abstraktion" bildet er zwei „reine Formen", die es in der Wirklichkeit zwar nicht gibt, mit deren Hilfe man die Wirklichkeit aber schärfer erfassen kann: „zentralgeleitete Wirtschaft" und „Verkehrswirtschaft" bzw. Plan- und Marktwirtschaft. Die Bipolarität des Ordnungsdenkens, die in seinem Ansatz angelegt ist, löst Eucken selbst nicht auf. Er bildet lediglich Varianten der reinen Formen, mischt diese aber nicht. Die realisierten Wirtschaftsordnungen sieht natürlich auch Eucken als Mischung der reinen Formen an.

Die Ordnungstheorie Euckens ist weiterentwickelt worden. K.P. Hensel teilt die Vielfalt der Merkmale einer Wirtschaftsordnung nach den Kriterien „konstitutiv" und „akzidentiell" ein. Konstitutiv ist weiterhin die Art der Planung. Akzidentielle Merkmale sind u.a. die Formen des Eigentums – als ein besonders wichtiges Merkmal –, des Gesellschaftsrechts, der Willensbildung und der Ergebnisrechnung von Unternehmen. Daneben beinhaltet bei Hensel eine Wirtschaftsordnung noch ein „rechtliches Gebilde" – alle in Verfassungen, Gesetzen oder Verordnungen niedergelegten Regeln – und ein „sittliches Gebilde" – kulturelle Normen, Sitten und Gebräuche. Der Einfluss der Wirtschaftsordnung als Gesamtheit der morphologischen und rechtlich-institutionellen Bedingungen auf wirtschaftliche Handlungen wird analytisch mit Hilfe von Anreiz- und Kontrollsystemen erfasst. Je nach Ausgestaltung der Wirtschaftsordnungen werden unterschiedliche Anreize und Kontrollen von Leistungen begründet, woraus unterschiedliche Interessenlagen entstehen und sich unterschiedliche wirtschaftliche Verhaltensweisen ergeben.

Was die praktische Anwendung anbelangt, kann es kaum verwundern, dass sich die Vertreter dieses Ansatzes vor allem mit der großen ordnungspolitischen Dichotomie des 20. Jahrhunderts beschäftigten – mit der von östlichen Planwirtschaften und westlichen Marktwirtschaften. Hier macht die starke Betonung der Merkmale 'Eigentum' und 'Planung' Sinn und führt zu fruchtbaren Ergebnissen. In der wirtschaftshistorischen Forschung wird dagegen nur selten ordnungsbezogen argumentiert. Die Schwierigkeiten, historische Wirtschaftsordnungen mit Hilfe dieser „Prinzipien" voneinander abzugrenzen, sind offensichtlich. Historiker scheuen sich, Gesamtordnungen zu konstruieren, sie von anderen abzugrenzen und auf bestimmte Verhaltensweisen zu schließen. Dies wird allenfalls bei bestimmten Teilordnungen gewagt. So kann man die Währungsordnung des Goldstandards mit stabilen Wechselkursen in den 1880er Jahren beschreiben, sie vom Währungssystem mit flexiblen Wechselkursen der 1980er Jahre unterscheiden und empirisch überprüfbare Hypothesen in der folgenden Form formulieren: Wenn die Ordnungsbedingungen AB existierten, waren die Verhaltensweisen KL zu erwarten, die zu den Ergebnissen XY führten. Bei anderen Teilordnungen ist dies schon schwieriger. Wer schließlich Hypothesen formulieren will, die sich auf die Gesamtordnung beziehen, droht an der Komplexität der realen Wirtschaftsordnungen zu scheitern. Hensel, der einerseits die Zahl der kennzeichnenden Merkmale erweitert, andererseits aber weiterhin daran glaubt, dass es Sinn macht, sich auf wenige zu konzentrieren, formuliert die sich daraus ergebende Konsequenz: Wenn jede Wirtschaftsordnung „ihre historische Individualität hätte, dann wäre es kaum möglich, allgemein gültige Aussagen darüber zu machen, wie der Wirtschaftsprozess innerhalb dieser Gesamtordnung verlaufen würde. Wirtschaftswissenschaft könnte dann nur mit den Methoden der historischen Forschung betrieben werden." Einen Ausweg aus diesem Dilemma weist die klassifikatorische Ordnungstheorie.

Eine Kritik an diesem Ansatz kann u.a. folgende Punkte umfassen:
- Die Frage, ob es sich um einen Ansatz mit theoretischem Gehalt handelt, soll offen bleiben. Zumindest bei der Definition von Wirtschaftsordnungen werden ja nur Idealtypen gebildet. Erst wenn mit Hilfe von nomologischen Hypothesen generelle Aussagen über Verhaltensweisen und Abläufe innerhalb dieser Ordnung gemacht werden, ergibt sich ein theoretischer Gehalt. Über die Fruchtbarkeit der Marktformenlehre wird damit keine Aussage getroffen.
- Wichtiger ist das Problem der Relevanz der ausgewählten Merkmale. Die Kriterien zur Klassifikation von Wirtschaftsordnungen sind nicht objektivierbar, d.h. intersubjektiv nachvollziehbar. Allgemein akzeptierte Regeln, nach denen die prägenden Merkmale ausgewählt werden können, gibt es nicht.
- Damit stellt sich die Frage, ob die Kriterien der Planungs- und Eigentumsformen nicht überbetont und damit die Realitäten idealtypisch zu sehr verengt werden. Der Dualismus bzw. die Dichotomie von Markt und Plan, Privateigentum und Kollektiveigentum grenzt den Pluralismus unterschiedlicher Eigentums- und Koordinationsformen stark ein. Zudem werden ‚Eigentum' und ‚Planung' zu einfach definiert.
- Erweitert man andererseits den Ordnungsbegriff um die bei Hensel erwähnten sittlichen und rechtlichen Elemente, so ist er nicht mehr handhabbar und verleitet zu einer rein historischen Beschreibung und Erklärung von Verhaltensweisen innerhalb der unterschiedlichen Ordnungen.
- Es fehlt der dynamische Aspekt. Die bloße Klassifikation von Wirtschaftsordnungen trägt nicht der Tatsache Rechnung, dass diese sich laufend wandeln, auch wenn ihre Grundstrukturen über längere Zeiträume stabil bleiben. Gerade feine Unterschiede können erhebliche Konsequenzen für wirtschaftliches Verhalten haben. Damit wird zugleich das Problem der Kausalität berührt. Es handelt sich um einen typologischen Ansatz, nicht um einen erklärenden. Auf die Fragen, warum Wirtschaftsordnungen entstehen und sich wandeln und welche Kräfte dies bewirken, kann er keine Antworten geben. Die Ursachen hierfür werden in den Datenkranz verlagert und damit der ökonomischen Analyse entzogen.

B. Faktoranalytische Ansätze (am Beispiel des Staates)

Wenn man sich nicht mit der Konstruktion einer „reinen Form" oder eines Idealtyps begnügen will, sind generelle Hypothesen zur Erklärung von Sachverhalten notwendig. Die statistisch-induktive Hypothese – manchmal auch als „empirisches Gesetz" bezeichnet – ist ein Typ. An der Entwicklung der Staatsausgaben soll dies beispielhaft erläutert werden. Sie sind exakt messbar und werden nicht selten als Synonym für ‚den Staat' genutzt. Dies ist sicherlich eine stark verkürzte Sichtweise, ganz falsch ist sie allerdings nicht, drücken sich in den Staatsausgaben und -einnahmen direkt oder indirekt doch zahlreiche Aspekte des Verhältnisses von Staat und Wirtschaft bzw. Gesellschaft aus. Über die Determinanten, die die Entwicklung der Staatsausgaben beeinflussen, herrscht in der Literatur weitgehend Konsens. Unterschieden wird zwischen sozio-ökonomischen, ideologisch-kognitiven und politisch-institutionellen Faktoren. Die folgende Darstellung beschränkt sich auf die sozio-ökonomischen Faktoren und folgt damit einem in der Finanzwissenschaft verbreiteten Ansatz. Über ihre Bedeutung im Vergleich zu den anderen Determinanten wird damit nichts ausgesagt.

Die Gruppe der sozio-ökonomischen Determinanten wird wiederum dreigeteilt. (a) Bei den rein ökonomischen Faktoren als der ersten Untergruppe geht es vor allem um das Pro-Kopf-Einkommen als Ausdruck des Wohlstands. Es wird die These vertreten, dass mit zunehmendem Wohlstand aufgrund sich verändernder Bedürfnisstrukturen der Anteil der Staatsausgaben am Sozialprodukt zunimmt; die Nachfrage nach öffentlichen Gütern und Dienstleistungen besitzt eine Einkommenselastizität, die größer als eins ist. Obwohl es keinen einfachen Zusammenhang zwischen Pro-Kopf-Einkommen und absoluter sowie relativer Bedeutung der Staatsausgaben gibt, sind die Korrelationskoeffizienten für beide Größen innerhalb der Zeitabschnitte im 19. und 20. Jahrhundert, für die es quantitative Daten gibt – Kaiserreich, Weimarer Republik, Nachkriegszeit bis 1975, Phase ab 1975 – relativ hoch. Es existiert ein signifikanter statistischer Zusammenhang. (b) Bei den ökonomisch-technischen Faktoren als der zweiten Untergruppe geht es u.a. um folgende Thesen: (1) Aufgrund der geringeren Rationalisierungsmöglichkeiten des öffentlichen Sektors entsteht eine zunehmende Produktivitätslücke im Vergleich zum privaten Sektor, die die Kosten der öffentlichen Produktion überproportional ansteigen lässt. (2) Die zunehmende Arbeitsteilung erfordert eine permanente Ausweitung der administrativen Infrastrukturen (Rechtswesen, Verwaltung) und ökonomischen Infrastrukturen (Verkehr, Kommunikation). (3) Die zunehmende Kapitalintensivierung der Produktionsprozesse verlangt eine steigende Risikoübernahme durch den Staat mittels Subventionen, Direktbeteiligungen etc. (4) Die industrielle Produktion erzeugt soziale und ökologische Folgekosten, die ebenfalls ein verstärktes Engagement des Staates erfordern. Diese Zusammenhänge sind quantitativ-statistisch nur schwer oder gar nicht zu erfassen. (c) Bei den demographischen Faktoren als der dritten Untergruppe geht es um Bevölkerungswachstum, Bevölkerungsdichte, Urbanisierung und Altersstruktur. Auch hier liegen zahlreiche Regressionsanalysen vor, die wiederum eine enge statistische Beziehung zwischen diesen Faktoren und den Staatsausgaben aufzeigen.

Die Entwicklung der Staatsausgaben wird in diesem Ansatz auf die Einflüsse der sozio-ökonomischen Faktoren als den 'unabhängigen Variablen' zurückgeführt. Dabei wird davon ausgegangen, dass zwischen den Staatsausgaben als den 'abhängigen Variablen' und den sozio-ökonomischen Faktoren eine dauerhafte, stabile Beziehung besteht. Es ist nur konsequent, dass der 'Staat' als das definiert wird, was als 'Staatsausgaben' quantitativ erfasst werden kann. Als Institution, innerhalb der – unter dem Einfluss ganz unterschiedlicher gesellschaftlicher Interessen – komplizierte Zielsetzungs- und Entscheidungsprozesse auf sehr verschiedenen Ebenen ablaufen, tritt er kaum in Erscheinung. Im Vordergrund steht das Problem, Staatsausgaben und sozio-ökonomische Faktoren so voneinander zu trennen und aufeinander zu beziehen, dass statistische Korrelationen möglich werden. Dennoch darf die Bedeutung der statistisch-induktiven Erklärung historischer Sachverhalte grundsätzlich und auch für das hier angeführte Beispiel nicht unterschätzt werden. Die relativ kontinuierliche Entwicklung wichtiger Staatsquoten über einen Zeitraum von mehr als 100 Jahren, die signifikanten statistischen Zusammenhänge und die Ähnlichkeit der Entwicklung in fast allen Industriestaaten legen den Schluss nahe, dass es sich bei der Entwicklung der Staatsausgaben und –aufgaben tatsächlich um einen quasi unausweichlichen Prozess handelte, der vornehmlich durch strukturelle Entwicklungen geprägt wurde. Zumindest relativiert dieser Ansatz und sein Ergebnis das Bemühen historischer Untersuchungen, die Ausgaben- und damit letztlich auch die Einnahmenpolitik des öffentlichen Sektors ausschließlich aus den zeitspezifischen Macht- und Interessenverhältnissen zu erklären.

Verallgemeinert man diese kritischen Anmerkungen, so sollten folgende Punkte erwähnt werden:
– Faktoranalytische Ansätze zeichnen sich dadurch aus, dass oftmals empirische Regelmäßigkeiten mittels Induktion zu einer „Theorie" oder einem „Gesetz" verallgemeinert werden.
– Statistisch-induktive Zusammenhänge stellen aber keine Kausalerklärungen dar. Der (Nicht)Nachweis eines Zusammenhangs, der Grad der Signifikanz einer Relation zeigen keine Ursache-Wirkungs-Beziehung auf.
– Das Problem, abhängige und unabhängige Variablen zu trennen – bekanntlich hängt alles mit allem zusammen – und aufeinander zu beziehen, kann dazu führen, dass sich historische Zusammenhänge vornehmlich als statistische Interdependenzen darstellen, bei denen die technischen Probleme statistischer Korrelationen im Vordergrund stehen.
– Diese Art der Analyse ist daher ausgesprochen ahistorisch und kann keine differenzierte Untersuchung der zeitspezifischen Umstände ersetzen, die die öffentlichen Ausgaben ebenfalls beeinflusst haben.

C. Evolutorische Ansätze (am Beispiel der Wirtschaftsordnung)
Mit der so genannten Neuen Institutionenökonomik - 'neu' im Vergleich zur 'alten' um die Wende vom 19. zum 20. Jahrhundert – gewinnt seit einigen Jahren ein Ansatz an Bedeutung, der zwar grundsätzlich auf dem Boden der herkömmlichen libe-

ralen, neoklassischen Theorie steht, der aber die kulturellen, politischen oder rechtlichen Bedingungen, unter denen gewirtschaftet wird, nicht aus der Analyse ausklammert, sondern ausdrücklich mit einbezieht. Sein Ausgangspunkt ist wie der der gesamten Neoklassik der methodologische Individualismus und damit das Konstrukt des 'homo oeconomicus', einschließlich der nomologischen Hypothesen über dessen Verhalten: Er ist ein eigeninteressiertes, rational entscheidendes Individuum, das seinen Nutzen zu maximieren versucht. Allerdings geht die Neue Institutionenökonomik davon aus, dass er nicht allwissend ist, dass er aufgrund der Unsicherheit über zukünftige Entwicklungen, fehlender Informationen und mangelnder Fähigkeit die Informationen zu verarbeiten, über die er verfügt, nur bedingt in der Lage ist rational zu handeln. Das grundlegende Erkenntnisziel der Neuen Institutionenökonomik ist es, die Wirkungen von Institutionen auf das Verhalten der Individuen und damit auf wirtschaftliche, politische oder soziale Prozesse zu analysieren. Der Mensch agiert also nicht mehr wie in der ursprünglichen Neoklassik in einem von Institutionen freien Raum, sondern er hat es mit Institutionen zu tun, die seinem Handeln Restriktionen auferlegen. Gleichzeitig versucht die Neue Institutionenökonomik das Entstehen und den Wandel von Wirtschaftsordnungen zu erklären.

Was aber sind ‚Institutionen'? Im Folgenden wird bewusst die Sprache der Ökonomen benutzt, weil die Vertreter der Institutionenökonomik davon überzeugt sind, dass erst die sprachliche Fassung bestimmte, an sich bekannte Sachverhalte auf den Punkt bringt. Institutionen sind sozial anerkannte Regeln für angemessenes Verhalten in sich wiederholenden Entscheidungssituationen. Sie verdichten bewährte Erfahrungen und Verhaltensmuster und entlasten so von der stets neuen Suche nach akzeptablen Verhaltensweisen. Insofern vermitteln sie die soziale Dimension für individuelles Handeln. Die Regeln können spontan entstehen oder bewusst gesetzt werden und drücken sich in unterschiedlichsten Formen aus: in Sitten oder Normen (informelle/interne Institutionen), Verfassungen, Gesetzen oder Verordnungen (formelle/externe Institutionen). Ein in einem Unternehmen gültiger Verhaltenskodex kann ebenso eine Institution sein wie das Recht auf Privateigentum oder die Zunftverfassung. Institutionen/ Regeln erlauben oder verbieten bestimmte Verhaltensweisen. Indem sich die Menschen an Regeln orientieren, wird das Verhalten regelmäßig, also geordnet. Eine Wirtschaftsordnung kann somit als Gesamtheit der institutionellen Bedingungen, die den Entscheidungsraum der Wirtschaftssubjekte beschränken, definiert werden.

Ein erstes zentrales Theorieelement sind die ‚Property Rights'. Die traditionelle Neoklassik kennt nur das umfassende Eigentum, das ein extrem unrealistisches Konstrukt ist. Property Rights drücken dagegen differenzierter die Gestaltung der Verfügungs- oder allgemeiner der Handlungsrechte aus – nicht nur der Eigentums- oder Besitzrechte. Sie tragen aber auch dem Umstand Rechnung, dass soziale und wirtschaftliche Verhältnisse nicht nur rechtlich erfassbar sind, sondern zusätzlich von rechtlich nicht fixierten, gewachsenen Normen abhängen. Demzufolge können Verfügungsrechte umfassend als ökonomische und soziale Relationen definiert werden, die aus der Existenz von Gütern resultieren und sich auf deren Gebrauch beziehen. Sie bilden ein Bündel unterschiedlicher Rechte und nur wenn diese zusammenfallen, vermitteln sie das exklusive Recht, ein Gut zu nutzen, seine Form und Substanz zu verändern, sich die Erträge daraus anzueignen und es mit den damit zusammenhängenden Rechten auf andere zu übertragen. Absolute Rechte gelten gegenüber jedermann, relative gegenüber einzelnen Personen wie z.B. Lohnforderungen aus Arbeitsverträgen oder Mietforderungen aus Mietverträgen. Während sich die traditionelle liberale Theorie mit Gütern und Leistungen beschäftigt, die gemäß ihren materiellen Inhalten bewertet werden, hängt jetzt der Wert von den konkreten Verfügungsrechten ab, die übertragen werden. Beispielsweise ergibt sich der Wert eines Hauses nicht nur aus der Bausubstanz, sondern aus vielfältigen Rechten und Pflichten und nicht gesetzlich fixierten Einschätzungen. Wichtig ist zudem die Annahme, dass die Leistungsbereitschaft des Menschen um so größer ist, je spezifischer und exklusiver die Verfügungsrechte formuliert sind, d.h. je uneingeschränkter er Güter bzw. Rechte nutzen, sich die Erträge aneignen und sie verändern und tauschen kann.

Das zweite bedeutende Theorieelement stellen die ‚Transaktionskosten' dar. Sie bleiben in der traditionellen neoklassischen Theorie unberücksichtigt. Tatsächlich aber kostet jede ökonomische Transaktion etwas: Es entstehen Kosten bei der Durchsetzung der Verfügungsrechts, bei der Informationsbeschaffung, beim Abschluss und bei der Kontrolle von Verträgen, beim Aufbau und bei der Unterhaltung ganzer Rechtssysteme etc. Transaktionskosten sind Kosten die bei der „Nutzung" von Unternehmen, von Märkten und von politischen, letztlich gesellschaftlichen Systemen auftreten – allgemein bei der Schaffung, Veränderung, Nutzung und Übertragung von Institutionen und Organisationen. Bezogen auf die Property Rights umfassen sie alle Aufwendungen zu deren Herstellung, Durchsetzung und Sicherung. Während die Produktionskosten von Technologien und Faktorpreisen abhängen und mehr oder weniger systemneutral sind, wird die Höhe der Transaktionskosten wesentlich durch die Organisationsform bzw. das Institutionengefüge der Wirtschaft mitbestimmt; sie sind also systemspezifisch. Wirtschaftsordnungen als institutionelle Arrangements haben im Verständnis der Neuen Institutionenökonomik die Aufgabe die Transaktionskosten zu senken.

Die Transaktionskosten sind auch deshalb von besonderer Bedeutung, weil die Neue Institutionenökonomik von 'relationalen Verträgen' als drittem Theorieelement ausgeht. Relationale Verträge sind langfristige Vereinbarungen (Relationen) zwischen Vertragspartnern – durchaus nicht immer in schriftlich fixierter Form –, die nicht alle Eventualitäten eines Vertragsverhältnisses erfassen. Sie sind unvollständig, weil von eingeschränkter Rationalität der Vertragspartner und von einer asymmetrischen Verteilung der Informationen und Risiken ausgegangen wird. Für die investierenden Parteien stellt sich somit das Problem des ex ante-Schutzes gegen ex post-Unzulänglichkeiten. Da die Investitionen bei den Vertragsparteien meist unterschiedlich ausfallen, ist davon auszugehen, dass eine Partei bei Streitigkeiten eine bessere Ausgangslage besitzt und zwar die mit den geringeren Investitionen. Die Institutionenökonomen sprechen in diesem Zusammenhang martialisch von möglichen „Raubüberfällen", die durch konsequente Ausnutzung der stärkeren Position möglich sind und der sich die schwächere Partei durch „Geiselnahme" und ähnlichen Strategien zu erwehren versucht. In jedem Fall ist relationalen Verträgen ein "moralisches Risiko" immanent, weil von "opportunistischem" Verhalten der Vertragspartner auszugehen ist. Da sie nur begrenzt durch das Recht gesichert werden können, müssen sie bei Streitigkeiten immer wieder durch private Arrangements zwischen den Vertragspartnern ergänzt werden. All das erzeugt Transaktionskosten. Die verschiedenen Theorieelemente können zu einem Modell des institutionellen Wandels zusammengefügt werden, dem folgende Prämissen zu Grunde liegen: (1) Der institutionelle Wandel geht auf individuelle Wahlentscheidungen zurück. (2) Institutionen sind knappe Güter, deren Preis bzw. (Transaktions-)Kosten minimiert werden sollen. (3) Institutionengefüge, die die Verfügungsrechte spezifisch und exklusiv zuordnen, wirken sich auf die Leistungsbereitschaft und letztlich auf die Wirtschaftsentwicklung positiv aus. Fügt man diese Prämissen zusammen, so ist die treibende Kraft, die hinter der Entwicklung von Wirtschaftsordnungen steht, die Suche nach "effizienten" Institutionen. Effizient ist eine Ordnung, die die Transaktionskosten senkt. Dieses Modell spiegelt die evolutorische Perspektive der Neuen Institutionenökonomik wider.

Die spezifischen Ursachen für den Wandel von institutionellen Arrangements sind ebenso vielfältig wie die für deren Stabilität. Während man bei der Veränderung einzelner Ordnungselemente innerhalb eines grundsätzlich weiter bestehenden Wirtschaftssystems von Wirtschaftsreformen spricht, bezeichnet man den grundsätzlichen Wandel aller wesentlichen Ordnungselemente meist als Transformation. Auf die zahlreichen Transformationstheorien, die in der Vergangenheit entwickelt worden sind, kann hier nur hingewiesen werden. Sie reichen von marxistischen Determinismustheorien über Kumulationseffekttheorien bis zu Konvergenztheorien.

In der neuzeitlichen Geschichte sind die bevorzugten Untersuchungsfelder der Institutionenökonomen die, die Wirtschaftshistoriker schon immer besonders interessiert haben: enclosure-Bewegung, Auflösung der feudal-ständischen Abhängigkeiten und der Allmende, Beseitigung der Zünfte und Einführung der Gewerbefreiheit, Bildung von modernen Unternehmen und Aktiengesellschaften, Durchsetzung eines modernen Patentrechtes etc. Der damit verbundene institutionelle Wandel führte zu freien Arbeitskräften, zu privatem Bodeneigentum, zur "Privatisierung" des Handwerks, des gewerblichen Eigentums generell und des geistigen Eigentums, zur Vertragsfreiheit etc. Parallel dazu entwickelte sich der moderne Gesetzes- und Verwaltungsstaat, dessen allgemein anerkannte kapitalistische Spielregeln auf der Grundlage entsprechender institutioneller Regeln die Transaktionskosten des Wirtschaftssystems nach institutionenökonomischer Auffassung senkten. Die ganze Entwicklung war durch die zunehmende Spezifizierung der Verfügungsrechte gekennzeichnet, die dazu führte, dass individuelle Leistungen individuell zurechenbare Erträge brachten.

Bei der Anwendung auf wirtschaftsgeschichtliche Tatbestände steht die Neue Institutionenökonomik erst am Anfang. Sie umreißt eher ein Forschungsprogramm, als dass sie bereits ein in sich geschlossenes Theoriegebäude darstellt. Immerhin ist damit ein Ansatz formuliert worden, der trotz seiner neoklassischen Basis nicht sofort als modelltheoretische Spielerei abgetan werden sollte, sondern eine empirische Überprüfung verdient. Allerdings bestehen wesentliche Kritikpunkte, die vor allem

an der – für die historische Analyse besonders relevanten – Theorie des institutionellen Wandels geübt werden können:
- Die universelle Geltung des neoklassischen Rationalprinzips oder die Reduktion der Ursachen geschichtlicher Abläufe auf das ökonomische Kosten-Nutzen-Kalkül greift zu kurz. Wirtschaftsordnungen auch als soziale und kulturelle Gebilde sind von enormer Komplexität und sperren sich gegen einen monokausalen Zugriff. Wirtschaftsgeschichte ist keine Einbahnstraße in Richtung Senkung von Transaktionskosten oder von Barrieren, die der Individualisierung von Verfügungsrechten im Wege stehen.
- Insofern verfügt dieser Ansatz auch über kein Konzept der Entscheidung zwischen institutionellen Alternativen. Letztlich bestätigt er lediglich die Lösungen, die sich tatsächlich durchgesetzt haben als die in dieser besonderen historischen Situation kostengünstigsten.
- Es gibt zwar evolutorische Momente, gleichzeitig ist die komparativ-statische Perspektive aber weiterhin vorhanden. Indem die Kosten und Nutzen von Institutionen verglichen werden, herrscht die Vorstellung vom Gleichgewicht und Ungleichgewicht – in diesem Fall von Institutionen –, obwohl es sich beim Wandel von Wirtschaftsordnungen doch um dynamische Prozesse handelt, die solche Gleichgewichte nicht kennen.
- Die dargestellte Theorie bietet kein Konzept zur Identifikation und Messung von Transaktionskosten, was eine empirische Überprüfung erschwert. Ist es schon schwer, Transaktionskosten innerhalb einer betrieblichen Organisation wie z.B. einem Fronhof oder einem Unternehmen operational zu definieren, so dürfte dies bei gesellschaftlichen Institutionen wie z.B. Zunftverfassung oder Gewerbefreiheit unmöglich sein.
- Das Problem von Ideologie, von sozialer Ungleichheit, von Zwang, von Unterdrückung oder Gewalt bleibt ausgeblendet. Die Fragen, ob die gewählte institutionelle Alternative vor allem einer Minderheit nutzt, ob vielleicht die Mehrheit sogar schlechter gestellt ist, ob bestimmte, meist schwächere Mitglieder einer Wirtschaftsgesellschaft zur Akzeptanz von Institutionen gezwungen werden, können von diesem Ansatz nicht beantwortet werden. Sie stehen aber im Mittelpunkt einer Wirtschaftsgeschichte, die sich als empirische, historisch orientierte Sozialwissenschaft versteht.

D. Entscheidungstheoretische Ansätze (am Beispiel des Staates)
Die liberale Wirtschaftswissenschaft ist eine Entscheidungswissenschaft, die ursprünglich nur das Verhalten der Menschen auf 'wirtschaftlichen Märkten' analysiert hat. Erst die so genannte Neue Politische Ökonomik als eine spezielle Richtung der neoklassischen Theorie versucht den entscheidungstheoretischen Ansatz auf 'politische Märkte' zu übertragen. Wiederum bildet der methodologische Individualismus die Basis für diese Art der Analyse politischer und administrativer Systeme. Wähler, Politiker oder Bürokraten verhalten sich auf dem staatlich-politischen „Markt" genauso wie Konsumenten und Investoren auf dem privat-wirtschaftlichen Markt: Sie

versuchen ihren Nutzen zu maximieren. Der einzelne Bürger will bei Wahlen seine spezifischen Interessen durchsetzen. Der einzelne Politiker will möglichst viel Macht, Prestige oder Einkommen erlangen. Der einzelne Bürokrat will ebenfalls möglichst viel Einfluss und Ansehen gewinnen. In Anlehnung an die neben dem Markt existierenden gesellschaftlichen Koordinierungsverfahren – Wahl, Hierarchie, Verhandlung – haben sich ökonomische Theorien der Demokratie, der Bürokratie und der Kollektiventscheidungen entwickelt. Im Folgenden soll beispielhaft eine Theorie der Bürokratie vorgestellt werden, weil sie sich unmittelbar auf Entscheidungsprozesse in der Verwaltung bezieht, die man als den Staat im engeren Sinne interpretieren könnte.

Im faktoranalytischen Ansatz (Abschnitt B) ist der Staat von der Wirtschaft abhängig, d.h., die Nachfrage nach öffentlichen Leistungen bestimmt das Angebot. Im Folgenden wird dagegen untersucht, wie das Angebot von öffentlichen Leistungen durch die daran beteiligten Verwaltungen beeinflusst wird. Die klassische Bürokratietheorie, die insbesondere auf Max Weber (1864-1920) zurückgeht, sieht in der Verwaltung ein zweckrationales Instrument zur Erreichung politisch vorgegebener Ziele, eine „maschinenhafte Exekutive" mit dem Typ des „neutralen Beamten" im Entscheidungszentrum. Demgegenüber geht die moderne Bürokratieforschung von einem Beamtentyp aus, der eigene, durchaus eigennützige Absichten, Ziele und Handlungsstrategien verfolgt. Bei der Analyse des Innenverhältnisses einer Bürokratie wird mit unterschiedlichen Nutzenfunktionen einzelner Amtsträger operiert, während bei der des Außenverhältnisses in der Regel eine einheitliche Nutzenfunktion der betreffenden Verwaltung unterstellt wird. In jedem Fall rücken die Eigeninteressen der Beamten und Verwaltungen, die in der klassischen Bürokratietheorie weitgehend ausgeblendet werden, in den Vordergrund. Die Nutzenfunktion eines Bürokraten umfasst Gehalt, Sondervergütungen, Ansehen, Macht, Protektion etc. Dabei hängen diese Parameter im Wesentlichen vom Umfang des Budgets der Verwaltungseinheit ab, in der er arbeitet. Zu den grundlegenden Merkmalen staatlicher Verwaltung gehört nach diesem Ansatz weiterhin ihre Monopolstellung gegenüber den Politikern, die auf deren Wissen und Kompetenz angewiesen sind. Sie erlaubt es den Bürokraten, ihre eigenen Interessen auf eine Art und Weise wahrzunehmen, wie es unter Konkurrenzverhältnissen nicht möglich wäre. Das Fehlen von Eigentumsrechten an einem möglichen Nettonutzen von Verwaltungstätigkeit ist ein weiteres kennzeichnendes Element. Das alles führt dazu, dass Bürokraten kein Interesse an einem effizienten Einsatz der Ressourcen haben. Als Maß aller Produktionsleistungen einer Verwaltung wird wiederum das Budget angesehen.

Die ökonomische Theorie der Bürokratie geht also davon aus, dass sich Regierungen/Politiker und Verwaltungen/Bürokraten in der Konstellation des bilateralen Monopols befinden: Die Verwaltung gibt ihre Leistung ausschließlich an die Regierung ab, die die von ihr nachgefragten Dienste ausschließlich von dieser erhält. Im Mittelpunkt der Beziehungen zwischen Politiker und Bürokraten steht das Budget. Während die Regierung die Budgethöhe vom Ergebnis der Wahlen abhängig macht, versucht die Verwaltung aus den genannten Motiven das Budget stets zu maximieren. Letztere befindet sich dabei gegenüber der Regierung als Finanzier insofern in einer starken Stellung, als sie als monopolistischer Optionsfixierer auftreten kann. Sie überlässt der Regierung als Optionsempfänger nur die Möglichkeit, das unteilbare Leistungsangebot zu dem von ihr bestimmten „Preis" – sprich Budget – anzunehmen oder abzulehnen. Die Regierung wird demgegenüber bemüht sein, das Leistungsangebot zu möglichst geringen Kosten zu erhalten. Sie wird die Haushalte der Verwaltungen so niedrig ansetzen, dass das Leistungsangebot gerade nicht beeinträchtigt wird. Die Strategie der Verwaltung muss es daher sein, ihre Leistungen tatsächlich oder auch nur vorgetäuscht auszuweiten, um eine Erhöhung des Budgets zu erreichen. Da die Regierung in der Regel die zusätzlichen Kosten für die zusätzlichen Leistungen nicht kennt, kann sie auch nicht den zusätzlichen Nutzen – soweit er überhaupt messbar ist – mit dessen Kosten vergleichen und somit auch nicht das optimale Budget ermitteln. Sie wird deshalb das zusätzliche Leistungsangebot gewöhnlich mit einem höheren Budget belohnen. Die Verwaltung erreicht die angestrebte Budgetmaximierung also am ehesten durch Überproduktion. Dies führt zu öffentlichen Haushalten, deren Umfang über dem der gesellschaftlichen Nachfrage liegt.

In der traditionellen (wirtschafts-)historischen Forschung hat das Eigeninteresse von Bürokraten zwar implizit – teilweise auch explizit –, kaum aber systematisch und Theorie geleitet Beachtung gefunden. Eine eingehendere Überprüfung seiner Operationalität für die Geschichtsschreibung steht daher noch aus. Einige Probleme der ökonomischen Theorie der Bürokratie sind aber offensichtlich:

- Die Reduzierung der Motive und Verhaltensweisen der Bürokraten auf die Verfolgung eigennütziger Interessen ist genauso einseitig wie das Bild des neutralen, nur den vorgegebenen Sachzielen verpflichteten Beamten. Auch wenn die Hypothese der Budgetmaximierung einen erheblichen Erklärungsgehalt für das Verhalten von Bürokratien besitzt, so drohen durch ihre Dominanz doch andere Verhaltensweisen zu sehr in den Hintergrund zu treten.
- Im Übrigen können Bürokraten ihr Streben nach Macht, Prestige oder Einkommen auch ohne Budgeterhöhung verwirklichen, indem sie ihren Einfluss über den Ausbau der öffentlichen Regulierungskompetenz erweitern. Generell drückt sich die Ausweitung der Staatstätigkeit nicht allein in der Erhöhung der öffentlichen Haushalte aus.
- Ein wesentliches Defizit besteht darin, dass die behördlichen Außenbeziehungen, insbesondere die zwischen Verwaltung und Lobby, kaum problematisiert werden. Sie können aber zu so engen Beziehungsgeflechten führen, dass die Verwaltungen ihrerseits wieder vom Fachwissen entsprechender Spezialisten bzw. Verbände abhängig werden.

V. Offene Fragen und Defizite

Einerseits hat die traditionelle neoklassische Wirtschaftswissenschaft das Thema Staat und Wirtschaftsordnung weitgehend aus ihrem Untersuchungsbereich ausgeschlossen. Andererseits hat die Wirtschaftsgeschichte Probleme, dieses Thema generalisierend zu behandeln. Dies ist vornehmlich darauf zurückzuführen, dass hier anders als bei rein ökonomischen Zusammenhängen kulturelle, soziale oder politische Faktoren eine besondere Rolle spielen; sie sperren sich gegen übergreifende Interpretationsmuster im Sinne nomologischer Hypothesen. Der Anspruch, die historischen Entwicklungen mit raum- und zeitlosen Gesetzmäßigkeiten zu erklären, muss in diesem Untersuchungsgebiet scheitern; insofern ist die traditionelle Wirtschaftswissenschaft mit ihrem neoklassischen Ansatz überfordert. Die Neue Institutionenökonomik zeigt allerdings Perspektiven auf, die weiterentwickelt werden sollten. Will man grundsätzlich nicht darauf verzichten, generalisierende Hypothesen aufzustellen, sollte man sich auf einzelne Facetten des Themas Staat und Wirtschaftsordnung und bestimmte Epochen und Gesellschaftssysteme konzentrieren. ,Historische Modelle' oder ,Theorien mittlerer Reichweite' müssen das Ziel sein. Interdisziplinäres Vorgehen im Sinne einer sozialwissenschaftlich orientierten Wirtschaftsgeschichte ist der angemessene Weg. Gerade beim Thema Staat und Wirtschaftsordnung ist es notwendig, dabei auch das Theorieangebot der Soziologie und der Politologie zu prüfen. Zu diesem methodischen Vorgehen gehört auch, dass die theoretische Hypothese durch hermeneutisches Verstehen, die Analyse durch Beschreibung ergänzt wird. Es kommt nicht auf methodischen Purismus, sondern auf gute Erklärungsansätze an.

Literaturliste

AMBROSIUS, Gerold, Staat und Wirtschaftsordnung. Eine Einführung in Theorie und Geschichte, Stuttgart 2001.
BREUER, Stefan, Der Staat. Entstehung, Typen, Organisationsstadien, Reinbek bei Hamburg 1998.
ERLEI, Mathias u.a., Neue Institutionenökonomik, Stuttgart 1999.
EUCKEN, Walter, Die Grundlagen der Wirtschaftspolitik, Tübingen 1952.
FLORA P., U.A., State, Economy and Society in Western Europe 1815–1975. A Data Handbook in two Volumes, I, Frankfurt am Main 1983.
FREY, Bruno S.; KIRCHGÄSSNER, Gebhard, Demokratische Wirtschaftspolitik. Theorie und Anwendung, München 1994.
GUTMANN, Gernot, Volkswirtschaftslehre. Eine ordnungsorientierte Einführung, Stuttgart 1990.
HENSEL, Karl Paul, Grundformen der Wirtschaftsordnung. Marktwirtschaft, Zentralverwaltungswirtschaft, München 1978.
HUBER, Ernst Rudolf, Deutsche Verfassungsgeschichte seit 1789, 8 Bde., Stuttgart 1957 ff.
JESERICH, Kurt G. A. u.a. (Hg.), Deutsche Verwaltungsgeschichte, 5 Bände, Stuttgart 1982 ff.
KIRSCH, Guy, Neue Politische Ökonomik, Düsseldorf 1997.
KOLB, Gerhard, Grundlagen der Volkswirtschaftslehre. Eine wissenschafts- und ordnungstheoretische Einführung, München 1997.

LAMPERT, Heinz, Die Wirtschafts- und Sozialordnung der Bundesrepublik Deutschland, München 1985.

LEINEWEBER, Norbert, Das säkulare Wachstum der Staatsausgaben. Eine kritische Analyse, Göttingen 1988.

NISKANEN, William A., Bureaucracy and Representative Government, Chicago 1974.

NORTH, Douglass C., Theorie des institutionellen Wandels, Tübingen 1988.

NUSSBAUM, Helga; ZUMPE, Lotte (Hg.), Wirtschaft und Staat in Deutschland. Eine Wirtschaftsgeschichte des staatsmonopolistischen Kapitalismus in Deutschland vom Ende des 19. Jahrhunderts bis 1945 in drei Bänden, Berlin-Ost 1978 ff.

PETERS, Hans-Rudolf, Einführung in die Theorie der Wirtschaftssysteme, München 1993.

RICHTER, Rudolf, Institutionen ökonomisch analysiert. Zur jüngeren Entwicklung auf einem Gebiet der Wirtschaftstheorie, Tübingen 1994.

SACHVERSTÄNDIGENRAT zur Begutachtung der gesamtwirtschaftlichen Entwicklung, verschiedene Gutachten.

SCHÖNWITZ, Dietrich; WEBER, Hans-Jürgen, Wirtschaftsordnung. Eine Einführung in Theorie und Praxis, München, Wien 1983.

VOLCKART, Oliver, Wettbewerb und Wettbewerbsbeschränkungen im vormodernen Deutschland 1000–1800, Tübingen 2002.

WUNDER, Bernd, Geschichte der Bürokratie in Deutschland, Frankfurt a.M. 1986.

Werner Plumpe

Industrielle Beziehungen

1. Zum Gegenstand

Bei dem Begriff der „Industriellen Beziehungen" handelt es sich um einen aus der angelsächsischen industrie- und betriebssoziologischen Diskussion übernommenen Begriff (engl.: industrial relations) [WINCHESTER 1983]. Er bezeichnet die betrieblichen und überbetrieblichen Beziehungen zwischen den Arbeitsmarktparteien und den jeweiligen Stand ihrer formellen und informellen Regulierung. Mit Walther Müller Jentsch [MÜLLER-JENTSCH 1986, 17] lässt sich folgende allgemeine Definition geben: „Arbeits- oder industrielle Beziehungen bezeichnen jene eigentümliche Zwischensphäre im Verhältnis von Management und Belegschaft, von Arbeitgeberverbänden und Gewerkschaften, deren eigentlicher Gegenstand friedliche oder konfliktorische Interaktionen zwischen Personen, Gruppen und Organisationen sind, sowie die aus solchen Interaktionen resultierenden Normen, Verträge und Institutionen." Den Gegenstand der Industriellen Beziehungen gliedert man in der Regel nach drei Ebenen:
- Makroebene: Rechtlich-politischer Rahmen der Beziehungen von Kapital und Arbeit allgemein;
- Mesoebene: Arbeitsmarktbeziehungen, Tarife, Löhne auf der Verbands- bzw. Branchenebene;
- Mikroebene: Arbeitsverhältnisse und -bedingungen sowie deren Regulierung auf betrieblicher Ebene.

Der Gegenstand der Industriellen Beziehungen lässt sich ebenfalls unter dem Gesichtspunkt der *Akteure* (Staat, Gewerkschaften, Betriebsräte, Arbeitgeberverbände etc.) sowie unter der Perspektive der *Regulierungsformen* (formelle, informelle Regulierungsformen, Verrechtlichungsgrade etc.) gliedern, jedoch soll hier im Folgenden nach den Handlungsebenen differenziert werden, da sich nur auf ihnen die Industriellen Beziehungen als spezifische Interaktionsform erfassen lassen.

Denn hinter dem Begriff *Industrielle Beziehungen* verbirgt sich kein Zustand, sondern ein Interaktionsverhältnis und die Art und Form dieser Interaktion. Industrielle Beziehungen weisen eine mehrfache Bedingtheit auf:
- durch den Stand und die Struktur der Wirtschaft und der Arbeitsprozesse,
- durch die hiermit zusammenhängende Verhandlungsposition und die Machtressourcen der sozialen Akteure,
- durch die jeweiligen formellen Festschreibungen des Rahmens der industriellen Beziehungen durch die Politik und das Rechtssystem.

Im weitesten Sinne kann vor diesem Hintergrund als *Funktionssegment der Industriellen Beziehungen die Regulierung der betrieblichen und überbetrieblichen Arbeitsmärkte* bezeichnet werden. Sie stellen damit ein integrales Element der Funktionsweise des Wirtschafts- und Sozialsystems dar. Ihre Bedeutung für die Funktionsweise moderner Industriegesellschaften ist somit kaum zu überschätzen. Über die Art und Struktur der industriellen Beziehungen ist nicht nur zu einem wichtigen Teil die soziale Integrationsfähigkeit einer modernen Erwerbsgesellschaft bestimmt, sondern auch ein Großteil des sozialen und wirtschaftlichen Wandels vermittelt, definiert sich zu einem nicht unerheblichen Teil die Anpassungsfähigkeit und Flexibilität einer Wirtschaft, insbesondere in dynamischen Umweltsituationen.

2. Zur bisherigen Thematisierung des Gegenstandes in der Historiographie

Wegen der relativen Neuheit des Begriffes finden sich explizite Studien zur Geschichte der Industriellen Beziehungen im deutschen Sprachraum im Gegensatz etwa zu Großbritannien kaum. Gleichwohl sind in der allgemeinen sozial- und wirtschaftshistorischen Literatur der Gegenstand oder doch zumindest wichtige Aspekte von ihm breit behandelt worden, stellen sie doch das eigentliche Forschungsfeld wirtschafts- und sozialhistorischer Arbeiten dar.

Die Ursprünge der Thematisierung der Industriellen Beziehungen und ihrer Entwicklung liegen freilich nicht hier. Mit der Durchsetzung freier Arbeitsmärkte im deutschen Fall seit den ersten Jahrzehnten des 19. Jahrhunderts stellte sich für die Zeitgenossen das doppelte Problem, die Funktionsweise des neuen Marktes zu begreifen und zugleich die mit ihm offenkundig verbundenen sozialen Probleme der Industriearbeit zu begreifen und politisch zu bewältigen. So war die Geschichte der Thematisierung der Industriellen Beziehungen eine Geschichte von Selbstbeschreibungen der industriellen Welt, die mit dem Ziel unternommen wurden, zugleich mit der Beschreibung der Arbeitswelt Auswege aus der wirklichen oder vermeintlichen sozialen Krise des Früh- und Hochkapitalismus zu weisen. Auf diese Weise kam es zu einer im Nachhinein nur schwer entwirrbaren Verquickung normativer und deskriptiver Elemente in den zeitgenössischen Betrachtungen der „sozialen Frage", eine Vermischung freilich, die auch in den nachfolgenden Jahrzehnten für diesen Teil der Wirtschafts- und Sozialwissenschaften und die öffentliche Debatte über die Industriellen Beziehungen typisch blieb, die sich vielleicht am markantesten in dem Begriff „Sozialpolitik" widerspiegelt [VOM BRUCH 1985; JANTKE 1955; KOCKA 1990; REULECKE 1983; SCHUSTER 1987].

Erste Darstellungen der Industriellen Beziehungen oder einzelner ihrer Themenfelder stammten daher in der Regel aus der Feder entweder von historisch arbeitenden Ökonomen und Sozialwissenschaftlern oder von engagierten Sozialpolitikern, wobei die sich in Anlehnung an die Arbeiten von Marx und Engels äußernden Schriftsteller behaupteten, in ihrem Falle würden Diagnose und Therapie zusammenfallen, zumindest aber die Therapie sich zwingend aus der Diagnose ergeben, während die bürgerliche Sozialreform in der Regel nicht wissenschaftlich, sondern politisch-funktional im Sinne der Erhaltung der bestehenden Systemstrukturen oder der Beförderung deutscher Weltgeltung argumentierte, gleichwohl aber ebenso dazu neigte, die Grenzen zwischen Wissenschaft und Politik zu verwischen. Um das Feld derartiger Arbeiten abzustecken, sei exemplarisch auf so heterogene Studien wie die von Engels zur Lage der arbeitenden Klasse in England, von Weber zur Landarbeiterfrage, von Herkner zur Arbeiterfrage oder von Brentano zur Arbeitszeitfrage verwiesen [ENGELS 1845/1970; M.WEBER 1894; HERKNER 1905; BRENTANO 1931].

Eine im eigentlichen Sinne wissenschaftliche Betrachtung der Industriellen Beziehungen, begann in Deutschland daher erst mit der schärferen Trennung von deskriptiven und normativen Elementen in den einschlägigen Analysen im Kontext des Methodenstreites in den Sozialwissenschaften. Mit dem Namen Max Webers verbindet sich dabei nicht allein die Kritik der Vermischung von analytischen Aussagen und Werturteilen [M. WEBER 1904 (1988)], er muss auch zu den Gründervätern der deutschen Arbeitssoziologie und damit zu den entscheidenden Impulsgebern einer eigenständigen Thematisierung von Industriellen Beziehungen gerechnet werden [M. WEBER 1908 (1988); DERS.1908/1909 (1988)]. Für Webers Analysen kennzeichnend ist dabei nicht nur die Ablehnung wertender Urteile, auch wenn ihm die Bedeutung arbeits- und industriesoziologischer Forschung für den Interessentenkreis etwa von Arbeitgeberverbänden und Gewerkschaften nur zu bewusst war. Im Gegensatz zu früheren Untersuchungen ziele der Verein für Socialpolitik mit seiner 1908 geplanten Enquete über die Arbeiterschaft der Großindustrie ausschließlich auf die „sachliche und objektive Feststellung von Tatsachen" [M. WEBER 1908, 2 (1988)]. Dies hieß nicht, dass keine wissenschaftliche Programmatik, im vorliegenden Fall eine Orientierung an den Anfängen der Ergonomie und der Psychophysik Ernst Kraepelins und anderer, verfolgt wurde, sondern bedeutete vor allem den Verzicht auf die Erarbeitung sozialpolitischer Rezepturen, wie sie für frühere Stellungnahmen des Vereins für Socialpolitik typisch gewesen waren, und damit freilich einen radikalen Bruch im bisherigen Selbstverständnis, der daher notwendig umstritten blieb [KRÜGER 1983; BOESE 1939].

Die Doppelstellung der frühen Studien zur Problematik industrieller Beziehungen zwischen Diagnose und Therapie war kein deutsches Spezifikum, sondern fand sich in ähnlicher Weise in Großbritannien, prototypisch verkörpert im Werk von Sidney und Beatrice Webb, den Begründern der London School of Economics [B. WEBB 1926 (1988)]. Doch auch hier zeichnete sich eine Trennung wissenschaftlicher und politischer Argumentation ab, wenngleich die Webbs stets prominente und bewusste Vertreter beider Seiten blieben und sowohl in der Gewerkschaftsbewegung wie der Wissenschaft von den Industriellen Beziehungen zu den wichtigsten Impulsgebern zählten [FOX 1975].

Die Nebeneinanderexistenz wissenschaftlicher und sozialpolitischer Literatur sowie das Fortdauern marxistischer Arbeiten, in denen die Möglichkeit einer Trennung von Wissenschaft und Politik energisch bestritten wurde, bestimmten spätestens seit dem Ersten Weltkrieg das Feld der Analyse der Industriellen Beziehungen. Durch die Ergebnisse des Krieges und die Revolution, deren wichtigstes Ergebnis zweifellos die rechtliche Verankerung des kollektiven Arbeitsrechtes in Deutschland war, trat zudem die Ausgestaltung der Industriellen Beziehungen als einer Schlüsselgröße des deutschen Wiederaufbaus nach dem verlorenen Krieg auf die Tagesordnung. Beides zusammen ließ die einschlägige Literatur stark anschwellen [SCHUSTER 1987; HINRICHS/PETER 1976; HINRICHS 1981].

Im Rahmen der wissenschaftlichen Diskussion meldete sich in den zwanziger Jahren erstmals auch die noch junge Betriebswirtschaftslehre zu Wort, deren Vertreter vor 1914 sich kaum mit Fragen der Organisation der Arbeitsmärkte und der betrieblichen Arbeitsprozesse beschäftigt hatten [DIETRICH 1914; JOHANNING 1901; KOCKA 1969]. Ihr rein kaufmännisch-administratives Paradigma geriet indes durch den Weltkrieg, den Zusammenbruch der Arbeitsproduktivität und der Legitimität bisheriger betrieblicher Organisationsstrukturen angesichts rebellierender Arbeitergruppen unter starken Anpassungs- und Differenzierungsdruck. Das Ergebnis dieses Drucks war nicht nur die Aufnahme von Passagen zur Gestaltung der betrieblichen Sozialbeziehungen in Standardlehrbücher der Betriebswirtschaftslehre [NICKLISCH 1932]. Stärker noch schlug sich dieser Wechsel disziplinär und schließlich auch institutionell (Etablierung eines Institutes für Betriebswissenschaft an der TU Charlottenburg 1927–1936) in der zeitweiligen Verselbständigung einer Betriebswissenschaft nieder, die explizit analytische und normative Ziele verfolgte, nämlich durch Gestaltungshinweise für die Arbeitsbeziehungen zur Steigerung der Arbeitszufriedenheit und zur Erhöhung der Arbeitsproduktivität beizutragen. Mit den Namen von Götz Briefs und Ludwig A.H. Geck verbanden sich umfangreiche Forschungen zu einschlägigen Fragen sowie die Entwicklung einer Rezeptur zur Lösung der Legitimationsprobleme der Betriebe, die stark in Richtung gemeinschaftsorientierter Unternehmensführung tendierte und damit späterhin zumindest der Begrifflichkeit nach in die Nähe nationalsozialistischer Betriebsgemeinschaftskonzepte gerückt werden konnte, auch wenn dies sachlich nicht zu rechtfertigen ist. Schon eher scheint eine gewisse thematische und methodische Nähe zur heutigen Unternehmenskulturdebatte gegeben [BRIEFS 1930; DERS. 1934; GECK 1935, KRELL 1988].

Neben Arbeits- und Industriesoziologie in der Nachfolge Webers und eine sich ausdifferenzierende Betriebswissenschaft, die die materiellen Grundlagen, Voraussetzungen und Bedingungen von Industriellen Beziehungen zu erfassen trachteten, trat spätestens seit der Jahrhundertwende ein weiterer Zugriff auf die Entwicklung der Beziehung von Kapital und Arbeit, der nicht von den Arbeitsprozessen und ihrer Organisation, sondern von der Mesoebene der Beziehungen zwischen Arbeitgeberverbänden und Gewerkschaften, die sich um die Jahrhundertwende als Organisationen offensichtlich dauerhaft etabliert hatten, ausging. Die entstehende Verbände- und Arbeitsmarktforschung thematisierte vor diesem Hintergrund die Arbeitsmarktfunktion der Verbände einerseits, deren binnenstrukturelle Entwicklung andererseits. Mit dem Namen des deutschen Soziologen Robert Michels ist bis heute eines der einflussreichsten Konzepte zur Analyse von Organisationen verbunden, das – basierend auf empirischen Analysen – eine fast zwangsläufige Entwicklung zur Organisationselitenbildung unterstellt. In die Beschreibung der Beziehungen von Kapital und Arbeit aus organisatorischer Sicht ordnet sich auch die frühe Geschichtsschreibung von Arbeitgeberverbänden und Gewerkschaften ein. Insofern sie, etwa Adolf Weber, explizit die Beziehungen zwischen Gewerkschaften und Arbeitgeberverbänden betont, kommt dieser Strang der Forschung dem heutigen Konzept der Industriellen Beziehungen bereits relativ nahe.

Es lassen sich mithin vier Traditionsstränge in der Geschichte der Analyse der Industriellen Beziehungen festmachen, nämlich die Arbeits- und Industriesoziologie, die Betriebswissenschaft, die Organisationssoziologie und die Arbeitsmarktforschung, die zumindest bis zur Jahrhundertwende entsprechend der dominierenden historischen Ausrichtung der systematischen Sozialwissenschaften in Deutschland vorwiegend historisch arbeiteten. Diese historische Methode bedingte eine Gemeinsamkeit in der Argumentation, die mit dem Methodenstreit in der deutschen Sozialwissenschaft zerbrach. Danach erfolgte eine zunehmende Ausdifferenzierung und gegenseitige Ausgrenzung der Disziplinen und Perspektiven sowie ein Wechsel des empirischen Gegenstandszugriffes hin zu einer stark aktuellen Wirklichkeitsaufnahme, die an die Stelle historischer Langfristperspektiven trat. In den explizit historischen Arbeiten hielt sich zwar weiterhin eine gewisse Multidisziplinarität, etwa in den Arbeiten Sombarts, die aber gemessen an den sich stetig verbessernden theoretisch-methodischen Standards der einzelnen Disziplinen zumindest theoretisch-methodisch immer belangloser wurde [BROCKE 1972].

Zugleich mit der Ausdifferenzierung und Enthistorisierung der einzelnen perspektivischen Zugriffe auf die Industriellen Beziehungen zerbrach – wie gesagt – die Einheit der „Socialpolitik" im Methodenstreit. Die vier Traditionslinien der Geschichtsschreibung der Industriellen Beziehungen lassen sich daher seit dieser Zeit nicht nur nach ihrem Argumentationstyp (historisch vs. „analytisch"), sondern ebenso nach dem Umgang mit der normativen und deskriptiven Dimension der Betrachtungsweisen gliedern. Während sich aus der historischen Argumentationsweise schließlich eine eigenständige Perspektive, eben die der Geschichte der Industriellen Beziehungen, herausbildete, differenzierte sich auch die Sozialpolitik in einen wissenschaftlichen und einen politischen Zweig. Das Werturteilsproblem bleibt indes allen Arbeiten zu den „Industriellen Beziehungen" anhaften, da diese selbst, wie betont, eine Interaktionsbeziehung bilden, einen ständigen Machtkampf darstellen, in den auch die Analysen dieser Auseinandersetzung wiederum als Machtressourcen und Kommunikationshilfen einfließen.

Eine Zusammenfassung der unterschiedlichen Traditionslinien und disziplinären Ansätze, die hier nicht im einzelnen dargestellt werden können, in der Betrachtung von Interaktionsbeziehungen auf Arbeitsmärkten unter dem Begriff „Industrielle Beziehungen" erfolgte in systematischer Weise im angelsächsischen Sprachraum in den sechziger Jahren, ohne dass es indes zu einer theoretischen Systematisierung des Ansatzes gekommen wäre, den man im Gegenteil theoretisch-methodisch bewusst offen konzipierte: „In short ... the subject of industrial relations may be defined as the study of all aspects of job regulations – the making and administering of the rules which regulate employment relationships – regardless of whether these are seen as being formal or informal, structured or unstructured." Bain und Clegg betonten 1974 [BAIN/CLEGG 1974, 95–96] zugleich die Notwendigkeit, „to make it clear that if there is a 'system' of industrial relations, it is very much an 'open' system. In trying to explain the various aspects of job regulation it is not possible to look simply at what might be narrowly conceived to be 'industrial relations variables'. Rather all aspects of human behaviour and the environment in which it occurs must be treated as being potentially related to job regulation, and what is actually related to it in any specific context must be ascertained by empirical investigation rather than by a priori reasoning. As defined here, industrial relations is both narrower and broader in scope than those subjects such as industrial sociology, industrial psychology, and labour economics upon which it draws. It is narrower than these other subjects because they are interested in explaining phenomena other than job regulation. It is broader because no other subject is interested in, or capable of, explaining all aspects of job regulation."

Die „Theorie" der Industriellen Beziehungen existiert insofern nicht; vielmehr gibt es ein relativ offenes Forschungs- und Analysekonzept, das versucht, inner- und überbetriebliche Arbeitsmarktbeziehungen und deren jeweilige Regulierung multidisziplinär zu erfassen. Ein großer Teil der sozial- und wirtschaftshistorischen Forschung in Deutschland seit den sechziger Jahren lässt sich daher in diesen Rahmen durchaus einordnen, wobei besonders hinzuweisen ist auf die Ergebnisse der historischen Arbeitsmarktforschung [TILLY/PIERENKEMPER 1982], der Konfliktforschung (Streik etc.) [TENFELDE/VOLKMANN 1981], der Erforschung vergangener Arbeitsprozesse [RITTER/TENFELDE 1992], der Arbeiten zur Geschichte von Arbeiterbewegung und Gewerkschaften [SCHÖNHOVEN 1987], ferner der staatlichen Sozialpolitik [HENTSCHEL 1983], aber auch der historischen Unternehmensforschung [W. PLUMPE/KLEINSCHMIDT 1992; W. PLUMPE 1994; LAUSCHKE/WELSKOPP 1994]. Als Beispiel einer gelungenen Geschichte industrieller Beziehungen, die explizit von einschlägigen Überlegungen ausgeht, kann neuerdings die Studie von Thomas Welskopp über die Entwicklung der Eisen- und Stahlindustrie in den USA und Deutschland gelten [WELSKOPP 1994]. Eine Überblicksgeschichte zur Entwicklung der Industriellen Beziehungen in Deutschland existiert bislang nicht, auch wenn es Ansätze hierzu in älteren arbeitssoziologischen Studien gibt [NEULOH 1956; TEUTEBERG 1961; MICHEL 1948].

Die Tatsache, dass das Konzept der Industriellen Beziehungen verschiedene Forschungsstränge zusammenfasst, hat zudem die Folge, dass empirische Studien entsprechend der stärker ökonomischen oder soziologischen Perspektive unterschiedliche Schwerpunkte setzen. Dies ist freilich nicht unbedingt von Nachteil. Die nachfolgende Skizze, die auf den empirischen Ergebnissen der zuvor erwähnten unterschiedlichen historischen Forschungen basiert, versucht, soziologische und ökonomische Aspekte mit der genetischen Perspektive des Historikers zu verknüpfen.

3. Geschichtliche Skizze

Die Geschichte der Industriellen Beziehungen fand – der anfangs vorgestellten, allerdings noch recht schematischen Definition zufolge – auf drei Ebenen statt. Zunächst auf der politischen oder Makroebene, auf der es um grundsätzliche Fragen der Gestaltung von Konflikt und Kooperation in der Gesellschaft, der Organisation des Wirtschaftssystems und der Wirtschaftspolitik ging. Sodann auf einer Mesoebene, die im Wesentlichen durch die Verhandlungen einzelner Branchenverbände bestimmt wurde und namentlich seit 1918 im Tarifvertragssystem ihren Niederschlag fand. Schließlich existierte die Mikroebene des Betriebes mit Aushandlungsprozessen über Arbeitsbedingungen, Karrieren etc. Wenngleich sich die verschiedenen Handlungsebenen definitorisch von einander scheiden lassen, so waren sie praktisch eng miteinander verknüpft, letztlich im Sinne der Kompensation von fehlenden Verhandlungsergebnissen auf den jeweils höheren durch die unteren Ebenen. Fehlten klare politische Rahmenentscheidungen, so verlagerte sich die Verhandlung hierüber auf die Mesoebene, fehlten hier wiederum Ergebnisse etwa in Form von Tarifverträgen, so wurde der Betrieb zum Ort der Aushandlung von Löhnen und Arbeitsbedingungen. Kam es hier nicht zu einem „geregelten Miteinander", so machte sich vegetatives Konfliktverhalten in Form von Fluktuation, Bummelei etc. breit, das im Zweifelsfall wieder zu einem Regulierungsgegenstand der Politik wurde. In jedem Falle ist die enge Verbindung und Wechselwirkung zwischen den drei Ebenen jeweils zu beachten.

Das jeweilige Entwicklungsniveau der Industriellen Beziehungen kann, muss aber nicht jeweils durch den Gesetzgeber rechtlich kodifiziert werden. In Europa haben sich unterschiedliche Traditionen herausgebildet, die sich schematisch etwa wie folgt benennen lassen: In Großbritannien zeigte sich weder eine Verrechtlichung der Industriellen Beziehungen noch eine wirklich bedeutende staatliche Intervention in die betrieblichen und Verbandsinteraktionen, auch wenn es Einzelfälle energischen staatlichen Durchgreifens gab und sich schließlich in den achtziger Jahren unseres Jahrhunderts eine Politik durchsetzte, zumindest die Eskalationsformen sozialer Konflikte zu regulieren. In Frankreich kam es zwar ebenfalls nicht zu einer engen Verrechtlichung der Industriellen Beziehungen, der Staatseinfluss war aber hier in zahlreichen Fällen von entscheidender Bedeutung. In Deutschland schließlich traf sich eine Tendenz zur zunehmenden Verrechtlichung der industriellen Beziehungen mit einem wechselnden, tendenziell aber zurückgehenden Staatseinfluss auf das Verhalten der industriellen Akteure [TOLLIDAY/ZEITLIN 1991]. Im Folgenden soll das Beispiel Deutschlands im Einzelnen geschildert werden.

Mit der Durchsetzung der kapitalistischen Erwerbsweise und der Entstehung eines offenen, nicht regulierten Arbeitsmarktes mit unterschiedlichen, formell freien und gleichberechtigten Teilnehmern wurden die Voraussetzungen geschaffen, unter denen erst Industrielle Beziehungen im oben definierten Sinne möglich wurden. Als eine Folge ihrer unregulierten Struktur und des Überangebotes an Arbeitskräften in der ersten Phase der Industrialisierung etablierte sich auf den Arbeitsmärkten sehr schnell eine faktische und jederzeit mobilisierbare Machtasymmetrie zuungunsten der Arbeiterschaft. Diese Machtasymmetrie traf dabei vor allem jene Arbeitsmarktteilnehmer negativ, die nicht über eine hohe Qualifikation und damit über ein auch bei den Unternehmen begehrtes Gut verfügten. Konjunkturelle und saisonale Schwankungen unterwarfen die Machtasymmetrie zwar kontinuierlichem Wandel, eine strukturelle Änderung der Situation der Arbeitskraftanbieter war hierdurch allerdings nicht möglich.

Der rasche Aufschwung der Industriearbeit und die damit verbundenen sozialen Probleme führten allerdings dazu, dass der Staat gezielt eingriff und mit der Gewerbeordnung Vorgaben zumindest für Mindeststandards der Gestaltung der Arbeitsprozesse machte. Die Machtasymmetrie auf den Arbeitsmärkten wurde hierdurch allerdings nicht berührt. Das Arbeitsmarktrisiko, insbesondere weniger oder nicht qualifizierter Arbeitskräfte, blieb hoch, die Möglichkeiten, eigene Interessen in Verhandlungen über Lohn- und Arbeitsbedingungen zu formulieren und ggf. durchzusetzen gering [KOCKA 1990].

Mit der Hochindustrialisierung und der Großbetriebsbildung trat eine Verschärfung der Probleme ein. Zugleich änderten sich aber auch die Rahmenbedingungen für das Handeln der sozialen Akteure. Die Arbeitskräftenachfrage stieg stark an; in den Jahren des Booms nach 1895 ging die Arbeitslosigkeit zurück. In den entstehenden Großbetrieben kam es überdies zu einer Differenzierung der Belegschaften. Es bildeten sich Kerngruppen der Belegschaften heraus, die aufgrund ihres Produktionswissens und ihrer Arbeitserfahrung über eine vergleichsweise große Verhandlungsmacht gegenüber den Unternehmen verfügten. Zudem verbesserten sich die Bedingungen für überbetriebliche Zusammenfassungen der Arbeiterschaft in Gewerkschaften. Während damit auf der Mikroebene die Verhandlungsmacht der Belegschaften – freilich nach Branchen unterschiedlich – wuchs, wurden zugleich die Voraussetzungen für die Entwicklung eines Verhandlungsgeflechts auf der Mesoebene günstiger. Da ein Anwachsen der Verhandlungsmacht der Arbeitnehmer für die Unternehmen allerdings zunächst nur negative Konsequenzen (Steigen der Löhne, Infragestellung der betrieblichen Hierarchien) zu haben schien, widersetzten sich vor allem jene Großunternehmen, die ihrerseits über günstige Organisationsbedingungen verfügten, den Bestrebungen der Arbeiterschaft zur Verbesserung der Lohn- und Arbeitsbedingungen, zumal diese Unternehmen glaubten, Arbeitsmarktprozesse ließen sich zumindest teilweise erfolgreich internalisieren und damit den Verhandlungen entziehen. Die sozialen und Arbeitsmarktkonflikte nahmen entsprechend wegen der größeren betrieblichen Verhandlungsmacht der Arbeiter und des wachsenden Gewerkschaftseinflusses zu. Deutlichster Ausdruck dieser Situation war die Entwicklung der Streikauseinandersetzungen. Zwar sind die Angaben über Arbeitskämpfe in Deutschland vor 1890 nur fragmentarisch, doch sind die Zahlen für die Jahre danach eindeutig und belegen einen rapiden Zuwachs der sozialen Kämpfe [TENFELDE/VOLKMANN 1981, 294 f.; zur Arbeitswelt RITTER/TENFELDE 1992].

Diese nach Branchen stark variierende Entwicklung eines selbstbewussteren Auftretens der Arbeiterschaft führte indes nur in wenigen Fällen zur Etablierung eines definierten Verhandlungs- und Tarifsystems auf der Mesoebene. Insbesondere den Großunternehmen der Montan-, der Chemischen und Elektroindustrie gelang trotz größerer Arbeitskämpfe ein Zurückweisen aller gewerkschaftlichen Verhandlungsforderungen. Im Gefolge dieser Verweigerungshaltung nahm im Kontext der vorwiegend guten Konjunktur daher das „vegetative" Konfliktverhalten der Arbeiterschaft, namentlich die Fluktuation der Arbeitskräfte stark zu. Was auf der Verhandlungsebene nicht zu erreichen war, suchten zahlreiche Arbeitskräfte durch Arbeitsplatzwechsel zu erzielen: eine Verbesserung des Lohnes und der Arbeitsbedingungen. Diese Änderung des Konfliktverhaltens der Arbeiterschaft forderte spezifische Reaktionen der Unternehmerschaft geradezu heraus. Da man auf der Mesoebene nicht verhandeln wollte und jede politische Regulierung sozialer Konflikte (Makroebene) scharf ablehnte, blieb nur das Unternehmen selbst als Handlungsfeld. Durch ein gemischtes System einer zunehmend ausdifferenzierten betrieblichen Sozialpolitik einerseits, der Verhinderung von Gewerkschaftsbildungen im Betrieb andererseits, suchte man zumindest die Kernbereiche der Belegschaften in die Betriebe zu integrieren und vom Austragen sozialer Konflikte abzuhalten. Nicht zuletzt aus diesem Grund waren zahlreiche Unternehmen auch zu einer freilich oberflächlichen Variierung der betrieblichen Kommunikations- und Interaktionsformen durch die Einführung freiwilliger Arbeiterausschüsse bereit [Beispielhaft KOCKA 1969].

Die Zunahme der Streikauseinandersetzungen und das Wachstum der Gewerkschaften und der sozialdemokratischen Arbeiterbewegung setzten die industriellen Beziehungen auf die Tagesordnung der Politik. Schon 1890 hatte es nach dem Wechsel zu Wilhelm II. und im Gefolge des Streikes der Ruhrbergarbeiter einen Neuansatz staatlicher Sozialpolitik (Ära Berlepsch) gegeben, der zu einer Novellierung der Gewerbeordnung (fakultative Arbeiterausschüsse), nicht aber zu durchgreifenden Strukturreformen im Bereich der Wirtschaft geführt hatte, wie sie die Arbeiterbewegung verlangte [BERLEPSCH 1987]. Auch in den folgenden Jahren erhielt sich dieses Muster. Auf aktuelle Krisen reagierten Staat und Gesetzgeber durch Konfliktunterdrückung einerseits, gewisse gesetzliche Zugeständnisse andererseits, die aber stets nur marginale Änderungen der betrieblichen industriellen Beziehungen einleiteten. Stattdessen wurde im Kontext der „bürgerlichen Sozialreform" debattiert, ob und wie weit es überhaupt sinnvoll war, dass der Staat intervenierte, ob nicht stärker die soziale Verantwortlichkeit der Beteiligten gefördert werden müsse. Im Ergebnis dieser Debatten schälte sich ein Konzept der Sozialreform heraus, das die Forderung nach gewissen gesetzlichen Reformen (Arbeiterausschüsse, Arbeiterkammern, Tarifsystem, paritätische Schlichtung) mit der Aufforderung an die sozialen Kontrahenten verband, aus ethischen und nationalen Motiven zu einem geregelten Miteinander zu finden [HENTSCHEL 1983, 29–55; GLADEN 1974, 78–90].

Vor 1914 kam es nicht mehr zu entsprechenden gesetzlichen Regelungen; alle Initiativen blieben in den parlamentarischen Debatten stecken. Das Tarifsystem konnte sich nur in bestimmten Branchen mit günstigen Verhandlungsmöglichkeiten der Arbeiterschaft durchsetzen (etwa Druck, Bau, Brauereien), die betrieblichen Arbeiterausschüsse führten selbst dort, wo sie wie im preußischen Bergbau seit 1905 gesetzlich vorgeschrieben waren, eine Schattenexistenz. Obwohl sich die Produktionsprozesse und damit die Unternehmensorganisationen nachhaltig differenziert hatten und mehr denn je – zumindest in Kernbereichen – das eigenständige Produktionswissen und die Qualifikation der Arbeiterschaft nötig war, blieben die formellen Kommunikations- und Interaktionsstrukturen unterkomplex. Löhne, Arbeitszeiten, Arbeitsbedingungen und Arbeitsorganisation wurden von den Unternehmensleitungen bzw. den hierfür zuständigen Stellen im Unternehmen auch dann autonom festgesetzt, wenn eine intensive Kommunikation mit der Arbeiterschaft hierüber faktisch sehr viel vorteilhafter gewesen wäre. Der Arbeiterschaft der industriellen Großbetriebe blieb in diesem Kontext lediglich das spontane Konfliktverhalten mit entsprechend negativen Folgen für die hiervon betroffenen Unternehmen, die aber lediglich mit einer Intensivierung der vorhandenen Instrumente, namentlich der betrieblichen Sozialpolitik und der Disziplinierung durch Schwarze Listen reagierten. Obwohl wegen der guten Konjunktur nicht direkt nachteilig erfahrbar, war das System der formalisierten industriellen Beziehungen vor 1914 der Wirklichkeit der industriellen Arbeitsprozesse nicht mehr angemessen [BRÜGGEMEIER 1983; WELSKOPP 1994; COSTAS 1981].

Der Erste Weltkrieg und die sich anschließende politische Umwälzung brachten eine völlig veränderte Situation. War es bis 1914 möglich, die Gewerkschaften im Status politischer Außenseiter zu halten, so traten sie mit dem Burgfrieden, namentlich aber mit den Problemen der Kriegswirtschaft stärker in den Mittelpunkt des politischen Geschehens. 1916/7 trafen zwei unterschiedliche Entwicklungen zusammen, die im Vaterländischen Hilfsdienstgesetz ihren Niederschlag fanden. Eine weitere Erhöhung der Leistungsfähigkeit der deutschen Wirtschaft war lediglich durch eine restlose Erfassung der Arbeitskräfte und ihren gezielten Einsatz in der Kriegswirtschaft möglich, andererseits aber schien dies nur erreichbar, wenn der ohnehin unzufriedenen und rechtlosen Arbeiterschaft wichtige soziale Zugeständnisse gemacht wurden. Die Leistungskrise der Wirtschaft und die Unzufriedenheit der Arbeiterschaft gleichzeitig in den Griff zu bekommen, war der Sinn des Hilfsdienstgesetzes, dessen Vorschriften weit über das hinausgingen, was die Unternehmen bisher zuzugestehen bereit gewesen waren.

Das Hilfsdienstgesetz eröffnete auf der gesetzlichen Ebene eine neue Phase der industriellen Beziehungen in Deutschland. Auch wenn seine Vorschriften vornehmlich die Erfassung und Lenkung der Arbeitskräfte und die Neuregelung der industriellen Beziehungen im Betrieb vorsahen, induzierte es zugleich die Entstehung eines Systems von Aushandlungs- und Vertragsbeziehungen auf der Mesoebene. Das Hilfsdienstgesetz verpflichtete jeden arbeitsfähigen Deutschen zur Arbeit in der Rüstungsindustrie und beschränkte seine Freizügigkeit. Arbeitsplatzwechsel war nur noch mit einem vom Arbeitgeber ausgestellten Abkehrschein möglich, der allerdings auch dann verlangt werden konnte, wenn ein Wechsel auf einen besser bezahlten Arbeitsplatz möglich schien. Die Verweigerung des Abkehrscheines konnte bei neu einzurichtenden paritätischen Schlichtungsausschüssen angefochten werden; faktisch wurden hierdurch Löhne und Arbeitsbedingungen zu öffentlichen, paritätisch zu verhandelnden Fragen. In die Kompetenz der neu eingerichteten Arbeiterausschüsse (in allen Hilfsdienstbetrieben mit mehr als 50 Beschäftigten) fiel auch das Vorbringen von Lohnforderungen. Wies der Unternehmer die Forderungen zurück, konnten sie ebenfalls dem jeweils zuständigen paritätischen Schlichtungsausschuss vorgelegt werden. De facto konnte es damit zu Lohnverhandlungen zwischen Unternehmen und Gewerkschaften kommen, auch wenn die Großunternehmen weiterhin alle formellen Kontakte zu den Gewerkschaften zurückwiesen und auf dem Ansatz ihrer „individuellen" Lohnpolitik beharrten [FELDMAN 1966 (1985)].

Für die Großunternehmen mit ihrer traditionellen Lohn- und Arbeitspolitik war das Hilfsdienstgesetz in der Tat ein Wendepunkt. Durch die Möglichkeit, über den Arbeiterausschuss Lohnfragen zu besprechen, wurde rasch offensichtlich, dass sich hinter dem Ansatz der „individuellen" Lohnpolitik eine unübersichtliche und häufig willkürliche Praxis der Lohnfestsetzung durch das mittlere Management breit gemacht hatte, die nun auch zahlreichen Unternehmensleitungen erst voll zum Bewusstsein kam. Arbeitsbedingungen und Leistungslöhne wurden häufig ohne jedes System festgesetzt; in vielen Betrieben hatten sich werkstatt- oder abteilungsweise Traditionen der sublimen Lohnaushandlung durchgesetzt, die mit der Leistungsorientierung der Werksleitungen unvereinbar schienen. Spätestens jetzt wurde klar, dass mit dem bisherigen, wenig elaborierten System der betrieblichen Arbeits- und Lohnpolitik auch dann nicht fortgefahren werden konnte, wenn der Einfluss der Gewerkschaften und der Arbeiterausschüsse wieder ausgeschaltet würde. Gleichwohl waren die Großunternehmen vor 1918 nicht bereit, die Neuorientierung ihrer Lohn- und Arbeitspolitik gemeinsam mit Belegschaften und Gewerkschaften vorzunehmen. Sie konzentrierten sich stattdessen auf eine Nutzung der autonom zu handhabenden Mittel zur Systematisierung der Lohn- und Arbeitspolitik oder ließen in der Überzeugung, lediglich durch Hilfsdienstgesetz und Gewerkschaftseinfluss seien die anstehenden Probleme verschuldet, alles beim Alten bzw. plädierten nachdrücklich für eine Zurückdrängung der Gewerkschaften [W. PLUMPE 1994; 546, MAI 1985].

Der Ausgang des Krieges und die politischen Umwälzungen ließen derartige Hoffnungen freilich zur Illusion werden. Die Neubestimmung der betrieblichen Arbeits- und Lohnpolitik hatte mit den Belegschaften zu erfolgen, die Festsetzung der Löhne und Arbeitsbedingungen musste über das Tarifsystem und damit in Aushandlung mit den Gewerkschaften vorgenommen werden. Angesichts der wirklichen oder vermeintlichen Gefahren der Revolution erschien die Zustimmung zu einem System der Regelung der industriellen Beziehungen durch die Tarifparteien vielen Unternehmen sogar als der opportune Weg, da eine direkte Intervention des Staates als größere Gefahr angesehen wurde. Das im November 1918 von führenden Industriellen und den Gewerkschaften abgeschlossene Zentralarbeitsgemeinschaftsabkommen war Ausdruck dieser Konstellation. Mit dem Abkommen wurden die Gewerkschaft anerkannt, das Tarifsystem akzeptiert und die betrieblichen Interessenvertretungen auch über das Kriegsende hinaus festgeschrieben. Zugleich einigten sich die Berliner Spitzen von Industrie und Gewerkschaften auf ein gemeinsames, freiwilliges Verfahren zur Beilegung von Tarifstreitigkeiten. Als materielles Ergebnis brachte das Zentralarbeitsgemeinschaftsabkommen der Arbeiterschaft indes nur die Einführung des Achtstundentages; im Übrigen wurden durch das auch Stinnes-Legien-Abkommen genannte Vertragswerk keine materiellen, sondern formale Fragen der Konfliktaustragung und -beilegung geregelt. Insofern es einen Verhandlungsansatz zum Ausdruck brachte, implizierte es die jeweilige Anerkennung der Gegenseite, garantierte mithin nicht nur die Aufwertung der Gewerkschaften, sondern ebenso – zumindest im Grundsatz – die legitime Existenz der Privatwirtschaft.

Mit dem ZAG-Abkommen erreichten die großen Sozialparteien zweierlei. Zunächst wurde der Staat, dessen zukünftiges Gesicht im November 1918 alles andere als vorhersagbar war, aus der Regelung der Industriellen Beziehungen dem Grundsatz nach herausgehalten. Zweitens wurde die Aushandlung der Lohn- und Arbeitsbedingungen verfahrensmäßig so geregelt, dass legitimes Konflikthandeln nur in bestimmten Formen über die jeweiligen Organisationen möglich war. Andere, vor allem spontane Formen betrieblicher Konfliktaustragung wurden auf diese Weise zwar nicht verhindert, aber doch erschwert und faktisch illegalisiert. Da die junge Republik, nachdem sich auf dem Ersten Reichskongress der Arbeiter- und Soldatenräte eine mehrheitssozialdemokratische Position durchgesetzt hatte, das ZAG-Abkommen sanktionierte und zur Grundlage einer Verordnung über Tarifverträge, Arbeiterausschüsse und Schlichtung von Arbeitsstreitigkeiten vom 23.12.1918 machte, wurden die Abmachungen des ZAG-Abkommens bereits im Dezember 1918 geltendes Recht [FELDMAN/STEINISCH 1985].

Damit hatte sich eine rechtlich neue Konstellation ergeben, die die kollektive Regelung der Arbeitsmarktbeziehungen durch die Verbände auf der Mesoebene und die Aushandlung betrieblicher Konflikte über die Arbeiterausschüsse festlegte. Mit diesen Regelungen waren aber keineswegs automatisch Verbesserungen in der materiellen Situation der Arbeiterschaft verbunden. Im Gegenteil geriet durch das Kriegsende der Arbeitsmarkt in Bewegung; vor allem während des Krieges neu angeworbene Arbeitskräfte, darunter sehr viele Frauen, wurden aus dem Beschäftigungsverhältnis zugunsten der heimkehrenden Soldaten hinausgedrängt. Die Arbeitslosigkeit nahm zunächst zu. Durch das Ende der Rüstungswirtschaft ging die Beschäftigung der Unternehmen zurück; auf Druck zahlreicher Belegschaften wurde überdies auf Leistungslohnsysteme verzichtet. Im Ergebnis von rückgehender Beschäftigung, Beseitigung vieler Leistungslöhne und verkürzter Arbeitszeit bei anhaltender Inflation und Lebensmittelknappheit verschlechterte sich daher die materielle Lage der Arbeiterschaft nach Kriegsende deutlich. Die neuen, häufig hastig vereinbarten Tarifordnungen und -verträge sahen zwar Lohnerhöhungen vor, doch konnten diese die Arbeitszeit bedingten Lohneinbußen nicht immer auffangen. Obwohl von der Arbeiterschaft vor dem Krieg angestrebt, brachte das Tarifsystem daher zunächst keineswegs den von ihm erwarteten materiellen Ertrag. Im Gegenteil behinderte es jetzt sogar jene Form betrieblicher Lohnaushandlung, die während des Krieges erfolgreich von einzelnen Beschäftigtengruppen unter Hinweis auf ihre besondere Belastung oder verantwortungsvolle Stellung im Produktionsprozess genutzt worden war. Mit Bezug auf die gültigen Tarifverträge verwiesen fast alle Arbeitgeber – von den Arbeitgeberverbänden wurden sie in der Regel durch Androhung hoher Konventionalstrafen gezwungen, auf betriebliche Sonderzuwendungen, die über die vereinbarten Tarife hinausgingen, zu verzichten – fordernde Arbeitergruppen auf den Weg der Tarifverhandlungen und damit zunächst an die Gewerkschaften.

Die Erfahrung der Arbeiterschaft mit dem neuen Tarifsystem war also bestenfalls ambivalent; häufig wurden Tarifregelungen von Anfang an als unzureichend abgelehnt und durch betriebliche Lohnforderungen ergänzt. Da die Gewerkschaften eine derartige Entwicklung nicht mittrugen, richtete sich die Erwartungshaltung vieler

Arbeiter direkt auf ihre betrieblichen Interessenorgane einerseits, auf die Politik andererseits, von der man erwartete, dass sie durch Strukturreformen (Sozialisierung) die Voraussetzungen für eine durchgreifende Besserung der Lage der Arbeiter schaffen würde. Trotz des großen Zulaufes zu den Gewerkschaften nach dem Ende des Krieges war daher die Haltung der Arbeiterschaft ihnen gegenüber nicht ohne weiteres positiv. Direkte Aktionen in den Betrieben griffen zur Jahreswende 1918/19 immer stärker um sich, wobei der Ruhrbergbau, Teile der Eisen- und Stahlindustrie sowie das Berliner und das mitteldeutsche Industriegebiet zu sozialpolitischen Brennpunkten wurden [WINKLER 1984; TSCHIRBS 1986; BERKEL 1982; LUCAS 1971].

Unter dem Eindruck der breiten Streikkämpfe fand die Verfassungsdebatte sowie die sozialpolitische Grundlegung der Weimarer Republik statt. Hatte der Staat sich aus der Regelung der Industriellen Beziehungen auf der Meso- und der Mikroebene zwar generell herausgehalten und hier die bilateralen Abmachungen der großen Sozialparteien quasi übernommen, so bestand dennoch die große Aufgabe der Organisation der Übergangswirtschaft und der Entwicklung der zukünftigen sozial- und wirtschaftspolitischen Strukturen. Unter dem Eindruck der revolutionären Ereignisse und aus den freilich nicht sehr konsistenten Vorstellungen über eine zukünftige sozialistische Wirtschaft, die zudem in der Nationalversammlung nicht auf eine Mehrheit rechnen konnte, kam es zum Aufgreifen und zur Neuformulierung von Gemeinwirtschaftskonzepten, die in einer Art Rätehierarchie ausgehend von Betriebs- und bezirklichen Arbeiter- und Wirtschaftsräten bis hin zu einem Reichswirtschaftsrat realisiert werden sollten. Die Funktion dieser nur schemenhaft umrissenen Gremien sollte in der sozialverträglichen Überwachung und Regelung des ökonomischen Prozesses liegen. Zu mehr als einer vagen Festschreibung dieser Rätehierarchie in der Reichsverfassung reichte allerdings die Kraft der Linksparteien in der Nationalversammlung nicht aus. Ebenso wie das Projekt der Sozialisierung der Schlüsselindustrie lediglich zu einer Art Gemeinwirtschaft in der Kohlenindustrie geführt hatte, die mit Sozialisierung wenig gemein hatte, scheiterte auch das Rätekonzept; der schließlich doch eingeführte vorläufige Reichswirtschaftsrat führte eine Schattenexistenz; die bezirklichen Gremien der Gemeinwirtschaft wurden gar nicht erst eingerichtet [JAEGER 1988, 145–167].

Die Rolle des Staates für den ökonomischen Prozess wurde daher direkt zwar nicht sehr weit ausgebaut, indirekt aber nahm seine Bedeutung nach 1918 rasant zu. Dies hing zum einen mit der Aufgabe der Arbeitsmarktregulierung im Zuge der Demobilmachung, zum anderen mit der Verantwortung des Staates für die Bewältigung der sozialen Kriegsfolgen zusammen [ABELSHAUSER 1987; AMBROSIUS 1984]. Direkt im Anschluss an den Krieg wurde mit dem Reichsarbeitsamt, später mit dem Reichsarbeitsministerium eine spezielle Reichsbehörde hierfür geschaffen. Über die Demobilmachungsorganisation griff der Staat auch direkt in die Arbeitsmarktorganisation ein. Parallel wurde das System der bisher uneinheitlichen Arbeitsnachweise zusammengefasst und vereinheitlicht und die Erwerbslosenfürsorge auf eine neue Stufe gestellt. Zwar dauerte es noch bis 1927 (Gesetz über die Reichsanstalt für Arbeitsvermittlung und Arbeitslosenfürsorge), bis der bürokratische Aufbau der staatlichen Arbeitsmarktbehörden abgeschlossen war, jedoch war seit Ende des Krieges eine staatliche Verantwortung für das Schicksal der Erwerbslosen und für die Regulierung des Arbeitsmarktes festgelegt. Da der Staat zugleich sich die Kompetenz über die Festlegung der Rahmenarbeitszeit zusprach und überdies nachhaltige Ansätze zum Ausbau des Arbeitsschutzes auftraten, verstärkte sich auch sein Einfluss bei der Festlegung der Rahmenbedingungen des Arbeitsverhältnisses.

Während nach 1918 mithin die Meso- und die Mikroebene nur sehr formal und ohne direkte Rolle des Staates neu reguliert und die eigentlichen Funktionen hier den Arbeitsmarktvertretern und ihren Organisationen zugewiesen wurden, etablierte sich auf der Makroebene eine umfassende Verantwortung des Staates insbesondere für die sozialen Folgen der Arbeitsmarktprozesse, wodurch er zumindest indirekt selbst zum Akteur im Kontext der Industriellen Beziehungen auch auf den anderen Ebenen wurde. Am deutlichsten wurde dies im Bereich der Schlichtung von Arbeits- und Tarifstreitigkeiten, in dem die staatlichen Kompetenzen zwischen 1918 und 1923 durch verschiedene Verordnungen – für ein Schlichtungsgesetz fehlten die politischen Voraussetzungen – fixiert worden waren. Ausgehend von der durch das ZAG und seine Organe selbstregulierten Autonomie der Arbeitsmarktparteien beschränkte der Staat seine Rolle auf die eines Schlichters in den Fällen, in denen aus wichtigen wirtschaftlichen und politischen Gründen Tarifeinigungen wünschenswert waren, von den Tarifparteien aber nicht zustande gebracht wurden. Nach dem Scheitern der freiwilligen Schlichtungsinstanzen setzte eine staatliche, ggf. Zwangsschlichtung ein, deren Ergebnisse auf Antrag einer Arbeitsmarktpartei aber auch „von Amts wegen" für verbindlich erklärt werden konnten. Dieser in der Literatur umstrittene Schlichtungsmechanismus war an sich als ultima ratio gedacht; die zuständigen Reichsarbeitsbehörden begriffen sich keineswegs vorrangig als staatliche Tarifgestalter, auch wenn es derartig etatistische Grundkonzeptionen im Reichsarbeitsministerium gab. Durch die aufgrund der ungünstigen wirtschaftlichen Rahmenbedingungen häufig eskalierenden Tarifkonflikte wurde freilich die ultima ratio nicht selten erreicht; überdies führte das Wissen um die Zwangsschlichtung bei Arbeitgeberverbänden und Gewerkschaften zu einer nicht selten taktischen Verhandlungsführung, die von Anfang an mit der staatlichen Intervention kalkulierte und die Neigung zu freiwilligen Kompromisslösungen verringerte. Die Zwangsschlichtung ermöglichte mithin eine Art tarifpolitisches „Schwarze-Peter-Spiel" zu Lasten der staatlichen Schlichtungsinstanzen, das zudem der Legitimation der Verbände vor ihrer Klientel diente, die die Verantwortung für ausbleibende tarifpolitische Erfolge ohne weiteres dem Staat zuschieben konnten [BÄHR 1989].

Im System der Industriellen Beziehungen der Weimarer Republik musste also der Staat, auch wenn er formal eine eher zurückgezogene Rolle hatte, zu einem Akteur der Industriellen Beziehungen auf allen Ebenen dann werden, wenn die Arbeitsmarktparteien unter sich keine Einigung erzielen konnten. Im Kontext der konjunkturellen und strukturellen Krisen der deutschen Wirtschaft nach dem Ersten Weltkrieg und der geringen Bereitschaft, namentlich der Schwerindustrie und der radikalen Teile der Arbeiterbewegung, sich mit den Ergebnissen der Revolution zu arrangieren, war damit eine zentrale tarifpolitische Funktion des Staates fast zwangsläufig gegeben.

Zur entscheidenden Determinante der Entwicklung der Industriellen Beziehungen in den Jahren der Weimarer Republik wurde die Bündelung struktureller und konjunktureller Probleme, die die Unternehmen zu verstärkten Anstrengungen einerseits um eine Hebung der Leistung der Arbeiterschaft, andererseits um eine Senkung der Kosten und damit eine Verbesserung der Weltmarktpositionen veranlasste. Leistungssteigerung und Kostensenkung waren nun aber durch die neuen gesetzlichen und tarifpolitischen Vorgaben konditioniert; die Frage war, ob die Unternehmen die Möglichkeiten dieser Regelung nutzen würden, um die Steigerung ihrer Leistungsfähigkeit sozial akzeptabel zu erreichen, oder ob sie das System der Tarife und der sozialen Mitbestimmung der Belegschaften im Betrieb letztlich als Hindernis bei der Wiederherstellung einer „gesunden" Betriebswirtschaft betrachten würden. Da kooperative Konfliktlösungen letztlich immer zu einem gewissen Maß auch an die Bereitschaft zu materiellen Zugeständnissen gebunden blieben, war absehbar, dass sich eine produktive Nutzung der neuen Strukturen der Industriellen Beziehungen vor allem in jenen Branchen entwickeln würde, deren konjunkturelle und strukturelle Position hierfür größere Voraussetzungen schuf. Und in der Tat waren die Widerstände gegen das Tarifsystem und die betriebliche Mitbestimmung in der Schwerindustrie besonders ausgeprägt, die seit dem Ende der Inflation in einer strukturellen Krise steckte. Geringe betriebswirtschaftliche und Liquiditätsspielräume sowie ein Festhalten an den autoritären Betriebsführungstraditionen aus der Vorkriegszeit verhinderten in ihrem Fall einen konstruktiven Verhandlungsansatz, mehr noch, die Verhandlungen selbst wurden als Krisenfaktor denunziert, und der Staat, der die tarifpolitischen Strukturen im Grundsatz garantierte und insbesondere nach 1924 einen konjunkturell möglichen tarifpolitischen Durchmarsch der schwerindustriellen Verbände verhinderte, geriet in das Kreuzfeuer der Kritik.

In der Chemischen Industrie funktionierte das Tarifsystem vergleichsweise vorbildlich, wobei hier neben den materiellen Spielräumen der Werke die Kompromissbereitschaft der Verbände selbst eine große Rolle spielte, was im übrigen von der Arbeiterschaft nicht unbedingt begrüßt wurde und zu Gewerkschaftsspaltungen und vorübergehenden linksradikalen Sonderorganisationen führte, die ein konfliktbetonteres Verhalten gegenüber Werksleitungen und Arbeitgeberverbänden forderten. Wie sehr die Haltung der Verbände selbst eine Rolle spielte, konnte man auch in anderen Branchen beobachten, in denen die materiellen Kompromissmöglichkeiten – zumindest relativ gesehen – nicht ungünstig waren [HARTWICH 1967; BÄHR 1989].

Insgesamt blieb das System der Industriellen Beziehungen in der Weimarer Republik auf der Meso- und der Mikroebene daher in einer Art Schwebezustand, da klar war, dass zumindest Teile der Industrie sich mit ihm nicht arrangieren konnten und aus ökonomischen Gründen seine Beseitigung oder doch seine weitgehende Modifikation anstrebten. Im Zuge der Rationalisierungswelle der Mitte der zwanziger Jahre verstärkte sich insbesondere die schwerindustrielle Kritik an der staatlichen Garantierung des Tarifsystems, da hierüber zu hohe Lohnsteigerungen gleichsam bürokratisch durchgesetzt würden. Inwieweit dieser Vorwurf berechtigt ist, ist in der Literatur umstritten. Eindeutig ist, dass sich die entscheidenden Liquiditäts- und Kostenziffern in den Großunternehmen der Chemie- und Elektroindustrie günstig entwickelten. Selbst im Bergbau gab es kein einheitliches Bild, auch wenn sich hier die Kostenstrukturen im Verhältnis zur Vorkriegszeit sehr ungünstig gestalteten. Auf schrumpfenden bzw. stagnierenden Märkten glaubte man indes, nur mit möglichst niedrigen Selbstkosten und damit niedrigen Preisen überleben zu können, weshalb leistungssteigernde Rationalisierungsmaßnahmen und Versuche, die Lohn- und Abgabenbelastung zu senken, parallel zueinander ergriffen wurden. Da die Rationalisierungsinvestitionen in der Regel nicht unerhebliche Kapazitätseffekte hatten, deren Ausnutzung aber erst eine kostengünstige Produktion ermöglichte, gerieten zahlreiche Unternehmen in das Dilemma, aus Kostengründen rationalisieren zu müssen, die Rationalisierungserfolge aber im Zuge niedriger Kapazitätsauslastungen nicht realisieren zu können.

Die moderate, durch die staatliche Schlichtung vermittelte Lohnsteigerungstendenz in den zwanziger Jahren wurde daher namentlich von der Schwerindustrie für die sog. Selbstkostenkrise verantwortlich gemacht. Als weiterer Kritikpunkt trat hinzu, dass die Unternehmen die „ausufernde" staatliche Sozialpolitik für die in der Tat deutlich gewachsenen Steuer- und Abgabelasten verantwortlich machten. Ende 1928 war mit dem Ruhreisenstreit, der Zwangsaussperrung der Stahlarbeiter an der Ruhr, der offene Konflikt erreicht. Von diesem Zeitpunkt an begann von Seiten der Schwerindustrie ein offener Kampf gegen das Tarifsystem, der in der Weltwirtschaftskrise kulminierte. Zwar glaubten Vertreter anderer Branchen, Lohn- und damit Kostensenkungen innerhalb des Tarifsystems mit den Gewerkschaften erreichen zu können und plädierten daher nicht grundsätzlich gegen den Tarif, doch auch hier wurde die staatliche Schlichtung abgelehnt, wie überhaupt auch hier das kollektive System der Aushandlung von Lohn- und Arbeitsbedingungen nicht als Wert an sich begriffen wurde [WEISBROD 1978].

Maßen die Unternehmen die Lohnkosten an den Erträgen, die in den zwanziger Jahren nur moderat wuchsen und in der Weltwirtschaftskrise sanken, so waren die Beurteilungsparameter der Gewerkschaften und der Arbeitnehmer andere. Der Lohnsatz wurde hier an den Lebenshaltungskosten einerseits, der verlangten Arbeitsleistung andererseits gemessen. Nach dem Ende der Inflation war der Reallohn deutlich unter das Vorkriegsniveau gefallen; zugleich stiegen die Leistungsanforderungen in den Unternehmen deutlich an. Lohnerhöhungen schienen daher doppelt gerechtfertigt: durch die aktuelle Not vieler Arbeiterfamilien und den erkennbaren Produktivitätszuwachs. Da die Gewerkschaften wegen des starken Mitgliederverlustes (faktische Halbierung der Mitgliedschaft von 1922 auf 1924) und der zunächst hohen Arbeitslosigkeit in eine ausgesprochen ungünstige Verhandlungsposition geraten waren, blieb lediglich die staatliche Schlichtung als Ausweg, um die Lohnerhöhungsforderungen zumindest teilweise durchzusetzen. Erst recht in der Weltwirtschaftskrise wurde die staatliche Schlichtung zur eigentlichen Machtressource der Gewerkschaften, nicht einmal mehr in dem Sinne, Lohnerhöhungen durchzusetzen, sondern allein, um einen möglichen Durchmarsch der Arbeitgeber bei der Aushandlung der Lohn- und Arbeitsbedingungen zu verhindern, nachdem man sich 1931 endgültig nicht auf ein gemeinsames Konzept in der Tarifpolitik hatte einigen können [WINKLER 1985; DERS. 1987].

Die Beseitigung der staatlichen Schlichtung begann bereits unter dem Kabinett Brüning, in massiver Weise dann während der Regierungszeit Franz von Papens, als untertarifliche Bezahlung per Notverordnung ermöglicht wurde [PRELLER 1949, 399–417; BÄHR 1989, 296ff.]. Die nationalsozialistische Regierung beseitigte dann den bisherigen rechtlichen Rahmen der Industriellen Beziehungen, ohne freilich zum Liberalismus des Kaiserreiches zurückzukehren. An Tarifordnungen, erlassen durch neu eingesetzte Treuhänder der Arbeit, wurde festgehalten, auch wenn es von ihnen zahlreiche Ausnahmemöglichkeiten gab. Die einheitliche Regelung der Lohn- und Arbeitsbedingungen wurde aber dem Grundsatz nach nicht beseitigt; im Gegenteil blieben viele Manteltarifverträge aus der Weimarer Zeit weiterhin in Kraft. Parallel zur Zerstörung des Tarifsystems wurde die betriebliche Mitbestimmung beseitigt. Zunächst traten an die Stelle der gewählten, in der Regel freigewerkschaftlichen Betriebsräte, Vertreter der NSBO, wobei der Amtswechsel in der Regel durch Zwang erfolgte. Mit dem Gesetz zur Ordnung der nationalen Arbeit [KRANIG 1983] wurden nicht nur die Treuhänder der Arbeit endgültig gesetzlich verankert, auch die Betriebsräte mussten mehr oder weniger machtlosen und jederzeit von der Unternehmensleitung kontrollierbaren Vertrauensräten Platz machen. Legale Kommunikations- und Handlungsmöglichkeiten für die Belegschaften gab es faktisch nicht mehr; die sog. „soziale Ehrengerichtsbarkeit", durch die die betrieblichen Akteure auf nationalsozialistische Gemeinschaftswerte festgelegt werden sollten, blieb in der Praxis eine Farce. Zu einer Möglichkeit für die Arbeiterschaft Widerstand zu artikulieren und eigene Interessen durchzusetzen, wurden sie Vertrauensräte zu keinem Zeitpunkt [HACHTMANN 1988; MASON 1978].

Gemessen an den Weimarer Regelungen und den Problemen der modernen Industriearbeit waren die nationalsozialistischen Vorschriften unterkomplex. Sie ließen keine freie Artikulation und Verhandlung von ja weiterhin bestehenden Konfliktpotentialen zu, sondern suchten diese gerade zu unterdrücken. Die Rolle der DAF, die als Gesamtorganisation von Arbeitnehmern und Unternehmern auch das Erbe der Gewerkschaften angetreten hatte, widerspiegelte diese Situation. Zu Interessenvertretung nicht willens und in der Lage, versuchte sie „erzieherisch" auf die Arbeiterschaft einzuwirken und entwickelte zugleich eigene Vorstellungen von einer gleichermaßen leistungsbezogenen und „gerechten" Organisation der Industriearbeit. Ohne direkten Zugang zu den Betrieben und ohne eigene Verhandlungsmacht waren diese Ansätze aber ohne größeren praktischen Einfluss [SIEGEL 1989].

Die relative Ruhe in den Betrieben und auf den Arbeitsmärkten war daher kein Erfolg der nationalsozialistischen Politik, sondern Ergebnis der hohen Arbeitslosigkeit. Bereits während der Weltwirtschaftskrise war die faktische Verhandlungsmacht von Gewerkschaften und Belegschaften regelrecht zusammengebrochen [ZOLLITSCH 1990; W. PLUMPE 1994]. Auch das Hinterherhinken der Lohn- hinter der Konjunkturentwicklung nach 1933 war zunächst typisch und keineswegs ein nationalsozialistisches Spezifikum. Als 1936 die Vollbeschäftigung erreicht war, änderte sich indes das Bild zugunsten der Arbeiterschaft, deren Verhandlungsmacht gewachsen war. Da diese Verhandlungsmacht aber legal nicht eingesetzt werden konnte, beschleunigten sich vegetative Entwicklungen, die von zahlreichen Unternehmen, die für knappe Arbeitskräfte höhere als die fixierten Löhne zu zahlen bereit waren, noch verstärkt wurde [MORSCH 1988; WISOTZKY 1983]. Da kollektive Regelungen ausgeschlossen waren, blieb angesichts einer derartigen Situation für den Staat lediglich der Weg in die direkte Arbeitsmarktregulierung, der ab 1936/7 auch sukzessive beschritten wurde und schließlich mit der Beseitigung der individuellen Freizügigkeit endete. Hier zeigte sich eindeutig, dass staatliche Zwangsregulierungen der Arbeitsmärkte, die eine Formulierung und Austragung von Interessenkonflikten behindern, nach und nach zu immer weiterer Intervention gezwungen sind, da sich die Konfliktaustragung jeweils andere Wege sucht. Es ist daher für die zweite Hälfte der dreißiger Jahre zu Recht von einer „Krise der nationalsozialistischen Arbeitsverfassung" gesprochen worden, deren offener Ausbruch lediglich durch den Krieg verhindert wurde [HACHTMANN 1984].

Es war allein deshalb klar, dass nach dem Krieg eine Fortsetzung derartiger Konzepte ausgeschlossen blieb. Im Zuge der Demokratisierung nach 1945 wurde freilich ganz grundsätzlich einem von autonomen Konfliktparteien getragenen Tarifsystem der Vorrang gegeben, da sich allein ein derartiger Ansatz mit den gesellschaftspolitischen Vorstellungen der westlichen Besatzungsmächte verbinden ließ. Gleichwohl blieben zunächst wegen der kriegsfolge- und besatzungsbedingten Fortsetzung von Bewirtschaftung und Wirtschaftslenkung Tarifverhandlungen ausgeschlossen. Formell wurde bis zum Sommer 1948 bzw. bis zum Frühjahr 1949 am bestehenden Preis- und Lohnstopp festgehalten.

Zunächst erfolgte daher die Wiederherstellung von Arbeitsmarktparteien durch die Neukonstituierung der Gewerkschaften und die Wiedergründung von Arbeitgeberverbänden. In letzterem Falle dauerte es allerdings bis 1948, bis sich die Bildung eigenständiger Arbeitgeberorganisationen im Gebiet der späteren Bundesrepublik durchgesetzt hatte, da die Gewerkschaften, insbesondere der britischen Zone, zunächst die Besatzungsmächte drängten, die frühere Doppelorganisation der Unternehmen in getrennten Unternehmer- und Arbeitgeberverbänden zu verhindern. Dahinter standen Vorstellungen einer wirtschaftsdemokratischen Neuordnung, in der nicht mehr künstlich zwischen Wirtschafts- und Sozialpolitik getrennt werden sollte. Da die gewerkschaftlichen Hoffnungen auf eine Strukturreform der deutschen Wirtschaft durch Sozialisierung einerseits, Einführung gemeinwirtschaftlicher Gremien andererseits, 1947/48 am Widerstand der Besatzungsmächte und 1948/49 schließlich am konservativen Übergewicht in der deutschen Politik scheiterten, war bei der Gründung der Bundesrepublik Deutschland eine Konstellation gegeben, die in verfahrensmäßiger Hinsicht ein Wiederaufgreifen der Weimarer Traditionen nahe legte. Und in der Tat kodifizierte das Tarifvertragsgesetz der jungen Bundesrepublik Deutschland vom November 1949 in knappen Vorschriften die Tarifautonomie der Arbeitsmarktparteien, verzichtete aber im Gegensatz zur Weimarer Republik auf die Einführung einer staatlichen Zwangsschlichtung, gegen die die Erfahrungen namentlich der späten Weimarer Republik sprachen. Zwar wurde die Möglichkeit einer amtlichen Verbindlichkeitserklärung von Tarifverträgen beibehalten, doch zog sich der Staat definitiv aus der Verantwortung für das Funktionieren des Tarifsystems zurück [NAUTZ 1985].

Wurde auf diese Weise das System der Tarifautonomie letztlich in modifizierter Form analog zu den Weimarer Verhältnissen aufgebaut, so vollzogen sich auf der Mikroebene der betrieblichen industriellen Beziehungen tiefgreifende Wandlungen. Direkt im Anschluss an den Krieg war nicht zuletzt unter tätiger Mitwirkung von freigewerkschaftlichen Betriebsräten aus der Weimarer Republik mehr oder minder spontan in den Betrieben eine neue Vertretungsinfrastruktur von Betriebsräten aufgebaut worden. Angesichts des Fehlens gesetzlicher Vorschriften und der zum Teil chaotischen Verhältnisse in den Betrieben erlangten zahlreiche Betriebsräte Funktionen und Kompetenzen, die weit über das frühere Aufgabenspektrum der betrieblichen Interessenvertretungen hinausgingen [VON PLATO 1984]. Die Besatzungsmächte tolerierten zunächst die Betriebsräte und verschafften ihnen im April 1946 eine besatzungsrechtliche Grundlage. Da die Vorschriften des Alliierten Kontrollratsgesetzes über die Betriebsräte indes vage blieben und die genaue Aufgabenfestlegung letztlich Betriebsvereinbarungen überließen, wurden die Konflikte um Rechte und Aufgaben der Belegschaftsvertreter in die Betriebe hineinverlegt bzw. den verschiedenen Verbänden zur Aushandlung überlassen. Die Verhandlungen zwischen den Verbänden führten allerdings nicht zu befriedigenden Ergebnissen, da die Arbeitgeber den gewerkschaftlichen Forderungen nach effektiver Unternehmensmitbestimmung über die paritätische Besetzung der Aufsichtsräte nicht entgegenkamen. Ende 1946/Anfang 1947 drohten – zumal im Kontext des strengen Winters und rasch wachsender Versorgungsprobleme – die betrieblichen Konflikte in einem Maße zu eskalieren, das die Verfolgung der besatzungspolitischen Zielvorstellungen in Frage stellen konnte. Insbesondere der Bergbau und die Eisen- und Stahlindustrie des Ruhrgebietes wurden zu sozialen Brennpunkten, in denen sich das Verhalten der Belegschaften zusehends radikalisierte [G. MÜLLER 1987].

Aus dieser Konstellation heraus ergriffen die englische Besatzungsmacht und die deutsche Treuhandverwaltung der beschlagnahmten Werke der Eisen- und Stahlindustrie von sich aus die Initiative. Offensichtlich um den sozialen Frieden in den Betrieben wiederherzustellen und damit die Kontrolle der beschlagnahmten Werke zu erleichtern, führten sie nach Absprache mit den Gewerkschaften in den neu zugründenden, ausgegliederten Hüttenbetrieben eine neue Form der Unternehmensmitbestimmung ein. Die Aufsichtsräte wurden paritätisch besetzt, die Vorstände um einen den Gewerkschaften entstammenden bzw. nahe stehenden Arbeitsdirektor ergänzt. Die Gewerkschaften stimmten diesem Konzept zu, nicht als Ersatz für die von ihnen verlangte Sozialisierung, sondern als Einstieg in eine wirtschaftsdemokratische Strukturreform der Wirtschaft. Die betriebliche Mitbestimmung der Betriebsräte wurde durch diese Neuregelung nicht direkt berührt, indirekt allerdings durch den nunmehr möglichen direkten Zugang zu einem Vertrauensmann der Gewerkschaften in der Unternehmensspitze erheblich erweitert [G. MÜLLER 1987].

Das Montanmitbestimmungsmodell erwies sich in relativ kurzer Zeit als durchaus erfolgreich. Als daher 1949/50 die Frage anstand, ob die besatzungsrechtliche Regelung in deutsches Recht übernommen werden sollte, betonten die Gewerkschaften, die in der Zwischenzeit ihre Hoffnungen auf wirtschaftsdemokratische Strukturreformen fallen lassen mussten, ihr massives Interesse an einer Beibehaltung der Regelung und ihrer Ausdehnung auf die gesamte westdeutsche Wirtschaft. Für die Mehrzahl der Arbeitgeber aber war die Frage, ob das Montanmitbestimmungsmodell in deutsches Recht überführt werden sollte, ein willkommener Anlass, gegen diese Form der Unternehmensmitbestimmung Front zu machen. Doch erwies sich die Arbeitgeberfront als brüchig. Die Unternehmen der Eisen- und Stahlindustrie, die sog. Altkonzerne, befanden sich in einer fast dilemmatischen Situation, da sie an einer Reverflechtung der alten Konzernstrukturen interessiert waren, die allerdings kaum ohne gewerkschaftliche Unterstützung gegen die Besatzungsmächte durchgesetzt werden konnte. Die Verhandlungen über die Europäische Gemeinschaft für Kohle und Stahl verliehen der Frage der Reverflechtung zusätzliches Gewicht, da man sich auf deutscher Seite durch eine Wiederherstellung der alten verbundwirtschaftlichen Strukturen Positionsgewinne im Kontext der europäischen Stahlindustrie versprach. Während daher die Arbeitgeber der Nichtmontanindustrien dem Montanmitbestimmungsmodell ablehnend gegenüberstanden, waren wichtige Vertreter der Altkonzerne schließlich nicht zuletzt unter dem Druck der Bundesregierung und der gewerkschaftlichen Streikdrohungen bereit, die „Kröte zu schlucken". Auf diese Weise fand sich somit ein vergleichsweise breiter Konsens, an der bisherigen Form der Mitbestimmung im Stahlbereich festzuhalten und sie auch auf den Bergbau auszudehnen.

Der Sieg der Gewerkschaften in dieser Frage war faktisch an die spezifische Konstellation des Jahres 1950 gebunden und wurde auch nicht ohne weitreichende Zugeständnisse erreicht, wobei der faktische Verzicht der Gewerkschaften auf die Ausdehnung der paritätischen Mitbestimmung auf die Nichtmontanindustrien am schwersten ins Gewicht fiel [MÜLLER-LIST 1984]. Das 1952 verabschiedete Betriebsverfassungsgesetz entsprach daher ganz der Weimarer Tradition des Betriebsrätegesetzes. Die Aufsichtsrats- bzw. Unternehmensmitbestimmung war durch die Beschränkung der Arbeitnehmervertreter im Aufsichtsrat auf ein Drittel der Sitze wirkungsvoll eingeschränkt; ein Arbeitsdirektor nicht vorgesehen. Die betriebliche Mitbestimmung, die wiederum über die Orientierung der Betriebsräte am Betriebswohl konditioniert war, hatte ihren Schwerpunkt in der sozialen Interessenvertretung, bei der Ausgestaltung der Arbeitsbedingungen und beim Arbeitsschutz. Versuche einzelner Gewerkschaften, trotz des Montankompromisses gegen den Gesetzentwurf zu streiken, endeten in einem Desaster. Das Bundesarbeitsgericht, von den Arbeitgebern angerufen, verbot in diesem Zusammenhang faktisch jeden nichttariflichen Streik bzw. unterzog die Gewerkschaften einer Regresspflicht, die jeden politischen Streik zu einem ökonomischen Existenzrisiko machen musste [THUM 1982].

1952 war die Phase der rechtlichen Neudefinition der Industriellen Beziehungen in der Bundesrepublik Deutschland vorerst abgeschlossen. Gegenüber Weimar waren zwar nur zwei Veränderungen eingetreten, deren Bedeutung aber insgesamt kaum zu überschätzen ist. Einerseits zog sich der Staat aus der direkten Verantwortung für das Funktionieren des Tarifsystems zurück, andererseits wurden wirksame Formen der Unternehmensmitbestimmung gerade in jenen Branchen eingeführt, die vor 1933 zu den schärfsten Gegnern jeder Mitbestimmung, ja des gesamten kollektiven Arbeitsrechtes gezählt hatten [W. PLUMPE 1991]. Der lang anhaltende Wirtschaftsaufschwung, der zwischen 1950 und 1975 lediglich von einer kurzen und nicht sehr tief greifenden Rezession 1966/67 unterbrochen wurde, die damit kontinuierlich wachsenden Verteilungsspielräume und die Arbeitskräfteknappheit in den fünfziger und sechziger Jahren bedingten günstige Verhandlungspositionen der Gewerkschaften, legten aber auch den Unternehmen die Vorteile dauerhafter, kollektiver Regelungen nahe. Dies implizierte freilich nur die Zustimmung zum Tarifsystem, nicht notwendig auch die Bereitschaft, weitergehende Formen der betrieblichen und Unternehmensmitbestimmung zu akzeptieren. Während daher die überbetrieblichen Arbeitsmärkte kollektiv reguliert wurden und auf diese Weise – nicht zuletzt wegen der produktivitätsorientierten Lohnpolitik der Gewerkschaften – Wirtschaftswachstum, Produktivitätszuwachs und Lohnentwicklung in ein abgestimmtes Verhältnis zueinander traten, blieben die betrieblichen Industriellen Beziehungen in hohem Maße umstritten.

Erst mit dem Übergang zur sozialliberalen Koalition 1969 begann ein erneuter Prozess der politischen Neudefinition der rechtlichen Rahmenbedingungen betrieblicher industrieller Beziehungen, der – wenn auch verschwommen – von einem Konzept der Demokratisierung des Industriebetriebes gekennzeichnet war. Zugleich begann eine erneute Diskussion um die Ausdehnung der Unternehmensmitbestimmung, die im Mitbestimmungsgesetz von 1976 ihren Niederschlag fand. Die Verfassungsklage der Arbeitgeber gegen das Gesetz, das in ihren Augen die Eigentümerrechte durch die paritätische Besetzung der Aufsichtsräte weitgehend beschnitt, war zumindest insofern erfolgreich, als eine völlige Aufsichtsratsparität ausgeschlossen wurde. Ebenso blieb das neue Betriebsverfassungsrecht von 1972 in den bekannten Bahnen, auch wenn es die wirtschaftlichen Mitwirkungsrechte der Betriebsräte erweiterte. Der Kern der Handlungsautonomie der Unternehmensleitungen in wirtschaftlichen Fragen wurde weder durch das Betriebsverfassungs- noch durch das Mitbestimmungsgesetz daher ernsthaft in Frage gestellt [KIRSCH/SCHOLL 1983].

Die Geschichte der Industriellen Beziehungen in der Bundesrepublik Deutschland erschöpft sich nicht mit der Abfolge ihrer rechtlichen Regelungen. Gleichwohl bedingten diese Regelungen im Konzert mit den lange Zeit günstigen wirtschaftlichen Rahmenbedingungen den Übergang eines stärker konfliktorischen auf einen vornehmlich kooperativen Ansatz in den Industriellen Beziehungen. Wachsende Einkommen und geringe Streikaktivitäten wurden zu zwei Seiten einer Medaille, die freilich, da Industrielle Beziehungen jeweils neu ausgehandelt werden müssen, bei Veränderungen in den Rahmenbedingungen auch eine andere Prägung bekommen können. Der rechtliche Rahmen bestimmt daher nur zu einem gewissen Grad das Verhalten der Akteure der Industriellen Beziehungen, die in ihren Interaktionen letztlich jeweils situativ-kontingent handeln. Die jeweiligen Selbstbeschreibungen der sozialen Akteure spielen daher für Interaktionsweisen und -formen eine ebenso wichtige Rolle. Gerade hier aber ist in den langen Jahren westdeutscher Prosperität der deutlichste Wandel festzustellen. Klassenkampfrhetorik mag es zwar noch geben, doch ist die Mehrzahl der westdeutschen Arbeitnehmer wie der Arbeitgeber nicht mehr gewohnt, das gegenseitige Verhältnis mit Kategorien des unversöhnlichen Konfliktes und des Misstrauens zu beschreiben. Im Gegenteil scheinen sich in den letzten Jahren verstärkt Muster partizipativer Kommunikation und Kooperation durchzusetzen [CROZIER 1992; MINSSEN 1990], auch wenn dies keineswegs heißt, dass eine nachlassende Formulierung konfliktorischer Handlungsstrategien ein Nachlassen oder gar Verschwinden industrieller Konflikte indiziert [EDWARDS 1992]. Lediglich ihre Austragungsform hat sich fundamental gewandelt. Dieser Wandel in den Mustern der Eigen- und Fremdwahrnehmung hat freilich seinen materiellen Kern im westdeutschen Wirtschaftswunder und ist an dieses ursächlich gebunden. Ein dauerhaftes Muster Industrieller Beziehungen ist daher an dauerhafte situative Bedingungen gebunden.

4. Theoretische Angebote

Der Forschungsansatz der Industriellen Beziehungen ist im strengen Sinne eine Kombination verschiedener disziplinärer Perspektiven aus Industrie- und Arbeitssoziologie, Politikwissenschaft (Organisations- und Verbändelehre, Korporatismus), Betriebswirtschaftslehre (Unternehmensforschung, Organisationslehre), Arbeitsrechtswissenschaft, Arbeitsmarktforschung und Sozial- und Wirtschaftsgeschichte und daher mit deren Entwicklungen eng verknüpft. Es handelt sich – wie betont – daher nicht um ein geschlossenes Konzept, sondern um eines, das jeweils nach den gewählten Perspektiven unterschiedliche theoretisch-methodische und empirische Ausprägungen aufweist. Im Folgenden wird also nicht *das* verbindliche theoretische Konzept vorgestellt, sondern der zu Anfang als Gegenstand skizzierte Forschungsraum theoretisch-methodisch erschlossen. Dabei sind indes gewisse theoretische Vorannahmen notwendig, das Forschungsprogramm der Industriellen Beziehungen ist also weder voraussetzungslos noch beliebig.

Denn im Gegensatz etwa zu früheren Ansätzen der Industriesoziologie, die aus der Struktur des Industriebetriebes und seiner Akteure ein vergleichsweise festes Muster an Grundstrukturen von Verhaltensweisen industrieller Akteure ableiteten, markiert das Konzept der Industriellen Beziehungen eine Wende hin zur *Analyse der Interaktionsprozesse* zwischen den jeweiligen Akteuren, deren Verhalten und Handeln nicht mehr automatisch aus ihren Interessen und ihrer Stellung im Produktionsprozess abgeleitet werden kann. Die *Ebene der Interaktion* bzw. der Verhandlung tritt in den Vordergrund, ohne dass damit die Grundstruktur des Industriebetriebes, der Erwerbsarbeit und hiervon abgeleitet der Verbände bestritten werden soll [TRINCZEK 1989; KÜPPER/ORTMANN 1992].

Helmut Trischler hat 1989 aus der Position des Sozialhistorikers heraus eine Definition versucht, die zumindest die Problemstellung deutlich macht. Nach seiner Auffassung umfassen die Industriellen Beziehungen „ein Netz von gesetzlich definierten Rahmenbedingungen, formellen Regeln und informellen, ad hoc ausgehandelten Übereinkünften, die ihrerseits aus den jeweiligen Machtpositionen der Arbeitsmarktparteien resultieren." Theoretische Ansätze zur Analyse der Industriellen Beziehungen haben den gleichsam fließenden Charakter ihres Gegenstandes zu berücksichtigen. Man muss daher die Industriellen Beziehungen von unterschiedlichen

Perspektiven angehen, je nachdem welche Ebene (Makro-, Meso-, Mikroebene) man thematisiert, welche Regulierungsform man in den Vordergrund stellt (Gesetze, Verträge, formelle und informelle Übereinkünfte und Regeln), ob man vorrangig die Akteure behandelt oder – auf den verschiedenen Ebenen jeweils gesondert – ihre spezifischen Interaktionsformen [MÜLLER-JENTSCH 1986].

In den bisherigen Arbeiten zur Geschichte und Struktur der Industriellen Beziehungen schälen sich unterschiedliche Perspektiven heraus, die vor allem mit den jeweiligen Ebenen, auf denen die Industriellen Beziehungen thematisiert werden, variieren. Im Folgenden soll daher zwischen den drei Ebenen der Industriellen Beziehungen als Zugang zu ihrer theoretischen Fassung differenziert werden, wobei zunächst jeweils die Akteure, danach die Verhandlungsgegenstände und schließlich drittens die spezifischen Interaktionsformen zu berücksichtigen sind. Auch scheint eine weitere Vorbemerkung notwendig, um spätere Redundanzen verringern zu können. Die unterschiedlichen Sichtweisen der Industriellen Beziehungen variieren fundamental vor allem nach den grundlegenden geschichtsphilosophischen Konzepten, insbesondere nach den Vorstellungen über die Lösbarkeit jener sozialen Konflikte, um deren Regulierung das Problem der Industriellen Beziehungen kreist. Aus marxistischer Sicht, auch wenn angesichts der inzwischen eingetretenen Vielfalt dieser Theorietradition eine einheitliche These mit Vorsicht betrachtet werden muss, stellen Ausdifferenzierungen der Industriellen Beziehungen diesseits der Systemschwelle lediglich Varianten kapitalistischer Herrschaft über die lebendige Arbeit dar, aus denen die sozialen Konflikte resultieren, deren Lösung daher mit der Aufhebung der kapitalistischen Produktionsverhältnisse zumindest im Grundsatz möglich erscheint. Der soziale Konflikt ist in diesem Rahmen systembedingt, während in nichtmarxistischen Ansätzen der soziale Konflikt Ausdruck moderner arbeitsteiliger Strukturen und ihrer Koordination ist, der zwar mit den jeweiligen institutionellen Bedingungen des Wirtschaftssystems variiert, aber nicht gelöst werden kann. Das eine Konzept unterstellt mithin die Lösbarkeit, das andere die Regulierbarkeit der fundamentalen sozialen Konflikte, wobei diese Grundannahmen ihrerseits wiederum Anknüpfungspunkte normativer Vorstellungen sind [DAHRENDORF 1992]. Diese fundamentalen Unterschiede behindern indes nicht die empirische Konvergenz der Forschung, bedingen indes unterschiedliche Wertungen des Gegenstandes.

a. die Makroebene

Auf der Makroebene finden sich im klassischen Sinne politische Akteure sowie die Spitzenorganisationen der jeweiligen Arbeitsmarktverbände als Akteure wieder. Die politischen Akteure, namentlich die Parteien, stehen hier nicht zur Debatte. Die Verbandsorganisationen (Arbeitgeberverbände, Gewerkschaften) bilden den Gegenstand klassischer organisationssoziologischer Analysen (s.u. Mesoebene). Funktion der Makroebene ist die Definition der rechtlichen Rahmenbedingungen des ökonomischen Prozesses und damit der Industriellen Beziehungen. Die Möglichkeiten, diese Funktion zu erfüllen, reichen dabei von der Definition einfacher Mindeststandards durch das Bürgerliche Gesetzbuch und bestimmte Schutzvorschriften (Frauen- und Kinderarbeit) bis hin zur differenzierten Regelung des Arbeitsverhältnisses durch gesetzliche Vorschriften im Einzelnen. Tendenziell zeichnet sich in Deutschland dabei ein Verrechtlichungstrend der Sozialbeziehungen ab, der aktuell zumindest teilweise von Deregulierungsbefürwortern in Frage gestellt wird. Zu einem geschlossenen Arbeitsrecht, bereits seit 1918 Programmatik nicht nur der Arbeiterbewegung, sondern auch der bürgerlichen Sozialreform, ist es bisher allerdings nicht gekommen [MÜLLER-JENTSCH 1986].

Durch die Schaffung eines kollektiven Arbeitsrechtes und dessen Garantierung und Sanktionierung durch eine eigene Arbeitsgerichtsbarkeit kam auf der Makroebene zudem eine weitere, ganz eigenständige Komponente hinzu: die Entwicklung der höchstrichterlichen Rechtsprechung, die zwar im strengen Sinne keine Recht setzende Kompetenz hatte, de facto aber verbindliche Gesetzesinterpretationen vorlegte, die für die auf den anderen Ebenen Handelnden ebenfalls den Charakter verbindlicher Rahmenregelungen annahmen (i.e. Verbot des politischen Streiks durch das Bundesarbeitsgericht 1953 u.a.m.) [BLANKE U.A. 1975].

Die Entwicklung der Makroebene kennt mithin als Akteure nicht nur Parteien und Verbände, sondern in zunehmendem Maße auch Gerichte [ERD 1978], wenngleich auch neuere Forschungsergebnisse aus dem Umfeld der Institutionenökonomie vermuten lassen, dass die rechtliche Regelung und Sanktionierung von Arbeitsmarktprozessen keineswegs bedeutender ist als die konsensuale, vorgerichtliche Verständigung [WILLIAMSON 1990, 5]. Gemessen an der Funktionszuweisung für Politik und Gerichte ein vergleichsweise reibungsloses Funktionieren der Industriellen Beziehungen im Interesse des Gesamtsystems zu gewährleisten, und gemessen an der Zwitterstellung der Verbände zwischen Interessenbindung und Aufeinanderverwiesensein, werden die jeweiligen Interaktionsformen situativ wechseln, die politischen und gerichtlichen Akteure stärker Konsensansätze betonen, die Verbände je nach den Bedingungen stärker konfliktorische Strategien verfolgen. Je nach der Orientierung der Verbände werden die konsensual orientierten politischen und rechtlichen Akteure daher zu Verbündeten oder Gegnern, der konsensuale Ansatz also konfliktorisch supercodiert. Solange sich die Verbände freilich ihrer jeweiligen Aufeinanderverwiesenheit bewusst bleiben, lässt sich in diesem Rahmen ein Modell korporatistischer Rahmensteuerung vorstellen, wie es etwa für die Entwicklung der Industriellen Beziehungen in der Bundesrepublik Deutschland 1960 bis 1980 typisch war. Korporatismus bestreitet dabei nicht die Möglichkeit von Konflikten (Mitbestimmung), geht aber davon aus, dass korporative Steuerung auf der Basis eines Grundkonsenses erfolgreich sein kann [HEINZE 1981; MÜLLER-JENTSCH 1991].

Korporatismus ist indes nur eine Möglichkeit, die im Übrigen an funktionsfähige organisatorische Voraussetzungen gebunden ist. Wo diese fehlen, wie etwa in Großbritannien, oder die Verbände aus Gründen ihrer eigenen Integrationsfähigkeit zur Konflikteskalation neigen (Weimarer Republik) müssen korporatistische Ansätze versagen, ja sich in ihr Gegenteil verkehren, indem der Konsens durch den fortdauernden und eskalierenden Konflikt ersetzt wird. Korporatismus ist mithin nur eine, wegen der konsensualen Grundstruktur zudem eher unter prosperierenden Rahmenbedingungen vorstellbare Form der Regulierung der Makroebene [MAIER 1975].

Für den Fall eskalierender industrieller Konflikte wird daher die staatlich-politisch-gerichtliche Ebene mit den Steuerungsanforderungen belastet, die zuvor im Kontext der Verbände bewältigt wurden. Dies kann zu einer sukzessiven Krise des politischen Steuerungssystems führen, da der Steuerungsbedarf reziprok-proportional zu den Steuerungskapazitäten wächst, was sich in Deutschland im Rahmen der Weltwirtschaftskrise zeigte. Festzuhalten ist daher, dass alle Regulierungs- und Interaktionsformen auf der Makroebene von ihren Rahmenbedingungen und der jeweiligen Bereitschaft der Akteure zur situativen Anpassung her begriffen werden müssen. Theoretisch abgesicherte „Erfolgsrezepte" in dem Sinne, korporative Steuerung sei die angemessene Lösung für industrielle Konflikte auf der Makroebene, müssen zu viele Rahmenbedingungen entweder für irrelevant oder dauerhaft stabil erklären, um in sich schlüssig zu sein. Gerade dies aber ist in der historischen Perspektive ausgeschlossen.

Von orthodox-marxistischer Seite ist die Makroebene über lange Jahre hinweg hingegen vor allem als jenes Feld begriffen worden, auf dem sich die Monopole und ihre Organisationen in zunehmendem Maße die Politik dienstbar machen, um ihre Verwertungsinteressen durchzusetzen [BAUDIS/NUSSBAUM 1978; NUSSBAUM 1978; ZUMPE 1980]. Die Asymmetrie der Makroebene (Asymmetrie im Sinne einer unterstellten Machtverteilung zwischen den Akteuren von Kapital und Arbeit) spielt auch bei verschiedenen sozial- und wirtschaftshistorischen Ansätzen (Organisierter Kapitalismus) der siebziger Jahre eine wesentliche Rolle, jedoch ist die Aussagefähigkeit dieser Konzepte sowohl theoretisch wie empirisch bezweifelt worden, so dass zumindest jene Ansätze, die eine starre Machtasymmetrie als theoretisch und empirisch gegeben vertreten, heute in der wissenschaftlichen Diskussion eine eher nachgeordnete Rolle spielen [AMBROSIUS 1990].

Hat sich die Aussagekraft derartiger Ansätze zumindest vorläufig stark verringert, so erfuhren in den achtziger Jahren neoklassische Gleichgewichtstheorien über die Funktionsweise von Arbeitsmärkten einen Aufschwung. In dieser Sicht hat sich die Makroebene auf die Garantierung eines funktionierenden Marktes zu beschränken und die von ihr in den Jahren des Sozialstaates veranlassten Regulierungen des Arbeitsmarktes zu beenden. Deregulierung als Funktion der Makroebene ist freilich ein politisches Konzept und als Forschungsansatz in unserem Zusammenhang nicht verwendbar. Zu fragen ist vor diesem Hintergrund jedoch in der Tat, welche Bedeutung die sozialen und ökonomischen Institutionen und ihre Funktionsweise für das Tauschgeschehen auf den Arbeitsmärkten besitzen, welche Regulierungen welche ökonomischen Wirkungen auslösen und dergleichen mehr. Eine institutionenökonomische Sicht der Arbeitsmärkte ist daher für die Entwicklung des Konzeptes der Industriellen Beziehungen ausgesprochen reizvoll [GOSPEL 1992]. Neoklassische Gleichgewichtstheorien der Arbeitsmärkte besitzen hingegen historisch wenig Aussagekraft, da sie die politischen Markteingriffe zwar verurteilen, aber ökonomisch nicht erklären können, ihre Hoffnung auf das Funktionieren der Märkte zudem zu viele modelltheoretische Voraussetzungen machen muss, um historiographisch nutzbar zu sein [WILLIAMSON 1990; zur historischen Erklärungskraft der Neoklassik generell NORTH 1988].

b. die Mesoebene

Akteure auf der Mesoebene sind vor allem die Branchenverbände der Arbeitsmarktparteien, also etwa die Chemiegewerkschaften einerseits, der Arbeitgeberverband Chemie andererseits. Da Lohntarife in der Regel regional, Manteltarife reichs- bzw. bundesweit abgeschlossen werden, differenzieren sich die Akteure je nach den Verhandlungsgegenständen noch einmal regional. Wie im Fall der Makroebene können die Akteure durch klassisch-organisationssoziologische Studien erfasst werden, die sich mit Aufbau und Struktur von Organisationen sowie der spezifischen Weise des politischen Verhaltens von Organisationen auseinandersetzen. Die historische Analyse erfolgt hier vor allem über die Untersuchung von Organisationsbildungen und -verhalten, wobei wiederum die jeweiligen Ansätze danach differieren, wie weit das Verhalten der Organisation durch die vorgegebenen Interessen der Mitgliedschaft, die organisationsstrukturellen Zwänge und schließlich die Interaktionsprozesse zwischen den Verbänden bedingt sind. Die empirische Analyse hat dabei gezeigt, dass Interessenorganisationen vielfach determiniert sind, sich also nicht auf die in der Regel nicht eindeutig definierten Interessen der Mitgliedschaft zurückführen lassen, ja im Gegenteil selbst sukzessive diese Interessen zu definieren beginnen [HEINZE 1981; BEYME 1980].

Die Strategieformulierung wird schließlich selbst zu einem Teil des Interaktionsprozesses zwischen den jeweiligen Kontrahenten. Wenngleich eine dauerhafte Grundierung durch die Interessen der Mitgliedschaft gegeben ist, kommt auf der Mesoebene den „Verhandlungen" zwischen den Parteien entscheidendes Gewicht nicht nur für die schließlich vertragliche Regelung von Löhnen und Arbeitsbedingungen, sondern bereits zuvor auch für die Formulierung und die Vorbringung programmatischer Positionen zu. Deutlich wurde dies in der Bundesrepublik der fünfziger und sechziger Jahre, namentlich im Kontext jener Gewerkschaften, die sich verbal noch nicht vom Klassenkampf verabschiedet hatten. In den jeweiligen Lohn- und Tarifauseinandersetzungen war indes das Formulieren derartiger programmatischer Überzeugungen nicht nur sinnlos, sondern zudem unter dem Gesichtspunkt der Erreichung günstiger materieller Ergebnisse kontraproduktiv, so dass der Verhandlungsalltag, auch der IG Metall, trotz aller klassenkämpferischer Rhetorik von der Pragmatik der erfolgsorientierten Tarifverhandlung bestimmt wurde. Anders formuliert entzogen bestimmte Interaktionserfahrungen bestimmten Programmatiken sukzessive den Boden, wobei keinesfalls ausgeschlossen ist, dass bei einer zukünftigen Änderung der Interaktionspragmatik Klassenkampfkonzepte wieder stärkeres Gewicht erreichen können.

Dies korrespondiert mit der klassischen Differenzierung in konsensuale und konfliktorische Ansätze gewerkschaftlicher Politik („Sozialpartnerschaft oder Klassenkampf?"), wobei der Fehlschluss, namentlich der jeweiligen marxistischen Kritiker der scheinbar „friedlichen" Gewerkschaftspragmatik, darin bestand, Sozialpartnerschaft nicht für eine spezifische Interaktionsform, sondern für eine voluntaristisch auswechselbare Programmatik zu halten, bei der die Vorteile der bisherigen Sozialpartnerschaftspragmatik auch bei einem stark konfliktorischen Ansatz der Gewerkschaftspolitik ohne weiteres beibehalten werden könnten. Doch sind gerade die Er-

folge der kollektiven Arbeitsbeziehungen in den sechziger und siebziger Jahren vor dem Hintergrund günstiger Verteilungsbedingungen untrennbar mit einer nichteskalatorischen Interaktionsform verknüpft [DEPPE U.A. 1970].
Konflikt und Konsens gehören dabei im Übrigen eng zusammen [MINSSEN 1990]. Nichteskalatorische Interaktionsformen negieren keinesfalls den industriellen Konflikt, sondern bemühen sich um Regelungsformen, die an der Systemrationalität ausgerichtet sind, wofür das ausgeprägteste Beispiel die sog. produktivitätsorientierte Lohnpolitik der Gewerkschaften darstellt, durch die Effizienzsteigerungen des Wirtschaftssystems und materielle Verbesserungen der Lage der lohnabhängigen Bevölkerung miteinander verknüpft wurden. Dieser Ansatz impliziert weder eine Verschüttung von Interessengegensätzen noch einen Verzicht auf gewerkschaftliche Kampfmaßnahmen. Doch ist die zugrunde liegende Leitvorstellung die eines gemeinsamen Erfolgs im Sinne eines Plussummenspiels. Die traditionelle Vorstellung vom Nullsummenspiel, wonach die Arbeiterschaft ihre Lage letztlich nur auf Kosten der Privatwirtschaft verbessern könne, war damit zumindest zeitweilig ad acta gelegt und mit ihr jene Konflikteskalation, die lediglich in der strukturellen Schwächung der Gegenseite eine hinreichende Vorbedingung für eigene Erfolge sah.

Diese spezifische „sozialpartnerschaftliche" Interaktion hing freilich von den konjunkturellen Rahmenbedingungen der Wirtschaftswunderzeit ab. Diese Rahmenbedingungen hielten derart lange an, dass man zwischenzeitlich von Lernprozessen und Lernerfolgen ausgehen kann, die ein konsensorientiertes Modell der Industriellen Beziehungen in den Verhaltensweisen der jeweiligen Akteure fest verankert haben, so dass, anders als noch in der Weimarer Republik, konsensorientierte Interaktionsformen auch dann noch funktionieren können, wenn mit ihnen nicht unbedingt eine Erfüllung der jeweils formulierten und vorgetragenen Interessen verbunden ist. Die Orientierung an der nur gemeinsam herstellbaren und garantierbaren Systemeffektivierung als Voraussetzung für Verbesserungen der jeweils eigenen Lage ist indes kein automatisches Gut, sondern hängt von ihrer jeweiligen Bestätigung in der konkreten Interaktion ab. Insofern sind unter dauerhaft veränderten konjunkturellen Rahmenbedingungen auch strukturelle Wechsel der Interaktionsformen vorstellbar – bis hin zu einer Rückkehr klassenkämpferischer Ansätze.

Die Analyse der Industriellen Beziehungen auf der Mesoebene hat drei Ansatzpunkte: die Akteure, die Interaktionsformen, die Verträge und Regelungen, denen jeweils ein Set an theoretischen Analyseansätzen korrespondiert, von der Organisationssoziologie über politologische Verhandlungsansätze bis hin zu arbeitsrechtlichen Überlegungen. Der Historiker der Industriellen Beziehungen ist auf eine Nutzung dieser Ansätze je nach Wahl von Gegenstand und Perspektive verwiesen. Die historische Entwicklung der Industriellen Beziehungen lässt sich freilich aus den Regeln der Organisationssoziologie oder anderer theoretisch-methodischer Konzepte nicht ableiten; sie bleiben Gegenstand einer letztlich auf das Singuläre abhebenden historischen Erklärung, die theoretisch befruchtet werden muss, gleichwohl aber die Darstellung einer letztlich durch eine Regel nicht hinreichend erfassbaren Geschichte bleibt [MÜLLER-JENTSCH 1986].

c. die Mikroebene

Im Unterschied zu den bisher behandelten Ebenen lassen sich die betrieblichen Industriellen Beziehungen über organisationssoziologische, politologische und makroökonomische Ansätze nicht erfassen. Wenn sich auch zumindest die Ergebnisse betrieblicher Interaktion zu einem Teil noch rechtshistorisch und -theoretisch analysieren lassen, so bedarf die Analyse des betrieblichen Geschehens weiterreichender Überlegungen. Zwar wurde traditionell nach einfachen Konzepten verfahren, die – akteursorientiert – diese nach ihrer Grundausstattung mit Interessen und nach ihrer Stellung im Produktionsprozess sortierten [BROCKHAUSEN 1975; SCHIFFMANN 1983; STOLLE 1980], doch erwiesen sich derart simple klassentheoretische Ansätze ungeeignet, um der betrieblichen Wirklichkeit gerecht zu werden. Das betriebliche Verhalten der Arbeiterschaft entsprach in den wenigsten Fällen den Erwartungen, die auf einer derartigen theoretischen Basis formuliert wurden; die Bereitschaft der Arbeiterschaft zur Integration in das Sozialsystem Betrieb war regelmäßig sehr viel größer, als es theoretisch wegen ihrer Klassenlage überhaupt möglich sein konnte. Diese Lücke zwischen theoretischen Annahmen und empirisch feststellbarem Verhalten wurde dabei durch allerlei Kunstgriffe überbrückt, wobei sich die Topoi des falschen Bewusstseins und/oder der „Verführtheit" durch eine nichtrevolutionäre Gewerkschaftsbürokratie als besonders zählebig herausstellten. Als Glücksfälle für die Theorie erwiesen sich lediglich die kurzen Momente starker betrieblicher Radikalität – in Deutschland etwa von 1917 bis 1923 –, die daher auch zu prominenten Analysezeiträumen wurden. Das jeweilige Abflauen der Radikalität wurde dann theoriegemäß als „Verrat" und/oder Niederlage einem übermächtigen Gegner gegenüber dargestellt.

Damit ist der zweite Pferdefuß der klassischen Akteursansätze zumindest implizit angesprochen: die Überschätzung der Handlungsmöglichkeiten der Unternehmensleitungen. Insbesondere in während der siebziger Jahre einflussreichen Ansätzen wie dem von Harry Braverman wurden die tayloristischen Allmachtsphantasien von Ingenieuren ernst genommen und in Anlehnung an Begrifflichkeiten der Marxschen Theorie die Entwicklung der industriellen Arbeitswirklichkeit als ein managementgesteuerter Prozess zur Entleerung der Arbeit und zur Degradierung des Menschen zum Anhängsel der Maschine beschrieben. Damit musste notgedrungen die betriebliche Machtposition der Arbeiterschaft, die über ihre Qualifikation im 19. Jahrhundert zumindest teilweise noch groß war, immer stärker zurückgehen. Parallel wuchsen die Gestaltungsmöglichkeiten des Managements [BRAVERMAN 1985].

Auch diese theoretischen Annahmen haben sich empirisch zumindest als hochproblematisch herausgestellt, und zwar in vielerlei Hinsicht. Zunächst stellte der Taylorismus kein operationalisierbares Programm für die gesamte Industrie dar; seine Realisierung blieb an günstige Voraussetzungen gebunden. Zweitens hatten die Rationalisierungsprozesse insgesamt keineswegs linear dequalifizierende Bedeutung, sondern führten zu einer stärkeren Differenzierung der Arbeiterschaft mit gleichzeitig qualifizierenden und dequalifizierenden Tendenzen, wobei insgesamt die Zunahme der Arbeitsplatz bedingten Qualifikationserfordernisse eindeutig war. Drittens besaß kaum eine Unternehmensleitung die Möglichkeiten, um tayloristische oder andere Konzepte widerstandslos durchzusetzen. Vielmehr bildeten sich um alle Rationalisierungsansätze betriebliche Kämpfe, deren Ausgang nicht einseitig durch das Management bestimmt werden konnte, da es keinen direkten Zugriff auf die Gestaltung der Arbeitsabläufe besaß, sondern stets und in zunehmendem Maße auf die Kooperationsbereitschaft der Arbeiterschaft und des mittleren Managements angewiesen blieb [KERN/SCHUMANN 1984].

Akteursorientierte Ansätze, die bei der Bestimmung des Akteurshandelns daher gleichsam ontologisch und nicht situativ-systemisch argumentieren, laufen Gefahr, die betriebliche Wirklichkeit perspektivisch zu verkürzen. Dies ist indes nicht nur bei den oben genannten marxistischen Ansätzen der Fall, sondern ebenso bei klassischen unternehmenshistorischen Studien, die – wenn auch zustimmend – gleichwohl ähnlich wie die marxistische Historiographie letztlich von einer unbeschränkten Gestaltungsfähigkeit der Unternehmensleitungen ausgehen und entsprechend die jeweiligen industriellen Beziehungen im Betrieb vorrangig als Ausdruck unternehmerischen Gestaltungswillens begreifen [TREUE 1989].

Hiervon zu unterscheiden sind Ansätze, die den Betrieb als ein ganzheitliches Interaktions- und Funktionssystem begreifen. Dabei betont ein Teil der Ansätze die Determiniertheit dieses Systems und damit auch der Arbeitsbeziehungen durch bestimmte situative Komponenten wie Größe, Produktionstechnik, Branchenzugehörigkeit und/oder Marktlage. Diese Faktoren spielen für die formale Organisation des Betriebes und damit für die Rahmenbedingungen der betrieblichen Industriellen Beziehungen eine wesentliche Rolle, jedoch lassen sich aus diesen formalen Bedingungen die jeweiligen konkreten Sozialbeziehungen nicht zwingend ableiten [KIESER/KUBICEK 1983]. Die neuere Unternehmenskulturforschung und die Diskussion um „Mikropolitik" versuchen diese Vermittlung zwischen formaler Organisationsstruktur und informellen Prozessen zu füllen, indem sie einerseits auf letztlich nur historisch fassbare traditionelle Unternehmensmilieus oder -kulturen abheben, durch die und in denen sich spezifische Handlungsweisen der Akteure im Laufe der Zeit habitualisieren, wodurch dann die formale Organisationsstruktur in ein alltäglich-routiniertes Handlungssystem transformiert wird. Anderseits betont der Mikropolitikansatz die Abhängigkeit der Unternehmensentwicklung von den jeweiligen Interessenkämpfen und Machtspielen der betrieblichen Akteure, die aber nicht mehr ontologisch bestimmt werden, sondern im betrieblichen Handlungszusammenhang thematisiert werden, in dem erst Interessen und Strategien formulierbar werden. Im Mikropolitikansatz wird zudem der Machtbegriff sehr differenziert verwendet, der in den klassischen Ansätzen noch eng an formale Machtpositionen etwa des Eigentümers oder der streikenden Arbeiterschaft geknüpft war. Mikropolitisch wird Macht vielmehr als eine nur situativ mobilisierbare Handlungsressource begriffen, über die – wenn auch in einem strukturell machtasymmetrischen Unternehmen – alle beteiligten Akteure situativ variierend verfügen können, etwa Arbeiter beim Akkordbremsen, beim passiven Widerstand, bei Bummelei, Angestellte bei Dienst nach Vorschrift oder Ähnliches [KÜPPER/ORTMANN 1992; EBERS 1985; CROZIER/FRIEDBERG 1979; PETZINA/W. PLUMPE 1993].

Sowohl Unternehmenskultur- als auch Mikropolitikansatz begreifen den Betrieb als formal organisierte, zweckgerichtete Organisation, die aber das zweckgerichtete Verhalten ihrer Akteure nicht erzwingen, sondern nur in einem permanenten Aushandlungsprozess jeweils neu sicherstellen kann, wobei sich im Laufe der Zeit Muster und Routinen herausbilden können, die in formalisierter und informeller Weise die Unternehmenskultur bilden, die daher von der Definition her etwas ist, dessen Entstehung nur historisch beschreibbar ist. Theoretisch-methodisch lassen sich hingegen nur die Faktoren formulieren, die eine mikroanalytische Untersuchung Industrieller Beziehungen zu berücksichtigen hätte. Diese Faktoren sind einerseits Produktionstechnik und Arbeitsprozesse und hiervon ausgehend das Sozialprofil der Unternehmensangehörigen, zweitens formelle und informelle Organisationsstrukturen, drittens tradierte und routinisierte betriebliche Kommunikationsformen, viertens die Beziehungen zwischen dem Handlungsfeld Unternehmen und seiner Umwelt [DYLLICK 1986]. Jeder dieser Faktoren verweist wiederum auf spezifische disziplinäre Sichtweisen, die der Historiker der betrieblichen Industriellen Beziehungen integrieren muss. Ist eine derartige Integration überhaupt möglich?

d. Theoretisch-methodische Gesamtsicht?

Eine geschlossene Theorie der Industriellen Beziehungen ist bislang nicht in Sicht und auch in Zukunft wohl kaum zu erwarten, da hierfür sowohl die theoretisch-methodischen wie die institutionellen Voraussetzungen fehlen. Zwar gibt es – vor allem in England, beginnend aber auch in Deutschland – eigene Diskussionsforen und sogar erste einschlägige Studiengänge an Universitäten, doch dürfte es selbst im angelsächsischen Sprachraum noch dauern, bis sich geschlossene theoretische Modelle der Industriellen Beziehungen ausdifferenziert haben. Es ist indes auch fraglich, ob eine derartige Integration wünschenswert ist, ob nicht gerade die Offenheit des Konzeptes seinen entscheidenden Vorzug ausmacht, liefe doch eine theoretisch-inhaltliche Integration notwendig auf Grenzziehungen hinaus, die es gerade erst zu überwinden gilt.

5. Die Praxis der Historiker/Offene Fragen

Greifen wir das Gliederungsschema der drei Ebenen noch einmal auf, so lässt sich feststellen, dass zumindest auf der Makro- und der Mesoebene der Beitrag der Historiker zum Konzept der Industriellen Beziehungen nicht gering ist, dass es eine breite einschlägige Forschungspraxis gibt, auch wenn diese sich kaum explizit auf die *Industriellen Beziehungen* bezieht und nicht selten auf die eigenen theoretisch-methodischen Überlegungen nicht ausführlich eingeht. Auf diesen Ebenen kommt es mithin in Zukunft nicht auf die Entwicklung der einschlägigen empirischen Forschung als vielmehr darauf an, die Chance zum theoretisch-methodisch expliziten Dialog zu nutzen, die in diesem für die historische Forschung fruchtbaren Ansatz liegt.

Die eigentliche Innovationskraft dürfte indes auf der Mikroebene liegen, und zwar hier in doppelter Hinsicht. Einerseits könnte dieser Ansatz eine völlig neue Richtung der Unternehmensgeschichtsschreibung begründen helfen, andererseits zwingt er durch die Infragestellung bisheriger makroökonomischer und makrosoziologischer Annahmen auch hier dazu, generelle Thesen auf eine gesicherte Mikrobasis zu stellen. Denn erst letztere, d.h. die Entwicklung breiter Kenntnisse über reale Interaktionsprozesse und ihre Implikationen, kann die Chance eröffnen, zu gesicherten Aussagen über Struktur und Entwicklung von Arbeitsmarktbeziehungen zu gelangen.

Literaturliste

ABELSHAUSER, W. (Hrsg.), Die Weimarer Republik als Wohlfahrtsstaat. Stuttgart 1987.

AMBROSIUS, G., Die öffentliche Wirtschaft in der Weimarer Republik. Kommunale Versorgungsunternehmen als Instrumente der Wirtschaftspolitik. Baden-Baden 1984.

AMBROSIUS, G., Staat und Wirtschaft im 20. Jahrhundert. Enzyklopädie deutscher Geschichte. Bd. 7. München 1990.

BÄHR, J., Staatliche Schlichtung in der Weimarer Republik. Tarifpolitik, Korporatismus und industrieller Konflikt zwischen Inflation und Deflation 1919–1932. Berlin 1989.

BAIN, G.S. /H.A. CLEGG, A Strategy for Industrial Relations Research in Great Britain, in: British Journal of Industrial Relations 12 (1974), S. 91–113.

BAUDIS, D. /H. NUSSBAUM, Wirtschaft und Staat in Deutschland vom Ende des 19. Jahrhunderts bis 1918/19. Berlin 1978.

BERKEL, T., Arbeitsgemeinschaftspolitik in der Anfangsphase der Weimarer Republik 1919–1924. Die Geschichte der Reichsarbeitsgemeinschaft Chemie. Diss. phil. Marburg 1982.

BEYME, K. V., Interessengruppen in der Demokratie. München 1969 (5. überarb. Aufl. München 1980).

BLANKE, T. /R. ERD/U. MÜCKENBERGER/U. STASCHELT (Hrsg.), Kollektives Arbeitsrecht. Quellentexte zur Geschichte des Arbeitsrechts in Deutschland. 2 Bde. Reinbek bei Hamburg 1975.

BOESE, F., Geschichte des Vereins für Socialpolitik 1872–1932. Berlin 1939.

BRAVERMAN, H., Die Arbeit im modernen Produktionsprozeß. 2. Aufl. Frankfurt am Main 1985.

BRENTANO, L., Mein Leben im Kampf um die soziale Entwicklung Deutschlands. Jena 1931.

BRIEFS, G. (Hrsg.), Probleme der sozialen Betriebspolitik. Vorträge im Außeninstitut der TH Charlottenburg. Berlin 1930.

BRIEFS, G., Betriebsführung und Betriebsleben in der Industrie. Zur Soziologie und Sozialpsychologie des modernen Großbetriebes in der Industrie. Berlin 1934.

BROCKE, B. V., Werner Sombart in: Deutsche Historiker V. Hrsg. v. H.-U. Wehler. Göttingen 1972, 130–148.

BROCKHAUS, E., Zusammensetzung und Neustrukturierung der Arbeiterklasse vor dem Ersten Weltkrieg. München 1975.

BRUCH, R. V. (Hrsg.), Weder Kommunismus noch Kapitalismus. Bürgerliche Sozialreform in Deutschland vom Vormärz bis zur Ära Adenauer. München 1985.

BRÜGGEMEIER, F.-J., Leben vor Ort. Ruhrbergleute und Ruhrbergbau 1889–1919. München 1983.

COSTAS, I., Auswirkungen der Konzentration des Kapitals auf die Arbeiterklasse in Deutschland (1880–1914). Frankfurt am Main 1981.

CROZIER, M. /E. FRIEDBERG, Macht und Organisation. Die Zwänge kollektiven Handelns. Königstein 1979.

CROZIER, M., Entsteht eine neue Managementlogik?, in: Journal für Sozialforschung 32 (1992), S. 131–140.

DAHRENDORF, R., Der moderne soziale Konflikt. München 1992.

DEPPE F., U.A., Kritik der Mitbestimmung. Partnerschaft oder Klassenkampf? 2.Aufl. Frankfurt am Main 1970.

DIETRICH, R., Betrieb-Wissenschaft. München/Leipzig 1914.

DYLLICK, T., Die Beziehungen zwischen Unternehmung und gesellschaftlicher Umwelt, in: Die Betriebswirtschaft 46 (1986), S. 373–392.

EBERS, M., Organisationskultur: ein neues Forschungsprogramm? Wiesbaden 1985.

EDWARDS, P.K., Industrial Conflict: Themes and Issues in Recent Research, in: British Journal of Industrial Relations 30 (1992), S. 361–404.

ENGELS, F., Die Lage der arbeitenden Klassen in England. Nach eigener Anschauung und authentischen Quellen, Leipzig 1845; wieder abgedruckt in: K. Marx/F. Engels, Werke. Bd.2. Berlin 1970, S. 225–506.

ERD, R., Die Verrechtlichung sozialer Konflikte. Frankfurt am Main 1978.

FELDMAN, G.D. /I. STEINISCH, Industrie und Gewerkschaften 1918–1924. Die überforderte Zentralarbeitsgemeinschaft. Stuttgart 1985.

FELDMAN, G.D., Armee, Industrie und Arbeiterschaft in Deutschland 1914 bis 1918, Berlin/ Bonn 1985 (zuerst amerik. 1966).

FOX, A., Collective Bargaining, Flanders, and the Webbs, in: British Journal of Industrial Relations 13 (1975), S. 151–174.

GECK, L.H.A., Grundfragen der betrieblichen Sozialpolitik. München/Leipzig 1935.

GLADEN, A., Geschichte der Sozialpolitik in Deutschland. Eine Analyse ihrer Bedingungen, Formen, Zielsetzungen und Auswirkungen. Wiesbaden 1974.

GOSPEL, H.F., Markets, Firms and the Management of Labour in Modern Britain. Cambridge 1992.

HACHTMANN, R., Die Krise der nationalsozialistischen Arbeitsverfassung. Pläne zur Änderung der Tarifgestaltung 1936–1940, in: Kritische Justiz 17 (1984), S. 281–299.

HACHTMANN, R., Industriearbeit im „Dritten Reich". Untersuchungen zu den Lohn- und Arbeitsbedingungen in Deutschland 1933–1945. Göttingen 1989.

HARTWICH, H.-H., Arbeitsmarkt, Verbände und Staat 1918–1933. Die öffentliche Bindung unternehmerischer Funktionen in der Weimarer Republik. Berlin 1967.

HEINZE, R.G., Verbändepolitik und „Neokorporatismus". Zur politischen Soziologie organisierter Interessen. Opladen 1981.

HENTSCHEL, V., Geschichte der deutschen Sozialpolitik 1880–1980. Frankfurt am Main 1983.

HERKNER, H., Die Arbeiterfrage. Eine Einführung. 4. Aufl. Berlin 1905.
HINRICHS, P. /L. PETER, Industrieller Friede? Arbeitswissenschaft, Rationalisierung und Arbeiterbewegung in der Weimarer Republik. Köln 1976.
HINRICHS, P., Um die Seele des Arbeiters. Arbeitspsychologie, Industrie- und Betriebssoziologie in Deutschland 1871–1945. Köln 1981.
JAEGER, H., Geschichte der Wirtschaftsordnung in Deutschland. Frankfurt am Main 1988.
JANTKE, C., Der vierte Stand. Die gestaltenden Kräfte der deutschen Arbeiterbewegung im 19. Jahrhundert. Freiburg 1955.
JOHANNING, A.N.P., Die Organisation der Fabrikbetriebe. 2. Aufl. Braunschweig 1901.
KERN, H. /M. SCHUMANN, Das Ende der Arbeitsteilung? Rationalisierung in der industriellen Produktion. München 1984.
KIESER, A. /H. KUBICEK, Organisation. 2. neub. u. erw. Aufl. Berlin 1983.
KIRSCH, W. /W. SCHOLL, Was bringt die Mitbestimmung? Eine Gefährdung der Handlungsfähigkeit und/oder Nutzen für die Arbeitnehmer?, in: Die Betriebswirtschaft 43 (1983), S. 541–562.
KOCKA, J., Arbeitsverhältnisse und Arbeiterexistenzen. Grundlagen der Klassenbildung im 19. Jahrhundert. Bonn 1990.
KOCKA, J., Industrielles Management: Konzeptionen und Modelle in Deutschland vor 1914, in: VSWG 56 (1969), S. 332–372.
KOCKA, J., Unternehmensverwaltung und Angestelltenschaft am Beispiel Siemens 1847–1914. Zum Verhältnis von Kapitalismus und Bürokratie in der deutschen Industrialisierung. Stuttgart 1969.
KRANIG, A., Lockung und Zwang. Zur Arbeitsverfassung im Dritten Reich. Stuttgart 1983.
KRELL, G., Organisationskultur – Renaissance der Betriebsgemeinschaft, in: Organisationskultur – Phänomen, Philosophie, Technologie. Hrsg. v. E. Dülfer. Stuttgart 1988, S. 113–128.
KRÜGER, D., Nationalökonomen im wilhelminischen Deutschland. Göttingen 1983.
KÜPPER, W. /G. ORTMANN (Hrsg.), Mikropolitik. Rationalität, Macht und Spiele in Organisationen. 2. durchgesehene Aufl. Opladen 1992.
LAUSCHKE, K. /T. WELSKOPP (Hrsg.), Mikropolitik im Unternehmen. Arbeitsbeziehungen und Machtstrukturen in industriellen Großbetrieben des 20. Jahrhunderts. Essen 1994.
LUCAS, E., Ursachen und Verlauf der Bergarbeiterbewegung in Hamborn und im westlichen Ruhrgebiet. Zum Syndikalismus in der Novemberrevolution, in: Duisburger Forschungen 15 (1971), S. 1–119.
MAIER, C.S., Recasting Bourgeois Europe: Stabilization in France, Germany, and Italy in the Decade after World War I. Princeton 1975.
MASON, T.W., Sozialpolitik im Dritten Reich. Arbeiterklasse und Volksgemeinschaft. 2. Aufl. Opladen 1978.
MICHEL, E., Sozialgeschichte der industriellen Arbeitswelt. 2. Aufl. Frankfurt am Main 1948.
MINSSEN, H., Kontrolle und Konsens. Anmerkungen zu einem vernachlässigten Thema der Industriesoziologie, in: Soziale Welt 41 (1990), S. 365–382.
MORSCH, G., Streik im „Dritten Reich", in: VSWG 36 (1988), S. 649–689.

MÜLLER, G., Mitbestimmung in der Nachkriegszeit. Britische Besatzungsmacht, Unternehmer, Gewerkschaften. Düsseldorf 1987.

MÜLLER-JENTSCH, W. (Hrsg.), Konfliktpartnerschaft. Akteure und Institutionen der industriellen Beziehungen. München 1991.

MÜLLER-JENTSCH, W., Soziologie der industriellen Beziehungen. Eine Einführung. Frankfurt am Main/New York 1986.

MÜLLER-LIST, G. (Bearb.), Montanmitbestimmung. Das Gesetz über die Mitbestimmung der Arbeitnehmer in den Aufsichtsräten und Vorständen der Unternehmen des Bergbaus und der Eisen und Stahl erzeugenden Industrie vom 21.5.1951. Düsseldorf 1984.

NAUTZ, J.P., Die Durchsetzung der Tarifautonomie in Westdeutschland. Das Tarifvertragsgesetz vom 9.4.1949. Frankfurt am Main 1985.

NEULOH, O., Die deutsche Betriebsverfassung und ihre Sozialformen bis zur Mitbestimmung. Tübingen 1956.

NICKLISCH, H., Die Betriebswirtschaft. 7. Aufl. der wirtschaftlichen Betriebslehre. Stuttgart 1932.

NORTH, D.C., Theorie des institutionellen Wandels. Eine neue Sicht der Wirtschaftsgeschichte. Tübingen 1988 (zuerst New York 1981).

NUSSBAUM, M., Wirtschaft und Staat in Deutschland während der Weimarer Republik. Berlin 1978.

PETZINA, D. /W. PLUMPE (Hrsg.), Themenheft: Unternehmenskultur, Unternehmensethik, Unternehmensgeschichte. Jahrbuch für Wirtschaftsgeschichte (1993) Heft 2.

PLATO, A. V., „Der Verlierer geht nicht leer aus". Betriebsräte geben zu Protokoll. Berlin/Bonn 1984.

PLUMPE, W. /C. KLEINSCHMIDT (Hrsg.), Unternehmen zwischen Markt und Macht. Aspekte deutscher Unternehmens- und Industriegeschichte im 20. Jahrhundert. Essen 1992.

PLUMPE, W., Betriebliche Mitbestimmung in der Weimarer Republik. Das Betriebsrätegesetz zwischen politischem Anspruch und betrieblicher Praxis. Ms. Bochum 1994.

PLUMPE, W., Employers' Associations and Industrial Relations in Postwar Germany: the Case of Ruhr Heavy Industry, in: The Power to Manage? Employers and Industrial Relations in Comparative Historical Perspective. Hrsg. v. S. Tolliday/J. Zeitlin. London 1991, S. 176–203.

PRELLER, L., Sozialpolitik in der Weimarer Republik. Kronberg/Ts. 1978 (Stuttgart 1949).

REULECKE, J., Sozialer Frieden durch soziale Reform. Der Centralverein für das Wohl der arbeitenden Klassen in der Frühindustrialisierung. Wuppertal 1983.

RITTER, G.A. /K. TENFELDE, Arbeiter im Deutschen Kaiserreich 1871–1914. Bonn 1992.

SCHIFFMANN, D., Von der Revolution zum Neunstundentag. Arbeit und Konflikt bei BASF 1918–1924. Frankfurt am Main 1983.

SCHÖNHOVEN, K., Die deutschen Gewerkschaften. Frankfurt am Main 1987.

SCHUSTER, H., Industrie und Sozialwissenschaften. Eine Praxisgeschichte der Arbeits- und Industrieforschung in Deutschland. Opladen 1987.

SIEGEL, T., Leistung und Lohn in der nationalsozialistischen „Ordnung der Arbeit". Opladen 1989.

STOLLE, U., Arbeiterpolitik im Betrieb. Frauen und Männer, Reformisten und Radikale, Fach- und Massenarbeiter bei Bayer, BASF, Bosch und in Solingen (1900–1933). Frankfurt am Main 1980.

TENFELDE, K. /H. VOLKMANN (Hrsg.), Streik. Zur Geschichte des Arbeitskampfes in Deutschland während der Industrialisierung. München 1981.

TEUTEBERG, H.-J., Geschichte der industriellen Mitbestimmung in Deutschland. Tübingen 1961.

THUM, H., Mitbestimmung in der Montanindustrie. Der Mythos vom Sieg der Gewerkschaften. Stuttgart 1982.

TILLY, R. /T. PIERENKEMPER (Hrsg.), Historische Arbeitsmarktforschung. Göttingen 1982.

TOLLIDAY, S. /J. ZEITLIN (Hrsg.), The Power to Manage? Employers and Industrial Relations in Comparative Historical Perspective. London/New York 1991.

TREUE, W., Unternehmens- und Unternehmergeschichte aus fünf Jahrzehnten. Wiesbaden 1989.

TRINCZEK, R., Betriebliche Mitbestimmung als soziale Interaktion. Ein Beitrag zur Analyse innerbetrieblicher industrieller Beziehungen, in: Zeitschrift für Soziologie 18 (1989) 444–456.

TSCHIRBS, R., Tarifpolitik im Ruhrbergbau 1918–1933. Berlin 1986.

VON BERLEPSCH, H.J., „Neuer Kurs" im Kaiserreich? Die Arbeiterpolitik des Freiherrn von Berlepsch 1890–1896. Bonn 1987.

WEBB, B., Meine Lehrjahre. Eine Autobiographie. Frankfurt am Main 1988 (zuerst engl. 1926).

WEBER, M., Die Objektivität sozialwissenschaftlicher und sozialpolitischer Erkenntnis (1904), in: DERS., Gesammelte Aufsätze zur Wissenschaftslehre. Hrsg. v. Johannes Winckelmann. 7. Aufl. Tübingen 1988, S. 146–214.

WEBER, M., Entwicklungstendenzen der Lage der ostelbischen Landarbeiter (1894), in: DERS., Gesammelte Aufsätze zur Sozial- und Wirtschaftsgeschichte. Hrsg. v. Marianne Weber. 2. Aufl. Tübingen 1988, S. 470–507.

WEBER, M., Methodologische Einleitung für die Erhebungen des Vereins für Sozialpolitik über Auslese und Anpassung (Berufswahl und Berufsschicksal) der Arbeiterschaft der geschlossenen Großindustrie (1908), in: DERS., Gesammelte Aufsätze zur Soziologie und Sozialpolitik. Hrsg. v. Marianne Weber. 2. Aufl. Tübingen 1988, 1–60.

WEBER, M., Zur Psychophysik der industriellen Arbeit, (1908/1909) in: DERS., Gesammelte Aufsätze zur Soziologie und Sozialpolitik. Hrsg. v. Marianne Weber. 2. Aufl. Tübingen 1988, 61–255.

WELSKOPP, T., Arbeit und Macht im Hüttenwerk. Arbeits- und Industrielle Beziehungen in der deutschen und amerikanischen Eisen- und Stahlindustrie von den 1860er bis zu den 1930er Jahren. Bonn 1994.

WILLIAMSON, O.E., Die ökonomischen Institutionen des Kapitalismus. Unternehmen, Märkte, Kooperationen. Tübingen 1990 (zuerst amerik. 1985).

WINCHESTER, D., Industrial Relations Research in Britain, in: British Journal of Industrial Relations 21 (1983), S. 100–114.

WINKLER, H.A., Der Schein der Normalität. Arbeiter und Arbeiterbewegung in der Weimarer Republik 1924 bis 1930. Berlin/Bonn 1985.

WINKLER, H.A., Der Weg in die Katastrophe. Arbeiter und Arbeiterbewegung in der Weimarer Republik 1930 bis 1933. Berlin/Bonn 1987.

WINKLER, H.A., Von der Revolution zur Stabilisierung. Arbeiter und Arbeiterbewegung in der Weimarer Republik 1918 bis 1924. Berlin/Bonn 1984.

WISOTZKY, K., Der Ruhrbergbau im Dritten Reich. Studien zur Sozialpolitik im Ruhrbergbau und zum sozialen Verhalten der Bergleute in den Jahren 1930 bis 1939. Düsseldorf 1983.

ZOLLITSCH, W., Arbeiter zwischen Weltwirtschaftskrise und Nationalsozialismus. Ein Beitrag zur Sozialgeschichte der Jahre 1928–1936. Göttingen 1990.

ZUMPE, L., Wirtschaft und Staat in Deutschland 1933–1945. Berlin 1980.

Autorenverzeichnis

Gerold Ambrosius, seit 1998 Professor für Wirtschafts- und Sozialgeschichte an der Universität Siegen. 1977 Promotion an der Universität Tübingen über die Durchsetzung der Sozialen Markwirtschaft in der unmittelbaren Nachkriegszeit. 1977–1982 wissenschaftlicher Assistent an der FU Berlin, Habilitation über die Entwicklung der öffentlichen Wirtschaft in der Weimarer Republik. Verschiedene Lehrstuhlvertretungen und Gastprofessuren. 1991–1998 Professor für Wirtschaftsgeschichte an der Universität Konstanz. Neuere Veröffentlichungen: Wirtschaftsraum Europa. Vom Ende der Nationalökonomien (1996); Staat und Wirtschaftsordnung. Eine Einführung in Theorie und Geschichte (2001); Regulativer Wettbewerb und koordinative Standardisierung zwischen Staaten (2005)

Gerd Hardach, geboren 1941 in Essen. Studium der Wirtschafts- und Sozialwissenschaften an der Universität Münster, der Ecole des Hautes Etudes en Sciences Sociales Paris und der Freien Universität Berlin. Assistent für Volkswirtschaftslehre an der Technischen Universität Berlin und an der Universität Regensburg. Seit 1971 Professor für Sozial- und Wirtschaftsgeschichte an der Universität Marburg. Gastprofessor an der Universität Tokyo und an der Freien Universität Berlin. Veröffentlichungen zur Wirtschafts- und Sozialgeschichte des neunzehnten und zwanzigsten Jahrhunderts. Der Marshall-Plan, 1994; La prima guerra mondiale e la ricostruzione (1914–1924), in: V. CASTRONOVO, Hg., Storia dell'economia mondiale, Bd. 4, 2000; Nation building in Germany, in: A. TEICHOVA, H. MARTIS, Hg., Nation, state and the economy in history, 2003; Banques régionales et banques locales en Allemagne, in M. LESCURE, A. PLESSIS, Hg., Banques locales et banques régionales en Europe au Xxe siècle, 2004

Hubert Kiesewetter, seit 1. Oktober 2004 Prof. em. für Wirtschafts- und Sozialgeschichte an der Katholischen Universität Eichstätt-Ingolstadt. Studium der Ökonomie, Philosophie, Geschichte und Wissenschaftstheorie in Frankfurt a. M., Kiel, London und Heidelberg, Habilitation 1985 an der FU Berlin. 1987/88 Konrad-Adenauer-Professor an der Georgetown University in Washington D.C., seit 1990 in Eichstätt. 1994 Gastprofessor an der Universität Sorbonne in Paris. Publikationen: Erklärungshypothesen zur regionalen Industrialisierung in Deutschland im 19. Jahrhundert, in: VSWG, 67. Bd., 1980, S. 205–333. Region und Industrie in Europa 1815–1995, Stuttgart 2000. Indutrielle Revolution in Deutschland. Regionen als Wachstumsmotoren, Stuttgart 2004

Rainer Klump, seit 2000 Inhaber des Lehrstuhls für Volkswirtschaftslehre, insbesondere wirtschaftliche Entwicklung und Integration an der Johann Wolfgang Goethe-Universität Frankfurt am Main. Nach dem Studium der Volkswirtschaftslehre in Mainz, Paris und Nürnberg war er Professor für Volkswirtschaftslehre und wirtschaftliche Entwicklung an der Universität Würzburg und Inhaber des Ludwig Erhard Stiftungslehrstuhls für Wirtschaftspolitik an der Universität Ulm. Seine For-

schungsgebiete umfassen Wirtschafts- und Integrationspolitik, Wachstums- und Entwicklungspolitik und ausgewählte Bereiche der Wirtschaftsgeschichte.
John Komlos, 1978 Ph.D. im Fach Geschichte, 1990 Ph.D. im Fach Wirtschaftswissenschaften, beides an der University of Chicago; seit 1992 Professor of Economics and Chair of the Institute of Economic History, University of Munich, Germany. 1997–1999 Chair of the Economics Department. Forschungsschwerpunkte: The biological standard of living; Conceptualizations of the Industrial Revolution; The use of quantitative methods and economic theory in historical analysis.

Toni Pierenkemper, geboren 1944, studierte in Münster Volkswirtschaft und Soziologie sowie in London Wirtschaftsgeschichte und Soziologie. 1972 Diplom-Volkswirt und 1975 M.A. in Soziologie. 1977 wirtschaftswissenschaftliche Dissertation über die westfälischen Schwerindustriellen. 1984 Habilitation in Münster über die Stellung der Angestellten auf dem Arbeitsmarkt des Kaiserreiches. Während Promotion und Habilitation Beschäftigung als wissenschaftlicher Mitarbeiter und Assistent am Institut für Wirtschafts- und Sozialgeschichte der Universität Münster von Prof. Richard H. Tilly; 1985 bis 1989 dort erste Professur. Von 1989 bis 1990 Professur für Wirtschafts- und Sozialgeschichte an der Universität Saarbrücken. Von 1990 bis 1997 war Prof. Pierenkemper Inhaber des Lehrstuhles für Wirtschafts- und Sozialgeschichte an der Universität Frankfurt am Main, unterbrochen von 1993 bis 1994, als er ein Jahr lang als Visiting Professor im Rahmen des Konrad Adenauer Lehrstuhles an der Georgetown University Washington D.C. lehrte. Seit dem Sommersemester 1997 ist Prof. Pierenkemper Direktor des Seminars für Wirtschafts- und Sozialgeschichte an der WiSo-Fakultät der Universität Köln. Forschungsschwerpunkte: regionale Industrialisierung Europas, Arbeit und Beschäftigung, Entwicklung von Haushalt und Verbrauch im 19. und 20. Jahrhundert sowie die Unternehmens- und Bankengeschichte.

Werner Plumpe, Studium der Geschichte und Wirtschaftswissenschaften in Bochum, Promotion 1985, Habilitation 1994 in Bochum, 1994 Hochschuldozentur an der Ruhr-Universität Bochum, 1998 Gastprofessur an der Keio-Universität Tokio, 1999 ordentlicher Professor an der Universität Frankfurt. Mitglied im Wirtschaftshistorischen Ausschuss des Vereins für Socialpolitik, Mitbegründer des Bochumer Arbeitskreises für kritische Unternehmens- und Industriegeschichte (AKKU), korrespondierendes Mitglied des Zentrums für interdisziplinäre Ruhrgebietsforschung (Zefir), Mitglied der Frankfurter Historischen Kommission. Forschungsschwerpunkte: Allgemeine Wirtschafts- und Sozialgeschichte der Neuzeit, Unternehmens- und Industriegeschichte des 19. und 20. Jahrhunderts, Geschichte der Industriellen Beziehungen, Geschichte des ökonomischen Denkens und der ökonomischen Theorien.

Joachim Radkau, geboren 1943, Studium 1963 bis 68 an den Universitäten Münster, Berlin (FU) und Hamburg. 1970 Promotion in Hamburg bei Fritz Fischer mit einer Dissertation über die deutsche USA-Emigration nach 1933. Habilitation 1981 zum Thema „Aufstieg und Krise der deutschen Atomwirtschaft" (1983 als Buch veröffentlicht). Seit 1980 Professor an der Fakultät für Geschichtswissenschaft und Philosophie der Universität Bielefeld. Forschungsschwerpunkte waren u.a. der Nationalsozialismus, die Waldgeschichte im 18. und frühen 19. Jahrhundert und deren

Zusammenhang mit der Wirtschafts- und Kulturgeschichte sowie der Frage, ob es eine krisenhaften Holzverknappung zu jener Zeit gab. Es folgten Arbeiten zur Technikgeschichte, insbesondere zur Frage spezifisch deutscher Wege in der Technik und der Zusammenhänge zwischen Technik und Umwelt. Wichtige Publikationen der letzten Jahre: Das Zeitalter der Nervosität. Deutschland zwischen Bismarck und Hitler. München, 1998; Natur und Macht. Eine Weltgeschichte der Umwelt, München 2000/erw. Ausgabe München 2002; Max Weber – Die Leidenschaft des Denkens, München 2005

Martin Skala, geb. 1972 in Hong Kong, studierte an der J. W. Goethe-Universität in Frankfurt/Main Volkswirtschaftslehre (Diplom 1999) und war von 2001 an drei Jahre Mitarbeiter am Lehrstuhl für Wirtschaftliche Entwicklung und Integration von Herrn Prof. Dr. Rainer Klump. Während dieser Zeit promovierte Martin Skala über die „ökonomische Integration der ASEAN-Länder" (2003). Seine Interessenschwerpunkte sind regionale Integrationsgruppierungen auf allen Kontinenten sowie entwicklungsökonomische Fragestellungen. In der Lehre übernahm er bislang elf Lehraufträge und gab u.a. Vorträge in Summer Schools in Deutschland und Vietnam. Zum Zeitpunkt der Drucklegung dieses Buches arbeitete Martin Skala im Rahmen des GTZ-Programms „Human Resource Development for Market Economy" als Berater in Laos.

Reinhard Spree, geb. 1941, ist Professor für Sozial- und Wirtschaftsgeschichte in der Volkswirtschaftlichen Fakultät der Universität München. Mitglied von Verwaltungsrat und Kuratorium des ifo Instituts für Wirtschaftsforschung, München. Forschungsschwerpunkte: Sozialgeschichte der Medizin und der Sozialpolitik, Historische Demographie, Historische Konjunktur- und Wachstumsforschung. Ausgewählte Veröffentlichungen: Die Wachstumszyklen der deutschen Wirtschaft von 1840 bis 1880, Berlin 1977; Health and Social Class in Imperial Germany. A Social History of Mortality, Morbidity and Inequality. Oxford usw. 1988; Der Rückzug des Todes. Der Epidemiologische Übergang in Deutschland während des 19. und 20 Jahrhunderts, Konstanz 1992 (Nachdruck Der Rückzug des Todes. Der Epidemiologische Übergang in Deutschland während des 19. und 20 Jahrhunderts, in: Historical Social Research, 23 (1998), S. 4–43); Globalisierungs-Diskurse – gestern und heute, in: Jahrbuch für Wirtschaftsgeschichte, (2003), H. 2, S. 35–56; Wirtschaftliche Lage und Wirtschaftspolitik (Beschäftigungspolitik) in Deutschland am Beginn der NS-Herrschaft, in: Bayerische Landeszentrale für politische Bildungsarbeit (Hg.): Die Anfänge der Braunen Barbarei, München 2004, S. 101–126. Discussion Papers (hg. Von der Volkswirtschaftlichen Fakultät der LMU), No. 2004-15, München 2004 [http://epub.ub.uni-muenchen.de/archive/00000382/01/ns-abNEU.pdf]

Richard Tilly, Prof. em. Dr., ehemals Direktor des Instituts für Wirtschafts- und Sozialgeschichte an der Westfälischen Wilhelms-Universität Münster. B.A. 1955, Ph. D. 1964, University of Wisconsin, USA. Lehrtätigkeit: University of Michigan, USA (1963–65), Yale University (1965-66). Arbeitsgebiete: Geld-, Finanz- und Bankengeschichte, Unternehmensgeschichte.